插图

大宋史

虞云国 ◎ 著

上海人民出版社

从《细说宋朝》到《插图大宋史》
（改版代序）

在所有拙著中，无论版次，抑或印数，《细说宋朝》都是排序第一的。在公众场合，每听到有读者向我表示——自己是从这书了解宋史的，内心不禁欣慰与感激。读书界这种认可，既是对这一作品的最高褒赏，也是这次改版的最大动力。

《插图大宋史》是《细说宋朝》全新升级版。这次修订，全书篇目未作变动，但认真参酌了学界的新见与读者的指瑕，订正了纪年人名等少数误植，改易了史实表述的个别错讹，全部行文也都润饰一过，以期更精准洗练。对于改名为《插图大宋史》，这里也略作交代。

先说插图问题。

图文并茂的历史读物已然成为一种阅读风尚。这种形式并非简单投合读者的阅读趣味，富有历史感的配图本身就兼具历史叙述的功能，不仅能为文本叙事提供直观的形象，有时还能有效补充文本叙事未能彰显或无心遮蔽的历史信息。

初版《细说宋朝》没有插图，自第二版起，出版社代为配图，但效果似乎有欠理想。一是除帝后大臣像外，事件性插图都出自今人手笔，致使历史感流失。二是全书仅 32 幅插图，数量有限，辽西夏金史部分全无图像，造成平衡感缺乏。三是黑白配图，导致审美感阙位。

有鉴于此，这次改版有意将其打造成相对完美的插图本，为此确定了若干配图原则。其一，入选的配图追求历史性，尽可能选择这一时期原汁原味的存世文物或作品，期望真实反映历史原貌，让读者真正能借助图像拓展历史阅读的视界。其二，入选的配图兼顾平衡性，既要为宋史内容，也应为辽西夏金史篇幅配上相应的插图；配图的分布也顾及政治、军事与经济、文化等诸多领域。其三，入选的 150 幅配图具有代表性，在图像类型上涵盖了地图、遗址、古建、肖像、绘画、法帖、书影、碑刻、雕塑、印章、器物等门类，力图多侧面地展现中国境内诸政权在这一长时段里丰富多元的历史样貌。其四，入选的配图讲究艺术性，不仅图像遴选上精益求精，全书插图也均以彩色印制，阅读者翻览之下即有美感的享受。

再说书名问题。

《细说宋朝》原是出版社为补齐黎东方《细说中国历史丛书》里的未竟之作而向我约稿的，理应延续黎氏"细说体"的命名制式；自第二版起，对黎氏未及亲撰的几部续作，出版社还特别标示出《黎东方讲史之续》的总名。

这次改版，决定将此书从黎氏"细说"与"讲史"系列析出单行，这就彷佛宋代勾栏里的旧戏新唱，需要另悬榜牌，以便新妆亮相。我在原书《自序》里已经申明："书名《细说宋朝》，并不意味只说宋史，而无视辽金西夏的历史"。既然如此，最偷懒的办法便是将这些政权一股脑儿纳入书名；但倘若如此，不仅冗长，更嫌呆板，殊失取名醒目之旨，于是就想到了"大宋史"。

然而，"大宋史"在史学界有其特定的内涵。简单说来，有这么几层意思。其一，邓广铭先生在 20 世纪 80 年代提出，应该运用多种视角、多种尺度、多种思想方法和思考方式来研究、观察、探索与衡量 10 至 13 世纪包括辽、宋、夏、金史在内的全部中国史，"大宋史"正是对这一研究观念的学理提炼与命题概括。其二，"大宋史"的学术理念旨在针对辽史、宋史、西夏史、金史与同一时期其他地区或政权史研究中各自为政、人为划界的弊病，倡导立足于 10 至 13 世纪中国境内的时空大背景，总揽全局，突破壁垒，兼顾诸史，全视角地抉发诸政权与各民族之间多边互动的历史实相。其三，"大宋史"研究的理想境界应像前辈大家那样融汇贯通，诸史兼治；在时下研究日趋专深而学者少能兼通的现状下，尽管并不苛求每个治史者及其议题同时打通辽、宋、西夏、金诸史，但在考察这一长时段某个具体对象时，作为一种不可或缺的全局意识，大宋史理念始终具有引领性的意义。

对照"大宋史"的上述内涵，我想说明的是，就笔者而言，即便宋史研究都说不上全覆盖，也更无学养与才力兼治辽、西夏、金史。如果说，在论述宋史时，一己之得还比较多些；对辽金西夏史的叙论，主要吸收了前贤时彦的学术成果。然而，在撰述过程中，尤其在评断与诸政权互动的史事人物时，我还是自觉将其置于大宋史视野中去思考、探究、审视与衡估的，还写过一篇《试论十至十三世纪中国境内诸政权的互动》，或许可以视为我对大宋史内涵的总体把握。不过，这次改版之所以将"大宋史"植入书名，既不意味着这册小书达到了"大宋史"研究应有的境界，无非着眼于书名的简明醒目。宋朝与辽朝、西夏、金朝不同，是唯一贯穿这一长时段始终的政权；基于我一以贯之地秉持这一时期中诸政权与各民族之间一律平等的历史观，也许不致于误解我有中原王朝中心论的倾向吧。

最后，由衷企盼全新改版的《插图大宋史》有幸继续获得书友们的匡正与厚爱！

2024 年 7 月 7 日

目 录

· 从《细说宋朝》到《插图大宋史》
　（改版代序）

先说个大势

与汉、唐、元、明、清相比，宋朝能否视为大一统的王朝，是大有疑问的。让我们先从这一时期的大势说起，然后再下判断。

比起北宋来，契丹族创建的辽朝在立国先后上应该排位老大。唐天祐四年（907年），耶律阿保机通过部落选举成为契丹族的部落联盟长，而朱温推翻唐朝、建立后梁也恰在这年。十年以后，916年，耶律阿保机废除部落联盟制，正式称帝，国号契丹。五代后晋天福元年（937年），辽朝第二代皇帝辽太宗从后晋高祖石敬瑭那里夺取了燕云十六州。其后，辽朝骑兵就对中原王朝构成了挥之不去的军事威胁。自宋太祖在建隆元年（960年）代周以后，宋辽关系就长期笼罩在这一阴影下，直到澶渊之盟以后，才进入较稳定正常的相处阶段。辽朝的疆域东临今天的日本海，东北到外兴安岭和鄂霍次克海，北至今色楞格河和石勒喀河一线，西接额尔齐斯河上游，南在今天津海河、河北霸县、山西雁门关一线与北宋接壤，迤西过河套与西夏交界，领土面积比北宋还大。

自党项族领袖李继迁在太平兴国七年（982年）叛宋以后，宋夏之间剑拔弩张的关系并不比宋辽之间有所逊色。北宋宝元元年（1038年），元昊正式称帝，国号大夏。西夏的疆域最大时东临黄河，西尽玉门关，北达大漠，南迄萧关（今甘肃环县北）。西夏建国以后，在11世纪40年代，先是屡败宋军，继而重创辽师，终于造成了与宋、辽三足鼎立的格局。

在今天中国境内，以北宋时期的政治版图而言，还有与宋以大渡河为界的大理国，今西藏、青海和川西一带的吐蕃诸部，今新疆和中亚的回鹘诸汗国。在这些地方政权中，只有大理国与宋关系尚称密切，其他政权与宋往来无多，就此带过，不拟细说。

12 世纪初叶，女真族在契丹族的后院崛起。1115 年，完颜阿骨打称帝建国，国号大金。金军以摧枯拉朽之势消灭了辽朝，辽将耶律大石率残部西行，在今新疆和中亚一带，建立西辽，其领土最盛时北至巴尔喀什湖，西抵咸海，南控昆仑山脉，东在今甘肃西境与西夏为邻。而北宋则在靖康二年（1127 年）四月被金朝灭亡，同年五月宋徽宗第九子赵构即位为帝，这就是南宋第一代皇帝宋高宗，但南宋疆域的北境已经退缩至淮水、秦岭一线与金朝对峙。在金灭辽、宋的威慑下，西夏以藩属礼事金朝，换取了继续立国的生存空间，国势已大不如前。这样，金朝取代了辽朝的地位，在东北与西北继承辽朝的旧境，南方与南宋接界，西部在陕西与西夏毗邻，与南宋、西夏构成新一轮的鼎足之势。大理国以及与南宋以岷山为界的吐蕃诸部，依然维持其民族政权，和南宋长期共存。

1206 年，成吉思汗统一蒙古诸部，建立了大蒙古国。蒙古铁骑的西征南攻，很快改绘了这一政治地图的板块色彩。1218 年，蒙古攻灭西辽。1227 年，西夏也在蒙古骑兵的凌厉攻势下不复存在。1234 年，金朝作为蒙古和南宋的共同对手，终于在蒙、宋联军的夹击下彻底灭亡。1247 年，吐蕃地区正式宣布接受蒙古国的管辖。1253 年，大理国被蒙古军征服。到至元八年（1271 年）蒙古国改国号为元，在当时的政治地图上只剩下元和宋两种底色。南宋德祐二年（1276 年），元朝大军兵临临安城下，宋恭帝奉表出降，被俘北上，南宋中央政权实际上已告结束。南宋流亡政权苦苦撑持到祥兴二年（1279 年），随着崖山之战的失败而最终覆灭。

有历史学家认为：直到近代以前，中国历史的主题是多数民族与少数民族的冲突。笔者对其他朝代不敢妄论，辽宋夏金元时期倒确实如此，当然所谓的冲突断不能只限于从军事上去把握，其内涵丰富广泛得多。

北宋时期中国全图（谭其骧主编《中国历史地图集》第六册）

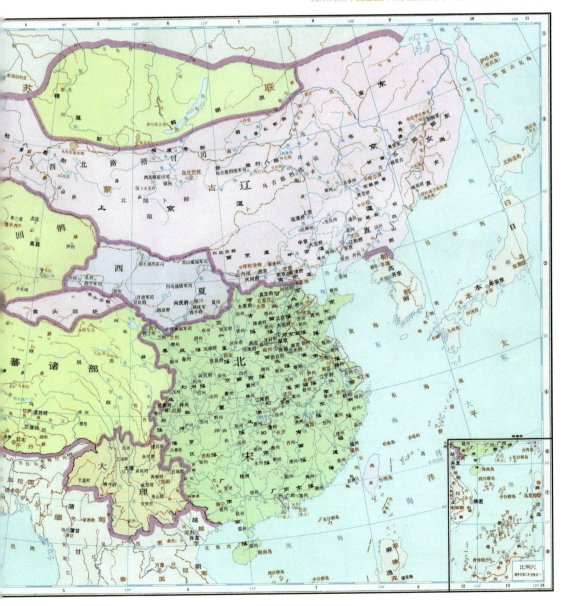

从政治地缘学角度，反观以上大势，宋朝先与辽、夏后与金、夏成鼎分之势，辽、金的实控版图也比宋为大，在与它们的军事角逐中，宋朝也从来没有占过上风。在疆域的大一统方面，宋朝确实前不能比汉、唐，后不能比明、清。从大中国的视角看，把两宋时期看作所谓"后三国"或者"后南北朝"的分裂时期，也是有其理由的。然而，传统观点却无不认为：北宋的建立标志着晚唐

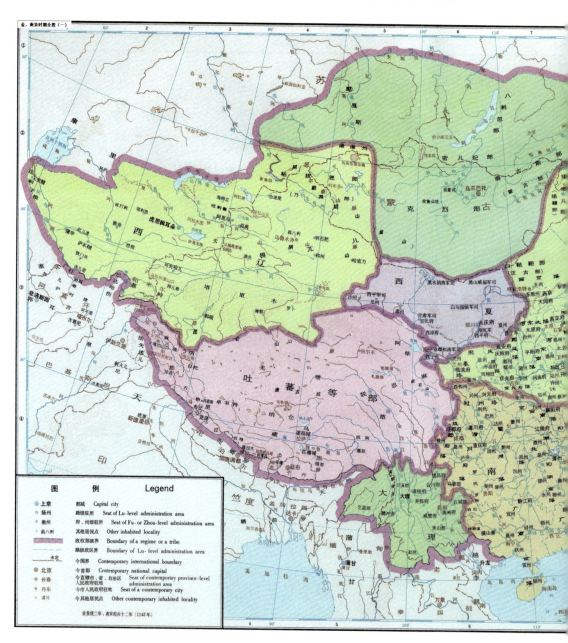

五代以来分裂割据局面的结束，标志着统一的封建国家的重建。

但以辩证的观点看来，分裂与统一都各有一种相对性。宋代确实结束了晚唐五代以来的分裂割据局面，在所谓中原王朝（尽管南宋偏安江南，仍可借用这一概念的特定涵义来指称它）的意义上，消除了分裂，实现了统一。但倘若把视野放宽到大中国的范围内，相对于宋朝说来，辽、金、西夏都已经不是周边附属性的民族政权，而是在政治、军事、经济诸方面都能与之长期抗衡的对等的少数民族王朝。就此而言，就不得不承认，这一时期分裂依旧是主流，大一统并未实现，宋朝确乎还称不上大一统的王朝。

然而，无可置疑，宋朝作为统一的中原王朝，它在这一时期的历史大势中具有不可替代的核心地位和领头作用。这种地位和作用并不是体现在统一大业的领导权上（很显然，大一统最终是由蒙古族建立的元朝来完成的），而是表现在政治制度、社会经济和思想文化的巨大深远的影响上。宋朝是当时世界上最富庶和最先进的国家，在中华文明圈里，无论是与宋朝对峙的辽、金、西夏，还是与宋朝睦邻相处的大理国，都对宋朝所代表的先进的政治制度、社会经济和思想文化，自觉不自觉地表示出认同、追随、仿效与移植。值得一提的是，宋朝以后，封建王朝再没有出现分裂割据的局面；而宋代朝政也称得上是中国历代王朝中最开明的。因而从更长的历史时段来看，宋朝在制度和思想上馈赠给中国封建社会后期的遗产，其影响更是难以低估的。只有以这种辩证的观点，才可能更准确地把握宋朝的历史地位。

南宋时期中国全图（谭其骧主编《中国历史地图集》第六册）

○二

辽太祖

辽太祖辽朝的开国皇帝耶律阿保机，汉名叫亿。唐咸通十三年（872 年），他在迭剌部世里家族诞生时，契丹正处于由部落联盟向统一国家过渡的关节点上。"契丹"的涵义是指镔铁或刀剑，对游牧部落而言，两者都是不可或缺的，或者由于两者的西传，导致俄罗斯以此发音来称呼中国。迭剌部在契丹八部中最为强大，而世里家族在部落联盟中的声望和权位仅次于可汗所在的遥辇家族，这些都是阿保机日后赖以统一建国的先天有利条件。

阿保机本人则"雄健勇武，有胆略"，部落莫不畏服。唐天复元年（901 年），他被迭剌部选为酋长，专任对外征讨，战绩骄人。天复三年，他被授予仅次于可汗的于越尊号，并总知军国事。其后，阿保机与唐河东节度使李克用在阵前约为兄弟，约定联手攻梁；同时却与准备灭唐的朱温也暗中通好，以便左右逢源，为契丹赢得更大的生存空间。

唐哀宗天祐三年（906 年），正逢契丹三年一轮的选汗之年。《辽史·太祖纪》说"痕德堇可汗殂，群臣奉遗命请立太祖"，似乎是自然选代。但据《五代会要·契丹》说，梁开平二年（908 年），辽太祖遣使向后梁贡物的同时，"前国王钦德并其大臣皆有贡献"，钦德就是痕德堇的另一译音。可见根本不存在阿保机奉遗命得立的可能，事实真相应是《新五代史·四夷附录》所说，"八部之人以遥辇不任事，选于其众，以阿保机代之"，而罢免了遥辇氏痕德堇可汗。

选举当然只是个形式，除实力和才略外，阿保机是否还有幕后的动作也不得而知，但倘要追寻更深层的原因，耶律曷鲁的劝进词倒说得较明白："我国削弱，龁于邻部日久，以故生圣人以兴起之。可汗知天意，故有是命。"痕德堇可汗主动让贤还是被迫辞位，已并不重要。契丹贵族迫切需要有一个杰出人物来领导本民族从衰弱走向强盛，满足他们对奴隶、牲畜、草原和财富的渴求，确立稳定的统治秩序。在他们看来，阿保机是这样的"圣人"，也可说是：历史选择了阿保机。

907年正月，耶律阿保机以契丹传统的燔柴告天仪式即可汗之位。其后，汉人谋士力劝他仿效中原王朝建立世袭的君权，于是，阿保机决心向三年选汗以次相代的契丹旧制发起挑战，这就招致其迭剌部亲族中诸弟的反对，因为按照旧制，他们将是被轮选为可汗的最直接的替补人选。以阿保机的亲弟剌葛为首，联合了迭剌、寅底石、安端等诸弟，自阿保机任可汗的第五年起，先后发动三次叛乱。

第一次是911年，谋叛败露，阿保机采取妥协的策略，赦免了他们。第二次是912年，因逢选汗之年，剌葛等以维护旧制为由，起兵阻击阿保机，阿保机不与交锋，引兵在当日率先举行了选汗仪式"燔柴礼"，堵住了叛乱者的嘴，他们只得各自遣人谢罪。

第三次是913年，这次叛乱径以谋杀阿保机、武力夺取汗位为目的，叛军分三路行动。当阿保机出行时，迭剌和安端率千余骑兵伪称入觐，准备实施谋杀计划，被阿保机察觉拘捕。寅底石率一支叛军攻打阿保机行宫，阿保机妻述律后据险阻守，保住了可汗仪仗，击退了叛军。剌葛自备可汗旗鼓，打算自立为可汗。这次叛乱最终被平定，剌葛等叛军首领也都被俘就擒。平叛的代价是惨重的，《辽史·太祖纪》说："孳畜道毙者十七八，物价十倍"。但迭剌部的守旧势力已被彻底击溃，难以阻挡阿保机称帝建国的步伐了。

除迭剌部外，契丹尚有七部，这七部的反对派贵族还想利用选汗旧制，迫使阿保机让位。阿保机即汗位第九个年头，照例又是选汗之年。七部酋长在其出征室韦归来之际，拦道劫持，共同谴责围攻他。阿保机不得已交出可汗旗鼓，同时请求：因所得汉人众多，希望建一汉城，自为一部。得到许可后，他效仿幽州的城郭、市里，在滦河上造起了汉城。这里有盐铁之利，又宜植五谷，阿保机率契丹人和汉人安顿下来，连汉人都不再思归。阿保机料知民心可用，便采纳述律后的计策，派人遍告诸部大人说："我有盐池，诸部同食。只知食盐之利，不知答谢主人，行吗？你们都应该来犒劳我！"届时，诸部以牛酒犒于盐池，酒酣耳热，阿保机发伏兵尽杀诸部大人，最终扫清了建国道路上的障碍。

次年二月，耶律阿保机仿照汉人王朝的体制，正式称帝建国，国号契丹（947

年，辽太宗大同元年改称辽；984年，辽圣宗统和二年，复称契丹；1066年，辽道宗咸雍二年，又改称辽），建元神册，自称大圣大明天皇帝，即辽太祖，立长子耶律倍为皇太子，确立了世袭皇权。在太祖建国过程中，有三个汉人谋士起了至关重要的作用，他们是韩延徽、韩知古和康默记。

韩延徽是奉刘守光之命出使契丹时，被阿保机强留下来，在建国以前的征战中被倚为谋主，建造汉城也出自他的建议。他一度不告而别，南奔李克用。

辽太祖祖陵遗址

（在今内蒙古巴林左旗哈达英格乡石房子村西北山谷中）。

后因不惬意而重回契丹，阿保机喜出望外，信用如故，赐名"复来"，中外事悉令参决。建国之初，百事草创，营都城，建宫殿，正君臣，定名分，法度井井有序，史称皆延徽之力。太祖与延徽那种君臣间的信任和配合，在中原王朝也是并不多见的。

韩知古原来只是述律后从嫁的奴隶，阿保机听说他善谋有识，就起用了他。建国伊始，礼仪疏阔，他援据旧典，参酌契丹风俗，结合汉族仪制，使契丹人"易知而行"，加快了契丹族汉化进程。康默记原是蓟州衙校，阿保机将其俘获，因爱其才而径隶麾下，当时诸部新附，法律未备，他推敲律意，论决轻重，不差毫厘。

建国之初，辽太祖做了四件大事。

其一，神册三年（918年），由韩延徽和康默记主持，在潢河以北营建皇都（在今内蒙古巴林左旗南），后经辽太宗数次扩建，改称上京。上京的营建，是北方草原游牧部族的空前创举，也表明在吸收汉族先进文化上契丹民族的积极态度。

其二，神册五年，命耶律鲁不古和耶律突吕不仿照汉字偏旁创制契丹大字（其后，太祖之弟迭剌又以回鹘文字创契丹小字），结束了契丹族"刻木为契"的历史，加速了走向文明社会的步伐。

其三，神册六年，命耶律突吕不制定契丹第一部基本法典《决狱法》。

其四，改革宰相制度。阿保机就任可汗后，把原契丹八部分入北南两个宰相府，北府以迭剌部为核心，包括品部、乌隗部、涅剌部、突吕不部共五部，南府以乙室部为核心，连同楮特部、突举部共三部，可汗从迭剌和乙室两大特权部落的贵族中分别任命北南两府宰相，这一举措推翻了此前八部酋长选举产生和平等议事的原则，是向朝廷决定宰相的过渡。910年，确立了后族任北府宰相的定制，神册六年，规定自此以后南府宰相由宗室出任。这样，两府宰相就由皇帝直接任命的后族和皇族担任，部落酋长议事制的残余完全清除，家天下的世袭皇权空前巩固。从此，辽朝作为契丹民族建立的统一国家雄踞北方。

契丹建国以后，辽太祖积极向外发展，在两条战线上开展掠夺战争：一是继续征服西边的少数民族，一是伺机攻击南境的汉族地区。

关于前者，辽太祖进展顺利，自神册元年起大体到天赞三年（924年），已把吐浑、党项、阻卜等部族破的破，灭的灭，将西北边地纳入版图。在西征过程中，他把征服和俘虏的各族男女，改编为契丹新八部，分隶于原契丹八部管理。而契丹原八部早已规定了固定的地区，由氏族部落转变成地域居民了。这样重新编制部族，推动了统治民族和被统治民族在地域基础上的民族融合。

关于后者，辽太祖却不那么趁手。就在他初任可汗那年，后梁代唐，他遣使赴梁请求册封。梁太祖许诺他为梁翦灭李克用、李存勖父子以后再行封册。他当然不愿为梁火中取栗，但仍多次向梁贡物。李氏父子却不能容忍他的背信弃义，双方因此交恶。神册建元以后，李克用已死，辽太祖就连年攻掠李存勖控制的河东、河北的北部和辽西一带。契丹骑兵出入掳掠总有所获，但军事上却未能占尽便宜。

神册六年 (922 年)，辽太祖率大军入居庸关，下古北口，在望都 (今河北定州市东北) 与李存勖展开大战。辽军以绝对优势围击李存勖的千骑亲军，但骁勇善战的李存勖突围而出，会合大军奋勇反击，逐北百余里。时正连旬大雪，契丹人马没有吃的，死者相望于道。尽管如此，辽太祖退兵之际，依旧法度井然，令李存勖赞叹其御兵有法，"中国所不及也"。李存勖建立后唐以后，由辽朝发动的这种边境掠夺战几乎每年都有发生。

通过这种边境掠夺战，大批汉地居民被俘北上，也颇有汉族降将和士吏归附契丹，中原封建文化的影响自然渗透进契丹社会经济中来。辽太祖采纳了韩延徽等汉人谋士的建议，对掠至契丹的汉人另置州县安顿，这些州县有的还"不改中国 (即中原) 州县之名"，例如为原从檀州掳来的汉人再置"檀州" (在今辽宁康平东南)，为原从蓟州三河县俘掠的汉人重建"三河县" (在今辽宁沈阳)。这种做法略似东晋南朝的侨置郡县，也算是一种历史的借鉴吧。

在这些州县中，有的直属国家，有的则是由契丹贵族将俘掠、受赐的人口和自己原有的奴隶、部曲在领地上建立起来的头下 (亦作投下) 州军。规模次于州、军的还有县、城、堡各级。头下州军促成了草原上大批定居点的出现，使中原农耕经营方式在游牧地区星罗棋布地生根发展。

头下州军在政治、经济和军事上具有两重性，既依附于本头下的契丹领主，又隶属于朝廷。州军的节度使由朝廷任命，刺史则由领主向朝廷提名自己的部曲担任。头下州军的属户由部曲和奴隶两部分构成，奴隶所占比例随着契丹封建化的推进而日趋减少。部曲是具有依附身份的农民和牧民，既纳课于领主，也纳租于朝廷，故而也称二税户。在头下州军里，暂时处于落后状态的契丹领主，不可能改变大量被俘汉族居民的农耕经济生活，只能采取中原习用的生产方式，来统治和剥削他们，但最终却被所征服民族的较高文明所影响，迅速向封建制转化。

汉地未易轻取，而将俘掠来的汉民安置在辽河中游，也引起与其东北为邻的渤海国的冲突。辽太祖对渤海觊觎已久，而每次兴兵南掠，又惟恐其在背后偷袭捣乱。天赞四年（925 年）冬天，辽太祖倾师东征渤海，进围其西部重镇扶余府（今吉林四平），四天即将其攻克。仅用六天，大军团团包围了渤海都城忽汗城（今黑龙江宁安西南东京城）。三天以后，渤海国王大諲譔降，时为天显元年（926 年）正月。辽太祖将渤海国改为东丹国，即东契丹之意，册封皇太子耶律倍为东丹王，亦号"人皇王"。

其后的六个月，辽太祖始终未离开过东丹国，一方面进讨拒不归附或降而复叛的渤海残余势力，一方面就地考察如何统治这片新征服的疆土。经其决策，东丹国保留原渤海国的政府体制和封建秩序，"一用汉法"。征服渤海，使契丹一下子攫得今东北东部以东至日本海的那一大片物产丰饶的土地，其成果远比西征重大得多。不仅如此，契丹拥有这么大的腹地，既占有了控扼其未来对手女真族的据点，还彻底解决了南攻汉地的后顾之忧。其后七八十年间，契丹或许正是因此得以专力南攻的。

这年七月，辽太祖见东丹国走上正轨，便回师皇都，途中病死在扶余城。

长期以来，评价历史上对汉地社会经济造成巨大创痛的少数民族政权及其领袖人物，偏见是始终存在的。且看《契丹国志》对辽太祖的评论，先骂了一通"人外而兽内"以后，也不得不承认：太祖"奋自荒陬，雄亦盛矣"。但对辽朝不但崛起朔方，而且立国久长，与后来的宋朝南北天下，却发出了一连串的疑问："岂天未厌乱，而淫名越号，亦可帖服诸人欤？""虽曰人事，亦有运数存焉。"说辽的建立是"淫名越号"，是正统论在作怪。说辽太祖的所作所为"帖服诸人"，倒有点说在谱上。他顺应了契丹民族统一的需要，已无庸赘言。

诚然，作为一个从部落联盟向文明社会过渡阶段的游牧民族建立的统一国家，辽太祖及其继承者发动的向外掠夺劳动力的战争，给周边民族和华北汉地社会经济以严重破坏。但他在政治、法律、经济等制度上采用蕃汉分治的做法，给辽朝国内的契丹和汉族人民的生存、发展和融合，提供了一种能够共同接受的统治形式，体现出足够的政治头脑，不但有效缩短了契丹境内社会演进和民族融合的磨合期，而且充分弱化了这一磨合过程中带有血和火的阵痛感。

　　当然，耶律阿保机和辽朝的勃兴除了契丹社会内部和他个人的因素，与蒙古草原和中原地区的历史大环境也是密切有关的。一度称雄漠北统治契丹的突厥、回鹘已经风光不再，而晚唐五代之际中原政权衰微分裂，自顾不暇，都给辽太祖和契丹民族的登台亮相创造了前所未有的契机。倘若当时蒙古草原上已有一个强大的民族，倘若当时中原王朝之强盛统一仍如汉武帝、唐太宗之时，那么，辽太祖和契丹也许会如流星一闪，就黯然失色。从这点说"有运数存焉"，倒也可以。

胡瓌《出猎图》（台北故宫博物院藏）
描写了契丹族猎人臂鹰出猎的景象，人物的形貌衣
冠反映了契丹民族的生活风俗。

○三

兄弟母子

兄弟母子辽太祖的遗孀是一位铁血皇后。她叫述律平，小字月理朵，回鹘人的后裔。《辽史》本传说她"简重果断，有雄略"。在伏兵尽杀前来犒宴的七部大人的献策上，我们已领教过这种果断的雄略。她随太祖东征西讨，也谙弓马征战。她生下三个儿子：长子即被太祖立为皇太子的耶律倍，次子就是辽太宗耶律德光，幼子耶律李胡是她最偏爱的，这也是人之常情。

辽太祖曾对她说起，次子德光必定会振兴契丹。天赞元年（922 年），太祖命德光为天下兵马大元帅，有意在军旅上让其历练。而皇太子对汉文化十分钦慕，曾劝太祖说，"孔子，万世所尊，应先礼祀"，太祖遂建孔子庙，命他春秋祭奠。辽灭渤海，述律后力赞太祖册封皇太子为东丹王，也有意让皇太子避开德光。在讨灭渤海残余势力中，德光显现出军事才略。

天显元年（926 年）七月，辽太祖去世，皇太子继位按说是顺理成章的事。但述律后却自个儿临朝称制，摄军国事。她决心尽可能地为继位的儿子铲除些异己力量。当月，她召集一些从征渤海的大将的妻子，说："我现在寡居，你们怎么可以有丈夫！"接着把这些大将找来，问他们想念先帝否，回答说："岂能不想？"她就说："真想的话，就应去见他！"于是，杀大将百余人。见左右有桀骜不驯者，说一声"你为我传话给先帝"，就杀之于太祖的墓所。

据说，在安葬太祖时，她问汉军将领赵思温："你追随先帝最亲近，何不同去？"答道："亲近莫如皇后。你去，我就跟上。"述律后说了一句心里话："嗣子幼弱，国家无主，我不能去！"最后，她没杀思温，但为堵人之口，便忍痛自断右腕，随葬墓中。实际上，这年她的长子 28 岁，次子也已 25 岁，早不再年幼。她大杀太祖旧臣，既有类似明太祖晚年杀功臣为后继者扫清障碍的政治原因，又有随心所欲报复反对者的性格因素在内。例如，耶律铎臻就因为曾建议先西讨再东征而与她的设想相左，她一称制就把他关起来，赌咒道："铁锁朽，当释汝！"

述律后不太喜欢深受汉族儒家文化影响的长子耶律倍，而希望次子德光继位，但长子早立为皇太子，令她棘手难办。在一次朝会上，她暗示己意，南院夷离堇耶律迭里坚持"帝位宜先立长"。述律后以党附东丹王的罪名将其下狱，加以炮烙之刑，最后处死抄家。杀鸡儆猴，群臣遂不敢再与争议。

次年十一月，述律后临朝称制已一年四个月了，见群臣不可能再违拗自己的意志，始行立帝大计。她命二子各自骑马立在帐前，对诸将说："两个儿子我都喜欢，不知立谁好。你们各选择可立的，执其马辔吧！"大家心知其意，争执德光的辔头。她振振有词地说："众心所欲，我怎敢违背？"耶律倍不得不向众人表示愿意让位。于是，当天就立德光为帝，此即辽太宗，尊她为皇太后，称耶律倍为让国皇帝。

耶律倍被迫让位不久，愠怒之下即率数百骑准备南投后唐，被巡逻发现而阻遏。述律太后倒不怪罪，仍让他回东丹国。但他明显"见疑"于太宗，其中或许也有述律皇太后的因素。天显三年，太宗升原渤海国辽阳为南京（今辽宁辽阳），命自己的长兄从东丹国的都城天福（即原渤海国都城，在今黑龙江宁安西南）徙居于此，又派卫士暗中窥伺其动向，将他监管起来。后唐明宗闻知，

辽李赞华《东丹王出行图》（美国波士顿美术馆藏）
耶律倍是辽朝开国时期深受汉文化影响的代表人物；身穿黄衣者是他的自画像。

一再派人秘密携信希望他南下归唐。他感慨地说："我把天下让给了主上，反被疑忌。还不如前往他国，以成全吴泰伯让国的美名。"

天显五年十一月，他携带亲从，乘船载书数千卷，浮海至登州（今山东蓬莱）。后唐以欢迎天子的仪仗来接待他，明宗还赐他改姓李，改名慕华（后又改名为赞华）。其后，耶律倍虽在异国，与契丹亲属却问安之使不绝于路，述律太后也遣使通问。耶律倍南奔，后唐不以其为"非我族类，其心必异"，契丹也不以其为叛国而大张挞伐，双方宽容的心态难能可贵。

天显九年，后唐李从珂杀唐闵帝自立，耶律倍密函辽太宗："从珂弑君，可来征讨。"两年后，李从珂灭亡在即，欲召耶律倍一起自焚，他因拒绝而被害。契丹大军到达，辽太宗诛杀了凶手，算是为兄长报了仇。太宗对耶律倍的长子耶律阮（小字兀欲）视同己出，封其为永康王。

太宗即位以后，述律太后虽不再摄军国事，但影响仍不可忽视。太宗的应对稍不满她的意，她竖眉一看，太宗就趋避不及。天显五年，太宗立其弟耶律李胡为皇太弟，兼天下兵马大元帅，显然有太后让幼子继承皇位的意思在内。但李胡生性残酷，稍怒就黥人脸面，或扔入水火，很不得人心。

大同元年（947年）四月，太宗在南讨后晋回师途中突然病死。当时，太后和李胡留守都城，而耶律阮恰在军中。大军行至镇阳（今河北正定），主宿卫之职的耶律安抟因与述律太后有杀父之仇（其父即迭里），就与南院大王耶律吼、北院大王耶律洼合谋，矫诏在太宗灵柩前拥立耶律阮为帝，此即辽世宗。诸将还记得述律太后在太祖死后大肆杀戮的往事，无不欣然从命。世宗派人先护送灵柩到上京，自率大军隔日缓缓开拔。

太宗灵柩抵上京，述律太后不哭，却抚摸尸体说："待国中人畜安定如故，再来葬你。"她对长孙继位大为恼怒，即派李胡率京师留守军和宫卫军前去攻打。在泰德泉，两军相遇，李胡被世宗率领的原迭剌部精兵强将所击败。

闰七月，世宗军继续北上，在潢河石桥（今内蒙古巴林右旗西南）与述律太后和李胡卷土重来的军队对阵，李胡押着世宗群臣的家属作为人质，扬言："我如打不赢，就先杀了这些人！"眼看祖孙叔侄就要自相残杀，形势一触即发，双方在潢河上隔岸对峙了好几天。

惕隐耶律屋质对太后说："以言和解，事必有成。否则就应速战，以决胜负。但人心一摇，祸国不浅。请太后裁察。"见太后不反对，他继续说道："都是太祖子孙，皇位未移他族，有何不可和议？"太后这才派他携函去见世宗。不料世宗也不听劝谏，答道："那些乌合之众，怎能敌我？"屋质说："还不知谁胜？即便侥幸获胜，被李胡扣押的群臣家属就要被斩尽杀绝了。"世宗沉思良久，才同意派人与太后约和。

然而，双方见面时，仍然怨言交加，绝无和意。太后对屋质说："你应当为我们断个明白。"

屋质拿过一把算筹，问太后："当初皇太子在，何故另立？"太后答道："太祖遗命。"

屋质又问世宗："何故擅立，不禀尊亲？"世宗答道："父王当立而不立，这才去国的！"

屋质正色对世宗说："大王见太后，绝无歉意，唯寻怨隙。"转而对太后说："太后出于偏爱，妄托遗命。你们这样，还想和好？应该立即交战！"说完，掷筹而退。

太后哭着拣起一根筹，表示和解："当年，太祖遭诸弟之乱，疮痍未瘥，岂能再演？"世宗也说："做父亲的不违尊命，做儿子的却不禀尊亲，还归咎谁呢？"也拾取了一筹。双方都有所悔悟，大哭起来。

太后又对屋质说："和议已定，皇位谁属？"屋质以为应立永康王。李胡在侧厉声喝道："有我在，兀欲岂能继位？"

屋质指出："礼有世嫡，不传诸弟。当初先帝之立，尚以为非，何况你暴戾残忍，人多怨愤？"太后见大势已去，对李胡说："以往我和太祖宠你超过诸子，但谣谚道：偏怜之子不保业。我不是不想立你，你自己不争气啊！"于是，双方罢兵回上京。

耶律屋质临变直谏，使辽朝安然度过了一次皇位继承危机，使契丹民族避免了一场内战悲剧。述律太后能在紧要关头悬崖勒马，说明她还是以民族和国家根本利益为重的，有人认为她是旧制度的代表者，未免言过其实。

不久，世宗借口述律皇太后与耶律李胡还准备废立，把他们母子迁往祖州（今内蒙古巴林左旗西南）监管起来。这年，世宗的这位亲祖母已经六十九岁了，她将在幽禁中度过余生最寂寞的六年。至于李胡在辽穆宗时，因其子谋反，牵连入狱，最后死在狱中。《辽史》本传说："李胡而下，宗王反侧，无代无之，辽之内乱，与国始终。"其根本原因还在于辽制赋予宗王以相当大的实力和相当高的权位，而缺乏有效的制约措施，一有气候就会酿成一幕幕兄弟叔侄操戈相向的闹剧。

○四

也算是＂一国两制＂

作为由游牧民族的契丹族建立起来的辽朝，其建国过程与契丹民族由部落联盟晚期向奴隶制国家的转化几乎是同步的，其后辽朝又在不太长的时期内开始了向封建制的过渡。参预并推进这一系列的社会剧变进程的，既有作为统治民族的契丹族，也有辽朝境内人口最多的汉族居民。作为统治阶级的契丹贵族，在维护本民族本阶级的政治经济特权同时，如何在民族关系上协调与汉族各阶层的政治经济利益，是关系到辽朝能否长期在北方立国并与中原王朝形成南北对峙政治格局的关键所在。辽太祖和辽太宗在位各二十年，这四十年是辽朝典制得以基本确立的重要时期（当然，其后也有局部的完善）。其中若干具有契丹国家特色的制度建设，尤其值得一说。

先说南北面官制。太祖时以契丹官制为主，但已采用汉制，任命汉官，中央置三省，地方设州县，又有汉儿司，是统管汉官系统的，以韩知古总知其事。太宗得燕云十六州，当地汉制政权组织纳入了辽朝的地方官系统。不久，太宗进军中原，颠覆后晋，也把中原王朝的官制带回了辽朝，全面确立了南北面官制。南北面的叫法与契丹习俗有关：契丹有拜日之俗，故皇帝宫帐必坐西面东，而且辽俗尚左，故契丹官衙都在皇帝宫帐之左，即在北面，汉人官衙则在其右，即在南面，此即南北面官制的由来。但北面官制中也有分称南北的，例如南枢密院和北枢密院，这里的南枢密院与南面官制是风马牛不相及的，两者绝对不能混为一谈。

北面官制也称"国制"，主要有：大于越府，设于越，位居百官之上，无职掌，为契丹最尊之官，终辽之世仅授耶律氏三人，即曷鲁、屋质和仁先；北、南枢密院，为辽朝最高行政机关，各设枢密使为长官，分掌契丹的军政和民

河北宣化辽墓壁画《备茶图》
墓主张世古为燕地汉族大户，画中汉人妇女与契丹女子同处一家，共同备茶。

政；北、南宰相府，分别以后族与皇族为北府宰相与南府宰相，佐理军国大政；北、南大王院，设北、南院大王，分掌契丹各部族的军民之政；北、南宣徽院，各设宣徽使为长官，职掌略同工部；大惕隐司，长官为惕隐，掌管皇族的政教事务；夷离毕院，设夷离毕主管刑狱事；敌烈麻都司，长官为敌烈麻都，主礼仪；大林牙院，设都林牙、林牙承旨、林牙，主契丹文翰诏令。

南面官制也称"汉制"，主要有：枢密院，由汉儿司改，以枢密使为长官，掌汉人兵马之事；尚书省，设尚书令，下有左右仆射、左右丞、左右侍郎及六部，主管赋税财政；政事省，后改名中书省，设同中书门下平章事、参知政事，管理汉人官民的一般政务；门下省，设侍中、常侍，为有名无实的机构；

御史台，设御史大夫、中丞等，名义上纠察百官，但也形同虚设（实际纠察权归北面官中的中丞司）；翰林院，掌皇帝汉文书翰，有总知翰林院事、翰林学士、翰林学士承旨，契丹士人任此职者称南面林牙。

辽朝的南北面官制也贯彻于地方统治中。契丹人和其他游牧民族地区实行部族制，五院部、六院部、乙室部和奚六部为四大部族，其他还有数十个小部族，各部族在地方上逐级设节度使司、详稳司、石烈（相当于县）和弥里（相当于乡），分别设节度使、详稳、石烈夷离堇（或令隐）、辛衮为其长。汉人和原渤海人地区则实行州县制，大体采用唐制，分设刺史、县令。大致从辽太宗时期，就确立了"因俗而治"的立国原则，南北面官制业已健全，立朝时，皇帝与南面汉官用汉服，太后与北面契丹臣僚则契丹服饰，"以国制治契丹，以汉制待汉人"。辽朝的南面官制大体以唐制为主，后又兼用宋制而略加变通，故而官名略有紊乱。担任南面官的也颇有契丹人，他们也称汉官，也着汉服。而汉人出任北面官的凤毛麟角，其中当然有民族猜防的因素在。

次说五京建置。辽太祖建皇都，后经扩建，北城为皇城，南城为汉城，其城市布局不同于汉地城市的"前朝后市"，而采取"前市后朝"的设计，正体现了契丹"东向而尚左"的习俗。会同元年（938 年），太宗改为上京，治临潢府。同年，后晋献燕云十六州，太宗将幽州升为南京，即治幽州府（后改称析津府，即今北京）；而将原来监控东丹王的南京改为东京，治辽阳府（今辽宁辽阳）。统和二十五年（1007 年），辽圣宗仿长安与开封等中原都城的规制，建造中京，治大定府（今内蒙古宁城西南）。重熙十三年（1044 年），辽兴宗升大同军为西京，治大同府（今山西大同）。至此，五京皆备，全国以五京为中心，划为五道。五京既是行政首府，又是经济中心、交通要冲和军事重镇。当然，各京的作用也有所侧重：上京是名义上的皇都；中京则担负起接纳北宋、西夏和高丽等国来使的功能；东京显然是为了控制东北渤海故地；西京更多具有镇抚西南的军事作用，故多边防官；南京是接受中原文化的主要窗口，在五京中规模最大，经济发达，商贸繁荣，因而财赋官比东京还多。辽朝的五京建置后为金朝直接继承。

然而，辽史专家却说：五京之中的任何一京都没有在政治上成为全国最高的司令台。这是否故作惊人之语，还要从辽帝的四时捺钵说起。契丹皇帝在建国以后依旧保持着游牧民族四时转徙、车马为家的生活方式，采取四时巡狩制。

每到巡狩地的居所，即称"捺钵"，系契丹语"行在"和"行宫"之义。因自然气候等条件，辽帝四时各有捺钵之地，有时同一季内的捺钵地也无定所。春捺钵往往在鸭子河泺（在今吉林大安境内），夏捺钵多在吐儿山（今大兴安岭南麓），秋捺钵常在伏虎林（今内蒙古翁牛特旗东），冬捺钵一般在广平淀（今内蒙古奈曼旗东北）。捺钵期间，辽朝中央的北面臣僚都须随从，南面官则只有枢密院和中书省的要官前往。四时捺钵中以冬夏两次最为重要，军国大政都在这时的南北臣僚会议上讨论决定。因而，在某种意义上也可以说，捺钵才是辽朝重大政令决策颁布的政治中心。

斡鲁朵宫帐制是辽朝颇具特点的兵制。斡鲁朵，契丹语"帐幕"的意思。辽太祖即位，深感宿卫阙弱，就从各部族和汉人州县划拨领地，调发精壮，组成直隶的宫卫，称为算（意即心腹）斡鲁朵。据《辽史·营卫志》指出：其后，"辽国之法，天子践位，置宫卫，分州县，析部族，设官府，籍户口，备兵马"，每个皇帝都建立自己的斡鲁朵，各有不同的命名。契丹九帝，另加长期摄政的述律皇太后和承天皇太后（景宗皇后），还有圣宗的皇太弟耶律隆庆，圣宗时期的丞相耶律隆运（即韩德让）也仿宫帐之例置文忠王府，整个辽朝先后共置十二宫一府。

斡鲁朵有直属的军队、民户、奴隶和领地，构成一个完全独立的经济军事单位。他们入则居守，出则扈从，皇帝死后则扈从后妃宫帐，守护陵寝，而原斡鲁朵领有的奴隶、财产由家族后代继承。组成斡鲁朵的宫户（也作宫分户），既有契丹人的正户，也有契丹族以外的蕃汉转户，他们除了向本宫分提供劳役和赋税外，成年男子随时准备应征参战，大约每四丁还须遴选出骑兵一名。

斡鲁朵骑军战时作为皇帝亲军，在皇帝死后则仍为继位天子掌握。这样，宫卫骑军的数量就随着新皇帝的不断继立而逐步增加，到辽朝中叶就转化为宫卫骑军制。五京和奉圣州（今河北涿鹿）、平州（今河北卢龙）都设有提辖司，以便能够随时召集散布在当地或附近各斡鲁朵的宫卫骑军，去应付突发的战事或变乱，所以《辽史·兵卫志》说：一有兵事，"不待调发州县、部族，十万骑军已立具矣"。可见，宫卫骑军既是宿卫皇帝的精锐武装，也是保卫辽朝的重要力量。而斡鲁朵宫帐制也直接影响了后来蒙元的斡耳朵、怯薛制。

辽朝不仅官分南北，而且律分蕃汉。凡不同民族之间发生刑法案件，统一用汉律断案。一般情况下，蕃律施行于契丹和其他民族，汉律适用于汉人和原

宣化辽墓张世卿壁画侍卫像
相较左侧侍卫，右侧侍卫明显具有少数民族的容貌特征。

渤海人。辽初汉律沿袭唐律，中期以后则用宋律，这有诏为证："汉儿公事皆须体问南朝法度，不得造次举止"。"不得造次"云云，活现了辽朝皇帝对汉律独立性的高度重视。

实际上，历史上每一个民族，每一个国家的社会制度无不具有自己的特色。在具有契丹特色的若干制度中，从南北面官制到蕃汉律并用，不妨视为一国两制的古代模式，其中充分反映出契丹统治者治理这一蕃汉多民族统一国家时所表现出来的令人赞叹的创造性。谁能说少数民族的制度创造力就不如汉族！

○五

燕云十六州

　　辽太祖去世那年，中原恰是后唐明宗即位，他是五代少数值得称道的君主之一。辽朝平州（今河北卢龙）守将卢文进原来就是以唐卢龙节度使身份归附的，在这种形势下，因部下思归、明宗召诱和述律太后的滥杀将领，就在辽太祖去世当年，他率士卒十万、车帐八千重归后唐。平州控扼山海关，是契丹骑兵可以随心所欲地出入长城的主要通道。而后唐控制了平州，就可以把契丹骑兵完全阻挡在长城以外。

　　辽太宗深知平州的军事意义，天显三年（928年）正月，即遣将夺回了平州。四月，后唐义武节度使王都以定州（今河北定县）投附契丹。明宗即命王晏球进讨，契丹也派秃馁率万骑来救，经过反复较量，次年二月，唐军收复定州，王都举族自焚，秃馁被生擒处斩。其后多年，契丹不敢轻易南下。定州争夺战表明：中原国家对于游牧民族的强大骑兵也不是绝对不能战胜的。

　　后唐明宗在继承人问题上却有失明断，他有一大帮儿子、养子和女婿，大多具有觊觎帝位的实力和野心。他一去世，后唐就陷入皇位争夺危机中。清泰元年（934年），明宗的养子、潞王李从珂起兵，把继位不到半年的明宗的儿子、闵帝李从厚给杀了，自立为帝。镇守太原的河东节度使石敬瑭作为明宗的女婿，也是一个有实力的军阀，李从珂十分忌防他，却不擅驾驭笼络，还公然激化矛盾。石敬瑭的妻子入朝贺寿毕，当殿辞行，从珂竟当她面说："急着回去，不要是与石郎造反罢？"

　　清泰三年五月，从珂将石敬瑭移镇郓州，并急着催他赴任。此举用意过于露骨，早有异心的石敬瑭当然不愿束手就范。他的掌书记桑维翰和都押衙刘知远等都指望在主子称帝中分一杯羹，竭力鼓动他揭出反旗。桑维翰教唆道："契丹主近在咫尺，你能诚心屈节，朝呼夕至，何患不成？"于是，石敬瑭公开反叛，后唐派张敬达围攻太原。为解除后唐大军讨伐他的困境，石敬瑭不惜向辽朝乞求援兵，令桑维翰草表向辽太宗称臣，并以父礼事奉，答应灭唐以后将卢龙一道和雁门关以北诸州割让给契丹。辽太宗见中原有隙可乘，大喜过望，答应秋高马肥时即倾国赴援。

九月，唐军在雁门关等险要隘塞居然不设防，辽太宗亲率五万骑军长驱直入，直抵太原城北。当晚，石敬瑭出北门拜见比自己年轻十岁的辽太宗，"论父子之义"，"恨相见之晚"。次日，石敬瑭和辽军对张敬达的后唐军完成了反包围。

十一月，经过一番交易，辽太宗决定立石敬瑭为晋帝，作为交换条件，石敬瑭向辽太宗称臣、称子，把燕云十六州割给契丹，每年向辽纳帛三十万匹。所谓燕云十六州是北宋以后的习称，当时包括幽州（今北京）、蓟州（今河北蓟县）、瀛州（今河北河间）、莫州（今河北任丘北）、涿州（今河北涿县）、檀州（今北京密云）、顺州（今北京顺义）、新州（今河北涿鹿）、妫州（今河北怀来东南）、儒州（今北京延庆）、武州（今河北宣化）、云州（今山西大同）、应州（今山西应县）、寰州（今山西朔县东北）、朔州（今山西朔县）、蔚州（今河北蔚县西南）。

打开地图，即可发现这十六州都连绵分布在长城南侧，其中莫、瀛两州还深入到河北平原的腹地。在古代战争中，骑兵对于以步兵为主力的中原军队无疑具有绝对的优势；而在军事地理上，长城对于北方游牧民族骑兵的南下则能起到防御屏障的作用；而紧挨长城南侧的燕云十六州是长城防线赖以存在的有力依托，与长城构成唇齿相依的关系。如今这十六州划归了契丹，不仅使得今河北蓟县逶迤直到今山西朔县的千余里长城防线都成为辽朝境内的摆设，而且把长城南侧可以在军事上布防的隘塞险要也一并拱手让给了辽朝。这样，辽朝控制了长城，占领了燕云十六州，就像把守了中原王朝的北大门一样，随时可以长驱深入，直捣中原腹地。其后，不仅华北平原，而且整个中原王朝就完全敞露在北方铁骑的攻击力下，彻底处在屏障尽撤、无险可守的境地。

石敬瑭割弃燕云，自坏长城，直接导致了宋朝在宋辽对峙中始终处于劣势地位，也直接导致了金朝能轻而易举地灭亡北宋，从而再度形成宋金之间南北朝的局面。也可以说，两宋三百余年的外患局面都是石敬瑭此举种下的恶果。

石敬瑭个人之无耻自不待言，王夫之痛斥他："德不可恃，恃其功；功不可恃，恃其权；权不可恃，恃其力；俱无可恃，所恃以偷立乎汴邑而自谓为天子者，唯契丹之虚声以恐喝臣民而已。"石敬瑭对历史也是千古罪人，这点并不因为现在是多民族统一国家而可以一笔勾销，问题还要放到当时的历史环境中去考察。当时，中原国家与契丹分明是敌国，石敬瑭为了自己能做中原王朝的儿皇帝，不惜出卖国家和民族的利益，由于他的无耻举动，中原社会经济在数百年间蒙受巨大的损失，历史发展因此增加了许多负面的变数，石敬瑭对此是不能辞其咎的。

燕云十六州划归辽朝，对契丹来说，其军事意义自不待言；作为与中原文化交流的重要的桥梁和窗口，其作用也是显而易见的。最具意义的是对契丹立国的深远影响。可以说，倘若没有燕云十六州，契丹充其量只是北方边境的一

宣化辽墓壁画《出行图》
左为契丹人，右为汉人，表现了燕云地区社会经济文化中的民族融合。

个民族政权。而燕云州县的并入，使辽朝增加了一个具有封建传统的新组成部分，采用原先的头下州军的办法，显然不能长久有效地统治这一地区。于是就有了一系列更为深刻的统治政策的全面调整，包括政治制度、经济结构、法律规定和文化习俗诸方面。

燕云州县的封建农业经济在契丹社会经济中始终是相对独立的，并占有举足轻重的地位。一方面，它作为社会经济的先进模式，刺激和引导着头下州县乃至契丹全境的封建化进程；一方面，它作为辽朝最先进的经济区，是契丹得以在北方立国并与中原王朝以南北朝抗衡的不可或缺的经济支柱。同是燕云十六州的归属，对于中原与契丹的利弊得失就是这样牵一发而动全身。

闰十一月，后唐赵德钧与子延寿率领援军逗留不进，暗地也效法石敬瑭，与辽太宗做起了交易，希望辽朝立他为帝。辽太宗见其兵力颇强，便脚踩两只船，也拟允诺。石敬瑭听说，唯恐被唾弃，即派桑维翰面见辽太宗，诉说赵德钧不忠于唐、不信于辽，而许诺自己若得天下，"将竭中国之财以奉大国"。辽太宗表示"兵家权谋不得不尔"，桑维翰跪在太宗帐前，自旦至暮，涕泣力争，太宗这才指着帐前的石头对赵氏使节说："我已许石郎，石头烂，才可变。"

其后，辽军不仅攻克了被围八十余日的张敬达部队，并将赵德钧的援军悉数歼灭。太宗对石敬瑭说："我若南进，河南之民一定惊骇。你自引兵南下，我派五千骑护送你入洛。我且留在太原，等洛阳平定，我才北归。"临行，辽太宗与石敬瑭宴别，再次执手约为父子，并告诫道："子子孙孙，各毋相忘。"听到石敬瑭整军南来，李从珂举族自焚而死，后唐灭亡。

辽太宗这才班师，他这次南攻，可谓是志满意得。对他来说，扶立石敬瑭并非与其有特别的情义，他一度准备利用存有二心的赵德钧，就是例证。作为辽朝皇帝，只要谁能出好价钱并与辽朝死心塌地结盟，他就立谁。而石敬瑭贡献燕云十六州，称臣称子，所允诺的两方面条件都已难加码，他才选了石敬瑭。

石敬瑭在位七年，真像龟儿子一样侍奉辽朝，每年除岁币外，赠送珍玩，不绝于道，甚至对契丹的太后、太子、诸王、大臣都各有进奉。辽朝小不如意，就严词谴责，但他仍小心谨慎，唯恐闪失。因而辽太宗对他还颇满意，让他上表不必称臣，只须自称"儿皇帝"就可以了。

后晋向辽割让了雁门关以北的州县，原在这一地区的吐谷浑也归辽朝管辖，但因不堪契丹统治的苛虐，颇有族帐再度奔归后晋。辽朝屡责后晋纳降，晋高祖石敬瑭卑词解释,忧恐得病,会同五年（942 年）,一命呜呼,其子石重贵即位,是为后晋少帝。

因拥立有功的景延广建议,后晋告哀表章向契丹称孙而不称臣。辽太宗见表大怒,他当初确也让石敬瑭只称儿不称臣,但这是恩准的,你继位者不经许可岂能如此? 于是遣使责问,景延广回答说："高祖是大辽所册,今主乃我国自立。为邻称孙则尚可,奉表称臣则不可。"辽太宗闻报,便有教训后晋的打算。而投靠契丹的赵延寿称帝中原梦还未破灭,一再鼓动南击后晋,辽太宗被说得心动。

会同七年正月,辽太宗命赵延寿率前锋五万骑,自率大军南下攻晋。现在,辽骑越过长城真是易如反掌,未几,辽太宗就在元城（今河北大名）建牙帐,对前来求和的晋使说,后晋必须割让河北诸州。见后晋没有回应,便进军至澶渊（今河南濮阳）,双方激战,互有胜负。时已三月,黄河开冻,辽骑不便久留,只得回师南京（今北京）,所过方圆千里,民物焚掠殆尽。这次南下,已把六十年后澶渊之役的景况预演了一番。

契丹连年攻晋,中原饱受兵燹肆虐,契丹也人畜损失严重,双方都深受战争之苦。述律太后问太宗："你为什么要做汉人之主? "答曰："石晋负恩,不可容忍。"太后又说："你即便得到汉地,也不能居住。万一有蹉跌,后悔不及! "她对臣下说："汉儿怎么能睡安稳觉啊! 汉儿果能回心转意,我们也不惜与他们议和! "后晋再派使者上表称臣,卑辞谢罪,但辽太宗却不肯善罢甘休,提出议和条件:一是景延广亲自赴辽谢罪,二是割让镇、定两道归辽。后晋认为契丹缺乏和意,也就没了下文。

会同九年（946 年）深秋,辽太宗大举南下,与前来迎战的后晋杜重威军在滹沱河中渡（今河北石家庄北）夹河对峙。辽太宗分兵将晋军包围起来,断其粮道和归路。眼看内外隔绝,粮尽势穷,杜重威派人到契丹牙帐谈投降条件。辽太宗再次以"帝中国"为诱饵,十二月,杜重威率二十万大军束手投降。扫除了南进障碍,辽太宗便麾师直取后晋都城东京（今河南开封）。

会同十年(947 年)正月元日,辽太宗在东京封邱门外接受晋少帝举族出降,降封晋少帝为负义侯,将其与家人押送至黄龙府（今黑龙江农安）羁管,后晋灭亡。随即入城,在御元殿受朝贺。他问群臣："我想选一人做中原之君,如何? "群臣都表示:天无二日,愿意拥戴他君临中国。于是,二月初一,他改服中原皇帝衣冠，用中原王朝礼仪接受蕃汉群臣的朝贺，改国号为大辽，改年号为大同，有久据中原之意。

太宗对群臣说："自今不用甲兵，不买战马，轻赋省役，天下太平！"然而，他的所作所为却与太平大同的许愿完全是南辕北辙的。他下令在京城和诸州检括士民钱帛，名义上说是赏赐给契丹士兵的，实际上却藏之内库，准备运回契丹。当有人建议给契丹骑兵发粮饷时，他依然纵容骑兵四出剽掠，实行契丹"打草谷"的旧法，东京、洛阳数百里间财畜被抢劫一空。中原人民不堪契丹的暴行，发誓要把契丹兵赶回去，不断群起袭击辽兵，并攻克了宋州（今河南商丘）、亳州（今安徽亳县）、密州（今山东诸城）。

辽太宗不得不承认："我不知中原之人如此难制！"于是，他改变初衷，把一些节度使打发回原先的驻地，自己打算回辽国去。三月，辽太宗率领大军，捆载着图书、仪仗等后晋库藏浩浩荡荡北归，随同北上的还有后晋官员、方技、百工、宫女、宦官数千人。这一场景也几乎是一百八十年后靖康之变的预演。

四月，在回师的路上，辽太宗亲见所过城邑多为废墟，感慨地说："导致中原如此，都是赵延寿的罪过啊！"这当然是推托责任之言，但他也终于说出之所以不能在中原立足的原因："我有三失，难怪天下要背叛我。一失是诸州括钱；二失是令契丹人打草谷；三失是没有及早派各节度使回镇守之地。"行至杀胡林，辽太宗病死。为防止尸体腐化，他被开膛剖腹，放盐数斗，汉人称之为"帝羓"（即皇帝肉干）。

契丹大军被赶回了辽境，但只要燕云十六州仍在辽朝手里，类似后晋灭亡的阴影，随时在中原王朝的头顶上盘旋。其后的历史确实一再重演了相似的片断。

〇六

陈桥兵变

清人查慎初诗云："千秋疑案陈桥驿，一著黄袍便罢兵。"要说宋太祖赵匡胤代周的陈桥兵变，还得从他在后周末年的实力地位说起。

赵匡胤出身于将门，祖籍虽是涿州，却出生在洛阳夹马营，至于《宋史》本纪说他生时"赤光绕室"之类的话头，令人想起刘邦斩蛇的故事，那是后来的附会。尽管家境还优裕，他却从少年时代就独自走南闯北。这是一个靠武力和兵权夺天下的动乱年代。后汉乾祐元年（948 年），他投到枢密使郭威的帐下当一个普通士兵，开始其戎马生涯。郭威建立后周，赵匡胤受到郭威的养子柴荣的赏识。显德元年（954 年），周世宗柴荣继位不久，匡胤因战功卓著，两年以后就升至殿前都指挥使。

跻身禁军高级将领的赵匡胤，开始发展自己的势力。匡胤任职的殿前司系统，兵员虽少于侍卫司，却是禁军的精锐所在。匡胤的父亲赵弘殷卒于显德三年，位至侍卫马军副都指挥使，因而匡胤在侍卫司里也有盘根错节的关系。他以拜把子兄弟的方式，团聚了一批生死与共的铁哥们，号称"义社十兄弟"。

这十兄弟是杨光义、石守信、李继勋、王审琦、刘庆义、刘守忠、刘廷让、韩重赟、王政忠和赵匡胤。这些人大多是后汉初年投奔郭威麾下的，现在已是禁军中手握兵权的中高级将领，而赵匡胤是他们的领袖。除了义社十兄弟，匡胤还有不少身为禁军将领的好友，例如慕容延钊、韩令坤、高怀德、赵彦徽、赵晁等。这张名单与任职足以说明：代周前夕，匡胤已在后周禁军中形成了自己的势力集团。

与此同时，赵匡胤也蓄意构筑自己的智囊班底，其首席人物当然就是那位鼓吹"半部《论语》治天下"的赵普，其他还有匡胤之弟赵光义和吕余庆、刘熙古、沈义伦、李处耘、王仁赡、楚昭辅等。

除了赵匡胤，当时觊觎皇位的至少还有二人。一是张永德，周太祖郭威的女婿，一是李重进，郭威的外甥。郭威去世前，任命张永德为殿前都指挥使，让李重进担任马步军都虞侯。高平之战后，赵匡胤奉世宗之命整顿禁军，把武艺超群者选入殿前司，殿前司的实力和地位进一步上升。但张永德官职依旧，他对李重进升为马步军都指挥使大为不服，向世宗密告重进有"奸谋"，挑明了两人的勾心斗角。世宗便特设殿前都点检让永德担任，让他在地位上与李重进平起平坐，而他的殿前都指挥使就由匡胤顶替了。

显德六年，周世宗在北征契丹的途中，忽从地中得一木牌，上书"点检做"，联系京师流传的"点检作天子"的谣传，很显然是中伤张永德的。这块一箭双雕的栽赃木牌出自谁手，只有两种可能性，一是李重进一派，一是赵匡胤一派。但后者可能性更大，因为赵匡胤属于张永德派系，要完全摆脱永德的控制，必须把他从殿前司最高的位置上拉下来，自己取而代之；赵匡胤北征时始终拱卫在世宗身边，最有机会做手脚。

世宗北征回京，即身染重病，安排后事。他命宰相范质、王溥参知枢密院事，魏仁浦兼枢密使，三相并掌军政大权，以辅佐年仅七岁的幼主。武臣方面，他命李重进率部防御河东，罢免了永德殿前都点检之职，让他出镇澶州，而改命匡胤任殿前都点检。世宗对张、李固然不信任，对赵匡胤也是忌防的，下令军务由侍卫马步军副都指挥使、同平章事韩通裁决。世宗托孤的文武大臣很明确，张、李、赵都不在其列。

六月，世宗去世，恭帝即位。不久，李重进移守扬州，张永德改镇许州。这时，殿前司前四位实力将领依次是都点检赵匡胤、副都点检慕容延钊、都指挥使石守信、都虞侯王审琦；侍卫司前五位实力将领依次是侍卫马步军都指挥使李重进（在扬州）、副都指挥使韩通、都虞侯韩令坤、马军都指挥使高怀德、步军都指挥使张令铎。可见在京城的禁军两司将领，除了韩通，基本上都是赵匡胤的结义兄弟或好友。

五代仅五十三年，先后竟出了十四位君主，而禁军将领在政权更迭中起了决定性的作用，也分获了巨大的好处。五代皇帝多由军将拥立，已成惯例。原因就是赵翼在《廿二史札记》里所说："王政不纲，权反在下，下凌上替，祸乱相寻，藩镇既蔑视朝廷，军士亦胁制主帅，古来僭乱之极，未有如五代者。"

周世宗死后，主幼国疑，一场新的政变在酝酿中。

十一月，镇州（治今河北正定）、定州（治今河北定县）上奏说：契丹与北汉联合进攻边境。显德七年正月初一，后周朝廷派殿前都点检赵匡胤带兵北上抵御。

一般都说这一军情是谎报的，也有人认为不可能谎报军情，因为二州节度使郭崇和孙行友不属赵氏集团，不可能合谋谎报；即便合谋谎报，后周也未必一定派赵匡胤出征。实际上，是否谎报军情并不重要，这只不过给陈桥兵变提供一次契机而已，而契机总是可以寻找的。

大军将出，都城已传开了谣言："将在出征之日，册立点检为天子。"一个号称谙知天文的军校名叫苗训，也指点了"日下复有一日"的天象，宣传开了改朝换代的"天命"。

初三晚上，大军抵达开封东北四十里的陈桥驿，将士们相聚议论道："主上幼弱，我们出死力破敌，有谁知道？不如先册立点检为天子，然后北征，为时未晚！"都押衙李处耘把将士意图报告给匡胤之弟、时任供奉官都知的赵光义和匡胤的掌书记赵普，他俩是这次兵变的直接指挥者。

见军心已被煽动起来，赵光义与赵普一方面派快骑入京，通知匡胤的死党殿前都指挥使石守信和殿前都虞侯王审琦，让他们做好应变的准备；一方面部署诸将，环列待旦，准备拥立劝进。

次日黎明，诸将校露刃环立匡胤帐前，光义与赵普入内，匡胤才作乍醒欠伸状，黄袍已加其身。赵匡胤说："你们贪图富贵立我，必须听我命令。不然，我不能做你们的主上。"接着，他颁布了入京以后的约束，率大军返回开封。

城门早在石守信的控制之下，大军顺利入城。时正早朝，韩通闻变，还没来得及集结军队应变，就被殿前司勇将王彦昇率兵迫逐，合家被杀。这是后周将相中唯一的反抗行动。

当宰相范质、王溥被军士挟持来见时，赵匡胤还辩说自己被六军所迫，惭负天地。列校罗彦瓌不等二相回答，就扬剑道："我辈无主，今日必得天子。"于是，当日就行禅代礼，正愁没有禅让的文告，原后周翰林承旨陶谷从袖中拿出事先拟就的禅位诏。赵匡胤完成了禅让大礼，他就是宋太祖。

在宋代官方文献中，都把陈桥兵变说成是赵匡胤事先完全不知内情的，以便洗刷篡夺政权的千古骂名。实际上，赵匡胤完全是预知兵变的主谋，有关蛛

陈桥兵变遗址（在今河南开封北）

丝马迹也并没有抹尽。例如，大军将出之际，为何先有"点检作天子"的谣传？
为何军将（或说是高怀德）和陶谷敢于预备足以杀身的黄袍和禅位诏？还有两
件家庭佚闻也泄露了天机。

其一，北征前夕，点检作天子的谣传令京城人心惶惶，富室或举家逃匿外州，
赵匡胤密告家人，说："外间汹汹，将若之何？"他的姐姐拿起擀面杖要揍他，
说："大丈夫临大事，可否应自作主张。到家来吓唬妇女干吗？"

其二，赵匡胤兵变成功，回师京城，有人报其母杜氏，她说："我儿素有大志，
今天果然。"两事也都证明赵匡胤是预知其事的幕后谋主。赵匡胤之所以在代
周以后遮遮盖盖，还是拘泥于儒家正统思想。实际上，他后来的开国措施结束
了五代政局动荡和政变频仍的局面，有功于历史甚多，后人已经并不在意他如
何得位的细枝末节了。

次日，因赵匡胤曾任后周归德军节度使，归德军治所在宋州（今河南商丘），
故定国号为宋，改元建隆，仍定都开封。五代除后唐建都洛阳，其他四朝皆都
开封。除了北边还有黄河，开封所处的地理位置基本上是易攻难守，故而直到
宋太祖晚年，还有迁都之议。开宝九年（976年），他准备迁都洛阳，群臣力
谏不便，太祖表示将来还要再迁都长安，理由是"欲据山河之胜而去冗兵"（还
有一个原因，据说是为了避开其弟光义在开封形成的势力集团）。光义谏曰："在
德不在险。"太祖默然良久，放弃了迁都的打算，说："不出百年，天下民力殚
矣！"

确实，从军事地理学上看，定都开封的先天不足是显而易见的。它势必要
求有重兵拱卫京畿，造成守内虚外的结果。而澶渊之盟、靖康之变，也与开封
四战之地的地理条件息息相关。但从经济地理角度看，定都开封已成为不可逆
转的趋势。这是因为：晚唐以来国家财政主要仰赖江南经济，而江南漕粮能够
顺抵开封，却难到洛阳。太祖在吴越献宝犀带时说："我有三条宝带，一是汴河，
一是惠民河，一是五丈河。"首当其冲的汴河就是连通大运河以专运江南漕粮的。
因而，太祖最终放弃迁都洛阳、再迁长安的计划，只得定都开封，自有其不得
已的苦衷。

再回到太祖开国的话题上来。太祖代周，有两个握重兵在外的将领并不买
账。一个是驻守潞州（今山西长治）的原后周昭义军节度使李筠，一个就是以
侍卫马步军都指挥使驻守扬州的李重进。太祖即位后，即遣使加两人中书令的

荣衔，试图稳住他俩。

李筠先是拒见使者，既而会见使者时对着周太祖郭威的画像涕泣个不停，却犹豫不敢立即起兵。其后，他与后周的世仇北汉结盟，迟至四月才公然揭旗反宋。他命其子守节镇守潞州，大军兵锋直指开封。太祖派石守信、高怀德等分道迎击，扼断其退入太行山的关隘。六月，太祖亲率大军进讨。李筠退保泽州（今山西晋城），城被攻破后，他投火而死。宋军进攻潞州，守节投降。

在李筠举兵以后，李重进派亲吏翟守珣前往联络。不料守珣先到开封见了宋太祖，太祖让他说服李重进暂缓发兵，以免南北呼应，局面复杂。守珣回去照办，重进信以为真。太祖遣使赐重进铁券誓书，重进竟准备治装入朝，被左右劝阻，这才拘留了宋使，修城缮兵，还向南唐求援。九月，李重进在扬州起兵。其时李筠之乱早被平定，正给太祖一个出兵平叛的理由。十一月，太祖亲率大军围扬州，当日破城，李重进合门自焚而死。

《宋史》把二李与韩通并列为周三臣，实际上三人并不能一概而论。韩通死于赵宋禅代之际，称得上是后周的忠臣，宋太祖赠官礼葬，也是表彰其节概。据说，太祖见到开宝寺壁画中韩通的画像，即命人涂去，在韩通面前，太祖自知是有愧于后周的。而二李不在宋太祖禅代之际起兵，于传统的忠义已经有亏，却举旗于局面安定之后，对天下的大势更是昧然。尤其是李重进，完全出于一己的盘算，进退踟蹰，举措乖张，结局可以想见。说二李是逆潮流而动的叛乱，绝不算冤枉。

宋太祖削平二李，使那些心怀不满而势力不大的地方藩镇不敢再萌反志，标志着宋代后周的最终完成。

○七

杯酒释兵权

　　后人往往用这一题目来标举宋太祖收兵权，实际上犯了以偏概全的毛病。太祖收兵权可分为两部分，一是内罢典领禁兵的宿将，一是外罢拥兵自重的藩镇。这里说的杯酒释兵权仅仅是关于前者的故事，至于后者将另有细说。

　　五代后期，发动兵变篡夺皇位的，主要已不是在外拥有兵权的藩镇节度使，而是在中央典领禁兵的宿将。太祖自己就是以殿前都点检发动兵变取代后周的，他何尝不明白这点。因而宋代后周不久，典领禁军的宿将就有一番调整。

　　韩令坤和慕容延钊分别出任侍卫亲军司和殿前司的最高将领，不过，太祖有意派他们领兵在外，使他们难有作为。石守信和高怀德成为侍卫亲军司和殿前司的实际上的最高长官，石守信是太祖的义社兄弟，高怀德则在当年成为太祖的妹夫。太祖还把另一个义社兄弟王审琦提为殿前都指挥使，让自家兄弟赵光义顶替了审琦出缺的殿前都虞侯。这样，除了马军都指挥使张光翰和步军都指挥使赵彦徽外，禁军两司都控制在太祖亲信的手中。

　　到建隆元年岁末，太祖又以义社兄弟韩重赟和心腹将领罗彦瓌取代了两人。对后周时在禁军中声望资历不在己下的韩令坤和慕容延钊，太祖还是放心不下，建隆二年闰三月，他决定不再任命自己出任过的殿前都点检，同时以石守信替代了韩令坤，从而使禁军高级将领成为太祖清一色的嫡系亲信。

　　太祖认为，由亲朋故友执掌禁军，就不再会发生推翻宋朝的兵变。开国宰相赵普却不以为然。君臣有一段对话。太祖说："他们肯定不会背叛我的，你何必那么担忧呢？"赵普说："我倒不是担心他们反叛，只恐怕他们不能控驭部下，军伍间万一有作孽者，到那时就由不得他们了。"这几乎是以陈桥兵变的前例来提醒，太祖立即领悟了。

传钱选《蹴鞠图》（上海博物馆藏）

画中右一蹴鞠者为太祖，与太祖对蹴者为赵普，正面居中观看者为太宗，
一说其他三人左起为楚昭辅、石守信与党进，以"君臣蹴鞠"的场景营造
出兄弟友于、君臣同心的表像。

　　建隆二年七月，一天晚朝结束，太祖与石守信、王审琦等故人饮宴，待酒
酣耳热之后，他屏去侍从，对这些禁军宿将说："我没有你们，就没有今天。
但做天子也太艰难了，倒不如当节度使来得快活。我现在是长年累月不敢睡上
一个安稳觉呵！"

　　守信等人忙问何故，太祖说："这不难明白。天子这个位置，谁不想坐坐呢？"
守信等都叩头道："陛下何出此言！如今天命已定，谁敢再怀异心！"

　　太祖说："你们没有异心，你们麾下的人要贪图富贵怎么办？一旦把黄袍
加在你身上，你要不干，也办不到呵！"宿将们知道受到猜忌，弄不好就有杀
身之祸，便一边叩首，一边流泪，请求太祖指示生路。

　　太祖开导道："人生在世，就如白驹过隙。所以企求富贵的人，不过多积
攒点金银，自个好好享乐，让子孙也不再贫乏。你们何不放弃兵权，出守大藩，

选择好的田宅买下来，为子孙置下永久的基业；再多收些歌儿舞女，每天饮酒作乐，以终天年。我与你们互结婚姻，君臣之间，两无猜疑，上下相安，岂不很好？"

将领们见太祖交代得如此明白具体，次日，石守信、高怀德、王审琦、张令铎、罗彦瓌等都上疏称病，求解兵权。太祖一概允准他们出镇地方为节度使，除天平节度使石守信还名义上保留侍卫亲军马步军都指挥使的空名外，其他宿将的禁军职务都被撸去了。到建隆三年，石守信的虚名也被剥夺了，从此，侍卫亲军马步军都指挥使这一职位不再任命。

为了履行互结婚姻的诺言，太祖将自己的两个女儿分别许配给石守信和王审琦的儿子，又让其弟光义做了张令铎的快婿。太祖通过政治联姻，让这些高级将领消弭离心倾向，共保富贵。这就是罢去宿将典禁兵的"杯酒释兵权"。

不过，有史家考证，太祖虽有收宿卫大将兵权一事，但酒酣耳热的那个细节纯属戏剧化小说性的传闻。我们尽可忽略"杯酒"的细节，而关注"释兵权"的本质。实际上，太祖在这里推行的是经济赎买政策，即以土地财货收购兵权。其后宋代武将普遍热衷于兼并土地，贪黩财货，与这一赎买政策也不无关系。

从上表可以发现，杯酒释兵权后，禁军发生明显变化。

其一，禁军将领权势大为削弱。原先九个将领减为四个，殿前司的正副都点检和侍卫亲军司的正副都指挥使，不再设置，侍卫马步军都虞侯长期空缺。仅剩下四个职位较低的将领，朝廷也总是任命资历浅薄、才干平庸的将领充任，例如韩重赟、刘廷让、崔彦进、张琼，都是比较容易驾驭的，不能对皇权构成威胁。

有一个故事可以为证。乾德元年，太祖曾打算召符彦卿典掌禁军，赵普极力反对，以为彦卿在后周末已为藩镇，又是周世宗的岳父，名位太盛，不宜再委以禁军兵柄。太祖说："你为何总怀疑彦卿？我待他不能再好，他岂能背叛我！"赵普说道："陛下何以有负周世宗！"太祖默然无语，收回成命。

其二，禁军三衙体制开始形成。由于侍卫亲军司不设正副都指挥使，自然分为侍卫马军司和侍卫步军司，再加上殿前司便合称"三司"，也称"三衙"，侍卫马军都指挥使、侍卫步军都指挥使和殿前都指挥使构成所谓"三帅"。三衙鼎立，互相牵制，改变了过去由禁军将领一人统率各军的体制，成为宋朝一项基本的军事制度。

　　既然讲到禁军，不妨将宋代兵制的若干问题一并在此说说。太祖时代已逐渐形成枢密院、三衙统兵的新体制。这种体制，用宋人的话来说就是："祖宗制兵之法，天下之兵，本于枢密，有发兵之权而无握兵之重；京师之兵，总于三帅，有握兵之重而无发兵之权"。而每有出征，则由皇帝临战命帅，所任命主帅往往并不是三衙将领。这样，就把兵权一分为三，各有职守，相互制约，宋朝因此没有成为继五代以后第六个由禁军将领发动兵变推翻统治的王朝。不过，利弊往往是共生的，由于统制过严，政出多门，虽然消除了拥兵悍将对中央皇权的威胁，却造成了各自为政、动辄掣肘、缺乏协调、难以统筹等弊病，在相当程度上削弱了宋军的战斗力。

　　禁军是宋朝的正规军，是宋军精锐所在。为了提高禁军的作战力，乾德三年（965年），太祖命全国挑选骁勇善战的士兵，登记造册送至京城，补充禁军缺额。同时选拔强悍士兵作为兵样，分送各地照样募兵。后来又以木梃为高下之等，散发诸州依样遴选。这样就保证禁军中都是身强力壮的士兵。

　　禁军每隔二三年甚至半年就变动驻地，实行所谓更戍法。这时，将领却不随之同行，使得"兵无常帅，帅无常师"。更戍法的目的，一是使士兵均劳逸，知艰难，识战斗，习山川，不至骄惰；二是使兵将分离，防止两者形成根深蒂固的亲党关系，铲除骄兵悍将犯上作乱的内外部条件。然而，兵将分离，更番迭戍，不利于同心协力的战斗团队的形成，其削弱战斗力的消极影响是显而易见的。

　　在兵制上，宋代实行强干弱枝、内外相制的方针。宋代军队分禁兵、厢兵、乡兵和蕃兵四种。禁兵是中央军兼正规军，是主力作战部队，主要布防在京师和军事要地。厢兵在北宋是国家正规军中的地方部队，宋初由各藩镇兵中壮勇编入禁兵以后的老弱者留充，既维持地方安全，也从事各种劳役，因而既是地方军，又是杂役军。乡兵是保卫乡土的非正规地方军，一般按户籍抽调壮丁组成，也有招募的。蕃兵是边境少数民族组成的非正规边防军。

　　所谓强干弱枝，即在部署军队时，无论在数量还是在质量上，京师都比地方要绝对雄厚精良得多，旨在强化京师的保卫力量，弱化地方的武装力量。这一方针与内外相制又是相辅相成的。太祖时，禁兵约二十万，一半驻守京城，一半分驻外地。合京城禁兵足以对付外地诸道的禁兵，因而不会形成外乱；合外地禁兵足以对付驻守京城的禁兵，因而难以酿成内变。此即内外相制。这种内外相制的兵力部署原则，不仅体现在中央和地方的制约上，还表现在京城内外、路州之间和州县之间的兵力和兵种的布防上。

　　总之，太祖削夺兵权、改革兵制的一系列措施，有效保证了宋朝军队的长期稳定，彻底结束了武人乱政的动荡局面，其成效是不言而喻的，但其负面作用也不容忽视。太祖的所有措施，其核心就是"猜防"，猜忌将领，钳制士兵。前面已经说到因制度、人事上牵制而影响到军队的素质和战斗力，还有一个大问题，就是由此形成了宋代猜忌和抑制武将的所谓祖宗家法。因而北宋一代，武人以保身全名为大幸，太宗以后几无名将，唯一值得称道的狄青也遭猜忌而死。其后在与西夏的长期较量中，在面对女真猝然南侵的凌厉攻势前，宋朝在军事上绝无优势可言，与此也是不无关系的。当然，我们不能以后来宋朝军队的缺乏战斗力，来否定太祖削夺兵权、改革兵制的必要性。对其不利影响，似乎更应追究继任者，为什么不能进一步完善太祖的兵制改革，避免其负面作用呢？

○八

卧榻之侧岂容他人酣睡

　　不妨来鸟瞰一下宋太祖初得天下时的政治版图。宋朝北方面对的是辽朝，盘踞山西的北汉与辽结盟，互为犄角，与北宋对抗。南方共有七个割据政权，占有今四川和重庆地区的是后蜀，控制岭南两广地区的是南汉，南唐据有长江下游以南今苏皖南部和江西、福建西部，吴越占领今浙江和上海、福建东北地区，局促在荆南三州的是南平，其南的湖南被武平节度使周行逢所占领，福建东南地区被清源节度使陈洪进所据有，前五个割据政权都属于所谓十国之列，而周行逢、陈洪进的政权还没有列名十国的资格。

　　面对五代以来的割据局面，太祖是有忧患意识和进取精神的。在平定二李以后，十一月的一个雪夜，太祖与弟弟光义密访赵普家，说："我睡不着。一榻之外，皆他人家。所以来见你。"赵普说："南征北伐，正当其时。愿闻成算所向。"太祖说："欲收太原。"赵普沉默良久，再三追问，才说："北汉即使一举而下，则西北边患将由我们独力担当。何不留着它，待削平诸国，弹丸黑子之地，还能往哪里逃？"太祖说："这正是我意。刚才聊以相试罢了。"这就是雪夜访赵普的著名故事，当时定下的统一方略，后人概括为先南后北、先易后难八个字。

　　对这一统一战略，后人曾有非议，以为宋朝坐失进攻契丹、收复燕云的最佳时机。因为当时辽朝军政正处于辽穆宗在位的最腐败时期，而等到北宋统一南方以后，宋太宗北伐契丹时，辽朝已在辽景宗统治下经过十年休养生息，社会政治经济发生了重大变化，军事上涌现了耶律休哥、耶律斜畛等著名将才，攻守之势正向相反方向转化，收复燕云就没有那么容易了。

　　这一议论似有一定的道理，但只是从契丹一方着眼。周世宗临死前夺取北边三关，号为"不世之功"，他本人也认为燕云唾手可得。事有凑巧，世宗当晚突得急病，只得班师还朝。行至澶渊，他迟留不行，似仍留恋着未能实行的北伐。其后不久，周世宗便撒手归天，更使后人扼腕痛惜，把燕云未复归诸天意，认为宋太祖的统一方略违背了周世宗的本意。这实际上是值得商榷的。

其一，周世宗生前执行的也是先易后难、先南后北的统一战略，这一战略是由王朴提出的，宋太祖与赵普不过是这一战略的宋朝版而已。世宗攻南唐将下，转而北伐辽朝，是辽朝因南唐请求出兵进攻后周的缘故，并非统一战略的调整。

其二，由于周世宗攻取三关时并未与辽朝主力正面交战过，遂使当时人和后代史论家都以为契丹兵不堪一击。实际上，辽穆宗虽腐败，但契丹军事实力仍未可小觑。高平之战后，周世宗进攻北汉，辽朝派耶律挞烈率重兵驰援，大败后周大将符彦卿，杀勇将史彦超，周世宗不得不遗弃太原城下数十万刍粮，狼狈撤军。因而以为世宗不死燕云可复，以为辽穆宗时辽军不是对手的想法，充其量只是一种未经比试的乐观估计。

其三，最关键的是经济原因。自中唐以后，东南地区在全国经济中的比重明显上升。宋初，淮河流域虽入版图，但最称富庶的长江三角洲、浙江和号称天府之国的四川仍在南唐、吴越和后蜀的控制下。宋人后来常说"国家根本，仰给东南"，太祖当时也深知：仅靠中原地区的物力和人力，是难以支持旷

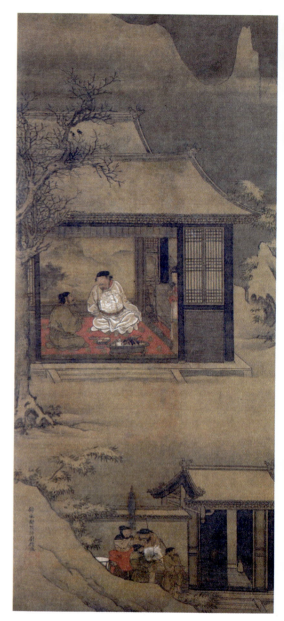

明刘俊《雪夜访普图》（北京故宫博物院藏）

这幅历史画描绘了宋太祖雪夜访问赵普咨询统一方略的场景，耐人寻味的是宋太宗并未参与。

日持久的北伐战争的。这就是宋太祖先南后北统一战略的深刻的经济动因。后人以未复燕云的历史遗憾去责难这一方略，只是超历史的一厢情愿。

统一方略既定，太祖就付诸实施。对北方的契丹和北汉，他基本采取守势，力图保持北方边境的暂时安定；对南方各割据政权，他利用矛盾，抓住时机，予以各个击破。太祖首选的攻击目标是盘踞荆湖地区的两个政权。

建隆元年，荆南节度使高保融去世，其弟保勖继位，两年以后，保勖也死，其子继冲嗣位。太祖派人打探人心向背和山川形势，回报说：荆南甲兵虽整而不过三万，谷物虽登而失于暴敛，四分五裂，日不暇给。就在高保勖死前一月，武平节度使周行逢也一命呜呼，他的儿子保权嗣位，才十一岁。衡州刺史张文表不买账，起兵袭占潭州（今湖南长沙），保权只得遣使向宋求援。太祖感到这是假道出师、一炮双响的大好机会。

乾德元年(963年)正月，太祖命慕容延钊为都部署，枢密副使李处耘为都监，借道荆南，讨伐张文表。二月，大军到襄州（今湖北襄樊），尽管武平政权这时已平定了张文表之乱，但宋方仍要借道。高继冲派叔父保寅到边境犒劳宋军，以侦探强弱。慕容延钊热情款饮帐中，李处耘密派数千轻骑兼程挺进，直指其都城江陵（今属湖北）。继冲听说宋军奄然而至，仓皇出迎，在江陵北十五里处相遇。处耘一边让他就地等候延钊，一边率亲军抢先入城。继冲还都，见宋军已分据要冲，知大势已去，只得将其控制的三州十七县的版籍奉表呈纳给宋太祖。

三月，慕容延钊继续率宋朝大军进克潭州。周保权知道来者不善，便准备臣服宋朝保住富贵，但遭部将张从富的竭力抵制。慕容延钊兵分两路，水陆并进，水路攻取了岳州（今湖南岳阳），陆路占领了澧州（今湖南澧县）。张从富退守朗州（今湖南常德）。李处耘下令选择数十名肥壮的俘虏，处死后命左右分吃了，然后选些年轻的俘虏黥面后放归朗州。宋军吃人的恐怖故事经生还的俘虏一传播，朗州军民无复守志，奔窜山谷。慕容延钊率军入城，擒杀了张从富，俘虏了周保权。没费多大周折，湖南十四州一监六十六县也纳入了宋朝的版图。

平定荆湖是太祖统一战争的第一战役，初战告捷，意义重大。首先，验证了先易后难统一方略的可行性，鼓舞了宋军的士气，坚定了太祖君臣的统一信心。其次，宋朝控扼荆湖，不仅在经济上夺得了这一中部粮仓，而且在军事上掌握了西上、东进、南下的主动权，使后蜀、南唐和南汉随时处于宋朝可直接打击的势力范围之内。尤其是后蜀，宋军可以从东面的水路和北面的陆路对其实施攻击。

后蜀到后主孟昶晚年，日事奢纵，国将不国，人民怨声载道。宋取荆湖，孟昶拟向宋朝通使奉贡，大臣王昭远坚决反对，在通往四川的长江水路上增设水军，以为防备。他还劝孟昶结好北汉，约期让其发兵南下，后蜀也派兵北上，使宋腹背受敌。孟昶派赵彦韬奉携蜡书出使北汉，他却拐道开封把蜡书献给了太祖。太祖正苦于没有借口，见此笑道："这下可师出有名了。"

乾德二年十一月，太祖命王全斌为西川行营都部署，刘廷让、崔彦进为副都部署，王仁赡、曹彬为都监，率六万大军，分道攻蜀。出师以前，太祖对王全斌说："凡攻下城寨，财帛都分给将士，我要的只是土地。"全斌和彦进率北路军由凤州（今陕西凤县东北）攻蜀，光义和曹彬率东路军从归州（今湖北秭归）入川。

后蜀以王昭远为都统，赵崇韬为都监，韩保正为招讨使，出兵迎战之际，

剑门关近貌
这座雄关是北路入川必经的关隘。

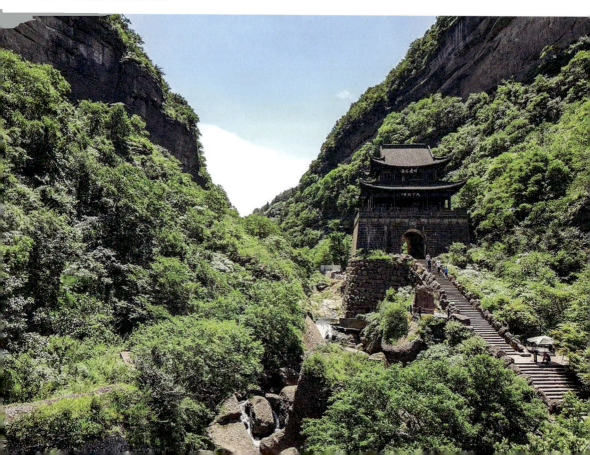

王昭远大言道："此去不但克敌，取中原也易如反掌！"他手执铁如意指挥军事，以诸葛亮自比。但一接仗，却三战皆败，连招讨使韩保正都成了俘虏，只得退保剑门天险，负隅顽抗。

次年正月，王全斌由降卒指点，经小道以浮桥渡过嘉陵江，绕过剑门，蓦然出现在关南二十里的官道上。王昭远猝不及防，领兵退屯汉源坡（今四川剑阁北）。赵崇韬布阵出战，王昭远吓得软瘫在胡床上起不来。王全斌挥师进击，昭远逃匿在仓舍下，悲嗟流涕，双目尽肿，与崇韬一起被俘。

刘廷让、曹彬率领的东路军溯江而上，进抵夔州（今重庆奉节），见蜀军在江上以浮梁为障碍，上设敌棚三重，夹岸列炮封锁，便舍舟步战，先夺浮梁，再乘舟西上，攻克了夔州，夺取了水路入川的锁钥。

孟昶听说昭远战败，慌忙命太子玄喆统领大军前去迎战。这位太子本不知兵，携着姬妾带着伶人上道，日夜嬉戏，半道上听说失了剑门，不战自溃，逃往东川。孟昶叹道："我丰衣美食养兵四十年，遇敌竟没人为我东向发一箭。"便命上表请降，王全斌受降入城，东路军也来会师。灭蜀战役从出师到受降仅六十六日，得州四十五，县一百九十八。

平蜀以后，王全斌、崔彦进和王仁赡在成都昼夜酗酒，纵容部下抢掠妇女，强夺财物，蜀地人民深恶痛绝。曹彬屡请还师，王全斌置之不理。不久，太祖命蜀兵优给着装费后出川赴汴，王全斌对此也雁过拔毛，克扣其数。蜀兵怨怼思乱，行至绵州（今四川绵阳），发难起事，众至十万，号兴国军，推文州刺史全师雄为帅。王全斌命朱光绪前去招抚，此人灭了师雄全族，霸占了他的女儿，更激怒了全师雄，自称兴蜀大王，川蜀十六州和成都属县的百姓也纷纷起兵响应。

全斌遣将进讨，屡战不利，退保成都。当时城中还有二万七千降兵，全斌唯恐里应外合，把他们诱到夹城里，全给射杀了。十二月，太祖得知川蜀降兵起事，即增派将兵入川镇压。不久，王全斌在灌口（在今四川灌县）大败全师雄。师雄旋即病故，蜀兵的反抗才渐次平息。

乾德五年正月，王全斌、崔彦进和王仁赡被召回降官，算是对他们黩货、杀降之罪的惩办。其实，王全斌等人的所作所为完全是五代骄兵悍将的一贯作派。由于王全斌的倒行逆施，宋初四川地区对中央政权的归附感十分勉强，一有风吹草动，就有起义或兵变随之而起，例如王小波起义和王均兵变。

在各割据政权中，南汉统治是最腐败黑暗的。这么一个小朝廷，宦官竟多至七千人，有的还位至三师三公。国主刘所居宫殿都是以珍珠、玳瑁装饰，宫城左右还有离宫数十，常常月余或十来日地游幸其间。他把朝政委托给宦官龚澄枢和妃嫔卢琼仙，自己每天与波斯宫女鬼混。他娶了朝臣李的长女为贵妃，次女为美人，下诏国事都必须禀告李。国内赋敛繁重，刑罚苛酷，有烧、煮、剥、剔、刀山、剑树之刑，或者让罪人斗虎角象。宋太祖听到这些虐政，惊骇地表示要解救一方黎民。

开宝三年（970年）九月，南汉进攻宋控制下的道州（今湖南道县），太祖命潘美为贺州道行营都部署，尹崇珂为副都部署，出征南汉。次年二月，潘美攻克英州（今广东英德）、雄州（今广东南雄），进兵至距广州城仅十里之遥的双女山下。刘征集了十余艘船舶，载上珍宝、妃嫔，准备下海逃命，却被一批宦官和卫兵捷足先登，把船给盗走了。穷途末路的刘便以竹木为栅，作最后的顽抗。入夜，潘美派大批丁夫，手持两炬，潜至栅前，一时间，万炬俱燃，火焰烛天，风助火势，烟埃腾空，南汉军队不战自败。刘出降，南汉平，宋得六十州二百四十县。

刘被送至开封，把罪名都推到龚澄枢和李身上，对太祖说："在国时，我是臣下，澄枢才是国主。"他性机巧，口善辩，曾用珍珠编织鞍勒，酷肖戏龙之状，献给太祖。太祖对群臣说："倘把这些心思用于治国，岂至亡国呢！"有一次，太祖单独召见他，赐他一杯酒，他想起自己常以毒酒鸩杀臣下，战战兢兢说："我愿为大梁布衣，观太平盛世。不敢饮这杯酒。"太祖大笑："我以赤心待人，岂有此事！"便自饮此酒，别酌再赐，刘惭愧谢罪。宋太宗将攻北汉，设宴宫中，他进言道："四方僭伪之主，今日尽在座中。早晚平了北汉，刘继元还要来。我来朝最早，那时让我执梃当个诸国降王的头儿吧！"

自宋朝立国以来，南唐始终外修贡奉，不敢有失，私下却预为之备。宋灭南汉，对南唐形成南北西半月形包围圈。开宝七年（974年）九月，太祖准备进攻南唐，就是少个借口，便一再遣使召南唐后主入朝。南唐群臣多认为有去无回，坚决反对后主亲往开封，李煜便托病固辞。

太祖便命曹彬为西南路行营都部署，潘美为都监，曹翰为先锋都指挥使，率十万大军征讨南唐。他对王全斌在平蜀之际扰民杀降，记忆犹新，出兵之际一再告诫曹彬："破城之日，不许杀戮！"并把自己的剑交给曹彬说："副将以下，不听命者斩！"连潘美听了也大惊失色。

曹彬率军从荆南乘战舰东下，一路击败南唐军队，进抵采石矶（在今安徽马鞍山）。南唐樊若水前来充当向导。他是一个有心计而无家国的落第士人，早就借渔钓之便测定长江采石矶江面的宽度，赶到开封向太祖上书说江南可取，方法是用船搭建浮桥。太祖采纳了他的建议，派人在荆湖造黑龙船数千只，这次顺流而下的大舰上就载着大批巨竹粗索，以备搭建浮桥之用。十一月，在樊若水的指导下，只用了三天，就在采石矶江面上搭起了一座浮桥。潘美率领着步兵渡江，如履平地。

开宝八年二月，宋朝大军击溃了南唐军队的阻击，直达秦淮河畔，南唐水陆兵十万列阵金陵城下迎战。这时，舟楫未备，潘美下令道："岂能被这一衣带水阻隔而不直渡过去吗？"说着，身先士卒带头涉水向敌阵冲去，大军紧随其后，南唐兵阵脚大乱。

南唐后主不以战事为虑，只管在后苑与僧道诵经说《易》，宋军围城已有好几个月，他还全然不知。一天，他亲自巡城，见宋军列栅满野，旌旗蔽空，才大惊失色，一面派徐铉出使，恳求缓师，一面急召神卫军都虞侯朱令赟从上游率军来援。

十月，徐铉到开封，对太祖说："李煜以小事大，如子事父，未有过失，陛下师出无名。"太祖说："你既说父子，却还是两家，行吗？"次月，徐铉再使开封要求缓兵，以保全一邦之命。他据理力争，论辩不已，太祖辞屈，按剑怒吼："不须多言！江南也有何罪？但天下一家，卧榻之侧，岂容他人酣睡！"徐铉只得惶恐辞归。太祖真是可人，不矫饰，不含糊，和盘托出肺腑之言：统一就是理由，它有时候不需要再用理由来垫底；而"卧榻"的精彩譬喻，则成为其后一切掌权者的不二法门。

再说朱令赟从湖口发援兵来救国都，号称有十五万大军。但他必须焚毁采石浮桥，才能顺流而下，直抵金陵。曹彬命人在浮桥附近的洲渚间竖起长木，状若樯桅。望去疑有伏兵，令赟迟疑不敢前进。宋军水陆诸将，掎角出袭。令赟纵火拒战，恰北风劲烈，火势反而自噬船舰，南唐水军大溃，令赟也被俘。

金陵成为一座孤城。曹彬派人向李煜传达：城破在即，归降为上。李煜不听。一天，宋军大营传开了主帅因病不能视事的消息，诸将都来探视，曹彬说："我的病不是药石所能治愈的。只须诸位诚心立誓，攻城之日，不妄杀一人，就会好的。"诸将焚香发誓。次日，曹彬声称病愈。再次日，金陵城被攻破，李煜赴军营请罪。南唐灭亡，宋得州十九、军三、县一百八十。

李煜被送至开封，如果说南汉刘是个喜剧性的失国之主，那么南唐李煜则是个悲剧性的亡国之君，这一个性和经历倒使他对家国人生有了独特的感悟，在词史上留下了不少永恒的名作。他从金陵押往开封时所作的《破阵子》，真切地刻画了一个只知享乐不识干戈的亡国之君的形象：

四十年来家国，三千里地山河；
凤阁龙楼连霄汉，玉树琼枝作烟萝。
几曾识干戈？
一旦归为臣虏，沈腰潘鬓消磨。
最是仓皇辞庙日，教坊犹奏别离歌。
垂泪对宫娥。

史称曹彬平江南不妄杀人，所谓"克城之日，兵不血刃"，他也因此在历史上享有盛誉。清代史家赵翼在《陔余丛考》提出反证，说他在庆功宴会上听到南唐乐人大哭，以为大煞风景，便将乐官给杀了。而据《续资治通鉴长编》记载，南唐润州降卒数千人在送往金陵途中纷纷逃亡，他发檄诱集，恐怕他们生变，斩首七百。南唐州郡都归降后，独有江州指挥使胡则率众死守达四月之久，城破，指挥攻城的曹翰纵容士兵入城掠取资财，屠杀居民。

祐国寺塔

这座砖塔在今河南开封，宋代原称开宝寺塔；明代改称祐国寺塔；因褐色琉璃砖瓦远看近似铁色，俗称铁塔。成为北宋都城东京的地标性建筑。

曹彬平江南没有像王全斌平蜀那样滥杀无辜，但说他不妄杀一人，则是美化。

到开宝九年春，宋朝控制的州郡由一百十八增加到二百六十，户数由九十六万七千多户增加到二百五十六万六千多户，南方已大体平定，局促在浙、闽的吴越和陈洪进政权，对北宋来说也形同囊中之物。太祖统一南方的战争所以能顺利推进，固然与统一的大趋势有关，与先南后北、先易后难的总体战略有关，还与太祖许多正确的政策和策略有关。

其一，实施各个击破的策略。太祖之时，总兵力仅二十万，除去北边防务，能用于南方作战的兵力不到其半，而南方诸国总兵力不下七八十万，不容小觑。但太祖运用政治外交手段分化离间，再配合军事进攻，终于各个击破。

其二，不打无准备之仗。在对每个割据政权采取军事行动以前，太祖总是派人搜集其山川地理、朝政民情的情报，作为决策和作战的重要依据，故能每战必胜。

其三，实行优待降王的政策。太祖对亡国的降王不但一个不杀，还建造别馆予以安顿，保持其优厚的生活待遇。这一做法也减少了统一战争的阻力，各割据政权几乎都有主张归顺的大臣。

其四，严禁军将滥杀无辜。虽然在平蜀时王全斌部队有所失控，但宋军在统一南方过程中，大体改变五代骄兵悍将任意杀戮的恶习，扰民较少，破坏不大。

其五，革除割据政权的弊政。太祖每下一国，就减免苛捐杂税，改革原有弊政，以善代暴，大得民心，加快了统一的进程。

○九

三大纲领

　　建隆二年（961 年）的一天，太祖与赵普有一段对话。

　　太祖问："天下自唐末以来，帝王换了十姓，兵戈不息，苍生涂炭，其故何在？我想息天下之兵，为国家建长治久安之策，其道如何？"

　　赵普说："陛下能问到这事，真是天地神人之福。其症结就在于方镇太重、君弱臣强而已。今天根治的方法，也没有什么奇巧可用，只要削夺其权，制其钱谷，收其精兵，天下自然安定。"

　　话音未落，太祖就说："你不必再说，我已经明白了。"

　　赵普以"君弱臣强"一语道破中唐以来政变频繁、社会动乱的根本原因，又以"削夺其权，制其钱谷，收其精兵"作为解决这一历史大问题的三大纲领。赵普的回答，最初似乎是为解决藩镇问题而发的，但其后太祖君臣的政治实践，却把三大纲领推广到强化中央集权的各个方面。

　　先说消除藩镇之祸的问题。藩镇因控制土地、人民，拥有财赋、军队，所以敢于作威作福，坐大犯上。在"削夺其权"上，太祖主要采取了三条措施。

　　其一，罢领支郡。中唐以来，节度使一般统辖若干州郡，其驻地以外的州郡称为支郡。宋平荆湖后，下令这些地区节度使驻地以外的州郡划归中央直接管辖，中央派遣文官担任支郡的知州和知县等州县长官，三年一任，直接向朝廷奏事，不再听命于藩镇，使藩镇的辖区和权力大为削弱。这一做法其后推行到新统一的南方诸国，至于全国三十余名节度使先后都不领支郡，已是太宗太平兴国二年以后的事了。

　　其二，添置通判。建隆四年，荆湖初平，朝廷始向当地诸州派遣通判。这一做法后来推广到刚被平定的原后蜀、南汉、南唐地区和全国各地。这种由朝廷任命的新官，身负特殊监视的使命，颇有恃权骄纵的举动，他们名义上既不是州府长官的副贰，又不是属官，故而往往与知州、知府争权，动辄声称："我是监郡，朝廷命我监督你！"

太祖颁诏要求通判与知州协调，凡有文书，知州必须与其同签署才能生效。有一则趣事颇能说明通判对知州权力的分割和掣肘：杭州人钱昆嗜蟹，有人问他希望外放哪一州，他说：只要有螃蟹没通判的地方就行。

通判之设，原先旨在削夺罢领支郡以后兼知军州的藩镇的权力；后来节度使仅成虚衔，通判在演变为知州的副贰的同时，还起到制约知州的作用。

其三，收司法权。五代藩镇跋扈，以致枉法杀人。建隆三年，太祖下令，各州死刑必须由刑部审复。同年，恢复前代县尉的建置，取代原来由藩镇亲随担任的镇将，执掌一县司法治安的权力。开宝六年，禁止藩镇以牙校审断州府刑狱的陋规旧习，代以朝廷委派的科举出仕的文官，剥夺了藩镇对州府一般案件的审理权。

在"制其钱谷"上，太祖主要采取四条措施。

其一，严禁占留。中唐以来，方镇都掌握地方财赋，绝大部分截留自用，名曰"留使"、"留州"，小部分用以上供奉贡或贿赂朝廷。宋代后周，依然如此。太祖在乾德年间屡下诏令，规定各州所收财赋税课，除留最必要的开支，悉送京师，不得占留。不能支配地方财赋，无异于釜底抽薪，连养兵自大的本钱都剥夺光了。

其二，设置漕司。漕司是转运使司的别称，掌一路财赋收入，以保证向朝廷足额上供和地方州郡开支充足。乾德三年，太祖最先设立淮南转运使。这一把地方财赋收归中央的重大组织措施，不久就推行到全国诸道。作为朝廷外派的使臣，转运使权势颇大。开宝五年，李符出任京西南面转运使，把太祖亲赐的八个大字"李符到处似朕亲行"书于大旗上，常以自随。

其三，监临场务。场务是指征收各种商税、专卖税的机构。五代场务多由藩镇差遣牙校管理，不立章法，大肆诛求，成为方镇重要财源。太祖派京朝官监临各处场务，制定条禁，整齐文簿，有关税收直接归公，节度使不再有过问场务税课的权力。

其四，禁止贩易。五代藩镇常派亲吏前往诸道进行长途贩易，沿途免征商税。宋初，包括少数藩镇在内的数十功臣仍承袭旧风。到太宗太平兴国二年颁

布了内外臣僚不得"回图贩易"的诏令，把藩镇经
商获利的渠道也给堵死了。

在"收其精兵"上，太祖主要采取了三条措施。

其一，选拔精锐。乾德三年（965年），太祖
命包括各藩镇在内的各地长吏挑选本道骁勇精兵，
补充中央禁军的缺额。同时选拔强悍士兵作为兵样，
分送各地照样募兵。后来又以木梃为高下之等，散
发诸州依样遴选。这样就使节镇精兵尽入中央禁军，
自知在军事上无法再与中央抗衡。

其二，撤罢节镇。开宝二年（969年）的一天，
太祖在后苑宴请王彦超等五位节度使，席间，太祖
对他们说："你们都是国家宿旧，久临大镇，公务
繁剧，不是朝廷礼贤之意呵！"王彦超立即心领神
会，自求告老还乡。武行德等四节镇却大谈自己攻
战的资历，太祖打断他们的话头："那是异代事，
何足为道！"次日，任命他们担任些荣誉的虚衔，
却把他们的节度使全给撤免了。这个故事似乎是杯
酒释兵权的克隆版，其真实性恐怕也不无问题，也
许都与酒筵有关，故而导致后人将两者混为一谈。
但太祖撤罢节镇确有其事，其后太宗也撤免了石守
信、张永德等七节度。

其三，文臣代阙。在藩镇因死亡、迁改、致仕
等原因出缺，太祖便不再新任节度使，一概由京官
权知，而京官毫无例外都是文臣。为了提高取代节
镇的知州的权威，他们往往带着中枢职衔权知州府，
例如，乾德元年，凤翔节度使王景死，任命高防以
枢密直学士权知。太祖以后诸朝，这种情况几乎未
见，应是太祖为削罢藩镇所采取的变通办法。

以三大纲领收藩镇之权，由赵普建议，太祖施
行，某些政策至太宗时仍在继续推行，其完成的过

宋真宗永定陵武臣石像

程远较罢宿卫典领禁军为长，决不是一夕杯酒所能完事的。北宋初年之所以能够彻底解决安史之乱以来的藩镇问题，一举割除了长期以来导致政局动荡、社会战乱的毒瘤，虽说其中有内在的历史必然性，但太祖君臣在这一问题上表现出来的政治洞察力和政治智慧，也起了关键性的作用。

方镇太重不过是中唐以来君弱臣强的表现之一，解除藩镇权力也不过是三大纲领付诸实施的一方面的成效。而相权的强弱消长总是直接影响到君权的安危存亡，这类例证在历史上是屡见不鲜的。太祖便举一反三把三大纲领推广运用到分割相权上。

赵普虽是开国第一功臣，开国之初实际上也承担着宰相的职责，但他直到乾德二年才真正做上宰相。此前四年则由范质、王溥和魏仁浦担任宰相，他们都是后周留用人员。太祖留用他们是为了稳定政局，做摆设看的，一有机会就要折辱他们的权威。

宋代以前，宰相见皇帝议事，是要赐茶看座的，即所谓"坐而论道"。据说，有一天，范质等人议事时还坐着，太祖说自己眼睛昏花，让他们把文书送到他面前，等到想落座时，座位已被撤去，从此宰相只能站着奏议朝政了。还有一种说法，范质等人因心存顾忌，每事向太祖报告，无暇坐论，赐茶看座之制无形中取消。倘是前一种说法，太祖未免有点小家子气，但宰相见皇帝从坐到站，是从宋代开始的，这是相权下降的标志。

太祖把原先的相权一分为二，分为中书和枢密院，一文一武，号称"二府"。中书又称政府、东府；枢密院又称枢府、西府。中书即中书门下的简称，是最高行政机构，其长官即宰相，官衔为同中书门下平章事（简称同平章事或平章事），有时也以侍中为宰相，其议事办公场所称政事堂，俗称都堂。

乾德二年正月，太祖命枢密使赵普取代范质等三人独自为相。太祖此举不过循名责实而已，却犯了一个程序错误。他首先罢免三相，两天后才让赵普拜相。这样，拜相制敕却没有宰相为其署行了。太祖倒有开国帝王不循规矩的气派，对赵普说：你来起草，我给你签署。赵普表示：这归行政部门办，不是帝王的事。最后，还是采纳了窦仪建议，皇弟赵光义以同平章事任开封尹，略当宰相之任，可以署敕。这才解决了难题。

太祖似乎从这事感到宰相之权太尊太重，四月，便设参知政事，简称参政，是为副相，薛居正和吕余庆为首任参政，协助赵普处理政务。起初，参知政事

北宋"中书门下之印"与"神卫左第四军第二指挥第五都记"铜印
神卫四军为侍卫步军司主力。

不能到政事堂与宰相议事，不能掌管中书门下印，甚至不与宰相一起奏事，只是奉行制书而已，地位与宰相相去颇远。

那时太祖对赵普深为信任，故让其独居相位达十年之久，但后来赵普颇有点独断专行。开宝六年，太祖把参知政事的职权和地位，提升到与宰相接近，他首先命参知政事得入政事堂与宰相同议政事，而后命参政与宰相轮番掌中书门下的相印，押百官上朝班次，用意是防范宰相专擅，分割宰相权力。

枢密院为最高军事机构，长官为枢密使或知枢密院使，另设枢密副使或同知枢密院事为副长官，资历浅的副长官也称签书枢密院事或同签书枢密院事，枢密院多设副长官是为了防止大权垄断于枢相一人之手。枢密院正副长官一般由文臣担任，他们与宰相不在一起办公和奏事，所奏两不相知，皇帝不仅将原属宰相的那部分军事权力划给了枢密院，而且也可以在不同的奏事中，了解全面情况，作出正确裁决。参知政事与枢密院长贰合称执政，他们与宰相一起则合称宰执。

在以枢密院分宰相兵权的同时，太祖设三司总理全国财政，这是仅次于中书和枢密院的中央行政机构。其最高长官是三司使，号称"计相"，地位仅次于执政，实际上与宰相、枢密使分掌了全国行政、军事、财政大权。

值得注意的是，太祖分割相权执行的也是三大纲领：设参知政事为副相，即"削夺其权"；以枢密院与中书并称二府，即"夺其精兵"；设三司总理财政，即"制其钱谷"。也许，这是作为这一纲领的始作俑者，其后久居相位的赵普所始料未及的。

三大纲领后来也贯彻在地方政权上，虽然这种运作已在太祖朝之后，我们且在这里一并交代，顺便把宋代政区也作一介绍。宋代一般被认为是二级政区制：即县为二级行政区划；府、州、军、监为一级行政区划。一级行政区以州最普遍，太宗太平兴国二年以后，尽罢天下节镇所领支郡，全国诸州都直属中央，通判成为分知州之权的副长官。在一级行政区中，府的地位最尊最重，都城（北宋的东京开封府和南宋的临安府）和陪都（北宋的西京河南府、南京应天府、北京大名府）称为京府，其他则称次府。府都是由州升格而来，升格的原因除地理位置重要外，主要是皇帝未即位以前的封地或在该州任职的缘故，或因皇帝驻跸而升。直属于路的军，地位与下州相似（另有隶于府州的军，与县同属二级政区）。监专为管理矿冶、铸钱、产盐等区域而设，兼治民政，直属于路的监地位与下州仿佛（另有隶属府州的监，则与县同级）。关于路的性质，虽有学者认为是一级政区，但一般认为路只是中央派出的监察辖区，不属一级政区。

宋太祖时，承袭唐制，全国分十三道，诸道设转运使以总财赋，旨在削夺藩镇的钱谷之权。太宗时，转运使在掌管一道财赋之外，还担负起监察的职能。太宗至道三年（997年），全国划为京东、京西、河北、河东、陕西、淮南、江南、荆湖南、荆湖北、两浙、福建、西川、峡、广南东、广南西等十五路，路正式取代道。其后，路屡有分合，京东、河北、淮南、江南路各分为东、西，京西路分为南、北，陕西路分为永兴军路和秦凤路，西川路与峡路分为成都、利州、梓州、夔州四路，至神宗元丰八年（1085年），全国增至二十三路。徽宗崇宁四年（1105年），增设京畿路，全国为二十四路。

宋代路级机构名目颇多，主要有漕司、宪司、仓司和帅司。

漕司是转运使司的简称，是最先设置的重要路级机构，其长官为转运使，如前所述，其目的在于对藩镇起"制其钱谷"的作用。

宪司是提点刑狱司的简称，太宗时始设，长官称提点刑狱，初为转运司的附庸，真宗景德四年（1007年）成为监察一路的最高司法官员。

仓司是提举常平司的简称，正式成为独立的监司机构在神宗熙宁初年，长官即称提举常平，掌管一路常平新法和水利、茶盐等事。

转运使司、提点刑狱司和提举常平司分掌财赋、刑狱和常平新法，并监察所属州县的官吏，故也统称监司。

帅司是安抚使司的简称，长官称安抚使，原为为诸路灾害或用兵而派遣的专使，真宗以后渐成为专治一路军政和治安的长官，往往由这一路分的帅司所驻州府的知府或知州兼任。

漕司、宪司和帅司的路分有时并不尽同，例如元祐元年（1086 年），漕司为二十三路，而宪司仅十八路，政和元年（1111 年）漕、宪二司都是二十四路，而帅司倒有二十八路。即便漕司、宪司和帅司的路分相同，其各自的治所也不一定同在一处，如以政和元年的京东西路为例，漕司治应天府（今河南商丘南），宪司治济州（今山东巨野），帅司则治郓州（今山东东平）。前述北宋十五路、二十三路和二十四路，都指的是转运司路。

乍一看去，路级机构给人以叠床架屋的感觉，实际上正体现了宋代地方行政贯彻三大纲领的特点。太祖、太宗朝，转运使逐渐拥有比较完整的治理一路的权力，成为一路的最高行政长官。可以说，宋初的转运使实际上是汉朝的刺史、唐代的藩镇在新时期的翻版。正是看到这点，才有其后提点刑狱、提举常平和安抚使的设立，将有关权力依次从转运使那里剥离出去，彻底杜绝了路级长官重蹈前代藩镇覆辙的可能。

漕、宪、仓、帅四司是并行的路级机构，各司其职，互不统属，不但监司之间互不统属，帅司与监司之间也互不统属，分别直接向中央有关部门负责。不仅如此，宋代实行路级长官互察制度，内容包括监司之间的互察、帅司和监司的互察。这种互相牵制的权力结构，使任何路级长官都不可能专权独断，更不可能出现类似藩镇割据那样尾大不掉的局面。

三大纲领对宋代削夺藩镇权力、分割宰相权力和制约路级权力，都起了不可替代的指导性作用，仅凭这点，赵普就无愧是见识透彻的政治家。

一〇

宋太祖

宋太祖以一军旅武将夺得天下，在位十六年，做了两件大事：第一，基本统一了南方，并为统一全国打下了坚实的基础；第二，强化了中央集权，彻底消弭了中唐以来造成地方割据的动乱因素。太祖不仅为赵宋王朝，也为其后的封建王朝留下了一笔不可缺少的政治遗产，宋代以后的统一王朝没有再出现分裂割据局面，这笔政治遗产是大起作用的。王夫之在《宋论》里认为，宋太祖的功业"固将夷汉唐而上之"。《宋史·太祖纪》也以为："三代而降，考论声明文物之治，道德仁义之风，宋于汉唐盖无让焉"，还说太祖作为创业之君，"规模若是，亦可谓远也已矣！"与其他开国帝王相比，宋太祖有其不可替代的地位，其治国与为人也自有特色和魅力。

太祖虽出身武将，却酷爱读书。他随周世宗打淮南，有人揭发他私载货物达数车之多，检查下来，只有书籍数千卷，世宗说："你做将帅，应该致力于坚甲利兵，要这么多书干什么？"他答："蒙用为将帅，常怕完不成任务，故而聚书观看，就为学知识，广见闻，增智虑。"

太祖文化水平较高，也能吟上两句诗，有一首咏《日》：

欲出未出光辣达，千山万山如火发。
须臾走向天上来，赶却残星赶却月。

简直是他立志君临天下的自白，充满了王霸之气。

有时候，太祖也会说两句文人的好话。乾德三年平蜀不久，他发现一面后蜀的铜镜铸刻着"乾德四年铸"的字样。乾德是北宋的年号，太祖大惑不解，

宋太祖坐像（台北故宫博物院藏）

翰林学士窦仪说："前蜀王衍也用过这一年号，一定是那时所铸。"太祖感慨地说："宰相须用读书人。"

正因如此，后人都以为宋朝重文抑武的祖宗家法是太祖定下的。其实，问题并不如此简单。出于防范的需要，贬抑武人是宋初的基本方针，其后也成为宋代家法。由于贬抑武人，势必擢用文士，相形之下文人身价似乎大涨。而太祖实际上是抑武而并不太重文的，他对赵普有段话道出个中心思："五代方镇残虐，人民深受其害。我让选干练的儒臣百余人，分治大藩，即便都贪浊，也抵不上一个武人。"在太祖说来，任用文士仅仅因为他们可能产生的危害远不及武人来得大，更不会像武人那样危及政权的根本。有一次，太祖指着朱雀门上的题额问赵普："为什么在'朱雀'后加个'之'字？"赵普说："语助词。"太祖轻蔑地笑道："之乎者也，助得甚事！"言谈之间掩饰不住对文人的鄙视。

有人把太祖誓碑作为其重文的论据，这也值得斟酌。建隆三年，太祖曾在太庙寝殿的夹室里立一誓碑，规定今后凡太庙祭奠或新天子即位，都必须恭读三条誓词，除"柴氏子孙有罪不得加刑"，还有"不得杀士大夫及上书言事人；子孙有渝此誓者，天必殛之"。其中"不得杀士大夫及上书言事人"一条，固然反映了太祖的宽容与自信，但恐怕主要还是认为这些文人成不了大害，完全可以宅心仁厚，不开杀戒。大体说来，重文与抑武相结合，成为不可分割的宋代家法，当在太宗时代。

禅代以后，太祖拜见母亲杜太后，太后愀然不乐地说："我听说做皇帝难。如果统治得其道，则被人尊崇；如果一旦失控，要求做一个普通百姓也不可能。这就是我担心所在。"太祖恭谨地表示受教。在其后治理朝政中，太祖还是十分注意"治得其道"的。

即位不久，一天罢朝，他久坐便殿，沉默不语，内侍问他何以闷闷不乐，他说："你以为皇帝那么好做吗？早朝时，由着性子办了一件事，想起来有误，故而不快。"开宝元年（968年），皇宫修缮完毕，各道正门都在中轴线上，太祖端坐寝殿，命诸门洞开，一无遮蔽，得意地对左右大臣说："此如我心，少有邪曲，人皆可见！"这话当然有自夸的成分，但敢于自夸，至少说明他心思不太邪曲。

太祖在禅代以后，优待礼遇后周世宗的子孙，在平定南方各国的过程中，坚持不杀降王，在历代开国皇帝中都是少有其比的。据说，太祖入宫即位之初，见一宫嫔抱一小儿，经问知是周世宗之子。太祖问大臣如何处理，赵普主张处死，潘美后退不语。在追问下，潘美才说："我与陛下曾共事世宗。劝陛下杀，是负世宗；劝陛下不杀，陛下必定怀疑我。"太祖当即表示："即人之位，杀人之子，我不忍作这等事。"因而他立下誓言："柴氏子孙，有罪不得加刑；纵犯谋逆，止于狱内赐尽，不得市曹刑戮，亦不得连坐支属。"

后蜀既平，太祖召其国君孟昶入京，有大臣密奏说："蜀道千里，而孟昶王蜀三十年，人心难测。请擒孟氏而杀其臣，以防生变。"太祖批道："汝好雀儿肚肠！"《廿二史札记》有《宋初降王子弟布满中外》记载这事颇详，并盛赞"宋太祖、太宗并包天下之大度"。其实，太宗还是杀降的，南唐后主李煜即被他鸩杀，赵翼失于考证，谬加称誉。而比起历史上那些杀降王、诛功臣的开国君主来，太祖还算是处置得当的。

太祖为人豁达自信，往往以此高人一头。既得天下以后，赵普好几次在太祖面前说起发迹以前不善待自己的人，意欲加害。太祖却说："倘若在凡俗尘世都能认出天子宰相，那人人都去寻找了。"其后，赵普再也不敢在太祖前说起类似的话。

有一次，一个军校献手挝给太祖，说明挝首就是剑柄，有利刃暗藏其中，平时可以当手杖，危急时可以防不测。太祖大笑着把手挝扔到地上，说："让我亲自使用这玩艺，事态要到什么程度？到那种时候，这玩艺还能管用吗？"

正出自这种个性，太祖能知人善任，任人不疑。他曾慨叹："安得有宰相如桑维翰者与之谋乎？"赵普说："恐怕维翰还在，陛下也不会用。"因为桑维翰贪钱好货。太祖说："苟用其长，当护其短。措大眼孔小，赐他十万贯，就撑破屋子了。"实际上他对赵普就是如此做的。

有一次，吴越国主钱俶遣使送海产十瓶给赵普，放在廊下，恰巧太祖驾临，问及何物，赵普答以海产。太祖说："这海产必佳。"即令打开，见满瓶都是瓜子金。赵普惶恐顿首，说自己不知底里，否则一定奏闻谢绝。太祖笑道："受之无妨。他以为国家事都由你书生作主。"一笑之间化解了一件可以问罪的大事。

太祖自奉节俭。他在战利品中见到孟昶所用的七宝装饰的溺壶，感慨地说："用七宝装饰这家伙，该用什么盛饭呢？所为如此，不亡何待！"立即命人将它砸碎了。他的爱女穿着一件贴绣铺翠襦入宫，太祖让她不要再穿，对她说："你做公主的一穿，宫闱贵戚争相仿效，京城翠羽的价钱就会大涨。小民逐利，辗转贩易，捕捉伤生，由你而起。你生长富贵，岂可造此恶业之端？"

　　有一次，宋皇后对他说："官家做天子日久，何不用黄金装一乘肩舆，乘坐出入？"太祖说："我以四海之富，即便宫殿都以金银装饰，也办得到。但想到我为天下守财，岂可妄用？古训说：以一人治天下，不以天下奉一人。倘若只想厚自奉养，让天下之人怎么拥戴你呢？"自奉节俭虽非帝王大德，但也可折射其为人治国的某一侧面。

　　也许正因如此，太祖对贪官污吏深恶痛绝，严加惩治。据统计，太祖在位期间因贪污受贿处死的官吏达二十八人，处死方式有杖死、弃市、凌迟等极刑，级别则有郎官、刺史等。《廿二史札记》有《宋初严惩赃吏》条罗列详尽，并探其缘由道："宋以忠厚开国，凡罪罚悉从轻减，独于治赃吏最严。盖宋祖亲见五代时贪吏恣横，民不聊生，故御极以后，用重法治之，所以塞浊乱之源也。"

　　作为武将出身的帝王，太祖自有粗暴横戾的一面，但他决不是一个率性而为的暴君，能适时适度地控制自己的脾性，接受正确的劝谏。一次，他在后苑弹鸟，有臣下称有急事求见，所奏却是常事，太祖怒问其故，那人说："我以为比弹鸟总要紧急些。"太祖大光其火，拿起手里的柱斧柄撞他的嘴。那人慢慢捡起被撞落的两颗牙齿，放进怀里。太祖说："你藏起牙齿，还准备告我吗？"答道："我不能告陛下，自有史官记录这事。"太祖转怒为悦，赏赐给他金帛。

　　有一次，赵普曾荐举某人任某官，太祖不用。次日，赵普再奏，太祖仍不同意。第三天，赵普仍荐其人，太祖一怒之下撕碎了奏牍扔到地上。赵普神色不变，弯腰拾起退出。改日，赵普拿着补缀好的奏牍，再奏如初。太祖终于觉悟，起用其人。

　　又有一次，一个臣下按规定应该升官，太祖一向不喜欢这人，便不批准。赵普力劝，太祖发怒道："我就不给他升迁，你能怎么办？"赵普说："刑赏是天下的刑赏，不是陛下一人的刑赏，岂能以喜怒来决定呢？"太祖怒不可遏，起身而去，赵普跟随其后；太祖入宫，赵普立在宫门旁，久久不去，太祖终于收回成命。有个性而不固执，也许是太祖性格中吸引人的地方。

一一

烛影斧声

宋太祖赵匡胤共有五兄弟，他是老二。老大光济和老五光赞早死。老三即赵光义，后来继位为太宗，比他小十二岁。老四赵廷美比他小二十岁，与太祖、太宗都是同母兄弟。故事就在他们三兄弟之间展开。

陈桥兵变时，"市不易肆"，就是说士兵入城，秋毫无犯，这件事被理学家邵雍赞许为"唐虞而下所未有"。后来的史书说这是出自光义的叩马而谏，才有太祖的约法立誓之举，以此烘托其高大形象。据记载，今已亡轶的《太祖实录》有新旧两本，旧本《实录》没有这一情节，而在新本《实录》中，光义不仅叩马进谏，而且成为陈桥兵变的主要策动者，以表明其继承太祖的皇位是名正言顺的。不过，邵雍的儿子邵伯温在《闻见录》里引证王禹偁的《建隆遗事》，说赵光义压根儿没参预陈桥兵变，那时，他正留在开封城里陪母亲杜氏。这事虽难详考，但说明现存关于宋太宗的官方记载，是做过手脚的。

自建隆二年（961 年）起，光义担任开封府尹，主持京师达十三年，其官署号称南衙。他把一大批文武人才网罗进自己的幕府，有学者做过考证，其幕府拥有宋琪、石熙载、窦俨、柴禹锡、程德玄等幕僚六十六人。南衙仪仗每出行，灿若图画，京城人总赞叹道："好一条软绣天街"。大抵说来，这十余年，光义韬光养晦，暗中培植自己的势力。

值得注意的是，赵普从乾德二年（964 年）起也独相十年，权位在光义之上。他识见过人，对光义的动向与用心，不会没有察觉。因而自赵普独相以后，原先关系尚称密切的两人，形成了旗鼓相当的两大政治势力，不时地明争暗斗。

两人的政争围绕着光义继统问题展开，双方往往谁也不露面，只是采取打击对方亲信的手法进行。这里仅举一例。一次，开封府判官姚恕进谒赵普，恰逢赵普宴客，管门的没有通报，姚恕怫然而去。赵普知道后，立即派人道歉，他仍掉头不顾。仅仅因是光义幕僚，对宰相致歉也不领情，其气焰可见。赵普也怀恨在心，借机将他调任澶州通判，即便光义挽留也不买账。数年后黄河在澶州决口，姚恕被找到了碴，赵普以不及时报告水情为由，将他身穿朝服斩首弃市（暴尸街头），再投尸黄河，既出了口恶气，又打击了光义的势力。

不过，太祖晚年对赵普的独断专行也深为不满，但赵普勋望卓著，对他处置尤须谨慎。这时，翰林学士卢多逊因与赵普不和，每见太祖就攻击他。而赵普一方面因敢作敢为，树敌过多；一方面贪财好货，营邸店，夺民利，把柄不少。开宝六年(973年)，太祖一方面扩大参知政事薛居正和吕余庆的参政权力，以分割其相权；一方面亲命重选中书堂后官，削去其心腹。

这年八月，赵普罢相。时隔一月，赵光义进封晋王，位居宰相之上。五代时期，亲王尹京隐然已有继位人的地位，后周世宗继位前就是晋王兼开封尹。这两件事前后相接，表明光义久久不能确立为太祖继承人的地位，与赵普是有关的。在此且来探寻其间的蛛丝马迹。

其一，先从太宗的言行看。据官史记载，赵普死后，太宗曾对近臣公开声明："赵普一向与朕有不足，众人所知。"据《玉壶清话》，太宗贬谪赵普政敌卢多逊后对赵普说："朕几欲诛卿！"何事竟使太宗不能释怀如此，几欲开杀戒，不妨征诸野史。据《丁晋公谈录》，太宗继位不久，突然漏出一句话："倘若还是赵普在中书，朕也不得此位！"原来赵普是太宗继位的阻挠者，也难怪太宗耿耿于怀。

其二，再从赵普的言行看。他在罢相后的奏章里说："外人谓臣轻议皇弟开封尹，皇弟忠孝全德，岂有间然。"他想撇清曾在太祖面前议论过的事，是很正常的，因为罢相即意味着否定他的议论，意味着光义将正式确立准皇储的地位，为将来身家性命计，他也必须撇清。但据《曲洧旧闻》说，世传太祖作出这一决定时，只有赵普"密有所启"，明确表示这是一个错误的决定，这从太宗再用赵普诘问往事时他的答语也可推知："先帝若听臣言，则今日不睹圣明（犹如今言"就见不到您光辉形象啦"）。然先帝已错，陛下不得再错。"凡此都透露出赵普和光义在继位人问题上有着解不开的过节。

光义虽说隐然被视为皇位继承人，但这时太祖的儿子德昭二十六岁，德芳也已十八岁，不闻失德，也完全可以做皇帝。而且，太祖晚年与光义也是颇有矛盾的，他一度考虑迁都洛阳，原因之一就是试图摆脱光义在开封府业已形成的盘根错节的势力范围。何况在历史上，皇帝临终易储，也不是没有先例。因而，对光义说来，能否继承皇位还存在着不小的变数。

太祖死于开宝九年 (976 年) 十月二十日。十九日晚上，天气陡变，雪霰骤降。太祖命召光义入大内，酌酒对饮，宦官、宫嫔都退下了。远远地只见烛影下，光义时或离席，有所谦让退避的样子。饮罢，漏鼓三更，殿外积雪数寸。忽见太祖手持柱斧击地，大声对光义说："好做，好做！"便解带就寝，鼻息如雷。

次辰四更，太祖暴死。宋皇后命内侍都知王继恩召赵德芳。王继恩自以为太祖素来打算传位给光义，竟敢不宣德芳，径赴开封府召晋王光义。只见长于医术的左押衙程德玄坐在府门口，便问其缘故。德玄说："二更时分，有人叫门说晋王召，出门却不见人影。如此情况，先后三次。我恐怕晋王真有病，所以赶来。"

继恩感到怪异，便告以宫中大事，共同入见光义。光义大惊，犹豫不行，声称要与家人商议，继恩催促道："时间一长，将为他人所有了。"三人便踏着大雪，步行入宫。继恩欲让光义在直庐等待，自己好去通报。德玄说："直接进去，何待之有？"三人俱至寝殿。

宋皇后听到继恩的声音，便问："德芳来了吗？"继恩说："晋王到了。"宋皇后见到光义，不禁愕然失色，马上改口喊官家，说："我们母子性命都交给官家了。"光义边落泪边回答："共保富贵，别怕别怕。"第二天，光义就即了皇帝位，是为宋太宗。

烛影斧声下太祖的猝死和太宗的继位，其内幕究竟如何，这是千古难解之谜。以上叙述，出自《续湘山野录》和《涑水记闻》，后者出自北宋史家司马光之手，他可不是一个热衷小道的史家。南宋史家李焘订正了王继恩 (原作王继隆) 和程德玄 (原作贾德玄) 的姓名出入，把这两条记载编入他考证严谨的北宋编年史《续资治通鉴长编》。越是难解之谜，越是引起人们的兴趣。自元代以后直至上世纪末，史家对这一疑案始终众说纷纭，莫衷一是。一派认为，太宗继位并不存在篡弑之事；另一派以为，太宗怀有阴谋，做过手脚，至于其阴谋程度又有各种不同意见。那么，事实究竟可能是怎样呢？

其一，太祖显然属于非正常死亡。太祖在席上对光义连说"好做"，可有两种截然不同的理解。一为"好好做"，一为反语"你做的好事"，李焘改成"好

清代杨柳青年画《皇后骂殿》
宋太宗继位之谜在后代衍为戏剧，画面表现了宋太祖皇后当殿责骂赵光义的戏曲场景。

为之"，只有前者之义，并不妥当。倘是后者，光义当时做的是什么"好事"，却不得而知。倘据史料，为太祖开列一张开宝九年的活动日程表，就可发现他精力充沛，频繁出巡，甚至远至西京洛阳。而且迟至十月的十几天里，史书也从未有太祖生病、大臣问疾的记载。故太祖猝死，显然不是因病。有人推测他是饮酒过度而一夜猝死，但太祖一向以为"沉湎于酒，何以为人"，其饮酒是有节制的，故贪杯猝死的论据有所不足。倘说因酒致死，这次是与光义共饮，太祖死于酒而光义无恙，只可能光义上下其手。太祖是否发现这点，才大呼"好做"的呢？

其二，太宗及其亲信是预知太祖死日的。据《宋史·马韶传》，马韶私习星象天文之学，与光义的亲信程德玄友善，十九日晚上来见德玄，声称"明日乃晋王利见之辰"，德玄连忙报告太宗。太宗命令将他看管起来，即位以后才将其放出。马韶的消息肯定是太宗亲信走漏的（也许就是这个程德玄），为防止他在事成之前泄漏天机，只能把他关起来。这也说明程德玄完全预知即将到来的政变。除光义本身，德玄应是这幕闹剧里最知情的人，他在开封府门口彻夜长坐,是代光义静候宫中好消息。否则,既然担心光义有急病,却不入府视疾,在风雪之夜傻坐在府门口,无论如何难圆其谎。而王继恩居然敢冒死违抗宋皇后的旨令,不召赵德芳,当光义故作姿态时又心照不宣地提醒他"时间一长将为他人所有",两人也显然有事先的默契。光义对宋皇后说的第一句话就是"共保富贵",也表明他早知此事,有备而来。

其三,从宋皇后的言行可推见太宗继位出自逆取。宋皇后得知太祖暴卒,不宣光义,而宣德芳,一方面表明太祖没有关于传位的遗诏,至死也没有确定光义就是无可争议的皇位继承者;另一方面也透露出太祖之死是非正常死亡,可能与昨夜的饮酒有关,故而不召光义。只有这样,当召来的是光义时,她才可能大惊失色,竟顾虑自家母子性命不保了。否则,太祖正常死亡,光义正常继位,她就没有必要多此一虑了。

总之,这一疑案稍加追究,就发现太宗问题多多,他是无论如何脱不了干系的。当然,其中细节也许永远是谜。据《烬余录》,后蜀花蕊夫人在亡国以后被召入太祖后宫,光义垂涎其美色已久。这晚酒酣,光义见太祖已睡去,呼之不应,就乘机挑逗调戏花蕊夫人,太祖寐觉,即以玉斧斫地。倘真如此,太祖连呼"好做",倒有了落实。但此说也只是可能有,而未必一定有。

有人误解史书所说的"柱斧",猜测光义是用斧头劈死太祖的。这是不可置信的。柱斧一为武士所用,一为文房用具。文房用具的柱斧也称玉斧,以水晶或铜铁为材料,烛影斧声中的柱斧显然只能是文具,绝不可能成为杀人凶器。况且光义也不至于做得如此露骨。最有可能的还是酒里做手脚,且有史料说明太宗是精于此道的:《烬余录》说后蜀降王孟昶因其而暴卒,《默记》说南唐后主李煜被他在酒里下牵机药而毒死。

一二

金匮之盟

　　宋太宗是十月二十一日即位的，十二月二十二日宣布改元太平兴国元年。宋太宗赵光义一般说来，以子继父，以弟承兄，出于对前任皇帝的尊重和承认，当年是不改元的。两宋除高宗因在非常事态中即位而当年改元外，其他君主都是沿用旧号次年改元的。太宗此举主要出自逆取皇位的心虚理亏和迫不及待，倒并不是向世人表示割断与太祖的承统关系。他还是要打太祖旗号的。在即位大赦诏书里，他自称是"小子"、"冲人"（都是年幼继承者的意思），表示要"恭禀遗训"、"恭遵先旨"，以证明自己是太祖忠实的继承者。

　　即位以后，太宗下令太祖和皇弟廷美的子女，与自己的子女一样，都称皇子皇女；让弟廷美为开封尹兼中书令，封齐王，后改封秦王，表明自己沿用太祖时皇弟尹京的旧制；太祖之子德昭为永兴军节度使兼侍中，封武功郡王，与廷美都位在宰相之上。然而这不过是稳定人心、巩固地位的权宜之举。等皇位稳固以后，他就碍难与太祖之子"共保富贵"了。

　　太平兴国四年（979 年），在攻灭北汉以后，太宗乘胜北征契丹，不料受到辽军重创，他也中箭溃逃。宋军夜惊，不知太宗所在，便有人准备推戴随征的德昭；旋即知道了太宗的下落，这才作罢。太宗由此感受到怀念太祖的潜势力之可怕。回师以后，太宗因北征失利，对剪除北汉的功臣也久不行赏。德昭提醒他，他冲着德昭大怒道："等你做了皇帝，赏也不晚！"这显然是扭住军中拥立之事不放，德昭回去就自刎而死。史载：太宗闻讯，抱着尸体大哭道："痴儿，何至此邪！"既掩饰自己的威逼，又推卸自己的责任。两年以后，年仅二十三岁的赵德芳又不明不白而死，只有《宋史》说他是"寝疾薨"，与太祖一样在睡梦中去世的。

明代版画《敬受母教》（选自《帝鉴图说》）
殿中端坐者为杜太后，下跪者为宋太祖，右侧侍者捧匮，应即藏纳盟约之用。

太祖的儿子德昭和德芳一死，秦王廷美的准皇储地位就成为太宗的一大心病。太平兴国六年九月，太宗的早年幕僚柴禹锡告发廷美"将有阴谋"。"将有"云云，即"莫须有"，也表明太宗将对廷美下手。但时距德芳之死仅隔半年，倘再兴大狱，太宗惟恐压不住阵脚。于是，他断然召见了赵普，借助于这位有举足轻重影响的开国元勋。

赵普自从在太祖晚年罢相出朝，以同平章事任河阳三城节度使，给他一个使相的名义。太宗即位，对他宿恨未消，派与他有隙的高保寅出任其所属支郡怀州的知州，保寅一上任就说赵普抑制他，要求罢节镇领其支郡。赵普见自己提出的"削夺其权"的方针被用来对付自己，便在太平兴国二年请求入京参加太祖入陵葬仪，太宗顺势罢其使相之职。其后，赵普虽以太子少保的荣衔留在了京师奉朝请，但形同高级寓公，备受太宗的冷落和宰相卢多逊的逼压，不仅尝够了失去权势以后的世态炎凉，再如此下去，恐怕连身家性命都岌岌可危。

就在这个节骨眼上，赵普受到了太宗的召见，他当即表示"愿备枢轴，以察奸变"。退朝以后，赵普立即上了份密奏，说明自己早年曾有奏札论及皇位继承事，还受太祖、太宗之母杜太后的顾命，书写过一份金匮之盟，两者现都在宫中，希望太宗寻访。太宗果然都找到了，立即再召见赵普，当面致歉道："人谁无过，朕不到五十，已尽知四十九年非！"他还就今后皇位继承试探赵普，赵普就回答了一句："太祖已误，陛下岂容再误？"太宗连连颔首。于是，赵普次日就重登相位，且位兼侍中，这是宋初德高望重的宰相的加衔。至此，太宗与赵普这对昔日的冤家捐弃前嫌，为了各自不同的目标，走到一起来了。

金匮之盟与陈桥兵变、烛影斧声并称宋初三大疑案，不妨先根据后来的追述来说说当年金匮之盟的立约情况和誓约内容。建隆二年（961年），杜太后病危之际，赵普曾向她上奏论皇位继承事，便召赵普入宫，当时太祖在侧。太后问太祖何以得天下，答以祖宗和太后积德，太后说："不对！正因为周世宗让幼儿主天下。倘若后周有长君，天下岂你所有？你百年后应传位给你的兄弟。能立长君，社稷之福啊！"见太祖叩头应允，太后对赵普说："你记下我的话，不可违背。"于是赵普在榻前亲写约誓，一式两份，在两份纸尾骑缝处签上了自己的名衔。事后，一份随葬入杜太后的墓棺，一份由太祖手封收藏。

由于誓约的原文从未见诸史书记录，而转述的记载却颇有出入。大体说来，盟约关于皇位传承的办法有"独传约"和"三传约"的区别。所谓独传约，即太祖传位给太宗，这是杜太后的遗命。而所谓三传约，即太祖传之太宗，再由太宗传之廷美，廷美再传太祖之子德昭，这是杜太后和太祖的本意。

金匮之盟这一历史之谜的症结有三：一、究竟有无此事？二、为何此时出笼？三、誓约内容如何？

先说究竟有无此事。金匮之盟的立足点是立长君。指其伪造者认为，杜太后死时，太祖三十五岁，德昭十一岁，她岂能预料太祖死时，德昭仍是幼主？倘经光义、廷美三传至德昭，一般在四十年左右，其时德昭已年过五十，生死尚且难卜，长君从何谈起？但有学者从五代诸帝在位时间最长者不过十年，平均在位时间不到四年，认为杜太后的担心并非杞人忧天，因而太后临死立长君的遗言，当时完全可能有。即便如此，却未必书为誓约。这可从两方面得到印证。

其一，从太祖的作为看。正因为只是口头遗言，而不是书面誓约，太祖始终没有举行定储之举。但到开宝六年，德昭已二十三岁，也到完全可以继位的年龄，一向秉承母意的太祖才断然拒绝赵普的建议，按前朝惯例将光义进封为晋王，确定其准皇储的地位。由于不是正式定储，皇位传承仍可能存在着变数。太祖的举动正说明他在皇位继承问题上是受母意约束的，但又不必像履行书面誓约那么循规蹈矩。

其二，从赵普的作为看。他作为盟约的监督署名者，如果说太祖时期不敢泄漏事尚在理，但到太宗即位六年间，自己分明失势，为何不上书言明以邀主欢呢？这也反证当时并没有成文的誓约。

次说为何此时出笼。金匮之盟是太平兴国六年炮制出笼的，其誓约见诸史乘最早是真宗咸平二年（999 年）重修的《太祖实录》（即《新录》）。《新录》还说约盟时太宗也在场，这是连编谎都编不圆。倘真如此，太宗对赵普的衔恨和致歉都无从解释。何况太宗即位时不宣布，太平兴国五年九月修成的《旧录》也不载其事，既表明《新录》所谓太宗在场纯系妄说，也反证金匮之盟的出笼确在《旧录》修成以后。

金匮之盟是密约，藏之宫中，秘无人知，三个当事者中只有赵普还健在，而他给太宗捅破此事的方式仍是密奏。也就是说，只有赵普与太宗两人知道此事，他们联手做手脚，别人谁都难以否证。对太宗说来，迫害廷美，传位子嗣，都需要赵普这样元老级的开国元勋的支持和谋划；而以赵普的政治经验，当然知道太宗肚里淌的是什么坏水，也知道这是改变自己"日夕忧不测"处境的唯一机会。于是，他孤注一掷，伪造了金匮之盟，作为输心效忠的入场券，为太宗不正常的继位找一个合法的根据，以借机东山再起，恢复失去的权势。正是在这一节骨眼上，两人一拍即合，金匮之盟应运而生。

再说誓约内容如何。若杜太后真有口头遗嘱，三传约的可能最大。但太平兴国六年，金匮之盟刚由赵普炮制出笼时，肯定不是三传约，而只可能是独传约。倘是前者，无异在宣传秦王廷美应是当然的皇位继承人，简直在为即将进行的迫害廷美的阴谋自设障碍，任谁也不可能如此愚蠢。独传约突出太宗，一方面为逆取太祖之位、逼死太祖之子的太宗进一步确立合法的地位，打上了一针强心针；一方面也树立了赵普"顾命大臣"的高大形象。只有当廷美死后，三传约形同废纸，才可能在士大夫之间流传开来，因其时已是太宗一系独传的天下了。

赵普以金匮之盟重新换取了相位，其任相次日，秦王廷美就感到压力，要求列班在赵普之下，而以其准皇储的地位是可以位居首相之上的。次年三月，有人"告发"廷美准备在太宗前往庆祝金明池的水心殿落成之际犯上作乱。太宗假意不忍心张扬其事，罢去廷美开封尹，将他调到洛阳任西京留守。与此同时，与廷美往来密切的一批文武臣僚都因"交通秦王"而贬官流放。

不久，赵普向太宗报告，调查到卢多逊与秦王廷美勾结事。卢多逊立即被罢相下狱，审讯下来，卢多逊与相关人等都表示"伏罪"，具体罪名是卢多逊派中书属吏向廷美密告高级机密，还效忠道："愿宫车（指太宗）早晏驾（指死去），尽心事大王。"廷美也表示"愿宫车早晏驾"。于是，卢多逊被削夺一切官爵，连同家属流贬崖州（今海南崖县），赵普终于出了口恶气。有关牵涉本案的属吏和证人都被斩首在都门之外，来个死无对证。廷美则被勒令归私第，他的儿女也不再称为皇子皇女，他在朝中的势力也被彻底扫尽。

五月，继廷美出知开封府的李符迎合太宗旨意，上奏说廷美衔恨怨望，"乞徙远郡，以防他变"。太宗正中下怀，把廷美降为涪陵县公，房州（今湖北房县）安置。这是流放后周退位小皇帝的地方。廷美忧悸成疾，两年后死于当地，年仅三十八岁。

这种明目张胆的迫害，连太宗的长子元佐也看不下去，为营救四叔出面向父亲申辩。廷美死讯传来，元佐顿时发疯了。

太宗还对宰相李昉等说廷美是乳母耿氏所生，而《宋史·杜太后传》明载杜氏生五子，廷美位序第四。可见这是太宗为掩饰逼杀廷美之罪，不惜向自己父亲泼脏水，故意编派出来的谎言。

涪陵之狱，始终未见有丝毫的显罪确情。《宋史·赵廷美传》把这一冤案归罪于赵普。实际上，廷美不死，太宗就难以传位于子，因而元凶是太宗，赵普不过帮凶而已。在皇位这一天下第一权力面前，即便在兄弟父子之间，人性的泯灭也太司空见惯了。

一三

海内一家

宋太宗在烛影斧声中继位，内心总不踏实。以他的特殊身份和多年经营，虽然还不至于有公开指责他合法性的臣民，但飞短流长似乎难免。尽管找不到官私史书的正面记载，但即位次年有两道诏书泄漏出个中的消息。十月，太宗下令全国禁止天文、阴阳、卜相之书，有私习者斩首。十二月，他命令对全国送到京城来的三百多名天文相术之士进行甄别，把六十余人留在了司天监，将其余近三百人都一股脑儿发配到沙门岛上去了。

留在司天监做官是利诱，禁书和流放是威胁，理由都是"矫言祸福，诳耀流俗"。如果只是对普通百姓"矫言祸福"，没有必要堵住他们的嘴巴，把查无实据者统统发到与世隔绝的海岛上去，对私习者则要他们的脑袋。唯一可能就是"矫言祸福，诳耀流俗"的对象牵涉到继位问题，才逼得太宗出此狠招。

在防民之口的同时，太宗急于完成统一大业，既证明自己是太祖当之无愧的继承者，以提高个人的威望，也可以转移朝野的视线，不再对他继位的合法性说三道四。当时南方还剩下龟缩福建一隅的陈洪进和吴越国的钱俶，都是只待收拾的囊中之物，而北汉因有契丹的撑腰，仍然割据河东，有一场硬仗要打。

五代中期，十国之一的闽被南唐灭亡，原割据泉、漳两州的留从效得到南唐的认可，被封为清源军节度使。北宋建立当年，从效上表称藩。建隆三年（962年），从效去世，少子绍镃主政。牙将陈洪进诬指他准备将土地献给吴越，把他捆送给南唐发落，推举统军副使张汉思担任节度留后，自己当节度副使，大权在握。后来陈洪进又囚禁了汉思，遣使宋朝请求承认。太祖当时无暇南顾，改清源军为平海军，仍授陈洪进为节度使。南唐灭亡以后，陈洪进与吴越向来不和，颇不自安，便在太平兴国二年（978年）亲自入朝。太宗待他礼数倒很优厚，就是过了大半年还不放他回去。他现在倒落入了当初汉思被囚的处境，次年，只得向太宗上表献漳、泉二州十四县。

吴越自宋朝建立以来，每年朝贡，态度一直相当恭谨。南唐灭亡的次年，钱俶与妻、子入朝，因为太祖曾约他晤面"以慰延想"，并许诺保证让他回国。到达开封以后，太祖赐他剑履上殿，书诏不称名，极尽礼遇。群臣纷纷上章，建议扣留钱俶，太祖信守诺言，放他南归，感动得钱俶留着泪表示愿今后三年一朝。临行，太祖赐他一个黄包袱，封裹严密，嘱咐他在路上细看。途中打开一看，都是群臣请求扣留他的章奏，他越加觉得惶恐不安。

太平兴国三年，钱俶再次入朝，恰逢陈洪进被迫纳土。他越发忐忑不安，上表要求免去所封的吴越国王和书诏不名的待遇，允许他回国，宋太宗没有答应。随从的崔仁冀对钱俶说："现在去国千里，尽在他人掌握之中，只有插翅才能飞去！"钱俶迫不得已也只得重蹈陈洪进的覆辙，上表献上了吴越国的十三州一军八十六县，南方的割据局面至此结束。

据说，这次钱俶入朝，臣民都知道他将有去无回，造了保俶塔祝愿他能平安回来。然而钱俶不仅没能南归，连做大梁布衣寿终正寝的权利都没有，他的死也是疑窦丛生的。雍熙四年（987 年），钱俶得病家居，有一个叫赵海的宦官夜访其宅，拿出一粒药说是太宗所赐。他服下后，家人都惶惶不可终日。

保俶塔

杭州西湖这座娟秀的砖塔是当年吴越国臣民为祈愿国君钱弘俶平安归来而建造的。

几天后，钱俶向太宗说了这事，太宗居然大惊，逮捕了赵海，决杖流配沙门岛，似乎他从来不知这件事。但赵海敢于假传圣旨，显然是令人怀疑的。其后，钱俶的病一直未好过。次年八月他生日那天，太宗遣使赐宴，当晚他就暴死，结局与李煜相去不远。

建立北汉的是后汉高祖刘知远之弟刘旻，后周代汉以后，他就割据太原称帝，仍以汉为国号，史称北汉。北汉虽局处一隅，军队却十分强悍，且与契丹成犄角呼应之势，地势又易守难攻，成为宋朝统一最难嗑的硬核桃。太祖虽实行先南后北的战略，却始终关注着北汉的动态。

开宝元年（968年）八月，北汉第二代国君刘钧病死，在王位传承上引起了政局动荡，太祖认为有机可乘，就派李继勋、党进和曹彬率军北伐。北汉派名将刘继业（即杨业）抵抗，同时向辽朝求救。宋军直逼太原城下，太祖传诏北汉新国主刘继元投降，遭到拒绝。在契丹诸道驰援的情势下，李继勋惟恐腹背受敌，只得撤兵。

太祖心有不甘，次年二月御驾亲征。他一方面命各州调运粮饷到河东战场，一方面派兵扼守契丹可能驰援的军事重镇。大军抵达太原城下，太祖筑长围攻城，但城坚难下，于是决汾河水灌城，城中虽然恐慌，但仍顽抗。太原城久攻不下，而契丹的援军虽然受挫，依旧在北边造成很大的压力。时已炎夏五月，淫雨连绵，宋军中疫病流行，太祖只得被迫撤兵。宋军撤退以后，太原城排除积水，大段城墙圮坏倒塌，辽朝使者见状大为赵匡胤惋惜，说："宋军倘若先浸而后涸，太原城就易手了。"

南唐灭亡以后，南方的统一已大势明朗，次年秋天，太祖命令党进、郭进和潘美等兵分五路第三次伐汉，希望由自己来砸碎这颗硬核桃。但不久他即突然去世，把问题留给了太宗。太祖虽未平定北汉，但三次北征，已大大消耗了北汉的实力，在第二次北征以后，还把北汉境内的居民大量迁徙到内地，使其只剩下一个地荒民寡的空壳子。

太平兴国四年，太宗见政权初步巩固，便急切地企图通过攻灭北汉来实现太祖不能完成的功业，以提高自己的地位和威望。正月，他任命潘美为北路都招讨使，分四路攻打太原城；同时命郭进为石岭关都部署，以阻击契丹援兵。

二月，太宗御驾亲征，所遣兵马在十万以上。三月，郭进在石岭关（今山西太原北）南截击来援的辽军，辽军死伤严重，所幸耶律斜轸的后续部队赶到，才遏住宋军的攻势，得以退兵。另一方面，潘美指挥宋朝大军围困太原城，自春至夏，昼夜攻打，矢石如雨。

四月，太宗抵达城下，督诸将攻城越急，太原城几乎城无完堞，城头箭集如猬。城破在即，太宗传诏北汉主速降。刘继元见大势已去，亲信逃亡，只得出降。宋得十州一军四十一县，五代分裂局面至此宣告结束。

以中原王朝的传统眼光看来，这也可以说是海内一统了。但从大历史的角度看问题，海内一家的范围也在扩大，而与宋对峙的辽夏金政权也和前代旋仆旋起的柔然、突厥有所不同，作为一个稳定的政权实体，他们也加入到融天下为一家的历史过程中来了。而在这一融合过程中既有和平相处的乐章，也有兵戎相见的血污。北汉刚平定，宋辽之间就形成了唯一直接的对峙，如何应对这一局面成为宋太宗的当务之急。

从高梁河之战到雍熙北伐

辽太宗率领契丹骑兵直下后晋都城开封时，宋太祖年方二十，对这一浩劫应该是刻骨铭心的。北宋建立以后，图谋燕云，拱卫中原，可以说是他一贯的夙愿。他设立了封桩库，积存每年的财政盈余，打算蓄满三五百万以后，与契丹交涉索还燕云的土地与民众。倘若契丹同意，这些款项就作为赎款，否则就散尽库钱，招募勇士，武力攻取。他做了一个估算，倘若以二十匹绢的价钱换取一个辽兵的首级，辽朝十万精兵用二百万匹绢也就搞定了。太祖的这一规划，表明他是把对辽和战当作严重问题来郑重对待的。因而终太祖之世，宋辽之间基本维持互不侵犯的状态。

太平兴国四年（979 年），太宗出兵攻北汉，已做好了与契丹开战的思想准备，而北汉终被攻灭，也令太宗自我感觉良好。于是他决定挟战胜之余威，取燕云之故地。实际上，攻打北汉从正月到五月，已经是师老饷乏，完全不宜再开打新的战役。何况这时的辽朝在景宗统治下，经过十余年休养生息，经济大有好转，政治也算清明，关键是涌现了耶律休哥、耶律斜轸这样智勇兼备的名将。宋朝又没有经过充分的前期准备和严密的军事部署，仓促上阵，显然是难操胜算的。这时，殿前都虞侯崔翰迎合太宗的旨意，上奏鼓吹道："所当乘者，势也；不可失者，时也。"于是太宗决意攻辽。

五月下旬，宋军自太原诸路并进，越过太行山向河北平原集结。六月十三日，太宗从镇州（今河北正定）亲自督军北上，正式发动北征。十天后宋军进抵南京（今北京）城下。辽将耶律斜轸见宋军兵锋略盛，便引兵退驻得胜口（今河北昌平西北），耶律沙则撤到清河北（今北京清河镇附近），互为犄角，声援南京。

宋太宗误以为耶律斜轸只能据守险要以自保，便派一部进行监视，自率主力日夜攻城，命宋军围城三匝，穴地而进。辽朝守臣韩德让日夜登城指挥，力保城池不失。宋军围攻半月，疲惫劳顿，粮草因运输线过长也开始紧缺。

七月初，辽朝所派耶律休哥率领的驰援大军已抵达前线。他先以弱兵五千诱敌，再以精骑三万从他道绕到宋军南侧，发动猛攻，席卷而北。六日，耶律沙进军城下，与宋军激战高梁河（今北京西直门外），耶律休哥和耶律斜轸也各率所部分左右两翼向宋军发起猛烈的攻击。

宋军急调围城部队迎敌，城内辽军见援军赶到，便开门列阵，鸣鼓助攻。宋军在辽军数路猛攻下，全线崩溃。次日黎明，太宗在混战中腿上中了两箭，仓皇奔逃至涿州，因箭伤无法骑马而换乘驴车继续南逃。辽军追杀三十余里，耶律休哥身上也多处受伤，不能驭马，便改乘轻车追逐，至涿州未获宋太宗而还师。

在高梁河之战中，就兵力对比而言，宋军明显占上风，但却以惨败而告终，使宋初以来培植的宋军精锐元气大伤。究其战败的内部原因，一是战略上的轻敌，以为挟战胜北汉的余威，必能奏功。二是战术上的失策，屯兵坚城之下，不作打援的部署，乃至处于内外数路夹攻的被动境地。三是士气的不振，将士连续作战，身心均已疲惫，将领中甚至有掳掠北汉妇女充当军妓的，其军心涣散、士气低落可以想见。

为了报复南京围城之役，当年九月与次年十月，辽军两次攻宋，双方互有胜败，谁都不敢说胜券稳操。现在自宋太祖就志在解决的燕云十六州问题，对太宗说来成为一个棘手的难题。首先，战端一开，已经切断和平解决的所有可能。大言既出，不打则贻笑天下，威望扫地；若打则覆辙在前，胜负难料。太宗有点进退两难。

太平兴国七年，趁辽圣宗新即位之际，宋太宗甚至谋求与契丹恢复以前的和平状态，但因没有正式的国书而遭到拒绝。而要下国书求和，太宗还拉不下这面子。在接到辽朝拒绝的信息以后，太宗重新开始积极备战。

雍熙三年（986 年）正月，经过长期准备，宋太宗决定再次发动大规模的伐辽战争，史称雍熙北征。之所以这时发起北征，太宗是出于对内外形势的判断才作出的。

先说对内，高梁河战败时，军中见太宗不知去向，竟有人打算拥立太祖之

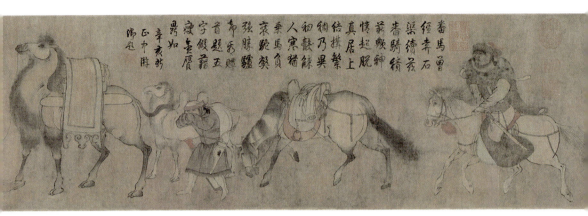

《番骑图》（北京故宫博物院藏）
此图摹绘北方游牧民族鞍马征战的情景，传为胡瓌所作，一说出于元人手笔。

子赵德昭，这令太宗深感皇位未稳，于是转而注意内政。到雍熙初年，不仅太祖之子都已死去，连居于准皇储地位的皇弟廷美也已贬死，太宗最后一块心病已经除掉，因而可以放心攘外了。而自南京围城之役以来，七年来战略物资的准备积聚，也足以对付一场大战。

再说对外，太宗误信边将的报告，认为"契丹主少，母后专政，宠幸用事"。从表面现象来看，辽圣宗这年才十六岁，说得上是"主少"；政事听命于其母承天太后，说"母后专政"也名副其实；而承天太后也确实重用她所钟爱的韩德让，在大计方针上多有听从，以"宠幸用事"评断也相去不远。

但承天太后与韩德让共掌朝政称得上是黄金拍档，这一时期也是辽朝历史上最辉煌的年代。就以边境防务而言，承天太后在圣宗即位当年，就任命耶律休哥为燕京留守，允许他便宜行事，总领南面的军务。史称耶律休哥在这一期间"劝农桑，修武备，边境大治"。他不仅是一代名将，也是有眼光的政治家，对宋朝的进犯早有防备。因而宋太宗在对外征战时机的选择上，是绝对错误的。

雍熙北征是宋太宗亲自指挥的，这次他没有亲征，而是用阵图遥控指挥。阵图是宋代猜防武将，实行"将从中御"政策的产物。宋太祖是宋代皇帝中唯一的天才军事家，他用将"专而不疑"，只在命将出师前作简要的指示和告诫。太宗的韬略远不能与乃兄相比，却自以为是军事天才，对武将的猜忌防范之心十分强烈，为了"将从中御"，就预先设计好阵图交给出征的将帅，让他们不折不扣执行。太宗、真宗两朝阵图最为盛行，但也是对辽战争一败再败的年代。

战争形势瞬息万变，在当时通讯条件下根本不可能及时反馈进行调整，阵图的荒谬可想而知。

且看太宗这次的战略部署：东路以曹彬为主帅，米信为副，率领宋军主力两军同行，出雄州（今河北雄县），以缓慢行军的战术，张大声势，向辽南京进发，以牵制辽军主力；中路以田重进为统帅，出飞狐口（今河北涞源）；西路以潘美为主帅，杨业为副，出雁门关（今山西代县北），攻取关外诸州，再与中路军会合，然后挥师东进，从北面与东路军夹攻南京。这一战略的不足在于：一是三路大军过于分散，不能及时有效地进行配合；二是东路主力等待战机的时间过长，容易出现不测之变。结局果然如此。

三路大军一开始进展都很顺利。中路军攻占了灵丘（今属山西）、蔚州（今山西蔚县）。西路军更是连克寰（今山西朔县东北）、朔（今山西朔县）、云（今山西大同）、应（今山西应县）等州。东路军攻占了岐沟关（今河北涞水东）、涿州等地，耶律休哥仍坚守南京，避免与宋军正面交锋，同时派轻骑深入敌后，截断其粮道。

辽圣宗与承天太后接到耶律休哥的求援消息，立即征调诸部兵增援南京，统一归休哥指挥，以抗击宋军东路主力。母子俩亲率大军南下，驻兵涿州东北，等待各路援军到达，以便决战。

曹彬在三月进占涿州以后，与耶律休哥的军队相持在涿水之北，十余天后，终因粮草不济，退守雄州以便就粮。太宗听到这一消息，大惊失色，即派使者指示他向米信军集结，养精蓄锐等待中西路军的会师。而这时中西路军屡战获胜的捷报不断传来，东路将士纷纷要求出战，以便为北征主力争回点面子。

曹彬只得率军与米信军会合，再度进攻涿州。因休哥以轻骑不断夜袭单兵落伍者，曹彬命部队排成方阵行进，一边行军，一边在两边挖掘壕堑，以防敌骑侵袭，将士疲惫不堪，从雄州到涿州仅百余里路，竟走了二十来天。等到达涿州，曹彬发现承天太后率大军已驻扎在涿州东北，连忙决定退兵。这时耶律休哥已补充了精锐的援军，全力追击宋军。

五月，两军激战于岐沟关，宋军以粮车环绕自卫，被辽军包围，成关门打狗之势。曹彬、米信趁夜色率部突围，渡拒马河时，遭辽军追击，溺死者不可胜计。曹彬溃退至易州（今河北易县），驻营沙河，听说追兵又至，宋军如惊弓之鸟，争过沙河，死者过半，河水为之不流。残余宋军向高阳（今属河北）

溃逃，被耶律休哥追上，死者数万，丢弃的兵甲高如山丘。宋军主力全线崩溃，伤亡惨重。

宋太宗接到东路军惨败的战报，立即命令中路军退驻定州，西路军撤回代州。而辽承天太后则调集优势兵力西向，以便全力对付中西两路的宋军。见到宋中、西路军后撤，耶律斜轸等不及援军到达，就主动出击了。这时，中路军已安全撤回；西路军又接到太宗的指令，要求他们掩护寰、朔、云、应四州居民迁至内地。这支孤悬敌后的西路军就成为辽军唯一追击的目标。

七月，西路军副帅杨业建议避开敌军主力，出大石路（今山西代县西北），配合云、朔守将撤离两州军民，但监军王侁却逼他与辽军正面交锋，主帅潘美不置可否，杨业无奈，只得出战，行前要求他们在陈家谷口接应。但当他与耶律斜轸的大军浴血苦战退至约定地点时，潘美、王侁已率军退走，杨业拼死血战，中箭被俘。辽军在岐沟关和陈家谷两次战役中大获全胜，彻底击败了宋太宗亲自指挥的雍熙北征。

稍作休整后，十一月，辽军分东西两路南下攻宋，作为对雍熙北征的报复。西路军由耶律休哥率领，东路军由承天太后亲自统领，在滹沱河北与西路军会合，渡河以后直扑瀛州（今河北河间）。宋朝守将刘廷让约沧州守将李继隆以精兵来援，岂料李继隆畏缩不至。当时天气奇寒，宋军拉不开弓弩，被辽军围困聚歼，死者数万，大将贺令图等被俘，刘廷让只身逃回瀛州。辽军乘胜南攻，大名（今属河北）以北，悉遭蹂躏。耶律休哥建议干脆把辽朝的边境推到黄河北岸，承天太后没有同意，次年正月，下令还师。

雍熙北征是宋辽之间规模最大的一次战役，也是宋太宗企图收复燕云的最后努力。这次军事行动再次以惨败而告终，对辽宋双方以后历史的走向产生了深远的影响。对宋朝来说，雍熙北征的失败在君臣将士中间普遍滋生出一种恐辽心理。在这种心理的支配下，宋朝彻底放弃了以武力收复燕云的梦想，把战略进攻变为战略防御，对辽一味采取守势。

为了阻止辽朝骑兵的南攻，宋朝采纳知雄州何承矩的建议，在西起保州（今河北保定），东至泥姑寨（今天津塘沽）的九百里间，利用原来的河淀塘泊，疏通蓄水，构筑塘堤，形成南北宽十里至百余里不等、深数尺至丈余不等的防御地带，其间设立寨铺，派兵驻守。这一工事的实际效果是十分有限的，最有力的证明就是澶渊之盟时辽朝骑兵照样直逼黄河北岸。

在对外失利的情势下，宋太宗转而把统治重点放在对内的防范和控制上。端拱二年（989年），他声称"欲理外，先理内，内既理，外自安"，确立了宋朝一以贯之的守内虚外政策。由于收复燕云的无望，宋朝北大门的锁钥始终掌握在辽朝的手中，不久就有澶渊之盟的订立，令宋朝背上了岁币的包袱。这种阴影也直接影响到宋朝对夏、金关系的格局。

对辽朝来说，高梁河之战和反击雍熙北征的胜利不仅解了南京之围，而且保卫了作为辽朝立国生命线的燕云十六州,难怪《辽史》有一段话称赞这两仗说："是两役也，辽亦岌岌乎殆矣！休哥奋击于高梁，敌兵奔溃；斜轸擒继业于朔州，旋复故地。宋自是不复深入，社稷固而边境宁。""宋自是不复深入"，意义不可低估。辽朝不仅在这场较量中完全占据了上风，而且也表明自后晋石敬瑭献燕云十六州半个世纪以来，中原国家与辽朝对这块农耕地区和军事重地的长期争夺画上了句号。从此以后，这一地区在辽朝的统治下，社会经济有了长足而稳定的发展。

实际上，不论宋辽哪一方试图控制占有燕云十六州，都是无可非议的。高梁河战败的次年，太宗还没有死了收复燕云的心，张齐贤有针对地上了一奏说："臣闻家六合者以天下为心，岂止争尺寸之事，角强弱之事而已乎！"南宋有个叫吕中的学者评论张齐贤的奏议，说他只知道辽朝不可伐，却不知道燕云所在当取，当取的理由有二："一则中国之民陷于左衽，二则中国之险移于夷狄。"前一条理由事关民族与文化问题，在当时当然是原则性的大问题。但从历史长时段来看，在民族融合和文化趋同的过程中，左衽之民陷于中原，中原之民陷于左衽，都是不可避免的双向代价。后一条理由确是宋朝必取燕云的关键所在，即吕中所谓"燕蓟不收则河北之地不固，河北不固则河南不可高枕而卧"。更何况燕云十六州原来就是从中原国家划给契丹的，宋朝志在必得是完全合情合理的。

从契丹来说，燕云十六州一旦纳入自己的版图，就具有两方面的重要意义。一方面，在军事地理学上，这一地区也成为辽朝防止中原国家长驱深入的军事屏障。更重要的是另一方面，这一地区的农耕经济与其原先的游牧经济形成良性的互补，随着年代推移已经成为辽朝赖以立国的最重要的经济板块，因而辽朝殊死地保卫这一生命线也是情理中事。

也可以说，中原国家失去燕云，不会影响其原来的社会文明程度；而辽朝一旦失去这一地区，它的经济文化形态就会发生质的变化，成为类似前代突厥、柔然那样勃然而兴倏然而灭的游牧政权。既然双方都有取得燕云十六州的历史合理性，而双方又互不相让，便只有战争解决问题。历史就是这么干脆而无情，但战争结局却是历史的必然性和偶然性胶合的产物。李塨以为：自雄才大略的宋太祖一死，"而天下不能混一矣"。宋太宗没有这一方面的雄才大略，应是毫无疑问的。

独乐寺观音阁（在今天津蓟县）
现存观音阁为辽统和二年（984）重建，是辽代木构建筑的代表作。

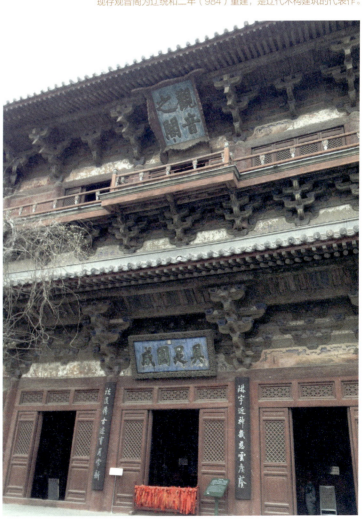

一五

杨家将

在陈家谷之战中被俘的西路军副帅杨业,成为后来民间杨家将故事的主角。元明戏曲小说中的内容,虽也有历史的影子,但颇多附会成分。历史是不能戏说的,但杨家将倒是值得在这里细说的,目的也是把历史和附会区分开来。

杨业是麟州新秦（今陕西神木北）人,后来迁居太原,《宋史》本传说他是并州太原人,是指他的今籍而言的。新秦地近边塞,以战射为习俗,杨氏也以武力称雄一方。杨业的父亲叫杨宏信,这是根据欧阳修为杨琪作的墓志铭,而《东都事略》《宋史》和《资治通鉴》都说他叫杨信。有人以为是名信,字宏信,实际上可能避宋太祖之父赵弘殷的讳,史家才改称杨信的。

后晋末年,契丹骑兵经常剽掠汉地居民,杨信大约在这一期间组织地方武装,在火山起事,自称麟州刺史。后汉代晋以后,他听命于汉,麟州刺史一职也得到了承认。后周建立,杨信表示归服,不久去世,职位由杨业之弟杨崇训继承。

杨崇训一度投降北汉,避北汉国主刘崇的讳,改名重训;后来重新依附后周,避恭帝的讳,改为重勋。北宋建立以后,重勋继续担任麟州防御使,多次击退北汉军队的侵犯,宋朝在麟州设建宁军,太祖让他做节度留后。其子杨光扆仍监麟州兵马,欧阳修为作墓志的杨琪就是光扆之子。重勋子孙世居麟州,今陕西神木县北还有杨家村,都是这一系。

杨业原名杨重贵,大约在北汉建立前后不久投效刘旻,赐姓名为刘继业。晚唐五代之际,军阀为拉拢亲信,收为义儿,赐以同姓,原本就是风气,刘旻让杨业做自己儿子刘承钧的养子,故而将其名与孙辈继元等同一排行。杨业的生年说法很多。山西代县杨氏后裔说他享年五十九岁,应生于 928 年。但这一说法并未被学界所公认，另外还有 924 年、925 年、932 年与 935 年诸说，莫衷其是。杨业效忠北汉，而其父却归顺后周，这种父子兄弟各效其主的现象在五代并不少见。

开宝元年（968 年），北宋派李继勋进攻北汉，杨业奉命扼守团柏谷，但当地守将降宋，他自度寡不敌众，领兵返回太原。不久，宋军兵临汾河，杨业封锁通往汾河桥的要道，被射中坐骑，只得退回城中。

次年，宋太祖亲征北汉时，杨业曾率数百精骑突袭党进所部，被宋军追击，缒城才得脱险。太原被围日久，杨业奉命与司空郭无为以精兵千人夜袭宋营，却因风雨晦冥，马足受伤，被迫收兵回城。看来杨业擅长突击和夜袭，善于进退自如，掌握作战的主动权。

虽然北汉与契丹结盟，但杨业对契丹却始终持抗击的态度。开宝二年，宋太祖久围太原撤兵之际，杨业向刘继元建议袭击屯驻于太原城下的契丹援军，他说："契丹贪利弃信，他日必破吾国。今救兵骄而无备，愿袭取之，获马数万，因藉河东之地以归中国，使晋人免于涂炭。"杨业这一建议，还是出于传统的夷夏之防与正统观念，没有必要把它现代化为爱国统一思想。他在北汉官至建雄军节度使。

太平兴国四年（979 年），宋灭北汉一战，杨业殊死守城，十分骁勇。刘继元已经投降了，他还举城苦战。宋太宗素知其威名，让刘继元派人去招降。杨业北面再拜，恸哭解甲，来见太宗。太宗一再抚慰，让他恢复原姓，名业，但宋人乃至辽人还有叫他杨继业的。

杨业归宋以后，太宗因他习知边事，洞晓敌情，让他知代州兼三交驻泊兵马部署，成为三交都部署潘美的部属。潘美在后周时就与宋太祖交谊颇厚，攻荆湖、讨南汉、灭南唐、征北汉，他都是统帅级的大将，他的女儿嫁给太宗之子赵恒（也就是后来的真宗），与太宗的关系非同寻常。杨业上任以来，深知代州的重要性在于雁门关，因而他加紧修筑了雁门、大石等十余座关寨，大大加强了防御力量。

太平兴国五年，辽西京节度使萧多啰与马步军都指挥使李重海率军十万侵犯雁门关，杨业率数百精骑，由小径绕至雁门北口，南向与潘美的大部队合击，大败辽军，杀萧多啰，俘李重海。七年，他与潘美再次在雁门关击破来犯的辽军，斩首三千，追击入辽境，破垒三十六，俘获老幼万人、牛马五万。

雁门之捷以后，辽军一见杨业的旗帜，就胆战心惊，率兵退去，杨无敌的威名远播辽朝。《续资治通鉴长编》记到这一情况后有一段话："主将戍边者多嫉之，或潜上谤书，斥言其短。上皆不问，封其书付（杨）业。"主将当然就是潘美，史家在为其讳饰。而太宗不但不戒饬他，反而把原信转给杨业，其用意一方面表示对杨业的亲近和信任，另一方面也暗示杨业你的动静自有人汇报上来，这是统治者一贯使用的互相牵制的手段。

雍熙北伐中，潘杨分任西路军的正副统帅，攻克了寰、朔、应、云四州，宋方记载都把这一战绩归功于潘美名下。倒是《辽史》相关战将的传记都说"宋将杨继业陷山西城邑"，只有《辽史·圣宗纪》说"宋潘美陷云州"，可见西路军战功主要是杨业的贡献。

七月，当东路军溃败、中路军撤退以后，西路军担负起掩护四州居民迁入内地的重任。形势对宋军相当不利，辽将耶律斜轸率领十余万大军正在寻机聚歼宋军主力。杨业认为，辽军势盛，不可正面接战，可以出大石路（今山西应县西南），事先派人密告云、朔守将配合，将民众迁徙到石碣谷，我们再派强弩手千人扼守谷口，用骑兵在中路声援，就能完成预定的任务。

但监军王侁却指斥杨业怯懦，要他出雁门关正面迎敌。杨业告诉他这是必败之势，王侁讥刺他说："君侯素号无敌，如今领精兵数万，却逗挠不前，不

雁门关旧照
这座雄关在北宋抗辽与抗金战争中都是兵家必争之地。

要是别有企图吧！"这时，主帅潘美在一旁不置可否，对王侁的主张表示默许。

杨业只得出战，悲愤地说："此去必定不利。我杨业是太原降将，理应当死，天子不杀而授以兵柄。我这不是纵敌不击，而是希望立尺寸之功，报效国恩。现在诸位责怪我杨业避敌，我就应先战死在敌阵之前！"但他还打算败中求胜，临行请求潘美在陈家谷口两侧埋伏强弩步兵接应，以夹击敌军。

杨业出战以后，王侁派人登高瞭望，不见契丹队伍，误以为敌人败走，欲争战功，便领兵离开谷口，沿马邑川行进二十里，后听说杨业战败，干脆引兵撤退了。作为久经征战的主帅，潘美完全知道擅离防地的严重后果，却听之任之，不加阻拦，他确实有妒功忌能、坐视其死的责任。

杨业引兵南出朔州三十里，耶律斜轸见杨业前来，佯败退兵至狼牙村，辽将萧挞凛率伏兵从四处杀出，宋军大溃。这时杨业麾下还有百余人，他说："你们都有父母妻子，与我一起死不值得，可以突围还报天子。"众人感动得流泪，却没有一人肯离去。

杨业且战且退，从日中战至日暮，转战到陈家谷口，见空无一人，抚胸大哭。他身上已受伤数十处，仍率帐下勇士力战，手刃敌兵数百人，转入深林，被射中坐骑，堕马被俘。

耶律斜轸责问："你与我国角胜三十余年，今日有何面目相见！"杨业叹息说："主上期望我抗敌捍边，不料反为奸臣所迫，致使王师败绩，有何面目求活！"于是三日不食而死，首级被送往辽朝。他的儿子延玉也死于陈家谷之战中，将士无一生还。

杨业所说的"为奸臣所迫"，所指为谁是不言而喻的。他与部下全部壮烈战死的消息传来，北宋朝野无不为之愤叹。迫于舆论，太宗将王侁除名配金州，而潘美"降三官"，所降的只是检校太师等虚衔。实际上，潘美、王侁之所以有恃无恐地诬陷乃至迫害杨业，正是太宗"行不测之威福以固天位"的统治政策的必然产物。

然而，人民自有他们的好恶标准，杨业的威名和节操赢得了宋辽两国人民的崇敬。至迟在宋仁宗中期，辽朝在古北口为杨业建立了杨无敌庙。而关于杨家将的传说，仁宗时期也已经在民间流传开了。皇祐三年（1051年），欧阳修就说其"父子皆为名将，其智勇号称无敌。至今天下之士至于里儿野竖，皆能道之"。

　　杨业的儿子见诸史籍记载的有七人，戏曲小说中倒与此相符。七人之中，除延玉战死，其他六人依次为延朗、延浦、延训、延壤、延贵和延彬。《宋史·杨延昭传》说得明明白白，"延昭本名延朗"，这是真宗时为避所谓圣祖赵玄朗的讳。但后来的戏曲小说却误作两人，还以为延昭排行第四，延朗排行第六。尽管《续资治通鉴长编》《宋史》和《东都事略》都说契丹忌惮延朗，"目为杨六郎"，但据学者考证，他却不是杨业的第六子。因为在这些史书记载朝廷为杨业诸子加官时，都是延朗领头。按照当时赠官长幼有序的原则，又由于战死的延玉排行不清楚，不能排除延玉是长子的可能，则延朗不是杨业的长子就是次子。但为什么史书又称延朗为六郎呢？比较合情合理的说法认为，六郎是延朗在同一先祖的兄弟中的大排行，宋人以长称幼或平辈相称时，这一习俗颇为盛行，而契丹因屡为其败，便也以宋军盛传之称相呼，后人不察，遂以为他是杨业的第六子。

　　杨业诸子，就数延朗的事迹最为详细，《宋史》有他的传。杨业生前认为"此儿类我"，每次大仗都带在身边。雍熙北伐时，他担任先锋攻打朔州和应州，流矢中臂仍奋战不止。真宗咸平二年（999年），他任保州缘边都巡检使，驻兵遂城（今河北徐水西）。辽承天太后率大军南下猛攻，遂城危在旦夕。时当十月，北方已天寒地冻，他命令士兵汲水浇灌外侧城墙，一夜之间凝为冰城。契丹兵见滑溜溜地无法攻城，只得退兵。延朗乘机出击，截获许多武器。

　　澶渊之盟时，他向真宗建议，趁契丹去国千里、人马俱乏之际，部署驻军，扼其要路，不仅屯驻在澶渊的敌军可以歼灭，幽、易数州也可袭取。被契丹骑兵吓破胆的真宗不同意这一建议，延朗就自己率兵"抵辽境，破古城"，斩获颇多。真宗听说，立即派人前往监视他的行动，不许他闯下乱子。他终于英雄无用武之地，死在高阳关副都部署的任上，享年五十七岁。

　　延朗的儿子杨文广，《宋史》也有传。小说戏曲里说文广是宗保之子，在延朗与文广之间加了一代，于史无据，史书里也没有宗保其人。文广曾任秦凤路副都总管，筑筚篥城，长期抗击过西夏。熙宁七年（1074年），辽朝遣使与宋争代州地界，文广献上了攻取幽燕的计划，但不久就去世了。在抗击契丹的问题上，他是继承祖、父遗志的。

　　至于戏曲小说中所说杨业之妻是佘太君，文广之母是穆桂英，都于史无证。佘太君最早见于元代杂剧，到清代方志和笔记里，才出现杨业娶折德扆之女，而佘太君是折太君音讹的说法。宋初武将中确有折德扆其人，但这些方志和笔记颇有倒果为因的作派，因为至少到目前为止，宋代史籍和碑刻还不能验证这一说法。

杨业父子的事迹虽然在仁宗以后已流传在里儿野竖之口，但通过文艺方式广为传播似在宋室南渡以后。对杨家将故事进行全面考证的余嘉锡推断："今流俗之所传说，必起于南渡之后。时经丧败，民不聊生，恨金人之侵扰，痛国耻之不复，追惟靖康之祸，始于徽宗之约金攻辽，开门揖盗。因念当太宗之时，国家强盛，倘能重用杨无敌以取燕云，则女真蕞尔小夷，远隔塞外，何敢侵凌上国。由是讴歌思慕，播在人口，而令公六郎父子之名，遂盛传于民间。"

宋代市民文艺的兴起，也为杨家将传说的不胫而走提供了载体，在已知宋代话本中就有《杨令公》和《五郎为僧》等名目。宋元易代，又是中原国家输给了北方游牧国家，几乎是宋辽、宋金关系的翻版，于是杂剧扮演杨家将题材，也成为当时民族感情的一种寄托。不说已经亡佚的，现存元杂剧中，《谢金吾诈拆清风府》《昊天塔孟良盗骨殖》和《八大王开诏救忠》都是演述杨家将故事的。《谢金吾诈拆清风府》中有一段唱词道：

> 他他他也则为俺赵社稷，
> 甘心儿撞倒在李陵碑，
> 便死也不将他名节毁。
> 他也曾斩将搴旗，耀武扬威，
> 普天下哪一个不识的他是杨无敌！

谁听了都会热血沸腾、胆气贲张的，不过撞倒李陵碑只是艺术夸张，于史也是无征的。

一六

太平兴国

　　中国皇帝的年号是大有讲究的，这里难以细说，但宋代许多年号，实际上可以看成是这个皇帝在这一时期的施政纲领。宋太宗即位当年，就迫不及待地把太祖开宝年号改为太平兴国，就有发表施政演说的味道。完成统一，收复燕云，是太平兴国的武功方面，可谓是成败参半，这里再说说其文治的内容。

　　先说科举取士。科举制度创始于隋唐，宋承唐制，但也有不少完善和改革。太宗在这一方面的重要举措，就是大开科举之门。他说是"欲博求俊"，"为致治之具"，也夹杂着迫不及待地培养"天子门生"的私心。

　　太平兴国二年（977 年）是太宗即位以后的第一次开科，即所谓的龙飞榜，共取进士一百零九人，诸科二百零七人，特奏名一百九十一人。这一榜的进士受到特别的礼遇，据说是因为张齐贤的缘故。有记载说，太祖晚年去洛阳，洛阳人张齐贤献下北汉、富民等十策，太祖召见他，称赞他有四策不错，他坚持说十策都可行，太祖一怒之下命卫士将其拽出。回来后对其弟光义说："我这次到西京，只得到一个张齐贤，留给你取他自辅吧。"而此时张齐贤虽中了龙飞榜，排名却在数十名以后，为了起用齐贤，太宗干脆大部分录用了。这个故事旨在说明太祖在生前就决定传位给太宗，即便不是子虚乌有，也很可能经过太宗的加工和改造。

　　太平兴国五年进士有龙虎榜之称，李沆、王旦、寇准和张咏都是这榜取中的，都是北宋前期第一流人才。这榜值得一提的是，现任官也有举进士赴殿试的，说明科举的市场价与含金量在攀升，好比现在做了处长还要拿博士一样。从太平兴国八年开始，及第进士赐宴琼林苑成为一种定制，这也是为了提高进士的身价和地位。

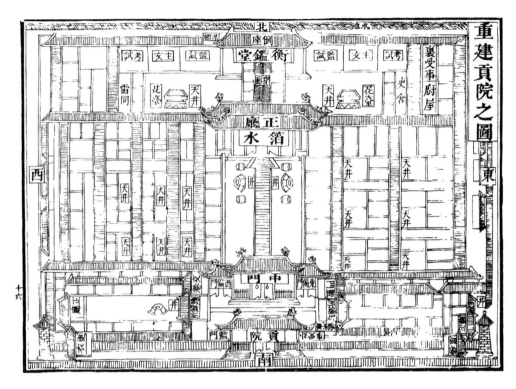

《重建建康府贡院》图（据清嘉庆刻本《景定建康志》）

这幅示意图描绘了宋代解试时州试现场的布局，中门与
正厅之间为考生考试区，过正厅为考官阅卷区。

　　雍熙二年（985年）的礼部贡举有两点值得注意。一是首次实行试官亲
戚别试制度，即另设考场，另派考官，这一回避法后来也推广到乡试中。二是
进士唱名赐第制度由这科开始，这也是增强进士自豪感的有力手段，以致后来
韩琦敢对名将狄青蔑视地说："东华门外以状元唱出者乃好儿！"尹洙更是说：
即便是统兵数十万，恢复幽燕，奏凯太庙，也比不上状元及第那么荣耀。

　　端拱元年（988年）贡举确立了贡院制度，以后省试都基本遵行。制度规
定：省试前，由御史台派一名官员监门，在都堂帘外设立桌案，唱名给每个应
试士子印试纸。阅卷合格，录进士试卷供皇帝审阅，诸科则只录姓名。皇帝御
定以后，先各书姓名分散报捷，次日再放榜唱名。向皇帝谢恩以后赴国子监谒
见孔子像，接着在琼林苑举行两天闻喜宴，首日宴进士，次日宴诸科，都算是
皇帝赐宴。宴罢及第者题名刻石于贡院，再由状元牵头，召集同科举人择日聚
会，称为期集，列叙姓名、乡贯、三代，叙同年关系。然后登科之人赴吏部试

判三道，称为关试，作为吏部选官时的参考。

淳化三年（992 年）是太宗朝最后一次开科，也有两点值得一说。一是对主考官实行锁院制度，即考官在奉诏知贡举时当场就入贡院，与外界隔绝往来，使其不能预先接受请托贿赂。二是殿试时首次实行糊名考校法，即把举子的姓名籍贯糊去，防止徇私舞弊，这一制度后来也推广到科举制的各种考试中（真宗朝还实行试卷誊录，只把试卷的抄件交考官评阅，使其无法辨认考生字迹）。

纵观太宗朝的科举，有两大特点，即取士多、提升快。取士多当然是与太祖朝相比。太祖朝几乎年年开科，共取士十五榜，取进士最多一榜是开宝八年的三十一人，最少一榜是乾德四年仅六人；十五榜共取进士一百八十八人，平均每榜仅取十三人不到；倘把诸科和特奏名的二百六十七人也计算在内，每榜也仅取三十人略强。太宗朝开科八次，取进士最多一榜是淳化三年达三百五十三人，最少一榜是太平兴国三年也有七十四人；八榜共取进士一千四百七十八人，平均每榜竟达约一百八十六人，是太祖朝的十四倍；倘把诸科和特奏名的四千四百零六人也计算在内，每榜取士多达七百三十五人，将近太祖朝的二十四倍。太祖开科从开国到去世共计十七年，平均每年取士约十七人，其中进士十一人。太宗从即位次年开科取士，淳化三年以后就不再开科场，年代跨度为十六年，平均每年取士约达三百六十八人，其中进士九十二人，分别是太祖时代的二十一倍和八倍。太宗朝人才当然不会一下子比太祖朝十倍二十倍地涌现出来，这完全是太宗政策导向的结果。

再看提升快。唐代进士往往并不立即兑现官职，而宋代只要一举进士就直接授以京官。在以后升迁中，宋代特别讲究所谓资格出身，中过进士的称为"有出身"，出自荫补的叫做"无出身"，科举、荫补以外途径入仕的则是"杂出身"，而进士出身是最受优待的。太宗即位次年开科取中的进士，七年以后吕蒙正和张齐贤已位至执政，十二年后吕蒙正已担任宰相。据统计，太宗朝的进士中，有十八人在本朝已位居宰执。难怪宋人有"一举首登龙虎榜，十年身到凤凰池"的说法，凤凰池指宰相府。也就是说，到太宗后期，太宗通过大开科举之门，已经使由自己录取的士人，占据了从中枢机构到州县幕职的大小官位，从而宣告了宋朝文官统治的真正确立。

接着来说文官统治。太宗对文官统治是倾力扶植的，在雍熙北伐失败以后，更是片面强调文治，走向另一极端。除了通过扩大科举，培育文官人选外，太宗还采取了相关措施。

其一，身为表率，好书重文。他曾指出："王者虽以武功克定，终须用文德致治。"他自称每天退朝，"不废观书"。他请国子博士李觉张幕设座，为自己与中央大员讲解《周易》，听后大说"足为鉴戒"。太宗还力劝武臣读书，命左右取《军戒》三篇，对枢密使王显说："今掌枢机，无暇读书，读此可免面墙。"在他的影响下，不仅文臣向学，武将也读起书来。一天辞朝，不识一字的党进忽然对太宗说："臣闻上古，其风朴略，愿官家好将息。"左右莫名其妙，他说："我见措大们掉书袋，我也掉一两句，也要官家知道我读书来。"

其二，文臣统兵，以文制武。太祖虽用文臣知州，但边境州郡一般仍用武将。太宗以为武臣不知政事，开始兼用文臣。他让进士出身的柳开出知宁边军（治今河北蠡县），并历长边州；同时把一批文臣调到军中任职，以致宋人后来把文臣领兵管辖边郡称为"至道故事"。淳化五年，又命文臣、参知政事赵昌言为川峡招安行营马步军都部署，其后文臣出任安抚使、经略安抚使或兼任驻泊一方的马步军都总管督帅武将渐成惯例。宿将曹翰曾在太宗面前赋诗道："曾因国难披金甲，耻为家贫卖宝刀。"家贫卖刀只是说说而已，却表达了武将对权力地位日渐下降的满腹牢骚。

其三，官职差遣，成为制度。太宗先后设立了差遣院、三班院等专门任命差遣的机构，标志着宋初以来官、职、差遣分离现象渐成制度。宋代的"官"只表示官位和俸禄的高低，也称寄禄官；"差遣"才是实职，也称职事官，往往带有知、直、判、权、提点、提举等前置动词；"职"指馆职和贴职，馆职即馆阁之职，贴职指职事官不任馆阁实务而兼领馆阁之职，只是一种荣誉性的名衔，完全用来礼遇文官的。举一个例子来说，《宋史》本传说包拯以龙图阁直学士，召权知开封府，迁右司郎中，这里的龙图阁直学士是贴职，权知开封府才是差遣，右司郎中是寄禄官，指可以享受这一级别的俸禄。官职差遣分离制度的推行，其积极作用是使整个文官系统更加灵活适用，负面影响则是冗官问题的日渐严重。

其四，词臣宰执，重用文官。词臣指为皇帝起草内制的翰林学士和起草外制的加知制诰，太宗简选时尤其注意德行与文学并重。当时有一种说法：朝廷任命一制诰，好比一佛出世。而太宗则表示，翰林学士之职亲近贵重，他恨不得自己来干。太宗一朝执政中，有七人是从翰林学士升任的，词臣成为最优先考虑的宰执人选。再看太宗朝宰执的构成，宰相九人，全部是文官，有出身者六人；正副枢密使三十五人，文官出身的有二十一人，占百分之六十；参知政事十八人，全部是文官。一个以科举出身的士大夫为主体的文官政府，正是在太宗朝全面形成的。

最后说说文化工程。没有文化大工程的衬托，太平盛世总显得气象不足。明代永乐和清代乾隆修大典与全书那样的用心，宋太宗早着先鞭了。太宗朝文化大工程主要有三项。

其一，搜访图书，组织校勘。太平兴国九年，太宗命令三馆将现存藏书与唐代《开元四部书目》进行核对，将阙目公布中外，凡献书三百卷以上者，酌情授官或另行安排。至道元年（995 年），太宗又专程派人前往江南、两浙购求图书。这类诏书与措施，在太宗一朝并不少见。在访寻书籍的同时，太宗还组织学者校勘典籍。太宗朝官方组织校勘的典籍主要是历代重要的正史、字书和医书。官方组织传世典籍的校勘，成为宋代的一种传统，对文化的传承是有好处的。

南宋嘉泰本《文苑英华》书影（中国国家图书馆藏）

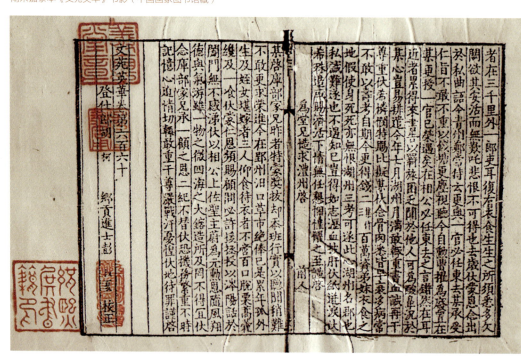

其二，健全馆阁，养育人才。宋太祖时以昭文馆、史馆和集贤院为三馆，用来典藏图书。太宗即位次年视察三馆，见屋舍低小，环境喧杂，便下令营建新三馆，并亲自规划，建成后栋宇花木，宏伟壮丽，赐总名为崇文院。其后又在崇文院里新建立秘阁，用来收藏三馆的珍本图书和大内的古画墨迹。太宗还让文士担任三馆和秘阁中自校理到学士的各级职位。馆阁之职选任较严，成为文士升迁中枢要职的捷径，宋代文官也以带馆职为荣，因而馆阁实际上是养育中央人才的储备库。

其三，编修大书，昭示太平。清人把《太平御览》《文苑英华》《太平广记》和《册府元龟》并称为宋朝四大书，前三部都是太宗朝修成的。《太平御览》是一部综合性的类书，完工在即时，太宗每天"御览"三卷，一年读完了这部大书，就把原定书名《太平总类》改为《太平御览》。《太平广记》是小说的类书，《文苑英华》是一部文学作品的类书。太宗朝官方编纂的大型图书还有医学类书《神医普救方》一千卷（已佚）、《太平圣惠方》一百卷、《雍熙广韵》一百卷、《太平寰宇记》二百卷。不难发现，在太宗下诏编修的大书中，以"太平"命名的特别多，也许他自知武功没法与乃兄太祖相比，就特别强调"文德致治"，向天下臣民炫耀他带来的"太平"盛世。

一七

天下已治蜀未治

　　谚云："天下未乱蜀先乱，天下已治蜀未治。"到宋太宗晚年，除了燕云未复，其文治确实也使社会经济文化蒸蒸日上。但就在他强调"文德致治"的时候，自太祖平蜀以来积累的种种矛盾终于交相作用，引起了总爆发。王小波李顺起义给他的太平盛世重重涂抹上讽刺的油彩。

　　自唐末五代以来，号称天府之国的川蜀因地处西南，既没有受到黄巢起义军对豪宗大姓的扫荡，也没有经历中原那样严重战乱的摧残，入川避乱的官僚地主为数不少，他们与土著的大户巨室一起，肆意进行土地兼并，残酷剥削当地农民。与其他地区的客户相比，川峡佃户所占人口比例甚至高达百分之八十至九十，而所受到的人身束缚也远为严重。他们被称为"旁户"，地主豪民往往数世役使他们犹如奴隶，少的一家占有数十户，多的动辄三五百户。宋代的建立并没有解决这一问题，因而旁户成为李顺起事的主要力量。

　　宋平后蜀，不仅没有缓解原有的矛盾，反而加入了新的动乱因素。后蜀被攻下以后，宋太祖命令从水陆两路，用十余年的时间，把后蜀积聚的珍宝、钱币、布帛、粮食悉数运到开封。此举激怒了川蜀军民，于是就有全师雄领导的全四川地方性的变乱。宋将王全斌镇压这次起事历时近十个月（而平蜀仅用两月余），还坑杀了未参加变乱的二万七千余名蜀兵。表面上的反抗被重兵压服了，但川蜀军民对宋朝政府怨愤的过节始终郁积着。

　　而宋初对四川地区又在经济上实行超强压榨的政策。当地政府不仅把后蜀头子钱、牛皮钱等苛捐杂税全部继承下来，二税的征收也比其他地区繁重。官吏敲骨吸髓，无所不用其极。太宗时曾考核川峡州县长吏，不法者多达百余人，只有彭山县令齐振元以所谓清白强干受到太宗表彰，而他实际上是个专暴的贪

官，老百姓恨之入骨。有了皇帝的嘉奖，他更是与老百姓为敌，"收赇得金，多寄民家"。由此不难想见川蜀剥削之苛急，吏治之污浊。

宋朝政府对茶叶和布帛的禁榷（官卖）政策，为渊驱鱼，为丛驱雀，把无以为生的茶农、农户和手工业者都逼上了揭竿而起的绝路。四川历来号称"罗纨锦绮等物甲天下"，宋朝就在这里设立"博买务"对布帛实行专卖，迫使贩卖布帛的小商人纷纷破产，从事布帛生产的手工业者和农户的利益也大受损害。茶叶在唐宋之际已成为生活必需品，榷茶也成为朝廷的重要财源之一。所谓榷茶就是政府实行茶叶专卖，设立专门机构，以低价向被称为"园户"的专业茶农强行收购茶叶。这样，既使原先以贩茶为业的茶贩失去了生计，同时又致种茶利薄，茶农也相继破产。不仅王小波本人是丧失生计的茶贩，追随他造反的不少就是破产的茶农。

淳化四年（993年）二月，王小波在青城聚众起事，喊出"吾疾贫富不均，今为汝均之"的口号。现代学界把这一口号概括为"均贫富"，给予很高的评价，但也有人质疑其能否视为一个明确的纲领。实际上既没有必要否认这个口号，它毕竟是社会极端不平等的状况下底层人民的最后呼声；但也毋须从思想史角度给予过高的推重，因为"不患寡而患不均"早就是儒家一贯的主张，这一口号没有增加新内容。

王小波占领了青城县城，各地"旁户"纷纷加入进来，不久，就攻克了彭山县。愤怒的民众杀死了横暴贪污的县令齐振元，剖开他的肚子，塞进他搜刮来的钱财。岁末，王小波在进攻江原（今四川崇庆）时，中箭身亡，队伍由其妻弟李顺统领。

李顺召集占领地区的富人大姓，勒令他们申报所有的财产和粮食，除留下生活必要的部分，一律没收，大赈贫乏，因而大受贫苦民众的拥戴。他继续率领民众攻州夺县，淳化五年正月，大军进入西南首府成都，他自称大蜀王，国号大蜀，建元"应运"，任命了从中央中书令到地方知州等官职，铸造了"应运元宝"等钱币。

随后，大蜀军四出扩大战果，除少数州县，川蜀全境大都成了新政权的天下。但大蜀军在军事上犯了两个致命的错误。一是派主力进攻梓州（今四川三台），围攻八十余天不下，仍不作战略调整。二是仅派数千士兵去攻打剑门关，被宋军击败，致使入川门户仍然掌握在宋军手中。

迟至淳化五年正月，宋太宗才听到川蜀之变，立即命亲信宦官王继恩率领大军前往镇压。王继恩完全袭用当初平蜀的路线，一路沿长江水陆并进西上入蜀，另一路则直扑剑门关，以保证入川的后援军队和战争物资畅通无阻。宋军入川以后立即增援梓州，而由剑门入川的宋军也节节向南推进，迫使大蜀军全线撤退。

五月，大蜀政权的中心成都被宋朝大军攻破，十余万大蜀军大多战死，被斩首者达三万。据王继恩奏报，包括李顺在内的十二名大蜀政权的领袖押至凤翔时被处死。但有史料说李顺下落不明，一说他战死了；一说他逃脱了，三十余年后，已经七十余岁时，才在广州被俘，押送到京城斩首。

王继恩攻下成都，几乎重演了王全斌的老套，怂恿士兵劫掠妇女和财物，杀人取乐。逼得李顺的余部张余再竖大旗，集结万余人，沿长江东进，攻下了包括嘉州（今四川乐山）、渝州（今重庆市）在内的沿江八州，众至数万，准备攻下夔州（今重庆奉节），东出三峡。但正面遭到了刚入川的中央禁军的阻击，千余艘战船被夺，二万余人战死。张余只得率军西撤，至道元年（995 年）在嘉州被俘处死。

次年，张余的余部王鸬鹚自称"邛南王"，再次起事攻邛州（今四川邛崃）和蜀州（今四川崇庆），西川巡检石普向太宗建议，一边免除一切租赋，揭榜安民，一边进兵围剿，终于消灭了王鸬鹚。王小波李顺起义的余波才被平息。

王小波李顺起义给太宗以极大的震撼。淳化五年，他把成都府降格为益州，随即派张咏出任知州，赋予他便宜从事的特权。张咏入川恩威并用，在所谓"化贼为民"上做了不少工作，稳定了川峡的局势。川人把张咏与李冰、文翁和诸葛亮共奉为治蜀名臣。至于张咏的历史地位实际上有没有那么高是可以斟酌的，但他明白"贼"与"民"本没有绝对的界限，对后来当政者还是启示良多的。

与此同时，太宗下了宋朝历史上罕见的一道罪己诏，承认自己"委任不当，烛理不明，致彼亲民之官，不以惠和为政"，表示要"改为更张，永鉴前弊"。不久，川蜀停止榷茶，似是这道罪己诏的直接恩惠。但太宗死后半年，四川广武卒刘盱又聚众攻略，所至之处官军不能抗锋。宋真宗咸平三年（1000 年）正月，益州士兵推举都虞侯王均为领袖，建号"大蜀"，建元"化顺"，再次发动兵变，坚持到十月才被镇压。最后仍由治蜀名臣张咏再知益州，才结束了宋初以来川蜀地区屡叛不靖的局面。

一八

李继迁父子

党项的族源一说出自羌族，一说出自鲜卑。自南北朝末年在今青海东南黄河河曲析支之地初露头角后，经隋唐时期的内附迁徙，其中迁至夏州（今陕西靖边）周围的部族最为强大，称为平夏部。唐末，该部首领拓跋思恭出兵帮助唐朝镇压了黄巢起义，唐封其为定难军节度使，统辖夏、绥、银、宥、静五州，进爵夏国公，赐姓李氏。历经唐末五代，这一党项政权始终以藩镇身份，与中央王朝维持着臣属的关系。

北宋建立后，太祖承认拓跋思恭后裔李彝兴所拥有的定难军节度使、西平王的割据地位，以换取其臣服。乾德五年（967 年），彝兴死，子光睿（后避宋太宗讳，改名克睿）继位。太平兴国三年（978 年），克睿死，子继筠代立。在宋初二十年里，宋忙于统一大业，利用夏州党项牵制北汉，李彝兴父子曾一再出兵助宋进攻北汉；夏州则保持与宋的臣属关系，以丰满羽毛，扩张势力。当北宋统一基本完成，中央集权与夏州割据势力的矛盾便逐渐凸现。

太平兴国五年，继筠死，其子尚幼，不能嗣位，于是就由其弟继捧袭职。李继捧缺乏号召力，此举立即激化了党项贵族内部的权力斗争，而这种权力之争又与党项对宋顺逆的决策纠葛在一起。七年，继捧的叔父、绥州刺史李克文向宋太宗上表，认为继捧"不当承袭，恐生变乱"，建议宋朝召其入朝，意在借宋朝之手，解除继捧节度使的职位。

消除割据势力原是宋朝国策，太宗对克文的建议正中下怀。他一面改任克文权知夏州，并派朝官尹宪同知州事；一面派使臣持诏命继捧入朝。继捧内外交迫，只得携家属赴东京，向宋朝献出夏、绥、银、静诸州。宋太宗将继捧羁留东京不久，又派使臣召权知夏州李克文和绥州刺史李克宪携带家属入京居住，克文献出了唐僖宗赐给拓拔思恭的铁券和御札，以示归顺之心。历史的评价往往有二重性，李继捧侄叔之举，从宋朝而言，自然是促进统一的作为，但站在当时党项民族的立场，则是献地求荣的举动。

这时，继捧的族弟李继迁正任定难军都知蕃落使，率部居住在银州，也接到了宋朝护送李氏亲族入京的诏书。他这才知道党项经营达二百余年的诸州之地已归宋朝，而自己也在"护送赴阙"之列，急召部下商议，决定"走避漠北，安立家室，联络豪右，卷土重来"。为了避免屯驻宋军的阻截，继迁伪称为乳母发丧，令部下数十人将兵器藏于灵柩之中，伪装成送葬队伍，出城以后即直奔地斤泽（今内蒙古鄂托克旗东北）。这里离夏州三百余里，水草丰美，是沙漠中的绿洲，继迁便以此为根据地，集结党项诸部，壮大自己力量。

雍熙元年（984年）七月，他率众袭掠夏州王庭镇（今内蒙古乌审旗西南），俘虏万计，是反宋以来的首次胜利。但他有点被胜利冲昏头脑，命部将张浦等率兵万人四出袭扰，完全不顾根据地空虚。宋朝知夏州尹宪和都巡检使曹光实派出精骑，连续两夜奇袭地斤泽，继迁与弟继冲突围而出，其母、妻都被俘，幕帐、牛羊损失惨重。继迁虽再陷困境，却不折不挠，又在黄羊平（今内蒙古乌审旗西北）重振旗鼓，支持他的豪族酋长日益增多。

次年二月，李继迁决定夺回银州故地。他亲率少数亲从到银州城下，对曹光实说："我大败了好几次，走投无路不能立足，允许我投降吗？"并约期在葭芦川（在今陕西佳县）纳节献降。曹光实居然信以为真，擅功心切，也不与人通气，就由继迁为前导，率百来骑前往受降。继迁忽然挥鞭为号，伏兵骤至，尽歼光实及其从骑。然后扮为宋军，打起宋帜，袭破了银州城。占领银州以后，李继迁决定缓称王，仍称都知蕃落使，权代定难军留后，而对部下则设官授职，以定尊卑，对豪右则预封州郡，以为劝诱。但在其后与宋军的战争中，他却一再受挫，连银州也被迫放弃了。确实，仅以当时的实力，李继迁还远不能与宋朝抗衡。绝境中，他决定借助契丹的力量来对付宋朝，恢复故土。

雍熙三年初，李继迁派张浦携重币出使辽朝，表示归附的意向。河西向为中国右臂，辽圣宗也有意与继迁结盟，牵制宋朝，便授继迁为定难军节度使，都督夏州诸军事，并将宗室之女封为公主嫁给继迁，数年以后还封继迁为夏国王。得到辽朝支持后，继迁便互为呼应，不断袭扰宋朝西北边境，屡屡得手。宋太宗深感头疼，只能以夷制夷，重新任命李继捧为定难军节度使，赐姓名为赵保忠，派他回镇夏州。

继迁的权谋兵略远在继捧之上，哪会买继捧招抚的账，便忽而兵戎相见，忽而虚与委蛇，让继捧为他请封讨赏。继迁也被宋授为银州观察使，赐姓名为赵保吉。最后，继捧反而被继迁拉了过去，也归附了辽朝，封为西平王，仍恢复原来姓名。而宋廷还蒙在鼓里，封赏依旧。

淳化五年（994年），二李火并，继捧大败，被州将赵光嗣囚送东京，其部众则被继迁悉数兼并。继迁也离弃银州，宋朝对其实行严禁"青白盐"入境的经济封锁。以畜牧为业的党项人，其粮食主要以当地天然丰产的池盐（多数为青白色，故名青白盐）与边民交换所得。宋朝盐禁政策旨在引起党项族的粮食危机，但关陇边民因食盐断绝而骚然不安，而游牧部族因粮食恐慌而相率扰边，反而为李继迁推波助澜，不久只得撤销禁令。

至道二年（996年），李继迁截获宋军运往灵州（今宁夏灵武西南）的40万石粮草，进围灵州，宋五路出师驰援，并试图一举歼灭继迁，却被继迁灵活迂回的战术所困，无功而返。次年，他以退为进，向宋朝上表请降，同时要求恢复对党项故地的统治权。这时，宋真宗刚继位，不暇西顾，便仍封继迁为定难军节度使，领夏、绥、银、宥、静五州。经过与宋朝十余年的艰苦较量，他终于卷土重来，夺回了故土。

但李继迁筹划着更宏大的伟业，他决心向西拓展，控扼整个河西走廊，以便"西掠吐蕃健马，北收回鹘锐兵"，进一步壮大自己后，再南攻宋朝。在这一战略明确以后，继迁就开始制造舆论。咸平二年（999年），一个谣言不胫而走：天降陨石在继迁帐前，上书"天戒尔勿为中国患"（言外之意即向西发展）。

而欲西进，夺取尚被宋军控制的灵州，则是第一步。灵州背倚贺兰山，俯临黄河，历来是中原王朝的河西屏障，谁占有了它，谁就在西北布下了一颗大有余地的活子，因而也成为宋朝与党项、回鹘、吐蕃各族势力必争之地。灵州在党项势力范围的腹背，军饷补给常受到继迁的骚扰拦截，宋朝政府对灵州一直在弃守之间举棋不定。而李继迁则在辽朝的支持下，在咸平五年三月，终于攻克了灵州城。

灵州易手，非同小可：党项打通了西进的大门，得以把河西各族网罗在自己的势力范围之内，往后西夏的立国才有可能；宋朝不仅再也得不到来自河西的战马，更是拱手让出了控制西北的主动权，使得以后在与西夏的较量和经略西北的其他军事活动中，总是处于下风与劣势。李继迁将灵州改名为西平府，次年正月在此正式建都，立宗庙，置官署。有一段话说出他对建都的重视："西平北控河、朔，南引庆、凉，据诸路上游，扼西陲要害。若缮城浚濠，练兵积粟，一旦纵横四出，关中将莫知所备。且其人习华风，尚礼好学。我将借此为进取之资，成霸王之业。"

当时河西走廊，吐蕃势力相当活跃，其中尤以潘罗支为首领的六谷部落最为强盛。潘罗支占据着西凉府（今甘肃武威），与宋联手，有力遏制了李继迁西进的势头。双方摊牌势不可免。

当年十月，继迁佯言攻宋环、庆二州，却声东击西一举攻下了西凉府，改名凉州。十一月，他乘胜追击，准备彻底解决吐蕃问题。潘罗支也玩弄伪降的手法。李继迁以为凉州既得，大局已定，便掉以轻心，坦然受降，在归途中，遭到潘罗支设伏的数万军队的偷袭，中了流矢，逃回西平府，次年年初箭伤发作而死。

临死以前，李继迁谆谆告诫儿子李德明："当倾心内属，一表不听则再请，虽累百表，不得请，勿止也！"继迁看到了党项实力还远不足以与宋辽争雄，这是他留给儿子富有远见的政治遗言。

李继迁一生，不仅联合契丹，抗衡宋朝，夺回了先人故土，保住了党项根基，而且建都西平，扼平夏之要冲，进军凉州，成河西之右臂，一个以夏州为首、西平为腹、凉州为尾的西夏帝国的雏形已经形成。西夏以后的一统疆域和累世大业，都是他所奠定的，因而西夏立国以后，他被追尊为太祖。

李德明，小字阿移，他继承定难军节度使，恰与宋辽订立澶渊之盟同在景德元年（1004年）。宋真宗对辽、夏的政策似乎有其一致性，对李德明也实行"姑务羁縻，以缓争战"的政策，主动提议媾和。宋朝应允其条件有五项：一、封以定难军节度使、西平王；二、赐茶二万斤、钱二万贯、银万两、绢万匹；三、给予内地节度使俸禄；四、听从党项使臣回图贸易；五、开放青盐之禁。同时也要求李德明承诺七项条件。除不同意归还灵州和送子弟入质二款，德明对宋朝的条款都表示接受。经过讨价还价，宋朝取消了开放盐禁的允诺，双方在景德三年签订了和约。

德明同意约和，一是长期与宋战争也使党项民族不堪困扰，因而决心遵循其父的遗嘱；一是宋辽议和，也使西夏失去政治声援，不便一意孤行。德明在

西夏文军抄文书残页（俄罗斯圣彼得堡东方学研究所藏）
俄藏黑水城文献 Nне.№.8371 号天庆戊午五年（1198）军籍原件。

位近三十年，也确实做到了"不侵不叛"，维护了宋夏和议，使西夏赢得了相对和平的外部环境，对医治战争创伤、巩固民族政权、发展社会经济，都是必不可少的。与此同时，德明继续与辽结盟，景德二年，他接受辽朝所册封的西平王，复姓李氏，使他于内加强了对其他少数民族的号召力量，于外增加了对宋朝交涉的政治资本。

德明继承乃父经略河西的战略，分别与吐蕃和回鹘围绕着凉州与甘州进行了殊死的较量。先说历时20年的甘州争夺战。甘州（今甘肃张掖）也是河西重镇，这里是甘州回鹘的势力范围。大中祥符元年（1008年）与次年，德明两次派精骑进攻甘州，一再败归。直到天圣六年（1028年），其子元昊才终于袭破夜落纥可汗，控制了甘州。

时隔两年，瓜州（今甘肃安西东南）王曹贤顺也因势归降西夏。贤顺之父宗寿在当权时期，见河西将有战乱，便把瓜、沙两州各佛寺收藏的经卷文书约四五万件运到沙州（今甘肃敦煌），封存在莫高窟，这批敦煌文献历时近九百年始被完好发现，他倒是做了一件好事的。

次说历时28年的凉州争夺战。潘罗支设伏大败李继迁不久，景德元年即被党项归附者所谋杀，李德明趁乱再次攻取这一重镇。但吐蕃六谷部重新以厮铎督（潘罗支之弟）为领袖将其夺回。大中祥符四年（1011年），德明遣将

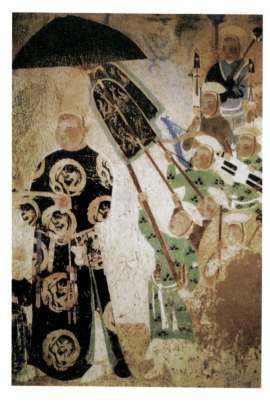

莫高窟第409窟《回鹘王出行图》壁画
从李德明时期起，西夏与甘州回鹘、瓜州回鹘与沙州回鹘激烈争夺势力范围，壁画描绘了回鹘王出巡的场景。

再占凉州。大中祥符九年，凉州复为甘州回鹘可汗夜落纥夺走。明道元年（1032年），德明命元昊从回鹘手中最终夺回了凉州。李德明掌握了凉州和甘州，西夏势力直抵玉门关，据有整个河西走廊，使李继迁经略河西的宏图基本成为现实，也为其子元昊称帝建国举行了奠基礼。

据范仲淹所见，李德明统治期间，"塞垣之下，逾三十年，有耕无战，禾黍云合"，经济实力大为增强。宋辽两国对德明笼络羁縻，封王赐爵，无形中催生了他建国称帝的欲望。大中祥符九年，他已经欲"僭帝制"，下令讨论其父继迁的尊号和庙号。次年，有人见到怀远镇（今宁夏银川）北的温泉山上有龙出现，德明以为瑞兆，决定迁都于此，便改名兴州，委派大臣贺承珍主持都城的营建。

天圣六年（1028年），李德明立元昊为太子。明道元年（1032年）五月，宋朝封他为夏王，规定其车服旌旗低天子一等，试图以此来限制其称帝。不过，这种名分上的约束，显得迂阔和无力。德明离帝位仅一步之遥，他随时都可以跨越这一步，却在这年十月突然去世，而把立国称帝的重头戏留给了儿子元昊去唱。

一九

宋太宗与他的宰相们

宋太宗在位二十二年，共用过九人为相，他们是薛居正、沈伦、卢多逊、赵普、宋琪、李昉、吕蒙正、张齐贤和吕端，其中赵普、李昉和吕蒙正两次任相。薛居正与沈伦是太祖朝的旧相，太宗前期忙于巩固帝位，留用他们有利于消除舆论的非议。不过，太宗一即位还是增补了卢多逊为相，他协助太宗夺位有功，太宗既要酬谢他，也要让他在相权中发挥关键作用。薛居正五年后死于任上，沈伦和卢多逊都任相达六年之久。他俩因为与赵廷美关系过于密切，太平兴国七年（982 年），终于招致太宗的疑忌而罢去相位。

其后，太宗在任相问题上采取了三项办法，来加强皇权地位，防止宰相专权。

其一，控制宰相任期。其后六位九人次的宰相，一般多在两年左右，最长的是李昉首次入相，为四年略多；最短的是吕蒙正第二次入相，仅一年半。席不暇暖地频繁易相，其目的正如王夫之所说"摇荡其且前且却之心，志未伸，行未果，谋未定，而位已离矣"，这是太宗维护独裁专制的一着妙子。

其二，削夺中书事权。太平兴国七年，他命长子、次子分日赴中书视事，次年又让五子同日赴中书视事，名义上是让诸皇子熟悉政事，实际上是派他们监督宰相。太宗还剥夺了中书差除权知与通判等官的任命权，另设差遣院掌管；又把中书刑房划出成立独立的审刑院。

其三，机构互相牵制。太宗在中央设三班院、审官院、考课院，置签署提点枢密院诸房公事，使机构重叠，互不隶属，便于皇帝控制。

取代卢多逊的是开国宰相赵普。赵普在太宗朝再次为相，除了与太宗的旧隙，来自政敌的诋毁也是防不胜防的，所谓"半部《论语》治天下"的传说似乎也与此有关。《宋史》本传说他"晚年手不释卷，每归私第，阖户启箧取书，读之竟日。及次日临政，处决如流。既薨，家人发箧赵普视之，则《论语》二十篇也"。赵普出身小吏，早年读书不多，但晚年仍只读《论语》，显然有违史实。从其所上的奏议，可知他援古论今，涉略广博，绝不是一部《论语》所能包括的。实际上，杜甫有诗说"小儿学问只《论语》，大儿结束随商贾"，因而宋代士人以《论语》为童蒙之书。太宗准备起用赵普，有人就在太宗面前说他的坏话，说他是山东学究，只能读《论语》。太宗问赵普，赵普针锋相对地说了意味深长的一段话："我确实不知书，只能读《论语》。辅佐太祖定天下，我才用了半部；还有半部可以用来辅佐陛下！"于是太宗决定用他为相。可见这一说法应出自赵普政敌之口，一经他的反击，便流传更广了。

太宗再相赵普是为了让他在金匮之盟和赵廷美的问题上死心塌地地助自己一把力，为皇位传子铺平道路。赵普出卖了灵魂，换来了相位，却没有获得太宗的绝对信任。赵普再相，其权势、地位与作用已和太祖时期不可同日而语。南宋吕中一针见血地指出："太祖时规模广大，故普慨然以天下自任而敢于事；太宗规模烦密，故普不免远嫌疑存形迹而救过之不暇。"赵普在相位时，太宗当着和尚骂贼秃："我在藩邸时，常听说有朝臣强词利舌，陵替人物；或者遣使远方，规取财利。现在朝堂上还有这等事吗？"

太平兴国七年五月，赵廷美被罢官削职，送往房州安置，七月，太宗封长子德崇为卫王。迫害廷美、传位皇子的大局一定，赵普的使用价值也就差不多了。太宗的长子德崇后来改封楚王，改名元佐，他对父亲迫害叔叔廷美十分不满，对力助其事的帮凶赵普也相当厌恶。对已有储君地位的长子的好恶，太宗不能不重视，于是一年以后赵普罢相出朝。朝辞饯行时，太宗赐诗一首，赵普捧诗而泣，表示要将诗刻石与自己朽骨同葬九泉之下。从赵普生离死别的说辞推测，太宗似乎在诗里暗示将不再起用赵普。

罢相以后，赵普一直在外地做知州。雍熙北伐当年，他正在知邓州的任上，五月，正当宋军节节胜利之际，他上《班师疏》，认为北伐"劳师伤财"，批评太宗"乐祸求功"，建议尽快班师，防备契丹南下。从当时形势看，赵普的分析还是有见识的。不久，北征果然失败，朝野都以为《班师疏》是致太平之策，赵普再次成为众望所归的宰相人选。雍熙四年（987年）十二月，赵普入朝，君臣相见，都别有感慨。

再说元佐在雍熙元年（984年）听到廷美在房州去世的消息，顿时精神失常。他的病实在是受到太宗迫害廷美的刺激而引起的，病情来势汹汹，已经不能上朝。次年重阳节，太宗召诸子会饮，未召他参加，他就纵火焚宫。太宗不得不将他废为庶人，幽禁起来。太宗次子元僖接替他当上了开封府尹，取得了准皇储的地位。元僖与元佐不是同母所生，他担心太宗的心理天平会再次倾向元佐，也知道赵普与元佐的关系，便趁着太宗优遇入朝的赵普那当口，建议太宗重新起用赵普。太宗采纳了这一建议，端拱元年（988年）宰相李昉罢政，赵普与吕蒙正同时被任命为宰相。

太宗有意让赵普带吕蒙正，但对赵普并不放心，当面敲打他"勿以位高自纵，勿以权势自骄"。赵普这次入相已经六十七岁，即便心有余也力不足了，他在中书判事不过一年，就请假养病了。次年七月，有彗星见，有人鼓吹是灭辽的好兆，赵普抱病上《彗星疏》痛斥其说，使太宗打消了攻辽的想法。

由于前朝的嫌隙和太宗的疑忌，赵普与太宗两人始终互相猜防，心存芥蒂。太宗容不得有威望的宰相，赵普患得患失，也只能韬光自敛，富贵自保，尽管在太宗朝两次入相，除了两次劝谏伐辽的奏疏，他在政治上确实没有也不可能有多大的建树。比比与太祖在建国前后的那段风云际会的日子，这位开国宰相的晚年应该是感慨万千的。淳化三年（992年）赵普去世，太宗说了一段盖棺论定的话："赵普追随先帝和朕，最为故旧，能断大事。过去与朕曾有不快，众所周知。朕即位以来，总是优礼他，他也竭力自效，尽忠国家，真是社稷之臣！"

在太宗的宰相中，只有李昉的资格可与赵普一比短长。他是后汉进士，深受后周世宗赏识，在赵宋代周时，只有他不去朝见，因而在太祖朝他的最终官衔与他在后周时相同，都只是翰林学士。不过，当卢多逊挤兑赵普时，太祖问他，他说："我只是草诏，赵普所为，非我所知。"李昉跳出是非圈外的表态，赢得了赵普的好感。他在赵普第二次入相时，出任参知政事，应与赵普奥援有关。

太平兴国八年，赵普罢相，李昉与宋琪并居相位。宋琪虽是首相，但李昉更受太宗青睐。原来，卢多逊为相时常在太宗面前说李昉的坏话，而李昉尽管不附和卢多逊倒赵普，却与卢关系不坏。有人告以多逊攻击他的事，他总不相信，仍待之不疑。为相以后，他也并不因为卢多逊倒台而落井下石，反而为他辩解。太宗告诉他说，卢多逊平时诋毁你不值一钱，李昉才知道真相。而太宗越加认为他是忠厚长者，因而在宋琪以"素好诙谐，无大臣体"罢相后，就让他独相二年有余，这在太宗朝只有后来的吕蒙正和吕端才可与其相比。

李昉独相不久就是雍熙北伐，太宗与亲信控制枢密院的决策，中书无法过问，李昉也难有作为。但就在这种情势下，他大胆上疏，反对北征，甚至将太宗比为隋炀帝。北伐失败，太宗也没有立即降罪于他。端拱元年（988 年），有个好事的布衣，叫做翟马周的，击登闻鼓上书，说李昉在北寇入边之际，不忧边事，列置女乐赋诗饮酒，强烈要求严肃处理。太宗便将其罢相，让他做了北征失败的替罪羊。

接替李昉任相的是赵普和吕蒙正。吕蒙正是太宗意欲培养的状元宰相，时年四十五，可谓春风得意。但赵普还能视事时，自然轮不到他来充分表现自己。赵普在淳化元年因衰病罢相，吕蒙正独相，正可以大展抱负时，却不慎惹怒了太宗。

这事与准储君赵元僖有关。元僖的地位日渐巩固，独相的蒙正与他的关系也日渐密切。由于元僖毕竟还没有被立为太子，而太宗共生过九子，除了元亿早夭，元佐精神失常，元僖至少还有六个竞争者。这时，度支判官宋沆与冯拯等五人伏上书，请求太宗立元僖为皇太子。宋沆是吕蒙正的妻族，也是蒙正所提拔的，太宗有理由怀疑是蒙正在背后唆使，表明蒙正与元僖关系已非同寻常。

在威胁到君权时，哪怕是自己的亲生儿子，哪怕是自己提拔的状元宰相，也都是不能容忍的。淳化二年，太宗便以"援引亲暱"的理由将吕蒙正罢相。淳化三年，元僖暴死，年仅二十七岁，终于没能圆上太子梦。但皇储问题始终是太宗的一块心病。

接替吕蒙正的又是李昉，与他同时拜相的还有张齐贤。齐贤是吕蒙正同榜进士，得到赵普的推重，在太宗朝进士中第二个位至宰相，至于以李昉为首相，太宗还是有以老带新的用意。但太宗很快就对他俩表示不满，说李昉未进用时以管、乐自许，任相以后却循默不言；说张齐贤是力不从心，名浮于实。两年以后，他俩被先后罢相，吕蒙正再次入主中书，独居相位。

吕蒙正这次入相，已无元老重臣需要他谦让三分，他以"清净致治"为说辞，让太宗感到打消出兵攻辽有充分的理由。由于君相投契，蒙正再相敢说敢为，与第一次大不相同。淳化五年元宵节，太宗设宴招待近臣，大吹大擂自己"躬览庶政，致此繁盛"的太平景象。吕蒙正却敢于大扫其兴，离座说："京师所在，才繁盛如此。我见到都城外数里，饥寒而死者就不少。愿陛下视近及远，这是苍生之幸！"太宗作色不语，蒙正泰然就位。

有一次，吕蒙正拟好出使西夏使臣的人选，太宗不同意。数日后，蒙正仍将原来的名单呈上，太宗仍不同意。不久，问他，仍坚持己见。太宗盛怒之下把蒙正的奏疏扔到地上，要他一定换人。蒙正说："其人可使，他人不及。我不敢妄随君意，贻误国事！"说着拣起章奏，揣怀退下。太宗事后对人说："是翁气量我不如。"终用其人，果称其职，太宗更感蒙正知人善任。蒙正此举，显然在学赵普，他大概也希望太宗像太祖对待赵普那样待他。吕蒙正再相，确实大展身手，但皇位传承问题一直困扰着太宗，而要让蒙正接受托孤的大任，似乎还不是最佳人选。

在元僖死后的近两年里，太宗一直没有提及立储之事，但内心还是着急的。淳化五年秋天，寇准入朝，太宗突然问他："朕诸子中谁可以付以神器？"寇准说："陛下为天下择君，决不可谋及妇人、内侍与近臣，只有陛下选择能够负天下之望者。"寇准的话暗有所指，妇人指太宗的李皇后，内侍则指帮助太宗继位有功的王继恩。太宗问襄王元侃行吗，寇准说："知子莫若父，既以为可以，就立即决定。"太宗就让元侃出任开封尹，成为准皇储，寇准也当上了参知政事。

储君既定，太宗即有意改相吕端。有人对太宗说吕端为人糊涂，太宗说："吕端小事糊涂，大事不糊涂。"不久，太宗在曲宴后苑时赋诗说"欲饵金钩深未达，磻溪须问钓鱼人"，用吕尚辅佐武王的典故，表明对吕端的属意。不久，太宗宣布：今后中书事

宋太宗立像（台北故宫博物院藏）

必须经吕端酌定才可奏闻。以太宗疑忌心之重，这是一种罕见的信任。

八月，太宗正式立元侃为皇太子，改名赵恒。掐指一算，自唐末以来，已经近百年没有举行册立皇太子的大典了，京师士庶见到皇太子都说是社稷之主。太宗听到李皇后传给他的这一消息，又是老大的不高兴，他先忌其侄，后忌其弟，现在竟忌及亲生儿子，他召见寇准说："四海心归太子，欲置我于何地！"寇准宽解道："陛下把天下交给自己选择的社稷之主，这是万世之福啊！"明代李贽读史至此，不禁感慨道："倘非寇公调停其间，安知自刎之祸不再见耶！"

寇准早在太平兴国五年，就向太宗推荐过吕端器识非常，希望能早日用他。太宗不以为然道："我知道此人，是大家子弟，能吃大酒肉，其他没什么能耐！"但太宗后来完全改变了对吕端的看法。

太平兴国五年，吕端在开封府判官任上，受一件无关之事的牵连。太宗对那件事很恼火，命令在他头上戴上大木枷，安置商州（今陕西商县）。判罪以后，恰巧开封府还有一些公文要他签署，吕端怡然吩咐："只管拿来！只管拿来！戴枷判事，自古就有。"太宗还下令只能步行，不能骑马，吕端身体肥硕，戴枷步行千余里自是够呛。宰相薛居正安慰他暂且认灾，他大笑说："不是我吕某的灾，是长耳（指驴）的灾。"谈笑幽默，一如平日。

淳化三年，追究开封府尹元僖中毒暴死事，吕端这时又是担任开封府判官之职，与其他属吏以辅导无状受到审查。最后发落时，别人都哭泣着请求减轻处分，只有他声称"罪大而幸甚"，自求外贬。

端拱元年，吕端出使高丽，突然风急浪高，樯摧舵折，副使与同舟之人惊恐万状，他却始终稳坐舱中，安然读书，全无惧色。在长期的政治生涯中，吕端的稳重、决断和镇定广为人知，也传到了太宗耳中，从而得出"吕端大事不糊涂"的高度评价。而吕端也确实没有辜负太宗托孤的厚望。

皇太子赵恒与赵元佐倒是同母兄弟，都不是依然健在的李皇后的儿子。李皇后是宋初大将李处耘的女儿，她的哥哥李继隆这时正担任殿前都指挥使，执掌着京师禁军的指挥权。她自己所生的儿子早已夭折，应该说太宗任何一个儿子继承皇位，对她都关系不大。官史上说她忌惮赵恒"英明"难以驾驭，看中元佐有病易于控制，这话未必完全可信。另有记载说她钟爱元佐，还在宫中抚养元佐之子，这一说法似乎比较合理。也许出于同样动机，在赵恒立为太子时，她在太宗面前离间过他们父子的关系，令太宗大生疑忌之心。

　　太宗死后，李皇后就和王继恩、参知政事李昌龄、翰林学士胡旦结成了拥立赵元佐的联盟。王继恩这次是被江湖文士潘阆说动的。潘阆早年曾为宰相卢多逊策划谋立赵廷美，被朝廷长期追捕，多亏王继恩向太宗说情，才被宽赦。他对王继恩说："你若扶立太子，显不出功劳。若扶立赵元佐，就是把被遗弃的人扶上了皇位，其功甚大。"潘阆似乎是一个同情被剥夺应有权利者的侠义之士，但拥立一个精神病患者显然说不过去。

　　至道三年三月，太宗去世前不久，吕端入宫探视，见赵恒不在宫中，便先在笏板上书写"大渐"两字，密派亲信去通知赵恒立即进宫。太宗撒手当天，李皇后让王继恩到中书去召吕端。吕端知道王继恩要故伎重演，就诳骗他去诏书阁取太宗诏书，把他锁在了里面，让人看住他，自己立即入宫。

　　李皇后对吕端说："皇帝去世，立嗣以长，顺理成章，你看如何？"吕端反驳说："先帝立太子，正是为了今天。岂容另有异议！"因王继恩不在场，李皇后不知如何应对，便默然不语。吕端于是奉皇太子即位。即位仪式上，太子垂帘召见群臣。吕端立殿下不行君臣跪拜之礼，请卷帘相见，他亲自升殿审视，见确是太子，才下阶与群臣拜呼万岁，真宗终于顺利登位。

二〇

吕端和李沆

宋真宗一共用了五个年号，依次是咸平、景德、大中祥符、天禧和乾兴。以景德元年为界，真宗朝的政治明显可以分为两截。这里先说前半段。

在太宗传位真宗的过程中，吕端起了至关重要的作用。真宗并没有怪罪自己的同母兄长赵元佐有争位之嫌（也没有证据证明元佐有此意向），他恢复了元佐被太宗剥夺的楚王的封号，还多次表示要去看望兄长，却都被元佐以病为由拒绝了。

但拥立赵元佐集团的那些人总得处理，在这一问题上，吕端也很稳健老练。他首先让殿前都指挥使李继隆为使相，表示尊崇，出镇陈州。使相就是节度使加同平章事、侍中、中书令等头衔，或是原任宰相的勋旧大臣罢政后加节度使的头衔，但都不领中书政事，仅作为一种荣衔。

然后，吕端以王继恩与李昌龄交接请托"泄漏宫禁语言"的罪名，将王继恩安置均州，李昌龄贬为忠武军司马。宋代官员被贬某地，往往有三种处分：最重的是编管，即在指定地区居住，行动完全受到管制；其次是安置，在指定地区居住，行动有一定限制；最轻的是居住，即在指定地区居住，行动有一定自由。对王继恩的处分是比较重的，李昌龄因原是参知政事，只是以大幅度贬官了事。

处理胡旦，只说他起草诏书"颇恣胸臆"，有诽谤言辞，除名流放浔州，处理也是偏重的。除名也是宋代对官员处分的方式，即除去官员名籍，成为平民。但在处理时，吕端都没有指明他们是因拥立元佐而得罪的，而且除王继恩，不久都得到了从宽处理。

即位之初的稳定政局也离不开吕端，真宗对这位顾命大臣自然尤为尊重。

宋真宗像（台北故宫博物院藏）

他每见吕端入对，就肃然拱揖，从不呼以姓名，而以官名相呼。吕端晚年身躯肥大，行动不便，真宗特地将宫中高而陡的台阶加以改造，以便吕端出入。可惜吕端因身体欠佳，在真宗即位次年就辞去相位，过了两年就去世了。

吕端辞相以后，由张齐贤和李沆并相。张齐贤在太宗朝深负盛名，也以致君自负，但在真宗朝再相以后却没有大建树。一般认为，这与李沆有关。李沆是真宗在当太子时的老师，即所谓"潜邸旧臣"，真宗一即位，就让他做参知政事，李沆不久就升任宰相。太宗晚年，李沆在为姻亲补官外放时请托过当时的宰相张齐贤，后被太宗追究，齐贤不想连累李沆，独自承担了责任，因而丢掉了相位。

拜相以后，真宗召见李沆与张齐贤，强调上下团结，似乎已知道两人不太融洽。不过，两人的矛盾可能并不是个人恩怨，因为齐贤在前朝罢相是代李沆顶缸，张对李有恩无怨，李对张也无怨可结，很可能是两人在治国政见上有所不同。齐贤议论慷慨而难免迂阔，与李沆沉稳无为的政治风格难成拍档；在与真宗的关系上，也不及李沆有师生之谊，因而在咸平三年末以朝会上饮酒失态而被罢相。

次年正月，真宗同时任命吕蒙正与向敏中为相。吕蒙正已是第三次入相，这一经历只有赵普可与之相比。不过，这次任相，他并没有显赫的政绩，只是德高望重的象征。向敏中这次为相仅一年半，因生活琐事而被免相，也未见有重要政绩。但罢相以后，真宗仍委以重任，让他出知永兴军，担当西线抗击西夏的重任。他在真宗朝后期再次入相，这是后话。

咸平诸相中，李沆为相时间最长，也最受信任。真宗问他，治道何者为先，他说："不用浮薄新进喜事之人。"一天，真宗派使者拿来手诏，让李沆进封宠妃刘氏为贵妃。李沆当着来使在烛火上烧掉了诏书，让他回奏"就说李沆以为不可"，真宗只得收回成命。石保吉以驸马都尉求为使相，真宗征求意见。李沆以为，石保吉无攻战之功，仗戚里之故，倘行赏典，恐招物议，明确表示反对。数日后，真宗再问，李沆坚持如初，真宗只得作罢。

当时，西夏李继迁正骚扰不断，参知政事王旦感叹什么时候才能坐致太平而悠游无事，李沆却说："少有忧勤，足为警戒。他日四方宁谧，朝廷未必无事。"宋夏战事稍停，王旦问他意见，他说："边患既息，恐怕人主要渐生侈心。"王旦不以为然。李沆就常向真宗奏报全国水旱变乱之事，王旦以为鸡毛蒜皮不值得烦扰皇帝，李沆说："人主年少，应让他知道四方艰难。不然，他不是留意声色犬马，就是热衷土木、祷祠或甲兵之事。我已年老，不及见此，这是你他日执政应当忧虑的事。"李沆死后不久，真宗果然东封西祀，崇奉道教，大造宫观，王旦感叹他有先见之明。

寇准向李沆推荐丁谓的才干，李沆不用，说："观其为人，能让他位居人上吗？"寇准反问："像丁谓这样的人才，你能始终让他位居人下吗？"李沆笑着说："他日后悔，当思我言。"其后，寇准果然被丁谓倾陷，才佩服李沆识人。

真宗见李沆从来不密奏朝事，问他："别人都有密奏，唯你没有，何故？"他答曰："位居宰相，公事公言，何用密奏？人臣密奏，非谗即佞，我最厌恶，岂可效尤？"他自我评价道："我居相位，实无贡献。只是朝廷内外所有兴利除弊的建议，我一概驳回。也算是对国家的一点报答吧。因为国家制度，大小俱备，所谓兴利除弊，实乃随意折腾。"他还说："我做宰相，《论语》所说的节用爱人、使民以时还没做到。圣人之言，应该终生记诵啊！"

李沆死在景德元年（1004年）七月，年仅五十七岁。真宗对他未享长寿十分悲痛。咸平时期，外有契丹的骚扰和西夏的攻略，内有益州王均率领的士兵叛乱，已非年号所显示那样的一切太平。但真宗在咸平初政时，没有任用小人，朝政也没有大折腾，这应与在咸平时期始终为相的李沆有密切关系，他去世不久已有"圣相"之誉。李沆以清静无为治国，确有可取之处；但当时宋朝面临的内外问题，已不是这一治国方针所能完全解决的。李沆死后数月，宋辽有一次较量，订立了澶渊之盟，由此引发的一连串问题，使其后真宗朝的政治色彩与咸平时期大有区别。

二一

承天萧太后

辽世宗以并非皇储的身份之所以得立，众臣拥立他的原因颇多：一是他以一定的实力造成了继位的既成事实；一是出于对其生父东丹王耶律倍不幸结局的同情；一是对述律太后在太祖死后擅自废立滥杀无辜的不满；而主要的是出自对耶律李胡的憎恶和畏惧。他在位仅五年，就被蓄谋已久的叛臣察割杀死。

察割叛乱很快被大臣耶律屋质和耶律璟联手平定，耶律璟是太宗长子，顺理成章地即了位，此即辽穆宗。穆宗在位十九年，前期上层叛乱隔三岔五地发生，这是太祖死后太宗一系与耶律倍一系的皇位争夺战的延续。辽朝内部不稳，中原正是后周太祖郭威和世宗柴荣统治时期，这也是五代最有作为的时期。辽穆宗后期已是宋太祖前期，这时北宋正在实行先南后北的统一方略。很显然，南北双方的强弱攻守之势已发生了逆转，优势暂时不在契丹方面。而辽穆宗也只是在边境骚扰，以声援北汉，从未主动大规模南攻过。

传胡瓖《卓歇图》（北京故宫博物院藏）

图卷摹绘了人马射猎归来即将享受乐舞歇息的场景，
洋溢着北方草原民族的生活气息。

穆宗嗜酒无度，昼寝夜饮，国人称之为"睡王"。他性喜畋猎，不恤国事，辽朝出现了"政昏兵弱"的中衰局面。而他本人则喜怒无常，动辄虐杀左右男女侍从，断手足，烂肩股，折腰胫，划口碎齿，炮烙铁梳，无所不用其极。应历十九年（969 年），他在游猎途中，欢饮大醉，索食不得，又要杀庖人。当晚，近侍和庖人们抢先下手，愤怒地杀死了这一昏暴之君。

辽穆宗无子，继位的耶律贤是世宗次子，此即辽景宗。景宗在位勤于政务，初步扭转了穆宗中衰的局面。其主要举措有三：其一，任用蕃汉贤臣。契丹大臣萧思温、耶律贤适，汉族大臣韩匡嗣（韩知古之子）、室昉、郭袭，都是一时之选。其二，健全法制建设。例如恢复穆宗所废的登闻鼓院，让百姓可以击鼓鸣冤；派贤臣去各地平反冤狱，处理积讼；对犯罪的宠臣也绳之以法。其三，争取皇族支持。他对穆宗时期参加过谋叛的皇族也采取比较宽松的政策，因而上层相对稳定。

在对外政策方面，景宗仍采取不主动南侵、仅声援北汉的方针，只是在宋太宗挟灭北汉之余威亲征幽州时，他才遣将决战高梁河，挫败了北宋的攻势，保住了燕云的州县。景宗在位十四年，乾亨四年（982 年）去世，时仅三十五岁。史称他"任人不疑，信赏必罚"，他选拔的人才和进行的整顿为圣宗之治准备了条件。

景宗长子耶律隆绪继位，年仅十二岁，此即辽圣宗。圣宗是辽朝在位最长的皇帝，在位共四十九年，其中前二十七年由其母承天太后摄政。承天太后，即景宗皇后萧绰，小字燕燕，北府宰相萧思温之女。景宗自幼得病，沉疴连年，常不能视朝。《契丹国志·景宗孝成皇帝》说："燕燕皇后以女主临朝，国事一

决于其手。大诛罚，大征讨，蕃汉诸臣集众共议，皇后裁决，报之帝知而已"。景宗曾在保宁八年（976年）指示史馆：今后凡记录皇后之言也应称"朕"和"予"。这也印证景宗之政确有皇后之助。景宗死时，她以皇太后摄政，年仅三十，次年群臣上尊号为承天太后，有关杨家将戏文里出现的萧太后就是指她。辽朝皇后都选自萧姓，萧氏贵族世任宰相之选，在辽朝的地位仅次于皇族耶律氏。

摄政之初，萧太后的父亲早已被害多年，后族无可依靠。而宗室诸王权重兵众者遍布朝廷，对圣宗皇位构成莫大威胁。南面边境辽宋战事正不可开交。故而她哭泣道："母寡子弱，族属雄强，边防未靖，奈何？"景宗的顾命大臣韩德让和耶律斜轸宽慰她说："只要信任我们，何虑之有？"于是，承天太后命他俩参决大政，而把辽宋战事委托给耶律休哥。

韩德让是韩匡嗣之子，《辽史》本传说他"重厚有智略，明治体，喜建功立事"。据说，燕燕少时曾许配给他，未及成礼而被选入宫。有这层关系，皇后萧绰代决政事，已倚重德让。摄政以后，承天太后私下对韩德让说："我曾许嫁给你，愿谐旧好。现在幼主当国，也就是你的儿子。"在不排除感情需求的同时，承天太后似乎有意利用先前的那重微妙关系。

路振《乘轺录》以为萧太后说那番悄悄话，是因为自己少寡，"韩氏世典军政，权在其手，恐不利于孺子"。这只是一种猜测，但韩氏自韩知古起三代都居要职，已成为汉官势力的代表人物，如今又是托孤大臣，为让他竭尽自己的才智、实力和影响，为巩固孤儿寡母的统治而效忠尽力，其中权谋成分与情感因素似乎是同时并存的。她命韩德让以南院枢密使总宿卫事，使母子俩获得一种安全感。在韩德让的建议下，承天太后撤换了一批大臣，命宗室诸王各回自己的府第，严禁私自宴请往还，还相机行事夺了他们的兵权，圣宗的皇位才算稳固。

而后，承天太后秘密派人鸩杀了韩德让的妻子，德让就毫无避忌地出入太后的幄帐，共同处理政务，食同案，卧共帐，成为事实上的夫妻关系。德让在统和元年（983年）兼政事令，统和十七年，在耶律斜轸死后兼任北院枢密使，总知南北面两院事，拜为大丞相，至此，他位兼将相，总揽辽朝军政大权。其后，他受赐国姓"耶律"，赐名隆运，并特许置斡鲁朵宫帐（辽制仅皇帝和太后才有此特权）。

　　韩德让在辽朝蕃汉群臣中是辅政最久，权位最高，影响最大的重臣，是圣宗之治的直接促成者。他曾获赐铁券誓文，由圣宗亲笔书写，斋戒焚香，在北斗星下向蕃汉群臣宣读，其中自有他的心机。但在承天太后死后，却未蹈前代权臣为继位君主忌惮诛除的覆辙，圣宗始终敬事若父，恐怕决不是一纸空头誓文所能保障的。史书说他"克敌制胜，进贤辅国"，"孜孜奉国，知无不为"，"镇服中外，无有邪谋"，他个人的品德和作为起了很大的作用。连宋人所编的《契丹国志》都叹为"千载之逢而非常之遇"，除了韩德让个人因素，承天太后和辽圣宗绝无那种"非我族类，其心必异"的民族排外心理，也许更至关重要吧！

　　承天太后摄政，亲自抓了三件事。其一，着意笼络大臣。她利用幸第问疾、加官晋爵和为近臣在景宗御容殿绘像等手段，与群臣建立信任感，愿意竭尽忠诚，报效死力。其二，亲自审决滞狱。她在统和元年十二月颁敕：凡刑狱有冤屈的可以赴御史台上诉。接下来三年，她年年亲自临决滞狱，缓解了社会矛盾，赢得了人民好感。其三，大胆擢用汉官。除了韩德让，她还任用了室昉、张俭、邢抱朴、马得臣、王继忠等人。任用汉人是承天太后顺应潮流之举，既是契丹社会汉化的必然结果，也是她决心进一步封建化的组织措施。

　　紧接着，承天太后就与辽圣宗、韩德让一起进行了全面的封建化改革，这一改革绝大部分在承天太后摄政的统和时期已经开展，部分在其后仍由圣宗继续向前推进。

　　其一，重新编制部族。即既把原先隶属宫帐的奴隶户改编为部族，又把原来处于奴隶地位的旧部族经改编增置为平民性质的新部族，还规定新征服的各族人户不再编为奴隶宫户，这些措施极大削弱了契丹社会的奴隶制成分。

　　其二，实行科举取士。统和六年（988年），辽朝首开科举，虽仅取一人，却意义重大，标志着汉族士人可以藉此进入辽朝统治阶层，也意味着辽朝统治基础的扩大。澶渊之盟以后，取士名额激增至二三十名，到圣宗后期已达七十余人。到辽朝晚期，契丹族也设科考，汉族文明已使契丹族高度汉化了。

　　其三，推进法制汉化。契丹旧例，契丹人与汉人共案同罪时，重处汉人，轻处契丹人，同罪异判现象十分严重。为调整民族关系和阶级关系，实现蕃汉同律、法制汉化的改革，同时剥夺契丹贵族和奴隶主的某些司法特权，逐步推行蕃汉贵贱同罪同判的司法原则。

　　其四，全面整顿吏治。韩德让建议以任官好坏作为考课标准；他本人以任

宣化辽墓壁画《童趣图》
画中就学幼童与成人捉迷藏的场景，生趣盎然。

贤去邪为己任，深受承天太后的嘉许："进贤辅国，真大臣之职。"

其五，改革赋税制度。其主要内容一是将燕云地区推行的封建赋税制度扩展到其他头下州军地区，一是把穆宗朝以来胁迫为部曲的奴隶都改为向朝廷纳税的编民。

在对宋和战上，承天太后也表现出卓越的军事才能，她习知军政，先是击退了宋太宗的雍熙北伐，而后又迫使宋真宗签订了澶渊之盟。

统和二十七年（1009 年），承天太后不再摄政，将权力移交给辽圣宗。这年十二月，这位辽朝最杰出的女政治家在行宫去世。史书称她"明达治道，闻善必从，故群臣咸竭其忠"；又说她"神机智略，善驭左右，大臣多得其死力"，都是赞颂其政治才略的。关于其为人，史书称她"好华仪而性无检束"。华仪有二解，一是汉人的妆饰，一是华美的妆饰，若是前者则说明她向往汉族文化，若是后者则表明她作为女性的另一侧面，都是不坏的评价。至于性无检束，唯其如此，她才会为了自己和国家下嫁给韩德让。

历来小说戏文对她丑化为多，究其原因就是她率领辽军大败了宋军，而澶渊之役更令汉人的脸面没地方搁。这里，倒需要有一种大气去省视这段历史恩怨。对辽朝而言，承天太后无疑是推动其前进的有着巨大贡献的历史人物，她不仅巩固了辽朝的统治，扭转了世宗、穆宗以来的中衰局面，还积极有效地推动了契丹的封建化改革，迎来了辽朝的鼎盛时期。《辽史》以为："圣宗以来，内修政治，外拓疆宇。既而申固邻好，四境安。维持二百余年之基，有自来矣！"她与圣宗在辽朝历史上的地位，令人联想起北魏文明太后与孝文帝，她与文明太后都是中国历史上兄弟民族贡献的杰出的女政治家。

二二

澶渊之盟

从雍熙北伐失败以后，宋辽战争的主动权从宋朝移向了辽朝，辽军频频进扰北宋边境州县，但互有胜负，辽军未占绝对优势。真宗即位，辽朝对宋朝传达的和好意愿不予理睬，并在咸平二年（999 年）深秋再次大规模攻宋。在忻州刺史柳开的鼓动下，宋真宗决定效法太祖、太宗率军亲征，岁末抵达大名府（今河北大名）。这时，辽军已在掳掠了河北和山东黄河以北的大部分州县后顺利北撤，真宗亲征并没有给辽军以实际打击。但在群臣的称贺声中，真宗真以为御驾亲征取得了伟大胜利，作《喜捷诗》命群臣唱和。然后班师回京，结束了这次亲征。其后三年，辽军每年南侵，以便为更大规模攻宋作试探性准备。

景德元年（1004 年），圣相李沆去世，真宗立即把另一位"潜邸旧臣"毕士安提拔为参知政事，并许诺将拜他为相，还问他谁可与他共居相位。士安说："寇准忠义兼备，善断大事，己所不如。"以寇准的资历才干，真宗早该让他入相的，但真宗似乎不喜欢他"好刚使气"的个性，才久久未用。他又对士安说及这点，士安说："忘身殉国，秉道嫉邪，往往不被流俗所喜欢。现在边患严重，正应该用寇准这样的人。"时隔一月，真宗颁布了两人并相的任命。

九月，辽圣宗与承天太后率二十万大军再次南下，但进展并不顺利。宋河北诸城都奉命全力守城，辽军连攻数城，皆未得手，便绕道攻打瀛州（今河北河间）。承天太后亲擂战鼓，指挥攻城，都被宋军以大石巨木击退，辽军死者达三万余人，伤者更多。在遭到重挫后，承天太后鉴于辽军并不擅长攻打坚城，立即作出正确的决策，放弃瀛州，采取迂回穿插的战略，直趋开封，威逼宋廷。辽军攻占祁州（今河北安国）等地，不久就绕过重镇大名府，大军兵临澶州（今河南濮阳）北城下，令北宋朝廷措手不及。

寇准像（北京故宫博物院藏）

北宋朝廷早在九月中旬就接到辽军南侵的边报，宋真宗表示要再次亲征，与辽军在河北一决胜负，询问宰执何时出发为宜。毕士安出于稳妥的考虑，认为如要亲征，也不必到最前线，只要到澶州即可；但澶州小郡，御驾和大军不宜长时间驻守当地，以晚去为宜。枢密使王继英也持这一看法。寇准则提议，军队都在前方，早去可以鼓舞军心。真宗听从了毕士安和王继英的意见。

敌骑南下的消息不断传来，朝臣都人心惶惶。参知政事王钦若是江南人，建议真宗逃往金陵（今江苏南京）；签署枢密院事陈尧叟是四川人，建议真宗避难成都。真宗征询寇准的意见，寇准问谁出此二策，真宗让他只断可否，而不问其谁。寇准回答："将献策之人斩首祭旗，然后北伐。倘若采用二策，则人心崩溃，敌骑深入，天下岂能保有？"

真宗感到大名府一旦陷落，河朔即将不保，准备派一重臣前往镇守，寇准提名王钦若。召见之时，王钦若还没说话，寇准就说："现在不是臣子辞难之日，参政当体此意！"王钦若没法再推辞，只得出判大名府兼都部署（宋代凡是担任过宰执而出知州府，都称为判，以示位尊权重）。

告急的边报一日数次不断送到京城，寇准有意扣下，等积到相当数量，才一次转呈给真宗。真宗见如许边报全是告急的，便问宰相该怎么办。寇准认为只有立即御驾亲征，毕士安也同意马上动身。十一月二十日（1005年1月3日），真宗车驾从开封出发，由李继隆和石保吉担任驾前排阵使。行至半途，传来东京留守雍王赵元份暴死的驿报，真宗便命随行的参知政事王旦赶回去负责留守东京。行前，王旦问："十日不胜，何以处之？"真宗沉默良久才说："立太子。"

数天以后，澶州在望，军中又开始流行南幸金陵的浮言。真宗有点动摇，寇准说："只可进尺，不可退寸。若回辇数步，则万众瓦解，敌趁其后，要去金陵也不可得！"殿前都指挥使高琼也说："禁军将士多为北人，倘若他们不愿南下金陵，恐怕

要出大乱子。"真宗这才打消了逃跑的念头，御驾进抵澶
州南城。

　　澶州，因古有称为澶渊的湖泊而得名，州治南北跨
黄河为城，南城大而北城小，南城比北城安全，但宋军
主力都布防在北城。多数随臣见契丹军声势浩大，都建
议驻跸南城。寇准则力主真宗亲赴北城，鼓舞前线士气。
高琼甚至说："陛下如不过河，河北百姓如丧考妣。"一
旁的签署枢密院事冯拯呵斥高琼说话不知分寸，高琼激
愤地说："你以文章升为二府，今天敌骑当前，还指责我
无礼，你何不赋诗一首咏退敌骑呢！"说完就命令卫士们
护卫真宗前往北城，真宗这才渡河登上北城城楼，接见
慰劳将士。当宋军将士远远望见御伞黄盖时，立即欢声
雷动，高呼"万岁"。

　　巡视完毕，真宗将军事全权交给寇准决断，寇准留
居北城，号令明肃，将士畏服。在南城行宫的真宗派人
去探视寇准的动静，知道寇准与知制诰杨亿每天通宵达
旦地饮酒呼卢，戏谑喧闹，便高兴地说："寇准如此，吾
复何忧！"他不知道这是寇准特为安他的心而作出的举动。
寇准在澶渊之役中处变不惊，力挽狂澜，对此，陈　在
百年以后说："当时若无寇准，天下分南北矣！"也就是说，
闹得不好，建炎南渡的局面会早一个世纪发生。

　　辽宋两军夹河而阵后，辽军先锋大将萧挞凛在开战
前出阵视察地形，被宋军用床子弩一箭射死。萧挞凛是
智勇兼备的辽军主将，他的死令辽军的士气一落千丈。
承天太后亲临灵车前恸哭致哀，为其辍朝五日。她审时
度势，深知辽军的力量尚未达到直入开封、迫宋投降的
地步，便决定挟大军南下的余威，从谈判桌上取得战场
上尚未获得的东西。

　　实际上，辽军出发之际，承天太后就通过宋朝降将王
继忠，保持着与宋朝讨论议和的渠道。继忠是真宗藩邸时

开元寺塔

在今河北定县，因位于
辽军南下必经的军事
重镇，亦用于瞭望敌
情，故俗称瞭敌塔或
料敌塔。

的旧臣，在一次战争中被辽军俘虏，便成为沟通辽宋议和的最佳人选。宋真宗表示愿意谈判，派曹利用为使者前往大名府。判大名府王钦若见辽军正在猛烈进攻，未见和谈意向，便将曹利用留在大名府。

两军在澶渊对阵以后，承天太后见军事上难以占到便宜，和议趋向日渐明确，便命王继忠从多渠道向宋真宗传递和谈信件，要求宋方派出使者。宋真宗虽然亲征澶州，也登上北城劳军，但始终难以克服恐辽心理。即位前后，自王小波李顺以来接连不断的兵民反叛，宋夏边境连年的不安宁，都令他揪心不已。如今两军虽夹河对阵，但时值隆冬，倘若辽军再采取迂回战术，放弃澶州，从别处渡过黄河直逼开封，形势就不堪设想。考虑到这一切，真宗更坚定了求和的念头，下令曹利用立即赴辽军大营和谈。

曹利用见到承天太后的次日，就与辽朝使者韩杞出发来见宋真宗。真宗得知辽朝要求归还周世宗攻取的瓦桥关以南的领土，明确表示：可以袭用汉代以玉帛赐单于的故事；若要求土地，则决战到底。寇准则主张，不仅不必赐玉帛给契丹，反而应该要求他们交出燕云旧地向宋称臣，这样才能确保百年无事。

而其时有流言诋毁寇准挟兵以自重，真宗便以"生灵重困，姑听其和"坚持己见，寇准只得同意议和。曹利用再赴承天太后帐前重议和平条件，真宗对他说："必不得已，百万也可。"曹利用表示："契丹如有其他非分要求，我就不活着来见陛下。"寇准听说，即召曹利用私下嘱咐道："虽有圣旨，如超过三十万，我就要你的脑袋！"

曹利用再赴辽营，承天太后说："晋给我们关南地，被周世宗攻取，现在应该归还。"利用答道："前朝之事，我朝不知。倘若要求岁币以助军用，还不知我朝皇帝是否同意。割地之事，不敢归奏！"

经过多次使臣往来和讨价还价，双方终于达成和议的条款：一、宋朝每年给辽朝银十万两，绢二十万匹；二、宋真宗尊萧太后为叔母，辽圣宗称宋真宗为兄，宋辽为兄弟之国；三、双方各守疆界互不侵犯；四、双方不得收留对方的逃亡人员；五、双方不得构筑针对对方的军事设施。

曹利用带着这一和议条款赶回澶州行宫，真宗正在吃饭，不能立即接见他，便命宦官去问岁币数额，利用伸出三个手指。宦官回来奏报说，猜想是三百万，真宗当即失声说"太多"，转而说："能了结此事，也还可以。"召见时，利用连声谢罪说答应的银绢数太多，当真宗知道是三十万两匹时，大喜过望，重赏了他，很快就批准了和议，起驾回朝。

澶渊之盟不仅使契丹从孤军深入的军事险境中安然脱身，还获取了战场上没能得到的酬报，每年得到数额可观的岁币。对辽朝来说，这无疑是一次历史性的胜利。在这场军事与外交的较量中，辽朝除了以军事实力为后盾外，承天太后作为杰出政治家的胆略和识见起了关键的作用。澶渊之役是契丹发动的南侵宋朝的战役，契丹确实于理有亏，但国与国之间历来都是凭借实力来证明其存在的，后人岂能苛求一千年前的古人。何况承天太后审时度势，并没有顽固坚持与北宋处于长期战争状态，在盟约订立以后，史称她是"愿固盟好"的，而后辽宋之间基本上也确实是和平相处的。

对宋朝来说，反击辽朝入侵的保卫战，本来就是正义的。就当时形势分析，辽军处于危地，宋军只要敢于反击，完全可以取得威慑性的战果，以便在和议中占据上风。但宋朝君臣上下弥漫着严重的恐辽情绪，而"守内虚外"的国策也使真宗把注意力着重放在对内防范上，因而不但不敢抓住战机，反而落得纳币求和的妥协结局，订立了屈辱的城下之盟。岁币不仅自此成为宋朝财政的一大负担，还在以后对西夏与金朝的交涉中成为惯用的一种妥协方式。

不过，从宋辽历史的长过程来看，澶渊之盟结束了中原政权与辽朝近百年的战争状态。自此以后，政治上互以南北朝相称，使者聘问不断，经济上双方沿边的农业经济在和平环境中得以发展，而榷场贸易更是互市不绝，有力促进了两国的经济文化交流和民族融合。因而从历史的长时段来考察澶渊之盟，就不仅仅是辽宋恩怨和你我是非的问题。既然在宋辽金元时期，汉民族作为多数民族与少数民族间的冲突融合，构成了历史的主题之一，绝对的平等和正义在这种冲突融合中往往难以体现；相反往往会以不平等和不公正的外表呈现在历史暂时的表象中，但从长时段来看，其间却有着历史的合理性。

澶渊之盟也可以说是一种地缘政治的平衡，这种平衡不仅体现在辽宋之间，也表现在宋夏之间。澶渊之役的当年，党项首领李继迁战死，宋朝在次年抓住时机与其继承者李德明议和。景德三年，双方也达成了和议，其性质和效果不啻是宋辽澶渊之盟的克隆版。尽管宋夏之间地缘政治的短暂平衡在元昊时期一度打破，但三方毕竟通过妥协获得了将近三十年的和平发展期。至于宋辽间的这种平衡，虽然在元昊反宋时起过波折，但基本上没有打破过，大体维持到宋徽宗后期联金灭辽的海上之盟。

二三

一国君臣如病狂

　　澶渊之盟的结果，令宋真宗和寇准都自我感觉良好。真宗庆幸自己"亲征"的英明和"花钱消灾"决策的正确，对力挽狂澜的寇准也敬重有加。一天，真宗目送寇准退朝，王钦若在一旁问道："陛下敬重寇准，莫非因他对社稷有功吗？"真宗说是，钦若挑唆道："陛下为何不以澶渊之役为耻，反以为寇准有功社稷呢？"真宗惊问其故，答道："城下之盟，《春秋》所耻。陛下现以万乘之主而为城下之盟，还有比这更可耻的吗！"他见真宗不乐，又说："陛下听说过赌博吗？钱快输光时，赌徒总是孤注一掷。陛下，你当时就是寇准的孤注，够危险的。"真宗的自尊心一下子扫地以尽，对寇准的敬意和眷宠也立马降温。

　　而寇准任相，用人不拘一格，其他宰执颇有非议，暗示他任命有规矩，寇准说："宰相就该进贤退不肖，倘若按例除授，只是书吏之职。"这也招来了同僚的不满，再加上寇准在澶渊之盟后有意无意有居功自得的架式，令真宗老大不快。景德三年（1006 年），他被罢去相位，出知州郡。次日，王钦若就被再用为执政。

　　现在，真宗一想起澶渊之盟，就深感奇耻大辱。他还可能联想到世人对其父亲皇位合法性的腹诽，对其父为他们兄弟谋求皇位继承权的非议，对他自己替代其兄元佐继承皇位的看法，这些都是他的心病。如今旧病未除，新耻又添，心中就像吃了一只苍蝇。

　　王钦若揣测到真宗的心事，故意对他说，倘若攻取幽燕，便可雪洗耻辱。真宗本来就畏惧契丹，说："河朔生灵，才免干戈，岂忍再战？可想他策。"王钦若这才把本意托出："只有封禅才能镇抚四海，夸示外国。"而后他告诉真宗，自古都是先有"天瑞"，帝王才有封禅之举。他见真宗心动，就献策说：

"天瑞岂可必得？但前代有用人力搞定的。难道真有所谓河图洛书吗，不过圣人以神道设教罢了。"真宗后来去问秘阁直学士杜镐河图洛书怎么回事，杜镐随口直言道："这是圣人以神道设教而已。"真宗这才下定了决心。

但真宗还担心宰相王旦的态度，王钦若转达了真宗难以启口的"圣意"，王旦勉强表示顺从。不久，真宗召王旦君臣欢宴，而后赐酒一尊，嘱咐他回家与妻儿共享这坛美酒。王旦归府一看，见尊中都是明珠，领悟到这是真宗让他在天书和封禅问题上不要发出反对的声音。于是，一坛珍珠塞住了他的嘴巴。

类似的事情还不止发生一起。一天，知枢密院事陈尧叟应召入宫赴宴，见有丁谓与杜镐等人在场，不久，真宗入席，不分君臣而分主宾就座，尧叟等不敢，真宗说："今天只想和爱卿们乐乐，不讲君臣大礼。"喝得开心当口，真宗命侍者给每人一个红色小袋，打开一看，都是大颗珍珠。真宗请大家继续喝酒，说等会还有赏赐，席终果然还有良金重宝之赐。《梦溪笔谈》所记此事未与天书封祀联系起来，但有理由推断两者是有关的。君不见丁谓后来在这出闹剧中的作用仅次于王钦若，而陈尧叟则多次承担宣读天书的重任，杜镐因曾经实话实说，显然也是要堵他的嘴。

一切停当以后，这年正月初三，真宗向群臣讲了一个天方夜谭式的故事。说他去年十一月某日夜半就寝前，有神人来告："来月在正殿建道场一个月，将降下《大中祥符》天书三卷。"建道场祈祝以后，今日皇城司果然奏报有天书悬挂在承天门上。

在王旦等再拜称贺后，真宗与朝臣来到承天门，让内侍上屋取下天书，由真宗跪受。天书上有文曰："赵受命，兴于宋，付于恒。居其器，守于正。世七百，九九定。"真宗于是改当年为大中祥符元年（1008 年），"大中"即天书中强调的万事适中的意思，"祥符"就是"天瑞"。接着大赦，加恩，赐京师大酺五日，也就是罪犯减刑，官员普加薪俸，京城放国定假五天，公费欢宴庆祝。一时间，天下争言祥瑞，一场煞有介事的迷信大骗局由此揭幕。

三月，真宗命朝臣讨论封禅事。封禅就是祭天仪式，属于帝王代兴天下太平以后封祀泰山昭告成功的大礼，秦始皇、汉武帝都举行过这一大典。后世帝王虽然对封禅礼心向往之，却还要掂量一下自己的功业是否与这一大礼匹配，不敢造次而行。

王旦五次率领文武百官、诸军将校乃至藩夷、僧道、耆寿二万四千余人，上表请求真宗封禅。请愿必须具有广泛的代表性，王旦把少数民族代表（藩夷）、宗教界代表（僧道）和德高望重的民主人士的代表（耆寿），也都恰到好处地拉上了。

真宗问权三司使丁谓经费如何，回答说"大计有余"。真宗决定过一把封禅瘾，在六月的一次朝会上又说，去年那位神人又托梦告知有天书降于泰山，果然在泰山醴泉亭得到天书。于是又是群臣称贺，皇帝拜受，为封禅铺平了道路。

十月初四，封禅队伍以天书为前导，浩浩荡荡向泰山进发，共走了十七天，才到泰山脚下。斋戒三日，登山举行繁琐的封禅礼，又是大赦天下，文武官都进秩，赐天下大酺三日，公费宴庆遍及全国。十一月，真宗的大队人马还拐到曲阜谒见了孔庙，赐钱三百万。封禅大典前后历时五十七天。此后天下争言符瑞，竞献赞颂，举国如痴如醉。

大中祥符三年六月，河中府进士薛南和父老、僧道一千二百人恳请真宗到汾阴祭祀后土；其后又有文武官和各界代表三万余人到京请愿，要求真宗亲祀汾阴。汾阴后土祠建于汉武帝时，祭汾阴就是祭地神。不过，祭地仪式在汉代以后常在京城北郊外设坛举行，就像后代祭天一般在京城南郊设天坛一样。但真宗对制造大排场来刺激内心不踏实的做法，似乎已经上了瘾。八月，真宗决定明年春天亲祀汾阴。

在其后几个月里，不断有符瑞吉兆像卫星一样放出来。陕州报告说"黄河清"了，潜台词不言而喻是"圣人出"了。巨沼是汾阴所在的河中府百姓，居

天贶殿

在今山东泰安泰山南麓，为岱庙主体建筑，
专为宋真宗封禅而营筑。

宋真宗封禅玉册
册文宣扬祥符封禅基于"八表以宁，五兵不试"的功业。

然在中条山苍龙谷发现了黄金护封的《灵宝真文》，这令人联想起汉武帝祀汾阴前夕当地有宝鼎出土的好兆头。反正士人与老百姓也看着领导人的喜好拼命扎堆，你能神道设教，就不许我也来个神道邀宠？

大中祥符四年正月二十三日，西祀汾阴的队伍仍以天书前导，经洛阳，出潼关，沿黄河北上，直趋汾阴（今山西万荣西南）。在一整套繁缛的祀地祇仪式完成以后，真宗在河中府（今山西永济西）过黄河大桥，折道向西，来到华山山麓的华阴县，亲自补上拜谒祭祀西岳庙的仪式。归途中，真宗在洛阳停留了二十多天，再去巩县（今属河南）谒祭祖宗三陵（太祖之父赵弘殷的永安陵、太祖永昌陵和太宗永熙陵）。这次西祀出巡，前后闹腾了六十八天。回来以后，又是宰相以下加官进俸，还派使臣分赴五岳，为五岳册封帝号。

在这场闹剧中，如果说真宗是前台唯一的主角，王钦若则是第一导演，跟在他后面的还有丁谓、林特、陈彭年和刘承珪。他们五人互相勾结，行踪诡秘，时人号为"五鬼"。王钦若为人奸巧，智数过人，妄为敢做，又懂道教，故而在这场神道设教运动中，委曲诱导，及时建议，作用最大。丁谓这时还屈居王钦若之下推波助澜，但很快就后来居上，在真宗末年政治中成为举足轻重的角色。林特工于算计，丁谓参知政事后推荐他做三司使，主管封祀和营造的财政大计。他善于逢迎附和，先依附于王钦若，而丁谓后来也始终信任他。刘承珪是宦官，真宗伪造天书，多借皇城司奏报的名义，当时的皇城使就是他。陈彭年倒是个学者，他以自己的学问为东封西祀参订仪制。为人一误入歧途，就覆水难收，也就把自己的学问、文章连同良知一同货与帝王家了。

大中祥符五年十月二十四日，真宗对宰辅大臣又说了一个白日梦。说还是那位神仙托梦，传达玉皇之命说："令先祖赵玄朗授你天书。"其后圣祖果然托梦告诫真宗要"善为抚育苍生"。由于梦境出自真宗的追述，谁也不敢究诘它的真实性。

真宗认下了这个子虚乌有的先祖以后，马上出台了一连串的举措：一是命天下为圣祖避讳，并为他杜撰了一个名字叫赵玄朗；二是为圣祖上尊号曰"圣祖上灵高道九天司命保生天尊大帝"，还为他配了一位号曰"元天大圣后"的圣母；三是在京师建造景灵宫，供奉圣祖和太祖太宗像，规模之大和规格之高仅次于太庙；四是在京城最大的道教宫观玉清昭应宫大殿里供奉玉皇和圣祖的塑像；五是下令天下州县天庆观增建圣祖殿，官员上任和离职都必须拜谒和辞行；六是真宗带头撰写关于圣祖光辉事迹的重头文章《圣祖降临记》，王钦若的《圣祖事迹》、盛度的《圣祖天源录》等也纷纷出笼，紧紧跟上；七是命宗正寺修订皇室家谱，增入圣祖事迹。

神道设教越搞越大。封禅和祀汾阴产生虽比道教早，但后来其仪式也都与道教合流。至于天书和玉皇，纯粹是道教的玩意儿，对道教也就不能不更加尊崇。在专制体制下，只要最高统治者想做什么，马上就会有"民意"代表们出来请愿和提案。大中祥符六年六月，老子故里亳州的官吏和父老三千三百人进京请愿，强烈要求真宗亲谒亳州太清宫。数天以后，朝臣们也再次吁请。于是，真宗下诏明年春天举行这一大典，现在先为老子加上"太上老君混元上德皇帝"的尊号，另命丁谓判亳州，筹措相关事宜。

以后几个月又是瑞兆频生，丁谓居然一下子从亳州献上灵芝三万七千枝，令寇准等人大为怀疑。真宗便另辟一殿展览这些灵芝，以证实其可靠性。不过丁谓以使相的身份，命手下到各地搜刮些灵芝，还是小菜一碟的，实物展览并不能证明这些灵芝都长在亳州。附带说一句，这种献成千上万灵芝的做法在东封西祀时也有，只是还没人提出异议而已。次年正月，仍以天书打头，真宗率领浩浩荡荡的队伍从开封到亳州（今安徽亳县）太清宫拜谒老子，一个月后才回开封。

半年以后，真宗又想出了花头。他宣布玉皇的正式尊号为"太上开天执符御历含真体道玉皇大天帝"，简称"玉皇大天帝"（"玉皇大帝"的称呼或始于此）。大中祥符八年正月初一，真宗在玉清昭应宫向玉帝奉上尊号，邀请参加这一仪式的还有少数民族领袖、宗教界僧道代表和外国使者；同时命令天下官员和百姓都在家中设案焚香，向玉帝致敬，地方官员派人检查。天禧元年（1017年）正月初一，真宗又到玉清昭应宫向玉皇大天帝献上宝册和龙服。全国各地也同日分设罗天大醮，以供军民僧道烧香礼拜，把全国都卷入这一狂热的迷信活动。

为了把以天书为中心的崇道活动搞得场面壮观，从大中祥符元年开始，真宗就在京城和全国大兴土木，营建宫观。其中最大的就是玉清昭应宫，原计划工程需要十五年，但修宫使丁谓督工三四万夜以继日，到大中祥符七年就竣工了。玉清昭应宫共有二千六百十座殿宇建筑，动用了全国最好的建筑物资，稍不合意，就推倒重来。据目击者田况说是"开辟以来未之有"，其宏大瑰丽和豪华奢美，超过了秦之阿房、汉之建章。次年，真宗命全国州县都必须建立天庆观供奉三清玉皇，其总数在一千所以上。

所谓圣祖赵玄朗显灵以后，因他自称其母是在寿丘生他的，真宗便在寿丘（在山东曲阜境内）建景灵宫供奉圣祖，造太极观祭祀圣祖母。但曲阜太远，真宗不便亲致礼敬，就在京师也分别建造景灵宫和太极观。曲阜景灵宫达一千三百二十二座建筑，京师的景灵宫也有七百二十六座楼观殿宇。

真宗时期，京城和地方上建成了一大批官办宫观，朝廷就任命了相应官员去负责管理，与此同时，真宗又设立了一种与宫观相关的荣誉性的虚衔，可以多领一份俸禄而不必赴任视事，这种官往往以提举某某宫观命名。宫观官在真宗以后成为官僚队伍中一个特殊的系列，一方面说明了宋朝政府与道教的密切关系，另一方面也加剧了冗官和冗费的严重程度。

与此同时，在大中祥符五年"圣祖"降临以后，真宗就命王钦若、曹谷和张君房整理新道藏。四年后，新道藏基本修成，命名为《宝文统录》；天禧三年（1019年），经增补共计四千五百六十五卷，抄录了七藏，真宗重新命名为《大宋天宫宝藏》，在道教史上倒有着重要的地位。

自大中祥符元年起，真宗导演的神道设教的闹剧真可谓一年一个样，他已经完全沉浸在自导自演的角色之中了。《宋史·真宗纪》评说澶渊之盟以后的天书封祀是"一国君臣如病狂"。明代李贽也说："堂堂君臣，为此魑魅魍魉之事，可笑，可叹！"

然而，当一国君臣都炫耀"皇帝的新衣"时，还是有人大声说出真相。早在天书首降之际，龙图阁待制孙奭就引用孔子的话说："天何言哉！岂有天书？"西祀汾阴时，他上疏指出，所谓祥瑞是欺天愚民惑后世，还警告真宗："不念民疲，不恤边患，安知今日戍卒无陈胜，饥民无黄巢？"当真宗要去祭祀老子时，他提醒真宗应当牢记唐明皇后期遭受安史之乱的教训。名臣张咏多次指名抨击王钦若和丁谓，他临终上表还要求真宗先斩丁谓之头置国门以谢天下，再斩自己之头置丁氏之门以谢丁谓。真宗对这些激烈的反对意见，采取了既不采纳也不追究的方针，他还没有彻底昏头。

乾兴元年（1022 年），真宗去世，天书也都随葬入陵，结束了长达十五年的天书闹剧。《宋史·真宗纪》说"仁宗以天书殉葬山陵，呜呼贤哉"。仁宗这年仅十三岁，当时是真宗刘皇后垂帘听政，这一决定应该是她作出的。不过，刘皇后作出这一决定，并不是出于对天书封祀的憎恶，而是为了满足真宗生前的追求，说不上贤明，这有后事为证。仁宗天圣七年（1029 年），玉清昭应宫遭雷击起火，焚毁略尽，她曾哭着表示要重修新宫，大臣们都以"天变来警"加以激烈的反对，才不得不打消原来的主张。

这场天书闹剧对真宗朝政治和财政产生了重大影响。在政治上，大中祥符以后，真宗一再热衷"祥瑞"粉饰太平，对朝政兴革却无所用心，听任王钦若和丁谓等"五鬼"把朝政搞得乌烟瘴气。真宗晚年更是神魂颠倒，甚至满口胡话，在宗教迷信的长期暗示作用下，他自己也进入了迷狂状态，朝政大事多由皇后刘氏决断。

在财政上，东封泰山耗费八百余万贯，西祀汾阴耗资更增二十万贯，这还不计亳州之行。营造玉清昭应宫缺少具体的支出记载，但仅雕三座塑像就用去金一万两、银五千两，则二千六百十座建筑的靡费可以想见。倘若将京城景灵宫、太极观和各地宫观都计算在内，其费用之大恐怕不是几千万贯所能打住的。真宗前期，经过近四十年的经济恢复，天下富庶，财政良好；由于装神弄鬼的折腾，几乎把太祖太宗的积蓄挥霍殆尽，到其晚年"内之畜藏，稍已空尽"，留给后人的是一个空壳子。

二四

天禧的宰执和政争

天禧共五年，是宋真宗倒数第二个年号，他的统治也进入了晚年。

宋真宗赵恒大中祥符前四年都是王旦独相，后五年他与向敏中并相。王旦有宰相之器，群臣奏事，他从容言来，一锤定音。寇准常在真宗面前诋毁他，他却一直称赞寇准。真宗对他说："你尽讲他好，他却专讲你坏。"他说："我久在相位，政事阙失必多。寇准直言无隐，更见其忠直，我也因此推重他。"

寇准在枢密院，见中书公事有违条例，便奏报真宗，王旦被责，中书堂吏都受罚。不久枢密院有公事送中书，也有违例处，堂吏送呈王旦，指望他报复，王旦却指示送还枢密院。寇准见到王旦惭愧地说："同年，你怎么这么大肚量？"寇准罢枢密使时，托人向这位同科进士求使相，王旦断然拒绝道："将相之任，岂可私求！"

翰林学士陈彭年上书中书，王旦看都不看，封存留档，向敏中劝他浏览一下，他说："不过是兴作符瑞希图仕进罢了。"真宗早就欲相王钦若，他援引太祖太宗朝的惯例说："祖宗朝未尝有南人当国的。我为宰相，不敢抑人，这也是公议。"真宗终于不敢固执己见。

天禧元年（1017 年）正月，王旦以身体欠佳，上表辞相。真宗允许他五日一赴中书，遇军国重事，不论时日入预参决，对他表示极大的信任。但王旦对没能阻止天书闹剧，内心深怀着一种说不出的愧疚。每次天书封祀的大典，王旦都必须陪同随行，史书说他总是"悒悒不乐"，对他来说是一件痛苦不堪的事情。真宗每次送来赏赐的物品，他总是闭眼叹气道："生民膏血，哪里受用得这么多！"

七月，王旦终于获准辞去相位，临别，真宗问他谁可代其为相，他强起举筹道："莫如寇准。"真宗嫌寇准性格刚褊，让他再举其次，他说："他人，臣所不知。"九月，真宗在王旦死前亲临其家探病，赐白金五千两。王旦在遗表结尾加上四句："益惧多藏，况无所用，见欲散施，以息咎殃。"随即命家人把白金送还。

临终，王旦对儿子说："我没有别的过失，只有不谏天书，为过莫赎。死后为我削发披缁以殓。"他的儿子们准备执行遗言，以表其父的无尽悔恨，最后被杨亿劝阻。王旦本来可以做一个好宰相，却一着软弱，遗恨千古，他无负于真宗，真宗却有累于他。

向敏中在咸平时为相一年有半，未见有什么政绩。大中祥符五年（1012年）起，他与王旦并相，王旦死后，他成为首相。天禧元年，他进为右仆射兼门下侍郎。真宗还是第一次授仆射之官，认为敏中一定会十分高兴，贺客盈门，派翰林学士李宗谔前去打探。宗谔是敏中的亲戚，到相府一看，只见门庭寂然。他表示祝贺，敏中唯唯；说皇上眷宠，敏中唯唯；历数前朝仆射德高位重，敏中仍是唯唯，不发一言。宗谔到庖厨问今日有亲友宴饮否，也无一人。明日，真宗听说，感叹"敏中大耐官职"。向敏中是天禧四年死在宰相任上的，他第二次入相长达九年，除了"大耐官职"，也不见得有大政绩。

王旦辞相以后，王钦若才由枢密使升为宰相，他恨恨地说："为王旦一句话，晚做了十年宰相。"实际上，他自景德三年（1006年）再入枢府，除有十个月的短暂罢政外，一直都位居执政，真宗对他可是言听计从的，作用远在宰相向敏中之上。这年三月，真宗让参知政事王曾兼任会灵观使，王曾早在担任知制诰时就明确反对建造玉清昭应宫，尽管当时重要宫观都以宰执充任，他仍然坚辞不受，推举王钦若担任，真宗怀疑他标榜立异。

八月，王钦若拜相，处心积虑排除异己，便将王曾罢政，出知应天府。不过，这年九月，真宗又把钦若的老对头马知节召入知枢密院事。当王钦若任枢密使时，马知节就是副使，他是武将出身，一向鄙薄钦若为人，廷议时，往往当面数落王钦若的短处，让他下不了台。真宗将知节召入政府，也许就有牵制钦若的用意，他对王的眷宠似乎已大不如前。不过，八个月后知节就以病自请罢政，除了健康原因，或许也有钦若排挤的因素。

大约在天禧三年，商州逮捕了一个私藏禁书的道士，据说还能施展法术驱使六丁六甲神，他承认出入王钦若之门，还得到过他的赠诗。在真宗看来，你王钦若可以帮着我搞神道设教，却决不允许与道术之士自搞一套，这年六月毫不犹豫地将他罢相，出判杭州。

取代王钦若为相的就是他的政敌寇准，这当然是王旦临终力举的原因，但也与寇准曲意迎合真宗有关。天禧元年，寇准正在判永兴军的任上，他辖境内的巡检朱能与内朝宦官头目周怀政串通起来，谎称天书降于乾祐山（在今陕西柞水）。真宗问王旦真伪，王旦以为，寇准原来不相信天书，现在就该让寇准奏上来。也许，王旦认为寇准是不会改变自己信念，才这么说的。不久，王旦去世，寇准的女婿王曙在朝，知道内情，力劝丈人与朱能联手。寇准便以地方长官的身份将这事奏报朝廷。朝野都知道这是在造假，真宗却下诏将天书迎入大内。不论真宗是真相信还是假做戏，也许他对寇准个性刚褊的成见有所改变，天禧三年召其为相。

入朝之际，有门生向寇准建议：途中称病，坚求外补，是为上策；入朝以后，揭发真相，是为中策；下策就是再入中书，那将大坏平生声名。寇准还是决定入朝为相。也许在他看来，只有为相，才能有所作为，至于入相的手段是可以不必计较的，这也是绝大多数政治家的思路。

与寇准入相同时，丁谓也再入政府任参知政事。寇准与他的关系原先不坏，还向李沆推荐过丁谓的才能。李沆认为，以丁谓的为人不能让他位居过高，寇准还大不以为然。一天，两人在中书用工作餐，寇准的胡须沾上了羹汁，丁谓忙不迭地为他拂拭干净。寇准开玩笑道："参政，国家大臣，倒为官长拂胡须吗？"丁谓由惭转恨，从此交恶。曾任皇太子东宫老师的李迪这时也任参知政事，刘皇后因其反对真宗立自己为后而对他怀恨在心。寇准与他倒是一条战线上的，都为时局担忧。

这时，真宗已得风疾，病情时好时坏。前一年，真宗已立了太子，他见刘皇后干预朝政已很严重，更担心自己将一病不起，便与贴身宦官周怀政商议太子监国事。怀政及时向寇准传递了这一信息。见丁谓与知制诰钱惟演联合起来迎合刘皇后，寇准瞅准机会对真宗说了让太子监国的建议，还指斥丁谓和钱惟演是佞人，不能辅佐少主。真宗深以为然。

寇准就密令翰林学士杨亿上书，并以援引他执政作为交换条件。但寇准在一次酒后失言，这事被丁谓获悉，就责问两人："倘若皇上康复，何以处置此事？"李迪认为太子监国，亦无不可。丁谓则在真宗面前以这事为由头极力诋毁寇准，而真宗竟记不起寇准曾当面向他提过这一建议并得到过他的许诺，天禧四年六月将寇准罢相。寇准罢相令拥立太子派大势尽去。

七月，内侍头目周怀政联络其弟礼宾副使周怀信、客省使杨崇勋、内殿承制杨怀吉和门祗候杨怀玉准备约期政变，杀丁谓，再相寇准，尊真宗为太上皇，罢刘皇后干政，传位太子。政变前夕，有人向丁谓告密，丁谓与枢密使曹利用计议。曹利用在澶渊之盟中因充当和议使者有功而受到真宗赏识，升迁很快，但寇准与他在枢密院共事时总看不起他，议事不合，就鄙薄地说："你这大兵，哪懂国家大事！"因而在天禧政争中，他倒向了寇准的政敌。

曹利用听到消息，就入奏告变，真宗立即下令捕斩周怀政，粉碎了这次政变。这事原与寇准和皇太子无关，但真宗盛怒之下要追究太子，大臣们都不敢进谏，李迪从容对真宗说："陛下有几子，竟要这么做？"真宗这才觉悟，唯恐唯一的继承人出意外，只杀了周怀政一人。由于这事的牵连，寇准一贬再贬，降为道州司马。

乾兴元年（1022 年），真宗去世，刘皇后垂帘听政，她对寇准绝无好感，将他再贬为雷州司户参军，次年他死在贬所。据说，名臣张咏与寇准有一次会晤，临别，寇准向他讨教，告以《霍光传》不可不读"。寇准归取《汉书》，读到"不学无术"，笑道："这是张公在说我！"但他似乎并不在意，以致在政治生涯的最后阶段既坏了名誉，又一蹶而不起。张咏认为他有奇才，可惜学识不足。

天禧四年七月，李迪由参知政事升任宰相，丁谓与冯拯也都由枢密使拜相。丁谓立即与刘皇后联手，揭发了朱能伪造天书的旧账，以彻底打击寇准的势力。在贬黜寇准的问题上，丁谓已敢对诏旨上下其手。真宗说让寇准出知小州，丁谓却说让他出知远小州郡，以致李迪当场与丁谓争执起来。寇准被贬以后，丁谓便擅权用事，连任命官员也不与李迪打招呼。李迪愤然说："我起自布衣，位至宰相，岂能屈服权幸而苟且自安！"两人差一点在朝堂上动武。

十一月的一天，李迪向真宗历数丁谓罔上弄权的种种表现，说丁谓与钱惟演、林特相勾结，与曹利用、冯拯结为朋党，自己愿意与丁谓同时罢相，交给御史台推问。真宗一怒之下命翰林学士刘筠起草两人同时罢相的制诰，李迪出知郓州，丁谓知河南府。

次日，丁谓入谢（大臣罢政入朝谢恩），真宗追问两人纠纷情状。丁谓声辩道："我未敢争，而是李迪詈骂我。愿继续留在朝中。"说着便自己传达仍入中书视政的口诏。真宗便命刘筠再起草丁谓留朝的诏书，遭到拒绝（宋代起草内外制的翰林学士、中书舍人只要有充分理由，都有拒绝起草他认为不合理的制诏的权利，以体现对君权的监督和制衡），就改命另一位知制诰晏殊执笔，让丁谓复位。

数天后，真宗宣布：今后大事仍由他亲自决定，一般政事就由皇太子五天与宰执参决一次。当时皇太子只有十一岁，他不是刘皇后亲生，这种视政不过走走形式而已，实际上是刘皇后裁决于内，丁谓擅权于外。对这种局面，有识之士都心怀忧虑。钱惟演与刘皇后是姻亲，参知政事王曾有意对他说："太子幼小，非中宫不能立；中宫不倚太子，则人心不归附。皇后若加恩太子则太子安，太子安则刘氏安。"钱惟演转述了王曾的话，刘皇后认为很有道理，对丁谓乱政保持着一定的警惕心。

在真宗晚年的危局中，寇准和李迪采取的是驱逐丁谓、钱惟演的方针，以便打击后党，保护太子。但当时后党势力已成，这种做法只会招致后党的反击，因而寇、李都被逐出朝廷。在君权旁落，后党已大的情势下，让皇后或太后意识到自己的长远利益，来确保君权的平稳过渡，才是行之有效的策略。而这种话，只有钱惟演转达，刘皇后才听得进。难怪后来史家认为，寇准号为能断大事，在这点上却远不如王曾。

宋真宗永定陵

在今河南巩义芝田镇，是北宋皇陵中地表文物保存较好的陵区。

就在天禧四年十月，王钦若以太子师保的身份被召回朝，多次受真宗的召见。他是真宗信任过的旧臣，仍享受着与宰执相同的待遇，丁谓感到自己的权力受到威胁。真宗其时脑子经常犯混，一天，王钦若与丁谓一起上朝，真宗问王钦若为什么不去中书办公，钦若声辩自己不是宰相怎能到中书理事，真宗立即命宦官首领带他去中书。丁谓遇变不慌，在中书设宴款待王钦若，宴罢出来，王钦若对宦官首领说："转告皇上，没有诏书，我不能到这里办公。"但王钦若等来的是委任他出判河南府使相的诏书，他知道自己被原先的搭档甩了，便上书真宗要求回京看病。丁谓派人给他捎话，说是皇上很希望见他，只要请个假，不必等朝廷批准就可回京。等王钦若回京以后，丁谓翻脸不认账，指责他擅离职守，目无法纪。王钦若随即被降官，丁谓成功地扫除了权力竞争者。

乾兴元年（1022 年），真宗病情加剧，问左右怎么眼前老不见寇准，左右也不敢据实回答。二月，真宗去世，遗诏命皇后权处分军国事，辅太子听政。据说，其庙号本来应为"玄宗"，为避赵玄朗的讳才改称真宗的。史称景德以来，"四方无事，百姓康乐，户口蕃庶，田野日辟"，但他没有抓住这一有利时机，富国强兵，反而去搞神道设教的玩艺，虚耗国力，粉饰太平，以满足心理上的自慰。真宗一生行事颇有效法唐玄宗处。他只有在咸平初政时，还差强人意，似欲有为；大中祥符以后，所为昏悖，与唐玄宗先明后昏倒是相差不多的。

二五

刘太后

　　宋真宗原配妻子是潘美的女儿，即位前已去世；即位后所立的郭皇后，在景德四年（1007 年）病故。其后，中宫多年虚位。在众多的妃嫔中，真宗属意的是刘德妃。德妃名叫刘娥，益州华阳（今四川成都）人，她出身微贱，是个孤女，不得已十来岁就嫁给当地的银匠龚美。龚美走街串巷为人打造银器，她就摇拨浪鼓招徕顾客，雍熙初年，一齐来到了京城。真宗当时封为襄王，他的神女梦只想娶一个川妹子，他一向认为蜀地女子"多材慧"。而龚美因为贫寒正准备把刘娥改嫁，经襄王府给事张耆介绍，刘娥一入王府，就大受宠爱，这年她仅十五岁。但太宗知道这事，即令其子将刘娥逐出王府。这时真宗已割舍不得，便让她寄居在张耆家。十来年后，直到太宗去世才将她接回重圆鸳梦。其后，她在后宫的地位升迁很快。

　　《宋史·后妃传》说刘皇后原籍太原，父祖都是五代高级将领，这是她得势后为了掩饰自己家世寒微编派出来的。正是基于同一考虑，刘娥做上皇后以后，总以美差为诱饵拉刘姓高官认同宗。她先找权知开封府刘综攀近族，刘综称自己是河中府（今山西永济）人，没有亲属在宫中。不久，刘皇后又召见权发遣开封府刘烨，他虽是名族，却是洛阳人，刘后急咻咻地对他说："想见一见你的家谱，咱俩恐怕是同宗。"刘烨忙说不敢不敢。

　　正因为刘娥并不是太原刘氏的破落户，真宗打算立她为后时遭到大臣们激烈反对。但真宗仍力排众议，在大中祥符五年（1012 年）立她为皇后。她没有娘家亲族，便以前夫龚美为兄弟，改姓刘氏。这桩婚事说明宋代婚姻已经不太注重门第，也表明北宋时妇女改嫁尚未有后来贞节观念的束缚。

　　刘皇后生性警悟，通晓书史，朝廷政事，能记始末。宫闱有事，真宗询问，她都能引据故实，妥善应答，政治才干颇受真宗倚重。天禧四年春天，真宗一度病重，朝政就多由她决断。在天禧末年罢黜寇准、李迪和处理周怀政事变中，她不但发挥了至关重要的作用，也因此确立了后党的绝对地位。

真宗死后，遗诏命尊皇后刘氏为皇太后，军国重事，权取处分。丁谓力主去掉"权"字，王曾说："称权足以昭示后世。何况增减诏书，自有法则，竟要率先破规矩吗？"丁谓这才作罢。次年，改元天圣，"天圣"拆字即为"二人圣"，即指宋仁宗与刘太后两位圣人。明道是刘太后在世时的第二个年号，"明"字由日月两字合成，与天圣一样，也是为了取悦刘太后。从此，她垂帘听政达十一年，成为宋朝第一位临朝的母后，仁宗朝前期之政就是她统治的产物。

听政之初，在进一步贬逐寇准和李迪问题上，刘太后与丁谓是完全一致的。寇准被贬为雷州司户参军，李迪贬为衡州团练副使。王曾认为贬责太重，丁谓瞪着他威胁道："你这居停主人还有要说的吗？恐怕自己也难免吧！"丁谓还派人前去阴谋逼死两人，寇准要来人拿出赐死的诏书，来人拿不出，他照旧喝他的酒；李迪要去寻短见，被儿子救起。有人问丁谓，倘若李迪贬死，你如何面对士论，他无赖地回答："将来记史，不过说上一句'天下惜之'而已。"

丁谓为了擅权，勾结入内押班雷允恭，让太后降诏道："新帝每月朔望两次朝见群臣。大事由太后召见辅臣决定；一般政事令雷允恭传递给太后，圈定以后颁下执行。"王曾向丁谓指出："两宫异处而权归宦官，是祸乱的先兆。"他认为应该按照东汉故事，五日一朝，皇帝在左，太后在右，垂帘听政。但丁谓这时权倾中外，根本没把王曾放在眼里。

刘太后旁观者清，知道丁谓擅断朝政的种种劣迹，她也知道丁谓要她下的诏书实际上在架空她。当时正为真宗赶修陵寝，丁谓是山陵使，雷允恭是都监。雷允恭听说山陵移上百步，就可使皇帝多子孙，便自作主张，在丁谓的同意下，移动了陵位，不料地下水上冒，陵寝工程搁浅。王曾瞅准机会向太后单独奏明了真相，太后便毫不犹豫地以此为机会，处死了雷允恭，罢免了丁谓宰相的职位，将其贬为崖州司户参军，终于把朝政大权夺回到自己的手中。当时民谣说："欲得天下宁，当拔眼中钉；欲得天下好，莫如召寇老。"刘太后贬黜丁谓大快人心，但她没有采纳民谣的另一半，她与寇准的从政风格都有点自以为是的倾向，两人是无法合作的。

刘太后听政以后第一件大事，就是听从王曾和吕夷简等人的建议，把天书

宋真宗刘皇后坐像（台北故宫博物院藏）

随同真宗一起葬入永定陵，下令禁止兴建宫观，废除宫观使，有力遏制了大中祥符以来弥漫朝野的迷信狂热。在其他朝政上，在她听政期间也颇有建树。

一是创设谏院。为了解下情，她在天圣七年恢复了太宗时设立的理检院。明道元年，她又创立谏院。她并非一概不听逆耳之言，也有从谏如流的时候。

二是澄清吏治。天圣、明道间，她曾六次下令严惩贪官污吏。京西转运使刘绰为讨好邀功，声称要把多余的千余斛粮食发运京师，她冷笑道："你认识王曾、张知白、吕夷简和鲁宗道吗？他们谁是因为进献多搜刮的粮食而升官的！"在她的倡导下，当时涌现了范仲淹、王随、张伦、薛奎等一批廉吏。她还颁布了《约束文武臣僚子弟诏》，防止官员子弟违法乱纪。她要求大臣们把子孙和亲族姓名悉数写上来，诈称推恩授官之用，实际上却把各大臣的关系网和裙带图张贴在自己的寝殿中，大臣每有进拟差遣，就对照图表，不是两府亲戚才同意除授。

三是重视水利。经长期施工，终于在天圣五年堵塞了危害九年之久的黄河滑州决口（在今河南滑县）。天圣、明道间重大水利工程还有长达一百八十里的泰州捍海堰，灌田千顷的舒州吴塘堰等。

四是发行交子。宋初，川陕流通铁钱，但沉重的铁钱携带十分不便。于是，成都富豪连保印造交子，这是世界上最早的纸币，但伪造交子也时有出现。天圣元年（1023 年），刘太后批准在益州（今四川成都）成立官办的交子务，发行官交子。这与她货泉"欲流天下而通有无"的经济主张是完全一致的。

五是完善科举。天圣间，进一步扩大取士名额，严密考试制度，新设考试科目，宋代的武举就始设于这一时期。

六是兴办州学。她得知孙奭在兖州建立州学，便下令赐以学田，作为学粮；其后还赐青州州学《九经》。在她的倡导下，天圣明道间创办了一些府州学，成为"庆历兴学"的先声。

对刘太后的治绩，《宋史》有一段大体公允的评论："当天圣、明道间，天子富于春秋，母后称制，而内外肃然，纪纲具举，朝政无大阙失"。

当然，在她垂帘听政十余年间，也倚用宦官、放纵外戚，这往往是母后临朝的孪生现象，但毕竟没有达到危害朝政的程度。以宦官而论，尽管后人说她"制命出于帷幄，威福假于内官"，但她重用的罗崇勋和江德明，还没有资格列入《宋史·宦官传》，可见其危害不大。

至于外戚，因她本身就没有盘根错节的家族基础，其兄刘美在她垂帘以前已经去世。外戚中唯一位至执政大臣的是钱惟演，他把妹妹嫁给了刘美，后与得势的丁谓联姻，是一个专攀高亲的无耻之徒。他在真宗生前就是枢密副使，太后垂帘后升枢密使，但不久就以太后姻亲"不可与机政"的理由，被解职出朝。后来他两度谋取相位，都遭到朝论的强烈反对，御史鞠咏甚至表示：倘若相惟演，就当朝撕毁拜相诏书。刘太后也终没敢让他圆上宰相梦。

女主听政，在中国古代总不为正统观念所认同，因而王曾力争一个"权"字，刘太后在垂帘之初也不得不许诺"候皇帝春秋长，即当还政"。天圣七年，仁宗已到及冠之年（二十岁），但刘太后丝毫没有还政的动静。于是，其后几年，内外臣僚要求仁宗亲政的呼声越来越高，对这些奏疏，刘太后或是不予理睬，或是借故把建议者调离出朝，将大权一直攥到去世为止。

在宋人记载中，颇有刘太后准备效法武则天的说法。明道二年，她打算穿着天子衮冕谒见太庙，参知政事薛奎问她："大谒之日，究竟作男儿拜，还是作女儿拜？"但她还是穿戴经过改造的皇太后冠服谒拜了太庙。当她命有关部门撰著《谢太庙记》时，却遭到了抵制，认为皇太后谒庙不能作为后世之法。

刘太后也曾经试探性地问大臣："唐武后何如主？"以鲠直著称的鲁宗道毫不犹豫地回答："唐之罪人，几危社稷！"她默然不语。有讨好的臣僚建议仿武后故事立刘氏七庙，她询问宰执，鲁宗道反问她准备拿嗣君怎么办，于是她只得作罢。三司使程琳献《武后临朝图》以为迎合，她掷于地上，说："我不做这种有负祖宗的事！"据说，她临死前对着仁宗拉拉自己的天子衮冕，似乎欲有所言，大臣薛奎认为她在示意穿着天子衮冕不能见先帝于地下，仁宗命改用皇后冠服入殓。

虽说刘太后未必不想效法武则天，但宋代限制女主和外戚干政的家法十分森严，大臣、台谏和其他臣僚得以援引谏阻，使刘太后纵有其心也无其胆，以致她不得不表态不做有负祖宗的事情。晚年，她召见曾反对她预政的李迪，问道："我今日保护天子至此，你以为如何？"李迪心悦诚服地表示：当初不知皇太后盛德乃至于此。

刘太后是一位有功于宋朝统治的女政治家，史称"虽政出宫闱，而号令严明，恩威加天下"。大体说来，她的政治才干与政绩决不在其夫真宗与其子仁宗之下，其临朝时的个人品德也应基本肯定。在她听政的天圣、明道时期，不仅恢复了真宗咸平、景德年间的发展势头，还为仁宗庆历盛世奠定了基础。

明道二年 (1033 年)，刘太后去世。宋仁宗这才知道自己并不是刘太后亲生的。原来，他的生母李氏是刘皇后的侍儿，因为长得肤色明丽，真宗让她侍寝而怀上了孕。孩子生下后，刘皇后夺为己子，让杨淑妃抚育。他从小叫刘皇后为大娘娘，叫杨淑妃为小娘娘。

李氏因为地位低下，不敢理论，默然杂处宫嫔之中。人们都畏惧刘皇后，也没人敢说明真相。仁宗即位，刘太后让李氏去为真宗守陵，隔绝这对亲生母子，以确保自己的权力。同时访得她失散多年的兄弟李用和，让这个衣食无靠的凿纸钱的小工当上了三班奉职，步步升迁，做得也并不十分绝情。

李氏是明道元年 (1032 年) 去世的，死前虽进位宸妃，但刘太后仍打算以宫人之礼在宫外治丧。宰相吕夷简不以为然,太后大为不满,夷简从容道:"不为刘氏着想，我不敢说；倘如考虑刘氏，丧仪自应从厚。"太后终于感悟，用一品礼和皇太后服入殓厚葬。

刘太后一驾崩，有人就对仁宗添油加醋地说李宸妃死于非命。血浓于水，仁宗在下哀痛诏自责，尊生母为皇太后的同时，派兵包围了刘氏第宅，亲自哭着开棺验视，见生母穿着皇太后的冠服，在水银的养护下肤色如生，才感叹人言不可信，说："大娘娘平生分明矣！"其后对刘氏恩礼益厚。这段历史后来演变为"狸猫换太子"的故事和戏曲，但把刘皇后刻画为阴狠刻毒的典型，与人物原型相去太远。刘皇后在这一问题上虽有自己的私心和不当行为，但对李氏的所作所为并没有灭绝天良，小说戏剧的细节描写并不可信。

二六

景祐亲政

　　明道二年（1033 年），刘太后去世，遗诏以杨太妃为皇太后，与皇帝同议军国事。御史中丞蔡齐和谏官范仲淹都上疏指出：皇帝刚亲政，岂能让女后相继称制。于是删去遗诏中"同议军国事"的内容，仁宗开始亲政，他亲政以后的第一个年号是景祐。

　　明道二年四月，仁宗组成了亲政以后第一届宰执班子，体现了试图消除太后影响的意图。旧相张士逊留任，他是仁宗东宫老师。仁宗先与另一旧相吕夷简讨论班底，准备把原为太后信任的执政张耆、夏竦和晏殊等都罢政出朝，不料仁宗把这一打算泄露给郭皇后听，郭皇后说了一句："夷简就独独不趋附太后吗？不过机巧善变罢了。"仁宗立即改变了对吕夷简的看法，把夷简的相位也给罢免了。

　　取代吕夷简为相的是李迪，太后垂帘的十余年中，他一直出守地方，未获重用，再次入相倒也堪称人选。执政中参知政事薛奎是留任的，他在天圣七年就入政府，议论从不迎合回避，倘若所论不被采纳，归宅就嗟叹不食，家人笑他，他说："我仰惭古人，俯愧后世啊！"新任命的执政还有参知政事王随、枢密副使李谘和签书枢密院事王德用。吕夷简被出乎意料地罢相，就托内侍阎文应打听，才知底里。但他不动声色，半年以后，仁宗感到张士逊在朝政上不能有所建明，思念夷简，又召他为相。

　　亲政之初，有人抓住仁宗非刘太后亲生的空子，在皇太后垂帘听政上大做诋毁的文章。倘若过分纠缠在琐细旧账上，对于政局的稳定和朝政的革新显然是不利的。范仲淹向仁宗指出："太后保护陛下十余年，今天应掩盖其小过失，保全其大恩德。"仁宗听了既感动，又惭愧，表示自己也不忍心听这些诋毁，便下诏不许再议论皇太后垂帘听政时的事情。其后范仲淹提出八项建议，吕夷简也上书指出朝廷的八种积弊，请求改革弊政的呼声十分强烈。仁宗也有振衰起弊一新政治的良好愿望。但仁宗亲政还没有改元，刷新朝政尚未着手，就发生了废后风波。

在仁宗的婚姻上，刘太后也是强行贯彻自己的意志。仁宗最先醉心于姿色绝世的王蒙正的女儿，刘太后却认为她妖艳太甚不利少主，把她改配给自己的侄儿。在正式选后时，仁宗属意于大将张美的曾孙女，但刘后坚持立另一大将郭崇的孙女为皇后。仁宗对硬塞给他的郭皇后并不喜欢，而郭皇后却仗着太后之势非常骄纵，使仁宗难得亲近其他妃嫔，仁宗早就憋了一肚子的气。

太后去世后，仁宗就追册已死的张美人为皇后，既还张美人的旧情，也报刘太后的宿怨。而郭皇后却不时与仁宗宠爱的尚、杨两美人争宠夺爱。一次，尚氏当着仁宗讥刺她，气得她跳起来打尚氏的耳光，仁宗庇护尚氏，一掌落在仁宗的脖子上。一怒之下，仁宗决定废黜郭后，与宰执近臣商量。宰相吕夷简对前不久因郭后一句话而罢相出朝，一直耿耿于怀，当然不会放过这一报复的机会。他在表示赞同时，还提供了两条强有力的废后理由，一是皇后九年无子，二是汉唐自有故事。

十二月，废后诏书一公布，立即引起轩然大波。由于吕夷简的指示，台谏官反对废后的奏疏也无法转达给仁宗。于是，御史中丞孔道辅率领范仲淹等十名台谏官进殿面奏，认为皇后不应轻率废黜，要求仁宗接见，当面进谏。但吕夷简早有布置，殿门紧闭不开。孔道辅拍打门环，大呼："皇后被废这种大事，奈何不听台谏入言？"仁宗命宰相向台谏官说明皇后当废的情况，在辩论中，孔道辅和范仲淹等台谏官占据着道义的制高点，逼得吕夷简无话可说，只得让他们明天直接向皇帝进谏。

回去后，吕夷简对仁宗说台谏官这样请对非太平美事，便让仁宗早作准备。第二天，孔道辅正准备上朝留百官一起与宰相当廷辩论，却听到了仁宗关于台谏即日起不许相率请对的诏书，同时接到了处罚台谏官的诏书，道辅、仲淹出知州郡，其他台谏官分别罚金。在这场废后风波中，虽然在皇帝与宰相的联手打压下，台谏官的进谏未能最终见效，但作为承担中央监察功能的官僚圈，他们已经发出了独立的声音。

景祐元年（1034 年），被废的郭后出居瑶华宫，而尚、杨二美人越发得宠。

但仁宗不久一场大病，数日不省人事。朝臣们私下议论，认为都是二美人"每夕侍上寝"的缘故。内侍阎文应不断劝说仁宗，仁宗不耐烦地略一点头，阎文应就把二美人送出了后宫。次日，传出诏旨：尚美人出为道士，杨美人安置别宅。九月，曹彬的孙女立为皇后。

仁宗后来颇思郭氏，派密使召她入宫，郭氏表示：若再受召，必须百官立班受册。阎文应一向在仁宗面前说郭氏的坏话，担心郭氏入宫对己不利。恰巧郭氏得病，仁宗让他带医生前去治病，郭氏不久暴卒，人们都怀疑是阎文应下的毒手。郭氏和二美人最终都是后妃制度的受害者。

仁宗亲政当年，改变太后垂帘以来单日上朝的惯例，恢复每日上朝问政的祖宗旧制。对百官章奏，无论大事小事，仁宗都亲自批览，以至吕夷简也劝他抓大放小，不要每事躬亲。

但一年以后，仁宗主要兴趣转移到修订新乐和校勘图书上去了。前者的主要成果是制定了景祐新乐，编纂了《乐书》和《景祐广乐记》。后者的主要成果是三馆秘阁完成了四库书的校勘，共计二万余卷。

其余的精力，仁宗则投入了大内后宫。于是，关于仁宗日居深宫好近女色的传言不仅流布道路，也在一些朝臣的上书里委婉地出现。谏官滕宗谅形容仁宗"临朝则多羸形倦色，决事如不挂圣怀"，仁宗怒不可遏，以言宫闱事不实，将他贬官出朝。

景祐二年（1034年），宰相吕夷简也编了一部中书行政法规，名为《中书总例》，煌煌四百十九册。他得意地声称"让一个庸夫拿着这书，也可以做宰相"。作为一个能臣，他是颇想大权独揽，有所作为的。这年年初，宰相李迪的姻亲范讽被御史庞籍参劾，李迪将庞籍迁官以为袒护。不料庞籍要求追查，吕夷简抓住契机穷追不舍，使得政敌李迪因庇护姻亲而罢相出朝，自己当上了首相。

代替李迪为相的是王曾，他在上一年重入政府任枢密使。王曾在天圣间任相七年，吕夷简作为参知政事曾是他的副手，对王曾相当尊重，王曾因而力荐他为相。吕夷简在王曾罢相后连任五年宰相，在仁宗亲政初虽一度罢相出朝，但不久依然回朝做他的首相。也许为了报答提携之恩，也为了排挤李迪，吕夷简力请他回朝担任枢密使。

范仲淹与王曾相处很好，这年也被召入朝担任天章阁待制，依旧直言无隐。他认为郭皇后之死与阎文应有关，就上书揭发，阎文应终于贬逐岭南，死在路上。

事关郭皇后之死，吕夷简有点别扭，就递话过来："待制乃是侍从，不是口舌之任。"言外之意让他闭嘴。范仲淹反击道："向皇帝进言，正是侍从所应做的！"吕夷简就让他去权知开封府，指望以事繁任重让仲淹无暇议论朝政，也希望他在繁忙的公务中犯错误，好有将他调离出京的把柄。岂料范仲淹到任仅一个月，就使素称难治的开封府"肃然称治"，以至当地人称赞他"朝廷无忧有范君，京师无事有希文"（希文是他的字）。

范仲淹对幸进之徒奔竞于吕夷简门下深为不满，绘制了一幅《百官图》进献给仁宗，指明近年升迁的官员中，哪些是正常迁转，哪些有宰相私心，还提醒仁宗说："进退近臣，不宜全委宰相。"他还援引汉成帝过分信任张禹，导致王莽专政的历史教训，锋芒直指夷简道："恐怕今日朝廷也有张禹破坏陛下家法！"夷简听说大怒，在仁宗面前逐一辩驳，指控仲淹"越职言事，荐引朋党，离间君臣"，将他贬知饶州。吕夷简还让仁宗在朝堂张贴所谓的"朋党榜"，戒饬百官越职言事。

吕夷简一手遮天、穷治朋党的做法，引起正直之士的强烈不满。秘书丞、集贤校理余靖上书仁宗，请求追改贬黜范仲淹的诏命。馆阁校勘尹洙自愿要求列名范仲淹的"朋党"，不愿再在京师呆下去。欧阳修也在馆阁校勘的任上，他致信右司谏高若讷，批评他身为言官，不敢说话，有何脸面见士大夫。高若讷把信交给了仁宗，于是欧阳修与余靖、尹洙都被贬官出朝。另一个馆阁校勘蔡襄作《四贤一不肖诗》记这一事件，四贤指范仲淹、余靖、尹洙和欧阳修，一不肖指高若讷，一时洛阳纸贵，争相传抄，公道人心在范仲淹这边。而仁宗在这场风波中，听任吕夷简为所欲为，与亲政之初广求直言的做法大相径庭。

王曾这时还是宰相，范仲淹曾当面批评他："誉扬人才，是宰相的责任。您的盛德，惟独这一方面还有欠缺。"王曾回答说："倘若当政者，恩欲归己，怨将归谁？"范仲淹深为叹服。王曾与吕夷简并相以后，见他独断专行，许多问题上政见分歧，搞不到一块儿，矛盾再也无法掩盖。

仁宗问王曾有什么不满，他便把所听到的吕夷简招权市恩、收受贿赂的传闻说了出来。仁宗问夷简，他就与王曾在仁宗面前对质。王曾的话难免有点过头，受贿之类指控又难以立即坐实。执政中，参知政事宋绶倒向吕夷简，枢密副使蔡齐则敬重王曾，宰执分为两派经常在仁宗面前争吵个不停。景　四年，仁宗一怒之下，把吕夷简与王曾，连同追随他们的宋绶和蔡齐都给罢免了。

景祐五年十月，西北党项领袖元昊自称大夏皇帝。十一月，宋仁宗改元宝元。十二月，西北传来元昊起兵反宋的边报，结束了并不值得称道的景祐初政。

二七

元昊

　　李德明的儿子元昊，小字嵬理，更名曩霄。他幼读兵书，又懂佛学，精通汉、藏文，确是王霸之才。据说宋朝边帅曹玮见其状貌，失声惊叹："真英物也！"成年以后，他对其父的和宋政策深表不满。一次，他建议父亲用宋朝俸赐，训练蕃族，对宋朝小则四出劫掠，大则侵夺封疆，其父回答说："我们苦于长期用兵。我部族三十年来，能有锦绮之衣，乃宋朝之恩，不可辜负！"他当即反驳道："衣皮毛，事畜牧，这是我族习性。英雄之生，应当称王称霸，何必衣锦着绮！"

　　继位以后，元昊执行其祖、父的既定方针，继续与吐蕃和回鹘激烈争夺对河西的控制权，其中尤以与河湟吐蕃的较量最为持久而艰苦，有必要细说其过程。

　　自唐末吐蕃王朝崩溃以来，吐蕃民族即以部族为生存活动的社群，《宋史》说其"族种分散，无复统一"。与李继迁父子争夺凉州的潘罗支兄弟属于吐蕃六谷部族，这时因凉州被夺，便退至青海湟水流域，依附河湟吐蕃首领唃厮啰。

　　唃厮啰，吐蕃语为佛子、王子之义，藏文史料证明他是吐蕃赞普的后裔。他原名欺南凌温，也许先辈流落异域，出生在高昌（今新疆吐鲁番），十二岁那年被一位大商人发现，带回河州（今甘肃临夏东北）。河湟吐蕃各部族正需要一个有号召力的政治领袖，于是，他被宗哥吐蕃僧李立遵和邈川（今青海乐都）吐蕃酋长温逋奇尊为赞普，以宗哥城（今青海平安）为王城。

　　李立遵有个人野心，自立为相（藏语论逋），与其他部族首领争夺统一河湟吐蕃的领导权。李立遵首先争取宋朝的支持，表示愿意进讨西夏，但要求封他赞普的尊号，宋朝对李立遵、唃厮啰胸存戒心，没有满足其封号的要求。大中祥符九年（1016年），李立遵派兵不断侵扰宋秦渭地区，在三都谷（在今甘

肃甘谷)之役中，被宋将曹玮大败，自此李
立遵的权势大不如前。

　　大约在天圣元年(1023年)以后不久，
唃厮啰摆脱了李立遵的控制，把王城迁往邈
川，以温逋奇为相，与宋朝的关系也日渐密
切融洽。但温逋奇也野心勃勃，企图取唃厮
啰而代之。景祐二年(1035年)，他发动政变，
将唃厮啰囚入陷阱，捕杀反对者。唃厮啰被
一守卫的士卒释放，利用赞普的号召力，平
定了政变。

　　而后，唃厮啰权衡利害，再将王城迁至
青唐城(今青海西宁)。自此，唃厮啰才成
为名副其实的真正统治者，河湟吐蕃进入了
唃厮啰时代。这一政权把分裂的吐蕃部落基
本统一起来，拥有数十万居民，以政教合一
的统治方式实际控制着河湟地区(今青海东
北和甘肃西南毗邻地带)，汉文史籍即便在
唃厮啰去世以后也仍以其名称呼它。

　　在唃厮啰政权统治时期，丝绸之路中的
河西走廊因西夏崛起而时有梗阻，青唐城便
成为西域和中原商贾东西往来的交通枢纽，
当地在此后百余年间也呈现出生产发达、商
旅辐辏的繁荣景象。唃厮啰对外结好宋朝，
以便在与西夏的抗衡中获得政治、军事和经
济上的联盟者，以保卫河湟吐蕃政权。

　　而宋朝见唃厮啰强大，也一改以往的轻
视和怀疑，对其封官晋爵也不断加码，希望
借其力量对付西夏，在其后宋夏关系的旋律
中，这一政策始终是一个明确的音符。唃厮
啰政权的出现，直接威胁到党项在河西的霸

西夏人像(俄国埃尔米塔什博物馆藏)

这幅人物像出土于内蒙古额济纳旗土
隗口故城，具有宋地风格。

主地位，双方的角逐不可避免。

景祐二年（1035年），元昊听到温逋奇政变的情报，即派大将苏奴儿率兵二万五千进攻猫牛城（在今青海西宁东北），不料苏奴儿兵败被俘。盛怒之下，元昊亲率大军攻城，月余不克，便诈称约和，暗派士兵等其城门开启，即夺门攻入，大肆屠城。元昊还乘其内乱派兵攻打宗哥城、带星岭，进围青唐城，试图一举解决吐蕃问题。

唃厮啰见元昊兵势正盛，便屯兵鄯州（在今青海西宁境内），坚壁不出，同时派兵十万，迂回阻断元昊退路。元昊渡宗哥河（即湟水，今黄河支流西川河）主动出击，并在水浅处插上标志作为回师向导，却被唃厮啰派人暗将标识移至深处。双方连续鏖战二百余天，元昊军队粮草不继，被唃厮啰击溃，士兵寻找标志争相渡河逃命，漂没溺死者大半，损失辎重无数。

宗哥河之役对河西政治地图的划定是意义重大的。唃厮啰通过这一战役，保卫了刚诞生的河湟吐蕃政权，直到其去世，西夏军队再也未敢饮马湟水。但次年唃厮啰家族分裂为三，其原配妻子李氏所生的长子瞎毡和次子磨毡角分别逃离青唐城，各拥部族，不受唃厮啰统制，磨毡角的谋主郢城俞龙还把自己的女儿嫁给元昊的儿子。唃厮啰见祸起萧墙，深怀忧虑，便携后妻乔氏移住历精城（今青海西宁西）。元昊这才有可能腾出手来去专力对付回鹘。

景祐三年七月，元昊攻下瓜州（今甘肃安西东南）回鹘，随即西进再克沙州（今甘肃敦煌），扼守了河西走廊的西大门，回师途中顺手把肃州（今甘肃酒泉）也占领了。至此，元昊彻底控制了河西走廊，最终结束了甘州回鹘在这一地区的统治，而与河湟吐蕃则大体以今天的大通河为界确定了双方的势力范围。

与此同时，自继位之日起，元昊就加快建国称帝的步伐。就宋朝来说，这时仍希望李德明的继承者保持臣属关系，故而使节不绝于道。但元昊先是不出迎宋使，继而不肯跪拜受诏。虽然最终还是跪受了诏书，起来以后愤愤对大臣说："先王大错特错，有这样的国家，还要向人臣拜吗？"

即位当年，元昊就宣布改姓立号，认为唐、宋赐姓李、赵都不足珍惜，党项王族的姓氏改用"嵬名"；废去宋、辽所封西平王或西夏王的封号，用党项语自称"吾祖"（兀卒），即自尊为天子可汗之义。

次年是宋明道二年（1033年），元昊一改使用宋朝年号纪年的旧例，借口明道年号冲犯其父名讳，改元"显道"，颁行国中，向宋朝发出了不奉正朔的明确信号。同时，下秃发令，严禁用汉人风俗结发，推行党项传统发式，境内三日不秃发者，众皆可杀。这年五月，升兴州为兴庆府，仿照唐都长安、宋都东京，扩建宫城，营造殿宇，为立国称帝作准备。元昊还颁行了官制和仪服制度。

西夏官制与辽朝的南北面官制颇有相通之处，一方面采宋制立官职，一方面设立党项官，两个系统并行。汉制官职由蕃、汉分别担任，以中书省和枢密院分为文武两班，最高长官分别为中书令和枢密使，以下共设十六司。天授礼法延祚二年（1039 年），仿宋制，增设尚书令，总管十六司。党项官职有宁令、谟宁令、丁卢、素赍、祖儒、吕则、枢铭等，专授党项人。仪服也同时推行：文官戴幞头，穿靴持笏衣着紫绯；武臣按等级戴冠，穿绯衣或紫色旋襕衫，束带，着靴，佩短刀或弓箭。

广运二年（1035 年），元昊更新兵制。各部落年十五以上六十以下每二丁择取一人为正军，给马、驼各一，称长生马驼，每二正军，合用随军杂役一人。除步兵外，还设有"擒生军"十万，装备精良，直属皇室，在战争中专门掳掠生口充奴隶；另有名为"泼喜"的炮兵，负责在骆驼鞍上架旋风炮，发射拳大的石弹；骑兵中有三千"铁鹞子"，与后来金军的拐子马相似，是党项最骁勇的部队；侍卫军由擅长骑射的五千豪族子弟组成，号为"御园内六班直"，由元昊亲自掌握。

全国共有兵员五十万，以兴庆府为中心，西北起贺兰山、东南至西平府的腹心地区共驻守有十七万兵力，其他兵力则驻扎在相当于地方军区的各监军司

里，全国分左右两厢共划为十二监军司。兵制改革使党项部落军事组织完成了向国家常备兵制的过渡，极大增强了战斗力。

大庆元年（1037 年）五月，元昊为扩大政治声势，增设调整了所控制的州府，计有府、州、郡共二十个，疆域东尽黄河，西界玉门，南接萧关（今宁夏同心南），北控大漠。

七月，元昊改定礼乐制度。李德明时期礼乐悉遵宋制，元昊以为不足效法，命谟宁令野利仁荣以党项习俗改制礼乐，规定全国"悉用胡礼"，有不遵者族诛。

十一月，元昊设立蕃汉二字院，而蕃字院地位特尊。汉字用于与宋往来文书，蕃书即西夏文字，用于国内以及对吐蕃、回鹘和西域诸国往来文书。元昊精通蕃汉文字，借用方块汉字形成创意以后，即命野利仁荣以一年时间演绎制成西夏文字十二卷。文字的创制，对西夏立国的意义是不言自明的。

至此，元昊完成了立国称帝的所有必要的准备步骤，一个西夏帝国呼之欲出。在所有立国措施中，元昊一方面无不贯彻了强烈而近乎偏执的民族意识，另一方面则明显仿效他所敌视的宋朝制度和做法，看似对立的两种倾向在西夏立国措施中形成一种张力。

大庆二年十月，元昊正式称帝，国号大夏，改元天授礼法延祚，追尊祖、父为太祖、太宗，封妻子野利氏为皇后，立儿子宁明为皇太子。元昊缔造了西夏王国，在称帝建国过程中，在促成与宋、辽鼎立的政治格局中，表现出一个杰出的政治家和军事家的文治武功和雄才大略。

西夏立国实现了中国西北地区的局部统一，其后近二百年各民族间的同化

西夏王陵
在今宁夏银川西贺兰山麓。

和融合，为元朝全国范围内的各民族的大统一奠定了基础。但当事者却不见得有这种放宽视野以后的宽容见解。元昊立国称帝，与宋朝成为平起平坐的主权国，这对一向强调大义名分的宋朝来说，是绝对不能容忍的。而元昊正打算实现自己对宋朝"小则恣意讨掠，大则侵夺疆土"的抱负，宋夏战争便不可避免。对此，且听下回分解，这里先把元昊说个有头有尾。

元昊为人有其雄桀、坚毅、果敢一面，也有猜疑、凶鸷、暴戾一面。前者使他成功，后者则使他受害。嵬名山遇是元昊的从叔，勇谋兼备，为元昊掌军政多年。对元昊执意侵宋，他以为"一二年间，必且坐困"，劝他"安守藩臣，岁享赐给"。元昊就想除掉他，示意山遇从弟惟序诬告其谋反，惟序将元昊意图泄漏给山遇。大庆二年九月，山遇被迫破家投宋。不料宋延州知州郭劝不但无视山遇提供的情报，反而把山遇一行交还给元昊。元昊聚集从骑用乱箭将山遇父子活活射杀，其族人也尽数处死。宋方在处理这一事件上的虚弱和颟顸，更使元昊敢于断然向宋朝开战。

在宋夏战争中，元昊皇后野利氏的兄弟（一说是叔父）野利旺荣和野利遇乞多谋善战，功勋卓著。宋朝边帅对其恨之入骨，庆历三年（1043年）种世衡利用元昊猜疑心理，巧施反间计。种世衡亲书一封给旺荣的问候信函，闪烁其辞中若有促行私约之意，再选死士以苦肉计面见元昊行诈。元昊见信，派心腹将领假托旺荣所遣去见世衡，世衡确知来使真实身份后，假戏真做，当面痛骂元昊，盛赞旺荣弃暗投明，并赠以厚礼，让使者转告旺荣"速决不要迟留"。使者回报，元昊立即杀了旺荣，但对野利遇乞依旧信用。

遇乞时驻天都山，故号天都大王。这年除夕，他领兵巡边，深入宋境数日而还，与他向来不和的元昊乳母诬陷他企图投宋，元昊将信将疑。种世衡获悉情报，即命细作盗得元昊赐给遇乞的宝刀，而后散布流言，声称遇乞已被诬陷而死，他将择日在边境上为其设祭。他把祭文写在板上，历述野利兄弟有意归顺，追忆除夕与遇乞晤面之快，痛悼其兄弟功败垂成。设祭当晚，故意以熊熊火光引来西夏巡边骑兵，逃离时存心遗弃祭器与盗来的宝刀，将祭文投入火堆。夏人扑灭余火，祭文清晰可辨，遂与宝刀一起送交元昊。元昊再中离间计，赐遇乞自杀。两位名将因元昊的猜疑而无辜就死，群臣人人自危。

元昊妻室后妃众多，即位以后更是贪婪好色，欲壑难填。他最先娶母族卫慕氏，后因卫慕族首领山喜与其争权，企图谋害他，事泄，他不仅族诛了卫慕一姓，竟把自己生母也鸩杀了。其妻卫慕氏责以人伦大义，他将其也幽禁起来。幽禁中，卫慕氏生下一子，宠妃野利氏向元昊进谗言，他把卫慕氏母子都给杀了。

野利氏曾被立为皇后，为元昊生有三子。第三子早死，长子宁明被封为太子，因热衷辟谷之术，走火入魔，不能进食而死。次子宁令哥，状貌酷似乃父，深受元昊钟爱，被继立为太子。成年以后，元昊便为他聘娶党项大族没㖫移氏之女。不料元昊见没㖫移氏貌美，便自纳为妃，称为新皇后，还为她在天都山大起行宫。天都山守将野利遇乞难免有牢骚话，传到元昊那里，便对他心存恶感，终于堕入宋人的反间圈套。

在野利旺荣、遇乞被杀以后，皇后野利氏时向元昊哭诉两人死得冤枉。元昊也悔之莫及，便寻访野利氏遗口。遇乞之妻没藏氏因出家为尼得以免死，被元昊访得。见她美艳绝伦，元昊便接入宫中，与其私通。被皇后野利氏发现，元昊令没藏氏仍入兴庆府戒坛寺为尼，自己常去幽会，出猎则同行共帐。天授礼法延祚十年（1047年），没藏氏在出猎的营帐里生下了一个儿子，就是后来继承皇位的谅祚。因为没藏氏的身份关系，谅祚就由没藏氏之兄没藏讹庞抚养。

元昊先是移情别恋没氏，继而宠幸没藏氏，野利氏时出怨语，终被废黜，幽闭别宫。宁令哥先是美妻被夺，继而母后被废，怨恨交加。而没藏讹庞兄妹，却为谅祚的皇位继承权，布下了借刀杀人之计。这时，没藏讹庞已升为国相，他派人与宁令哥密谋刺杀元昊。宁令哥信以为真，便联络野利族人约期下手。

次年正月元宵深夜，元昊烂醉如泥，由侍从扶入卧室，宁令哥持剑直入，一剑削去了元昊的鼻子。而讹庞事先埋伏好的卫士来救元昊，宁令哥仓皇逃脱，径投讹庞府邸藏身。讹庞反而以谋反罪逮捕了宁令哥，将他与其母野利氏一起处死。元昊因鼻创发作，不治而死，遗命由从弟委哥宁令继位。

但没藏讹庞已控制了政局，朝臣们只得同意他的安排，立刚满周岁的谅祚为帝，上元昊庙号为景宗，尊其生母没藏氏为皇太后，讹庞以国相总揽军政大权。而由此为发端的母后干政，外戚专权，几乎成为西夏政治史的一大特点，其原因固然与后族基本上都是大族有关，也说明西夏政制在防范后戚擅权上还是远不成熟的。

二八

宋夏和战

元昊立国以后，军事与外交两手并举，一面出兵攻掠宋朝鄜延路地区（今陕西北部），一面遣使宋朝要求承认既成事实，"许以西郊之地，册为南面之君"。宋朝当然不能容忍藩属成为敌国，宝元二年（1039 年），削去元昊的赐姓和官爵，断绝互市，张榜沿边，有能将元昊俘获或斩首者即授以定难军节度使。

当时的君臣都以天朝大国的观念来对待这一事变，认为元昊不过"蕞尔小丑"，大兵一出，就可诛灭。兴兵问罪，成为文武群臣舆论的主流。知集贤院吴育建议采取开国之初太祖对待江南藩国的方针，即稍易其名，姑许其求，暂时顺抚，伺机收服，被宰相张士逊讥讽为脑子有毛病。

既然外交上一无所获，元昊决定用军事手段来夺取。当时，延州（今陕西延安）和泾州（今甘肃泾川）分别是鄜延路和泾原路帅府所在地，范雍和夏竦以经略使和马步军都总管的多重身份分知延州和泾州。宝元三年正月，元昊率大军一举攻下延州外围重镇金明寨，直逼鄜延帅府延州。范雍急召屯驻庆州的鄜延副总管刘平、石元孙前来救援。

二将率二万援军行至三川口（今陕西安塞东），元昊伏兵四起，双方发生激战，刘平耳朵中了流矢，依然率残部千余人与西夏军苦战两昼夜，最后与石元孙战败被俘。三川口战役结束后，元昊猛攻延州，七日而未能破城，时正大雪，西夏军不敌严寒，更恐切断后路，解围北归。

三川口之败震惊朝野，这是宋朝自雍熙北伐以来从未有过的惨败，也让宋朝知道元昊是必须认真对付的。宋朝调整了西北的统帅，任命夏竦为陕西经略安抚使，韩琦以陕西经略安抚副使兼知泾州，范仲淹以陕西经略安抚副使兼知延州。在对夏方针上，韩琦主张主动进攻，根除隐患。范仲淹主张坚壁清野，固守抗敌，这一方针是鉴于宋朝长期边防不修，战斗力不强的实际作出的。

岁末，仁宗召见了韩琦与两府宰执，决定采取韩琦主攻的方针，次年正月组织　延与泾原两路军队进讨西夏。但范仲淹一边派名将种世衡在延州东北修筑军事要塞青涧城，一边加强延州城的防务，同时上书说服了仁宗，允许鄜延路暂缓出兵。这样，韩琦的主攻政策也就不能原封不动地推行。

宋朝的主动攻势还没有发动，元昊却先行一步。庆历元年（1041年）二月，元昊率十万大军准备进攻渭州（今甘肃平凉）。韩琦闻讯，急命环庆副都部署任福为大将，泾原驻泊都监桑怿为先锋，率部迎击。西夏军奉命诈败，一路丢弃马羊骆驼，宋军紧追至好水川（今宁夏隆德西北），见西夏军已设伏川口列阵以待，才知中了诱敌深入之计，但已无路可退。双方从清晨激战到正午，桑怿、任福都力战而死，宋军战死将士共达万余人。

好水川之败使主攻派失去了发言权，韩琦被降一级，贬知秦州（今甘肃天水）。这一期间，范仲淹在知延州任上得到了元昊派人转达的议和试探，就致信分析了八条"逆顺"的道理，但元昊回信的措词十分傲慢，仲淹当着来使将其烧毁了，录了个副本转呈朝廷。对此，朝廷以"人臣无外交"的罪名予以追究，将他贬知耀州（今陕西耀县）。

十月，宋朝中央将西北防务分为鄜延、环庆、泾原、秦凤四路，以庞籍、范仲淹、王沿、韩琦分知四路帅府所在的延州、庆州、渭州和秦州，各兼本路马步军都部署。兵分四路，防地分明，但正如欧阳修所指出："军无统制，分散支离，分多为寡，兵法所忌"，并不能改变"常战而常败"的局面。

而范仲淹在对西夏和战问题上的战略思想日渐为仁宗所接受，这一方针集中体现在庆历二年正月他给仁宗的奏议中。他认为：对西夏应以有效防守为出发点，具体原则是"攻宜取其近而兵势不危，守宜图其久而民力不匮"；在这一基础上，"招纳之策，可行其间"，因为"兵马精劲，西戎之所长也，金帛丰富，中国之所有也"，既然"礼仪不可化，干戈不可取，则当任其所有，胜其所长"。但朝廷中反对议和的声音仍十分激烈，双方还不能立刻走到谈判桌边。

庆历二年闰九月，元昊在试探议和未得到回复的情况下，再次兴兵进攻镇戎军（治今宁夏固原），泾原路统帅王沿急遣副总管葛怀敏率军迎敌。元昊故伎重演，逐步把宋军引向定川砦（今宁夏固原西北）。宋军一进入包围圈，就被四面围住，退入定川砦中死守。西夏军切断了水源，宋军只得冒险突围，仅行二里，就被西夏伏兵围歼，葛怀敏以下十四员大将战死，所部九千余名将士、六百余匹战马均被西夏俘获。而后元昊挥师直抵渭州城下，王沿令为数不多的守城军民竖起许多旗帜，布下疑兵阵，再学诸葛亮，才使元昊大军放弃攻打渭州，纵掠七百里后整军北归。

定川砦战败，宰相吕夷简惊呼："一战不如一战，可怕！"宋朝任命韩琦、范仲淹和庞籍为陕西安抚经略招讨使，总领四路军事。范仲淹与韩琦一方面在宋夏交冲地区修城筑砦，构建起牢固的军事据点，另一方面充分发挥乡兵、蕃兵和弓箭手的战斗作用。

乡兵是从当地居民中抽点的汉族壮丁，蕃兵是由西北羌族中汉化程度较高者组成的西北地方军，弓箭手则蕃汉皆募，然后进行专门训练，三者都具有亦兵亦民的性质，尤其适应对付西夏军队的进扰。

西夏文敕燃马牌的正背面
（中国国家博物馆藏）

这些措施使得西夏军队不敢轻易来犯，他们敬畏地称范仲淹为"小范老子"，以区别于称为"大范老子"的范雍，互相告诫道："小范老子腹中有数万甲兵，不比大范老子可欺。"西北边民则用民谣称颂韩、范守边功绩："军中有一韩，西贼闻之心骨寒；军中有一范，西贼闻之惊破胆。"

通过三次大战，宋朝原先那种一鼓荡平"蕞尔小丑"的豪气早已烟消云散，明白了自己在军事上根本不可能占上风。宋仁宗决定全力求和，双方议和使节开始往来。而议和对西夏来说也是求之不得的，元昊立即响应，原因有三。

其一，战争爆发后，宋朝停止了对西夏银绢钱的大宗岁赐，关闭了榷场，西夏境内粮食、布匹、茶叶等生活必需品奇缺，严重影响了正常的社会经济生活。

其二，战争使西夏民穷财尽，物价昂贵，民间流传"十不如"的谣谚表示不满，连年战争使西夏"军民死亡，创痍过半"，在兵力上也没有力量继续长期的战争。

其三，元昊虽在三次战役中大获全胜，但也深知以贫穷落后的西夏，要全面战胜和长期占领地广人众的宋朝决无可能，而从经济利益上看，战争掠夺远不如与宋朝维持和平获得的好处为大。

还必须指出，宋、辽、夏三国关系在当时的互动变化，也促使宋朝与西夏必须尽快与对方媾和，对此，有必要多说几句。

元昊联辽抗宋，辽朝也瞅准宋夏战争的机会向宋捞上一把。庆历二年正月，辽朝派出使者，照会宋朝：辽夏为舅甥之国，对夏有保护之责，宋朝攻夏为何不先与辽朝打招呼；指责宋朝在边境上营筑长城，填塞隘路，开掘水道，添置边军，有破坏宋辽盟约的意向。以此为理由，辽使向宋朝旧案重提，要求归还当年被后周世宗夺取的瓦桥关以南十县。这对处于宋夏战争泥淖中的宋朝来说，简直是屋漏偏逢连夜雨，有点穷于应付，更迫切要求尽快结束宋夏之间的战争状态。

宋朝派知制诰富弼为谈判使节赴辽，答应在澶渊之盟所定岁币之外增加银十万两，绢十万匹，其中一半用以替代关南租赋，一半用以答谢辽朝约束西夏的。辽朝成为宋夏战争的唯一不花本钱的大赢家，它出卖了西夏，从宋朝那里得到了好处，又在宋夏两国之间充当调停者和救世主，提高了自己的政治地位。

元昊受到来自辽朝的政治压力，十分不满，庆历三年又与辽朝发生了争夺边境部落的纠纷，双方关系急剧恶化，联盟开始破裂。为了防止宋辽联合而腹背受敌，元昊在庆历四年秋天，匆忙遣使向宋朝送上称臣的誓表，双方达成和约：元昊以西夏国主的名义向宋称臣，允许夏国自置官属；宋每年"岁赐"西夏银、绢、茶、采二十五万五千匹、斤；两国重开榷场，恢复互市贸易。

其后不久，辽夏关系激化，辽兴宗亲率大军进攻西夏，元昊坚壁清野，重创辽军，而后见好就收，与辽议和。从此，北宋、辽朝和西夏之间三国鼎立的政治格局正式形成，而北宋在与西夏的关系上，最终似乎还是宋夏战争爆发前夕吴育所提出的"稍易其名，顺时而抚"的结局，看来还是算他头脑清醒些。

二九

夏毅宗与他的儿孙

从夏毅宗到夏崇宗在位期间，大体是西夏继元昊立国以后，与宋、辽三国鼎峙时期，可视为西夏历史的前期。

夏毅宗谅祚即位于襁褓之中，朝政一切听命于国相没藏讹庞与没藏太后兄妹。毅宗初立时，诺移赏都等三大将各拥强兵驻守在外，讹庞还有点顾忌。当三大将逐一凋丧，他更为所欲为。讹庞连年侵扰宋朝沿边堡砦，福圣承道三年（1055 年），又派兵侵占了宋朝麟州西北屈野河（今陕西境内窟野河）以西的肥沃耕地，令民种植，收入归己。宋方一再交涉，讹庞采取"迫之则格斗，缓之则就耕"的对策。

没藏太后在元昊死后，先与前夫野利遇乞的财务官李守贵私通，后与元昊的侍卫官宝保吃多已偷情。李守贵忿妒之下，密派蕃骑数十，在没藏太后与吃多已出猎贺兰山夜归途中，将两人击杀。讹庞族灭了李守贵，让毅宗纳自己的女儿为皇后，以便在没藏太后死后继续控制毅宗。毅宗只得从六宅使高怀正、毛惟昌那里了解民间利弊和朝野舆情，因高、毛之妻曾哺乳过毅宗，故而深受其信任。讹庞听说，便在都三年（1059 年）借故杀害了高、毛全家。

毅宗深知这是杀给他看的，对讹庞专断朝政深怀不满，就对讹庞的政敌大将漫咩屈尊礼敬，结为心腹。讹庞的儿媳梁氏是汉人，与毅宗私通，白天入宫，晚上归家，其夫也久怀忿怼。都五年，讹庞父子密谋刺杀毅宗，恰被梁氏侦知，密告毅宗。毅宗抢先一步，诈召讹庞入宫议政，命漫咩捕杀其父子，诛灭讹庞全家。这年，毅宗仅十五岁。

毅宗亲政以后，立即废黜没藏氏，旋即赐死；同时改立梁氏为皇后，并任命梁后之弟梁乙埋为家相。毅宗随即做了几件大事。

其一，亲政当年，即把屈野河以西二十里耕地退还给宋朝，派出使臣与宋朝划定边界。

其二，亲政伊始就宣布不用蕃礼，改行汉礼；次年，向宋朝求取《九经》、《册府元龟》和朝贺仪制；两年以后，又恢复唐朝赐姓李氏。

其三，亲政次年，增设汉蕃官职，新增的汉官有各部尚书、侍郎、南北宣徽使和中书学士，蕃官则增昂聂、昂里等职。

其四，拱化元年（1063年），请求宋朝恢复榷场贸易。宋夏之间，早在李德明时期，就在保安军（今陕西志丹）与镇戎军（今宁夏固原）设立榷场。因没藏讹庞专政时期不断侵扰宋境，宋方关闭榷场，这对西夏经济影响颇大，故而恢复互市最为迫切。

这些措施明显向慕汉文化，表现出对宋朝友好的意向。但夏宋之间和平相处的基础似乎比辽宋远为脆弱，这或许因为宋辽之间原先就有对等之国的前结构，而宋夏之间则由宗主与附庸升格为对等之国，因而原先的尊卑情结反而引起国家关系间的过分敏感。

拱化二年，夏使吴宗赴宋贺正月，与宋朝引伴使发生争执，宋使声称"当用一百万兵逐入贺兰巢穴"。听了夏使的回报，毅宗认定宋朝侮辱夏国，决定以武力维护自尊。这年七月，毅宗率兵数万攻掠宋朝秦凤、泾原诸州。其后二三年间，西夏的进攻持续不断。但这些似乎只是警告宋朝必须尊重夏国，交战期间，西夏派赴宋朝的使节依旧不绝。

毅宗力图在三国关系间为夏国寻找一个支撑点：既不与宋朝闹翻，以免宋朝彻底断绝岁赐和贸易，让辽朝有机可乘；又必须向宋朝显示夏国的实力和尊严。拱化四年八月，毅宗又率步骑围攻庆州大顺城（今甘肃华池东北），身披银甲，头戴毡帽，亲临阵前督战，宋军箭下如雨，他被流矢射穿铠甲，死里逃生。时隔一月，他就遣使向宋请求时服和岁赐。在宋朝颁诏谴责时，他不失时机地保证履行前朝和约，于是两国关系恢复正常。

毅宗在拱化五年岁末病死，年仅二十一岁。作为一个君主，他遵用汉礼以改蕃俗，求赐儒经以慕华化，确为元昊建国经营时从未有过的新趋向，这是民族融合过程中汉族影响加强的表现。

继位的是毅宗之子秉常，这年才八岁，是为夏惠宗。其母梁太后临朝听政，由太后之弟梁乙埋任国相，梁氏子弟都位居要津，诸梁完全把持了朝政。乾道

西夏男侍像
画面表现了元昊颁行髡发令后党项男子秃发叉手的形象。

二年（1069 年），梁太后身为汉人，却以惠宗名义宣布废除汉礼，恢复蕃仪。
以致有论著说梁太后乃蕃化的汉人，是党项贵族的忠实代表。这点似乎令人费
解，而在民族关系错综复杂的历史时期倒并不少见，北齐皇族高氏就是胡化的
汉人。依附梁氏集团的有大将都罗马尾和贵族罔萌讹，夏景宗元昊之弟嵬名浪
遇在毅宗朝曾参朝政，因不附梁氏，天赐礼盛三年（1072 年）被免去都统军，
合家徙贬，两年后死在贬所，后族势力战胜了皇族势力。

　　大安二年（1076 年），惠宗开始亲政，但大权旁落。他向慕中国制度，大
安六年，在皇族支持下，宣布取消蕃仪再行汉礼。次年三月，他准备归还侵占
的宋朝领土，双方约和（宋方记载说是"以河南地归宋，秉常从之"，所谓河
南地即指黄河河套以南包括西平府和党项发迹的平夏五州在内，这片广袤的土

地是西夏立国根本，全部归宋，似乎不足为信；应是河、洮等州黄河以南原属宋秦凤路的领土）。梁乙埋得知消息，就把惠宗软禁在离皇宫五里之遥的木砦。

支持皇族的将领各自拥兵自重，西夏保泰军统军禹藏花麻要求宋朝出兵讨伐梁氏。宋军五路进攻，双方战火再起，但宋朝不仅未得手，反而在大安八年永乐城之役中损失兵民近二十万之多。连年战争，宋朝岁赐和互市两绝，梁氏集团在政治和经济上更加内外交困，不得不在大安九年闰六月让惠宗复位，同时立梁乙埋之女为皇后。大安十一年二月，梁乙埋死，其子梁乙逋世袭国相，与大族仁多氏分掌东西厢兵柄。这年十月，梁太后去世，临死竟叮嘱惠宗向宋朝进献她的遗物，"示不忘恭顺之义"，真不知是临死前的悔意还是做作。惠宗复位，依旧政在梁氏，他作为傀儡孱弱无能，无力左右政局，次年在忧愤中去世，年仅二十六岁。

惠宗长子乾顺继位，他只有三岁，是为夏崇宗，尊生母梁氏为皇太后，临朝听政，梁太后与梁乙逋兄妹重演母党专政的旧戏。他们凭借一门二后二国相的积威，扩张梁氏势力，在与分掌兵权的皇族嵬名阿吴和大族仁多保忠的权力角逐中，占据了上风。

对外战争往往是转移国内矛盾的惯用手法。在梁太后听政的十三年间，他们对宋朝发起了五十余次大小战事，梁乙逋以此来傲视皇族："你们嵬名家人有如此战功吗？"梁乙逋企图"独专国政"，对梁太后也时有掣肘。梁太后也不是好惹的，她在天祐民安三年（1092 年）亲自率兵进攻宋朝环州（今甘肃环县），不再让其染指兵权。梁乙逋心知肚明，"叛状益露"。天祐民安五年十月，梁太后拉拢嵬名阿吴和仁多保忠，先向其兄下手，讨杀其人，诛灭其家。

其后三年间，梁太后依旧对宋朝穷兵黩武，发动战事达二十余次，还经常挟持崇宗作御驾亲征。永安元年（1098 年），她亲率大军三十万，大举进攻宋朝平夏城（今宁夏固原北）。西夏军队连营百里，建造了一种名为"对垒"的高大战车，能载兵数百，填濠直进。但连攻十三昼夜，飞石激火，平夏城依旧固若金汤。这夜狂风大作，战车折毁，西夏兵惊恐夺路。梁太后的脸面也被划破，大哭退兵。

梁太后的御驾亲征，令人想起辽朝承天太后萧绰，如果说萧太后给人以女强人的印象，那么梁太后则更像女无赖，两人在各自国家历史上的作用也是截然相反的。次年正月，崇宗已十六岁，梁太后仍不按西夏惯例让他亲政，而上表辽朝又言辞怨怼傲慢。辽道宗遣使赴夏，用药酒鸩杀了梁太后，以支持崇宗亲政。

崇宗亲政以后，对外执行依附于辽以结和于宋的政策。他一再向辽朝请婚，谋求政治联姻；而辽朝则遣使宋朝，调停宋夏和解；崇宗自己也向宋朝上誓表，以取得宋朝谅解。

对内，崇宗则采取措施以巩固皇权。其一，削弱领兵贵族。亲政当年，他就以党附梁太后的罪名诛杀大将嵬保没、陵结讹遇；贞观四年（1104年），他又解除了仁多保忠的统军之职。其二，皇族加封王爵。他借用汉人封王制度，先后封庶弟察哥为晋王，委以兵柄；封宗室仁忠为濮王、仁礼为舒王，授以要职。

建立国学是崇宗亲政中最值得称道的大事。西夏立国以来，蕃礼和汉礼之争，蕃学和国学之争，反复较量，未有定局。礼仪之争，前已述及，这里且说蕃学与国学。

蕃学是在立国次年由元昊亲自创立的，命野利仁荣主持其事。选择蕃汉官僚的优秀子弟入学，用西夏文字翻译《孝经》、《尔雅》和《四言杂字》以供学习。学成以后，出题考试，对答精通，书写端正，酌授官职。州县也各置蕃学，配备人员教授。虽然元昊的根本目的是"以胡礼蕃书抗衡中国"，但实际上是仿照宋朝科举取士制度，培养具有西夏特色的急需人才，对西夏民族文化的发展应该说是功不可没的。元昊重视蕃学，朝中因蕃学而进用的多至数百人，可谓成效卓著；但他把蕃学与汉学（即国学）对立起来，未免缺少汉唐拿来主义的恢宏气度。

不过，先进文化，不论是异族的，还是外国的，都是抵挡不住的，崇宗立国学正反映了这种需要。贞观元年（1101年），他下令在蕃学之外，特立国学，设置教授，收学生三百人授以儒学；另建养贤务，专供廪食。大体自崇宗以后，蕃学与汉学并重，而蕃汉礼仪之争也基本消歇，崇宗这一措施是顺应历史的。

夏崇宗贞观年间（1101—1113年），宋朝正是徽宗前期，蔡京开边邀功，对西夏也频频用兵。在这一轮宋夏战争中，西夏的战斗力大不如前，便一再请求辽朝在政治和外交上向宋朝施加压力。元德元年（1119年），西夏军队终于在统安城重创宋军，连其熙河经略使刘法也被斩杀。崇宗再次请辽调停，在这轮战争中于理有亏的宋朝才被迫议和。

而其时辽朝已受到金朝的强势攻击，作为联姻之国，夏国军队也多次出兵援辽，但都无济于事。元德五年夏天，辽天祚帝西逃云内州（治今内蒙古土默特左旗东南），夏崇宗还遣使到两国边境，请天祚帝前来西夏避难。

但金朝使者随即出使西夏，以三款照会崇宗：第一，如果天祚帝前来，务须执送金朝；第二，如果夏以事辽之礼事金，金朝将归还辽朝从西夏侵夺的阴山以南地区；第三款最具威胁性，"倘有疑贰，恐生后悔"。辽朝的必亡，领土的诱惑，本国的安全，稍作权衡以后，夏崇宗没有多犹豫，就在次年正月向金朝上表称藩，把结有秦晋之好的辽朝彻底抛弃了。

其后，西夏与南宋、金朝依旧维持着三国鼎立的政治格局，它与金朝因直接接壤，难免偶有摩擦和战事，而与南宋因隔着金朝，已没有北宋时期那些恩恩怨怨了，只有金朝欺人太甚时，才会想起遣使通好川陕的宋军，指望他们能从背后掣肘金军。

大德五年(1139年)，夏崇宗去世。他在辽金之间的取舍，清人吴广成在《西夏书事》中慨叹其"顿忘旧好"。在国家关系上，利益第一，实力至上，没有永恒的盟国，自然没有必要与不能自救的"旧好"同赴没顶之灾，夏崇宗在这点上不值得非议。

三 ○

庆历新政与党争

　　吕夷简自景祐四年因与王曾纷争同时罢相以后，仅隔三年就第三次入相。在西夏侵扰政事蜩螗的形势下，康定元年（1040 年），仁宗再一次起用这位能臣来应付危局。不过在对西夏的战争中，未见他有高明的胜算，倒还是他的后辈范仲淹与韩琦发挥了更大的作用。他三次为相，以在刘太后听政时期安定政局的贡献最大。因当国日久，政敌不少，他在明道废后风波中泄私忿、黜台谏的做法，也为时论所非议。他已经老了，终于上书，自求罢相。新任谏官蔡襄抨击他要对西北的战败、国家的积弱和政府的涣散负担全部责任。宋朝在这场战争中表现出来的种种问题，尽管责任决不是完全在他的身上，但他宰相也做到了头。

　　次年四月，吕夷简罢相，在此前后，宋仁宗调整了宰执班子。原枢密使兼同平章事章得象和晏殊同为宰相，其下执政有参知政事范仲淹和贾昌朝，枢密使杜衍，枢密副使韩琦和富弼。枢密使最先任命的是夏竦，但遭到台谏官激烈的论劾，说他为人"邪倾险陂"，在对夏战争中"畏懦苟且"，便改判亳州，这就埋下了他后来对范仲淹新政的嫉恨。当时的台谏官也有较大的调整，御史中丞是王拱辰，他在反对夏竦入主枢府上也是很坚决的。名相王旦的儿子王素与欧阳修、余靖都被新任命为谏官，都是三十来岁意气风发的年龄。

　　庆历三年，对西夏和战尚未定局，但宋朝许多弊病已在战时暴露无遗。这年五月，沂州士卒王伦率众起事，参加的主要是士兵，其后还有大量饥民加入。队伍从沂州（今山东临沂）北向青州（今山东益都），然后南下经海州（今江苏连云港）、楚州（今江苏淮安）、泗州（今江苏盱眙），一直打到扬州，最后朝廷派出大军围剿，七月，才在和州（今安徽和县）被击溃。

两个月后，张海和郭邈山在商山（今陕西商县东南）揭竿而起，起初只有数十人，后来不断有饥民和叛兵加入进来，他们转战京西十余州郡，最后韩琦调集精锐才将他们剿灭。

令人惊骇的是，两支起事队伍所至州县，官吏不是作鸟兽散，就是"金帛牛酒，使人迎劳"，甚至把兵甲作为礼物，让起事首领入住县衙，充分暴露了地方吏治的废弛和腐败。类似的兵变和民变，时人惊呼"一年多如一年，一伙强于一伙"。内乱外患所凸现的各种深层次问题，昭示了政治改革的必要性和紧迫性。

从年龄层次来看当时的宰执班子，首相章得象与枢密使杜衍六十开外，另一宰相晏殊与参知政事范仲淹五十出头，其他如韩琦、富弼等都在三四十岁之间。

再来看他们的政治倾向。晏殊虽与范仲淹同属中间年龄段，但他以神童入仕，出名颇早，天圣时已做到枢密副使，范仲淹、韩琦和富弼都是他推荐进用的，他还是富弼的老丈人，在人事关系上，他与改革派相当密切，但在政治态度上，却比较持重保守。

倒还是年龄比晏殊大十来岁的杜衍来得思想开通些，他是新入馆阁的著名诗人苏舜钦的泰山，对范仲淹和富弼抱有好感，但对范仲淹那些年轻追随者，例如石介、欧阳修的某些过激言论并不以为然。

章得象为人"浑厚有容"，他看到仁宗进用范仲淹、韩琦和富弼，让他们经划当世急务，尽管与后一辈有着代沟，却也能够涵容，直到后来新政失败，他才对人说："我们常见小孩蹦跳游戏，总禁止不得，一直到碰墙才会停止。当其举步时，势难阻遏。"这就是他对改革的根本态度。因而章得象、晏殊和杜衍地位虽高，却没有成为政治改革的领袖人物。

早在仁宗亲政初年，范仲淹就以直言敢谏而被吕夷简指为朋党的核心人物，而今他位居执政，在处理西夏问题上也表现出远见卓识，在台谏与馆阁中有一大批都是他的追随者，他那"先天下之忧而忧"的忧国忧民的担当精神，都使他成为众望所归的政治改革的领袖。

九月，仁宗颁布手诏，点名要求他新提拔的范仲淹、韩琦和富弼条陈奏闻可以实行的"当世急务"，数日以后，范仲淹就呈上了《答手诏条陈十事》，标志着庆历新政拉开了序幕，而这篇《条陈》则被视为这场改革的纲领性文献。

他所条陈的十件事，一曰明黜陟，二曰抑侥幸，三曰精贡举，四曰择官长，五曰均公田，六曰厚农桑，七曰修武备，八曰减徭役，九曰覃恩信，十曰重命令。其内容大体可以归纳为整顿吏治（一、二、三、四、五、九、十诸条）、发展经济（六、八两条）和加强军备（第七条）三个方面，可见这是一次以吏治整顿为中心的政治改革。因此不妨先说其吏治整顿的具体措施。

其一，改革官吏磨勘制度。此即"明黜陟"的内容。宋代文官以三年武官以五年为期，将政绩送中央考课院磨勘，无大过失，例行迁转，年资几乎成为升迁的唯一标准。十月，朝廷制定了磨勘新法，严格考核办法，延长磨勘年限，择优破格升迁。

其二，改革恩荫任子制度。此即"抑侥幸"的内容。官员子孙以门荫得官的任子制度，宋代是其恶性发展时期，皇帝生日、南郊大礼乃至官员退休、死亡，都可以为子孙乃至门客求得一官半职。宋代冗官问题，这也是原因之一。不久，朝廷出台了新荫补法，作出不少限制性规定：皇帝生日不再荫补；长子以外的官员子孙年满十五，官员弟侄年满二十，才有荫补资格；荫补子弟必须通过礼部考试才能入仕为官等等。

其三，改革科举学校制度。此即"精贡举"的内容。庆历四年，朝廷实行科举新制，规定举子必须在校学习三百日，才能参加州县试；参加州县试的士子必须有人担保其品质无大问题；考试内容改以发挥才识的策论为主，诗赋为辅，取消记诵为主的贴经墨义（贴经即以纸贴盖经文，让考生背诵；墨义即背诵经文的注疏）。这项改革的基本精神是把科举与学校教育结合起来，让科举制度能够选拔出合格的统治人才。与此同时，朝廷明令全国州县立学，一时间，州县学犹如雨后春笋。中央也在原国子监基础上兴建太学，成为最高学府，延聘孙复、石介等鸿儒执教，生员名额从七十名增至四百名，进入前所未有的发展期。史称"庆历兴学"。

其四，严格选任地方官员。此即"择官长"的内容。地方长吏的贤否关系到一方百姓的休戚，范仲淹主张将年老、多病、贪污、不才四种不合格官员一律罢免。他命各路转运按察使按察本路州县长吏，京东转运按察使薛绅的四名部属专门奉命搜集州县地方官的过失，官员们称之为"京东四瞪"。范仲淹自己圈定全国监司名单尤其严格，见有不合格者，即以笔圈去，富弼也感到他苛刻，提醒说："一笔勾去容易，你不知道被勾取的一家都要哭了？"范仲淹回答：

"一家哭总比不上一路哭吧！"

其五，纠正职田不均现象。此即"均公田"的内容。真宗时，国家向官员授职田，以补薪俸不足，但在实施中也出现了分配不均和扰民现象。范仲淹认为职田有助于官员廉洁奉公，主张朝廷派员检查并纠正职田不均现象，责其廉节，督其善政。

其六，强调诏敕政令信用。此即"覃恩信、重命令"的内容。范仲淹要求仁宗下诏，今后皇帝大赦的宽赋敛、减徭役等事项，各级官府不能落实，一律以违制论处；而政府颁行的条贯法规，敢故意违反者，也以违制处罚。

发展经济的措施共两条。其一为兴修水利，以"厚农桑"。具体做法是在每年秋收以后，朝廷行文诸路转运使，督导州县开河渠、筑堤堰、修圩田，以期救水旱，丰稼穑，厚农桑，强国力。其二为省并县邑，以"减徭役"。范仲淹指出，县份划分过细，管辖人口太少，势必造成官吏人数多、人民负担重。庆历四年，河南府（治今河南洛阳）试点撤并掉五县，并准备将这一做法逐渐推广全国。

加强军备的措施仅一条。范仲淹建议恢复唐代府兵制，在京师附近招募五万民兵，每年三季务农，冬季训练。这样，国家既不需耗费巨资募养禁兵，又能在敌军突然入侵时，随时组织军队，进行抗击。这条措施未及实际施行。

总之，庆历新政的核心是吏治改革，唯有这一方面具体措施不少都立即付诸实施，也在某种程度上损害了官僚集团的某些既得利益，引来了不少反对的声音。反对派首领是前朝老臣夏竦，"朋党"是反对派挥舞的大棒。而改革派在策略上的失误也激化了错综复杂的矛盾，促成了改革派与反对派两大阵营的力量消长。

新政开始不久，知谏院欧阳修就上书指出两制官中奸邪者未能尽去，并指责两制推荐的御史台官"多非其才"。欧阳修早在明道"朋党"风波中就与范仲淹同为"四贤"之一，他的这一上书，尽管只代表他个人激烈的主张，却理所当然地被人视为传达范仲淹改革派的倾向，这就把两制官与以王拱辰为首的御史台官都推向了改革派的对立面，使得在改革吏治上原来可以合作的御史台与政府的关系一下子形同水火。

监察御史梁坚弹劾权知凤翔府滕宗谅和并代副都部署张亢贪污公使钱，这两人向为范仲淹所器重，矛头所向十分清楚。公使钱是宋代特有的一种官给，有点类似官衙的小金库，虽大部分不能私入，但在使用上有不少模棱两可的余地。范仲淹不惜辞去执政之职为滕宗谅辩护，权御史中丞王拱辰也以辞职相要挟，并立即付诸行动，不到御史台供职。仁宗对滕宗谅在景祐初政时指责他"日居深宫，流连荒宴"记忆犹新，在台府之争中倒向了王拱辰，将滕、张两人贬官。

范仲淹范仲淹入京参政后，郑戬出任陕西四路马步军都部署。他既是仲淹的连襟，也赞同筑城固守的方针，因而支持静边砦主刘沪修筑水洛城（今甘肃庄浪）。但郑戬不久调离，新知渭州的尹洙原属韩琦主攻派，反对筑城，双方各有所恃，发生激烈冲突，尹洙命狄青率兵拘捕了刘沪。水洛城之争实际上是范仲淹的主守派与韩琦主攻派不同政见的延续，两位新政要人为自己器重的经世之才各执一词，最后仁宗只得将尹洙和狄青调离他用，平息了改革派内部的纷争。

就在这场纷争的高潮中，仁宗问范仲淹："自古小人结为朋党，也有君子之党吗？"范仲淹回答："朝廷有正有邪，倘若结党而做好事，对国家有何害处呢？"其后不久，欧阳修进献了《朋党论》，显然是针对仁宗朋党之问而发的。这是一篇议论风发的宏文，围绕"君子不党"的传统观点大做翻案文章，曲折反复，不说君子无朋，反说君子有朋，不说朋党不可用，反说朋党为可用，最后归结到一点：人君"当退小人之伪朋，用君子之真朋，则天下治矣"。

文学上的好文章在政治斗争中有时会是一着坏棋。这篇《朋党论》一是触犯了人主的忌讳，任何皇帝都不会鼓励臣下公开结党威胁皇权；二是触犯了被划在范仲淹为代表的改革派以外的那些官员，按照欧阳修的观点，不是君子之"真朋"，就是小人之"伪朋"，这样，改革派就在无意之中为自己树立了一个庞大的反对派。正如南宋吕中所说："君子小人之实不可以不辨，而君子小人之名不可以太分。有用君子之名，则小人者岂甘小人之名哉！正人既指小人为邪，则小人亦指正人为邪。"这样，党争就不可避免。

在反对派中，夏竦起了十分恶劣的作用。前文提到，他原先是被仁宗任命为枢密使的，王拱辰率领包括余靖和欧阳修在内的台谏官先后上了十一疏，甚至拉着仁宗的袍裾要求他改变任命（由此也可见王拱辰最初与改革派并无成见），仁宗才改命杜衍。从到手的枢相到改判亳州，对夏竦来说当然是奇耻大辱。这事令支持范仲淹的国子监直讲石介异常振奋，写了一篇流传一时的《庆历圣德颂》，文中明确把仁宗起用改革派称为"众贤之进"，而把夏竦灰溜溜地与枢

范仲淹像（南京博物院藏）

密使无缘说成是"大奸之去"。

　　夏竦的反击就是从石介入手的。庆历四年，他唆使家中女奴模仿石介笔迹，篡改了石介给富弼的一封信，将"行伊、周之事"改为"行伊、霍之事"。伊指伊尹，周指周公，都是古代辅佐天子的贤臣；霍指霍光，他是西汉废立国君的权臣。此事传出，范仲淹与富弼都心不自安，请求出朝巡边。六月，范仲淹出为陕西河东宣抚使；八月，富弼也出为河北宣抚使，庆历新政陷入僵局。

　　九月，仁宗罢了晏殊的相位，杜衍升任宰相。晏殊与新政集团保持着距离，但他是范仲淹、欧阳修等改革人才的引荐者，又是富弼的泰山，人们容易把他的罢相与新政派的失势联系起来。与此同时，仁宗任命陈执中为参知政事，新政派的谏官蔡襄和孙甫上奏说他刚愎不学，仁宗硬是把陈执中从外地召入朝中。蔡襄和孙甫见轰不走陈执中，便自求外放，仁宗同意，改革派至此丧失了与反对派较量的喉舌，台谏官清一色都是反对派。这时，改革派的领袖与骨干几乎都已经被排挤出朝，但反对派还要把范仲淹的追随者从馆阁中清除出去。

当时京师官署每年春秋都举行赛神会，同时置办酒宴，同僚欢饮。这年监进奏院苏舜钦发起进奏院的秋赛宴会，与会者王洙、刁约、王益柔、江休复、宋敏求等十来人都是范仲淹引荐的一时才俊，酒酣耳热，王益柔在即席所赋的《傲歌》中吟出了"醉卧北极遣帝扶，周公孔子驱为奴"的诗句。王拱辰打听到这事，立即让监察御史刘元瑜弹劾苏舜钦和王益柔诽谤周、孔，并犯有大不敬之罪，要求处以极刑。仁宗连夜派宦官逮捕了全部与会者，令开封府严加审讯。后经韩琦等反对，才从轻发落，苏舜钦革职除名，其他人受降官处分。王拱辰高兴地声称："被我一网打尽了！"

十一月，仁宗颁诏强调"至治之世，不为朋党"，不点名地批评有人"阴招贿赂，阳托荐贤"。范仲淹一见到诏书，就上表自求罢政。庆历五年正月，

于后世矣顾者也雖然微二子亂臣賊子接跡夷者特立獨行窮天地亘萬世而不聖人乃萬世之標準也予故曰若伯為不足彼獨非聖人而自是如此夫則自以為有餘一凡人沮之則自以明也今世之所謂士者一凡人譽之言夫豈有求而為哉信道篤而自知乃獨恥食其粟餓死而不顧繇是而為不可於既滅矣天下宗周彼二子有非之者也彼伯夷叔齊者乃獨以

仁宗免去范仲淹的参知政事，让他出知邠州，富弼也同时罢政，出知郓州。二十天后，杜衍罢相，指责他"颇彰朋比之风"，把他视为新政朋党的总后台。韩琦上书指出不应轻易罢黜富弼，三月，他也被仁宗罢去了枢密副使之职。至此，新政派被悉数赶出了朝廷。在此前后，新政所推行的部分改革措施几乎全部废罢。

宋代后来的学者批评仁宗对庆历新政"锐之于始而不究其终"，并对其原因大惑不解。实际上，仁宗当初锐意改革是出于应付庆历初年内政外患的需要。到庆历四五年间，宋夏和议已成定局，京东西的兵民骚乱也已经平息，宋朝统治不仅解了燃眉之急，还出现了柳暗花明的转机。

而改革派公然不避朋党之嫌，迫使仁宗把消解朋党之争的棘手局面放在首位，既然小人结党而不承认，那就只有把不避结党之嫌的君子逐出朝廷。欧阳修乃至范仲淹这些君子们，在朋党问题上的见解从道理上说是无可非议的，但政治斗争并不一定是道理之争，因而他们最后只能被小人欺之以方，被仁宗敬而远之。

范仲淹《伯夷颂》(哈佛大学燕京图书馆藏清拓《御制高义园世宝》)
这幅作品折射出范仲淹精神世界的另一侧面。

三一

宋仁宗与他的名臣们

宋仁宗是宋朝在位最长的皇帝，《宋史》本纪说他"恭俭仁恕，出于天性"，对仁宗朝四十二年治迹的总体评价是："吏治若媮惰，而任事蔑残刻之人；刑法似纵弛，而决狱多平允之士；国未尝无弊倖，而不足以累治世之体；朝未尝无小人，而不足以胜善类之气；君臣上下恻怛之心，忠厚之政，有以培壅宋三百余年之基。"这段评价还是相当公允的。尽管有种种外患内政上的问题，但仁宗一朝无论如何还是宋朝的治世，除却军事，政治、经济和文化上都颇有些盛世气象。

治世的出现，与仁宗"恭俭仁恕"的个人秉性与治国方针有关，他不是一个奋发有为的英主，甚至在历朝守成之君中也不是声誉卓著的明君。他的性格有柔弱游移等毛病，耳朵根子软，对后宫女色也有相当的兴趣。但他最大的优点就是宽容仁厚，能容忍各种激烈的批评意见，哪怕是对他私生活妄加非议，听了也从不挟愤报复。

有关仁宗仁慈宽厚的遗闻轶事特别多，虽不无箭垛效应，但也折射了历史的光影。有一天早晨，他对近臣说起昨天夜里失眠腹饥，想吃烧羊肉。近臣问他为什么不降旨取索，他回答说："宫禁每有取索，外间便为定制。我怕自此以后每夜都要宰羊，杀生害物。"

大臣王德用进献佳丽送入后宫，谏官王素极论此事，仁宗对他说："你是王旦之子，我是真宗之子，与他人不同，自是世交。德用确有其事，她们在朕左右，也很亲近，且留之如何？"王素说："我欲所论，正是亲近！"仁宗有所感悟，命近侍赐德用所进之女各钱三百贯即令出宫，当即报来。王素表示：只要采纳进谏，不必如此紧急。仁宗说："朕虽为帝王，但人情相同。倘若见她们眼泪鼻涕地不愿出宫，恐怕也就不忍心赶她们了。你就在这里等回报吧。"不久，内侍来报"事已了当"。

君主制是家长制的放大。一个雄才大略的君主之下，必定是才俊如云；但有时，在一个平易而宽厚的家长下，子弟倒也颇有出息。仁宗朝人才之盛，似属后者。在他的治下，不仅台谏官，即便其他官员和士大夫，也都能畅所欲言，享受到前所未有的言论自由。

有一件轶闻最能说明仁宗朝言论的宽容度。据说仁宗"尤恶深文"，有一个举子献诗成都知府说："把断剑门烧栈道，西川别是一乾坤"，这诗是完全可视为反诗的，知府械了此人，上报了此事，仁宗却说："这是老秀才急于要做官才写的，可给他一个远小州郡的司户参军做做。"不必究诘这事的准确度，即便是附会，也真实反映了仁宗的为政风格。这种仁恕宽容对"忠厚之政"的风气，对人才的作育培养，都起了十分重要的推动作用。

说到仁宗朝人才，在宋朝历史上真可谓是首屈一指的，可以开列一长串名单：政治上被称为名臣的就有吕夷简、范仲淹、鲁宗道、薛奎、蔡齐、陈尧佐、韩亿、杜衍、庞籍、吴育、王尧臣、包拯、范祥、孔道辅、余靖、胡宿、田况、王素、韩琦、富弼、文彦博、种世衡、狄青、王德用等；活跃在神宗、哲宗乃至徽宗前期的赵、吴奎、张方平、唐介、赵抃、吕诲、范镇、曾公亮、王安石、司马光、吕公著、吕公弼、吕大防、吕惠卿、曾布、章惇、韩绛、韩维、韩忠彦、傅尧俞、彭汝砺、范纯仁、范纯礼、刘挚、王岩叟等一大批人才，实际上也都是仁宗一朝养育而成的。文学艺术上有张先、柳永、晏殊、宋庠、宋祁、尹洙、梅尧臣、苏舜钦、苏洵、欧阳修（以上文学，苏轼、黄庭坚兼擅书法）、蔡襄（书法）、燕文贵、武宗元、许道宁、赵昌、易元吉、文同、郭熙、王诜（以上绘画）等。思想学术上有孙奭、刘敞（以上经学）、胡瑗、孙复、石介、李觏（以上哲学）、张载、邵雍、周敦颐、程颢、程颐、吕大临（以上理学）、宋敏求、范祖禹、刘恕、刘攽（以上史学）等。科学技术上有王惟一、钱乙、燕肃、毕昇、沈括、贾宪、苏颂等。正如苏轼所说："仁宗之世，号为多士，三世子孙，赖以为用。"而明代李贽更认为：仁宗一朝，"钜公辈出，尤千载一时也"。这里只就政治人才略说其荦荦大者。

第一个是范仲淹。南宋人以为"本朝人物以仲淹为第一"，元朝人说他"千百年间，盖不一二见"。宋代是士大夫自觉意识最高涨的时代，一种崭新的精神面貌已经浮现在儒家社群之中。如果要说有宋儒气象，那就是由范仲淹以身作则开出来的，故而朱熹说"本朝惟范文正公振作士大夫之功为多"（文正是仲淹的谥号）。作为一种人格典范，他对后人影响深远，完全当得起他在《严先生祠堂记》里所推崇的"云山苍苍，江水泱泱，先生之风，山高水长"。他在《岳阳楼记》里所说的"不以物喜，不以己悲；居庙堂之高，则忧其民，处江湖之远，则忧其君。是进亦忧，退亦忧。然则何时而乐耶？其必曰：先天下之忧而忧，后天下之乐而乐"，真是一种光风霁月的人格境界，令人高山仰止。李贽对他的人格精神评价最高，甚至以为"宋亡，范公不亡也"。

欧阳修说范仲淹事上待人，"一以自信，不择利害为趋舍"。当礼官请仁宗率百官为垂帘听政的刘太后献寿时，他认为这是"亏君体、损主威"，上疏明确反对，太后不悦，命宰执讨论。晏殊把他叫来，怒责他轻率坏事。虽说晏殊于他有推荐之恩，但他却坚定地说："真没想到因直言正论而开罪于你。但倘若以为我疏而尽心不谓之忠，言而无隐不谓之直，而今而后就不知所守了！"晏殊惭愧得无以应对。

范仲淹曾与吕夷简议论人物，吕声称阅人很多，却没见过节行之人，范说："天下确有这样的人，只是你不知道而已。你以这种想法待天下士，无怪乎节行之士不来。"范、吕人格高下，顿时立判。

范仲淹一贯主张，"凡为官者，私罪不可有，公罪不可无"。他曾就废后和用人问题，多次激烈抨击吕夷简。宋夏战争爆发后，吕夷简再次入相，推荐范仲淹经略西事，仲淹深知倘若没有夷简在朝支持，边事将"无以成功"，便主动修书消解旧日龃龉，说过去以公事冒犯，不意仍如此奖拔。为了公事，两位名臣尽释前嫌。

在对待西夏问题上，范仲淹主张防御，韩琦主张进攻，朝廷一开始接受韩琦意见，尽管事实不久就证明防御比进攻更有效，但仲淹却毫无芥蒂，与韩琦不但交厚，而且言深。新政失败，仲淹对比他年轻的韩琦更是期待殷殷，希望他能够早日回到宰执大任上来，展示了他那"以天下为己任"的博大襟怀和人格魅力。

范仲淹自奉节俭，妻子衣食，仅能温饱，却轻财好施。他的宗族多聚居苏州，他在苏州近郊购置良田数千亩，作为义田，设立义庄，赡养饥寒贫苦的族人，每日米一升，每年布一匹，学试嫁娶病医丧葬都有赡给。范氏义庄对宋代

宋仁宗坐像（台北故宫博物院藏）

以后的义田、义庄、义学作出了示范，加强了宗族制度下人际关系的亲和力。

再说富弼。司马光称赞他"温良宽厚，凡与人语，若无所异同者；及其临大节，正色慷慨，莫之能屈"。庆历二年（1042 年），契丹瞅准宋夏交战之际，趁火打劫挑起边界争端，派遣使者向宋索要所谓关南之地。宋朝正被西夏折腾得焦头烂额，更担心与辽朝激化矛盾，落得腹背受敌的境地，想遣使赴辽，被选者都因恐辽症推诿不行。吕夷简一直对富弼不满，便让他出使。好友欧阳修引用唐朝颜真卿出使见李希烈而被害的故事，希望富弼不要去，他置之不理，临行对仁宗说："主忧臣辱，我不敢贪生怕死！"

这年四月，富弼出使辽朝。辽兴宗仍以武力相威胁，声称"遣使求地，求而不获，举兵未晚"，富弼针锋相对地指出："北朝难道忘了真宗大德吗？澶渊之役，真宗若听诸将建议，北兵就不会安然北返。现在北朝要打，能保必胜吗？即便取胜，掳掠所得，归与臣下，还是归于人主？通好不绝，岁币尽归人主，臣下却是一无所获。"辽兴宗被说得不住点头，但仍要争回祖宗的故地，富弼争辩说："晋高祖割地契丹，周世宗复取关南，都是前朝旧事。如要各复旧疆，恐怕对北朝不利。"至此，辽方在富弼还击下，已完全理屈词穷，只能进入议增岁币的实质性谈判。

七月，富弼带着宋朝的国书与仁宗的口谕再次使辽。辽朝要求宋朝在所增岁币的名称上，改称为"献"或"纳"。富弼据理力争："宋辽乃兄弟之国，宋帝为兄，辽帝为弟，岂有以兄献弟之理！"辽兴宗无法折服富弼，派刘六符使宋再议。富弼回朝奏明他在辽廷已拒绝献纳之说，对方已知理屈，万勿答应其无理要求。但仁宗与吕夷简急于讲和以摆脱困境，在增岁币银绢十万两匹的同时，仍允许以"纳"为名，自折了锐气。富弼两次使辽，一次女儿死亡，一次儿子出生，都毅然不顾，慨然登程，显示了公而忘私的感人襟怀。他在宋朝明显不利的情势下，不辱使命，在对辽外交上展现了卓越才能，次年就迁为枢密副使。其后，他在仁宗至和二年与神宗熙宁二年（1069 年）两度入相，与韩琦同为三朝重臣。

文彦博早在庆历七年（1047 年）就位至参知政事，年仅四十二岁。这年十一月冬至那天，贝州（今河北清河）发生了王则领导的士兵起义。王则原是涿州（今河北涿县）人，因饥荒流落贝州，投了驻扎当地的宣毅军，当上了小校。为了消除人民的反抗因素，宋代改进了唐末五代以来的募兵制，用心良苦地把

"犷暴之民收隶尺籍"，让他们参军吃粮，把民间桀骜危险的力量纳入军队的管束。在宋太祖看来，凶年饥岁，有叛民而无叛兵，这种募兵制是消弭民众叛乱的最佳方案。于是，饥寒交迫的农夫，游手好闲的流民，都被投进了军队的大染缸。动乱根苗虽然暂时被转移进军队掩藏了起来，但一旦有风吹草动的诱导因素，就会转化为兵变形式爆发出来。宋代兵变相对频繁，原因即在于此。

再说贝州地区，民间争相传习《五龙经》等图谶，鼓吹"释迦佛衰谢，弥勒佛主事"的谣言，这是弥勒救世信仰结胎于民间秘密宗教的一种表现。王则流亡前与母亲诀别，曾在脊背刺上"福"字作为将来相认的记号，这时被用来大做文章，他也被信徒们视为崇奉的对象。

王则的信徒广布于河北、山东一带，约定明年元旦在河北同时起事。他们派党徒带着书函前往争取北京大名府（今河北大名）留守贾昌朝，不幸被捕入狱。王则闻讯，提前在冬至起事，杀了通判，囚了知州，占领了贝州城，自称东平王，建国号安阳，建年号得胜，旗帜、号令都称以佛号，起事者脸上都刺着"义军破赵得胜"的字样。事发以后，宋朝一边在各州郡大索"妖党"，被俘者不计其数；一边立即派出知开封府明镐为体量安抚使前往进剿。在内应的帮助下，数百官军曾一度缒入贝州城内，但旋即被起事民众逐出城外。

次年正月，文彦博见贝州仍未攻克，便主动请命，出任河北宣抚使兼体量安抚使，改明镐为副职。他与明镐听从军士献策，一面派兵佯攻城北，一面秘密挖通城南地道，选派强壮官兵二百名连夜攻入贝州城。这些官军乘着夜色攻上城头，杀了守城者，接应大队官兵入城，镇压了这次士兵暴动。王则被押往开封碟杀（肢解而死），贝州改称恩州。这次兵变被朝廷视为邪教暴乱，先后持续了六十六天，朝野大为震惊。事平当月，文彦博就进拜同中书门下平章事。他也不把功劳都揽在自己头上，称赞明镐"才大可用"，推荐他做了参知政事。

至和二年（1055 年），他再次入相。次年正月，仁宗在上朝时突然发病，扶入宫禁。文彦博考虑到政局大计，当即要求内侍及时通报仁宗病情，否则行以军法，同时与其他宰执在宫中日夜轮流值班。知开封府王素说有禁兵告发都虞候谋乱，文彦博了解到那个都虞候决无谋叛事，便与同时任相的刘沆以诬陷罪签署了斩决那个士卒的命令，确保军队的稳定。

不久，两个司天官受内侍武继隆的指使，上书求皇后听政。文彦博拿到书状后，也不给其他宰执看，找来那两个司天官说："司天官干预大政，可是罪当灭族的！今后可不能再犯。"然后把这事通报给其他宰执，其他宰执都愤怒地表示应将这些僭言之辈斩首，文彦博则以为：倘若斩首，皇后不安。直到仁宗病情恢复，文彦博与富弼等才回私第。

以后，刘沆向仁宗密告文彦博擅斩告反者，彦博呈上刘沆也签署的判状，仁宗这才深感文彦博在处理这场危机中的老练与沉稳。史称文彦博"凝简庄重，顾眄有威"，历仕四朝，任将相五十余年。元祐更化时，他受司马光推荐，以八十一岁高龄第三次入相，平章军国重事，成为元老重臣的一种象征。

说到仁宗朝的武将，狄青是不得不说的。他是汾州西河（今山西汾阳）人，行伍出身，在抗击元昊的战争中，屡立战功。他喜欢戴一副铜面具，披头散发地冲锋陷阵，这一史实后来被有关狄青的话本小说附会夸张。范仲淹认为他是良将之才，让他读《春秋左传》，对他说："将领不知古今，只是匹夫之勇。"他从此折节读书，精通了历朝将帅兵法。皇祐四年（1052 年），他因战功升至枢密副使，出身行伍而位居枢府，这在太宗以后未有先例。

这时，南方侬智高起兵反宋正闹得不可开交。侬智高是广源州（今越南广渊）人，这里原是唐朝羁縻州，到侬智高时，因久受交趾压迫，起兵反抗，建立政权，请求归附宋朝。但宋朝不愿在边境生事，置之不理。皇祐元年，侬智高转而攻宋。皇祐四年五月，侬智高攻陷邕州（今广西南宁），建立大南国，建元称帝。他进而连下广南十余州，兵锋直指广州，围城近二月，未能破城，见宋朝援军相继而至，撤围退回邕州。

仁宗调兵遣将前往征讨，但南方素来缺乏战备，不少守臣不是战死就是逃亡，仁宗深为忧虑。狄青主动请战出征，仁宗命其经制广南战事，但旋即任命一内侍为其副手，实际是不放心狄青独掌兵权。有人以为宦官监军不足为法，仁宗问宰相庞籍，庞籍也说"号令不专，不如不用"，仁宗这才下令岭南诸军皆受狄青节制，并亲自为他置酒壮行。

狄青到达前线前就传令诸将不要贸然与敌人交战，一切听他的号令。但广西钤辖陈曙率兵八千主动出战昆仑关（今广西宾阳西南），大溃而归，殿直袁用等临阵脱逃。次年正月，狄青到达后，大会诸将于堂上，说："军令不肃，所以兵败！"下令将陈曙、袁用等三十余人正以军法，在场诸将无不胆战心惊，军纪顿为改观。时正皇祐五年元宵，狄青下令大军休整十日，大肆张扬，麻痹敌人。料定敌探回去报告以后，狄青次日亲率大军，直扑昆仑关下。

隔日黎明，诸将环立大帐前等待主帅发布进军令，过了好久才见有人传狄青将令，请诸将到关外朝食。原来他早就趁着夜色，换了便服与先锋官偷越了昆仑关，在归仁铺（今广西南宁东北）列阵迎敌。双方展开一场恶战：狄青挥旗指挥他从西夏前线带来的蕃落骑兵，与先锋张玉率领的前军形成夹击之势，大败敌军，逐北五十余里，斩首数千，生俘五百余人。侬智高纵火烧城，逃往大理国，最后死在那里，叛乱被彻底平定。

侬智高之乱令岭南骚动，狄青的战功自然万众瞩目。回京以后，仁宗打算晋升他为枢密使，却招来一片反对声，连庞籍这时也以为狄青不宜久居枢府。然而，皇祐五年五月，仁宗还是让他当上了枢密使。他在枢密院四年，每次外出，围观者就把街道挤得水泄不通，平民、士兵都把狄青视为自己的骄傲，这引起了朝廷的疑忌。

宋代士兵入伍前，都要在脸上刺上番号，以免逃亡。据说，在擢迁枢密副使前，仁宗曾劝他把脸上的黥文消去，狄青想起韩琦曾当面折辱他说"东华门外以状元唱出的才是好汉"，表示不愿消去黥文，并不无自信和自豪地说："要让天下贱儿，知道国家有此名位相待。"然而，说他将危及朝廷的谣言与各种五行变异编派在一起不胫而走，台谏侍从要求罢免他执政之职的章奏接踵而至。

嘉祐元年（1056年），狄青终于被罢政出知陈州。作这一决定时，仁宗说了句"狄青是忠臣"，宰相文彦博反问道："太祖不是周世宗的忠臣吗？"狄青听到任命后，到中书去问为什么无罪出知州郡，文彦博两眼直瞪瞪逼视好久，才吐出一句："无他，朝廷疑你！"狄青惊怖得倒退数步。到任后，朝廷每月两次派内侍前来"抚问"，实际上是不放心狄青，而每来就让他惊疑终日。不到半年，一代名将就在陈州忧愤而死。狄青之死，让人深切感受到宋代猜防武将的祖宗家法有多么森严可怕。

在中国清官册中，位居第一的包拯也是仁宗朝名臣。关于他的小说戏剧大多于史无证，却为他赢得了很高的知名度（这种民间高知名度的宋代人物还有杨业、狄青、岳飞），这里说的当然是历史上的包拯。

包拯知天长县时，有人来报告自家的耕牛不知被谁割了舌头。他知道这是一起邻里间的陷害案，不动声色地吩咐告状者回家把牛宰了卖掉，割了舌头的牛是难以活命的，只有这种处置办法。果然不出包拯所料：不久就有人来告发那人私自杀牛，因为私杀耕牛在宋代是违法的。包拯严厉责问告发者：为什么割了牛舌，还要诬告别人？那人措手不及，以为事情败露，只得伏罪。大约因为牛舌案，包拯断案如神的名声不胫而走，并为以后小说戏剧所敷衍。

其后，包拯调知端州，这里是著名端砚产地。端砚是当时贡品，采石制砚极为艰苦，而到这里做地方官的，总以上供为名十几倍、数十倍地搜刮端砚，带回京城去贿赂权贵。包拯到任后，自书座右铭道："清心为治本，直道是身谋，秀干终成栋，精钢不作钩"，作为为官做人的准则，并下令只制作上供的端砚数量，不多取一方，离任时也不带一方端砚。清正廉洁，朝野传为美谈。

弹劾张尧佐一事也许最能说明包拯的"立朝刚毅"。皇祐二年（1050 年），他入知谏院，张尧佐仗着是仁宗最宠幸的张贵妃的伯父，正担任着三司使。这是掌管全国财政的要职，地位仅次于二府宰执，往往是执政的后备人选。张尧佐没有干好的本事，包拯弹劾他"是非倒置，职业都忘"，却"洋洋自得，不知羞辱"。见包拯和其他台谏官纷纷上疏，仁宗只得打消让张尧佐迁升二府的念头，免去他三司使的职务，但为安慰爱妃及其伯父，改命他为宣徽南院使、淮康军节度使、景灵宫使、同群牧制置使。

包拯立即上章指斥张尧佐是"清朝之秽污、白昼之魑魅"，抨击仁宗"失道败德"，要求他收回成命，但仁宗就是置之不理。朝会之日，御史中丞王举正与包拯、唐介等台谏官留下百官面谏仁宗，动用了宋代台谏向君主集体谏诤的特殊手段。仁宗大怒，下令今后台谏上殿先报中书取旨，这是他自废黜郭后以来再次动用君权与台谏对着干。但仁宗迫于舆论最后还是向台谏让步，免去了张尧佐宣徽南院使、景灵宫使，保留了其他两使。

过了一段时间，张贵妃又吹枕边风，仁宗见舆论平息，便重新任命张尧佐为宣徽使。包拯得知，不管仁宗先前警告，不依不饶，领衔与其他谏官上奏再论。为了说服仁宗，包拯多次上殿争辩。一天，张贵妃还想为大伯说情，仁宗抢白道："今天包拯上殿，唾沫都溅到我的脸上。你只管要宣徽使、宣徽使，不知道包拯是谏官吗？"由于包拯等抗争，仁宗只得收回成命，并保证今后张尧佐再有升迁，必须听取台谏章奏。

包拯后来出知故里庐州，堂舅犯法，照样依律处以笞刑。从此，仗势扰民的亲戚故旧肃然守法。至于请托，不论故人亲党，一概拒绝。他还为子孙立下家训："后世子孙仕宦，有犯赃滥者，不得放归本家；亡殁之后，不得葬于大茔之中。不从吾志，非吾子孙。"

包拯像（北京故宫博物院藏）

　　嘉祐二年（1057 年），包拯以龙图阁待制（后世因此称其为包龙图）权知开封府，在任仅一年半，却把号称难治的开封府治理得井井有条。首先，他惩治不法权贵，"贵戚宦官为之敛手，闻者皆惮"。其次，他改革诉讼制度。原来诉讼者不能直接到开封府大堂投递诉状，府吏中转，上下其手，他下令大开府衙正门，让诉讼者直到大庭下向他自陈曲直，自此"吏民不敢欺"。再次，他严办无赖刁民。有一次，里巷失火，几个无赖却趁机起哄，聚众问他："救火是取甜水巷水，还是苦水巷水？"包拯当即把他们斩首，从此无赖帖然畏服。

　　开封府肃然而治，童稚妇孺都知道他的名字，亲切称其"包待制"。他天性严峭，不苟言笑，人们就说让他笑就好比黄河清那样难。开封府则流传着"关节不到，有阎罗包老"的谚语，以阎罗来形容其刚正不阿和铁面无私。不久，他改任权御史中丞，与宰相富弼、翰林学士欧阳修、经筵侍讲胡瑗当时被称为"四真"，即真宰相、真翰林学士、真中丞、真先生。看来，包拯成为清官第一典型，确有其原型基础的。

　　韩琦也是仁宗朝必须一说的名臣，就听下回分解罢。

三二

宋英宗

宋仁宗三十四岁前生过三个儿子，都夭折了；其后，虽生到第十三女，却未有儿子出生。他在位四十二年，多次"不豫"（皇帝病危的代名词），一不豫就人事不知，胡言乱语，这种病状在太宗长子赵元佐、三子真宗和南宋光宗身上，一再重现，似乎是赵宋宗室的家族病。嘉祐元年（1056 年）正月，仁宗再次"不豫"，长达二十日，多亏宰相文彦博把持大局，才度过了危机。这种局面令朝廷大臣们意识到确立皇位继承人已迫在眉睫。

当年五月，知谏院范镇率先奏请立太子。在君主制下，立储问题是最为敏感的朝廷大事，即便是宰相也不敢妄议，以免疑忌于君主而身败名裂。范镇的奏议，引起朝廷震动。宰相文彦博责备他事先不与执政商量，范镇说："我做好必死的准备，才敢上奏。与执政商议，若以为不可，我难道终止吗？"司马光在并州通判任上，鼓励范镇义无反顾，以死相争，并与御史赵抃先后上疏支持他。

仁宗把范镇先后送呈的十九道奏章交给中书，就是不表态，中书宰执也只得不置可否。朝廷升任范镇为侍御史知杂事，他以进言不用居家待罪百余日，须发尽白。仁宗被他所感动，流泪请他再等三二年，还指望能自生龙种。

嘉祐三年，张尧佐去世，仁宗发牢骚："台谏官总以为我用张尧佐，就像唐明皇用杨国忠那样，会招来播迁之祸。我看也不见得。"一旁的户部员外郎唐介接口说："陛下一旦有播迁之祸，恐怕还不如唐明皇。明皇还有儿子肃宗兴复社稷，陛下靠谁？"仁宗气得脸色骤变，却无反驳理由，沉默良久才说："立子之事，与韩琦已商量好久了。"

韩琦这时正与富弼并相。他容貌凝重，令人望而生畏，但与人相交却浑厚温恭，说到小人忘恩负义倾陷自己时，也辞和气平，如说寻常事。庆历年间，他与范仲淹、富弼同为执政，上朝争事议论，下殿不失和气。为相以后，用人只据公议，所用之人未必谋面，甚至也不知道是他所荐。嘉祐三年，他任相不久，就向仁宗进言：应该吸取前代储君不立引起祸乱的教训，选择宗室子弟中的贤能者立为太子。仁宗因后宫有孕而迁延不定，但生下来的仍是皇女。

嘉祐六年闰八月，知谏院司马光也上了立储札，仁宗让他把奏疏交给中书，司马光请仁宗自己宣谕宰相。当天韩琦知道后让人传言司马光，争取把建言立储的奏札送到中书，否则，他作为宰相，欲发此议，无从说起。次月，司马光旧事重提，列举了相关的历史教训，仁宗叫他将所奏立即直送中书。

司马光遵旨照办，并对韩琦说："诸公倘若不及时议定大事，有一天，禁中夜半拿出一张纸，说立某人为嗣，那时天下谁也不敢吭声了。"韩琦等宰执同声应道："敢不尽力！"司马光为此已先后七次上书。十月初，仁宗让韩琦看了司马光和吕诲的奏章，问宗室中谁最合适。韩琦趁机说："这不是臣下所敢议论的，应出自圣断。"

仁宗曾在宫中抚养过两个宗室子弟，其一是濮安懿王的十三子，名叫宗实。濮安懿王是真宗的侄子，仁宗的堂兄。宗实四岁进宫，八岁时，因仁宗次子出生，被送回王府。其间，仁宗曹皇后也在宫中抚养了自己的外甥女，姓高，名叫滔滔。两人年龄相仿，颇有点青梅竹马的味道。庆历末年，仁宗无子，对曹皇后说："我们过去收养过的宗实和滔滔都大了，我们为他俩主婚，如何？"于是仁宗的养子宗实娶了曹皇后的外甥女（她就是后来元祐更化时垂帘听政的高太后），很是热闹了一番，宫中盛传"天子娶妇，皇后嫁女"的说法。如今从宗室子弟中确定皇位继承人的问题，已经刻不容缓，仁宗自然倾向于宗实。

当时宗实正在为父亲濮安懿王守丧，朝廷命他起复，授以知宗正寺，以便为立储作准备。不料他先以父丧、后以生病相推托，不肯上任。韩琦向仁宗建议："任命知宗正寺，外人认为就是皇子，现在不如立即为其正名。"八月，仁宗正式立宗实为皇子，改名赵曙。为了政权的稳定、天下的安宁，范镇、司马光等一大批朝臣，忠于信念，勇于牺牲，一再犯颜极谏非臣子所宜言的皇位继承人问题，而韩琦作为宰相起了决定性的作用。

次年三月末的夜里，仁宗突然去世，时距皇子之立仅隔半年。曹皇后制止了内侍出宫报丧，派人悄悄通知韩琦等宰执黎明入宫。韩琦赶到，即请曹皇后宣赵曙入宫即位。赵曙到场，连说"我不敢做，我不敢做"，转身就走。韩琦等将他抱住，七手八脚为他穿上黄袍。然后将翰林学士王珪找来草拟遗诏，他一时间惊恐得不知如何下笔，韩琦临变不惊，吩咐他按自己说的写。四月一日早朝，韩琦宣读遗诏，宣布仁宗驾崩，新皇帝已在昨日登基。这位新皇帝就是宋英宗。

英宗的身体确实大有问题。四月八日，仁宗大敛，他在灵柩前狂号疾走，韩琦当机立断，拉下帷帘，命几名内侍护持皇帝，让葬礼正常进行到底。见英宗病体如此，韩琦与其他宰执商议，请曹太后仿天圣故事，垂帘听政。

英宗病得不轻，性情也越发乖张，举止失常，对内侍毫无道理地说打就打。曹太后劝他注意自己皇帝的身份，他也往往出言不逊。双方左右，都有人多嘴多舌，两宫关系逐渐紧张。

太后很不乐意，向韩琦等诉苦，韩琦回答："我们在外朝，内朝护持全在太后。倘若官家有失照管，太后也不安稳。"太后很不高兴地说："这话是何意思？我当然在用心照管。"见太后脸色骤变，其他人都为韩琦说话太重捏一把汗。韩琦依然正色说："太后照管，众人自然也会照管的。"他知道，在这当口，有些话是必须由他来说的。

曹太后垂帘不久，司马光就上了一奏，重提刘太后天圣恋权负谤天下的旧事，希望她"成谦顺之美，副四海之望"，意在防止母后干政。其后不同场合，韩琦与司马光等朝臣一再劝说太后忍辱负重，容忍英宗病中可能有的失礼和无理。他们费尽心力地调和两宫，用心就在于不让太后作出废立的举动，造成政局的动荡。

十一月某日，曹太后派内侍送一封文书到中书，都是英宗所写的"歌词"和过失的举动。韩琦对着内侍当场烧了文书，传言太后："太后不是常说官家心神不宁，这些何足为怪！"

与宰执面见时，太后呜咽流涕给韩琦历诉英宗的不恭，韩琦譬解道："这是有病的缘故。儿子生病，当母亲的能够不容忍吗？"参知政事欧阳修也说："现在太后身居房帷，臣等五六个人只是措大，一举一动若不是仁宗遗命，天下谁肯听从？"曹太后默然，她听出了弦外之音：英宗乃仁宗所立，倘不遵遗命，天下是不会听从的。

他们再去劝英宗，针对英宗张口就说"太后待我无恩"，韩琦说："父母慈

宋英宗坐像（台北故宫博物院藏）

爱而儿子孝，这不足为道。只有父母不慈，儿子不失孝道，这才值得称颂。何况父母岂有不慈爱的？"英宗若有所悟，两宫关系略有缓解。

即位后的大半年间，英宗身体时好时坏，到这年岁末，他已能够御殿视朝了。次年，改元治平，英宗已经可以不知疲倦地处理政务。曹太后原对朝政并无兴趣，这时却无还政之意，似与两宫不和有关。在韩琦等朝臣看来，女主垂帘乃迫不得已，久不还政更非盛世之象。台谏、侍从请求太后归政的章奏接二连三呈上来，迫使太后撤帘的舆论已到火候。

一天，禀事以后，韩琦单独留下，要求太后允准他辞去相位，出领州郡。曹太后明白他的意图，说："相公岂可求退？老身每日在此，甚非得已，且容先退。"韩琦立即称贺太后还政，贤明超过东汉马皇后和邓皇后，追问道："台谏也有章疏请太后归政，不知决定何日撤帘？"曹太后似有不悦，起身入内。韩琦大声喝令仪鸾司撤帘，帷帘拉开，犹能见到太后背影。

一说，曹太后总把皇帝御玺放在自己宫中，英宗外出巡幸时，她也带上玉玺同往。韩琦就安排太后与英宗出外祈雨，回宫后他当即以民众皆欢慰、台谏有章奏为由，奏请太后还政。太后恼怒道："叫做也由相公，不叫做也由相公。"韩琦立在帘外，不撤帘就不下殿，曹太后只得被迫还政。

尽管记载颇多异同，但曹太后归政迫于

形势，出于无奈，在台谏官一再谏诤下，由韩琦主其事则毫无疑问。由于这种制约机制的有效存在，兼之宋代家法对母后干政约束甚严，两宋尽管垂帘称制的皇太后多达八人，却从未危乱政局。

英宗亲政之初，颇欲有所作为，亲自点名把仁宗朝颇有直声的谏官唐介召入朝，让他权御史中丞，做自己的耳目，去弹击奸邪小人，但他似乎并不像《宋史》本纪称颂的那样，是什么"明哲之资"。他缺乏根据地怀疑人，认定在他立为皇子一事上，三司使蔡襄向仁宗发过不好的议论，就违反宋代君主不得暗示台谏弹劾某官的做法，唆使谏官傅尧俞奏弹蔡襄，遭到拒绝以后，还是把蔡襄撵出了朝廷。英宗的生性固执集中表现在濮议上，这是牵动英宗朝的大事件。

英宗立为皇子时，正在为生父濮安懿王守丧。位居九五之尊以后，血浓于水，他想把生父也升格为皇帝。治平二年（1065 年），英宗把已故濮王的名分问题交给礼官和待制以上的朝臣去讨论。按照儒家礼制，帝王由旁支入承大统，就应该以先皇为父，而不能以本生父母为考妣；秦汉以来那些推尊其生父母为皇帝皇后的做法，都是见讥于当时、非议于后世的。

于是，朝臣们很快分为泾渭分明的两大派。一派主张英宗应该称濮王为皇伯，理由是"为人后者为之子，不得顾私亲"。这派以台谏官为主体，有司马光、贾黯、吕诲、吕大防、范纯仁、傅尧俞等，还包括不少礼官和侍从等朝臣，例如翰林学士王珪、判太常寺范镇、知制诰韩维、权三司使吕公弼等，声势相当浩大。另一派主张英宗应该称濮王为皇考，理由是"出继之子，对所继所生皆称父母"。这一派都是宰执大臣，有韩琦、欧阳修、曾公亮、赵等，中书大权在握。双方各执一辞，引经据典，唇枪舌剑，不亦乐乎。

台谏制度经真宗一朝的完善，台谏官敢言直谏的元气经仁宗一朝的涵育，正进入沛然浩荡的时期。宰执坚持皇考说，激怒了于礼于理都略占上风的台谏官。台谏官本来就有监督制约相权的职能，他们认为宰执固执皇考说就是"臣权太盛、邪议干正"。不过，台谏官对大臣的弹劾最终还需由皇帝的支持，而在濮议中英宗与宰执们是坐在一条板凳上。于是，权御史中丞贾黯被解职出京，知谏院司马光被免去谏职担任侍读，明眼人谁都知道这是在削弱反对称皇考的台谏官的力量。到这年十月，在朝的台谏官只剩下三人。

次年正月，侍御史知杂事吕诲联合御史范纯仁和吕大防联合上疏，参劾全体宰执，说他们"拒塞正论，挟邪罔上"，接下去的话也意气用事了，"请尚方之剑，虽古人所难；举有国之刑，况典章犹在"，即便不砍头，也应该判刑。到这地步，英宗不得不表态。诏书虽没有接受称濮王为"皇"，但仍称其为"亲"，并把濮王坟茔称为陵园，实际上还是将生父与仁宗并列。

吕诲等见论列弹奏不被采纳，交还了御史敕告，集体辞职，还放出话来，声称与称皇考派"理不两立"。英宗召来了宰执，问他们如何平息这场风波，欧阳修也逼着英宗作出选择："留御史，还是留我们，唯听圣旨。"英宗的天平在私心的摇摆下倾向了宰执，把吕诲等三人贬出京师。

出使契丹刚回朝的同知谏院傅尧俞、侍御史赵瞻和赵鼎得知濮议结局如此，也不再上朝，在家"待罪"。所谓待罪，是台谏官行使其正当言事权的最后一举，是宋代台谏言事不屈从于君权的制度保证。傅尧俞还拒绝了侍御史知杂事的新任命，他们都要求与吕诲等同进退。英宗只得把傅尧俞等三人也贬为州郡长吏。反对称皇考的台谏官都贬黜出朝，京城传开了"绝市无台官"的谚语。濮议在君权与相权的联手压制下收场，称皇考派取得了最终的胜利。

濮议之争，今天看来也许会觉得无聊。但在当时历史文化背景中，"皇考"派于礼于理都显得有亏，宰执大臣们确有讨好英宗的味道。吕诲等台谏官执之愈坚，辩之愈烈，是当时台谏风气与职责使然，并不像欧阳修所说的那样，纯粹是以台谏官为主体的反对派借题发挥，挑起争端，不惜去位，博取美名。

韩琦像（北京故宫博物院藏《八相图》局部）

不过，这一结局也表明，台谏的制衡作用最终还须听命于君权，因而其制约机制作用只有在明君、贤相、好台谏下才能兑现，而满足三者是十分困难的。濮议也说明了英宗不是"明哲"之君。

治平三年十一月，英宗再次"不豫"。他已经失语，但神智有时还清醒，仍坚持在病榻上处理国事。宰相韩琦知道自己将面临又一次君权交替的严峻考验。他关照英宗长子颍王赵顼朝夕不离皇帝左右，颍王回答这是人子之责，他却别有意味地说："不仅如此啊。"

十二月，英宗病情加剧。二十一日，韩琦请英宗"早立皇太子，以安众心"，并把纸笔递给他。英宗亲笔写下"立大王为皇太子"七字，韩琦看后说："一定是颍王，烦圣上再亲笔书写。"英宗只得拿起笔，一边吃力地添加"颍王顼"三字，一边泫然泪下。韩琦这才把翰林学士张方平叫来起草遗诏。出宫时，文彦博问他是否看到圣上流泪，韩琦回答："国事当如此，有何办法！"次日，宣布立赵顼为皇太子。

仅隔十五天，治平四年正月，英宗去世，韩琦急召皇太子前来，其间英宗的手忽动了一下，另一宰相曾公亮担心英宗活过来都要背上大逆罪，提醒韩琦。韩琦不为所动，说："先帝复生，就是太上皇。"继续安排赵顼即位，他就是宋神宗。

韩琦曾自称"某平生仗孤忠以进，每遇大事，则以死自处"，他历仕三帝，顾命两朝，临变处疑，不动声色，当得起这个自我评价，是宋代有数的社稷大臣之一。

熙宁新法

神宗即位第三天，三司使韩绛奏报：自仁宗朝宋夏战争以来，征调财力，动用国库，"百年之积，惟存空簿"。他这才知道自己继承的是怎样一副摊子。

不过二十岁正是血气方刚、奋发有为的当口，神宗决心把国家治理得国富兵强。他求治心切，对当时的元老大臣寄予很大的期望。即位次年，他召见前宰相富弼，问以边事，富弼对他说："愿二十年口不言兵。"再问治道，回答是"安内为先"。而司马光所能提供的治国忠告只有"官人、信赏、必罚"六个字，也似乎有点空泛。对朝廷旧臣，神宗未免失望。

实际上，宋朝积贫积弱由来已久。所谓积贫是指国家财政入不敷出，庆历以后每年赤字在三百万贯，治平二年（1065 年）差额扩大到一千五百七十万贯。而造成这一状况的主要原因是数量不断攀升的冗官和冗兵。宋朝为达到权力分散的目的，官僚机构牵制重叠，"事即依旧公事，人即加倍添人"，冗官不可避免，仅仁宗皇祐年间（1049—1053 年）就比真宗景德年间（1004—1007 年）的官员数增加一倍。而军队的增加更是触目惊心，治平年间的兵额竟是太祖开国之初的 5．3 倍，军队开支竟占全部财政收入的六分之五。所谓积弱，是指宋代不断扩大的军队，却在与辽、夏冲突中一再处于劣势，康定、庆历年间的宋夏战争实在令宋人气短。

在农业社会的土地问题上，宋朝不立田制，不抑兼并，到仁宗后期，大官富姓占田无限，这种土地兼并趋势与天灾人祸相结合，迫使大批无地少地的贫苦农民跌破贫困生存线。不仅如此，兼并大量土地的官绅形势户还凭借特权逃避税役负担，据治平年间统计，全国土地中，"赋租不加者，十居其七"。土地兼并和赋役不均的直接后果，就是从仁宗中期起，铤而走险的农民与士兵"一年多如一年，一伙强如一伙"。

庆历新政时就试图解决这些问题，因新政夭折而延宕了下来。其后，表面危机似乎因宋夏议和而缓解掩盖，但深层问题并没有解决。自庆历、嘉祐以来，当世名士"常患法之不变"，李觏、张方平、文彦博、韩琦，包括王安石和苏轼等，一大批有识之士要求变革的呼声从未中断过。

就说王安石，嘉祐三年（1058年），他在度支判官任上，曾试探性地向仁宗上了一封万言书。这是宋代一篇大文章，据南宋吕祖谦说："安石变法之蕴，已略见于此书"，可惜这份变法的蓝图和纲领当时未引起仁宗的青睐。

安石见不用他的政治主张，一直不愿入京任职。对此有三种说法：一说他是沽名钓誉，以期博得更高的声誉和职位；一说他对当时奔竞之风不满；一说他是把地方官作为一种历练，以期积累经验实现更大的抱负。

究竟何说为是，很难断定，但他却因此独负天下大名三十余年，以至朝野无不认为王安石这样才高学富、难进易退的人才，不作执政太委屈了他。天下之论都以为"介甫（王安石字）不起则已，起则太平可立致"，大有"安石不起，奈苍生何"的企盼。

神宗对王安石之名，早就如雷贯耳，即位之初就召他进京，但安石仍称病不至。神宗询问宰执，宰相曾公亮力荐王安石有"辅相之才"（一说其意在于排挤另一个宰相，即三朝重臣韩琦），但参知政事吴奎认为王安石是一个临事迂阔、文过饰非的人。韩维建议，任用安石不能操之过急。神宗便命王安石改知江宁府（今江苏南京），五个月后，征召入朝担任翰林学士。

这时恰逢韩琦罢相出判相州，神宗问他王安石是否可以大用，韩琦以为他当翰林学士绰绰有余，却不能处辅弼之地。但神宗力排众议，经常找安石"越次"入对。神宗曾问安石如何看待唐太宗，安石以为应该取法乎上，直接效法尧舜。神宗说：你对我要求太高，希望今后辅佐我，一起完成治国大业。

熙宁二年（1069年）二月，神宗任命王安石为参知政事，君臣之间有段对话。神宗问："世人都认为你只知经术，不晓世务，你怎么看？"安石答："世俗都以为经术不能施于世务，不知经术正所以经世务。"神宗很赞赏这种经世致用的思想，继续问当务之急是什么，安石道："变风俗，立法度，最是方今之所急。"神宗让他拿出一套方案来。

二十余日后，朝廷设立制置三司条例司作为主持变法的机构，由宰相陈升之和王安石主其事，筹划与制定新的法规和政策，这就正式揭开了熙宁变法的大幕。20 世纪 50 年代以来，史学界习惯把熙宁年间这场改革称为"王安石变法"，这当然是因为列宁盛赞王安石是"中国 11 世纪时的改革家"的缘故。王安石在这场改革中的关键作用是不容置疑的，但倘若没有神宗的坚决支持和断然发动，他也不可能有所作为。既然熙宁年间的改革是这对君臣共同推动的，称以熙宁新法自然更为客观公正。

自熙宁二年七月起，新法陆续出台，随着变法的扩大和深化，不同意见的争论也日趋激烈，新旧党派的斗争也日趋白热化。为叙述方便，这里先按理财、强兵、育才三方面介绍各种新法，至于新旧两党围绕新法的斗争则放入下回细说。

首先来看理财方面的新法。

其一，均输法。熙宁二年七月颁行。宋朝立国全赖东南六路的物资供应，但原先的发运司虽主持其事，却既不了解京师对物资需求的实际情况，又没有掌握诸路上供物资的权力，只是刻板地以税收按簿籍购求物资发运京师，于是"丰年便道可以多致而不敢以取赢，年俭物贵难于供亿而不敢不足"，一旦遇有特支，发运司和诸路就恣意搜刮，或用"支移"、"折变"等手法扩大税收弥补不足，所夺农民租税甚至超过原额一倍，而富商大贾则乘机垄断市场牟取暴利。均输法即为纠正以上弊端而创立，目的在于调整物资的供求关系，稳定物资价格，节省国家开支，减轻农民负担，打击不法商贾。具体方法是：朝廷拨出五百万贯钱和三百万石米作为发运司周转经费，发运使根据京师库藏和各地物资的实际情况，按"徙贵就贱，用近易远"的原则，及时机动购办相关物资。

木兰陂近貌

这一水利工程在今福建莆田木兰山下，竣工于元丰六年（1083），至今仍具有蓄洪排涝的功能。

其二，青苗法，也称常平法。熙宁二年九月颁行。每逢青黄不接或天灾人祸之际，佃农或小自耕农往往被迫向高利贷者借贷以度过难关，而一旦无力归还，就有失去土地、无以为生之虞。青苗法即为缓和土地兼并和自耕农的贫困化趋势而设立的。其具体方法是：各路将原常平广惠仓的粮米由转运司兑换为现钱；以前十年中丰收时的粮价作为预借的折算标准，将民户自愿请贷的粮食折成现款贷付；每年分夏料与秋料两次，在青黄不接时由官府将钱物贷与请贷的民户，连本外加40%利息随同夏秋二税一起缴还（若遇灾荒则随下次收成时归还）；按户等高低规定借贷数额，如本路常平钱额在支借以后尚有余额，则由官府根据二等以上人户数多寡酌量派给。

其三，农田水利法，也称农田利害条约。熙宁二年十一月颁行。目的在于兴修水利，开垦农田。具体内容是：各州县将需要兴建的水利工程提出实施办法，小者州县自行解决，大者奏报朝廷实行，凡提出合理建议或出钱募工兴建的，由官府按实效给予奖励。

其四，免役法，也称募役法或雇役法。宋代役法原来是由主户按户等高低分别轮流负担乡村和州县官衙的差役，这种职役既带有一定的职务，又具有服役的性质，对服役的户等来说是一种没有报酬的义务。主要以衙前主管官物的供给和运输，以里正、户长、乡书手课督赋税，如有缺失，都要承担补偿的责任，在职役中最为扰民；其他还有耆长、弓手、承符、人力等州县职役，各以户等高下差充。随着吏治的腐败，部分去服重役的户等往往倾家荡产，免役法即为此而订立的。这一新法自熙宁二年开始讨论试行，到熙宁四年十月才正式颁行。其主要办法是：由原先主户轮流充役改为募人充役，应役期间给以雇值；雇役钱由原来服役而现在免役的主户按户等高低按例缴纳，称为免役钱；原来不需服役的官户、坊郭户、未成丁户、单丁户、女户、寺观户（僧道），也按户等半数出钱，称助役钱；各州县的役钱数额按各地雇值总额计算后再派摊到各户等征收；为防灾年役钱征收欠搁，另加征役钱二成，称免役宽剩钱。

其五，市易法。熙宁五年三月颁行。随着商业资本发达，富商大贾垄断市场，操纵物价，严重损害中小商人和市民的利益。市易法即为改变这一状况而制定的。其主要内容是：设立京师市易务（后因沿边和内地重要城市都设立市易务，遂改京师市易务为都市易务），朝廷拨钱一百万贯作为其本钱，负责平价收购滞销商品，到市场缺货时出售；商人只要向市易务抵押资产，即可以40%的年息率赊购市易务库存货物到各地销售；都市易务和各地市易务之间相互通报物价和货物情况，平衡物价，协调物流。

其六，免行法。熙宁六年八月颁行。一般将此法归入市易法，但两者所解决的问题性质并不相同。宋代官府所需物资，原先都是通过科配制度以低于市场价向有关行业强行摊派，一旦该货物缺货，行户所费往往数倍或十余倍于所科物资的市价。这年，开封肉行派代表向官府提议缴纳一定数额的免行役钱，作为官府购肉的价格补贴，今后由官府随行就市自行购买，肉行不再直接向官府供应。市易务制定了所谓的"免行条贯"，规定商业和手工业各行可以根据收入多少，在每月缴纳免行钱后免除行户对官府的供应。

其七，方田均税法。熙宁五年八月颁行。豪强地主隐瞒田亩，逃避税收，始终是宋代社会一大问题。以全国耕地数而言，真宗时达五百二十四万顷，到仁宗后期竟只有二百二十八万顷。方田均税法即旨在丈量耕地，清查漏赋，均定田税。其主要方法是：各县以千步见方（约合四十一顷六十六亩一百六十步）为一方，作为丈量单位，在每年农闲丈量所有耕地，登记造册，按土质定为五等，均定税额高低。

其次来看强兵方面的新法。

其一，保甲法。熙宁三年十二月颁行。其目的有二，既能防范民众暴乱，又能使兵民合一，与募兵相辅，省养兵之费。其重要内容是：相邻十家为一小保，设保长，十小保为一大保，设大保长，十大保为一都保，设都副保正各一人（熙宁八年后改为五家为一小保，五小保为一大保，十大保为一都保）；每户两丁抽一，称为保丁，组织起来，训练习武，巡查值夜，维护治安；同保内有犯法者，知情不报，五保连坐，如居留三个以上"强盗"达三日者，本保邻居虽不知情亦须治罪；保甲后转隶兵部，听从枢密院指挥，设"团教法"集中训练保丁，使其成为有节制的民兵。

其二，保马法。宋朝骑兵不敌契丹、西夏，故而兵威不振，但战马供应则是关键所在。宋朝原设有牧马监多处，但养马少，占地多，花费大。保马法即为改变这一状态而出台，始行于开封府界，推广于京东、京西、河北、河东、陕西五路。其主要方法是：五路义勇保甲凡自愿养马者，每户一匹（有力之家允许两匹），马匹由官府配给或给钱自买；开封府界保马户免去原纳粮草，并补贴钱数，其他五路保马户免去每年折变和沿纳等杂税；三等以上养马户十户为一保，所养之马死独自赔偿；四五等养马户十户为一社，所养之马死由同社诸户共同按马价之半赔偿。

其三，军器监法。熙宁六年八月颁行。宋代武器原归中央三司胄案和诸州将作院制造，质量粗劣，严重影响战斗力。为改变这种状况，便在京城设立军器监，附设东西广备作为军器作坊，监设判监和同判各一人掌管监务，并负责录用擅长军器制作者；出产各种军器材料的州军设都作院负责军器制造，由军器监派员指示制作法式，考核官员优劣，分为三等升降。

其四，将兵法。熙宁七年九月颁行。此前禁军实行的定期更戍和将兵分离的做法，严重造成战斗力不强和指挥权涣散，将兵法即为纠正这些弊病而制定的。其主要内容是：在归并军营的基础上，选派将或指挥作为军事管辖机构的首脑，兵额多者设正将与副将统领，兵额少者仅设单将，在京东、京西两路设独立的指挥，将与指挥都常驻军中，负责演习训练，提高军队素质；全国共设九十二将和独立的二十五个指挥，驻守沿边和内地的重镇，代替原来的更戍法。

最后来看育才方面的新法。

其一，科举新法。熙宁四年二月颁行。鉴于宋代科举以诗赋取进士，以记诵试明经，不利于选拔真正有才干的人才，科举新法规定：废除明经诸科，原习者一律改考进士科；考试取消诗赋、帖经、墨义等内容，改为首场试大经（也称本经，在《诗》《书》《易》《周礼》《礼记》中任选一种），次场试兼经（《论语》《孟子》任选一种），外加大义十道；三场试论一首，四场试时务策三道。

其二，三舍法。熙宁四年十月颁行。此前宋代的太学徒有虚名，"学舍虽存，生徒至寡"，不利于人才的培养。三舍法的创立即有鉴于此。其主要内容是：太学增设直讲十员，每两人主讲一经，根据所教学生三舍进退的人数多寡进行考评升黜；将由州县考选入学的太学生分为三等，初入学者为外舍生，不限名额（元丰时限二千名），经考试合格转为内舍生，限额二百人，再经考试，选一百人为上舍生；上舍生考试分三等，名列上等者，可以不经科举考试直接授官。在整顿太学同时，朝廷又令诸州置学，赐予学田，考核学官，继庆历以后掀起了第二次办学热潮，史称"熙宁兴学"。

其三，《三经新义》。熙宁八年二月颁行。为了"同道德之归，一名分之守"，朝廷设立了经义局，修撰新义。所谓三经是指《诗》《书》《周礼》，前二经由王雱和吕惠卿共同撰注，已佚，现存仅王安石亲自诠释的《周官新义》。《三

耕织图（北京故宫博物院藏）

南宋楼璹原绘《耕图》二十一幅，《织图》二十四幅，
现存摹本，反映了当时农业与桑织业的生产过程。这
为《织图》最后一幅《剪帛》。

经新义》是变法派利用学术为政治服务，《周官新义》表述的完全是王安石的政治思想。以这种《新义》作为学生的必读教材，取士的唯一标准，用意就是统一思想认识，造就变法人才。

熙宁新法涉及政治、经济、军事、文化、教育诸多方面，其广度和深度是庆历新政无法比拟的，其根本目的是富国强兵。为了培养变法的后继人才，育才新法也提上了议事日程。但从变法的侧重面来看，富国明显重于强兵，而理财是富国的根本手段，理财方面的新法接二连三地出笼，原因即在于此。而对熙宁变法的争论焦点也主要集中在理财诸新法上，尤其集中在青苗法和免役法上。

这里，倘若试图对新法做一个盖棺论定的评价，是不自量力的。这种众说纷纭的局面，从变法当时直到今天，始终没有定论，因为无论肯定的，还是否定的，抑或折衷的评价，都能毫不费力地举出足够的史料。正因如此，熙宁变法是宋史乃至中国历史里一个最具诱惑力的历久弥新的大题目，在可望的将来仍将是一个没有定论的历史难题。

大变法与新旧党

　　对熙宁新法内容作静态描述以后，现在该按事件顺序对这场大变法来一番动态的追踪。熙宁二年（1069年）二月，神宗命王安石参知政事，变法开始。在安石建议下，新设了制置三司条例司，作为决策变法的中枢机构，由知枢密院陈升之和王安石领衔，实际主其事的是变法派副帅吕惠卿。变法派骨干章惇成为编修三司条例官，曾布是检正中书五房公事，他俩与吕惠卿成为王安石倚重的三驾马车。

　　新法陆续颁布，反对的呼声也日渐激烈。参知政事唐介与王安石经常争论新法，神宗总是偏袒安石，唐介不胜其愤，疽发而死。时人对当时五位宰执各给一字评语，合起来则是"生老病死苦"：生指王安石，他正生气勃勃地锐意新法；老指曾公亮，他因年老而依违在新旧党之间；病指富弼，他反对新法而称病不理政事；死即指唐介；苦指赵抃，他每见新法出台，"称苦者数十"。

　　六月，御史中丞吕诲上疏弹劾王安石"好执偏见，轻信奸宄"，也不摆具体理由，就一口咬定"误天下苍生，必斯人也"。变法方兴未艾，神宗正眷注着王安石，把弹章还给了吕诲，表示拒绝。吕诲见所言不被采纳，自求出朝表示抗议，宋代是赋予台谏官这一权力的。

　　均输法颁布不久，知谏院范纯仁上疏说安石变乱法度，掊克生灵，要求黜退他。神宗将章奏留中不发，纯仁也坚决求去，安石让人传话，说要让他改任知制诰，他不领情，安石大怒，要神宗重贬纯仁。神宗没有全听，让他担任成都路转运使。

　　十月，三朝旧臣富弼与王安石政见不合，一再称病，自求罢相。富弼罢相前，神宗问他谁可相代，他推荐文彦博，神宗默然良久，问他王安石如何，他

王安石像（中国国家博物馆藏）

也默然不语。富弼罢相后，陈升之补为宰相。神宗问起外议如何，司马光说："现在二相（指陈升之与曾公亮）都是闽人，二参政（指王安石与赵抃）都是楚人，他们必将引用乡党之人。"

如何看待司马光以南北地域观念来区别变法中对立的两派？倘若把变法派代表人物及其籍贯与反变法派代表人物及其籍贯分别作一统计，不难发现：变法派以南人为主体是不争的事实；而反变法派中北人的比重则大为增加。但因此把新旧党说成是地域上的南北派，显然并不妥当，因为旧党代表中南人也不少。

据说，宋太祖曾在禁中立石，刊刻"后世子孙无用南士作相"的家法。但从真宗用王钦若、丁谓起，对这一祖训就置若罔闻。随着南方综合实力的加强，南人科举入仕的比重和在中枢机构中的比重，都与时俱进。神宗倚重的新党也反映了这一趋向。

但陈升之虽是南人，却只是新党的同路人，是为了自己地位才附和变法派的。在升任宰相以后，他就在表面上与变法派保持距离，请求撤销制置三司条例司。王安石当然不同意，推荐韩绛主其事，韩绛可是坚定的变法派。

通过具体实施，青苗法虽然限制了大地主高利贷的部分利益，缓解了贫下户的燃眉之急，但为了完成和超额完成放贷取息的任务，硬性摊派成为最大的弊病。熙宁三年二月，韩琦在河北安抚使任上上疏："兴利之臣纷纷四出。条文虽然禁止抑配，但倘不抑配，上户必然不愿借，下户则借时甚易，还时甚难，将来必有同保均赔之弊。"

神宗见奏，大称韩琦是真忠臣，自责"始谓可以利民，不意乃害民如此"。王安石则反击道："抑兼并，振贫弱，怎能称为兴利之臣！"神宗开始动摇，下令中止青苗法。安石称病不出，上章求去。考虑到安石一去，变法也将寿终正寝，富国强兵梦也无从实现，神宗便反悔几天前的决定，一边继续推行青苗法，一边敦请安石出来理政。

安石出来后，令曾布驳斥韩琦的奏疏，颁示天下，引来了韩琦激烈的反驳。神宗派出两个宦官到开封府界调查青苗法执行情况，他俩回来报告说没有抑配，"民情深愿"。一说变法派买通了这两个人，但神宗却因此深信不疑。

神宗还想调和新旧党之争，打算重用司马光，王安石明确反对："现在用司马光，无异是为反对派树上一面大旗。"安石托病期间，神宗让司马光升任枢密副使，司马光一辞再辞，并要求神宗罢青苗、免役二法。两派的矛盾已不可调和。

反变法派说王安石在神宗面前鼓吹"三不足之说"，即"天变不足畏，祖宗不足法，人言不足信"。司马光还把这种论点作为批判的靶子，出成策问题去考举子。这一概括实际上并没有曲解王安石的变法思想，但在反变法派看来却都是惊世骇俗的罪名。

四月，御史中丞吕公著上疏说："过去视为贤者的，都认为目前做法不对。难道过去的贤者，现在都不肖了吗？"确实，在反对派名录中，司马光、韩琦、富弼、文彦博、欧阳修、吕诲、范镇、范纯仁、苏轼，等等，哪个不是口碑极佳的贤者呢？后人可以说这些贤者趋向了保守，但当时这句话显然刺痛了王安石，吕公著被罢职外放。

十余日后，参知政事赵抃见安石加强了新法的力度，感到再也无法与之共处在宰执集团之中，也上了一奏，说制置条例司派出的四十余名青苗使者"骚动天下"，"财利于事为轻，民心得失为重"，自求罢政，出知州郡。韩绛补上了执政的空缺。

王安石急切地想把变法支持者提拔到重要岗位上。李定是他的学生，入京后大说青苗法便民，安石即推荐他面见神宗，以坚定神宗变法的信念。他还不顾任命的常规，把李定破格提升为监察御史里行，知制诰宋敏求、苏颂和李大临坚持原则给予反对，最终都被撸去了知制诰的职务，硬是让李定当上了御史。安石此举应是考虑到台谏喉舌多为旧党，试图在舆论上扭转局势。

这时，监察御史里行程颢、张戬和右正言李常也分别上疏反对新法，都被赶出了朝廷，以至数日之内，台谏一空。王安石见舆论汹汹，便向神宗建议让谢景温当侍御史知杂事，景温与安石是姻亲，这一任命是有违台谏回避制度的。五月，撤销了制置三司条例司，认为这一机构不合理的呼声太多，其职能划归中书属下的司农寺，由吕惠卿兼判。

曾公亮也只是变法的同路人，当初推荐王安石是为了排挤韩琦，见神宗十分信任安石，便顺势行舟，但表面上还做出有所不同的样子。至此，他以年老自求罢相，苏轼批评他不能纠正弊端，他回答说："上与安石如一人，此乃天也！"这也证明熙宁变法前期神宗、王安石确实是同心同德配合默契的，神宗自己也对安石说："自古君臣如卿与朕相知极少。"

十二月，韩绛升为宰相，免役法也正式在开封府试行。由差役改为雇役，不失为历史的进步，但免役法的要害并不是"免役"，而在于役钱。按理说，差役既然原是乡村上等户的事，改差为雇，征收役钱，绝无向乡村下等户征收的道理。而免役法却规定乡村下等户和女户、单丁户从此必须缴纳原先所无的役钱，无论如何这是额外的负担。

于是，马上就有东明县的数百人聚众到开封府闹事，一说这是反变法派策划挑唆的。但问题正如知永兴军司马光上奏所说："有司立法，唯钱是求。富者差得自宽，贫者困穷日甚。"因为对贫下户说来，为了缴纳免役钱，丰年还可以贱粜其谷应付，灾年只能杀牛卖田凑数了。

司马光见上书未被采纳，便一再要求神宗让他改判西京洛阳御史留台。熙宁四年四月，神宗同意他出任这一闲差，让他专心致志去修《资治通鉴》。他到洛阳不久，吕诲去世，临终喊着司马光的表字说："天下事尚可为，君实勉之！"但司马光却从此绝口不论政事，修书的同时，他在冷观风云的变化。

熙宁六年四月，最后一名老臣文彦博辞去枢密使的职位，出判府郡。他看不惯市易法实行一年以来，连水果也要派官监卖，认为堂堂大国，皇皇求利，损国体而敛民怨。市易法是由国家实行对商业的垄断，虽然确保国家能从商人手中夺走部分利益，却在客观上阻碍了商品经济的发展，显然是一种历史的倒退。

变法高潮中，这对君臣有一段著名对话。

神宗说："更张法制，于士大夫诚多不悦，然于百姓何所不便？"

文彦博回答说："为与士大夫治天下，非与百姓治天下也。"

文彦博的话除了一定程度上折射出士大夫的自觉意识外，很容易令人得出反变法派代表大地主阶级的错觉，而神宗的话就更易得出变法派代表中小地主和贫苦农民的结论了。实际上，无论何派，都是不折不扣的士大夫，问题仅仅在于，反变法派是士大夫中的多数派（此即神宗所谓"诚多不悦"，也就是文彦博敢于径以士大夫代表自居的原因），变法派只是士大夫中的少数派。

从七月开始，连续大旱，引发饥荒，而新法规定的各种征敛却刻不容缓，因变卖田产而流离失所的灾民扶老携幼开始向开封府等大城市集体逃亡，指望能乞讨求生。监开封安上门的郑侠是王安石一手提拔的，入京任职时曾对安石直言青苗、免役、保甲、市易诸法的弊病，安石不答。熙宁七年四月，郑侠日见羸疾愁苦的灾民涌入开封，便把现状绘成画卷，写了论时政得失的上疏，想通过正常途径送给神宗，遭到梗阻。忧民之心不能自已，他便假称是密急公文，用马递的方式送了上去，希望神宗"观臣之图，行臣之言，十日不雨，即斩臣宣德门外。"

神宗看后长吁短叹，夜不能寐。次日即下令暂罢青苗、免役等十八项新法，事有凑巧，不日即大雨如注，延续十月的灾情得以缓解。神宗拿出郑侠的画卷与上书给王安石看，新党以擅发马递的罪名惩处了郑侠。吕惠卿等人含泪对神宗说："陛下废寝忘食，成此美政，一旦废罢，岂不可惜！"神宗再令恢复新法，只暂罢方田均税法。

郑侠事件以后，王安石就撂挑子自求去位，意志十分坚决。在这以前，神宗的祖母太皇太后曹氏听到民间最苦青苗法和免役法，就曾出面建议让王安石暂时"出之于外"，神宗以为群臣中只有安石敢于担当大事，顶住了内廷的干预。如今，太皇太后和神宗生母高太后再次流涕对神宗说王安石乱天下。神宗见再三挽留也无效果，同意让王安石出知江宁府（今江苏南京），但给他一个特权，可以随时入宫商议朝政。

王安石也不愿看到变法成果付诸东流，推荐韩绛替代自己为相，吕惠卿升任参知政事协助他，神宗也同意这一安排。两人萧规曹随，韩绛被称为"传法沙门"，吕惠卿被称为"护法善神"。惠卿还一边示意监司郡守们表态支持新法，一边说服神宗下诏声明：不因执行偏差而废除新政，因而安石罢相倒并不影响变法的继续。

但不久变法派就出现了内讧。提举市易的吕嘉问在执行过程中多收免行钱邀赏，另一个变法派骨干曾布时任三司使，对属下吕嘉问本来就有私怨，也知道神宗对市易法向来有不同看法，便抓住这一问题做文章。神宗让吕惠卿与曾布共同处理这事，而惠卿向来不满曾布，便说他阻挠新法。曾布被赶出了朝廷，由章惇继任三司使。

神宗看吕惠卿很准，认为他虽有"美才"，却有忌能、好胜、不公的毛病。他当上执政以后，感觉大好，疑忌神宗再用王安石，开始做些小动作。这时恰有李逢大狱，事关大逆，牵连者甚多，同案犯中有与王安石关系稔熟的人，吕惠卿意欲让其人"有所诬衅"。见惠卿受神宗重用，变法派中趋炎附势的小人也都打算改换门庭，邓绾、邓润甫在李逢之狱上特卖劲。

宰相韩绛与吕惠卿在政事上数有争执，都占不了上风，暗中建议神宗再相王安石，神宗见韩绛难以独当一面，对其建议深以为然。惠卿知道后，就在神宗面前说安石的不是，不料神宗把他的上奏都封转给了安石。

熙宁八年二月，王安石日夜兼程，仅用七天赶到京城，再次入相，他不能容忍吕惠卿的背叛。但复相以后，王安石与韩绛的亲密关系也开始恶化。韩绛主张市易司不能用那些只盯住"利"的官员，安石抢白他："既不喻于义，又不喻于利，却居位自如！"八月，韩绛罢相。

吕惠卿对安石再相有点措手不及，御史转而弹劾他欺君立党，御史中丞邓绾见风使舵，掉转头来立案审理惠卿强买秀州民田事。神宗还想协调安石与惠卿的关系，但安石的倔强，惠卿的褊狭，使神宗的努力化为失望。惠卿一再向神宗表示二者必择其一，并不无讽刺地说："陛下一听安石，天下之治可成！"十月，吕惠卿罢政出知陈州，章惇也因趋附惠卿而出朝。

这月有彗星出现，反变法派利用天变做起了文章，神宗与王安石说起民间颇苦新法，安石不以为然说："老百姓连祁寒暑雨都要怨嗟的，不必顾恤！"神宗不满道："不能让老百姓连祁寒暑雨的怨嗟都没有吗！"安石老大不高兴，又称病不出，神宗敦勉他出来视政。新党骨干建议安石进用皇帝素不喜欢的措施，以巩固权力稳定局面。安石这么做了，神宗喜其复出，无不一一采用。

对吕惠卿的背叛，王安石之子王雱比乃父还要恼火，他让吕嘉问等人将邓绾论列惠卿的报告，夹上其他文书私自送到审案部门。吕惠卿得到情报，上疏反击，说安石"违命矫令，罔上欺君"。神宗拿惠卿的奏状给安石看，安石声称不知，回家一问王雱才知底里，便怒责儿子坏事。神宗因一系列事件，也开始"颇厌安石所为"。

邓绾其人确实鲜廉寡耻，前几年趋附王安石时，其乡人在京的都笑骂他，他却声称："笑骂由他，好官我自为之。"这次他担心安石失势，便上疏神宗，请录用安石之子王雱，并赐第京师以为挽留。神宗说给安石听，对这一帮倒忙的上书，安石表示有失国体，应该黜免。于是，神宗将邓绾贬逐出朝，向王安石传达了不满的情绪。

再相以后，王安石多次称病求去。不久，王雱因愤懑疽发而死，安石十分伤感，力请辞相。神宗同意他出判江宁府。吕惠卿还在倒王安石的戈，他把安石给他的私信呈送给神宗看，其中有"无使上知"等语。在无法确知这些话语背景的情况下，神宗自然会认为安石在欺瞒自己，君臣际会打上了终止符。王安石后来退居金陵，元祐元年（1086 年），在新法被旧党尽废的日子里寂寞辞世。

熙宁变法虽是中国中古历史上一次大规模的改革运动，但这次改革主要是一种应对危机的政治冲动，而不是一种经济发展的内在需要。因而就改革内容来看，却丝毫没有触及政治领域，其政治勇气比起庆历新政来都有明显倒退的迹象。

改革主要局限在经济、军事和教育领域，而经济领域更是重中之重。变法真正兴奋点是富国，而不是富民，因而其最大成效也就是国家财政状况明显好转。变法不仅解决了治平间的财政赤字，还建立起五十二座元丰封桩库作为战备物资库，到北宋后期还是"余财羡泽，至今蒙利"。

王安石与司马光在变法之初曾有过一段争论。司马光认为，天地所生货财是一个定数，不在民间，就在国家，所谓善理财者，不过是头会箕敛。这一说法停留在简单再生产的保守立场上，固然不足取。王安石反驳说："真正善理财者，民不加赋而国用饶。"

变法确实使国用丰饶：熙宁六年的青苗钱利息达二百九十二万贯，熙宁九年的免役宽剩钱（即支付役钱以后的纯结余）达三百九十二万贯，两者相加约为七百万贯。但变法中财政收入的增长主要不是依靠发展生产，恰恰正是以青苗、免役等名目"加赋"的结果，而青苗还息和免役纳钱，负担最重、受害最深的还是被迫以实物易货币的贫民下户。倘若以财税增长作为全面肯定变法的充足理由，显然有失斟酌。

对这次大变法的经济内容，黄仁宇评论道："在我们之前九百年，中国即企图以金融管制的办法操纵国事，其范围与深度不曾在当日世界里其他地方提出。但现代金融是一种无所不至的全能性组织力量，它之统治所及既要全部包含，又要不容与它类似的其他因素分庭抗礼。"结论不言而喻：变法的走样与失败是必不可免的。

熙宁新法在军事改革上的成效相当有限，以至有人说新政富国有术而强兵无方。军队素质低、战斗力差的弊病并未见有大的改变，否则就不会上演数十年后女真铁骑灭亡北宋的悲剧。唯一有成效的是保甲法，但保丁替代募兵也无法彻底实现，倒是主要用来控制民众反抗，其影响也确实深远，直到近现代还被反动专制政府奉为至宝。

在熙宁新政中，王安石与司马光各自所代表的新旧党争本质上并不是权力之争，而是政策性的争论；并不是要不要改革的争论，而是怎样改革的争论，因而不能用改革派与守旧派来论定。熙宁变法的功过得失与是非成败，是一个说不清的话题。至于经验教训也将是见仁见智的，但以下几点还是值得一提的。

第一，王安石确有不凡的抱负与远大的理想，他也明知改革"缓而图之，则为大利；急而成之，则为大害"，却在变法实践中操之过急。他只认定了一个目标，却忽略了实现这一目标过程中必然会连带产生的一系列问题。在短短数年间将十余项改革全面铺开，恐怕社会各阶层都不见得有这种精神的和物质的承受能力，于是变法反而陷入了欲速则不达的困境。

　　第二，动机与效果的背离，条文与执行的偏差，使一系列变法措施从安民走向扰民。即以双方争执最激烈的青苗法与免役法而言，旧党多就执行效果言，新党则多就立法本意言，立论也就大相径庭。青苗法制定以后，征求意见，苏辙就认为：动机虽好，"出纳之际，吏缘为奸"的问题难以解决。连神宗也承认青苗法"始谓可以利民，不意乃害民如此"。免役法执行结果则是"纵富强应役之人，征贫弱不役之户，利于富不利于贫"，也完全违背了初衷。

　　第三，用人不当，是熙宁新政不得人心的重要原因。变法派中，除王安石个人操守尚无非议，吕惠卿、曾布、章惇、吕嘉问、李定、邓绾、蔡京等，个人品质多有问题，有的当时就被视为小人。陆佃向王安石反映放青苗的官吏收受贿赂，但变法派竟以"私家取债，亦须一鸡半豚"，放纵新法执行中的腐败。以王安石为代表的变法派最大的弊病，还是只看重死的法制，而忽视了活的人事。于是，应该由行政技术层面解决的议题转化为道德层面的问题，变法派在后一层面上与反变法派相比，立即陷于劣势，变法的前景也就不言而喻了。

三五

元丰改制

宋人与今人都有"熙丰新法"的说法,熙宁新政与元丰改制一脉相承,熙宁新法的绝大部分略作调整后仍在元丰年间继续推行,因而这一说法大体不错。但以王安石第二次罢相为界,熙丰变法明显可分为两个阶段。其前是以王安石为主导的,其后则完全由神宗来主持的。实际上在安石再相以后,神宗对他的态度已经转向,即所谓"意颇厌之,事多不从"。安石曾对人说神宗只要听从他五分也就可以了,他觉察到自己已失去"师臣"的待遇,这也是他再次辞相的重要原因。

接替王安石与韩绛为相的是吴充和王珪。吴充虽与安石是儿女亲家,但对神宗好几次数说新法的不便,神宗用他为相,一方面固然因吴充中立不党,一方面也表明神宗在新法立场上的动摇和倒退。吴充请求神宗召回司马光、吕公著、韩维、苏颂等旧臣,司马光闻讯十分兴奋,致信吴充历数废除新法的必要性。这时,蔡确搬出萧规曹随的典故对神宗说:"新法是陛下所建立的,前相助成,后相废除,让老百姓何所适从?"神宗默然,他确实不想完全废止新法,吴充只好打消改革新法的念头。

元丰年间另一个宰相王珪是典型的变色龙。熙宁三年,王安石拜相,他任参知政事,表态拥护变法。吴充建议废新法,他应声附和,惹怒了御史,当场质问他:"要么昨是,要么今非。"他只得表示新法不能变。他容不得吴充,向神宗力荐蔡确。元丰二年,蔡确参知政事,次年,吴充在两人夹击下辞去相位,王珪独相。元丰五年,蔡确升为宰相,成为变法派在朝中的代表。王珪虽为首相,却尸位素餐。当时人讥称他为"三旨相公",因为他有三句口头禅:上朝进奏,说是"取圣旨";接受批阅,说是"领圣旨";归见下属,说是"已得圣旨"。

宋神宗坐像（台北故宫博物院藏）

在熙宁变法中，与锐意改革的王安石有所不同，神宗好几次表现出犹豫动摇，以至安石说他："天下事如煮羹，烧一把火，却再放一勺水，何时煮得熟！"实际上，神宗作为君主的思路与安石有所不同，他必须更多考虑协调新党旧臣的关系，更多考虑把握富国与敛民之间的尺度。

王安石再次罢相以后，神宗一方面反思变法中的弊端，一方面起用部分反变法的大臣。熙宁九年 (1076 年) 在罢免王安石同时，任命冯京知枢密院事，元丰三年 (1080 年) 吕公著也出任枢密副使。

富国强兵是贯穿熙丰新法的主线，但元丰之政颇异于熙宁。神宗主持元丰改制以后，明显将重点放在改革官制、整顿军事上。元丰改制，广义指元丰年间在神宗主持下的各种改革，狭义则仅指元丰年间推行的职官制度改革。

宋代职官制度十分复杂紊乱，元丰改制前尤其如此。宋太祖立国，在建设新官制的同时，并没有全部取消旧官制，许多前代的官名职位都保存了下来。新旧杂厕，名实混淆，机构重叠，职能不专，也就成为北宋官制的普遍现象。尽管三省、六部、二十四司都有正式官员，譬如户部尚书，若没有特旨，他就不能管理户部的事务，而只是按户部尚书这个级别领取俸禄和享受待遇。这种官职系统称为"寄禄官"，简称"官"。至于在各省、部、司担任实际职务的职事官，宋代称为差遣。即以户部为例，其实际职能由三司承担，三司使才是当时相当于户部尚书的实职差遣。

除了寄禄官和差遣官，宋代中央和地方的部分官员还带有三馆、秘阁的馆阁贴职，除北宋前期部分带贴职的中央官员兼有馆阁实务外，大部分只是荣誉性的职衔，通称"贴职"，也称"职名"，简称"职"，这样就构成了宋代官制的官、职、差遣三大系统。

在熙宁新政中，神宗深感官僚机器官员的冗杂和效能的低下，为了减少冗官、省并机构、明确职责、提高效率，他主持了元丰官制改革。大体从熙宁末年起，宋神宗下令以《唐六典》为蓝本，着手研究官制改革的具体方案。元丰三年，颁布《寄禄新格》，开始执行文臣京朝官的寄禄官新官阶。元丰五年，新颁三省以下中央机构的组织法规和《官品令》。

元丰官制改革主要体现在两方面。第一，以阶易官，减少等第。神宗在改官制诏书里规定：所有仅领空名的寄禄官全部废罢，更换以相应的阶官，作为领取俸禄的级别标准。新的阶官共二十五阶，比旧寄禄官省减了十七阶。新官品仍分九品，每品分正、从，共十八阶，比旧官品省减了十二阶。以后官员升迁与俸禄都按《寄禄新格》和新《官品令》办理。

第二，三省六部，循名责实。元丰改制前，三省六部的主要职能都已转移分割到其他机构，其长官也只是寄禄官，三省六部制徒有虚名。元丰改制恢复中书省主决策、门下省主封驳、尚书省主执行的三省旧制。宰相的办公机构虽仍设在原来的政事堂，但名称上不再叫中书门下，改称都堂。取消了同中书门下平章事和参知政事，以尚书左仆射兼门下侍郎为首相，以尚书右仆射兼中书侍郎为次相（但因采取唐代中书取旨、门下复奏、尚书施行的旧制，实权却在右相），中书省与门下省各另设一侍郎主管本省事务，与主管尚书省事务的尚书左、右丞同为副宰相。但都堂与枢密院分掌文武大权的二府制没有改变，二府长官仍通称宰执，有人曾主张废除枢密院，神宗明确反对削弱这种"相互维制"的机制。尚书省下领吏、户、礼、兵、刑、工六部为具体职能部门，各设尚书与侍郎为正副长官。原来从六部转移分割出来的职能机构分别还归各部，例如审官院、流内铨与三班院归吏部，三司与司农寺归户部，太常礼院归礼部，审刑院与纠察在京刑狱司归刑部，等等。

新官制职责分明，系统清晰，机构简化，费用减省，作为一次官制改革，元丰改制虽然还有生搬硬套《唐六典》的弊病，但还是比较成功的。

除了官制改革以外，元丰年间神宗增加财政收入的主要方法是扩大国家专利的范围，对事关国计民生的茶、盐、矾、铁，扩大禁榷区域和专利力度。

在加强军事实力上，神宗主要做了两件事。第一，依托将兵法，设立指使、巡教使臣、教头、都教头等，负责军事训练，提高战斗能力。据苏辙说："诸道禁军自置将以来，日夜按习武艺，剑槊击刺，弓弩斗力，比旧皆倍。"第二，依托保甲法，对保甲民兵全面实施训练，以"集教法"对大保长进行集中培训，以"团教法"对保丁分别实施训练，到元丰四年，开封府界与两边各路集训过的大保长与保丁已近七十万人。当然，对这种军事训练的实际作用也不能估计过高，摆形式，走过场，也是古已有之的。

总的说来，元丰改制在触动社会的深度和广度上，与熙宁新政是无法相提并论的，给人的感觉只是波澜壮阔以后的一泓死水，这也许是王安石比宋神宗更引起历史学家关注的重要原因吧！

三六

与西夏的再较量

宋神宗自命大有为之才，是一个有雄心大志的君主。他与群臣说起仁宗朝宋夏交战、契丹趁火打劫的往事，甚至悲痛得流泪。用武开边，建功立业，是他一生的梦想。他始终把解决契丹和西夏问题作为自己奋斗的目标。在熙丰变法中，他为军事行动作了物质上的大量准备，先后建了五十二个军用物资库，并赋诗明志道："每虑夕惕心，妄意遵遗业，顾予不武姿，何日成戎捷？"求胜心切，溢于言表。

尤其是对西夏，就像是旧主人容不得昔日的小伙计成为他平起平坐的新对手，神宗总想一举消灭它，以挟制契丹和吐蕃，显示大宋朝的神威。

熙宁元年（1068 年），变法派杰出的军事家王韶向神宗上《平戎策》三篇，要旨是先取河湟，控扼西北门户，斩断西夏右臂；再威服吐蕃，孤立西夏；然后伺机出兵，关门打狗。

这一战略分析是正确的，但执行起来，就牵涉到宋军的人才与素质，但神宗显然大受鼓舞，任命王韶为秦凤路经略司机宜文字。司马光、富弼等老臣纷纷上书，认为内政还没有做好，贸然发动战争是很危险的，但王安石却鼓励神宗时不可失。

熙宁四年，神宗设立洮河安抚司，任命王韶为长官，开始经略河湟。次年，王韶采取软硬兼施的手段，招抚吐蕃部落三十余万人，拓地二千余里。神宗升镇洮军为熙州（今甘肃临洮），设立熙河路，以王韶为经略安抚使，历史上把王韶经营河湟的活动称为熙河开边。王韶的成功把神宗的梦想再次激活，对西夏用兵已势在必行。

元丰四年（1081 年），西夏梁太后反对夏惠宗欲将河、洮等州黄河以南的土地还给宋朝，囚禁了惠宗。鄜延副总管种谔上疏神宗以为是千载难逢的机会，倘若西夏被辽朝趁机攻取，必为中国的大患。神宗召见了他，他大言道："夏国无人，秉常（夏惠宗名）孺子，臣往持其臂以来！"神宗便定议攻夏。

知枢密院孙固和同知枢密院吕公著反对轻率举兵，并提出一个尖锐的实质性问题，谁是合适的主帅？神宗说："朕已属李宪。"孙固以为，由宦官李宪担任主帅是十分错误的决定。但神宗固执己见，七月，命李宪为主帅，出熙河路；高遵裕出环庆路，刘昌祚出泾原路，受高遵裕节制；王中正出河东路，种谔出鄜延路，受王中正节制；五路并进，会师灵州（今宁夏青铜峡东），进而消灭西夏。五路将领中，李宪与王中正是宦官，高遵裕是外戚（神宗的外叔祖），都根本不是将才。

宋军从八月开始行动。种谔率军九万余攻克米脂城，挟功上奏要求不再受节制，进兵至石州（今陕西横山东北），已是十月，军粮不继，又遇大雪，将士不耐饥寒，冻饿死者十之二三，大军溃散，生还入塞者仅三万。王中正率部渡无定河北行，这支军队最无纪律，也无战功，入宥州（今内蒙古乌审旗西南）滥杀无辜，纵火焚城，粮草也完全断绝，死亡达二万余人，已经溃不成军。

高遵裕率部近九万，十月兵不血刃进抵韦州（今宁夏同心东北），也因粮草不继而扎营旱海等待接济。刘昌祚率蕃汉兵五万，在宋夏边境击退西夏三万兵马的阻击，十一月先于高遵裕兵进逼灵州城下，前锋几乎夺门而入。但高遵裕忌功，传令他不许乘胜攻城，致使坐失战机。其后，高遵裕指挥围城达十八日，却久攻不下。西夏军一边决黄河水倒灌宋营，一边派兵断绝了宋军的粮道。大批宋军冻溺而死，生还者仅一万三千余人。

李宪率军十余万，九月收复兰州古城，便迟迟不愿进军，到十一月才进抵天都山（在今宁夏海原境），这时高遵裕、刘昌祚已经战败，他接诏回师。

神宗对灵州之役寄予厚望，中夜听到惨败的消息，起绕床榻环行，彻夜不能入寐，因此身染疾病。宋军在这次战役中仓促出征，麻痹轻敌，各自为战，相互扯皮，既缺少一个能运筹帷幄决胜千里的主帅，又在军粮供应上严重脱节，失败也在情理之中。相比之下，西夏军实行坚壁清野、纵敌深入的正确战略，再捕捉战机，断敌粮运，终于取得灵州保卫战的胜利。

战后，神宗一方面悔恨不已，表示"不复议再举事"；一方面却姑息败军之将，只是贬了高遵裕、刘昌祚和王中正的官，却断然拒绝了要求处死李宪的

西夏木缘塔

这座木制仿真小佛塔是西夏佛塔的典型样式。

上奏，还将其提升为泾原路经略安抚制置使。在这次军事行动中，宋军在东北方向攻占了军事要镇米脂等四寨，打通了北进横山的要道，在西北方向则控制了兰州，开拓了从腹背压迫西夏的范围，但换取这些战果的代价未免太大。

实际上，神宗并不甘心灵州战败，他在酝酿更大规模的战争。元丰五年，鉴于西征时攻克西夏诸州而不能守的经验教训，鄜延路经略安抚使沈括与副使种谔建议在横山一带筑城，作为进瞰西夏的桥头堡。神宗即派给事中徐禧与宦官李舜举前往经营其事。

徐禧下车伊始，认为永乐（今陕西米脂西北）地势险峻，可以筑城作为根

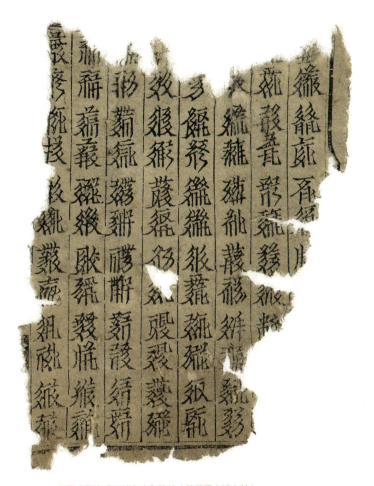

西夏文印本《三才杂字》残片（俄藏黑水城文献）

据地，进扼横山关隘，长驱直捣西夏都城兴庆府。永乐城易攻难守，沈括与种谔都有异议，种谔甚至尖锐指出"城之必败"。但徐禧固执己见，八月十五日开始筑城，仅用十四天即大功告成，神宗赐名"银川寨"。

对西夏说来，横山是其心腹之地，当然容不得宋朝在其间插上一根眼中钉。永乐城筑成仅十余日，西夏即出动包括铁鹞子军在内的全国精兵，与宋军展开了殊死的争夺战。当时，守城宋军仅三万，而攻城的西夏军达数十万，沈括曾建议弃城诱敌，被徐禧拒绝。大将高永能要求在西夏军尚未成列时出击，遭到否决。另一将领曲珍请在铁鹞子军渡河将半时出击，再遭否决。

战机频失，处境日险，永乐城小人众，粮草供应不足，而关键的水源竟被西夏军切断。争夺水源成为战争胜负的关键，曲珍提议绕道袭击西夏军最后面的老幼，扰乱其军心，以摆脱困境，徐禧仍不采纳。眼见城内断水，坐以待毙，渴死者十之六七，甚至有人绞马粪汁当水喝。二十日，永乐城被西夏军攻破。是夜，大雨如注，电闪雷鸣，多日饥渴，宋军已无抵抗能力，徐禧、李舜举与高永能被乱兵杀死，守城士兵和夫役几乎全军覆没。

十月一日，神宗接到永乐城失陷的消息，悲愤涕泣，不思饮食，早朝时面对辅臣失声痛哭，群臣不敢仰视。永乐之役大大刺伤了神宗，史称"及永乐陷没，知用兵之难，于是亦息意征伐"。他的强兵开边梦彻底破碎了。不仅精神委顿不振，病情也日渐加剧，身体状况急转直下，不到三年，便在深深失望中辞别了人世。

神宗是一个颇欲有所作为的皇帝，熙宁新政、元丰改制、与西夏的较量，得失相参，却无不凸显其雄心勃勃的个性。无奈到他即位时，宋朝内政外患诸问题早已积重难返，绝非短期内急功近利所能解决的，这就决定他成不了一代雄主。他在新法与开边两方面都显得操之过急，在对西夏的战争上尤其如此，宋朝在灵州之战与永乐之役中死伤将士民兵多达六十万，失误不可谓不大。

元祐更化与洛蜀朔党争

　　元丰八年（1085 年）二月，宋神宗病危，宰相王珪率宰执入见，请求立储，由皇太后同听政。神宗已说不出话，只是点头首肯。王珪他们所说的皇太后即指神宗的母亲英宗高皇后。高太后高太后出身将门，曾祖是宋初大将高琼，外曾祖就是曹彬。她对熙丰新法一直持否定态度，但严格恪守宋朝家法，并不出面干预。

　　三月一日，高氏垂帘听政，宣布立神宗第六子赵煦为皇太子。高太后知道大位更迭在即，一方面命侍卫禁止神宗的兄弟雍王赵颢和曹王赵随意出入皇帝的寝殿，一方面暗地让人按十岁孩子的模样缝制一件黄袍。尽管赵颢与赵也是高太后所生，但她在皇位传递上显然主张父死子继，而不像太祖之母杜太后那样希望自己的儿子一个个都当皇帝。

　　在神宗弥留之际，另一个宰相蔡确与职方员外郎邢恕密谋，准备拥立赵颢或赵，由邢恕去找高太后的侄子高公绘兄弟，高公绘一口拒绝："你这不是陷害我们高家吗！"蔡确、邢恕见谋立不成，反咬高太后要立赵颢。

　　五日，神宗去世，赵煦即位，年仅十岁，此即宋哲宗。高太后在哲宗继位典礼上向群臣特别表明自己的态度："子继父业，其分当然！"在其后九年里，她以太皇太后的身份垂帘听政，顺利完成了皇位的交接。

　　神宗去世，司马光从洛阳进京奔丧。卫士见到他，都致敬行礼。老百姓在道路两旁欢迎他，高喊着："无归洛阳，留相天子，活我百姓！"高太后派使者问他当务之急，他上了好几篇奏札，归纳起来，一是广纳谏言，一是废除新法。尤其对新法，他持全盘否定态度，认为变法派完全在"舍是取非，兴害除利"。

　　不久，司马光以门下侍郎入朝，吕公著也以尚书左丞被召。这时，宰相是

宋英宗高皇后坐像（台北故宫博物院藏）

蔡确与韩缜，章惇知枢密院事，他们都是变法派。司马光执政以后的第一道札子就是《请更张新法》，他把新法比成毒药，认为必须全部废止。

变法派放出抵制的舆论，援引孔子的话头："三年无改于父之道，可谓孝矣。"司马光针锋相对地还击，他一方面把神宗与王安石、吕惠卿分开，说新法都是王、吕所为；另一方面他强调高太后是"以母改子，非子改父"。

把新法与神宗撇清，显然是自欺欺人，但这种政治手段往往在清除旧权威的当口被袭用。所谓"以母改子"，深契高太后心意，但只是在字面上绕开了"以子改父"，从皇权继承角度却是讲不通的，因为继承皇位的是神宗之子，而不是高太后。这也为日后哲宗绍述提供了逆反的口实。

司马光认为朝中尽是变法派的天下，便推荐刘挚、赵彦若、傅尧俞、范纯仁、范祖禹、唐淑问，以为他们的品行学问可以担任台谏或经筵官；还推荐了吕大防、王存、孙觉、胡宗愈、王岩叟、苏轼、苏辙等，希望朝廷委以重任，尽其才干；并建议让文彦博、吕公著、冯京、孙固、韩维等德高望重的旧臣各举人才。于是，一大批反变法派联骈入朝，力量对比顿时改观。

神宗去世的当年七月，首先废除的是保甲法。十一月，罢方田均税法。十二月，市易法与保马法也相继废罢。次年，改元元祐元年（1086 年），废除新法工作雷厉风行地推开，史称"元祐更化"。

闰二月，右司谏王觌向变法派大臣发起攻击，说："八个宰执，奸邪居半，让一两个元老怎么施展抱负！"接着连续上奏指斥蔡确、章惇、韩缜。孙觉、刘挚、苏辙、王岩叟等其他台谏也猛攻蔡确，于是，蔡确罢相，章惇罢知枢密院，分别出知州郡。四月，韩缜也罢相出朝。司马光与吕公著先后拜相，宰执大权转入反变法派的掌握之中。

司马光和高太后全面而彻底地废除新法，变法派竭力反对，反变法派也有不同意见。范纯仁是范仲淹的儿子，与司马光又是姻亲，认为新法只要去掉那些太过分的，"徐徐经理，乃为得计"。

三月，司马光要求各州县五日之内罢免役法，在江宁闲居的王安石听说，不禁惊愕失声道："连这都要废除吗？"许久，又说："这法终不可罢！我和先帝讨论了两年才实行的，连细节都考虑到的。"

司马光同一阵营内对免役法行废的争论也十分激烈。同知枢密院事范纯仁以为："此法熟议缓行则不扰，急行则疏略而扰，委非其人，其扰滋甚。"苏轼说得更在理："差役免役，各有利害。免役之害，聚敛于上，而下有钱荒之患；差役之害，民常在官，不得专力于农，而吏胥缘以为奸。"对免役法如何存利去害与司马光争得面红耳赤，但司马光固执己见，令苏轼私下里感慨大呼："司马牛，司马牛。"南宋吕中也以为：因其利而去其害，差役免役二法都是可行的。苏轼在这一问题上远比司马光通达。

五天恢复差役法的期限，只有知开封府蔡京如期完成，他是一个典型风派，很快从变法派阵营倒向反变法派。司马光高兴地说："如果每人都像你这样，有什么不能贯彻的？"范纯仁对司马光说："你这是让人不要说话。这与那些新进迎合王安石邀求富贵有什么不同呢！"

八月，范纯仁因国用支绌，建议仍行青苗法，很多人以为不妥。司马光正抱病在家，闻讯急忙入见高太后，追问是哪个奸人主张重新实行这个方法的，吓得范纯仁在旁不敢吱声。

王安石是这年四月辞世的。司马光认为，安石文章节义过人处很多，变法是因为不晓事体而喜欢更张，现在矫其失、革其弊，有人百般诋毁，我们应该对他优加厚礼，拯救风气。五个月后，司马光也去世了，这时新法已废除殆尽。

他俩曾是朋友，但大变法使他们成为政敌。尽管如此，他们所争的不是个人的权力，而只是治国方略的出处异同，对对方的人格才学仍抱着充分的尊重。在坚持自己政见上，他们都过分自信和固执，听不进不同意见，并认为自己这么做是忧国忧民。他们都是君子，但作为政治家，处理问题却过于绝对化，都或正或反地给当时的国计民生留下了种种问题。

王夫之这样描述以司马光为首的元祐更化："进一人，则曰此熙丰之所退也；退一人，则曰此熙丰之所进也；行一法，则曰此熙丰之所革也；革一法，则曰此熙丰之所兴也。"王安石已经听不进不同意见，容不得反对人士，司马光对新法缺乏分析，不分是非，全面否定，一切复旧，比安石走得更远，做得更绝。连朱熹都讥讽这种一切以熙丰划线的思路，是"闭著门说道理"，因而"矫熙丰更张之失，而不知堕于因循"。

熙丰新法已经操之过急，元祐更化更是急于熙丰。南宋吕中指出："去熙丰小人不可以不急，而变熙丰之法则不容以太急。"熙丰小人之说还值得商榷，但政局与制度的转圜承受不起这种大起大落的折腾，还是说在点子上的。总的说来，司马光是一流的历史学家，却不是一个成功的政治家。

於皇上帝降祚炎宋爰錫真儒鬱為時棟
真儒伊何時維司馬如柱如石克達大廈
退居西洛十有五年著書立言成名自天
眈相君實歡聲洋溢農安于田婦安于室
復我良法式循祖宗進良退奸坐致融融
四方仰止圖像克肖歆食必祝家至戶到
食采溫國著名凌煙元勳巨德英圖莫傳

司马光像（北京故宫博物院藏《八相图》局部）
图赞称扬司马光推动的元祐更化是"复我良法，式循祖宗。进良退奸，坐致融融。"

对变法派的打击也在不断升级。紧随蔡确、章惇、韩缜之后，吕嘉问、邓绾、李定等也相继被贬。范纯仁建议说："录人之过，不宜太深。"高太后下诏，与前朝变法有关者台谏不必再追究，但立即遭到台谏官义正辞严的驳斥。

针对有人主张除恶务尽，吕公著处理问题比较稳健持平，以为治道去其太甚者，应该让那些变法派改过自新，不能使他们自暴自弃。但这种正确意见往往被情绪化的反驳所淹没。

吕惠卿早在神宗时就被贬出朝，那是变法派内讧的结果。现在，他遭到反变法派的清算，元祐元年，他被建州安置，一贬就是九年，其间他连冷水都不敢喝，唯恐喝了生病，被说成是对朝廷不满所致。

蔡确罢相以后，次年再贬知安州（今湖北安陆），出游当地车盖亭时作诗十首。知汉阳军吴处厚与他有过节，元祐四年得到这诗后就捕风捉影地作了笺注，上书中书，指斥蔡确曲折用典以唐高宗传位武则天事影射高太后。台谏刘安世等劾论不断，高太后大为震怒，命宰执讨论处理方案。

这时，吕公著刚去世，文彦博以平章军国重事提议贬至岭南。右相范纯仁对左相吕大防说："贬置岭南这条路，自真宗乾兴以来荆棘近七十年，我辈一开，恐难自免。"但终于决定将蔡确安置新州（今广东新兴）。纯仁对高太后进谏道："朝廷不能以语言文字之间，暧昧不明之过，贬黜大臣。不能开这种先例。"御史中丞李常、中书舍人彭汝砺和侍御史盛陶也都反对这种罗织之风，都被贬黜。

宰相吕大防与执政刘挚向高太后建议为蔡确换一近地州郡，她在帘后厉声说："山可移，此州不可移！"不久，纯仁也被罢相，因为竟有台谏指责他与蔡确结党，意气情绪已使部分反变法派不分是非曲直了。

蔡确一案牵连颇广，梁焘开出两张名单，一是所谓蔡确亲党，有章惇、蒲宗孟等四十七人，二是所谓王安石亲党，有吕惠卿、蔡确等三十人。蔡确最后死在贬所，朝野震动，新党就把这口怨气憋到绍圣绍述，吐还给了所谓的旧党，连开列名单的方式都为元祐党籍碑所效法。范纯仁等人的说法是深具眼光的，但当时的高太后与明清以后锻炼文字狱的独裁者并未从中得到警悟。

元祐五年，平章军国重事文彦博退了下来，吕大防独相，见熙丰新党反弹得厉害，便与门下侍郎刘挚打算引用一些新党，来点安抚，搞点"调停"。但遭到御史中丞苏辙的驳斥，他提醒高太后"勿使小人一进，后有噬脐之悔"。高太后以为说得在理，调停之说便断了下文。

司马光是一个有号召力的人物，自他去世后，位居要津的反变法派失去了凝聚力，这一现象在吕公著死后日渐加剧。除吕公著、吕大防、范纯仁和范祖禹等独立自守，不少朝臣大致按籍贯划分为洛党、蜀党和朔党。洛党首领是程颐，其下有朱光庭、贾易等，不少人都是程门子弟。蜀党首领是苏轼，其下有苏辙、吕陶等。朔党领袖人物有刘挚、王岩叟、刘安世、梁焘，其下成员颇多。如果说，他们在熙宁时与新党争辩新法，还是出于关怀苍生黎民的公心，那么，他们在元祐间分朋立党，除了学风旨趣那么点差异，剩下的就只有党派的私利和意气了。

元祐更化以后，程颐担任崇政殿说书，这是一个经筵官的差遣，为皇帝上课说经，他也真的以帝王师自居。人们对他说文彦博对皇帝还毕恭毕敬，他回答说："他是三朝老臣，侍奉皇帝自应谨慎。我以布衣来为皇帝上课，不自重行吗？"这种酸味，与苏轼的风格格格不入。

司马光死后数日，朝廷大享明堂，事后大家去司马光邸宅吊唁，程颐认为于礼不合，因为某天如果悲哀当哭，就不应该欢乐而歌。苏轼当即嘲讽道："这是汉代蒙冤被斩于市的叔孙通制定的礼。"大概就在这时或前后不久，苏轼还送过他一个绰号，叫做"鏖糟陂里叔孙通"。鏖糟陂是开封城外的地名，用来借喻程颐不过是一个蹩脚的乡巴佬儒生，程颐这就结下了怨气。

数月以后，苏轼以翰林学士的身份出题策试馆职，题目说："今朝廷欲师仁宗之忠厚，惧百官有司不举其职而或至于偷（偷谓苟且）；欲法神宗之励精，恐监司守令不识其意而流入于刻（刻谓峻刻）。"题目一公布，洛党立即兴师问罪。朱光庭弹劾苏轼谤讪仁宗之政苟且，影射神宗之政峻刻。苏轼自辩说试题着眼当前吏治，且经御笔批点。朔党的王岩叟以为苏轼出题失当，推卸责任更罪不可恕。

蜀党的吕陶上书辩护，挑明了苏轼与程颐的个人恩怨，特别提到了朱光庭的籍贯，希望朝廷不要助长朋党之争。但王岩叟、朱光庭却仍紧追不放，上书不止。范纯仁的见解比较公允，他认为苏轼"偶失周虑，本非有罪"，但"相互攻讦，流弊渐大"，不过朝廷也不必因此惩治上书言事的台谏官。但高太后在为苏轼开脱的同时，还是贬斥了有关的台谏官。

通过这一事件，洛蜀朔党争正式公开化。元祐二年夏秋之际，哲宗因患疹不能听讲经书，程颐就指责高太后："既然皇帝不能上殿，太皇太后怎能单独垂帘听政呢？"高太后受不了这种道貌岸然的批评，免去他经筵侍读的差遣。

洛党不甘心自己在朝势力的削弱，贾易就上疏指斥吕陶党附二苏，背后有文彦博、范纯仁撑腰。对这种不负责任的牵扯，高太后大为不满，让宰相吕公著惩处。吕公著虽认为贾易恣意诋毁，但因是台谏官，责罚太重，不利于广开言路，只是免去言职，外放州郡。不料贾易外放以后，还是咬住不放，超越了职权范围，引起了普遍反感，被贬知广德军。

元祐六年，贾易再次弹劾苏轼，这次翻的是旧账。说是神宗去世时，苏轼在扬州赋诗道："山寺归来闻好语，野花啼鸟也欣然。"全国人民悲痛万分，他却"闻好语"、"也欣然"，岂不罪该万死。苏轼这诗是在游上方寺以后所写，与神宗之死了无关系。贾易继吴处厚以后，企图再制造一起文字狱，以打击蜀党。

元祐六年二月，刘挚由执政升为右相。刘挚性格峭直激烈，元祐初任台谏官时疾恶如仇，无意中开罪了不少人。投机分子邢恕曾与他同学于程颢门下。邢恕此人好钻营，奔走于王安石、司马光、吕公著和蔡确之门，神宗逝世前，在拥立新帝上押宝，差点把自己赔进去。哲宗即位后，他又替高公绘出主意，建议尊崇哲宗生母朱太妃，以便在高太后死后留个后路。高太后见奏，知道侄子大字不识一个，问明了底细，把邢恕发落到永州做酒监。

因有那么一层交谊，刘挚在信里劝邢恕"为国自爱，以俟休复"。郑雍、杨畏一直想找刘挚的碴，辗转搞到了这封信，把"以俟休复"解释为"等太皇太后他日复辟"，还搜集到刘挚曾教过章惇之子功课的情报，一并呈送给高太后。

与此相呼应，揭发刘挚与邢恕交通的奏疏，高太后一下子收到十八份。她原来对刘挚的好印象，立即大打折扣，认为他笼络章惇与邢恕，在为自己留退路。正直之士的劝谏，刘挚本人的辩白，在一边倒的舆论面前显得苍白无力。十一月，刘挚罢相出朝。

郑雍开列了一张刘挚同党的名单，计有王岩叟、刘安世、王觌、朱光庭、梁焘、贾易等三十人，其中固然多朔党，但洛党的朱光庭与贾易也在其间。开名单，划同党，已成一时风气。杨畏此人，人称"杨三变"，最先追随王安石与吕惠卿，元祐更化时向司马光献媚，而今又帮助左相吕大防挤走右相刘挚，他这种倾危反复的勾当在绍圣期间还有新表现。

元祐八年秋天，高太后病重，问宰执自己垂帘九年有否施恩高氏的情况（她自觉裁抑外戚的表率，赢得了朝廷内外的敬佩。据说，有一年元宵节，她为高家外戚推恩，吩咐给年长的每人送两匹绢，给年幼的每人只分两个乳糖狮子）。她当着哲宗说："先帝追悔往事，至于泣下，这事官家应该好好记着。老身殁后，必然有很多人来教唆官家，应该不要听。"在总结自己垂帘的政绩和更化的根据后，她向哲宗留下了政治遗言，撒手归天。

高太后的去世，是元祐更化结束、绍圣绍述开始的标志。有记载说，"方其垂帘，每有号令，天下人谓之快活条贯"，甚至称颂她是"女中尧舜"，但这些恐怕都是反变法派的评价。高太后听政期间，以母改子，尽废新法，大有矫枉过正之处，整个元祐更化谈不上是政治改革，在经济政策上旧党也毫无积极的建树，只是一场情绪化的清算运动。如果说，熙丰变法还是旨在解决国家社会问题（虽然没有完全解决好），但元祐更化反而使这些国家社会问题治丝而棼。

更为关键的是，元祐更化虽然纠正了熙丰变法中的部分弊病，却在北宋后期政治上留下了严重的后遗症。这一期间的许多人事，新旧党之间的党同伐异，旧党内部洛蜀朔党的杯葛恩怨，高太后与宋哲宗祖孙之间的龃龉隔阂，到绍圣绍述时都搅成一股逆反的合力，以更大的势能喷发出来，影响到其后的政治局势与历史走向。

三八

绍圣绍述

　　高太后是元祐更化的核心人物，元祐旧臣都仰承她的鼻息，没把小皇帝放在眼里，甚至连他说话都爱理不理。在高太后的阴影下，宋哲宗活得很压抑，对高太后与元祐诸臣积聚着深深的怨愤。有一次，高太后问他："那些大臣奏事，你怎么想的，为什么不说？"他回答道："娘娘已处分，还让我说什么？"

　　元祐八年（1093 年），高太后去世，哲宗亲政。他在追述高太后垂帘时，好几次都说"朕只见臀背"，发泄对高太后的强烈不满。许多朝臣窥探到这种逆反心理，开始大讲高太后坏话。知枢密院韩忠彦希望哲宗能像仁宗禁止群臣议论刘太后那样，下诏禁止。

　　十二月，宰相吕大防护送高太后灵柩去皇陵落葬，杨畏就上疏希望哲宗继承先帝之政。哲宗问他先朝那些人可以复用，杨畏列举了章惇、安焘、吕惠卿、邓润甫、李清臣等人。元祐九年二月，李清臣为中书侍郎，邓润甫为尚书左丞。

　　李清臣在殿试发策时直接否定元祐政治，令绍述之意呼之欲出。"绍述"是绍圣年间使用频率最高的政治术语，其原义就是继承前人的做法，按既定方针办，而对哲宗而言，就是继承其父神宗的遗志与事业。

　　执政苏辙列举了汉昭帝罢去武帝晚年苛政等例子，对李清臣的策论题表示不同意见。哲宗对苏辙将神宗比武帝勃然大怒，范纯仁从容劝谏道：苏辙的比喻并没有谤意，对大臣不能像呵斥奴仆一样。但苏辙终于出知州郡。接着，吕大防与范纯仁也先后罢相，但这还是较温和的宰执替换。

　　四月，谏官张商英因元祐时没能受到重用而积怨在心，开始猛烈抨击司马光、文彦博误国，甚至把高太后比为吕后与武则天。他挑动哲宗，希望他无忘元祐时。当月，翰林学士承旨曾布建议恢复神宗事业，改元顺应天意，于是改元祐九年为绍圣元年。

章惇在元祐元年罢政出朝，至此入朝拜相。他在哲宗在位期间，始终独居相位。在新党干将中，吕惠卿因与王安石交恶而大失人望，在绍述中没能得到哲宗的青睐；曾布虽也力主绍述，但在不少问题上，并不一味盲从新党某些过激的做法，哲宗对他的信任和器重明显不及章惇。

章惇入相时就声称："司马光奸邪，所当急办！"他是抱着党同伐异秋后算账的宗旨来推行绍圣政治的。有人对他说："熙宁未必全是，元祐未必全非"，他根本听不进去。章惇主持绍述的做法也很简单，那就是元祐年间废除的新法全部恢复，元祐诸臣全部予以放逐和打击。他首先引用了蔡卞、林希、张商英、黄履等，占据了重要职位，准备对元祐群臣进行大规模报复。

林希任中书舍人，贬逐元祐大臣的制词多出其手，他甚至敢斥高太后为"老奸擅国"，以至有一次草制完毕，掷笔长叹："坏了名节！"那个善变的杨畏无耻地向章惇表白：自己前不久利用吕大防驱逐刘挚，完全是"迹在元祐，心在熙宁"，人们都说杨畏当初巴结吕相公，与现在巴结章相公一模一样。蔡京也同样，当朝廷对免役法与差役法议而不决时，他建议章惇直接推行熙宁成法，何必讨论？于是，他又成为免役法的主张者。

五月，章惇开列了元祐年间将西北米脂等四寨放弃给西夏的大臣名单，共计有司马光、文彦博、赵卨、范纯仁等十一人，分别安上"挟奸妄上"等罪名。反变法派处理这件事情，确实过分怯懦，以当时实力而论，宋方如若希望和平，是完全不必以弃地为条件的。不过，现在章惇说他们"挟奸妄上"，也太言过其实。

六月，贬死蔡确的事被重新提起，吕大防与刘挚被视为罪魁祸首，再次贬官。其实，他俩对重贬蔡确并不以为然，现在反正也不分青红皂白了。元祐群臣被点名的越来越多，活着的被越贬越远，官职越贬越小，死了的被追夺赠官和美谥。

司马光和吕公著不仅追夺赠官和谥号，连哲宗当年亲笔为他俩题写的碑额和奉敕撰写的碑文也被追毁。章惇与蔡卞等三省官员还要求将他俩"掘墓劈棺"，有人认为发墓不是盛德之事，哲宗也以为无益公家，这才罢手。

这年岁末，蔡卞进呈重修《神宗实录》，并指责原《神宗实录》诋毁熙宁法令。哲宗对当时修撰《实录》的史官吕大防、范祖禹、赵彦若和黄庭坚都给予安置的严重处分。早在元祐时，两种修史意见就针锋相对。礼部侍郎陆佃以为王安石多有是处,黄庭坚说这样修史就是佞史,陆佃反驳说:"尽用君意,岂非谤书?"令人啼笑皆非的是,陆佃也受到落职的处分。

绍圣二年八月,哲宗下令吕大防等数十人永不叙用。范纯仁虽不在其中,仍上章论谏,他知道这是在拿身家性命冒险,却坦然说:"我曾为大臣,国事如此,我若不说,有负天地。"哲宗欲听其劝,经不住章惇反复进言,不仅吕大防等人没能改善处境,纯仁也从京畿近地贬到湖北。这年岁末,重新清查元祐章疏,不让有所谓漏网之鱼。言官陈次升上疏力论章 、蔡卞网罗党羽,打击贤良,希望哲宗限制他们的权力,给元祐群臣以"自新之路"。

绍圣责降元祐党人,主要固然是新旧党之争,但元祐群臣心目中只有高太后没有宋哲宗,未尝不是重要原因之一。当时,执政大臣苏颂看到这点,忧虑道:"皇帝一大,谁任其咎?"他自己在向高太后请示以后,必再向哲宗汇报。因而当有人准备弹劾苏颂,哲宗出面保护,说"苏颂知君臣之义"。

哲宗也是一个相当情绪化的君主,对已故司马光、吕公著等人实行了追贬、夺恩封等办法(对死者追施打击,应是中国封建政治的一大特色),其后代也遭到贬黜(株连亲属,同为中国封建政治的一大特色),在世的元祐大臣几乎都远贬到岭南。

绍圣绍述使积重难返的北宋后期政治雪上加霜,王夫之认为,直接导致"善类空,国事乱,宗社亦鬷以倾"。北宋灭亡固然还有外敌因素,但就内政而言,元祐是一次折腾,绍圣是一次更大的折腾,其后政治混乱越发不可收拾,则是不争的事实。

范纯仁一向最重国体,也在迁谪之列,对他的责罚还算是轻的,安置永州(今湖南零陵)。一路上,家人大骂章惇。船过湘江橘子洲时几乎倾覆,他平静地对儿子说:"船破,难道也是章惇所为吗?"

韩维本来也在贬谪之列,他先向神宗竭力推崇王安石,熙丰新法时在青苗法与保甲法的评价上和安石相左而出朝外任,元祐更化时反对司马光尽废新法的急切做法,其子向章惇申诉了韩维与司马光的争论,朝廷允许他以平民身份归里。

范纯仁的儿子们也想申说乃父与司马光在免役法与青苗法问题上的争执,希望免去对父亲的贬谪。纯仁说:"同朝论事,有不合是正常的。那些事不说也罢。有愧而生不如无愧而死。"

宋哲宗坐像（台北故宫博物院藏）

在绍圣大流放中，出人意料的是杨畏也名列其中。章惇对他"迹在元祐，心在熙宁"的表白先是信以为真，后来发现他与自己暗中作对，更反感他在元祐的作为，也把他打入了元祐党籍。

章惇还发现林希有倒向曾布的倾向，打算除掉他。而林希与邢恕不和，当时程颐编管涪州（今四川涪陵）的诏命刚下，林希知道邢恕与程颐一向雅善，估计邢恕会出面论救，不料邢恕却表态说"即便斩程颐万段，也不论救"，章惇干脆让林希与邢恕一起罢职外任。这真是一场小人的勾心斗角。

绍圣四年四月，神宗病危时皇位传承问题再被翻了出来，矛头直指高太后，怀疑她曾打算立子不立孙，这是新党最能煽起哲宗反感的一着。当时，邢恕确为此事上蹿下跳，但没能成功。八月，蔡确之子蔡渭揭发说，蔡确之弟蔡硕曾在邢恕处见到过文彦博之子文及甫的书信，说及所谓大逆不道之谋。

也许为了撇清，这时文及甫也站出来告发说，其父文彦博临终曾对他说起刘挚等在元祐初准备策划宫廷政变推翻哲宗，所以不让文彦博出长三省，而只让他平章军国重事。此事立案，史称"同文馆之狱"。审理此案的安惇与蔡京对这番供词不置可否，声称别无佐证，希望另官审问。哲宗命他俩彻底追查，尽管用尽逼供，最后还是查无实据。

元符二年（1098 年），刘挚再次被诬陷与宦官陈衍、张士良阴谋废立。刘挚已在绍圣四年岁末贬死，死无对证。陈衍贬在崖州

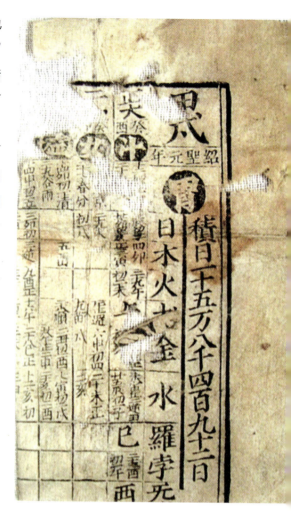

西夏翻刻宋哲宗绍圣元年（1094）历书残叶
（俄藏黑水城文献）

（今海南崖县），被哲宗下令在当地处死。张士良从贬所押回朝廷受审，当问及所谓高太后废立事，他仰天大哭："太皇太后不可诬，天地神祇岂可欺！"宁死也不肯诬陷高太后。

但章惇与蔡卞还打算追废高太后，还拟好了诏书。向太后听说，号哭着来见哲宗，她以同听政的身份，证明高太后所作一切昭如正午的太阳。哲宗生母朱太妃也苦劝道："皇上一定这么做，也就容不得我。"哲宗这才怒斥章惇与蔡卞，是否还让他有脸跨进英宗的祖庙。一场追废高太后的政治闹剧才草草收场。

当时民谣说："大惇小惇，殃及子孙"，大惇指章惇，小惇指安惇；又说："二蔡一惇，必定沙门"，二蔡指蔡卞与蔡京，一惇指章惇，沙门指当时专门流放罪犯的沙门岛。民谣是一杆秤，反映出民心对绍述派代表人物的评价。

所谓绍述，主要就是宋哲宗与章惇君臣在政治上以牙还牙，打击政敌。仅元符元年重新惩处的元祐旧党就达八百三十家之多。这种做法，逞快一时而贻害无穷，诚如《宋史·哲宗纪》所说："党籍祸兴，君子尽斥，而宋政益敝"。与此同时，经济上绍述虽以恢复新法为号召，实质上只是恢复元丰年间实施的条例，熙宁新政注重发展生产的内容被阉割了，而在抑制兼并势力等方面，比起元丰来更大为倒退，社会改革的进步性质丧失殆尽。

绍述以后，新党在军事上对西夏再取强硬政策。一方面在沿边诸路构筑了一道长达千余里的防御工事，一方面在重开的战事中打退了西夏的进犯。元符元年的平夏城之役，击败敌军三十万，是宋夏战争中少有的大捷，扭转了长期以来被动挨打的局面，迫使西夏求和。但浩大的军费开支，却令不景气的财政形势雪上加霜。

宋哲宗的身体一直很糟糕，少年时便有咯血等宿疾。元祐七年，由高太后作主，宋哲宗娶了一位比自己大三岁的女孩，她就是孟皇后。对这桩婚事，哲宗并不乐意，却也无可奈何。高太后死后，哲宗移情后宫刘婕妤。而章惇唯恐孟皇后预政，复行元祐之政，与宦官郝随、刘婕妤串通一气，密谋废后。

刘婕妤一向恃宠觊觎孟皇后。孟皇后的养母燕氏，后宫称为听宣夫人，忿然不平地与尼姑法端、供奉官王坚用厌魅的手段诅咒刘婕妤。刘婕妤发现，找哲宗哭闹。厌魅术在古代被视为一种能致人死地的巫术，禁治极其严酷。哲宗下令追查，许多无辜的宦官与宫女被打得断胳膊缺腿。

绍圣三年九月，燕氏、法端和王坚被处以极刑，孟皇后虽不知情，也被废黜，出居瑶华宫。在章惇与郝随请求下，次年，刘婕妤进封贤妃，元符二年（1099年）九月，册立为后。孟后被废，厌魅只是表面原因，实质是哲宗对高太后不满情绪的另一种转化，与绍述的大环境与大形势是息息相关的。

刘皇后为哲宗生过一个儿子，但不久就夭折了。元符三年正月，哲宗才二十五岁，却已命在旦夕，不能说话了。他的生母朱太妃哭倒在御榻边，嫡母向太后拉开她，声称哲宗对她说可立端王。哲宗去世，没有儿子，继立储君就成了大事。神宗共有十四子，健在的五子依次是申王赵佖、端王赵佶、莘王赵俣、简王赵似、睦王赵偲。

向太后向来淡泊政事，这时却心有成算地召诸王入宫，问章惇等大臣说："先帝无子，应当立谁？"章惇提出应立哲宗同母弟简王。向太后显然不同意，强调她自己没有儿子，所有的皇子都是神宗的庶子，不应再有区别，简王乃十三子，断无僭越诸兄的道理。章惇改口说："若以长幼，应立申王。"申王有残疾，一眼瞎，向太后表示反对，认为端王最合适。章惇以为端王轻佻，不宜君天下。向太后强调先帝遗言就是让端王即位。曾布也指斥章惇，支持向太后。于是，端王继位，他就是宋徽宗赵佶。

三九

从建中到崇宁

宋徽宗以庶子入承大统，宋徽宗赵佶尽管已经十八岁，仍请向太后垂帘听政，以压阵脚。与真宗刘皇后、英宗高皇后不同，向太后对权力并不感兴趣，听政仅半年，元符三年（1100 年）七月就宣布还政。

即位不久，徽宗就任命韩忠彦为门下侍郎，两个月后进拜为右相。忠彦是名相韩琦之子，京城称这一任命为"快活差除"。范纯仁已成为元祐旧臣的一种象征，徽宗召他入朝任观文殿大学士以备顾问，虽然最后因老病不得不归养，但徽宗声称"得一识面足矣"，倒赢得朝野不少好感。在忠彦建议下，文彦博、司马光和刘挚等三十三位元祐大臣恢复了名誉和官职，被废的哲宗孟皇后尊为元祐皇后，与尊为元符皇后的刘皇后享受同等礼遇。忠直敢言知名之士也渐被起用，一时号为"小元祐"。

章惇因反对徽宗继位（他说徽宗轻佻，倒是识人之语），任山陵使时又将哲宗灵柩陷入泥淖，被劾为大不敬，徽宗以此为由头将其罢相。言官把他迫害元祐党人的旧账抖落出来，他先是被贬岭南，后来移至睦州（今浙江建德），死在那里。蔡卞也是众多台谏官弹劾的对象，作为王安石的女婿，他也是鼓动绍述的主角，现在贬往太平州（今安徽当涂）居住。接着，蔡京夺职出居杭州；邢恕、林希和吕嘉问等也分别被逐出了朝廷。

徽宗初登大位，很注意广开言路，听纳直言。他下诏说："其言可用，朕则有赏；言而失中，朕不加罪。"在徽宗鼓励下，上书言事者就神哲两朝变法废法问题展开了争论。元符三年岁末，徽宗明确表示：元祐、绍圣均有所失，要以大公至正，消释朋党，改元建中靖国。宋代年号往往反映出在位皇帝的施政意向，徽宗这个年号的政纲很明确："建中"就是在元祐、绍圣之间不偏不倚，

"靖国"就是强调安定团结乃压倒一切的头等大事。

倘若真的如此除旧布新，任贤去奸，北宋末年政治形势恐怕将是另一番气象，可惜徽宗转眼就改变了初衷。形势逆转，与元符末年以来各种政治力量的消长息息相关。向太后无疑是旧党的代表，她的垂帘听政使旧党纷纷回朝。但她听政仅半年就主动还政，于建中靖国元年（1101 年）正月去世，旧党顿失靠山，也缺少杰出的领袖型人物。韩忠彦虽为左相，但在处理政事上魄力不够，在玩弄权术上也不是右相曾布的对手，事事受到掣肘。

相对而言，新党不乏曾布这样有号召力的领袖，虽然向太后听政期间有一批新党被贬出朝，但在朝的新党势力仍盘根错节。曾布由于在皇位继承上大得徽宗好感，再加上他在绍述时期对章惇过激之举也发出过不同声音，在建中舆论中反倒能为两派所容。但他在本质上是新党领袖，因而利用相位渐进绍述之说，一方面示意御史中丞赵挺之对元祐旧党发动攻势，一方面千方百计排挤韩忠彦。

起居郎邓洵武是新党邓绾之子，他挑唆徽宗说："陛下是神宗之子，忠彦是韩琦之子。忠彦更变先帝之法，在他是继承父志，陛下却不能够。必欲继承遗志，非用蔡京不可。"邓洵武用父子之情离间了徽宗的君臣之义，挑起了他对旧党的不满和仇恨。十一月，徽宗宣布明年改元崇宁，表明他将转而崇尚熙宁新法。

曾布与蔡京在元符末年矛盾颇深，唯恐蔡京执政威胁自己，默许旧党将其逐出朝廷；但为相以后，他为了挤走忠彦，再次援引蔡京入朝担任翰林学士承旨。不久，蔡京就当上了执政。当然，蔡京之所以能东山再起，与徽宗欣赏他的书法也有关系。据说，宦官童贯奉诏到杭州搜罗书画珍玩，贬居当地的蔡京精心绘制了屏障扇面让他带回宫禁，博得这位风流天子的青睐。童贯乘机说项，徽宗便决定重新起用蔡京。

蔡京入朝，先与曾布联手迫使韩忠彦罢相，罪名是变神宗之法度，逐神宗之人才。但蔡京站稳脚跟却开始倾轧曾布，上演了螳螂捕蝉黄雀在后的闹剧。他抓住曾布任命亲家陈祐甫为户部侍郎的把柄，发起攻击。曾布在徽宗面前声色俱厉地自我辩护，徽宗拂袖而起。御史交章弹劾，曾布罢相出朝。蔡京取而代之，乘胜追击，命知开封府吕嘉问将其诸子问成贪污罪，把曾布贬到太平州居住，在政治上再难翻身。

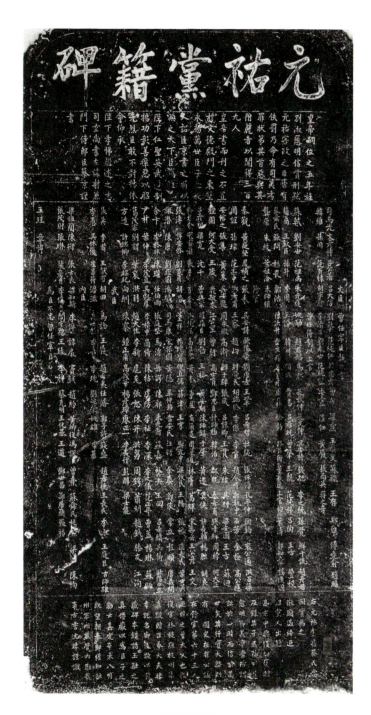

《元祐党籍碑》

在今广西柳州融水真仙岩，蔡京书，南宋嘉定四年（1211）沈暐重刻并题跋。但原碑已毁，现存为明代复刻。今广西桂林桂海碑林，还有南宋庆元四年（1198）由元祐党人梁焘后裔据家藏旧本复刻，但漫漶严重。

以崇宁元年（1102年）七月蔡京任相为界限，其后虽然还打着新法的旗号，但只是盘剥百姓的遮羞布，蔡京的所作所为，与熙宁新法已了无关系。诚如王夫之所说，王安石精心擘划的新法"名存实亡者十之八九"。蔡京为相不久，就仿照王安石设立制置三司条例司的陈规，设立讲议司，安插了亲信党羽四十余人，由他亲任提举。讲议司名义上讨论熙丰已行法度和神宗欲行而未行的举措，实际上是"中书以外有一中书"，成为蔡京打击政敌独揽权力的工具。

七月，徽宗颁诏指斥元祐大臣"汲引死党，沸腾异端，肆行改更，无复忌惮"。九月，他下诏将元符末年上书言事的五百八十二名官员分为正上、正中、正下、邪上、邪中、邪下六等。这张名单是蔡京一伙拟定的，标准是"同己为正，异己为邪"。列为正上的仅六人，正中的十三人，正下的二十二人，多是蔡京的死党。而列入邪等的五百三十四人，虽有陈师道、晁说之等知名人物，但绝大多数只在具体问题上与蔡京意见不同而已。列为正等的四十一人都旌赏有加，列为邪等的五百三十四人降责有差。

数日以后，徽宗规定：凡是元符末年"叙复过当"的元祐党人，一律不得任命在京差遣。这张名单共计一百二十人，有相当一部分已经去世，包括文彦博、吕公著、司马光、吕大防、刘挚、王岩叟、范纯仁、韩维、苏辙、陆佃等文武执政官二十二人，苏轼、范祖禹等曾任待制以上官员三十五人，秦观、黄庭坚、程颐等其他官员四十八人，张士良等内侍八人，王献可等武臣四人，由徽宗御笔书写，勒石在端礼门外的石碑上。列名的并不都是元祐旧党，例如陆佃原是王安石的学生，章惇与曾布明明是新党，仅因与蔡京见解相左，也都一股脑儿打入了元祐党籍。可见到蔡京手里，连新旧党争的起码界限都抹煞了，有的只是睚眦必报的个人恩怨。

不日，蔡京又让徽宗惩办元符末年变更法度的刘奉世等二十七人。元祐皇后孟氏也被再次废黜，仍居瑶华宫。十一月间，徽宗和蔡京将列入元符上疏邪上尤甚的三十八人黜逐远方，将列为邪上的四十一人分别贬为远小州郡的监当官。

岁末，徽宗连颁两道诏书，一是命令各地对安置、编管在本州郡的元祐党人严加羁管，一是不能再以元祐学术政事教授学生。崇宁二年四月，徽宗下令撤毁陈列在景灵宫的司马光、吕公著、范纯仁等大臣的画像，苏轼《东坡集》也在禁毁之列。列为禁书的，除了三苏和黄庭坚、张耒、晁补之、秦观等苏门四学士的文集，还有范祖禹、范镇和刘敞的学术著作。司马光的《资治通鉴》因有神宗的"圣序"，才免了一劫。

九月，蔡京党徒建议将刻石端礼门的元祐党籍碑颁示全国，让各监司、州郡的长吏厅都勒石上碑。次年六月，朝廷又将元祐党人、元符党人和元符上疏邪等者合为一张名单，共计三百零九人，先由徽宗书写刻石文德殿门东壁，再由蔡京书写颁示全国州县刻石。

元祐党人的名单，绍圣时定为七十三人，崇宁时竟增至三百零九人，只要谁与蔡京立异，人无贤否，官无大小，就打入党籍。一入党籍，亲属也跟着倒霉。党人的父兄子弟不论有无官职，一律不能担任在京差遣，甚至不能擅入京师。徽宗还规定：宗室不得与党人子孙或亲戚联姻，已经订亲尚未成礼的一律改正。连党人的子弟亲属都成为不可接触的另类，更遑论党人自身的遭遇了。

大规模的政治迫害，反弹是强烈的。崇宁五年正月，彗星行空。徽宗惶恐地让中外臣僚直言朝政阙失。因为按天人感应的说法，这是上天示警，作为皇帝不能不有所表示。执政刘逵首先劝徽宗毁弃元祐党籍碑。徽宗立马采纳，连夜派人拆毁端礼门外的元祐党籍碑，外地碑刻也一律废毁，解除所有党禁。一声令下，量移（贬所由远移近）、减刑、叙用（重新安排工作）、追复（对死者恢复原有的职级）等平反工作大呼隆地展开，只是朝廷以恩赐者出现，完全不必认错道歉。

如此戏剧性地峰回路转，不是蔡京的本意，而是徽宗的"圣裁"。蔡京在朝堂党籍碑被毁的次日，还声色俱厉道："石可毁，名不可灭也！"但他为相以来，不恤人言，威福自用，连其同党也啧有烦言，包括他的弟弟知枢密院事蔡卞、右相赵挺之和执政刘逵。徽宗也不满他刚愎自用，这才使迫害有所松动。

但徽宗对元祐党人的态度反复无常，两年以后，大观二年（1108年）三月，他声明：对罪在宗庙的元祐党人不予宽贷，但情节轻微执法过重等五种情况可以不定罪。

四 ○

《清明上河图》与
《东京梦华录》

　　宋徽宗后期，一方面，社会政治已经蕴含着深刻的危机，另一方面，社会经济经过一个半世纪的长足发展，进入了空前的繁荣。这种繁荣在东京开封表现得最为明显，《清明上河图》与《东京梦华录》是后人识读这种繁华的最佳图文资料。

　　开封在唐末称汴州，是五代梁、晋、汉、周的都城。北宋统一，仍建都于此，也称为汴京或东京（另有西京洛阳，北京大名，南京商丘）。东西穿城而过的汴河东流至泗州（今江苏盱眙），汇入淮河，是开封赖以建都的生命线，也是东南物资漕运东京的大动脉。不仅江淮、荆湖、两浙、福建，远至四川、两广的漕运物资，也都在真（今江苏仪征）、扬（今江苏扬州）、楚（今江苏淮安）、泗州改装纲船，经汴河运送京师。汴河里常年漕运的纲船达六千艘，每纲每年往返运输四次。由于汴河沿线往来舟船、客商络绎不绝，临河自然形成为数众多的交易场所，称为"河市"，最繁华的河市应属东京河段。

　　开封有宫、里、外三道城墙，把整个城市划为若干区域。宫城即皇城，太祖时仿照洛阳宫殿，在五代宫城基础上大规模改建而成。宫城周长五里，南面三门，东、西、北三面各仅一门，东西门之间有一横街，街南为中央政府机构所在地，街北为皇帝居住生活区。由于宫城原来规模较小，宋徽宗时在宫城外北部营建延福新宫，实为宫城的延伸和扩大，徽宗后期即居住在此。

　　里城，又名旧城，即唐代汴州旧城，周长二十里，除东面两门外，其余三面各三门。

外城，又称新城和罗城，宋初也称国城，改筑后周长五十里，城高四丈，城楼建筑宏伟壮丽。城外有护城壕，名叫护龙河，比汴河宽三倍。外城南面三门，东面两门，北面四门，西面三门，另有水门多座。

从交通看来，开封城内几条御路构成主干道。从皇城南面正中的宣德门往南，经里城朱雀门，直达外城南薰门，时称御街，路宽二百余步，两边都是御廊，是开封最繁华的大街。从相国寺东侧向北，过开宝寺直达外城的新封丘门，也是重要的御路。此外，外城从万胜门到新曹门，从新郑门到新宋门，各有一条东西走向的主干道；而从陈桥门到陈州门，从卫州门到戴楼门，则构成南北走向的两条主干道。

宋代东京城市布局和结构，较之前代发生了深刻的变化。入宋以后，进入城市的商人与工匠络绎不绝，唐代以来封闭性的坊市结构不能适应城市商品经济日益发展的要求。于是，坊市隔绝的旧格局渐被打破，越来越多的商人在坊区内街道两旁陆续开设了店铺。有的店铺为了扩大营业面积，连通衢大道也要占上一席之地，以至徽宗时不得不向他们收取"侵街房廊费"。

既然坊市已打通，临街已开店，为满足市民夜生活的延长，商家为了追求更多的商业利益，原先坊市制下长期实行的"夜禁"也自然而然宣布取消，开封城里出现了"夜市"、"早市"和"鬼市"。据《东京梦华录》载，各种店铺的夜市直至三更方尽，五更又重新开张；如果热闹去处，更是通晓不绝；而有的茶坊每天五更点灯开张，博易买卖衣服、图画、花环之类，至晓即散，谓之鬼市子。

不仅坊市格局被打破，城郭的限制也被打破。由于城市化进程加快，人口不断涌向城市，城门以外或城郭附近也多有居民居住，以至城外发展成新城。新城或外城因不再有坊市的区分，便以"厢"作为划分管理区域的名称。厢的本义就是正房两边的住房，用来指称和区划近城的地区是恰如其分的。于是，"厢"逐渐取代"坊"作为新老城区统一划分的单位。宋真宗时因汴京城外，居民颇多，特命置新城外八个厢，这是厢最早用于城市区划的记载。其后为便于统一管理，汴京旧城区也划分为十个厢，而原先的坊反而隶属其下，坊市结构完成了向厢坊布局的过渡。

中国城市的物质文化在两宋时期突飞猛进，大抵到十一、十二世纪之际，中国大城市里的物质生活已领先于世界各国的其他任何城市。北宋都城开封与南宋都城临安（今浙江杭州）都是这种繁华壮观的大都市。张择端的《清明上

河图》形象反映了北宋开封的城市变化和经济繁荣。

　　张择端，字正道，密州诸城（今属山东）人。他曾在宋徽宗时供职翰林图画院，最工界画，尤喜画风俗画。他的《清明上河图》以长卷的形式，生动细腻地描摹了清明时节汴京东南城内外汴河两岸的繁荣景象，展现了宋代城市的发展及形形色色市民活动的现实场景，代表着宋代社会风俗画的最高成就。

　　但也有人认为，图名清明，是指汴京城东郊的清明坊，图中所绘并不是清明时节的春景，而是秋景或四时景；有人甚至认为，该图描摹的并非北宋汴京的景物，而是宋代农村的临河集镇。但这两种观点并未得到学术界所认同。

　　而所谓上河，有人解释为上方之河，是御河之类，实际上就是到河上去的意思，整个图描绘的就是清明时节人们到河上去的风俗人情。至于所绘的东京部位，一般多以图中虹桥作为定位的依据，尽管众说纷纭，但属东京城东南方位则无疑问。

　　长卷为淡墨设色绢本，高 20.8 厘米，横 528.7 厘米，绘人物五百余（一说八百余，恐怕还得仔细盘点），牲畜近百，树木近二百，洵为中外绘画史上煌煌巨制。打开卷轴，东京郊外的菜园风光，汴河运输的忙碌景象，街头市肆的热闹气氛，扑面而来。观画人恍如身入汴京，置身车水马龙之间，过虹桥，入城楼，街上人烟稠密，店铺作坊，客栈民居，错杂毗邻；骑马、坐轿、拉车、挑担者纷至沓来，车船轿担的细枝末节，牛马驴驼的形神动作，士农工商、男女老幼各色人等的打扮举止，无不勾画得惟妙惟肖，城市生活的众生相跃然纸上。

张择端《清明上河图》局部（北京故宫博物院藏）

《清明上河图》采用传统的手卷形式，以不断移动视点的办法，即"散点透视法"来表现有关景象，大到原野、河流、城郭，细到舟车上的部件、摊贩上的商品、市招上的文字，和谐地组成统一的整体，繁而不乱，长而不冗，布局分明，结构严谨。

作为一幅富于写实性的作品，该图所绘景物具有典型的代表性，时代气息浓厚，细节刻画真实。人物的衣冠服饰，各业人员的不同活动，都刻画入微，生动丰富。

《清明上河图》是中国绘画史上现实主义的不朽杰作，画面所反映宋代社会生活和物质文明的广阔性与多样性，有着文字无法替代的史料价值，是后人了解12世纪中国城市社会生活最重要的形象资料。

大约在张择端创作《清明上河图》的同时，《东京梦华录》的作者孟元老也正纵情享受着东京城内令人羡叹的物质生活。孟元老号幽兰居士，从崇宁二年（1103年）入京到靖康二年（1127年）南徙，饱览了二十余年的东京繁华。绍兴十七年，他避地江左，缅怀往事，写下了《东京梦华录》。

这部书记载了北宋后期东京的岁时节令、物产时好和民风俗尚，因为是亲

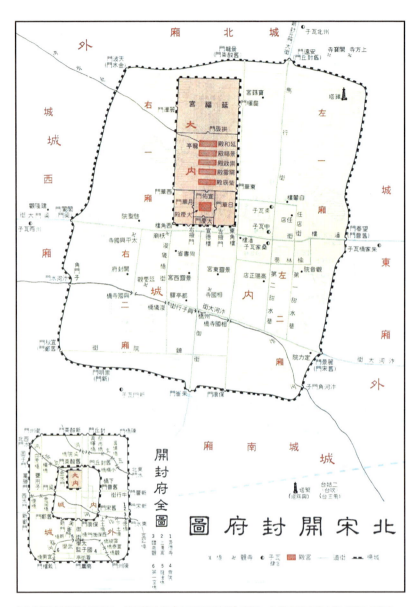

《北宋开封府图》（程光裕、徐圣谟主编《中国历史地图》下册，台湾中国文化大学 1980 年版）

历目睹，所记尤为真实，简直可以视为《清明上河图》的文献说明。两者相得益彰，让后人得以形象具体地了解北宋晚期东京城市的繁荣奢华与市民生活的细枝末节。《东京梦华录》开创了以笔记描述城市风土人情、掌故名物的新体裁，反映南宋都城临安的同类著作有《都城纪胜》、《梦粱录》、《武林旧事》。

孟元老的自序追述了当年的繁盛："正当辇毂之下，太平日久，人物繁阜。垂髫之童，但习鼓舞，斑白之老，不识干戈。时节相次，各有观赏：灯宵月夕，雪际花时，乞巧登高，教池游苑。举目则青楼画阁，绣户珠帘。雕车竞驻于天街，宝马争驰于御路，金翠耀目，罗绮飘香。新声巧笑于柳陌花衢，按管调弦于茶坊酒肆。八荒争凑，万国咸通，集四海之珍奇，皆归市易，会寰区之异味，悉在庖厨。花光满路，何限春游？箫鼓喧空，几家夜宴，伎巧则惊人耳目，侈奢则长人精神。"

他记皇城东南界身巷的金银采帛交易说："屋宇雄壮，门面广阔，望之森然，每一交易，动即千万，骇人闻见。"他记东京诸酒店说："必有厅院，廊庑掩映，排列小阁子，吊窗花竹，各垂帘幕，命妓歌笑，各得稳便。"他记清明出游说："四野如市，往往就芳树之下，或园囿之间，罗列杯盘，相互劝酬，都城之歌儿舞女，遍满园亭，抵暮而归。"他记暮春都市生活的甜美如梦说："牡丹、芍药、棣棠、木香种种上市，卖花者以马头竹篮铺排，歌叫之声，清奇可听。晴帘静院，晓幕高楼，宿酒未醒，好梦初觉。"

把玩《清明上河图》，品味《东京梦华录》，你才会明白徽宗朝社会经济的繁荣与物力财富的丰庶，你才会更深刻体悟到行将到来的靖康之变的历史苍凉感。邓之诚称赞孟元老"但述太平景象，当时豫大丰亨，即天下败坏之由，竟不作一语点明，而使阅者试一回思，不觉涕涟，是谓白描高手"。

张择端也似乎只是描绘东京的繁盛，令人错以为"当日翰林呈画本，升平风物正堪传"。而实际上，画家在《清明上河图》里也画上沿街乞讨的乞丐，官衙门口懒散坐着的士兵，大街上乱跑的猪，这里隐藏着画家对太平盛世的一种嘲讽。

无独有偶，孟元老在《东京梦华录》里记到南薰门时也说："寻常士庶殡葬车舆皆不得经由此门而出，谓正与大内相对。唯民间所宰猪，须从此入京，每日至晚，每群万数，止数十人驱逐，无有乱行者。"冷峻的叙事中透露出对大内荒谬决定的讥刺，充满了一种黑色幽默。

四一

如此君臣

　　宋徽宗即位前就喜欢书法、丹青、图书、古物、花石，在他身上有类似李后主那样的艺术天赋。他在书法上独创瘦金体，瘦劲锋利犹如屈铁断金。他的花鸟画精致逼真，体物入微，绝对一流。他懂得音乐，词也填得不错。即位以后，他对翰林图画院关注有加，让文臣编纂了《宣和书谱》《宣和画谱》和《宣和博古图》等书画文物图谱；还设立了大晟府，制定了大晟乐作为宫廷雅乐。他适宜做主管文化艺术的大臣，但君主制却命定让他做皇帝，把国家的命运交由他掌握，这真是历史的阴差阳错。

　　向太后一死，徽宗就按捺不住轻佻本色。崇宁元年（1102 年），他命童贯在苏、杭设造作局，专为他打造象牙珠宝、金银藤竹、雕刻织绣等高级工艺品。蔡京看透了徽宗粉饰太平的心思和声色犬马的嗜好，将《周易》上"丰亨，王假之"和"有大而能谦必豫"曲意发挥，倡导"丰亨豫大"，鼓吹君王应在太平盛世尽情享受，让他享乐也心安理得。

宋徽宗《草书千字文卷》（辽宁省博物馆藏）

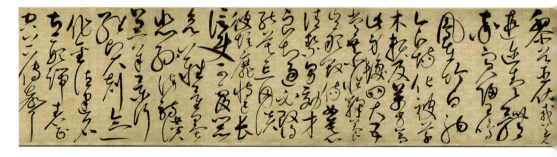

崇宁四年，徽宗让朱勔在苏州设立应奉局，专领花石纲。所谓花石纲，指运送奇石异花的船队，每十条船称为一纲。朱勔主其事后，从国库取钱就像囊中取物，见士庶家有一石一木可供清玩，就派健卒闯入其家，指为御前之物，然后毁屋破墙，发运上船。花石纲船队在运河与淮河、汴河里舳舻相衔，有些高广数丈的巨木大石，往往要毁桥拆城，好几个月才运抵京城。花石纲之役两浙受害最烈，江南、湖南、福建乃至两广、四川也都在搜刮之列。百姓一预此役，中产之户也倾家荡产。据淮南转运使报告，运送一株竹子的花费竟达五十贯，整个花石纲危害东南二十年，耗费民财不知凡几，难怪东南百姓一提起朱勔，都恨不得食肉寝皮。

在蔡京等鼓动下，徽宗开始大兴土木，最劳民伤财的要数建新延福宫和艮岳。政和四年（1114年），蔡京声称原来的延福宫逼仄，让童贯、杨戬、贾详、何䜣、蓝从熙分任工程，营建新宫。五人无不出奇创新，争胜邀宠。新宫东西略与大内相仿，南北略短，在东起景龙门西至天波门之间，垒石为台，疏泉为湖，奇花异木，争奇斗艳，殿台亭阁，金碧辉煌，还有鹤庄鹿砦等动物景点和村居野店等民俗风情点缀其间。

艮岳建在景龙门内。茅山道士刘混康信口开河说这里风水好，地势如果增高，皇室就能多子。政和七年，由梁师成主持，仿杭州凤凰山在这里堆造万岁山，宣和四年（1122年）竣工，由于位在道家八卦的艮方，改称艮岳。周围广袤十余里，峰高九十步，因大量征发花石纲，天下奇石怪木荟萃一地，集天台、雁荡、庐山之奇伟，两川、三峡、云梦之旷宕，宛如名山大川、阆苑仙葩装点成人间胜境。延福新宫和艮岳的构思与布局完全是艺术的，只可惜竭天下

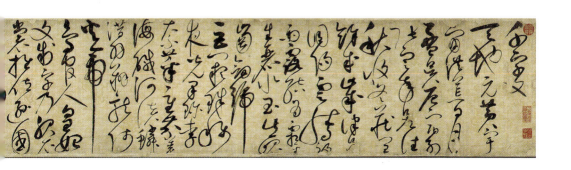

吟徵調高鬲下桐
松間疑有入松風
仰窺低審含情客
以聽無絃一弄中
　　　　　　臣京謹題

聽琴圖

《听琴图》（北京故宫博物院藏）

此图曾被认为宋徽宗所绘，现经研究
为画院画家的作品，图中抚琴者即宋
徽宗，一说左侧由童子侍坐者即蔡京。

之力而奉一人，落成不到十年就金兵南下，落得个千秋骂名。

说到艮岳是崇道的副产物，不妨就来说说徽宗对道教的迷狂。在这点上，他与真宗倒是在伯仲之间。徽宗在崇宁、大观间还只是一般的崇道，政和以后渐入迷狂。政和初年，他自称太上老君在梦中对他说"汝以宿命，当兴吾教"。

政和四年正月，徽宗下诏置道阶二十六级，有先生、处士等名号，秩比中大夫至将仕郎，好比官制中的阶官系统；后来又置道职八等，有诸殿侍宸、校籍、授经等，以拟待制、修撰等，好比官制中的馆职系统；另置道官二十六等，有知左右街道录院事等名目，好比官制中的差遣。

政和六年，徽宗在京师设道学，分元士至志士等十三品，后命太学、辟雍设立《黄帝内经》《道德经》《庄子》《列子》博士各二人，命各州县招收学道生徒，教材以《黄帝内经》《道德经》为大经，以《庄子》《列子》为小经，学生通大小经各一部，即可参加道学考试，中举即授以宫观官或补以道职。

政和七年，徽宗对道箓院说，自己是神霄帝君，怜悯中华受到金狄之教（即佛教）的影响，愿意以人主的身份让天下都归正道，授意他们册封自己。于是，道箓院册封他为"教主道君皇帝"。他很满意这个称号，民间也都以道君称他。贵为帝王之尊，以厕身佛道为荣，前有南朝梁武帝出家为僧，接下来就数徽宗自封道君了。不过，这个称号只用于道教章疏，而与政事无关，他似乎还知道政教得有所区别。

在中国历史上，佛道两教一般是相安无事的，两者争胜往往是最高统治者轩轾扬抑的结果。宣和元年（1119 年），徽宗下诏：称僧人为德士，尼姑为女德，冠冕衣着悉从道流；佛祖改称大觉金仙，其余佛教诸神改称仙人、大士等道教称号；寺院改称宫观，主持改为知宫观事，原先管理佛教的僧录司改称德士司，隶属于管理道教的道德院。这种崇道抑佛的政策，激起佛教徒的强烈抗议，个别僧徒甚至不惜以身殉教。

另一方面，一些自诩道术高明的道士却被徽宗尊为上宾，著名的有王老志、王仔昔和林灵素。王老志入住蔡京府第，徽宗派人来问已故刘贵妃的事情，老志居然能写出刘贵妃生前侍奉徽宗的悄悄话，名声大振。老志死后，王仔昔取而代之，人称小王先生，他因未卜先知治好徽宗爱妃的眼疾而走红京城，林灵素得宠，他受其倾害，瘐毙狱中。林灵素受召，徽宗问他是否相见过，灵素大言："往年上朝玉帝，曾见圣驾起居。"徽宗也煞有介事说："记得你当年骑青牛，现今何在？"答道："寄牧外国，不久便来。"政和七年，高丽果然进贡青牛，徽宗惊异之下，赐他骑乘。

林灵素胡诌徽宗是上帝的长子神霄玉清王，号称长生大帝君，徽宗便命天下所有天宁观都改称神霄玉清万寿宫。徽宗对他特别青睐，特许他随时出入宫禁。他有恃无恐，作威作福，其徒美衣玉食者近二万人，最后甚至敢与太子争道，与宦官近侍分党争胜，惹怒了徽宗，再也不顾他俩当年同"朝玉帝"的情分，让他死在了贬逐的路上。

徽宗是历史上有名的风流天子，其游冶享乐也别出心裁。他在宫掖设立市肆，让宫女当垆卖酒，自己化装为叫花子行乞其间。后宫声色已圈不住那颗放荡的心，政和以后，徽宗开始微行出游，专设行幸局，凡有微行，就说是有排当（排当原指宫廷宴会，这里是微行的隐语），次日未还，就传旨说生了疮痍不能坐朝。蔡攸进言："所谓人主，当以四海为家，太平为娱。岁月几何，岂可自苦！"梁师成更是曲解范仲淹的名句说："也该陛下后天下之乐而乐了！"于是，徽宗毫无顾忌地微行于妓馆酒肆之间，追声逐色，寻花问柳。野史笔记说他嫖娼，说他与名妓李师师那段风流艳事，细节虽未必可靠，但其事却是难以否认的。

有什么样的君，就有什么样的臣，徽宗与他周围奸佞邪恶的大臣们已经分不出谁是因谁是果，他们确实达到了君臣一体的地步。蔡京、王黼、朱勔、李彦、童贯和梁师成当时号称"六贼"，是最著名的奸谀之臣，蔡攸、高俅、杨戬、李邦彦等也都是巨恶大憝。

蔡京在徽宗朝四度为相，长达十七年之久。徽宗朝的黑暗政治就是他与道君皇帝相辅相成的产物。蔡京既敢于结党营私，又善于窥测逢迎。他见徽宗殚于政事，耽于游乐，就拟成诏书，让徽宗抄示给有关部门照办，称为御笔，不遵者以违制论处。这样，徽宗的越轨要求就能畅行无阻，蔡京也能上下其手，以致后来事无巨细，他都假托御笔。

宋代重大政事的决策执行，原有合理的程序：宰执议定，面奏获旨，再下中书省起草政令，经过门下省审议，凡有不当者，中书舍人和门下省的给事中都有权封驳（即说明理由拒绝通过），然后交付尚书省执行，与此同时，侍从官还可以提不同意见，台谏官可以论谏弹劾。御笔绕过了封驳、论谏等制约程序，导致君权恶性膨胀。任何权力一旦失控，政治污浊就不可避免。

蔡京第四次入相，已两眼昏花不能视事，但仍让小儿子蔡絛代为处理。他以太师而真拜宰相，父子祖孙亲任执政的有三人，至于成为侍从近臣的不下十余人，另有一个儿子娶了徽宗女儿，势力盘根错节，遍布中央地方。

蔡京的长子蔡攸与徽宗在即位前就厮混一起，获宠不下其父，后来竟父子交恶，倾轧争权，自立门户。蔡攸不仅能随时出入宫禁，还可以与王黼一起参加宫中秘戏，涂红抹绿，短衫窄绔，给徽宗说些市井荤段子。有一次，蔡攸在宫中粉墨登场扮演参军戏，戏言道："陛下好个神宗皇帝。"徽宗以杖鞭打说："你也好个司马丞相！"这样的人竟然官至领枢密院事。

同预宫中秘戏的王黼是投靠蔡京、拜宦官梁师成为父才起家发迹的。宣和二年，王黼取代蔡京为相，一反旧政，一时称为贤相。但一旦得势，他就设立应奉司，自兼提领，梁师成为副，专门搜刮天下财物和四方珍异，但十有八九进入两人的私囊。他让天下丁夫计口出免夫钱，刮得六百二十万亿贯，迫使河北农民揭竿而起。他明码标价，受贿卖官，当时谚语说他"三千索，直秘阁；五百贯，擢通判"。有一次，他与徽宗打算翻越宫墙微行出游，徽宗站在他的肩上，仍够不着宫墙，便低声叫道："司马光，耸下来！"王黼也应声说："伸下来，神宗皇帝！"这哪像君相，活脱脱一对无赖。

朱勔因花石纲而大得徽宗宠幸，他怙权恃势，招贿成市，那些买官跑官的麇集其门，时称"东南小朝廷"。他穿的一件锦袍，曾被徽宗抚摸过，他就在那个位置绣上一只"御手"。他参加过一次宫廷宴会，徽宗亲握他的手臂拉话，他就用黄罗把手臂缠起来，与人作揖也不抬那只被当今皇帝握过的手臂。他的家奴都补授朝廷使臣，佩上了金腰带，以至时人唱道："金腰带，银腰带，赵家世界朱家坏！"

李邦彦自小喜欢鄙琐玩意儿，自号"李浪子"，做上宰相后被人称为"浪子宰相"。他没有治国安天下的能耐，却擅长把市井间的鄙俚词语编成小曲，便仗着会唱俚词、善说笑话取悦徽宗。他自称要赏尽天下花，踢尽天下球，做尽天下官，也是一个不折不扣的流氓无赖子。

杨戬是宦官，他曾经主持西城所，在京东西、淮西北查寻所谓隐田、天荒田入官，实际上却把许多民间良田都指为天荒田，没收作为官田，再强迫原业主承佃交租。后来，李彦代主其事，更是变本加厉，巧取豪夺，鲁山县（今属河南）竟全部括为公田，百姓持有的田契全被焚毁，强迫他们永久租佃公田，把许多农民逼上了梁山。当时人说"朱勔结怨于东南，李彦结怨于西北"，这两个地区正是方腊与宋江起事的中心区域。

高俅原来是苏轼的小书童，被转送给画家、驸马都尉王诜，有一次，他到端王府公干，适逢王府蹴球，他也露上一手，就被后来成为徽宗的端王留在身边，恩宠异常。徽宗即位以后，数年之间，他就做到使相，遍历三衙，由一个胥吏下人而领殿前司，看来球技帮了大忙。从龙随从要求徽宗一视同仁，徽宗竟说："你们有他那样的好手脚吗？"

梁师成起家于侍弄文墨的小宦官，徽宗的御笔号令都出自其手。后来他竟胆大妄为，择取善书小吏，模仿御笔，夹带私货，外朝也真伪莫辨。蔡京父子都唯恐巴结不上他，执政、侍从出其门下的不可胜计，当时人都称他"隐相"，以区别于蔡京称"公相"（以三公为相）和童贯称"媪相"（以阉人为相）。

童贯以宦官而位至知枢密院事，攻打燕云，镇压方腊，在徽宗朝政治史上扮演了重要角色，在宋代也是绝无仅有的，后面还将细说到他。至于他招权纳贿，植朋树党，专横跋扈，误国乱政，在六贼之中仅次于蔡京，以致民谣愤怒唱道："打破筒（童贯），泼了菜（蔡京），便是人间好世界。"

《宋史·徽宗纪》说，徽宗既不是晋惠帝那样的白痴，也不是孙皓那样的暴君，最终导致"国破身辱"，是其将"私智小慧，用心一偏，疏斥正士，狎近奸谀"。确实，六贼等奸佞之臣虽然为非作歹，但势力并没有盘根错节到足以胁制君权。仍不时有正直的台谏官弹劾他们，徽宗也还没有完全丧失刷新政局的权威，他多次将蔡京罢相就是明证。

宋徽宗在位二十七年，除去昙花一现的建中初政，还"粲然可观"，其余二十五六年是北宋政治史上最污浊黑暗的年代。王夫之在《宋论》里这样评述："君不似人之君，相不似君之相，垂老之童心，冶游之浪子，拥离散之人心以当大变，无一而非必亡之势"。徽宗晚年，北宋正处在这一将亡未亡的临界线上。

四二

宋江、方腊与摩尼教

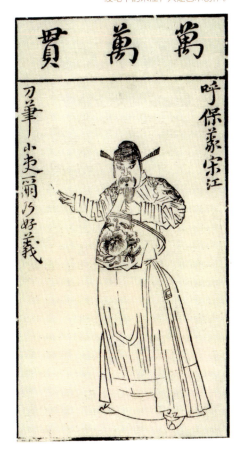

《水浒叶子》中的呼保义宋江

宋江在历史上实有其人，明代陈洪绶笔下的宋江，只是艺术创作。

徽宗君臣的黑暗统治，终于在政和、宣和之际激起了民众起义，其中以北方的宋江和南方的方腊规模最大。

宋江起义因有《水浒传》的渲染，几乎家喻户晓。其确切的起事年代缺少记载，大约在政和末年；活动地区相当广泛，北到京东河北，南到两淮的楚州、海州、淮阳军，"州县大震，吏多避匿"。史称"宋江以三十六人横行河朔、京东，官军数万，无敢抗者，其材必过人"。宣和三年（1121年）二月，宋江率军转战至海州（今江苏连云港），夺取了官军巨舰十数艘，但最后中了知州张叔夜设下的埋伏，副帅被俘，无复斗志，便接受招降。当年六月，随童贯南下镇压方腊。宋江起义有史可案的情况，大概如此。关于这次起义，宋元之际已有《宣和遗事》加以描写，虽不无历史的影子，但毕竟小说家言，不能完全征信。至于《水浒传》，更是艺术虚构。

有两个问题有必要说明一下。其一，起义是否以水泊梁山为根据地。梁山泊一向是"盗贼"的渊薮。元祐元年（1086年）前后，有个叫黄麻胡的在这里闹事。蒲宗孟出知郓州，禁止当地人出入水泊，绝其粮食以迫使这些啸聚者散伙。但崇宁以后，这里又成渔者盗窟。《夷坚志·蔡侍郎》说，蔡居厚知郓州时，有"梁山泊贼"五百人投降，都被他杀了。蔡居厚是政和八年（1118年）由郓州卸任的，杀降还早于这年，有人认为他杀的就是宋江等人，根据似乎不足，因为宋江受招安是在其后。从宋江在短短几年中横行河北、京东、淮南，似乎是流动作战为主，当时史料称宋江为"淮南盗"，也证明他们没有以梁山泊为"大本营"。但从宋江军队在海州夺取官军战舰进行水战来看，他们完全可能在梁山泊活动过，这在地方志和口传史料里还留有痕迹。但未必如《水浒传》描写的以方圆八百里水泊作为梁山好汉的根据地。

其二，宋江是否受招安打方腊。毛泽东在评《水浒》时说"宋江投降了，就去打方腊"，引得文史学界争辩不休。但李若水《忠愍集》有《捕盗偶成》诗说："去年宋江起山东，白昼横戈犯城郭。杀人纷纷翦草如，九重闻之惨不乐。大书黄纸飞敕来，三十六人同拜爵。"留下了宋江受招安的铁证。至于宋江参与镇压方腊，《皇宋通鉴长编纪事本末》和《皇宋十朝纲要》等权威史料都有确凿记载，也是无可否认的。大概就在镇压方腊以后返师时，武将折可存奉御笔讨捕"草寇"宋江，落得个兔死狗烹的可悲下场。

花石纲之役不仅把广大农民逼上绝路，

赵佶《祥龙石图卷》局部（故宫博物院藏）
这幅画卷表现了宋徽宗对花石纲的审美情趣。

连许多中小地主也濒临破产。方腊是睦州青溪县（今浙江淳安）的漆园主，也是造作局压榨的对象。于是他以诛朱勔为名，在宣和二年（1120年）十月，杀牛酹酒，在漆园誓师起义。

这时，两浙饱受盘剥压迫的各阶层人民就如一堆干柴，一经点燃就成燎原之势，数日之内，起义军就从千余人发展到十万之众。方腊自称圣公，建元永乐，署官命将。不到三个月，起义军分路出击，控制了睦州（治今浙江建德东）、歙州（治今安徽歙县）、杭州、婺州（治今浙江金华）、衢州（治今浙江衢县）和处州（治今浙江丽水）等六州五十二县。

东南重镇杭州的陷落令徽宗君臣大为震惊。徽宗被迫下罪己诏，撤销造作局，废除花石纲，宣布免除起义地区三年田赋，以收拾人心，瓦解其斗志。与此同时，徽宗命童贯急调西北十五万健卒赴浙。宣和三年正月，起义军首领方七佛率兵六万进攻秀州（今浙江嘉兴），官军固守顽抗，童贯手下大将王禀率大军赶到，成两面夹击之势，起义军损失惨重，被迫退守杭州。官军重兵压境，起义军的地盘日渐缩小，次月，杭州也终告失守，方腊只得率余部二十余万死守青溪帮源洞。四月，起义军终于被官军与地主武装联手攻破，帮源洞惨遭血洗，方腊也被宋将韩世忠俘获，八月押赴开封处死。

方腊起义的规模远较宋江为大，童贯在镇压过程中残杀的起义将士和平民不下二百万。这次起义，方腊登高一呼，两浙应者云集，除了花石纲之役的骚扰，另一个重要原因就是方腊以摩尼教组织和发动民众。这种秘密宗教的参加者不喝酒，不吃荤，互相以财相助，很受贫苦民众的欢迎。方腊故意把《金刚经》中"是法平等，无有高下"读为"是法平等无，有高下"，来引导民众认识现实世界的不平等，积聚起义的力量。

这里有必要补说一下摩尼教。摩尼教属外来宗教，关于其教义及传来的路径，此处略过不表。仅指出一点，在其流传过程中，佛道色彩越来越浓，倒可以视为外来文化具有中国特色的成功范例。唐武宗灭佛后，摩尼教转入地下，转而向东南沿海秘密渗透。五代后梁贞明六年（920年），母乙、董乙以摩尼教为旗帜，在陈州（今河南淮阳）起义，据说，其徒"画魔王踞坐，佛为洗足"，宣称"佛是大乘，我法乃上之乘"，也就是说教主摩尼比释迦牟尼还要高明。入宋前后摩尼教改称明教，这种以教主命名改为以教旨命名的更动，似更合乎中国人的习惯。

宋真宗时修《道藏》，两次下敕命福州献上《明使摩尼经》编修入藏。一说是当地有个大款买通了主持者，让他把《摩尼经》入藏，以便为明教争取合法地位。不论何说为是，此事表明：这时的统治阶级还没有惊惶失措，要把流传民间的明教消灭在萌芽状态。在其后近一个世纪里，未见有关摩尼教的直接史料，只能推测它并不张扬地从福建波及两浙。

宋徽宗崇道，再修《道藏》，两次命温州送明教经文入藏。入宋以来百余年间，摩尼教水波不兴，表明它充其量还只是抚慰信徒苦难的一帖麻醉剂。但对社会底层的苦难民众来说，宗教异端在抚平创痛和激起反抗之间是很容易转化的，其临界点的坐标即定在苦难的程度和民众的忍耐力的交叉点上。从这个意义上说，异端邪说倒不失为测试社会是否稳定健康的试剂：社会越是安定有序，异端邪说便越是没有市场；一旦到了异端邪说不胫而走，争夺到浩浩荡荡的民众时，这个社会的秩序、机制乃至其本身的现实合理性，一定是出了大问题。徽宗后期的社会危机已如干柴独缺烈火，方腊正是在这种背景下以明教来收拾人心的。

政和四年（1114年）有官员报告：两浙明教信徒各在所居乡村，建立斋堂，鼓动民众，夜聚晓散。徽宗这才感到问题严重，颁下御笔，严加取缔。然而，社会危机既然到达了临界点，一切都为时已晚。时隔六年，方腊就喊出了"东南之民苦于剥削久矣"的不平之鸣，以明教相号召，树帜起义。

方腊起义以后，明教被定为邪教。其后，统治者以"吃菜事魔"和"魔教"来侮称明教。南宋对吃菜事魔的取缔更为严酷。高宗一再颁布禁令，因告发株连，被籍没流放者不计其数。绍兴四年（1134年），有官员承认：两浙州县在方腊之后，法禁愈严，"事魔"之俗，不可胜禁；有人贪功邀赏，血腥镇压，往往令一方之地，流血积尸，焚烧杀戮，靡有孑遗。这种镇压扩大化所涉及的地区不限于东南诸路，持续的年代也不限于南宋初年。

统治者误以为这种镇压无所不能，意识不到是在为渊驱鱼、为丛驱雀，反会迫使异教信徒们协力同心，殊死反抗。实际上，方腊以后，吃菜事魔在东南民间一直禁而不止，一有气候，即生事端。南宋立国百余年间，与"魔教"有关的民众起义隔三岔五地此伏彼起：建炎四年（1130年），"魔贼"王念经在江西贵溪聚众起义，信州、饶州数万民众纷起响应；绍兴三年（1133年），余五婆、缪罗在浙江遂安"传习魔法"，反抗官军，声震严、衢两州；绍兴十年，浙江东阳"魔贼"谷上元率众起事；绍兴十四年，安徽泾县"魔贼"俞一发动"事魔者"举义；绍兴二十年，贵溪黄曾继王念经之后，再次"以魔惑众"，揭竿而起。

距方腊起义一个世纪后，绍定元年（1228 年），陈三枪在赣州松梓山举义，声势波及三路十余州郡，起义坚持了七年之久；从义军先后奉张魔王、小张魔王为领袖等迹象推断，显然与吃菜事魔有关。宋代与吃菜事魔相关的民众起义，见诸记载的以方腊始而以陈三枪终，以方腊领导的规模为最大，以陈三枪坚持的时间为最长，二者倒是首尾呼应、前后辉映的。

摩尼光佛雕像（成冬冬摄影）
在今福建晋江华表山草庵寺，始建于南宋绍兴年间。这是我国仅存的与摩尼教有关的遗址与文物。

四三

从辽圣宗到天祚帝

辽圣宗亲政以后，在外交上，对宋执行坐收岁币、和平相处的方针，对西夏采取怀柔政策藉以牵制宋朝，从而促成宋、辽、西夏三足鼎立的格局，为辽朝持续发展争取到一个较为理想的外部环境。在内政上，继续推进承天太后开始的封建化改革，社会安定，经济繁荣，文化发展，辽朝进入了鼎盛期。《辽史》称赞道："辽之诸帝，在位长久，令名无穷，其唯圣宗。"

圣宗的皇后萧菩萨哥是承天太后的侄女，被册封为齐天皇后，生过两个儿子，却都早夭了。宫女萧耨斤为圣宗生下了耶律宗真，齐天皇后养如己子。齐天皇后在承天太后去世后渐参朝政，颇受圣宗宠信。太平十一年（1031 年）六月，圣宗将死，立下遗诏，交待立齐天皇后为太后，元妃萧耨斤为太妃，并告诫耶律宗真：千万不要与生母杀害齐天皇后。

圣宗还没咽气，萧耨斤就诅咒齐天皇后"受宠到头了"，命人将她挟持出宫。圣宗一死，耶律宗真即位，年仅十六岁，即辽兴宗。萧耨斤马上烧毁遗诏，自立为法天太后，临朝摄政。她立即诬指齐天太后与其弟北府宰相萧浞卜（一作萧不里）、国舅萧匹敌等谋反，二萧赐死，齐天太后则被押往上京囚禁起来，兴宗苦苦哀求也无济于事。重熙元年（1032 年），兴宗例行春捺钵，地近上京，萧耨斤唯恐他思念养育之恩，把齐天太后接回来，便派人胁迫齐天太后自杀。

萧耨斤摄政期间，她与几个兄弟把大权抓在手中，专制国政，杀戮异己。她家毫无尺寸之功的四十名奴隶也都身居显职，出入宫廷，诋谩朝臣，卖官鬻爵，"当家作主"起来了。萧耨斤摄政四年，刑法废弛，朝政紊乱，圣宗法度，变更殆尽，史称"契丹亦困矣"。

但萧耨斤对兴宗仍深为不满。重熙三年，她与诸弟策划废黜兴宗，另立她

应县木塔

在今山西应县佛宫寺内，建于辽道宗清宁二年（1056），为世界今存最古老最高大的木结构塔式建筑。

所生的次子耶律宗元（此据《契丹国志》。《辽史》误作重元，唯《圣宗纪》有皇子宗真、宗元、宗简、宗愿、宗伟的记载，五兄弟当皆以宗命名）。宗元暗中告发，兴宗忍无可忍，从萧耨斤身边争取了殿前都点检耶律喜孙（这个职位在宋、辽似乎都是举足轻重的），与贴身卫兵五百余人包围了萧耨斤的行宫，把她押往庆州"躬守"庆陵（圣宗陵），实际上将她囚禁起来。重熙八年，兴宗听《报恩经》有所感悟，便将她从庆陵移置中京门外，但行止却与她相去十余里，以备不测。母子裂痕再也无法抹平。

粉碎了萧耨斤的废立阴谋，兴宗开始亲政，改正了法天太后摄政时的乱政。在对外方面，他趁宋夏战争打得不可开交之际，借口周世宗收复的瓦桥关以南十县原为后晋划归契丹的领土，宋朝应该还给辽朝。重熙十一年（1042 年），他一面在边境摆出攻宋的态势，同时派萧特末和刘六符使宋索讨关南十县。辽朝连恐吓带讹诈，迫使宋朝在澶渊之盟所规定岁币银绢二十万两匹的基数上，每年追加十万两匹，并承认是所谓宋朝"纳"给辽朝的。这是辽宋关系在澶渊之盟以后唯一的波折。

在这以后，辽兴宗有点忘乎所以，重熙十三年和十七年，两次亲征西夏，都没能讨到便宜。但辽朝实力毕竟比西夏强，重熙十九年，西夏被迫向辽称臣纳贡。三国鼎立局面得以继续维持。辽兴宗承袭盛世余晖，社会尚称安定繁荣，但他未有建树，唯享现成，辽朝由鼎盛走向衰败，也自此始。

辽兴宗嗜好广泛，往往率性胡来。他喜欢演戏，命后妃与伶人们一块演，自己也粉墨登场，让蕃汉群臣观看。皇后之父萧孝穆以为不雅，他一巴掌把岳父的脸都打破了。他沉迷赌博，与弟弟赌双陆，以居民城邑做赌注，连输数城，被伶官罗衣轻谏止。他性喜饮酒，尤好微服入酒肆滥饮，醉后胡言秽语。

有一次，兴宗醉后答应其弟宗元，死后传位给他。他对宗元当初告发法天太后废立事感激在心，故而又是封他为皇太弟，又是赐他金券誓书。联系兴宗至死不立其子耶律洪基为皇太子，却又让他任天下兵马大元帅（按辽朝皇位继承惯例，皇帝即位以前几乎都任过此职，这又等于宣布洪基是皇位继承人），醉后的许诺或是其潜意识中矛盾心理的反映。

重熙二十四年（1055 年）八月，辽兴宗去世，长子耶律洪基继位，此即辽道宗（1032—1101 年）。道宗深知父亲能坐稳皇位和自己能坐上皇位，叔父宗元是至关重要的。在即位的第三天，他就封其为皇太叔；次年，又拜宗元

《寄锦图》

这幅内蒙古赤峰市阿鲁科尔沁旗辽墓壁画表现了贵族女子正为远在异乡的亲人寄送衣物的场景。

为天下兵马大元帅，给他以皇位继承的指望。同时，他还先后对宗元之子涅鲁古封以吴王、楚王，让其知南院枢密使事。这些措施延缓了宗元集团的最终摊牌，道宗得以有时间巩固皇位。

耶律宗元知道等待侄子的皇位太不现实，他本人虽不能说绝无称孤道寡之心，但至少还没有利令智昏，否则他完全可以抢在兴宗死时与侄儿一决雌雄。但他终于抗不住儿子再三的蛊惑。其子涅鲁古性格阴狠，兴宗早就说他"目有反相"。清宁九年（1063 年）七月，道宗例行秋捺钵，耶律宗元集团决定趁机发动政变。道宗接到密报，还将信将疑地派人去召涅鲁古以为试探。使者好不容易从涅鲁古处死里逃生，道宗这才派南院枢密使耶律仁先去拘捕叛党。

宗元父子见使者逃脱，便率先发兵进攻道宗捺钵的宫帐，耶律仁先和知北院枢密院事耶律乙辛、北院宣徽使萧韩家奴等率宿卫数千殊死抵御。激战中，涅鲁古中箭身亡，宗元也负伤而退。次日，宗元率兵再攻行宫，而勤王军也正赶到。萧韩家奴在阵前规劝叛军不要自找灭族之祸，心理攻势使叛军顿作鸟兽散。宗元仅带残骑数人北逃至大漠，长叹一声"涅鲁古使我走到这一地步"，自缢而死。

耶律宗元叛乱是辽朝历史上皇族内部最激烈的皇位之争。契丹由游牧部族立国，原先各部族首领的部曲军队继续保存，而宗室亲王的兵力尤为雄强，多到千余骑，倘若他们还担任朝廷北面官中的主兵之职，聚集一定数量的叛军并不困难，这也是辽朝皇族谋叛频仍的原因所在。类似情况在西夏和金朝也不同程度地存在。

耶律宗元叛乱被平定后，道宗深感家族至亲不可信任，而对平叛有功的耶律仁先和耶律乙辛尤其倚重，让他俩共知北院枢密事。但乙辛是一个"外和内狡"的野心家，不久就将仁先排挤出朝，并与北府宰相张孝杰、北面林牙耶律燕哥和殿前副点检萧十三结为死党，操纵朝政。道宗却对乙辛反而宠幸有加，特许他四方凡有军旅之事，得以便宜从事。

大康元年（1075 年），皇太子耶律濬受命兼领北南院枢密院事。皇太子聪慧贤能，这一任命对包藏祸心的乙辛不啻是一个沉重的打击。乙辛集团处心积虑要除去皇太子，便先从诬陷其生母懿德皇后萧观音入手。这时，道宗因皇后经常进谏而有所疏远。耶律乙辛精心设计了一个圈套，向道宗诬告皇后与伶官赵惟一通奸（《焚椒录》有详细记载）。道宗不分青红皂白，根本不听皇后的辩白，挥起铁骨朵差点将她打死，并命耶律乙辛和张孝杰穷治，终于铸成冤狱。这年十一月，皇太子哭着请求代母去死，道宗不准，仍赐皇后以白练自尽。皇太子发誓将来一定为母报仇，耶律乙辛也决心斩草除根。

大康三年，耶律乙辛又让党羽诬构皇太子结党，图谋废皇帝自立。道宗竟派耶律燕哥去审讯太子。皇太子对他说："皇帝仅我一子，我岂会做这种事。你是我的兄弟辈，请代向皇帝辩白无辜！"燕哥却谎奏太子已经伏罪。道宗居然信以为真，将太子废为庶人，押往上京囚禁。乙辛旋即派心腹前往追杀，谎称病死。道宗欲把皇太子妃召来，乙辛又肆无忌惮地派人杀害了太子妃。皇太子的儿子耶律延禧才三岁。

大康五年，按例捺钵出猎，耶律乙辛心怀叵测，以皇孙年幼巡猎不便为理由，建议道宗留下皇孙。道宗打算同意，北院宣徽使萧兀纳自请侍卫皇孙，以防不测。道宗这才有点领悟，带上皇孙同行，对乙辛也生了疑心，不久就命其出朝任职了。其后，道宗加强了对唯一直系继承人的保护工作，并替皇太子昭雪，以天子之礼改葬，以便逐步确立耶律延禧的皇储地位。大康九年，业已失势的耶律乙辛私藏兵器准备前往宋朝避难，事发被缢杀。

耶律乙辛专政时期，不仅构陷了辽朝历史上牵涉面最广的懿德皇后和皇太子两大冤狱，而且直接使贪污成风，贿赂公行，谗言竞兴，奸邪并进，阿顺者受荐用，忠直者被斥逐。但正如《辽史》所说，这一切都是道宗"不明无断，有以养成"的。

道宗绝非治世之君，他用人选官不能决断，竟让候选者掷骰子，以胜者命官。耶律俨掷了个头彩，道宗说是上相之征，让他迁知枢密院事。大安四年（1089年），他推行入粟补官法，吏治更加腐败。他佞佛成性，一岁饭僧三十六万，一日度僧三千余人。民众起事、部族反侧，则频频发生，以至史称"甲兵之用无宁岁"。耶律宗元叛乱和耶律乙辛专政更使统治集团尽失信任，大伤元气。道宗在位四十六年，仅少圣宗二年，如果说圣宗将辽朝引导到鼎盛的峰巅，道宗则将其推入了衰亡的深渊。

寿隆七年（1101年），辽道宗死，耶律延禧即位，是即辽天祚帝。他继位以后首先着手为祖母和父母平反。其次是为受耶律乙辛迫害的朝臣平反。再次是严惩耶律乙辛集团骨干分子：活着的处死，死了的剖棺戮尸，株连后代。

不过，天祚帝已是亡国之君。他在位二十五年，继承的是道宗留下的千疮百孔的烂摊子，面临的是内外交困的棘手局面，史称其为君为政却是："拒谏饰非，穷奢极侈，盘于游畋，信用谗谄，纲纪废弛，人情怨怒"。于是"剧盗相挺，叛亡接踵"，即便没有外来打击，也已经摇摇欲坠、岌岌可危了。

更何况天祚帝丝毫不以道宗为前鉴，吸取明辨忠奸的沉痛教训，却在金朝大军压境的严峻形势下，再次上演了杀妻灭子的内乱悲剧，加速了辽朝的覆亡。一个国家是经受不起一再内乱的。历史上亡国易代几乎都是外患内乱造成的，但又往往内乱先作而外患随至。内乱的可怕，正如古人所谓"天作孽，犹可说，自作孽，不可活"。

四四

金太祖建国破辽

　　生活在黑龙江与松花江流域的女真，其族源可以追溯到先秦的肃慎，但在文献上确立"女真"译名，则迟至辽朝立国以后。散处在辽阳（今属辽宁）周围的曷苏馆女真，称为熟女真，已成为辽朝的编民；居住在松花江以北、宁江州（今吉林扶余东南）以东的女真诸部未入辽朝编籍，还保持着本族习俗制度，称为生女真。

　　活动在按出虎水的生女真完颜部落，在辽兴宗时逐渐强盛，联合诸部组成部落联盟，完颜部首领乌古廼任联盟长，辽朝则按例封其为节度使。乌古廼死后，其子劾里钵继任，其后四十年间，联盟长始终由劾里钵一家继承。

　　辽天庆三年（1113 年）岁末，劾里钵次子阿骨打继任联盟长，称都勃极烈，他就是金朝的开国皇帝金太祖。史载阿骨打状貌雄伟，膂力过人。劾里钵预言："只有这个孩子能解决契丹问题。"

　　生女真作为辽朝属部，每当辽朝皇帝捺钵出猎，其首领就得追随左右，奴仆般地为其呼鹿、射虎或搏熊。这种主奴式的羁縻关系，两者实力稍一失衡，加上适当的导火线，必然会破裂。天庆二年，阿骨打代其兄完颜部落联盟酋长乌束雅，前往参加辽天祚帝在混同江（即今松花江）上的头鱼宴。席间，女真各酋长依次歌舞助兴，轮到他时，他怒目直立，推辞说不会，坚决不从命，差点被天祚帝杀害。

　　继任以后，辽使来责问阿骨打为何不发丧，他反问道："有丧而不来吊唁，还要问罪吗？"阿骨打的强硬态度，从一个侧面表明女真的实力已不容小觑。而海东青事件恰好成为打破契丹女真间这种主奴羁縻关系的导火索。

　　生女真地区的海中出产一种"北珠"，每年十月以后才能从海蚌中获取，

陈居中《观猎图》（美国大都会艺术博物馆藏）
画面表现了女真民族善于骑射的场景。

但其时北国已冰天雪地，采蚌者绝对难耐此奇寒。当地有一种天鹅，以蚌为食，而藏珠于嗉囊之内。另有一种名为海东青的猛禽，来自五国部以东的海中，专门搏杀天鹅。只要能得到它，也就能够捕到天鹅，剖取北珠了。

北宋后期，这种北珠大得东京宫闱和官场的青睐。辽朝在与北宋的榷场贸易中因其身价百倍而大获好处，便把生女真直到海滨的通道称为"鹰路"，每年派出"银牌天使"向生女真索要海东青。这些银牌天使所到之处不仅恣意勒索，还随心所欲地每晚命年轻美貌的女真妇女"荐枕"，而不问其婚嫁与贵贱，因而激起女真民族的同仇敌忾。

自乌束雅起，女真已以辽朝接纳女真叛人阿疏为由，拒绝辽使来往鹰路。阿骨打继任的次年，再次遣使向辽索讨阿疏，实际上是打探虚实。当得知天祚帝的骄奢废弛以后，阿骨打便决意备战伐辽。辽朝侦知，遣使指责其心蓄异志，阿骨打毫不含糊地回答："倘若遣返阿疏，仍将继续朝贡。否则岂能束手受制于人？"这无异于向辽公开下战书，战争已不可避免。

天庆三年九月，阿骨打先发制人，进军宁江州，各部落前来会师。阿骨打传梃誓师："你们同心戮力，有功者，奴隶部曲为平民，平民为官，原先为官的按功劳大小晋升。倘若违背誓言，身死梃下，家属无赦！"（这一誓词表明当时的女真社会已盛行奴隶制度）次日，女真军进入辽界，与辽军激战，辽军溃奔，死者十之七八。十月，阿骨打率女真军攻克宁江州。

宁江州之战一结束，阿骨打即将原女真部落因征掠、围猎而设的部族组织猛安（千夫长）谋克（百夫长）领兵制，改造为整齐划一的兼具军事行政性质的社会组织单位，按每三百户为一谋克、十谋克为一猛安，把招抚的熟女真和生女真都进行了统一编制。此举有效削弱了血缘氏族组织的残余，强化了地缘行政的因素，有力促进了女真诸部的统一。在其后金朝征服辽、宋的过程中，猛安谋克制也被用以编制降附地区的人民。

十一月，辽军派萧嗣先为东北路都统，引兵十万屯驻在鸭子河北，准备与女真军一决雌雄。抓住萧嗣先以为女真军不敢轻易出击的侥幸心理，阿骨打偷渡混同江，以迅雷不及掩耳之势发起攻袭，两军在出河店（今黑龙江肇东）相遇，辽军溃不成军，统帅萧嗣先率先逃遁，仅率十七将士生还。女真军乘胜追击，缴获车马甲兵无数。

辽朝枢密使萧奉先唯恐其弟嗣先获罪，对天祚帝说："若不赦免东征溃兵的败阵之罪，恐怕将相聚为患。"于是，天祚帝颁布大赦令，萧嗣先仅免官而已。辽朝将士私下议论说"战则有死而无功，退则有生而无罪"，便无复斗志。契丹曾流传一种说法：女真兵卒过万则不可匹敌。出河店之战以后，女真军队超过了一万，兵锋所向，契丹军无不望风披靡。

次年正月，阿骨打仿中原制度，废除都勃极烈，即皇帝位，是即金太祖，改元收国，国号大金。他对群臣说："辽以镔铁为号，取其坚强，但也会朽坏。只有金不变不坏。"他改变了与国相分治女真诸部的旧制，确立了勃极烈制，分设谙般、国论忽鲁、国论乙室、阿买、昃等勃极烈共掌国政。他还指示完颜希尹和叶鲁仿辽、汉文字，创制女真文字，在天辅三年（1119 年）颁行，此即女真大字，以区别金熙宗颁布的女真小字。太祖立国，庶事草创，尽管简朴疏略，甚至还没有宫室之制，却是女真民族发展史上划时代的大事，在整个中华民族的历史长河中也占有重要的地位。

收国元年（1115 年）九月，金太祖攻陷了辽朝在东京道的重镇黄龙府（今吉林农安）。辽天祚帝在金朝咄咄逼人的攻势下，被迫亲率十万辽军主力，号称七十万，开赴黄龙府。而金太祖以二万之众，在深沟高垒严阵以待的同时，准备亲率骑兵给辽军以毁灭性的打击。

就在决战前夕，辽军都监耶律章奴临阵发动政变，率兵直奔上京，准备拥立天祚帝的堂叔、魏王耶律淳为帝。这次政变是辽朝各种社会矛盾在统治集团内部的反映。天祚帝只得从前线西还平叛，章奴谋叛虽被镇压，但金太祖却乘着辽天祚帝西撤之机，集中兵力追击其中坚，辽军死者绵延达百余里。

其后，女真军节节推进，先后攻占了辽朝东京道诸州县，同时却与辽朝使节往还，进行和谈，以和备战。这在金太祖是为了赢得巩固占领区的间隙，而辽天祚帝却是求之不得的。天辅元年（1117 年），金太祖派兵趁虚攻下长春州（今黑龙江肇源西南）和泰州（今黑龙江白城），其战略意图直指上京。

为了阻止金兵西进，辽天祚帝命耶律淳招募了二万八千名辽东饥民，让他们报怨于女真，名为"怨军"。这种让人为他卖命的招数，也没能挡住女真铁骑的凌厉进攻，上京临潢府周边州郡接二连三地陷落。

辽天祚帝日夜忧惧，把珠玉珍玩打了五百多包，备了二千匹骏马，准备随时出逃。他扬言道："我和宋朝是兄弟，和西夏是舅甥，到哪里都不失一生富贵。"一个在大敌当前首先想到了政治避难的国家首脑，这个国家的灭亡也就指日可待了。

天辅四年（1120 年）五月，金太祖亲率大军攻占了辽朝的上京，辽天祚帝逃往西京大同府，辽朝郡县已失其半。不久，金朝又与宋朝订立了联合灭辽的海上之盟，全面灭辽的序幕已经拉开。就在这个节骨眼上，辽朝再次发生了朝野震惊的内乱。

辽天祚帝共有六子，依次为晋王敖鲁斡、梁王雅里、燕王挞鲁、赵王习泥烈、秦王定和许王宁。其中文妃所生晋王因贤能最受国人拥戴。而元妃之兄萧奉先时任北院枢密使，他擅断朝政，一心想让元妃所生的秦王能继承皇位，便处心积虑诬陷文妃和晋王。

文妃萧瑟瑟有三姊妹，大姐嫁给耶律挞葛里，三妹嫁给耶律余。保大元年（1121 年），耶律余正率兵与女真军在前线打仗，文妃之姐去军中看望她随军的三妹。萧奉先就诬告驸马都尉萧昱与耶律挞葛里、耶律余勾结谋反，拟立晋王为帝，以天祚帝为太上皇，文妃也预知此事，而其姐是去军中通风报信的。昏愦的天祚帝竟然杀了萧昱、耶律挞葛里和文妃之姐，文妃也被赐死，惟有晋王幸免一死。

远在前线的耶律余得到消息，在怨愤绝望中率心腹投降了金朝。天祚帝急派奚王府萧遏买等将领率兵追击，诸将追至半途商议说："主上偏信萧奉先。余乃宗室豪杰，倘若抓了他，改日我们都会成为余的。"于是，就放其逃生，以"追袭不及"复命。辽朝民心军心也由此可见了。

由于耶律余熟知辽朝内情，他的反戈，使阿骨打灭辽得到了最佳向导，金军更是指顾如意，势如破竹。天辅六年（1122年）正月，金军以余为先锋攻陷了辽中京大定府（今内蒙古宁城）。刚从中京逃到南京（今北京）的天祚帝，接到战报，惊魂未定，就逃到鸳鸯泊(在今河北张北西北)，企图躲避金朝的兵锋。

宣化辽墓壁画《出行图》
摹绘了辽朝大户人家鞍马齐备正待出发的场景。

不料余摸透了天祚帝的意向，与完颜娄室的金军尾追而来。

萧奉先还是一味地窝里斗，他对天祚帝说："余引金兵前来，为了拥立他的外甥晋王。为江山社稷，应不惜一子，宣布晋王罪行，将其诛杀，绝余之望，他便会自行退兵的。"天祚帝居然信以为真，上演了所谓为国杀子的闹剧。听到晋王被赐死，诸军流涕，人心解体，谁也不愿为辽天祚帝卖命了。

而余听说此事，不仅没有退兵，反而穷追天祚帝。天祚帝先逃往西京，感到还不安全，再逃往夹山（今内蒙古武川西南）。这时他才痛感萧奉先误国，愤怒地说："现在杀你，也于事无补。你们避敌苟安，必然祸及于我，不必随行了。"萧奉先父子行不多远，就被手下人绑送金军，途中遭遇辽兵，其父子又被抢回，终于被天祚帝赐死。但一切为时已晚，在这对君臣折腾下，辽朝气数已尽，天祚帝到处流窜，惶惶如丧家之犬，也不过晚了几年当亡国之君。

辽天祚帝逃入夹山时，命耶律淳以燕王留守南京。三月，因与天祚帝消息隔绝，群龙无首，汉人宰相李处温与耶律大石等拥立耶律淳为天锡皇帝，改元建福，实际控制燕云与中京路部分地区，为与控制夹山以北的天祚帝政权相区别，史称北辽。不久，北辽击退了企图攻占南京的北宋童贯的大军，在辽金战场上却一筹莫展。

六月，只做了三个月皇帝的耶律淳病死，遗诏立天祚帝第五子秦王定为帝，因秦王还在天祚帝身边，只能遥立。这种只有皇帝名分，却没能过上一天皇帝瘾的怪事，也只有乱世才会出现。而天锡皇帝的萧德妃被尊为皇太后，改元德兴，权知军国事。

这时，北辽宰相李处温父子见势不妙，正在为自个儿身家性命找退路。他南通童贯，准备挟持萧德妃向宋纳土；同时北通金朝，答应做灭辽的内应。萧德妃发现后，历数他们数十款误国罪行，将其父子处死，籍没其家时，抄出他当北辽宰相仅数月间搜刮的钱七万缗，珍宝不计其数。

十一月，萧德妃五次上表金朝，表示只要允许立秦王为北辽皇帝，金朝其他条件都可答应。但金太祖岂能容许行将就木的辽朝与金朝划界并存，根本不理睬北辽的表章，由西北挥师直指居庸关。守关的辽兵不战而溃，金兵长驱南下。十二月，南京的辽将献城投降，北辽历时不到一年，即告灭亡。

保大三年（1123年）初，耶律大石收拾残军拥萧德妃出古北口，力主西投天祚帝，集结力量再谋救辽大计。到天德军（今内蒙古乌拉特前旗），见了天祚帝，其他拥立耶律淳的大臣都被赦免，但德妃还是难逃一死。

这年五月，因夏崇宗邀请，天祚帝渡过黄河投奔西夏。听说辽天祚帝避难西夏，金朝立即给西夏施加压力，于是天祚帝再也不能在外甥之国呆下去，只得渡河东还。其后，他继续流窜，苟延残喘地躲避金朝的兵锋。保大五年（1125年）二月，他终于在余睹谷被金将完颜娄室俘获，押往金朝上京（今黑龙江阿城），三年以后病死于长白山以东的囚所。

在金军攻陷燕京的次年，天辅七年（1123年），金太祖把洗劫一空的燕京等六州按约交给宋朝，八月在返回上京途中病死。

金太祖一生做了两件大事，建立金朝和灭亡辽朝。他虽然没有亲眼看到辽朝的灭亡，但已经奠定了胜局；他草创的制度，实现了女真社会从氏族制度向文明国家的过渡，支配着太祖、太宗两朝的金朝政治。《金史》称赞他"数年之间，算无遗策，兵无留行，底定大业，传之子孙"，其地位与耶律阿保机在辽史上正相仿佛。

四五

海上之盟

　　童贯用兵河湟小有胜利，在与西夏较量中也略占上风，便打起了辽国的主意，主动要求出使辽朝打探虚实。政和元年（1111年），徽宗派端明殿学士郑允中为贺辽生辰使，童贯为副。童贯以宦官使辽，大为辽朝君臣不齿，指笑曰："南朝乏才如此！"

　　在使辽时，燕人马植结识了童贯。政和五年，他由童贯荐引，入宋献联金灭辽之策，希望徽宗"念旧民涂炭之苦，复中国往昔之疆"，并断言旧疆臣民一定会箪食壶浆以迎王师。徽宗大喜过望，赐以国姓，命他改名良嗣，参预图燕之谋。

　　重和元年（1118年），武义大夫马政奉命由登州（今山东蓬莱）渡海使金，向金太祖转达了宋朝"欲与通好，共行伐辽"的意向，双方开始接触。宣和二年（1120年），徽宗命赵良嗣以买马名义再次使金，缔结联金攻辽的盟约，行前在给他的御笔里说："据燕京并所管州城，原是汉地，若许复旧，将自来与契丹银绢转交，可往计议，虽无国信，谅不妄言。"徽宗打算收回的是燕云十六州的故地，却只提燕京所管州城，自缚手脚。

　　尽管赵良嗣在谈判中尽量扩大燕京的辖区，要求将西京和平州、营州都包括进去，即恢复长城以南一切汉地，却被金人以不属燕京管辖为由断然驳回。最后双方约定：届时金进攻辽中京（今内蒙古宁城西），宋攻取燕京一带，事成以后，燕京归宋所有，送给金朝岁赐五十万两匹。赵良嗣回来复命，朝廷才知御笔作茧自缚，再派马政报聘，在国书中把燕云十六州一一注明。不料金人态度强硬，表示宋方如果要求过高，只有解约了事。

　　正当宋金使节来往道途折冲樽俎之际，力主收复燕云的实力人物童贯因镇

压方腊在南方无法脱身，无人敢作主，金使不得要领而返。后人称这一盟约为海上之盟。但订盟之际，宋朝已可谓不失败而失败。所谓不失败，指宋人字面上索要燕京的要求已经达到；所谓失败，指宋人本意欲得燕云十六州，而不仅是燕京。

宣和四年，金人约宋攻辽。其时，在金军追击下，辽天祚帝已逃入夹山，耶律淳被拥立为天锡皇帝，支撑着残局。童贯镇压了方腊，正踌躇满志，以为只要宋军北伐，耶律淳就会望风迎降，幽燕故地即可尽入王图。

四月，童贯以河北河东宣抚使率军北上。五月，徽宗又任命蔡攸为两河宣抚副使，与童贯共领大军。童贯到河朔一看，这里百年不识干戈，驻军骄惰，战备松弛，连当年为阻遏辽朝骑兵而构筑的塘泊防线也都水源枯竭，堤防废坏。

但这时童贯也只好硬着头皮进军。他派人前去说降，被耶律淳杀死。宋军张贴黄榜，宣传吊民伐罪之意，却不见有辽地汉民箪食壶浆出迎"王师"。实际上，燕云汉民已经习惯了辽朝对他们的汉化统治，他们并没有中原汉人那种强烈的夷夏观念。

童贯大军到达高阳关（今河北高阳东），即命都统制种师道率东路军攻白沟，辛兴宗率西路军攻范村（河北涿县西南）。种师道是西北名将，以为伐辽是乘人之危的不义之战，完全是消极参战。他得知前军统制杨可世被辽军先败

金杨微《二骏图》（辽宁省博物馆藏）
画面描绘了女真人在大漠荒野上放牧时套马的瞬间。

于兰甸沟，再败于白沟，辛兴宗也在范村溃
败，就撤军雄州（今河北雄县），被辽军所乘，
鏖战城下，损失惨重。徽宗闻知，对辽的态
度立即由藐视转为畏惧，急召大军还师。童
贯把指挥无方的责任全推给了种师道等，将
他们或贬官或致仕。

七月，耶律淳病死，其妻萧德妃以太后
主政。宋朝正是王黼为相，他便鼓动徽宗让
童贯、蔡攸再次发兵，以刘延庆替代种师道。
金人惟恐宋军靠一己之力先取了燕京，得不
到宋朝的岁赐，便遣使来约战期，宋派赵良
嗣再使金朝，讨论双方履约事宜。

刘延庆因有前车之鉴，十万大军畏缩不
前。辽涿州守将郭药师见辽朝朝不保夕，率
劲旅常胜军八千人以涿（今河北涿州市）、
易（今河北易县）二州来降，隶属刘延庆麾下。
不费一兵一卒得两座城池，宋徽宗有点忘乎
所以，赏赐郭药师的同时，御笔改燕京为燕
山府，其他八州也一一赐名，似乎一府八州
都已入囊中。

童贯派刘延庆、郭药师率大军十万渡白
沟伐燕，行至良乡（今属北京），被辽将萧
干邀击，就屯兵卢沟以南，闭垒不出。郭药
师自愿率奇兵六千，乘敌后空虚，夜袭燕京，
但要求延庆派其子刘光世率师接应。

郭药师攻入了燕京，辽军殊死血战，刘
光世违约不至，郭药师军死伤过半，仅数百
骑逃回。辽将萧干断了宋军的粮道，扬言辽
军三倍于敌，将举火为号，一鼓聚歼宋军。
刘延庆闻风丧胆，一见敌军火光，就自焚大

宣化辽墓壁画《备宴图》

画面从侧面表现了辽朝上层社会
的优渥生活。

营，仓惶南逃，士兵自相践踏百余里，粮草辎重尽弃于道路。次日，宋军在白沟被追兵再次大败，退保雄州。

这一仗使熙丰变法以来积蓄的军用储备丧失殆尽。至此，童贯主持的两次伐燕均告失败，而覆亡在即的辽朝居然大获全胜，金朝也在一旁冷眼看清了宋朝在军事上不过是银样镴枪头。

这时，金太祖已攻下辽中京与西京（今山西大同），岁末，亲率大军攻克了燕京。他见宋军一再失利，对来使赵良嗣的态度十分倨傲和强硬。赵良嗣奉命与金朝谈判履约交割的相关事宜，他明知金人得寸进尺意在毁约，但宋朝在军事上硬不起来，他在谈判桌上也就没了底气。

经过几次使节往来和讨价还价，金人下最后通牒：金朝只将燕京六州二十四县交割给宋朝；宋朝每年除了向金朝移交原来给辽朝的五十万岁币，还须补交一百万贯作为燕京的代税钱；倘半月内不予答复，金朝将采取强硬行动。

宣和五年正月，赵良嗣回朝复命，徽宗全部答应，只让他再次使金，要求归还西京。金朝乘机再向宋朝敲诈了二十万两的犒军费，宋朝也一口应承，但金人最后照单收了银两，仍拒绝交出西京。

四月，双方交割燕京。金军入城近半年，知道城池将归宋朝，便大肆剽掠洗劫，居民逃匿，十室九空，整座城市几如废墟。金军临走时，又将富民、金帛、子女捆载而去。童贯、蔡攸接收的只是一座残破不堪的燕京空城和蓟（今天津市蓟州区）、景（今河北遵化）、檀（今北京密云）、顺（今北京顺义）、涿、易六州，其中涿、易二州还是主动降宋的。

尽管如此，徽宗君臣还是自我陶醉，王黼、童贯、蔡攸、赵良嗣等都作为功臣一一加官晋爵，徽宗还命人撰写《复燕云碑》来歌功颂德，似乎太祖、太宗未竟的伟业，真的由他来完成了。但金太祖在撤离燕京时就公开宣称二三年里必再夺回来。

宋金海上之盟至此已算交割清楚，但宋朝所得并不是全部的燕云故地，总有点心犹未甘。而三国在这一地区的利害关系也并未最后定局，稍有风吹草动，就牵一发而动全身。当时守平州（今河北卢龙）的是张　（亦作张觉），他原是平州所在的辽兴军节度副使，在辽末动乱中控制了平州，扩张实力，窥测方向，在辽、宋、金三国之间待价而沽。金军攻下燕京，改平州为南京，为了稳住他，加其为同平章门下事，判留守事，一方面则打算找寻机会翦除他。

宣和五年八月，金太祖病死，金太宗继位，下令将辽朝降臣和燕地居民远徙东北。燕民不愿背井离乡，过平州时私下鼓动张毂叛金投宋。张毂与翰林学士李石计议后，与金公开决裂，派人迎奉天祚帝之子，企图复辽。同时，他还派李石向宋朝表示归降之意，徽宗心动，以为可以藉此收回平州。赵良嗣认为宋朝不应背盟失信自找麻烦，建议斩李石以谢天下，徽宗不听。张毂便以平、营（今河北昌黎）、滦（今河北滦州市）三州降宋。

正当张毂出城迎接诏书、诰命时，金帅完颜宗望（斡离不）率军来讨，张毂仓皇逃入燕山郭药师的军中，其母、妻被金军俘去。张毂之弟见老母被捕，转而降金，交出了宋徽宗赐给其兄的御笔金花笺手诏。金朝掌握了宋朝招降纳叛的证据，移牒宋朝索要张毂。

宋徽宗指示燕山府安抚使王安中不要交人，在金人催逼下，王安中杀了一个貌似张毂的人顶替，被金人识破，声称要举兵自取。徽宗怕金人兴师问罪，密诏杀死张毂及其二子函送金人。郭药师对宋朝出尔反尔、薄情寡恩的做法十分寒心，愤愤说："若金人索要我郭药师，难道也交出去吗？"从此，常胜军人心瓦解，不愿再为宋朝效力卖命了。

尽管如此，宋徽宗对尚未收回的新、妫、儒、武、云、寰、朔、应、蔚等九州仍心心念念。他让宦官谭稹为两河燕山府宣抚使，前往负责收回。朔（今山西朔县）、应（今山西应县）、蔚州（今河北蔚县）守将向宋纳款请降。金朝因太宗新立，辽天祚帝在逃，未暇顾及山后九州，十一月同意割武（今山西神池）、朔二州归宋朝。至此，宋朝实际控制的仅山后四州，因金帅完颜宗翰根本反对交出山后诸州，宋朝也不敢再作交涉。宣和六年三月，金朝缓过气来，就派人对谭稹索要二十万石军粮，说是去年赵良嗣答应给的。谭稹以为口说无凭，金军恼羞成怒，又怨恨宋朝收留张毂，八月间攻下宋军控制的蔚州。宋金战争一触即发。

海上之盟落到这一步，是徽宗君臣始料不及的。后人因而指责徽宗联金灭辽的方针与收复燕云的决策，以为倘不如此，北宋或许还不至于覆亡。实际上，收复燕云旧地，巩固北线边防，是后周世宗以来有为君主的一贯追求，徽宗有此打算，也完全可以理解。

当时辽朝日衰，女真崛起，不失为攻取燕云的最佳时机。至于联金攻辽的策略，也不是绝对不可行。关键还是宋朝自身军事实力是否过得硬，正是在这点上，徽宗君臣缺乏起码的自我估价，于是即便是最佳时机与可行策略，一切也都无从谈起，适足以露出自己的马脚，让金朝感到有机可乘。

但能否说不联金攻辽，宋朝就不会有靖康之难呢？这是缺乏政治地缘学常识的肤浅之见。既然金朝灭辽必不可免，其与宋直接接壤后，新兴奴隶主也必然会继续向外掳掠奴隶和财富，宋金交恶必不可免，宋朝在军事上孱弱的马脚迟早会在冲突中表现出来，其后的历史走向决不会因为宋朝在辽金冲突中的中立旁观而有重大改变。

四六

耶律大石

　　辽太祖的八世孙耶律大石（1087—1143 年），是辽朝历史上罕见的契丹族出身的进士。他字重德，在天庆五年（1115 年）中举后，即任翰林应奉，据辽朝科举制，只有殿试第一才能授予此职，这更增加了他的声誉。史称他又善骑射，堪称文武全才。不久，他就升任翰林承旨，契丹称翰林为林牙，因而也被人称为大石林牙。

　　保大二年（1122 年），在金军凌厉攻势前，辽天祚帝吓破了胆，命宰相张琳、李处温与秦晋王耶律淳留守南京（今北京），自己仓皇西遁，轻骑逃入夹山（在今内蒙古土默特左旗西北），与外界断绝了消息。这时，大石任辽兴军节度使，镇守南京道。在这种群龙无首的情势下，他参与了拥立耶律淳、建立北辽的活动，被任命为西南路都统。

　　这年岁末，南京失守，北辽难以为继。大石认为辽朝在西北还有相当势力，为挽救辽朝的灭亡，力排异议，冒着被诛杀的危险，毅然率部西投天祚帝，表现出非凡的胆略。次年二月，与天祚帝会合。天祚帝责问道："我在，你怎敢立耶律淳？"大石答道："陛下以全国之势，不能拒敌。即便立十个耶律淳，都是太祖子孙，岂不胜于向他人乞命吗？"天祚帝语塞，赦免了他，仍让他担任都统。

　　四月，大石与金军在居庸关有一次激战，他战败被俘。据《金史·宗望传》，金军强迫他带路袭击了天祚帝的大营。而据刘祁的《北使记》，金太祖"爱其俊辩"，还赐他一妻。大石"阴蓄异志"，九月，在随军西攻天祚帝时，伺机率部重新投奔天祚帝。这些细节，辽方记载只字未提，《辽史·天祚帝纪》仅言金"擒耶律大石"和"耶律大石自金来归"，想必是他本人来归后也有所讳言。

保大四年，天祚帝在大石率部来归后，又得到阴山室韦谟葛失的部队，自谓天助，一反原来的逃跑主义，执意要出兵收复燕云。大石坚决反对这一冒险之举，进谏道："原来全师却不谋战备。国势至此，反求决战，绝非上策。当养兵待时而动，不可轻举。"但天祚帝一意孤行。他见天祚帝不可能成就恢复大业，便自立为王，设北南面官属，率铁骑二百连夜离开夹山大营北上。三天后过黑水（今内蒙古艾卜盖河），白达达详稳床古儿献马四百匹、骆驼二十头。大石率师再向西北，到达可敦城。

可敦城即镇州（今蒙古土拉河上游），这里是辽朝西北路招讨司的驻地。金军攻辽，南下西进，所向披靡，但辽朝西北兵力未受损失。大石在可敦城召集了七州长官和十八部首领开会。会上，大石发表了重要演说，这篇演说词完全可以列入古往今来影响历史进程的著名演说词之列：

　　我祖宗艰难创业，历世九主，历年二百。金以臣属，逼我国家，残我黎庶，屠翦我州邑，使我天祚皇帝蒙尘于外，日夜痛心疾首。我今仗义而西，欲借力诸蕃，翦我仇敌，复我疆宇。惟尔众亦有轸我国家，忧我社稷，思救君父，济生民于难者乎？

耶律大石悲壮激昂、忧国伤民的情怀，洋溢在字里行间。在其感召下，马上聚集起精兵万余，战马万匹。大石置官吏，立排甲，具器仗，国家初具规模。

大石在可敦城立国，这里畜产丰富，远离金朝数千里，他贯彻"养兵待时而动"的战略，没有主动出击金朝，而是争取西夏、南宋等邻国及部族，以孤立金朝。到1128年，他已结集兵马达数十万，次年夺回了金朝北方二营。金朝意识到问题的严重性，在天会八年（1130年）向诸部族征兵进讨大石，但诸部族不从，征讨半途而废。

大石经过五年生聚，决心向外发展。他审时度势：在大辽旧地光复故国，虽是他最为向往的事业，但金朝在实力上正处于上升期，其进攻虽半途而返，但若要在这里与金争夺生存空间，至少在近期决无可能；而中亚高昌回鹘王朝和黑汗王朝则已进入衰落期，在那里是大有发展余地的。于是，他决心向西开拓，待羽翼丰满后再与金朝决一雌雄，恢复旧疆。

就在这年二月二十二日，大石以白马祭告天地、祖宗，整军西征。他预先致书高昌回鹘汗王毕勒哥，历数两国旧好，通报"将西至大食，假道尔国，其勿致疑"。回鹘王亲迎大石至宫邸，大宴三日，临行，献马六百，愿为属国。

自高昌回鹘的北廷别失八里（今新疆奇台西北）西行，大石率部进入黑汗王国境内，受到当地的抵抗，但似乎没发生大规模的战事。大石以其素持保存实力、待时而动的战略思想，即折向也迷里（一译叶密立，今新疆额敏）修筑城池，建立根据地，招抚周围突厥语系各部族，户数很快增至四万户，控制了东起土拉河西至额敏河的广大地区。

天会十年（1132年）二月五日，大石在新建成的也迷里正式称帝，按突厥部族习惯，号称菊儿汗（一译古儿汗），义即大汗或汗中之汗，自称天祐皇帝，建元延庆。关于延庆建元究竟在何年，《辞海》所附《中国历史纪年表》作1124年，即大石脱离天祚帝的保大四年。但这是大有问题的。第一，大石自立为王以后，仍以臣子自居，以"天祚帝蒙尘"、"思救君父"相号召，不可能作出改元之举。第二，称帝改元是中国传统，大石精通汉文化，应该遵循这一惯例。第三，《辽史·天祚帝纪四》说：大石在延庆三年"得善地，遂建都城，号虎思斡耳朵，改延庆为康国元年"，则延庆三年即康国元年，而这年为1134年，是有中西史料确证的，因而延庆改元应在1132年。

至此，西辽正式立国，域外史家也称其为黑契丹或哈剌契丹。从脱离天祚帝到建立西辽国，耶律大石在这八年间，跋涉沙漠，艰难备尝，行程达三万里，完成了战略大转移，这种气魄和胆略，确是常人难以比拟的。

立国以后，汉文记载颇简，只说："所过，敌者胜之，降者安之。兵行万里，归者数国。"今人根据域外史料勾勒其大概如下。大石统帅大军南下，高昌回鹘没作抵抗，即归顺西辽。大石将其并入版图，却仍让回鹘汗王统治这一地区，另设"监国"以为督察。

而后，西辽军队西攻黑汗王朝的东汗国，在喀什噶尔（今新疆喀什）遭到东汗阿赫马德·伊本·哈桑率部阻击，辽军大受挫折，转而进攻七河流域地区。这里，居住着原从辽朝迁来的突厥—契丹人，与汗廷时有民族摩擦，因而大石军队一出现在当地，就投向西辽，使辽军人数猛增一倍。但大石并未立即进军东汗王廷八剌沙衮，而是将大军集结边境，待机而动。

不久，东汗阿赫马德去世，其子伊卜拉辛继位，他软弱无能，境内的葛逻禄人和康里人不但不再臣服他，反而袭掠其部属和牲畜。延庆三年（1134年）

初，他走投无路，请耶律大石进驻八剌沙衮（今吉尔吉斯斯坦的托克马克东）。于是，大石便登上了被西方史家称之为"不费他分文的宝座"。大石降封伊卜拉辛为土库曼王，作为附庸国，保持其对喀什噶尔等地区的统治。八剌沙衮左山右川，控扼万里，是中亚少有的耕牧两宜的富饶之地，大石决定在此建都，改称虎思斡耳朵（意为强有力的宫帐）。其后不久，吉尔吉斯人和康里人也都臣服了西辽的统治。

康国元年（1134 年）三月，大石派萧斡里剌为大元帅，率七万骑东征金朝。不过，也许因大漠阻隔，战线过长，这次东征行程万里，牛马多死，无功而返。大石长叹道："皇天弗顾，数也！"其后一二年间，西辽还再次发起过对金军的突袭。金派粘罕征讨，被埋伏在大漠里的西辽军队连续三昼夜轮番进攻，粮草断绝，人马冻死。金军副将原是契丹人，率数千骑起事，金军在内外夹击下，大败而归。两次攻金，虽未取得巨大战果，但气势已咄咄逼人。

康国四年，黑汗王朝的西汗国时已沦为塞尔柱王朝的附属国，大石率部进入费尔干谷地，未遇抵抗，继续西进途中，遭到西汗马赫穆德·伊本·穆罕默德的抵抗，两军交战，黑汗军队溃败，大汗逃回撒马尔罕。大石也不追击，而是巩固新占领的区域。

塞尔柱王朝的苏丹桑贾尔在马赫穆德一再请求下，经长期准备，集结了十万多骑兵，在康国八年（1141 年）东征西辽。回历 2 月 5 日（公历 9 月 9 日），双方在卡特万（一译克特湾，在今乌兹别克斯坦的撒马尔罕北）激战。敌军虽多而无谋，西辽军队越战越勇，迫使桑贾尔部队首尾不救，全军溃败。桑贾尔携马赫穆德逃至呼罗珊，其妻子和左右两翼指挥官都成为战俘。

卡特万会战是中亚史上著名的战役，穆斯林史家认为"在伊斯兰教中没有比这更大的会战"，据估计桑贾尔部下死亡多达 3 万人。塞尔柱王朝的势力从此退出中亚西洪河（今锡尔河）和纪浑河（今阿姆河）之间的河中地区。

大石领兵进入西汗王廷撒马尔罕，改名为河中府，王国维认为西辽可能以其城为陪都。大石也保存了西汗国，封马赫穆德之弟伊卜拉欣为桃花石汗，留一名监国督察其统治。其后不久，大石派额儿布思进攻花剌子模，迫使其归顺西辽，每年交纳 3 万狄纳尔的贡品。大石在河中府驻扎了三个月，而后西巡起儿漫（在今乌兹别克斯坦的布哈拉东北），再班师虎思斡耳朵。

西辽疆域最盛时，正东至土兀剌河（今蒙古土拉河）上游，包括可敦城周围地区；东北至谦河（今叶尼塞河）上游，与游牧部族吉利吉思为邻；西北越过达林库儿湖（今巴尔喀什湖），迤逦西至花剌子模海（今咸海）以北地区；正西至今土库曼的卡拉库姆沙漠，包括花剌子模附属国在内；正南以阿姆河为西段，以喀喇昆仑山、昆仑山和阿尔金山为界；东南隔沙漠与西夏接壤。其领土之广绝不亚于辽朝鼎盛时期。

西辽也是多民族的国家，境内主要有契丹、回鹘、葛逻禄、塔吉克和汉族，北部边远地区还有康里、钦察、乌古斯等突厥语部族，东部边境则有阻卜、乃蛮等部族。

在国家制度上，耶律大石沿用了辽朝的南北面官制，这对于以游牧立国而征服农耕民族的多民族政权有着普遍的价值。不过，在南面地方官名上，西辽采用了类似八思哈这样的突厥语官名，使当地人民更易接受。除了直辖领地，西辽对附属国区别不同情况，实行羁縻方针，或者让其完全自治（如位于布哈拉的"布尔罕王朝"），或任命监督官常驻其首府（如回鹘汗国），或定期派出官员视察情况收取贡品（如花剌子模）。

大石在位期间，制定了一系列基本政策。其一，废除中亚地区长期以来分封土地的做法，既有效巩固了中央集权，又杜绝了因土地而引起的纷争与混战。其二，不允许将军直接控制军队，以扭转中亚诸政权普遍存在的军队与中央王朝的离心倾向。其三，维持农耕和游牧的两部经济体制，在农耕地区减轻赋税以换取封建地主阶级的支持。其四，执行开明的宗教政策，允许各种宗教的存在和发展，这是符合西辽境内民族复杂、宗教多样的实际情况的。

康国十年（1143 年），大石去世，庙号德宗。他的姓名已成为西辽的象征，在他去世数十年后，西域、南宋和金朝仍径以大石指称西辽。耶律大石在艰难的条件下，率众西征，在中亚创建了另一个疆域辽阔的多民族的新王朝。他总结辽朝兴衰的教训，吸收当地民族的统治经验，制定了西辽基本制度和政策，推动了中亚社会经济文化的发展，促进了这一地区各民族之间的交流和融合，以至西辽被蒙古消灭以后，成吉思汗的谋臣耶律楚材仍称赞大石"颇尚文教，西域人至今思之"。大石在辽史上应该占有与阿保机那样的地位，也应该列入中华民族最杰出的历史人物的行列。以前的史书对他强调得实在不够。

大石去世时，其子耶律夷列年幼，遗命皇后萧塔不烟摄政称制，号感天皇后，改元咸清。咸清七年（1150 年），夷列亲政，是为仁宗，在位十三年。西辽仁宗的年号与同时期南宋高宗的年号相同，都称绍兴，也许并不是偶然的巧合，而有向慕中原文化的意味在内。感天皇后与仁宗两朝，继续执行大石制定的国策，对外弭兵，对内生聚，国力大增。

仁宗死时，其子也年幼，仁宗遗诏命其妹耶律普速完权国，号称承天太后（大概志在效法辽圣宗的母亲萧绰，故而尊号也与其相同）。承天太后摄政时期做了两件大事，一是在权国的次年即崇福元年（1164 年），彻底打击了葛逻禄人，葛逻禄人携带武器，始终是河中地区的不稳定势力；一是在花剌子模离心倾向日趋严重的情势下，在崇福九年，派兵把臣服西辽的特克什扶上了花剌子模沙赫的宝座，而逼迫原沙赫苏丹（特克什之弟）逃亡国外。

承天太后与小叔子萧朴古只沙里私通，罗织罪名杀死了自己的丈夫萧朵鲁不。萧朵鲁不的父亲萧斡里剌以兵包围皇宫，射死了这对男女。仁宗之子耶律直鲁古即位，改元天禧，此即末主，值得注意的是，这一年号又与北宋真宗的年号相同。

12 世纪末叶，古尔王朝取代塞尔柱王朝成为中亚大国，在扩张中与西辽属国花剌子模屡屡发生冲突。天禧二十一年（1198 年），西辽大军应花剌子模的要求，与古尔王朝的军队在巴里黑（一译巴尔赫，今阿富汗的马扎里沙里夫）交战，却以惨败而告终，辽军死亡达一万二千人。六年以后，古尔王朝大军再次进攻花剌子模，花剌子模向西辽求援，辽军在安狄枯（一译安德霍，今阿富汗的安德胡伊）战役中终于洗雪了六年前的耻辱，歼敌五万，使古尔王朝走向衰落。但西辽付出巨大的代价，却没有实际的收益，反而为日后之敌花剌子模的壮大清除了障碍。

13 世纪初叶，蒙古崛起漠北，直接影响到西辽政局的有两件事。其一，原西辽附庸高昌回鹘汗国改换门庭，倒向了蒙古。其二，乃蛮部落被成吉思汗击溃，太阳汗败死，其子屈出律投奔西辽，时为天禧三十一年（1208 年）。初来乍到，他向直鲁古表示，愿意召集散布在各地的乃蛮族人支持西辽。辽末主对他颇为信任，将女儿嫁给他，他在受封为可汗以后，即在也迷里、海押立（今哈萨克斯坦的库尔干东北）等地网罗族人，组成军队，并与其他部族结盟，同时与花剌子模的沙赫摩诃末约攻西辽。

花剌子模在特克什统治时期（1172—1200 年），日渐强大。其子摩诃末继位以后，早就不甘心属国的地位，天禧二十九年，他趁着布哈拉居民起义的机会，进军征服了河中地区，使西部喀喇汗国由西辽的属国变为花剌子模的附庸。如今与屈出律约定，双方便一西一东出兵夹攻西辽。

屈出律劫掠了西辽在讹迹邘（一译乌兹干，今乌兹别克斯坦的乌支根）的府库，在进攻虎思斡耳朵时，受到西辽军的重创。于是，他返回原地纠集兵力，图谋再举。这时，西辽已是强弩之末，君臣腐化，法制废弛，战事不断，军纪败坏。天禧三十三年（1210 年），西辽为了讨伐西部喀喇汗国，与花剌子模的军队在怛逻斯（一译塔剌思，今哈萨克斯坦的江布尔）发生战争，辽军大败，双方退兵。

西辽军队返抵虎思斡耳朵时，城中居民拒绝他们入城，认为花剌子模大军就会紧随着追来。相持了十六天以后，西辽军队硬是用大象攻毁了城门，入城以后屠城三天三夜，大肆抢掠。国都的居民不信任自己国家的军队，而一个国家的军队竟对自己国都的市民大开杀戒，这样的国家离灭亡也不会太远了。

屈出律得知这一消息，即率兵袭击辽末主，将其擒获。1211 年，屈出律篡夺了西辽政权，仍用西辽国号，尊直鲁古为太上皇，以便稳定自己的统治。两年后直鲁古病死。但屈出律的皇位还没有坐暖，就上演了螳螂捕蝉、黄雀在后的短命戏。1218 年，他被蒙古军所杀。西辽故地尽入蒙古势力范围。

西辽在西北立国共九十四年。自阿保机建国至西辽灭亡，辽朝有长达三百零二年的历史。《辽史》在天祚帝被俘以后，仍续记西辽历史，到直鲁古死，才认为"辽绝"，这是有史识的。可惜西辽史若明若暗，再加上一般史书略而不提，遂使国人对中国历史上这一百年帝国知之甚少。

四七

靖康之变

灭辽以后，金朝已无后顾之忧。宣和七年（1125 年）十月，金太宗便下诏伐宋。金军以完颜杲为都元帅，其下兵分两路：完颜宗翰（粘罕）为左副元帅，攻太原；完颜宗望（斡离不）为右副元帅，攻燕京，而后两路会师宋朝都城开封。其时，领枢密院事童贯以两河燕山府路宣抚使正在河东，听到金军南侵的情报，竟以赴京汇报为名丢下军队、防区和人民逃之夭夭。

《清明上河图》中的东京城门

十二月，宗望大军直逼燕京，郭药师劫持知燕山府蔡靖等投降金军。这个寡信无义之徒建议宗望，宋朝河东精兵受到宗翰的牵制，东路军正可乘虚攻下河朔，并愿亲任向导。但东路军南进并不顺利，在保州（今河北保定）、中山府（今河北定县）一再受挫。西路军在十二月也攻到了太原城下，却遭到了张孝纯与太原军民的殊死抵抗，宗翰分兵为二，一部分继续围城，一部分向东挺进，以确保会师东京。

金军南侵前夕，宋朝那些大臣严密封锁消息，因为徽宗下过"不准妄言边事"的御笔，更兼郊礼在即，他们唯恐妨碍自己的推恩。直到这时，徽宗才感到事情严重，下罪己诏，数说了自己即位以来的种种不是，下令废花石纲、应奉局等弊政，要求天下官僚士庶直言时政，希望天下方镇郡县率师勤王。但一切都晚了点。

徽宗派陕西转运判官李邺使金求和，但金人不改变攻宋的既定方针。李邺徒劳而返，却长金军之威风，灭宋朝之志气，说金军"人如虎，马如龙，上山如猿，入水如獭，其势如泰山，中国如累卵"，开封军民愤然叫他"六如给事"。

二十三日，徽宗匆忙禅位给长子赵桓，自称教主道君太上皇帝，声称今后除教门事外，一切不管。这年徽宗才四十三岁，正当年富力强之时，便早早决定自我下岗，不负责任地把一副烂摊子撂给儿子。赵桓即宋钦宗，数日后就是新年，他宣布改为靖康元年（1126 年），乞求能保佑国家安定太平。

正月初一，钦宗下求言诏，让中外官僚士民直言时政得失。尽管钦宗下诏加强黄河防线，但驻守黄河北岸黎阳津（今河南浚县东南）的守将梁方平日日酣饮。二日，见宗望大军已攻陷相州（今河南安阳），便仓惶逃窜，南岸宋军也望风而逃。金军在五天内安然渡河，讥笑南朝可谓无人，倘若一二千人扼守住黄河天堑，岂能得渡！

三日，钦宗下诏亲征，以新任兵部侍郎李纲为东京留守，自己仿真宗澶渊故事，似乎欲与社稷共存亡。但次日宰执们建议他出奔襄邓，暂时避敌，他即表同意。李纲以为，舍此而去，天下将无安身之处，激励军民，京师岂有不守之理？并指出宰执白时中、李邦彦责无旁贷应该领导开封保卫战。白时中反问李纲能否出战，李纲表示愿意以死报国，只是人微官卑难以服众，钦宗任命他为尚书右丞，位居执政。

正月四日，徽宗借口去亳州太清宫进香还愿，携带太上皇后与部分子女，由蔡攸随从，前往江南避难，走到泗州，高俅、童贯等也赶来扈从。徽宗出逃，让钦宗再次变卦，也打算逃往陕西。李纲一再苦谏，说万一金军得报，健马奔袭，何以御敌？钦宗这才打消去意，命李纲为亲征行营使，把统兵抗金的事都委托给李纲。

李纲临危受命，仅用了三四天就巩固了东京防务。七日，金军打到东京城下，向好几个城门发起进攻。出乎金军意外，宋军防守严密，金兵死伤累累而不能得手。

宗望遣使入城，要求宋朝派出大臣与金议和。钦宗求之不得，即派同知枢密院事李梲回使金营，谈判和议的条件。宗望回复的条件是：宋帝尊金太宗为伯父；燕云汉人悉归金朝；宋割太原、中山、河间三镇归金朝；宋纳犒军费金五百万两，银五千万两，锦缎一百万匹；以亲王、宰相作人质。李梲不敢作主，回城复命。

宰相李邦彦力主全部答应，免使京城受刀兵之苦。只有李纲强烈反对，指出只要再坚守几天，勤王大军就会云集而至，金兵孤军深入，必将向宋求和。见大臣们多倾向李邦彦一边，李纲愤然表示要离职出朝。钦宗还仰仗李纲守城，便好言抚慰，答允议和之事慢慢商量。

但李纲离朝部署守城时，钦宗就派使者带誓书赴金营求和，答应纳币、割地、遣质等所有要求，誓书已改称"伯大金皇帝"。随后，钦宗命宰相张邦昌为计议使，异母兄弟康王赵构为人质，前往金营。

中书侍郎王孝迪奉命勒索民间金银，出榜恐吓京城人民说，倘不交出财物，金军破城，"男子杀尽，妇女虏尽，宫室焚尽，金银取尽"。老百姓气愤地叫他"四尽中书"，与李邺的"六如给事"配对。

正月十五日，勤王兵陆续抵京，名将种师道也在其中。钦宗召见，问以国事，他以为女真不知兵法，岂有孤军深入别国之境而能安然返归的；京师城高粮足，只要严密防守，金军日久必困。他反对割地求和，但同时表示自己只以军事听命于皇帝，其他事不想过问。

李纲任命了四壁统制官，擘划防务，守城形势为之一振。他请求统一指挥种师道的军队，但钦宗却让种师道以同知枢密院事兼京畿两河宣抚使，姚平仲为宣抚司都统制，并交待李纲的亲征行营司与种师道的宣抚司不能互相侵权。统兵权既分，指挥权不一，李纲便不能从容贯彻其守城方略。

种、姚同为西边豪族，各出了不少将才，种氏三代有种世衡、种谔、种诂、种师道、种师中，姚氏祖孙则有姚兕、姚雄、姚古、姚平仲。师道持重，以为京城形势，作战兵力略有不足，守御则绰绰有余。平仲急于建功，以士兵请战为由，说动钦宗实行劫营之计，李纲对此举也不反对。

二月一日夜，姚平仲率步骑万人实施计划，因走漏消息，反遭迎击。损失虽不严重，但他唯恐受到种师道责罚，竟弃军亡命。种师道原不赞成劫营，现在以为倒不如将计就计，每天派兵骚扰，不出十日，金兵必退，但被李邦彦拒绝。

宗望遣使向钦宗施加压力，追究劫营的责任，李邦彦完全推给李纲和姚平仲。钦宗的恐金症再次发作，罢免了李纲与种师道，撤销了亲征行营司，遣使谢罪，交割三镇。

消息传出，群情激愤。二月五日，太学生陈东率千余诸生伏阙上书，军民不期而至者数万（一说十余万），要求罢黜李邦彦，复用李纲、种师道，反对割地乞和。这是一次永垂史册的太学生上书，其伟大悲壮与东汉党锢之祸中的太学生可以媲美。

太学生们坚持和平请愿，但出于义愤的军民不可能那么温良谦恭。群众把登闻鼓抬到东华门外，擂得震天价响，把鼓皮都擂破了。他们见李邦彦下朝，围上去怒骂："你这浪子，岂能做宰相！"拣起瓦砾掷他，吓得他坐上妇女的小轿，狼狈逃窜。其他主和大臣也遭到诟骂与殴打，前来宣谕诏旨的宦官被愤怒的群众杀死。

开封府尹王时雍派数十士兵团团围住陈东，指责学生胁迫中央。学生反驳道："以忠义要求朝廷，不比你们以奸邪要挟天子强多吗！"陈东挺身于斧钺之间，凛然无惧。有人劝他逃生，他说："我一走，你们就得受戮。我今天这头已在地上了！"钦宗自知大义有亏，众怒难犯，更担心强敌压境，内乱再起，只得宣布李纲、种师道复职，并让李纲出面安抚请愿的学生，平息了这场风波。

金帅得知主战派占了上风，大兵久屯坚城之下，而宋朝勤王兵在外围聚集，自己将处于内外夹攻的危险境地，后果堪忧，便萌生退意。十日，钦宗更换人质，换回了赵构与张邦昌，将同意割让三镇的诏书送给金帅。这天，金军带着勒索到的金银引兵北去，开封被围近四十日终于解围。

但是，以太学生为先导、以广大军民为后盾的靖康请愿运动吓坏了统治者。请愿当天，就有数十名"乱行殴打"的所谓"暴徒"，被当局枭首通衢，用以

宣德楼前演象图（北京故宫博物院藏）

直至宋徽宗宣和期间，每逢大礼之年在宣德门前御街上必有大象舞拜表示祝贺，与即将到来的靖康之变形成了强烈的对照。

杀鸡儆猴，震慑群众。金军撤退以后，李邦彦、李梲、王时雍等主和大臣指控以陈东为首的太学生"意在生变，不可不治"，王时雍还派出数百人到太学窥探动静，甚至打算趁其不备，把他们都逮捕处死。太学生们听到朝廷要秋后算账，不告而去者占了一大半。国子司业（相当于后来的教育部副部长）黄哲动用学规开除那些离学的学子，其他太学生愤然要求将自己一起开除。

　　唯恐再次激起风潮，钦宗在金军撤后也感到割地求和有点委屈，便承认太学生请愿是忠义爱国行为，命著名学者杨时兼任国子祭酒（相当于教育部长），前去安抚，动员复学。宰相吴敏认为陈东无非闹而优则仕，建议朝廷授以太学录，先行收买，再行罢免。陈东五次上书，坚决拒绝，以实际行动表明自己带头请愿完全出于忧国忧民，并不夹杂私心。

　　实际上，"二五"请愿已是陈东领导的第二次请愿活动。早在一个多月前，钦宗即位第四天，陈东就率数百太学生伏阙上书，要求朝廷严惩"六贼"。钦宗打算派人秘密处决他们，但其时童贯、蔡攸已随徽宗南下，投鼠忌器，唯恐他们万一挟持徽宗另立朝廷，后果将不堪设想，只得暂时作罢。靖康元年正月，钦宗下诏，将王黼安置永州（今湖南零陵），李彦抄家赐死，朱勔放归田里。王黼在押解贬所途中，被开封府秘密派人处死。数日后，梁师成贬为彰化军节度副使，途中也有诏赐死。

　　再说徽宗南逃，车驾渡江，在镇江营缮宫室，建造庭园，做久居之计，每月花销竟达二十万贯。更令钦宗不满的是，徽宗并不想全部放弃君权，镇江行营俨然另一朝廷。在朝臣纷纷要求下，钦宗鉴于"自江以南，诏令不行"，便派出太上皇帝行宫迎奉使敦促徽宗回朝。四月三日，徽宗一干人等悠然自得返回京城，似乎什么战争都没有发生过，他只是做了一次江南之旅。回京以后，徽宗又提出亲赴洛阳募兵，钦宗断然拒绝，并驱逐了徽宗的侍从，以确保一个中心。

　　其后，要求惩办蔡京父子与童贯的呼声不绝于朝野。钦宗先后贬朱勔于循州（今广东龙川），贬蔡京于儋州（今海南儋县），贬蔡攸于雷州（今广东海康），贬童贯于吉阳军（今海南崖县）。七月，蔡京在流放途中病死，数日无人收尸；童贯在押送路上被下诏处死，首级送回东京示众；九月，蔡攸与朱勔也在贬所被处死。

　　钦宗惩处六贼当然是大快人心的，但在其他方面却令人大失所望。金兵一退，他以为危机已过，把种师道罢为宫观使，让他赋闲，声称其老迈"难以再用"。御史中丞许翰上奏以为师道"智虑未衰"，应该复用，这才让他出任河东河北宣抚使。师道建议集中关陕、两河之兵，扼守黄河以北的军事要地，阻遏金军的再次南侵，朝廷置之不理。

六月，钦宗命李纲代替种师道，去解太原之围，将他排挤出朝。钦宗让前线武将直接听命于己，李纲根本指挥不动军队，被迫提出辞职，钦宗就以"专主战议，丧师费财"的罪名，将他一再贬官，安置夔州（今重庆奉节）。钦宗以为和议可恃，不思战备，反而压制抗金舆论，以至民谣一针见血地说："城门闭，言路开；城门开，言路闭。"

另一方面，钦宗与徽宗父子芥蒂难消，在权力问题上勾心斗角，痛失半年备战的大好时机，坐视北宋的最后覆亡。当时有《九不管》民谣揭露了钦宗在朝政上本末颠倒，例如，"不管太原，却管太学"，"不管河东，却管陈东"，就是讽刺朝廷不抓当务之急两河边防，却处心积虑地对付陈东与太学生；再如"不管二太子，却管立太子"，就是嘲笑钦宗不以对付金太祖的二太子宗望为头等大事，却与徽宗明争暗斗，急匆匆将自己不满十岁的儿子立为皇太子。

靖康宰执多出蔡京、童贯之门，根本难系天下之望，有一个李纲却又不能用。钦宗性又多变，白时中、李纲、种师道、姚平仲都能说服他，毋怪连逃守战和的基本决策都游移不定。金人就毫不掩饰地对宋使说："待汝家议论定时，我已渡河矣！"南宋的吕中一针见血批评靖康之政："大抵上下之心，稍急则恐惧而无谋，稍缓则迟迟而又变其谋，靖康之祸，盖坐此也。"

金军虽迫于形势暂从开封撤围，在打交道中却看透了对手的腐败无能。当年八月，宗翰、宗望再次分东西路进攻宋朝，进攻路线对他俩来说已完全熟门熟路。

西路军再次猛攻太原。太原军民在知府张孝纯、副都总管王禀率领下，又一次让强敌受阻于坚城之下。九月，因内无粮草，外无援兵，太原三军煮弓弩皮甲充饥，老百姓吃萍实草荄，甚至人相食。这座坚守近九月之久的河东重镇终于陷落，王禀投水殉国，张孝纯被俘降金。

十月，宗望率领的东路军越过中山府，攻陷了真定府（今河北正定）。这时，李纲被贬，种师道刚病死，钦宗派康王赵构与王云为割地请和使，前往金军大营乞和。赵构行至磁州（今河北磁县），守臣宗泽力劝他不该冒险北上，他应相州知州汪伯彦之邀只身南下。

十一月，金西路军抵达河阳（今河南孟州市），见南岸有宋将折彦质率大军十二万布防，便虚张声势取战鼓数百，彻夜敲击，宋军不战而溃，金军安然渡河。金东路军在恩州古榆渡（今河北清河西）过河，向大名府（今河北大名）挺进。

一过黄河防线，金帅就遣使东京，通牒钦宗尽割两河，两国以黄河为界。钦宗满口应允，急派聂昌、耿南仲分赴宗翰、宗望军前交割。聂昌在绛州（今山西新绛）被愤怒的军民杀死。耿南仲行至卫州（今河南卫辉），见乡兵差点杀了金使，仓皇逃往相州。

闰十一月初，两路金军会师东京，开始大规模攻城。钦宗这才再次想起李纲，驿召他进京领开封府，但他还在中途，东京就陷落了。与此同时，钦宗派人持蜡书前往相州，任命赵构为天下兵马大元帅，让他与河北守将火速带兵入援京城。

时值隆冬，开封有禁军、勤王兵与民兵近二十万，御寒衣薄，在城头瑟瑟发抖，钦宗视察后仍舍不得动用国库布帛。钦宗病急乱投医，相信术士郭京的胡言乱语，说能用撒豆成兵的"六甲法"生擒敌帅，扫荡金兵，只须用兵七千七百七十七人。但郭京声称"非朝廷危急，决不出师"，迟迟不肯出招。二十五日，城破在即，同知枢密院事孙傅催促他出战。郭京命守城军民退下城头，驱七千七百七十七名"神兵"出宣化门迎敌，谁知一触即溃。郭京借口下城作法逃之夭夭，金兵却乘虚攻入了开封城。

次日，钦宗遣使金营乞和，完颜宗翰、宗望要求：一是割地，一是徽宗前去"相见"（实际即作人质）。钦宗表示太上皇有病，自己愿意代往，二帅让他到宗翰驻军的青城听命。钦宗在青城斋宫被扣三天，这里原是宋朝皇帝祭天前夕斋戒留宿之处，如今却成为他的临时囚所。十二月二日，钦宗在青城斋宫向金军二帅献上降表，受尽凌辱，才被放回。

尽管如此，徽、钦二帝还心存侥幸，希望金军能保留赵氏社稷。金帅也摸透了他们的心理，并不立即俘虏他们，而是先让他们下令收缴城内的马匹、武器，剥夺宋朝的反抗能力；而后让他们为金军搜括京城官府和民间所有的金银财物。此外，金军还索取给金太宗的贡女三千名，犒赏金军的少女一千五百名，不仅民间妇女难逃魔爪，连不少宫嫔都投水自杀。

靖康二年正月十日，完颜宗翰、宗望将钦宗与亲王、宰执大臣等再召到青城，把他们囚禁起来。二月六日，金帅命钦宗在青城金营中跪听金太宗诏书，宣布徽宗与钦宗废为庶人，另立别姓"以王兹土"。而后就下令剥去钦宗的帝服，在旁的礼部侍郎李若水上前抱住钦宗不让脱衣，大骂金帅："你狗辈不得无礼，这是大朝真天子！"宗翰恼羞成怒，毒打不止，若水骂不绝口，最后被砍了脖子割断舌头，壮烈而死。

次日，徽宗与皇室宗族也被押往青城金营。徽宗对金帅哀求，说自己愿远赴金朝，只希望能让钦宗到广南一小郡奉祀祖宗，宗翰听都不愿听。得知金军将立异姓，同知枢密院事孙傅在四天里先后连上七书，先是要求复立钦宗，再

《卤簿玉辂图》卷（辽宁省博物馆藏）
金军的战利品中也有卤簿与车辂。

是请求在徽宗其他诸子中另立贤者，最后恳求留钦宗的皇太子监国，宗翰不仅一概不答应，反而逼其交出皇太子，进而拘捕全部宗室，免得将来复辟。

在金军的斧钺下，二月十一日，宋朝百官集议另立异姓天子的问题。有人以为，为了不让金军屠城，不如推出一人应命，大家推举靖康元年做过两个月宰相的张邦昌。两天后，金军事先宣布有异议者将押赴金营，东京城里的大小官员、僧道、耆老、军民被迫签名表示"拥戴"张邦昌。

三月七日，是金帅为张邦昌行册命礼的日子。张邦昌打算自杀，有人说他被推举时不死，现在却要让一城生灵涂炭，他这才作罢。他的傀儡政权国号"大楚"，与金以黄河为界。在册立仪式上，张邦昌一再痛哭，表示自己不忍叛立。他做傀儡皇帝时，始终不立年号，不坐正殿，不受群臣朝贺，不用天子礼仪，大内宫门都贴上"臣张邦昌谨封"的封条。凡此种种，并不都是装模作样，表明他确实事出无奈，与后来伪齐皇帝刘豫有所区别。

四月一日，金军押着大批俘虏和战利品启程北撤。俘虏包括宋徽宗、钦宗父子和他们所有的皇后、妃嫔，皇太子、亲王、公主，宗室、外戚、宰执和其他在京大臣，伎艺、工匠、娼优等各色群众，共计十余万人。战利品包括金一千万锭、银二千万锭、帛一千万匹、马一万匹以及法驾、卤簿、车辂、冠服、法物、礼器、祭器、乐器以及其他文物、图书等，不可胜计。

行前，金军焚烧了开封城郊的房屋，而开封城内早就形同废墟，老百姓饿死者日以万计，连一只老鼠都卖到几十文钱，人相食的惨剧也时有所见，再也找不到孟元老笔下的那些繁华景象。

徽、钦二帝一行在北上途中历尽折磨，受尽屈辱，皇后受到随队金兵的性骚扰，离队小解的妃嫔遭到金军的强暴。次年八月，徽、钦二帝被辗转押抵金上京，金太宗逼他们除去袍服，朝见金朝祖庙，行献俘之礼，封宋徽宗为昏德公，封宋钦宗为重昏侯。他们的后妃三百余人没为奴婢，为金人浣洗衣服；其他妇女配给金军作为性奴隶，男子则在冰天雪地里服苦役。

建炎四年（1130年），他们被远徙到五国城（今黑龙江依兰），徽宗在绍兴五年（1135年）死在当地，年五十四岁。绍兴十一年，金熙宗追赠徽宗为天水郡王，改封钦宗为天水郡公。绍兴二十六年，钦宗也死在五国城，年五十七岁（钦宗卒年，《金史·海陵纪》记之甚确，但金方迟至绍兴三十一年才通报宋朝，《中国历史大辞典》据此系为卒年，显误）。

　　经历靖康之变的人，都不会忘记这场民族的灾难、祸乱和耻辱，也称其为靖康之难、靖康之祸和靖康之耻。于是，就有刻骨铭心的雪耻情结，"靖康耻，犹未雪，臣子恨，何时灭"，在南宋凝聚成挥之不去的"恢复"意识。

四八

建炎南渡

　　靖康二年（1127 年）四月一日，金军北归。次日，张邦昌就听从吕好问的建议，派人寻访康王赵构。九日，他迎哲宗废后孟氏入宫，尊为元祐皇后，垂帘听政，自己退位，仍称太宰。"大楚"傀儡政权仅存三十二日。

　　这时，赵构正在济州（今山东巨野）。他在上年十一月出使金营，中途折返相州不久，就接到钦宗任命他为兵马大元帅的蜡书，开府相州。东京告急，他在大名府虽接到火速勤王的蜡诏，却只让副元帅宗泽带部分勤王兵南下救援，自己却一路向东逃到济州。接到张邦昌派人送来的传国玺，他知道自己成为徽宗诸子中唯一没有被俘虏北去的亲王，最有资格登上皇位。于是，他移师南京应天府（今河南商丘），五月一日在府衙即位，改元建炎元年，是为高宗，孟后归政。

　　高宗任命李纲为右相，这时，他还在赶赴应天府的路上。高宗让黄潜善任中书侍郎兼御营使，汪伯彦任同知枢密院事兼御营副使，他们是其最信任的左右手。即位之初，尽管高宗对张邦昌说过不追究，但李纲不依不饶，高宗内心也容不得他的僭逆行为，仅过一月，就将其贬官赐死。张邦昌大节固然有亏，为公议所不容。但南宋史家王称说"邦昌之僭，良有胁迫"，还是实事求是的，将其简单地视为叛臣，似乎过于苛刻。

　　李纲是六月一日到达应天府的，他为天下人望所归，高宗用他，一是迫于形势严重，二是借以招徕人望。李纲主战，他的入相，最为主和的黄潜善、汪伯彦所忌恨。入秋，金人以张邦昌被杀为由，再次攻宋。黄、汪力主南逃，李纲主张坚守中原，东京留守宗泽还力请高宗还都主持恢复大计。

　　高宗唯恐重蹈父兄被掳的覆辙，七月，下达了"巡幸东南"的手诏，目的

國恩　粗報身田持問師交解
　　　可乞返園此祖神當顏
　　　　逐

李纲手书《游青原山》诗（晚清民国原石拓本）
"国恩粗可报，乞身返田园"，李纲是在以诗言志。

地是建康（今江苏南京）。李纲极力反对，抬出不久前高宗"独留中原"的承诺，迫使他收回成命，却招致高宗的憎恶。八月，李纲升为左相，黄潜善替补右相，汪伯彦进知枢密院事，对李纲成钳制之势。

当时，两河军民自发建立山水寨以保卫家乡，抗击金军，李纲命张所为河北西路招抚使，傅亮为河东经制使，前往联络，收复失地。黄、汪要撤销张所的招抚司和傅亮的经制司，葬送两河抗金的大好形势，李纲据理力争，但高宗偏袒黄、汪，御批同意。黄潜善让自己引荐的御史张浚弹劾李纲，李纲愤而辞职。高宗虚情假意挽留一番，便将其罢相。直到李纲去世，他再未入朝大用过，他是南渡以后最好的宰相人选，高宗不用他的根本原因，是担心其主战给自己惹来大麻烦。

李纲任相仅七十五日，他的罢相激起正义人士的愤慨。太学生陈东这时也应召刚到应天府，据说他此行带着自己的棺木，决心舍身成仁。听到李纲罢相，他毫无畏惧地两次上书，希望高宗尽早罢黜黄、汪，认为"欲复中原，以定大计，非用李纲不可"，还正告高宗不应即位，责问他日后钦宗归来，不知何以自处。另一个布衣士子欧阳澈也上书指责高宗"宫禁宠乐"（即沉湎女色）。

八月二十五日，陈东与欧阳澈被斩于应天府东市，陈东四十二岁，欧阳澈仅三十一岁。宋太祖誓约有"不杀士大夫与上书言事人"一条，誓约的内容上月刚由徽宗以衣带诏的形式传送给高宗。高宗之所以大开杀戒，根本原因有三：其一，陈东对他继统合法性的怀疑，欧阳澈对他纵情声色的揭露，都触到了最痛处；其二，唯恐陈东再次激起靖康学潮那样的民变；其三，陈东等上书主张复用李纲，坚决抗金，与其逃跑的决策针锋相对。因此，高宗必置他们于死地而后快，甚至不惜顶上蔑视祖训的罪名。后来，高宗对陈东之死，一再假惺惺表示痛悔，又是赠官，又是赐田，官修史书也强调他是误听了黄潜善的挑唆，

萧照《中兴瑞应图》卷（上海龙美术馆藏）
这幅《脱袍见梦》描绘宋钦宗托梦宋高宗并脱袍授受的梦境，
宣扬宋高宗继统的合法性。

无非旨在减轻公论的谴责。

　　杀了陈东不久，高宗就下诏"巡幸淮甸"。十月，小朝廷逃到扬州，把这个烟花繁华之地作为"行在"（即朝廷的临时驻地）。岁末，高宗将黄、汪分别迁为左、右相，把朝政全权交给他们，自己则在行宫寻欢作乐，全然不顾中原军民正与金军在浴血奋战。

　　十二月，金军分三路再次南侵，西路攻陕西，攻山东的东路军在渡过黄河后由完颜宗弼分率一部直逼开封，完颜宗翰则亲率中路直攻开封与其会师。这时的开封府尹兼东京留守是宗泽，他有效地部署了东京防线，粉碎了金军夹攻的计划。其后，他派人联络两河抗金义军，建立以东京为中心、两河为屏翼的抗金防线。

　　其时，两河山水寨星罗棋布。河东的红巾军以红巾为标志，用建炎年号，曾奇袭金军大营，差点活捉完颜宗翰。五马山寨义军推戴自称徽宗之子的信王赵榛为首领（其真伪莫辨，一般以为是假的），实际领袖是赵邦杰和马扩，响应者达数十万。八字军由王彦领导，他是原河北招抚司的都统制，招抚司解散后率残部入太行山，部众都在脸上刺上"赤心报国，誓杀金贼"八字，受其号令的有十余万人。梁山泊水军以张荣为首，有战船数百，士兵万余，这支义军后由水路转战至两淮。

两河义军数十万都受宗泽节制，称其为"宗爷爷"。宗泽深知这些自发的义军，是抗金斗争最可倚靠的主力，但没有朝廷的支持，迟早会归于失败。因而在开封秩序恢复正常以后，他一再上书高宗，呼吁还都，以号令抗金斗争。宗泽留守东京一年，先后上了二十四次《乞回銮疏》。

同时，宗泽派人与两河义军联系，让他们作好接应宋朝大军渡河收复两河失地的准备。建炎二年五月，他在上疏里提出六月出师渡河的计划，请高宗回京主持北伐壮举。但高宗安居扬州，置若罔闻；对宗泽的每次上奏，黄、汪都笑着以为他脑子有病。

七月，宗泽见坐失良机，忧愤成疾，与世长辞。死前，他沉痛吟诵杜诗"出师未捷身先死，长使英雄泪满襟"，三呼"过河"。宗泽一死，北方抗金形势迅速逆转，义军被逐个击破，官军分崩离析，一年以后开封再次被金军占领。

宋金战争初期，金朝有一个明确的战略，那就是追击立足未稳的高宗小朝廷，俘获高宗，以确保不再有一个赵氏政权与其为敌，以便自己扶植的傀儡政权能代表金朝统治中原地区。

建炎三年二月，完颜宗翰派兵奔袭扬州，前锋直抵天长军（今安徽天长）。三日，高宗正在扬州行宫行欢作乐，乍闻战报，吓得从此丧失了性功能，再也不能生育。他慌忙带领少数随从策马出城，仓皇渡江。传说中"泥马渡康王"的故事就源出于此。

次日，金军攻入扬州，追至江边，军民不及撤退，死伤与落水者不计其数。朝野以为扬州大溃退的罪责都在黄潜善和汪伯彦的身上，高宗也不满他俩不能早为之计，让自己吃足了苦头，遂将他俩罢相，任命朱胜非为右相，王渊签书枢密院事，仍兼御营司都统制。

王渊在扬州大溃退时拥兵数万，对来袭的五六千金骑不作任何抵抗，不仅未罚，反而升迁，是因与原康王府宦官康履、蓝珪沆瀣一气。在高宗从镇江逃往杭州途中与到达杭州以后，这些宦官依然肆无忌惮，作威作福，强买民物，凌忽诸将，激起军民极大义愤。

三月，御营司武将苗傅、刘正彦既妒忌王渊骤然迁升，又疾恨宦官胡作非为，对高宗一味南逃也深为不满，在杭州发动兵变。他们诛杀王渊和康履，胁迫高宗将皇位禅让给年仅三岁的皇子赵旉，由隆裕太后（即哲宗皇后孟氏）垂帘听政，改元明受。这次政变，史称"苗刘之变"或"明受之变"。

这时，同签书枢密院事吕颐浩正在江宁（今江苏南京），礼部侍郎张浚则督军平江（今江苏苏州），他们闻讯后即联络武将韩世忠、刘光世等起兵勤王。苗刘兵变虽有合理的理由，却也夹杂着个人的野心，两人既无深谋远虑，又无明确目标，进退失据，见勤王大军逼近杭州，就弃城出逃，高宗复辟。五月，苗、刘被韩世忠军俘获，两个月后处死。

七月，高宗升杭州为临安府，打算将这里作为临时安乐窝。这月，金军以完颜宗弼（兀术）为统帅，分四路大举南侵，兀术亲率主力追击高宗小朝廷。高宗遣使向金帅乞和，国书极尽奴颜婢膝之能事："天网恢恢，将安之耶？是以守则无人，以奔则无地，一并彷徨，踏天踏地，而无所容厝，此所以朝夕然，惟冀阁下之见哀而赦已也。"但兀术必得高宗而后已，完全不理睬高宗的摇尾乞怜，一举突破了长江防线，占领建康，直扑临安。

十月，高宗从临安逃到越州（今浙江绍兴），次月，再逃到明州（今浙江宁波），十二月，决定入海避敌。十五日，高宗接到金军逼近临安府的消息，便坐楼船逃往定海（今浙江镇海），继而渡海到昌国（今浙江定海）。岁末，高宗得知兀术将至明州，便让御舟漂泊在台州与温州之间的海上。建炎四年正月初三，高宗船队落碇台州章安镇（今浙江黄岩东北），在这里停留了半个月后移向温州沿海，二月二日起驻泊温州江心寺。

兀术在正月十六日攻陷明州，随即乘船入海准备追获高宗。途中遇上大风暴，被宋军水师击败，退回明州。这时南下金军已是强弩之末，后方空虚，战线漫长，屡遭宋朝武装的袭击。二月，兀术声称已完成"搜山检海"的预定目标，开始北撤。一路上纵火焚城，掳掠奸淫，明州、临安、平江府都是数日烟焰不绝。

三月，兀术军队从平江府撤军，准备在镇江渡江北上。宋将韩世忠率水师从长江口兼程西上，埋伏在镇江焦山寺附近的江面上，截断了金军的归路。双方展开激烈的水战，韩世忠妻梁氏（宋代史料中只知其姓梁，红玉之名后出，

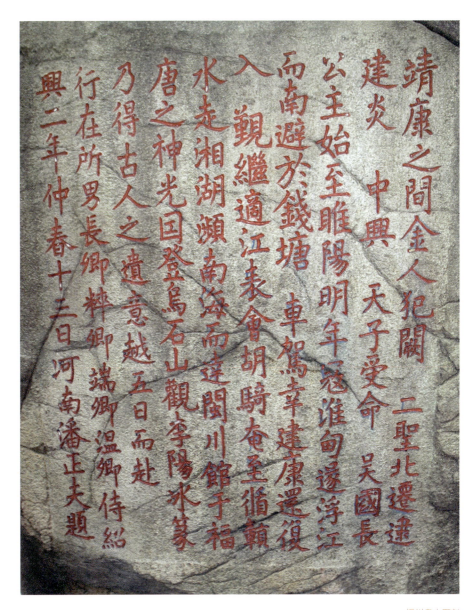

靖康之間金人犯闕　二聖北遷逮
建炎　中興　天子受命　吳國長
公主始至睢陽明年避淮甸遽浮江
而南避於錢塘　車駕幸建康還復
入覲繼適江表會胡騎奄至循賴
水走湘湖頻南海而连閩川館于福
唐之神光回登烏石山觀季陽水篆
乃得古人之遺意越五日而赴
行在所男長卿粹卿端卿温卿侍紹
興二年仲春十三日河南潘正夫題

福州乌山石刻

这段刻石文字实录了某支宗室在建炎南渡中
辗转避难至福州的路线。

或是传说附会）亲自击鼓助战。金军无心恋战，损失严重。世忠拒绝兀术以财货名马借道的要求，将金军水师逼入建康东北七十里处的黄天荡。这是一条死港，宋军堵住其出口，使金军屡次突围均告失败。金军最后掘开老鹳河故道通秦淮河，让战船驶入长江，以火器击退前来堵截的韩世忠水师，才得以安然撤退。与此同时，岳飞打败了从陆上撤退的兀术部队，收复了建康。在黄天荡之战中，韩世忠以八千水师包围十万金军，两军相持达四十余日，虽未最后取胜，却使金军从此不敢渡江。

高宗获悉金军北撤，才从温州泛海北上，回到越州，结束了长达四个月的海上亡命生活。次年，高宗改元为绍兴元年（1131 年），寓有"绍祚中兴"的意思。虽然这年十月升越州为绍兴府，但这里作为行在，在漕运上有诸多不便。次年正月，高宗把小朝廷迁回临安。

临安有作为都城的经济优势与地理条件：既有长江的天然之险，又不像建康那样濒临长江，易于受到攻击；地处太湖流域与宁绍平原两大鱼米之乡的交汇处，物产丰富；大运河与浙东运河在这里接头，明州作为外贸港也近在咫尺，漕运、海运都很方便；经唐、五代与北宋的长期建设，杭州已跃升为东南最繁华的都会。

大体以绍兴二年高宗驻跸杭州为标志，南宋小朝廷基本在江南站稳了脚跟，宋室南渡也宣告完成。其后，高宗虽然也短暂驻跸过建康，但那不过是做抗金的姿态而已。当然，也为了做姿态表示自己不忘恢复中原，临安始终称为行在。

四九

从争夺关陕到保卫川蜀

在古代，四川在政治、经济、军事上往往有其特殊性，政局动荡时期尤其如此，因而有必要把建炎、绍兴年间关陕川蜀地区的宋金战争另辟一节细细评说。

张浚因在苗刘之变中勤王有功，颇受高宗青睐，入知枢密院事。高宗问其大计，他强调关陕的重要性，以为倘若金军由陕入蜀，则东南也终将不保，愿身任其事。高宗任命他为川陕京湖宣抚处置使，赋予便宜处置之权，全力经略关陕。建炎三年（1129 年）十月，张浚置司秦州（今甘肃天水），宣布节制永兴、环庆、熙河、秦凤、泾原五路军马。

金军自建炎元年以来入侵关陕，战果并不显著，统治也不稳固。建炎四年三月，进攻江南的战事一结束，金朝将战略进攻目标转向关陕。四月，完颜娄室长驱攻入潼关，宋都统制曲端派部将吴玠等在彭原（今甘肃庆阳西南）阻击，自己率军在邠州（今陕西彬县）声援。吴玠先胜后败，曲端为保全实力退守泾原（今甘肃泾川）。吴玠怨曲端失约，遂与之交恶。娄室见曲端全师而退，捡不到便宜，就退回河东。

这时，张浚误以为金军主力还滞留江淮，打算组织关陕反击战以减轻东线的压力。曲端是西北名将，认为"万一轻举，后忧方大"，对关陕会战持有异议。张浚听不得不同意见，以彭原失利为由将曲端投入监狱（富平之战失败后，将其铸成死罪而滥加杀害）。他命五路经略大军，屯驻邠州地区，准备发起战略反攻。也许为了"堂堂正正"，他在战前竟通知河东金人。宗翰急命远在江淮的宗弼火速入关，与娄室会师，对付宋军的反攻。

九月，张浚集结熙河经略使刘锡、秦凤经略使孙偓、泾原经略使刘锜、永兴经略使吴玠、环庆经略使赵哲五路部队共计四十万，战马达七万匹，移师富平（今属陕西），以刘锡为统帅迎击金军。

其时，兀术军队近在下圭（今陕西渭南），娄室却远在绥德（今属陕西），宋军完全可以先一举收拾势单力孤的兀术军，再来对付南下的娄室军。但张浚却数次致函金帅，要求约日决战。娄室军移师富平，张浚还在学宋襄公，遣使约期。

金军允诺而不出战，以争取时间，部署战阵。王彦（他就是原八字军首领，后来南下为朝廷命将）、吴玠都提出过防守建议，张浚不加采纳。十四日，双方决战富平，从清晨恶战至中午，金军有备而战，攻击最薄弱的环庆军，宋军五路皆溃，辎重尽失。张浚杀赵哲，贬刘锡，但无补于大局。

富平之战的失败，标志着宋军在关陕争夺战中全盘皆输，从此金军控制了这一地区，宋军只能退保川蜀。有论者以为富平之战虽然失败，但大大减轻了东线金军对南宋朝廷的压力。东线金军后来之所以没再南下，主要是因为岳飞、韩世忠等抗金武装的强大，富平之战纵有作用，也微乎其微，比起关陕大局的失利来，自然是功难抵过。

金军乘富平战胜的余威，尽夺关陇六路，张浚命吴玠扼守大散关东的和尚原（在今陕西宝鸡西南），控制由关陕入汉中的要塞。绍兴元年（1130年）十月，金军为了夺取汉中，进窥川蜀，发兵进攻和尚原。金将没立率师出凤翔（今陕西宝鸡），乌鲁折合出阶、成，准备合攻和尚原。但吴玠自富平战败以来，早就积粟练兵，列栅死守，因而两支金军虽各自轮番进攻，却无法实现合围的计划。

兀术闻讯，以为奇耻，调集十万大军，发誓夺下和尚原。双方激战三日，吴玠先命"驻队矢"持强弓劲弩轮番怒射，击退金军；同时派出奇兵，断敌粮道；最后设伏大败金人，敌军死伤以万计。兀术也身中两箭，逃回燕山，命陕西经略使撒离喝与吴玠对峙。

和尚原之战以后，吴玠让其弟吴璘驻守在这里，王彦守金州，自己率主力移屯河池（今甘肃徽县）。绍兴三年正月，撒离喝攻克了金州（今陕西安康），直逼宋军在川陕的桥头堡兴元府（今陕西汉中）。知兴元府刘子羽遣使告急，同时派兵扼守兴元的屏障饶风关（在今陕西石泉西）。吴玠亲率数千精骑，由河池日驰三百里救援饶风关，令撒离喝大惊失色说："来得怎么这么快！"撒离喝指挥仰攻，宋军强弩齐发，乱石摧压。双方鏖战六昼夜，金军尸积如山，不能得逞。撒离喝募集死士，从险道绕至饶风关之上，居高临下，打败了宋军，

宣抚处置司随军审计司印（浙江省博物馆藏）
此方铜印应为张浚出任川陕宣抚处置使铸造
的审计官印，下为印文，上为背款。

夺得了饶风关。

吴玠退保仙人关（在今甘肃徽县东南），防止金兵由凤翔入蜀。刘子羽则率三百士兵死守三泉（今陕西宁强西北），以保蜀口。撒离喝虽一度占领汉中，进窥蜀口，但孤军深入，补给困难，更兼瘟疫流行，王彦收复了金州，形成关门打狗之势，只得被迫放弃汉中。饶风关之战，金军虽胜而不胜，宋军虽败而不败。

饶风关之战以后，吴玠调整防御策略，加强了仙人关的战备，以便在和尚原失守的情况下，另有一道阻挡金兵入蜀的铜墙铁壁。他在仙人关修筑了名为"杀金坪"的营垒，并采纳其弟吴璘的建议，在其后再建一道隘砦。这年岁末，兀术再次攻蜀，志在必得，命将领们带上家眷，准备入蜀后作久居之计。在金军猛攻下，和尚原失守，吴玠率军转移。

次年二月，兀术、撒离喝率十万金军直扑仙人关，吴玠仅以一万军队阻击，恰吴璘援军赶到，双方激战三日。金军果然突破了杀金坪，但在第二道隘砦前被吴玠的驻队矢击退。第三天（三月一日），宋军大举反攻，金兵全线溃退。仙人关之战让金朝认识到进攻川蜀时机远未成熟，史称金军从此"乃不敢窥蜀"。

绍兴四年二月，张浚受召回临安，他在川陕的作为遭到台谏官的非议，一度被贬黜。但高宗对他眷宠未衰，八个月后仍让他官复知枢密院事。

由和尚原、饶风关、仙人关构成的西线

三大战役，显示了吴玠卓越的军事才能，既对屏卫川蜀安全起了决定性作用，也有力支援了东线的抗金斗争。

其后，吴玠以四川宣抚副使的身份主持川蜀的战守大计，他加强战备，推广屯田，汰除冗员，节搏浮费，与金军对峙十年之久，功绩卓著，以至有史家以为，倘若没有他，早就丢了四川。史传说他，"御下严而有恩，虚心询受，虽身为大将，卒伍至下者得以情达，故士乐为之死"。不过他晚年好女色、丹石，在绍兴九年过早去世，年仅四十七岁。

吴玠死后，四川防务由吴璘接替，他在绍兴和议前夕与金主亮南侵时期也打过一些胜仗，但重要性与三大战役自不能同日而语。他活了六十五岁，乾道三年（1167 年）才去世，守蜀近三十年，威名仅次于吴玠。吴氏兄弟保蜀有功，但由于四川地域的相对封闭性，再加上他们统帅号称吴家军的川军长达四十年，第二次削兵权也没有削到他们头上，到吴璘的第三代，就有坐大之势，终于发生了吴曦之变。

流寇集团与农民武装

宋金战争一开始，先是金兵南下，中原失守，继而高宗渡江，金军追击，宋朝政府对中原与江南都失去了有效的控制。有序的权力失控以后，必然另有无序的权力取而代之。大约自靖康元年（1126 年）起，到绍兴五年（1135 年）止的十年间，中原与江南出现了两类失控的权力。其一是农民武装，据何竹淇统计不下六十起，规模较大的有宣和末年至靖康初年河北的高托山（一作高托天）、京东的张万仙（一作张仙），建炎末年至绍兴初年建州的范汝为，湖南的钟相、杨幺，绍兴三年吉州的彭友。其二是流寇集团，笔者也曾作过研究，由形形色色溃兵叛将组成的流寇集团不下二百个。更多的情况是，农民武装中加入了流亡的士兵，流寇集团裹胁了无辜的农民，因而官方史书上都笼统称之为"群盗"。以下根据《宋史·高宗纪》列出影响较大的流寇集团起事年月，并依据相关记载略述其本末（至于原文称"贼"者此处也不予甄别）：

建炎元年七月，胜捷军校陈通作乱于杭州。十二月被王渊讨杀。

建炎元年十一月，真定军贼张遇入池州。后犯江州，次年正月被王渊招降。

建炎元年十一月，军贼丁进围寿春府。十二月投归东京留守宗泽，次年九月宗泽死后再叛，复寇淮西，十月被刘正彦击溃而投降。

建炎二年正月，东平府兵马钤辖孔彦舟叛，渡淮犯黄州。广收溃兵后转入荆南等地，后虽受招抚，任镇抚使与捉杀使等职，但烧杀抢掠如故，俘杀钟相。绍兴二年，投降伪齐，后为金将，屡为攻宋的前锋。

建炎二年二月，河北贼杨进归降宗泽。杨进号"没角牛"，宗泽死后复叛，众至数万，剽掠汝、洛之间。次年五月，为宋将翟进邀击，中流矢而死，其众溃散。

建炎二年五月，贼靳赛寇光山县。后犯通州，四年闰八月归降刘光世。

建炎二年六月，建州卒叶浓等作乱，寇福州。张俊（此人是大将，与经略川陕的大臣张浚不是一人，两人在建炎、绍兴年间同时登场，请勿混淆）前往镇压，十一月投降，因复谋为变被斩。

建炎二年八月，河北京东捉杀使李成叛，犯宿州。后招安为镇抚使，仍杀戮抄掠，据有江淮湖湘十余州郡，连兵数万，有席卷东南之意。绍兴元年，被张俊击败，投降伪齐，后为金将，成为孔彦舟那样的侵宋马前卒。

建炎三年正月，东京留守杜充遣岳飞、桑仲讨叛将张用于城南，其徒王善往救，张用、王善寇怀宁府。王善后转攻宿州，同年十一月叛降金朝。张用号称"张莽荡"，率部流窜至襄汉，复入江西，绍兴元年五月，受岳飞招降。

建炎三年四月，西北贼薛庆袭据高邮军。他原是溃兵，至此有众数万，次月，受张浚招抚。

建炎三年七月，山东贼郭仲威陷淮阳军。他原是李成一党，至此分兵攻淮阳，十月降宋为镇抚使，却打算割据淮南，与伪齐暗通声气，绍兴元年五月，被刘光世部将王德在扬州擒获，押至行在斩首。

建炎三年十一月，淮贼刘忠犯蕲州。他也是溃兵出身，后有兵数万，屯据岳州平江县白面山，绍兴二年九月为韩世忠击溃，走降伪齐，次年四月为部下所杀，传首行在。

建炎三年十一月，护卫统制杜彦及后军杨世雄率众叛。进犯潭州，杜彦后降宋，仍为统制。

建炎三年十一月，桑仲自唐州犯襄阳。他这年正月还在讨叛将张用，时隔十月，自己也成叛将，袭据襄阳，京西列城皆为其所有，后受招为镇抚使，叛降不定，绍兴二年二月，为郢州守将所杀。

建炎三年十二月，江淮宣抚司准备将戚方拥众叛，犯镇江府。后攻下广德军，次年六月被岳飞所破，降归张俊。

建炎四年三月，御营前军将杨勃叛。后犯婺州、处州，一度受刘光世招安，复叛，绍兴二年被宋将杨惟忠诱杀。

建炎四年十月，王善余党祝友拥众为乱。后渡江大掠，绍兴二年二月，归降刘光世军。

建炎四年十月，江东贼张琪犯建康府，受招降。绍兴元年四月复叛，占据徽州，十月在楚州为官军俘获，槛送行在。

绍兴元年正月，贼曹成入淮阳军，复引兵趋江州。曹成原与张用、马友属同一集团，后来分军南下，由江西入湖南，拥兵十余万，次年受到岳飞的痛击，五月，以八万之众受韩世忠的招降。

绍兴三年正月，江西将李宗谅诱戎兵叛，寇筠州。三月，为李纲派兵击降，被杀。

宋太祖曾自豪地说过"吾家之事，惟养兵为百代之利"，推其用意，是将桀骜恣肆的不稳定因素强制融入军队这一国家机器中，使其难以直接危害社会与政权。但太祖没有料到军队本身也有这种全面失控的时候，这时，收隶尺籍的犷暴之民经过了训练，拥有了武装，结成了集团，就像上百头突破铁笼的恶狼与猛虎，不仅使历经战乱的国计民生雪上加霜，而且直接威胁到南宋政权的自身安全与立足根基，其危害之大是前所未有的。

高宗小朝廷南渡以后，就把主要精力放在对付所谓"群盗"上，以至当时宰相赵鼎都说："渡江以来，每遣兵将，只是讨荡盗贼，未尝与敌国交战。"南宋政权剿灭流寇，消除了腹背受敌的威胁，巩固了后方，有利于南宋的社会安定与经济恢复，这一战争大体到绍兴五年基本完成。在平定流寇集团中，张俊、刘光世、韩世忠和岳飞所起作用最大，并通过对流寇的招降与改编，不断扩大自己的实力，成为拥有重兵的中兴四大将。

现在，再来说说这一时期的农民武装。土地兼并与赋税繁重，往往是农民揭竿而起的症结所在，这里有必要补充说说两宋的赋税。宋代无地的佃户向地主交纳地租，国家则向土地所有者（不论地主还是农民）征收两税，夏税征绢麦，秋税征粮食。此外还有"支移"、"折变"、"和买"、"和籴"等附加税。所谓支移，是借口将两税实物运送边地而征收的"道里脚钱"；所谓折变，是有意让纳税户将实物折成货币，或将货币折成实物，从中收取附加费；所谓和买，原意为公平买卖，也称和预买或预买，实为政府以低于市价的价格强行预购两税中的绢匹等物，后来干脆连低价也都不付，变为一种附加税。所谓和籴，就是政府以低价向民户强征两税以外的粮食。

南宋一建立，就打着抗金的旗号，巧立各种苛捐杂税，大肆搜刮民脂民膏。借口供应军用而新增的附加税中，最苛急的有三种：一是南宋初年东南诸路征收的版帐钱，以两浙路最为繁重；二是绍兴二年起在江南东西路、两浙路和荆湖南路各州县按月交纳的月桩钱；三是绍兴五年新征的总制钱，与徽宗末年开征的经制钱合称为"经总制钱"，有些地区的经总制钱竟达正税额的三倍之多。

此外，东南地区还有二税的附加，例如和籴、和预买、折帛钱、预借。和籴、和预买是沿用北宋旧例；所谓折帛钱就是将和预买中的绢匹改征货币；预借就是提前征收明年以后的赋税，最多的甚至预借到六年以后。另据记载，江西、湖南在正税以外，还有"正耗"、"补欠"、"和籴"、"斛面"等名目，一石正税米往往要收到五六石；收税钱则还有"大礼"、"免夫"、"纲夫"、"赡军"等名堂，一缗税钱往往要收到七八缗。建炎绍兴之际的连年战争，军队的馈饷和朝廷的开支，都要由江南农民来承担，不时之需，无名之敛，几无虚日，老百姓简直无以聊生。

与此同时，两宋之际空前残酷的战争破坏也迫使人民铤而走险。建炎三四年间，金军渡过长江，蹂躏两浙路、江南东西路和荆湖南北路的广大地区，加上望风溃逃的南宋官军与流窜不定的流寇集团，一茬又一茬的烧杀抢掠，硬是把农民逼上了绝路。在这种形势下，哀哭无告的广大农民只有结众自保，才是唯一生路。

唯其如此，这十年之间成为两宋农民起义的洪峰期，次数之密集，区域之广泛，在两宋是仅见的。其中规模与影响最大的就是钟相杨幺起义。

靖康二年春，鼎州武陵（今湖南常德）人钟相命其子钟昂率义兵三百前往勤王，高宗南逃时被遣返原籍。钟相并没有按朝廷之命解散这支武装，而是结寨自保，抗击南下的金兵、溃军与流寇。

建炎三年冬，金军南侵荆湖，流寇孔彦舟也盘踞洞庭湖沿岸诸州，为害一方。在这种情况下，次年二月，钟相揭竿而起，建号大楚，自称楚王，建元天载（一作天战），控制了洞庭湖周边诸州十九县，在洞庭湖中建立了水寨。起义军也利用秘密宗教作为组织民众的工具，这种宗教是否也是摩尼教尚难确定。钟相鼓吹："法分贵贱贫富，非善法也。我行法，当等贵贱，均贫富。"这对贫苦民众是富有吸引力的，四方农民络绎前来投拜入法。

在"群盗"并起的形势下，南宋政府推行了以盗制盗的方针，即任命一些兵强马壮的流寇集团首领为镇抚使或捉杀使，让他们去消灭其他流寇集团和农民武装。二月，孔彦舟被宋朝任命为荆湖南北路捉杀使，让他去对付钟相。孔彦舟派出间谍，混入义军，里应外合，在三月的一个深夜，偷袭了钟相的大营，俘杀了钟相及其妻儿。

起义军虽受到重大挫折，但推举杨幺为领袖。他原名杨太，当地称兄弟中幼小者为"幺",故称其为杨幺。杨幺自称"大圣天王",立钟相之幼子为太子，很快将队伍发展至二十万人。他以洞庭湖为根据地，在湖里建立了面陆背水的大小水寨数十个，进可陆耕，退可水战，形成了陆耕水战的战略方针。

为提高水战能力，起义军让俘获的工匠高宣打造二十四车至三四十车的车船。这种车船形制雄伟，分二或三层，大者长三十六丈，高七丈余，可载千余人，以人踏车，以轮击水，进退灵便，行驶疾速，左右前后各设长达十余丈的"拍竿"，用来发巨石击碎敌船。车船与海鳅等战船配合，使起义军掌握了水战的主动权。

宋朝采取剿抚并用的政策。招安虽令个别动摇者叛变投敌，杨幺却始终不为所动，为了粉碎诱降阴谋，他后来对前往招安的官员一概予以镇压。

楼船（据《武经总要》）

这是宋朝官军水战用的楼船，怕也经不起杨幺水军以车船的拍竿投发巨石的打击。

绍兴三年六月，宋荆南制置使王率兵六万，水军正副统制崔增、吴全领水师一万，与鼎澧镇抚使兼知鼎州程昌联合进剿。杨幺诱敌深入，在阳武口（在今湖南汉寿东洞庭湖口）大败宋朝水军，崔增、吴全溺水战殁，一万水师全军覆没。而派去招安的官员，一再被杨幺处死，大半回不来。宋朝政府陷入了进退维谷的困境。

杨幺起义军的壮大，引起两方面的重视。

其一是伪齐刘豫方面。李成投降伪齐以后，绍兴四年曾奉命派遣密使，游说杨幺"联军灭宋，分地而王"，为杨幺拒绝。时隔一月，李成又派人携官诰、金束带等前来诱降，被义军尽行杀戮，沉尸入江。关于杨幺起义军与伪齐的关系，也有与此截然相反的说法，以为两者勾结，约好李成由陆路、杨幺由水路，在两浙会合，"赴行在作过"。但坚持大义说有已然的事实可以为证，而勾结伪

《岳飞尺牍》（上海图书馆藏）

岳飞这三通书札都写在赴湖南平定杨幺之前，收入宋拓《凤墅帖》续帖，据此可见其书迹是道地的苏东坡体，也足以断定"还我山河"与前后《出师表》之类所谓岳飞墨迹是不可靠的。

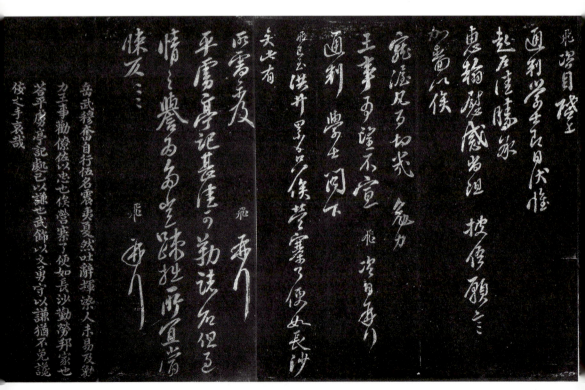

齐说充其量只是或然的道听途说，且未有实际的行动可以证实，即便在后来宋朝大军开赴水寨的情势下，不仅伪齐绝无声援的举动，杨幺也绝无逃往伪齐的迹象，故后说不足为信。

其二是南宋方面。对朝廷说来，杨幺控制长江上游之地，阻遏漕运，独占一方，已成为与金兵、伪齐鼎足而三的心腹之患，"不先去之，无以立国"。到绍兴五年，南宋政府或剿灭，或招安，已基本解决了为患江南的各大流寇集团。这年五月，右相兼知枢密院事张浚以都督诸路军马的身份坐镇潭州督战，命岳飞从抗金前线调来精锐部队进行镇压。

岳飞采取剿抚并用的策略，诱降了少数起义军首领，熟知了内情，决定了对策。他先派人暗中打开西洞庭湖的堰闸，降低水位；而后命官军编制巨筏，堵塞主要港汊河道；再将大量青草束投入湖中，以阻挠车船的正常行驶。六月，岳飞向杨幺大营发起总攻。杨幺以车船迎战，舟轮被腐草羁绊，行进不便，欲退入港汊，又为巨筏所阻，终于被俘遇害。十几万起义军中，老弱者归田，岳飞将五六万少壮者编入岳家军。

钟相杨幺起义坚持七年之久，提出了"等贵贱，均贫富"的口号，当然有其历史的合理性与进步性。但作为处于宋金之间的农民政权，长期并存似无可能，既不利于抗金大局，也不利于南方社会的稳定与发展。陈寅恪有诗云"妖乱豫幺同有罪"（豫即伪齐刘豫，幺即指钟相杨幺），也许正是从这种历史大格局而言的。

五一

刘豫与伪齐

建炎四年（1130 年），宋金关系上有四件大事不得不说。其一，三月，金军结束了对南宋小朝廷的追击，在还师途中受到韩世忠、岳飞军队的痛击；其二，九月，宋军在富平之战中败绩，只能退保川蜀；其三，七月，金朝扶植了"大齐"傀儡政权；其四，十月，金朝放回秦桧，鼓吹南北议和。这四件事都是宋金对峙格局基本形成的标志。前两事已在《建炎南渡》与《从争夺关陕到保卫川蜀》中作了交代，这里且说刘豫与伪齐，秦桧放入下回分解。

宋金战争初期，金朝最初的目标是活捉宋高宗。靖康之变时，金军把全部在京的皇族宗室俘掳北上，以后又必俘高宗而后已，用意就是将赵宋皇室的合法继承人斩草除根，然后卵翼一个傀儡政权，成为金朝的藩属国，构成金宋之间的缓冲屏障。当时，新兴的金朝感到自己还没有力量控制偌大的中国，因而先是立张邦昌，继而立刘豫。

刘豫原来在宋朝任济南知府，后降金朝，受命管辖山东河南地区。建炎四年七月，经

《禹迹图》（西安碑林博物馆藏）

这幅伪齐阜昌七年（1136）刻石的地图是西方制图学传入前中国古地图的佳作。

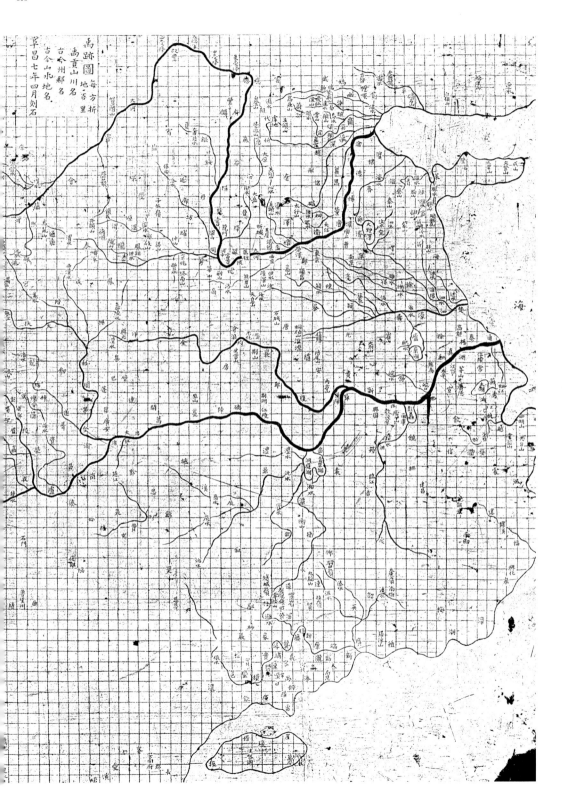

完颜挞懒奏请，金朝册立他为"大齐"皇帝，定都北京大名府（今河北大名），金齐以黄河故道为界，伪齐向金"世修子礼"，也是十足的儿皇帝。次年，伪齐迁都汴京，实行与南宋相似的制度以招徕中原民心。

伪齐建立以后，战争主要在宋齐之间进行。绍兴三年正月，宋襄阳镇抚使李横率军北攻伪齐，攻占了颍昌府（今河南许昌东），进而控制了郑州以西、黄河以南的广大区域，直逼汴京。刘豫向金朝告急，完颜宗弼亲率大军增援，金齐联军合力展开反击。宋朝对义军出身的李横心存疑虑，刘光世与韩世忠扬言声援，却按兵不动。李横外无援兵，内乏粮草，只得一路败退至洪州（今江西南昌），不仅丢了颍昌，连襄阳府等襄汉诸州府都被伪齐所占领。伪齐既可以溯江而上进攻川蜀，也可以顺流而下直取吴越，对南宋安危构成巨大威胁。

次年五月，南宋命岳飞出师襄汉，高宗行前警告他只许收复李横原先"所守旧界"，不许越界到伪齐领土上，否则，"虽立奇功，必加尔罚"。岳飞出兵不到三个月，次第克复襄汉六郡。年仅三十二岁的岳飞也因功授为清远军节度使，继刘光世、韩世忠、张俊和吴玠之后成为第五个建节的武将。

刘豫深知，与南宋为敌是自己存在的唯一前提。绍兴四年九月，他再次南侵，金朝派讹里朵、挞懒权左右副元帅率兵五万以为声援。金齐联军避开岳飞所在的中路战场，向东线两淮地区发动进攻。高宗一方面作好再次出逃的准备，一方面命张俊率部往援驻守镇江的韩世忠，命令从淮西前线逃遁的刘光世移军建康府。但张、刘二人畏敌如鼠，张俊借口"坠马伤臂"压根儿不肯渡江。只有韩世忠移师扬州，然后诱敌深入，在大仪镇（今江苏扬州西北）设伏，大败金军。

金军在淮东捞不到便宜，宗弼与挞懒便转攻淮西，十二月，在庐州（今安徽合肥）也遭到驰援前来的岳飞军队的痛击。岁末，听说金太宗病危，宗弼与挞懒匆匆北归，伪齐军队失却了后盾，也只得结束"南征"。

绍兴六年十月，刘豫征发三十万军队分三路进攻两淮。当时，韩世忠驻军楚州（今江苏淮安），张俊扎营盱眙（今属江苏），刘光世屯兵庐州，岳飞扼守鄂州（今湖北武昌）。听到伪齐南下的情报，张、刘二将故伎重演，准备开溜。刘豫之侄刘猊率领伪齐东路军在受到韩世忠军阻击后向西撤退，准备与刘豫之子刘麟率领的中路军会合，在藕塘（今安徽定远东南）与张俊部将杨沂中遭遇，双方激战，杨沂中取得了藕塘之战的胜利。伪齐刘麟率中路军与孔彦舟率西路军闻讯以后便仓皇退兵，三路攻宋的计划被彻底粉碎。

　　刘豫在宋齐战争中一再失利，金朝感到伪齐不但不能成为金宋之间的缓冲屏障，反而成为金朝甩不掉的累赘包袱，兼之金朝也摸索出统治中原的有效形式，便渐生废掉伪齐的念头。刘豫请求立刘麟为皇太子，以试探金人意向，遭到拒绝。绍兴七年十一月，应实权派大臣完颜宗磐与挞懒的要求，金熙宗废除大齐国，废黜了刘豫，在汴京设立行尚书台，治理河南、陕西地区。刘豫仅做了八年儿皇帝，却与石敬瑭那样遗臭万年。

五二

秦桧、张浚
与赵鼎的三角关系

　　秦桧在靖康之变时任太学正，倒也是反对割让三镇的强硬派。金人拥立张邦昌，他在御史中丞任上，已经有点畏缩，勉强在御史台合台反对的议状上签了名。被俘北上后，他见风使舵，暗中投靠金朝当时的实权派完颜昌（挞懒）。

　　建炎四年（1130年），挞懒进攻楚州（今江苏淮安），他随军南下，十月，与妻子王氏带着大量财物与随从，投奔宋朝在涟水军（今江苏涟水）的水寨，次月航海到达当时的行在越州（今浙江绍兴）。据其自称是杀了监视自己的金军，夺舟来归的，不过，带着众多的家眷随从与丰厚的金银财宝，无论如何不像亡命逃跑的架式，当时人多以为他是金朝特意放回的奸细。

　　秦桧初见高宗，就提出"如欲天下无事，须是南自南，北自北"，主张南北议和。秦桧力主和议正中高宗下怀，他来自金朝习知内情，宰相范宗尹也称赞他忠诚可信，归朝仅三个月，秦桧就当上了参知政事。

　　范宗尹可谓少年得志，刚三十出头就做上了宰相。他做了三件事：其一，撤销了行营司，恢复了枢密院领兵的祖宗旧制；其二，在与金、齐犬牙交错的地区，任命南宋将领、游寇首领或义军领袖为镇抚使，让他们守土保民，抗金平盗，因镇抚使良莠不齐，有的确能起些作用，至于李成、孔彦舟之类反而乘机为害一方；其三，建议追夺徽宗以来的"滥赏"，因涉及面太大而浮议蜂起，秦桧原来"力赞"此议与宗尹保持一致的，见高宗不打算"归过君父，敛怨士夫"，便落井下石，使宗尹在绍兴元年（1131年）七月罢相出朝，为自己独揽朝政扫除了第一个障碍。

其时，相位空缺，高宗从江东召回在苗刘之变中勤王有功的旧相吕颐浩，有意让他重新主政。秦桧觊觎另一相位，对高宗表示：倘若为相，将有二策耸动天下。高宗也想试用一下秦桧，八月任命他为右相，次月让吕颐浩为左相。秦桧自知还不足以与吕颐浩争衡，便拉拢名士，壅植人望。而后就有人进言高宗，建议二相分任内外之事。绍兴二年四月，高宗决定让吕颐浩兼都督江淮荆浙诸军事，开府镇江，专治军务，秦桧专理朝政。

吕颐浩发现秦桧在排挤自己，便举荐前宰相朱胜非出任同都督，以共同对付秦桧。朱胜非在苗刘之变中与叛将虚与委蛇，在缓解事态、争取时间上是有功的，但考虑到自己与政变者打过交道，政变平定后就自请罢相。高宗清楚知道秦桧任相以后在植党揽权，他虽然始终欲与金朝媾和，但这时还没有达到非秦桧不用的地步。高宗对朱胜非印象不坏，就召他回行在日赴朝堂议事。

秦桧迫不及待地向高宗兜售了自己"耸动天下"的方策，核心就是"南人归南，北人归北"，这是秦桧初见高宗时提出的"南自南，北自北"方针的具体化，完全是一脉相承的。但这次高宗却勃然大怒："南人归南，北人归北，朕北人，将安归！"秦桧仅做了一年宰相，就被罢免。

接着是吕颐浩与朱胜非并相。但颐浩在次年九月也被罢相，他主张对金朝与伪齐用兵，但宰相肚量稍狭，不能用李纲。绍兴四年九月，朱胜非罢相，由赵鼎替代他独居相位。赵鼎号称中兴名相，《宋史》对其秉政方略有一段评价："及赵鼎为相，则南北之势成矣。两敌之相持，非有灼然可乘之衅，则养吾力以俟时，否则徒取危困之辱。故鼎之为国，专以固本为先。"张浚从川蜀召回以后，一度被免职。赵鼎以为他还是个人才，仍让他起知枢密院事，视师江上。绍兴五年二月，高宗命赵鼎为左相，张浚为右相。

张浚在对金方针上是坚决的主战派，他在镇压杨幺起义以后，以为安内业已完成，可以转而攘外。绍兴六年初，张浚决策出兵，收复失地，由韩世忠出淮东进攻京东东路，岳飞出襄阳直取中原。二月，韩世忠进围淮阳军（今江苏邳县西南），金齐联军驰援，宋军被迫退回。七八月间，岳飞的军队直捣伊洛，逼近西京洛阳，朝野大为振奋。张浚要求高宗移跸建康鼓舞士气，赵鼎力求稳健，主张进幸平江（今江苏苏州）。

十月，伪齐三十万大军分三路进攻淮西，赵鼎的措置略有乖张，他一方面主张回跸临安，一方面让高宗手诏张浚放弃淮西退保长江。张浚得知伪齐军队并无金军后援，力主不能轻易回跸，以免军心动摇，高宗也终于回心转意。其后，因杨沂中的藕塘之捷与岳家军的驰援，伪齐军被迫北撤。

在淮西之战的处置上，赵鼎大失其分，张浚大得人望，他乘机逼迫赵鼎罢相出朝。与此同时，张浚作出了一个错误的决策，误以为秦桧"柔佞易制"，绍兴七年正月，再次引荐他入朝为枢密使。

这时，张浚总中外之政，以恢复相号召，但他最先着手的却是"谋收内外兵柄"，揭开了宋代第二次削兵权的序幕。所谓第二次削兵权，是相对于宋太祖"杯酒释兵权"而言的。在涉及这一问题前，有必要回顾建炎绍兴之际武将势力的崛起与宋朝家法之间的冲突。

南宋政权一诞生，为对付金军、流寇与农民起义，朝廷不得不默许南渡诸大将在镇压流寇集团与农民起义时将溃兵与农民整编入伍。这样，南宋初年的兵权经历了一个由分到专的过程，日渐集中到少数将帅的麾下。这些将帅把官军变为私兵，众军相称必曰某姓某家之兵，例如张家军（张俊）、刘家军（刘光世）、杨家军（杨沂中，后来高宗为其改名存中）、韩家军（韩世忠）、吴家军（吴玠、吴璘）等，凡此无不表明军队国家化的性质正在淡化，私家武装的性质却日趋强化。

随着军事势力的膨胀，武将的政治地位也急剧上升，诸大将如张、刘、杨、韩、吴、岳都官拜两镇节度使，张、刘、韩还加到三镇。在经济上，他们以充实军费为名，军队经商，侵夺国家财利。武将势力的坐大是建炎绍兴之际有目共睹的事实，这与太祖以来抑制武将的祖宗家法是格格不入的。

大约从建炎末年以来，不同派别的文臣就以祖宗家法捍卫者的身份提出形形色色削兵权的方案，其中虽有主和派的韩肖胄，也有主守派的廖刚、李弥逊、张守和张戒，却还有主战派的王庶、陈规、陈公辅和胡寅，甚至还包括抗战派的代表人物李纲，当然还有这位张都督。

高宗不是中兴名主，却决非庸主，在时机未成熟前，他一方面以高官厚禄和土地财货笼络诸大将，一方面说些"势合则雄"的话头稳住诸将。但苗刘之变无疑令他刻骨铭心地记得武将跋扈的严重后果，如今，流寇集团与农民武装已经鄱除，宋金战局也大体稳定，因而他默许张浚之举。这也是高宗在二相之争中偏向张浚的原因之一，尽管他对张浚的主战决无好感，但比起赵鼎来，张浚有长于军事的虚名，更有利于恢复"以文御武"的祖宗家法。

秦桧像（北京故宫博物院藏《八相图》）

绘于南宋绍兴二十三年（1153）十二月
的《八相图》将秦桧与周公旦、张良、魏徵、
狄仁杰、郭子仪、韩琦、司马光并列，像
赞吹捧他"建万世策，交欢宝邻"。

张浚削兵权的第一刀砍向刘光世，他在与伪齐的淮西之战中怯懦无能是有目共睹的。绍兴七年二月，高宗与张浚任命岳飞为湖北京西宣抚使，并通过岳飞给刘光世的部将颁发了一道"听飞号令，如朕亲行"的御札，作出将让岳飞率领淮西军北伐的假象，既用以稳定刘光世统领的淮西军的军心，也为了避免其余诸大将的疑忌。

岳飞满心欢喜，以为真可以实现北伐的夙愿，就向张浚提出统兵十万恢复中原的计划，高宗、张浚却突然变卦，拒绝将淮西军交给岳飞北伐，高宗的理由是淮甸之兵乃驻跸行在的保障，淮甸一旦失守，朝廷何以存身？

三月，刘光世罢去兵权，淮西军直属张浚为首的都督府，由都督府参谋、兵部尚书吕祉前往节制，以刘光世的部将王德为都统制，郦琼为副都统制。郦琼出身流寇，与王德本来就有积隙，吕祉一介书生不足以服众。

岳飞以为这种安排必将激起变乱，张浚准备让张俊或者杨存中前去接管，岳飞认为也非最佳人选，张浚抢白："我早就知道非你不可！"岳飞反驳道："你征求意见，我直陈己意，岂是为了多得兵马！"

岳飞对高宗、张浚出尔反尔十分愤慨，自请解除兵权，上庐山为母守丧。张浚派都督府参谋军事张宗元权湖北京西宣抚判官，准备取岳飞而代之。高宗对岳飞撂挑子大为震怒，但深知夺其兵柄的时机尚不成熟，便一再下诏，"许卿以恢复之事"，促其出山，六月，岳飞仍下山统军。

张浚密谋召回郦琼，夺其兵权，处其死罪。岂料走漏消息，郦琼抢先在八月发动兵变，杀死了吕祉，裹胁四万多淮西军投降伪齐刘豫。淮西之变，震惊朝野，张浚成为众矢之的，高宗耿耿于怀，将其罢相。此前，高宗问他秦桧可否继任相位，张浚回答："今与共事，始知其暗。"对他的本质似有所认识。

高宗重新起用赵鼎为相，令秦桧大失所望，他原以为张浚会推荐自己的。但他不动声色，大套近乎，讨得赵鼎的好感，以至高宗许诺赵鼎"现任执政去留惟卿"，赵鼎只说："秦桧不可令去。"在其后的半年里，虽有台谏弹劾他有充当金朝内奸的嫌疑，但因高宗与赵鼎的信用，地位仍不可撼动。

赵鼎上台以后，废除了张浚经营的抗金措置，客观上为其后的和议起了接榫的作用。当次年三月高宗征询他秦桧任相问题时，他回答道："用之在陛下，况自有阙。"明确表示赞同。于是，秦桧再次任右相，高宗迫切需要加强主和派的力量。

实际上，议和活动在绍兴七年已着手进行。这时，宋金战争的形势已明显有利于宋朝，高宗感到有了讨价还价的资本。这年正月，使金的宋使回朝报告徽宗已于前年四月死在五国城，高宗就和担任枢密使的秦桧密谋议和对策。这年九月，王伦在高宗数次面授机宜以后，以奉迎徽宗帝后梓宫（即灵柩）使的名义赴金求和。

金朝要求南宋纳币称臣作为议和的条件，作为交换，金朝答应归还徽宗帝后梓宫（专指帝后棺木）和高宗生母韦氏，归还河南地，废黜伪齐，并不久就废了刘豫。高宗大受鼓舞，更坚定了屈己求和的信心，派遣王伦再次使金。绍兴八年，宋金双方使节往还，就议和事宜讨价还价。

高宗决定议和在朝野引起巨大反响，反对的奏札纷至沓来，抗议不断，辩论纷起。其时宰执共四人，秦桧是主和派，与高宗穿一条裤子；枢密副使王庶属于坚决的抗战派，但地位最低，面折廷争也无济于事；参知政事兼枢密副使刘大中与他所追随的赵鼎是主守派，他们并不反对议和，只是不主张放弃河北诸州，也反对过分地向金屈膝让步，王庶认为他们是首鼠两端。七月，王伦再次北上，赵鼎交待和谈口径是岁币不超过银绢各二十五万两匹，宋金以黄河故道（即原北流）为界，宋朝不向金朝称臣受册封。

八月，高宗召韩世忠、张俊与岳飞入朝，希望通过做工作让他们至少不反对与金议和。岳飞明确表示："夷狄不可信，和好不可恃，相臣谋国不善，恐贻后世讥议。"高宗无言以答，对他越发嫌忌。

岳飞在抗金战争中迅速崛起，名位后来居上，而韩世忠、张俊等早就成名，因而引起他们的妒忌，平杨幺后，岳飞向他俩各赠大车船一艘，韩世忠尽释前嫌，在抗金立场上与岳飞声息相通，这次也与岳飞作了相同的表态。张俊则嫌隙更深，为博高宗的欢心，他表态支持议和。

高宗已不能容忍赵鼎在议和问题上的斤斤计较，秦桧看出了这一倾向，不失时机地向赵鼎一党发动了最后的攻击。十月，他让依附于自己的侍御史萧振以不孝的罪名劾罢刘大中，并放出赵鼎将"自为去就"的流言，使朝野确信赵鼎将自动辞相。

与此同时，秦桧对高宗开价说："畏首畏尾，不足以断大事。若陛下决欲讲和，请独与臣议其事。"高宗表态就委托给他，秦桧请高宗深思熟虑三天再作决定。三天后，高宗依旧表示坚决议和，秦桧请他再考虑三天。届时，秦桧见高宗仍不变初衷，才取出奏札，"乞决和议，不许群臣干预"，高宗欣然采纳，决定独相秦桧。

距罢免刘大中仅十日，赵鼎也被罢相出朝，上距张浚罢相也仅十三个月。赵、张二人，大体说来，赵鼎识见不如张浚，张浚人品不如赵鼎。但在秦桧擅权的道路上，赵鼎与张浚一样，始惑其献媚，终识其奸伪，却为时已晚。十一

赵鼎《郡寄帖》（台北故宫博物院藏）

张浚《远辱手翰帖》（台北故宫博物院藏）

月，激烈反对和议的王庶也被高宗罢去，至此，秦桧独相的局面正式形成。

秦桧把自己的亲信孙近提为执政，台谏官也都换上了秦桧的亲党，以便专门弹劾反对派。与孙近同时担任参知政事的还有李光，秦桧企图借其名望来压制抗金的议论，他毫不掩饰地对高宗说："若同押榜，浮议自息。"

不过李光执政不久，就在一系列问题上抵制秦桧。他反对秦桧裁撤抗金武备、削夺诸将兵权的做法，多次在高宗面前揭露秦桧引用亲党、盗弄国权的行径。仅仅一年，秦桧就再也容不得与他一起"押榜"，唆使言官弹劾，将其罢政出朝。

罢政前，李光希望高宗再用张浚，高宗对李光"初以和议为是，终以和议为非"已大为恼火，他对张浚也抱定"宁至覆国，不用此人"的主意，李光制约秦桧的最后一步棋也无法走通。秦桧独相的局面已不可动摇，等着李光的是秦桧加倍的迫害。

五三

绍兴和议与岳飞之死

　　议和正在紧锣密鼓地进行。绍兴八年（1138年）十一月，金朝的"诏谕江南使"张通古与宋使王伦南来，按规定，宋高宗必须跪拜金使，奉表称臣。高宗冠冕堂皇地表示：只要百姓安生，不惜屈己就和。而群情激愤，抗议的奏章雪片般呈送上来，武将有岳飞、韩世忠、解潜与杨存中等，文臣有李纲、张九成、尹焞和朱松等。

　　枢密院编修官胡铨的上疏最为激烈，直斥高宗"竭民膏血而不恤，忘国大仇而不报"，表示与秦桧不共戴天，坚决主张斩秦桧、孙近和王伦以谢天下。高宗与秦桧恼羞成怒，气急败坏地将其贬谪岭南。然后以高宗正在为徽宗守丧为借口，由秦桧等宰执代他向金使行跪拜礼，接受了金朝的诏书与议和条件。

　　绍兴九年正月，宋朝以韩肖胄为奉表报谢使，以王伦为奉护梓宫、迎请皇太后、交割地界使，北上开封，王伦与完颜宗弼交割了地界，宋朝名义上收回了东、西、南三京与河南、陕西地。王伦得到完颜宗弼要谋害挞懒撕毁和议的情报，便派人回朝报告，建议派张俊、韩世忠、岳飞与吴玠分守河南、陕西地，免得再失中原，但高宗置之不理。

　　五月，王伦继续北上，等他到达金朝，完颜宗幹与宗弼已发动政变，杀死了对宋主和的完颜宗磐和挞懒，推翻了和约，以宗弼为都元帅，分川陕、两淮与京西三路向宋军进攻，仅在一月之间就夺回了河南、陕西。

　　王伦在金熙宗面前痛斥金朝背信弃义，被关押了起来。绍兴十四年，金人胁迫他出仕金朝，他坚决拒绝，被金人绞死。王伦在当时与后代历来遭人唾骂，但他作为议和使者，奉旨行事，别无选择，对金人也并不抱有幻想，更何况晚节可风，不能简单斥之为投降派。

　　金军全面进攻打破了高宗、秦桧屈膝求和的迷梦。宋军在三个战场上进行了抵御或反击。川陕战场由吴璘节制陕西诸路军马，阻挡住金将撒离喝的锐利攻势。东路战场由韩世忠与张俊唱主角。韩世忠军攻取了海州（今江苏连云港），进围淮阳却无功而返。张俊与王德在淮西采取了攻势，进入了宿州与亳州。但战争主要在中路战场进行，由岳飞、刘锜与宗弼率领的金军主力对阵。

　　刘锜被任命为东京副留守，率原八字军万余人北上赴任，绍兴十年五月抵达顺昌府（今安徽阜阳），接到金军毁约重占东京的消息，便率军入城，凿沉了自己的座船，表示了破釜沉舟的决心，与新任知府陈规作死守计。仅用六天，他就严密部署了顺昌城的防务，令蜂拥而至的金军前锋拣不到便宜。八字军将士都说："平时人欺我八字军，今日当为国家破贼立功！"

　　六月，完颜宗弼亲率主力步骑十余万赶到顺昌城下，为鼓舞士气，他声称可用靴尖踢倒顺昌城，命将士来日府衙会食。他挥师攻城，出动"铁浮图"和"拐子马"夹攻宋军。金军惯用左右翼骑兵迂回侧击，称为"拐子马"。"铁浮图"也叫铁塔兵，形容重甲骑兵装束得铁塔一般，每三匹马以皮索相连，像一堵墙那样向前进行正面冲击，最适宜冲阵。

　　时正大暑，刘锜按兵不动，等到正午已过，见金军疲惫不堪，才命八字军战士轮番出攻，殊死搏杀，以少击众，金军被杀五千余人。三日后，宗弼支持不住，狼狈逃回开封，刘锜追袭，杀敌万余。顺昌之战以逸待劳，以少胜多，挫败了金军南下的势头。

　　顺昌之战后，宋军转入了战略反攻。岳飞以收复故都开封为目标，始终不忘自己确立的"连结河朔"的战略方针，就命原抗金义军首领梁兴等渡河，联合"忠义巡社"，攻取两河州县。他亲率大军长驱直入，进驻郾城，另派部将驻扎颍昌，对开封形成战略包围。

　　七月上旬，宗弼经过一月多的休整和补给，又亲率一万五千精锐骑兵从开封直扑郾城，企图借平原地形，充分发挥拐子马之长，一举消灭岳家军主力。岳飞亲自出马，命其子岳云和爱将杨再兴跃马驰突，运用巧妙的战术，或角其前，或掎其侧，使拐子马不能发挥威力。见骑兵会战不能取胜，宗弼把"铁浮图"军投入战斗。岳飞命步兵上阵，以麻扎刀、提刀、大斧等利器，专砍马足。只要砍断一条马腿，一组三匹的"铁浮图"军就只能被动挨打。只见岳家军的步兵拉着敌骑手拽撕劈，杀得金军尸横遍野。

岳飞像（中国国家博物馆藏）
传摹本南宋刘松年《中兴四将图》中的这幅肖像最接近岳飞原貌。

取得郾城大捷以后，岳飞预料到宗弼将转攻颍昌（今河南许昌），便派岳云等前往驰援。七月中旬，兀术率骑兵三万直抵颍昌城下，后续援兵源源而来，又遭到岳家军的沉重打击。他只得把十万大军驻扎在开封西南四十五里的朱仙镇，企图阻挡岳飞进军。但岳家军前哨五百铁骑抵达后，稍一交锋，金军即奔溃。这时，北方义军也纷纷响应，大河南北捷报频传。

但高宗、秦桧为了向金朝求和以确保自己的统治，竟连下十二道金字牌，下令岳飞立即班师。其时，数万岳家军分布在河南中西部和陕西、两河的局部地区，战线拉长，兵力分散，而张俊、韩世忠和刘锜等部奉命已经或正在后撤，岳飞陷入孤军深入的局面。鉴于形势，最关键的还是君命难违，七月下旬，岳飞违心拒绝了两河遗民要他继续北伐的请求，奉诏"班师"。他眼睁睁看着高宗与秦桧葬送了这次最有希望的北伐战争，痛惜十年之功，废于一旦，悲愤地喊出："社稷江山，难以中兴；乾坤世界，无由再复！"岳家军南撤以后，河南州县很快被金军重新占领。

岳飞是宗弼碰到的真正敌手，郾城大捷以后，金军哀叹"撼山易，撼岳家军难"，宗弼开始采取和战并用的策略。双方和谈尽管中止，但热线联系仍未中断，宗弼致信秦桧，明确提出条件："必杀岳飞，而后和可成！"

绍兴十一年正月，完颜宗弼亲率近十万大军直入淮西，企图以战迫和。南宋派张俊、杨存中、刘锜率军迎敌，并命岳飞领兵东援。岳飞尚未赶到，杨存中、刘锜与张俊的部将王德已在柘皋（今安徽巢湖东北）大败金军。张俊准备独吞柘皋之战的功劳，打发杨存中、刘锜还军，岂料宗弼命孔彦舟回师攻陷亳州，并重创前来救援的杨存中与王德军，岳飞闻讯驰援，金军安然渡淮北上。

　　岳飞两次增援淮西都慢了半拍，其表面理由一是本人"寒嗽"（感冒），一是军队"乏粮"，是否夹杂有对高宗阻挠北伐的不满，则不得而知。但这点不久就成为他受迫害的口实。

　　高宗与秦桧本来就处心积虑地企图削夺武将兵权，如今在兀术的要求下，罢兵权又与屈膝求和联系在一起。绍兴十一年四月，他们采纳了给事中范同明升官爵、暗夺兵柄的建议，调虎离山，将张俊、韩世忠和岳飞召到临安，任命张俊与韩世忠为枢密使，岳飞为枢密副使，把三大将原先主持的淮西、淮东与京湖三宣抚司统制以下的官兵都划归三省、枢密院统一指挥调动，一律改称统制御前诸军。

　　韩世忠与岳飞对朝廷此举感到突然，张俊因与秦桧早已达成幕后交易，约好尽罢诸大将，兵权都归他执掌，便带头交出了兵权。唯恐韩、岳联手，高宗宣布韩世忠留御前任用，张俊、岳飞前往原韩家军驻地楚州措置战守事宜。

　　张俊所干的尽是肢解韩家军、撤毁江北防务的勾当，岳飞作为副职完全无能为力。当岳飞知道秦桧与张俊正在唆使亲信诬陷韩世忠企图谋求重掌兵权，便通报给了韩世忠。世忠急忙面见高宗，号泣投地，高宗知道他除力主抗金外

杭州岳飞墓

还是比较听话的，念他在苗刘之变中救驾有功，终于保全了他。

接下来，高宗、秦桧就把迫害的黑手伸向了岳飞。在南渡诸大将中，岳飞是出身最低、功勋最著、抗金最力的。朱熹以为中兴将帅以岳飞为第一，但说他"恃才而不自晦"。确实，岳飞个性刚正耿直，不但不善于保护自己，还在两件大事上冒犯高宗，加深了高宗的忌恨，引来了杀身之祸。

其一即绍兴七年四月，因高宗在让他节制淮西军北伐问题上出尔反尔，岳飞一怒之下上了庐山。高宗视其为"要君"，鉴于金人威胁还在，不得不好言抚慰促其下山，但同时引太祖"犯吾法者，惟有剑耳"以示警告，在表达不满时，已暗藏杀机。

其二即同年八月，岳飞出于忠心，建议高宗立储。这年，高宗才三十岁，他唯一的儿子三岁的赵旉早在八年前就惊悸而死，而他在扬州溃退时因惊吓引起性功能障碍，再也无法生育，成为他的难言之痛。岳飞立储建议有两大忌讳，一是触犯了正值而立之年的高宗性无能的忌讳，二是触犯了祖宗家法中武将不得干预朝政的忌讳。

高宗的厌恶、嫉恨和反感是可以想见的，岳飞实在是太欠思量。再加上岳飞在抗金大计上毫不妥协，宗弼以杀岳飞作为议和的交换条件，高宗、秦桧以屈膝议和作为巩固自己皇位与相权的根本之计，于是，岳飞便非死不可。

绍兴十一年七月，秦桧唆使他的死党万俟卨以谏官身份弹劾岳飞，颠倒是非的罪名有三，一是"日谋引去，以就安闲"，二是淮西之战，"不以时发"，三是淮东视师，沮丧士气。第一个罪名暗指岳飞辞职上庐山一事，第二个罪名是指没能及时驰解淮西之围一事，第三个罪名完全把张俊撤除防务的事情栽到岳飞的头上。

次月，岳飞意识到处境的险恶，上表辞位，恳求高宗"保全于始终"。他被罢去枢密副使，改任宫观闲职。但高宗显然不想保全他，罢政制词里说岳飞有"深衅"，"有骇予闻，良乖众望"，留下了杀机。韩世忠看清了大势，主动辞去枢密使之职，杜门谢客，口不言兵，以求自保。

张俊受秦桧指使，利用在镇江开枢密行府的机会，胁迫岳飞的部将都统制王贵就范，又买通了副统制王俊，由王俊向王贵告发岳飞的爱将副都统制张宪，诬陷张宪在岳飞罢兵后准备裹挟原岳家军离去，以威逼朝廷还兵给岳飞。王贵把王俊的状词发往镇江枢府，张宪虽受到张俊的严刑逼供，仍不肯屈招。张俊却上报朝廷，诬指张宪串通岳飞谋反。

高宗下旨特设诏狱审理岳飞一案。宋代群臣犯法，多由大理寺、开封府或临安府处理，重大的才下御史台狱，很少使用诏狱的方式，诏狱是用以查办谋反大案，须由皇帝亲自决定的，临时委派官员奉诏推勘。

十月，岳飞与其子岳云被投入大理寺狱，御史中丞何铸与大理卿周三畏奉诏审讯，岳飞在受审时，拉开上衣，露出早年刺在背上的"精忠报国"四字，表明自己的清白和忠诚。

何铸经反复讯问，未获一丝反状，便向秦桧力辩岳飞无辜。秦桧词穷，抬出后台说："此上意也。"何铸虽然前不久也弹劾过岳飞，但良心未泯，不无义愤地说："我岂区区为一岳飞，强敌未灭，无故杀一大将，失士卒之心，非社稷之长计！"

秦桧在高宗同意下，改命万俟卨为御史中丞，酷刑逼供，锻铸冤狱。岳飞在狱案上愤然写下"天日昭昭！天日昭昭！"八个大字，向高宗和秦桧喊出最后的抗议。

听到岳飞将处以谋反罪，许多朝廷官员都上书营救，连明哲保身的韩世忠也挺身而出，当面诘问秦桧，所谓谋反证据究竟何在？秦桧支吾道："其事体莫须有。"韩世忠愤愤说："莫须有三字，何以服天下！"但秦桧的妻子王氏却火上加油地提醒道："擒虎易，放虎难。"高宗也决心违背"不杀大臣"的祖宗

家法，绍兴十一年十二月二十九日（1142年1月27日），他亲自下旨，岳飞以毒酒赐死，张宪、岳云依军法斩首。

岳飞曾说："文臣不爱钱，武臣不惜死，天下太平矣！"岳家军能够做到"冻死不拆屋，饿死不掳掠"，其纪律严明，骁勇善战，在当时诸军中最具战斗力。在抗金战争中，岳飞的战功与威名远在其他诸将之上。他也是南渡诸大将中唯一的进攻型将帅，由他统率大军北伐，本来是最有希望恢复中原的。岳飞一死，恢复就只能成为一种难以兑现的梦想。一代抗金名将却死于自家君相的毒手，这种自毁长城的行径更激起万世后人对民族英雄扼腕的痛惜与由衷的崇敬。

岳飞之死与绍兴和议及第二次削兵权错综复杂地纠葛在一起。不过，削兵权并非必然要导致岳飞之死，因为当时三大将的兵权确实已经平稳转移到三省、枢密院手里，也并没有任何反侧动乱的迹象，高宗完全可以对他们"保全于始终"。但高宗与秦桧在议和、削兵权与杀岳飞问题上，是各怀鬼胎、互相利用的。在秦桧看来，岳飞成为他向金投降的最大障碍，不杀岳飞，难成和议；而从高宗角度看，杀岳飞主要并非为了和议，更重要的是所谓"示逗留之罚与跋扈之诛"，杀鸡儆猴，以便他驾驭诸将，也因为憎恶岳飞"议迎二帝，不专于己"，

迎銮图（上海博物馆藏）

画卷描绘了宋高宗率秦桧等大臣亲迎韦太后"回銮"的场面

替自个儿出一口恶气。在岳飞之死的问题上，高宗、秦桧也都在玩弄"交相用而曲相成"的把戏。于是，岳飞非死不可。

绍兴和议是在岳飞被害前一月签署的，这也反证：即便为屈膝求和，高宗也是完全可以不杀岳飞的。绍兴和议的主要条款是：宋朝皇帝向金朝皇帝称臣；两国疆界东以淮水中流，西以大散关（在今陕西宝鸡西南）为界；宋朝割让给金朝唐（今河南唐河）、邓（今河南邓州市）二州与商（今陕西商洛市商州区）、秦（今甘肃天水）二州之半；宋向金每年进贡银二十五万两、绢二十五万匹。

从当时宋朝立场看来，称臣、割地、纳币，绍兴和议无疑是一个屈辱的条约，更何况当时宋朝在对金战争中还占了上风。但从另一个角度说，绍兴和议是宋金两国地缘政治达到相对平衡状态的产物，南宋即便在战争中略占上风，也未必就一定在短时间内真能直捣黄龙府，把宋金边境北推到宋辽旧界。而宋金两国都已不堪连年的战争，绍兴和议是对宋金南北对峙格局的正式确认。

其后，宋金关系以和平共处为主流，双方虽然也有战争摩擦，但始终没能改变这一基本格局，正是在这一相对稳定的对峙格局下，北方社会经济得到了恢复，南宋则最终完成了社会经济重心南移的历史进程。从这一意义上说，清代钱大昕以为，宋金和议"以时势论之，未为失算"，还是有一定道理的。

作为绍兴和议的交换条件，绍兴十二年八月，金朝把宋徽宗的梓宫与宋高宗的生母韦太后归还给南宋，高宗上演了一场"皇太后回銮"的"孝道"戏。据说，徽宗棺椁里并无尸身，金人只放上了一段朽木，高宗也不敢开棺验尸，他怕再蒙羞辱。而韦氏在金朝也受尽了臣妾之辱，她被金将完颜宗贤占有达十五年之久，生有二子。高宗煞费苦心地把自己母亲被俘时年龄从三十八岁增大到四十八岁，就是为了让世人相信五旬老妇决不可能有那号事，种种传闻只是金人的"诽谤"而已。

绍兴和议还有一个附带性条件，就是"不许以无罪去首相"，这就剥夺了高宗对秦桧的罢免权，确保其相权的不可动摇。于是，绍兴和议以后直到秦桧死前，南宋政治空气呈现出一种前所未有的窒息和黑暗。

五四

秦桧与宋高宗

　　绍兴和议后，张俊还有滋有味地赖在枢密使的位子上。秦桧让御史弹劾他，将其旧部将譬为大小儿子："大男杨存中握兵于行在，小男田师中用兵于上流，他日变生，祸不可测。"张俊只得乖乖提出辞呈。好在高宗说他有复辟之功，无谋反之事，同意他辞位，与秦桧演完了第二次削兵权最后一场双簧戏。从此以后，南宋政局重新回归重文轻武、以文抑武的旧轨。撵走了张俊，再也没人能与秦桧分庭抗礼，绍兴和议的附文又规定宋朝不能无故罢免首相，自此开始了秦桧独相专政的黑暗年代。

　　自绍兴八年 (1138 年) 将赵鼎排挤出朝起，到绍兴二十五年去世为止，秦桧独相长达十七年之久，地位始终未见动摇。除对金和议上，高宗引为同调这一因素以外，作为一代权相，他自有一套巩固权位的手段与阴谋。这里，不妨从打击政敌、引用亲党、控制君主三方面作一介绍。

　　首先来说打击政敌。秦桧制造冤狱、整治政敌的残酷程度，可谓是不择手段。他尤其将赵鼎、李光、胡铨视为眼中钉，必欲置之死地而后快。

　　赵鼎在朝野颇有声望，也受高宗器重，秦桧将其视作莫大威胁。绍兴八年，赵鼎罢相，出知绍兴府，秦桧不久让他改知泉州，将他打发得远远的，免得高宗把他随时召入行在，东山再起。秦桧还不放心，将其一贬再贬，潮州安置。赵鼎在潮五年，缄口不谈国事，秦桧再将他编管吉阳军 (今海南崖县)。赵鼎谢表说："白首何归，怅余生之无几；丹心未泯，誓九死以不移"，秦桧见后悻悻说："此老倔强犹昔！"

　　赵鼎在吉阳军三年，门人故吏都不敢通问，只有广西安抚使张宗元还过海送些酒米。秦桧就让吉阳军每月向朝廷报告赵鼎生死的消息。赵鼎知道秦桧决不会放过他，便对儿子说："秦桧必欲杀我。我死，你们无事；否则，祸及全家。"绍兴十七年八月绝食而死。但秦桧并没有就此结束对赵家与所谓赵鼎余党的迫害。

李光罢政后出知绍兴府。绍兴十一年，和议将成，绍兴府百姓连日游行抗议，谏议大夫万俟卨诬陷说是李光鼓动的，将其押送藤州（今广西藤县）安置。藤州知州周谋表面与李光诗歌唱和，背地里却把他抨击和议的篇什送给秦桧。李光再以所谓"动摇国论"被安置琼州（今海南海口），一家都受到株连。

李光罢官后曾札记过一些宦海见闻，这在宋代士大夫中原是常事。但从绍兴十四年起，秦桧与高宗唯恐民间私史记下他们的卑劣行径，一再下令查禁野史。绍兴十九年，李光之子李孟坚与其父门客闲谈起此事，不料这门客卖主求荣，孟坚入狱，除名编管峡州。李光也因私撰国史，与胡铨赋诗唱和讥讪朝政，远徙昌化军（今海南新州）。

胡铨曾在绍兴八年请斩秦桧，被编管昭州（今广西乐平），不久迫于公论，将其处分改为监广州盐仓。但这笔账，秦桧不会轻易了结。绍兴十二年，秦桧死党罗汝楫上章要求严惩，胡铨再次被除名勒停，编管新州（今广东新兴）。词人张元幹以一阕《贺新郎·梦绕神州路》为他壮行。胡铨在新州六年，遇到大赦也不准量移近便州郡。

绍兴十八年，秦桧的表兄王接任广东经略使，问新州守臣：赵鼎、李光都远贬海南，胡铨为什么还不过海？一句话，就把胡铨贬到吉阳军。三年后，秦桧知道张元幹有那首词，便以他事将其投入大理寺狱，因抓不到更多的把柄，将其除去官籍了事。

在引用亲党上，秦桧也工于心计。

其一，控制台谏，操纵言路。秦桧当过御史中丞，深知为了专擅政局、扼制舆论、排斥异己，不能仅凭君主宠信，还必须使台谏完全成为相权的喉舌与鹰犬。秦桧弄权的关键一步即是"择人为台谏"，自独相后，他基本左右了台谏系统，以至在金朝毁约南侵时，竟没有一个台谏官出来谴责和议的失败。绍兴和议以后，台谏更成为其指东不西的鹰犬，不少弹章都出自他的手笔或授意。以至识者都说：这是老秦之笔。

其二，弹去执政，补以言官。台谏只要充当鹰犬，不须二三年，秦桧就让他位至执政。通过这种一箭双雕的手法，秦桧既使执政不可能进而觊觎其独揽

宋高宗坐像（台北故宫博物院藏）

的相权，又能将执政显位作为网罗台谏的诱饵。

秦桧的同乡巫伋也这样当上了执政，有一次秦桧问他乡里有何新鲜事，他吞吞吐吐，说有一术士自乡里来，颇能论命，秦桧立时作色说："这人说你何日拜相罢！"不久，巫伋就遭到台谏论劾而被罢政。

秦桧独相十七年，执政如走马灯似地更换了二十八人，其中由御史中丞、谏议大夫升为执政的即有十二人。唆使言官弹去执政而补其空阙，而台谏之权尽在秦桧，便于他把相权和监察权都牢牢地掌握在自己手中。

其三，引荐柔佞，检汰异己。不论台谏，还是执政，抑或其他要职，秦桧都引用柔佞而无名望的小人。柔佞就没有独立的人格，最适合做鹰犬；无名望就不可能拥有与他相抗衡的实力，有利于他的独相与专政。秦桧独相期间的数十个执政，十有八九都是这样的角色，不过是备员画圈而已。但秦桧一旦认为谁与自己立异，就毫不手软地汰除异己。最典型的例子是万俟卨。

万俟卨曾是秦桧最忠实的走狗，绍兴和议后当上了参知政事。万俟卨出使金国还朝，秦桧让他上奏时假借金人之口赞扬自己，他自以为已位至执政，想自立门户，拒绝了这一要求。还有一次，秦桧要任命一批亲党，派人让他画圈，他说没听皇上提起过，拒绝署名。秦桧自此与他不交一语，让台谏弹劾他"黩货营私，窥摇国是"，把他贬到归州（今湖北秭归）。

最后说说秦桧控制高宗的手段。

其一，每除言路，必预经筵。秦桧破坏台谏官不兼经筵官的制度，利用经筵官经常侍讲君侧的职任之便，让台谏兼职经筵，以达到交通台谏和窥伺君主的双重目的。他让其兄秦梓、其子秦熺相继任职经筵，传导风旨给那些兼职经筵的台谏官，打算弹劾谁，就在经筵侍对时转告或暗示，经筵一退，弹文即上。高宗并非任人摆布的庸主，秦桧担心他接近儒生，受到影响，让甘充鹰犬的台谏悉兼经筵，一来起到隔绝高宗的作用，二来可以窥察人主的动向。

其二，联姻外戚，结交内臣。高宗原配邢氏被掳至北方，韦太后南归才带来其死讯。秦桧积极建议立吴氏，吴氏正位中宫以后对他自然感激。秦桧趁热打铁，把自己孙女嫁给吴皇后之弟吴益。秦桧死后，其子孙无一遭到贬谪，与吴皇后的庇护大有关系。秦桧还交结内侍张去为，他曾是韦太后跟前的红人，后来当上内侍省的都知，秦桧倚靠他刺探宫中消息。

御医王继先深得高宗宠信，甚至把恢复性功能的事儿都一手交给他办，秦桧让妻子王氏与继先认为兄妹，以便通过继先影响高宗。高宗曾说：秦桧是国之司命，王继先是朕之司命。再加上张去为是后宫管家，秦桧与这两人暗中勾结，互为表里，一方面对高宗的动向意愿了如指掌，便于应对，一方面通过他们影响高宗的好恶，巩固自己的权位。

秦桧独相时期是宋朝历史上令人窒息的黑暗年代。绍兴二十年正月，殿前司武官施全在秦桧上朝途中谋刺未遂，被捕后秦桧亲自审问，施全大义凛然答道："全天下都要去杀金人，只有你不肯杀金人，我就要杀你！"他最后虽在临安闹市被磔杀，但他的壮举大快人心，民间传说他是岳飞"旧卒"。刺秦案以后，秦桧心惊胆裂，出门便以五十武士执长梃护卫。

对秦桧擅权专政，高宗是了然于胸的，但一方面为维持对金和议，他与秦桧必须狼狈为奸，另一方面金朝规定不能任意罢免首相，他对秦桧尾大不掉之势也无可奈何。因而高宗对秦桧是既勾结利用，又疑忌猜防。

高宗不仅对秦桧任用亲党采取眼开眼闭的态度，还在绍兴十五年特赐望仙桥甲第一区，次年特许他在府第之东营建家庙，让他享受罕见的礼遇。为满足秦桧的贪欲，高宗将刘光世在建康的第宅园林转到秦桧的名下，还把面积千余顷、年租三万石的永丰圩赐给秦桧。但另一方面，高宗对秦桧又时刻提防着，据其后来自称，他每次接见秦桧，膝裤里总藏着匕首，以防不测。

高宗对秦桧隐忍的同时，也会在适当时机以适当方式表达君威莫测。绍兴二十四年省试，经秦桧授意，已定其长孙秦埙第一，其门客曹冠第二，张孝祥第三。谁知殿试时，高宗打破惯例，称赞张孝祥"议论确正，词翰爽美"，亲擢为第一，把秦埙降为第三。高宗此举，意在向专横跋扈的秦桧表明：皇权仍是不可侵犯的。

秦桧则预感到自己的权位受到了挑衅，在他看来，张孝祥之父张祁与胡寅为知交，而胡寅这时正以讥讪朝政安置新州，这表明这些政敌即便远斥，仍能使故人之子中状元，更有必要实施毁灭性的打击。

绍兴二十五年，秦桧捏造了一起"谋大逆"的大案。八月，他指使台谏诬称故相赵鼎之子赵汾必有"奸谋密计"，将其逮捕入狱，严刑逼供，勒令他承认与胡寅、李光等"谋大逆"，以张浚为"谋主"，涉案五十三人，都是秦桧视为眼中钉的"一时贤士"。狱成以后，大理寺请秦桧签押，他已病重得不能署名，这一大案才不了了之。

绍兴二十五年十月，秦桧知道来日无多，加紧策划让其子秦熺继承相位。秦熺是秦桧妻兄王的庶子，秦桧养为己子。绍兴十二年，因秦桧的关系，成为科考榜眼，才六年就位至知枢密院事，时无右相，立班仅在秦桧之下。秦桧两次上表请辞相位，高宗为了稳住秦桧父子，下诏不允。

十月二十一日，高宗亲临秦府探病，明表恩宠而暗探虚实，秦桧勉强朝服相见，高宗知道他将不久于人世。秦熺在一旁迫不及待地发问："代居宰相者为谁？"高宗冷冷说："此事卿不当与！"回宫当日，高宗就命起草秦桧父子致仕的制词，而秦桧的亲党也正准备联名上书，请求让秦熺当宰相。次日，高宗宣布秦桧进封建康郡王，秦熺升为少师同时致仕，秦桧之孙秦埙与秦堪一并免官。得知一门被罢，秦桧当夜一命呜呼。

高宗的隐忍终于出头了，他舒心地对杨存中说：我今日才不必在这膝裤里藏上匕首。他"更化"的第一条措施就是亲自任命台谏，削弱秦桧势力。汤鹏举成为高宗最倚重的御史，此人原来追随秦桧，因得罪了秦熺的妻兄曹泳，在秦桧死前数月被划出了死党的圈子。回朝以后，他在短短一年半里劾罢秦桧党羽不下百人。

高宗"更化"的第二条措施就是改变独相局面，相位暂时空阙。秦桧去世以后的半年多内，高宗没有任命过新宰相，旨在结束相权陵忽君权的格局。他先后让沈该、汤思退和万俟卨参知政事，他们原来都是秦桧的死党。万俟卨因想自立门户，遭到秦桧的排斥。汤思退在秦桧死前与董德元各收到秦桧千两黄金，董德元以为倘若拒绝，秦桧病愈一定怀疑我二心，就收下了赠金；汤思退则认为，秦桧多疑，他日病愈，必以为我待以必死，于是拒绝了赠金。高宗据此以为他不党秦桧，让他升为参知政事。

绍兴二十六年五月，高宗先让沈该与万俟卨并相，次年六月，汤思退取代了万俟卨的相位。高宗当然明白他们原先与秦桧的关系，实际上他也并不想真正纠正秦桧独相时的内外方针。难怪南宋史家吕中评判高宗更化说："桧之身虽死，而桧之心未尝不存。"用现在的话说，就是推行没有秦桧的秦桧路线。当朝野声讨秦桧投降卖国时，高宗毫不犹豫地下诏强调："讲和之策，断自朕志。"

秦桧死后，尽管也平反了部分冤狱，但岳飞的冤案在高宗在位期间却始终未获昭雪。有人提议起用张浚，高宗断然表示"朕宁亡国，不用张浚"，下诏让他依旧永州居住。在清除秦桧的影响与维护苟安的路线上，高宗的分寸把握得恰到好处。

　　高宗"更化"的另一件大事就是正式立储。早在绍兴元年，高宗就从太祖后裔中选了两人入养后宫，他俩后来分别改名赵瑗与赵璩。但高宗总还存着能生下儿子的侥幸心理，故而迟迟没有确立谁为皇储。更化当年，高宗已四十九岁，不得不面对自己不能生育的现实，开始考虑立储问题。

　　不久，这个好色的皇帝却以女色来试探自己的接班人，他给赵瑗与赵璩各赐宫女十名，数日以后对宫女进行体检，赵瑗因听从王府教授史浩的劝告，十个宫女依旧完璧，而赵璩则采尽了秀色。绍兴三十年三月，赵璩改称皇侄，赵瑗立为皇子，更名赵玮，晋封建王。他就是后来的宋孝宗，终以不近女色而被高宗定为皇储。

　　除此之外，高宗的"更化"一无是处，他依旧维持对金主和的既定方针，强调所谓"确守勿变"，讳言抗金，对金主完颜亮虎视眈眈的南侵准备置若罔闻。

五五

金熙宗

　　天辅七年（1123 年）八月，金太祖去世，其四弟完颜晟（女真名为吴乞买）即位，改元天会，是即金太宗。他在太祖朝久任谙般勃极烈，地位仅次于太祖，继承皇位是理所当然的。这时，辽天祚帝只是流窜待捕的丧家之犬，因而金太宗即着手对北宋的战争，灭亡北宋继而进攻南宋是他在位期间的主要业绩。已在宋金战争的有关节目中细说，这里只说金太宗一朝的内政与政局。

　　随着灭亡辽朝和北宋，金朝的版图也基本确定，它大体包括辽朝旧地和北宋淮河、秦岭以北的州郡。在这一广袤的疆域里，可以划分为三种截然不同的政治人文地区。一是原辽朝统治的东北地区，包括女真、契丹、渤海、奚族等各族人民，其中契丹、渤海等族已进入封建制，而个别民族还处于比女真更为落后的氏族制时代。一是原辽朝上京以南直至燕云十六州地区，这里辽朝立国以来已处于封建制统治下。一是原宋朝淮河秦岭以北的汉族地区，是高度发展的封建社会。为了统治这三色拼成的政治版图，金太宗在遵循太祖"一依本朝旧制"思想的同时，也在政治和经济方面分别采取了相应的措施。

　　先看政治方面。

　　其一，改革勃极烈制。定员四人，以谙般勃极烈为皇位继承人，其他三员依次为国论忽鲁勃极烈、国论左勃极烈、国论右勃极烈。这一改革使太祖时代尚带部落贵族议事痕迹的勃极烈制进一步成为制度化的金朝中枢权力机构。

　　其二，沿用辽朝南北面官制。当金军占领燕京以后，因无法全面贯彻本朝旧制，即已移用这一体制。金朝南面官指燕云地区的汉官制度，天会四年（1126年），建立三省制，任命辽朝汉人大族韩知古的后裔韩企先为汉官宰相，治理燕云州县。北面官即指本朝旧制，最高政治权力掌握在女真贵族手中。

其三，推行科举南北选制。自天会元年（1123 年）起，金太宗即连续两年在原辽朝汉族州县三次考试进士。天会五年，新占河北、河东后，根据辽、宋科举的不同，以"南北选"考取士子。

其四，扶植傀儡政权。金灭北宋，立宋朝降臣张邦昌做皇帝，国号楚，但宋高宗南宋政权一建立，张邦昌就反正被杀，存在仅数月，未起实际作用。天会八年，金军再克汴京，让原宋济南知府刘豫为齐国皇帝，把原北宋中原和陕西地区交给这个儿皇帝去统治，实行的基本上仍是北宋制度。

其五，设立两枢密院。天会三年，金太宗把太祖末年设在广宁的行枢密院迁至燕京，实权掌握在东路军主帅完颜宗望（斡离不）手中。大约在天会二年，完颜宗翰（粘罕）在云中也另立枢密院。金人分别呼以东西朝廷，表明金朝当时统军贵族的势力足以抗衡中央，也埋下了熙宗朝政争的伏线。大约在宗望去世一年以后，天会六年，宗翰乘机扩张自己的势力，将燕京的枢密院并入云中，成为太宗朝最有权势的大臣。

次看经济方面。

其一，在金朝内地推行牛头税制。太宗继续实行女真受田旧制，即奴隶主凡占有耕牛一具（三头），民口（包括奴隶和女真平民）二十五人，受田四顷四亩。与此同时，天会五年规定："内地诸路，每耕牛一具，纳粟五斗。"这种征税因以牛具为单位，故称牛头税，是国家向奴隶主和部分平民征收税粮。

其二，在燕云和中原地区维持原来的生产方式。金朝征服辽宋的过程中，曾把大批契丹人和汉人迁往金朝内地充当奴隶，但遭到强烈反抗，这些人相继逃亡。金太宗在燕云实行汉官制同时，一再严禁女真贵族在当地俘掠奴隶，女真受田制也未推广到这一地区，封建生产关系依然存在。而齐国统治下的中原和陕西对北宋先进社会经济制度更是未作改动。在经济地理上，金朝也呈现出明显不同的三色板块。

这种不同的政治体制和社会经济制度在金朝统一国家内的平行发展，不能不引起不同的政治派别在统治政策上的激烈较量。作为第二代政治领袖，金太宗在灭辽攻宋的战争中勾勒了自己的领袖光环，兼之当时主要关注点集中在金宋战争上，尽管太宗晚年也有建立中央集权制度的意向，但未及着手。熙宗即位，这种较量就再也无法掩盖和调和，终于趋向公开化和白热化。

金熙宗完颜亶，是太祖的嫡孙，本名合剌。金初皇位，兄终弟及，故而太宗继位，其同母弟完颜杲（斜也）即为谙般勃极烈，确立了皇位继承权。不过，他天会八年就死了，尽管太宗有子，但宗翰、宗幹和希尹建议立完颜亶为谙般勃极烈。在没有弱弟的情况下，皇位仍还给长兄的嫡子或嫡孙，似是兄终弟及制的惯例，太宗也只得同意，熙宗就这样继承了皇位。

熙宗即位之初，宗翰的权势炙手可热，朝政他说了算。熙宗借官制改革的机会，以相位易兵柄，任命宗翰为太保，领三省事，把他从中原调回朝廷。同时以尚书令宗磐为太师，宗幹为太傅，与宗翰同领三省事。宗磐是太宗长子，满心指望能继承皇位，太师虽为三公之首，却不再是名分上的皇储。熙宗此举显然意在借助宗磐、宗幹来钳制他们的政敌宗翰。

熙宗还把宗翰的腹心都调入中央，以便控制，以燕京枢密院事韩企先为尚书右丞相，西京留守高庆裔为尚书左丞，平阳尹萧庆为尚书右丞。天会十五年（1137 年），在宗磐派的支持下，熙宗以贪赃罪将高庆裔下狱，向宗翰传达了敲山震虎的信息。宗翰愿意免官以赎高庆裔的死罪，熙宗也不允许。

临刑前，高庆裔对哭别的宗翰说："我公早听我言，事岂至于今日？我死后，我公要善自保重。"这话显然是针对宗磐派倾陷而言的，《大金国志》据此认定，高庆裔"常教粘罕之反也明矣"，纯属臆测。熙宗和宗磐派借高庆裔案连坐甚众，狠狠打击了宗翰派势力。

这年七月，宗翰郁愤而死。关于其死因，《金史》回避不载，而据《三朝北盟会编》所载熙宗《下粘罕诏》说他"持吾重权，阴怀异议。国人皆曰可杀，朕躬匪敢私徇"，他即便不是赐死，也至少是囚死狱中的。

宗翰一死，被他控制的伪齐政权也寿终正寝。为防止刘豫反侧，熙宗命挞懒和兀术伪称攻宋，大兵抵汴，擒其父子，才宣诏废齐。这个傀儡政权僭号八年，终于被主子一脚踢开。熙宗改伪齐尚书省为行台尚书省，作为朝廷派出机构，金朝至少名义上在全境实行了中央集权的政治体制。

宗翰死后，熙宗以完颜昌（挞懒）为左副元帅，以完颜宗弼（兀术）为右副元帅。天眷元年（1138 年），完颜希尹被罢左丞相之职，熙宗总怀疑他心存异谋。而宗磐和宗幹成为两大对立势力的领袖，宗磐跋扈专横，不把熙宗放在眼里，当着熙宗的面与宗幹发生争执，持刀要杀宗幹。为制约宗磐，熙宗任命宗幹的同父异母弟宗隽为左丞相。不料，宗隽反与宗磐联手，与挞懒搞在一起，主张把河南陕西地归还给南宋，以换取纳币称臣，熙宗居然也同意了。次年初，宗隽升任太保，领三省事，宗磐派权势大增。此时，希尹又官复原职，宗幹与他结盟，联合了翰林学士韩昉，准备反击。

在这关键时刻，宗弼也有自己的打算，他把挞懒视为主要对手，便密奏熙宗，以为宗磐、挞懒力主还宋河南地，与宋必有勾结。六月，郎君吴十谋反处死，辞连宗磐、宗隽。熙宗倚靠宗幹与希尹的力量，以谋反的罪名诛杀了宗磐、宗隽和依附他们的一大批朝廷达官。当时挞懒因握兵在外，熙宗投鼠忌器，便说他属尊功高，未予追究，降任燕京行台尚书左丞相。但他到燕京后骄肆不法，与太宗子鹘懒谋反。熙宗下诏诛杀，他欲南投宋朝，被宗弼在祁州（今河北安国）追杀。

宗磐派被彻底铲除，宗弼的地位便扶摇直上，他容不得在诛锄宗磐、挞懒斗争中起过重要作用的希尹。希尹是开国三朝大臣，智略过人，对金朝制度文化的建设颇有贡献。但他因与宗翰长期在一起，熙宗一直对他放心不下，声称"朕早就要杀这老贼"。天眷三年九月，熙宗杀希尹和尚书右丞萧庆，诏书说"帅臣密奏，奸状已萌；心在无君，言宣不道"。所谓帅臣密奏，是指宗弼，《金史·宗弼传》以史家笔法记道："宗弼已启行四日，召还。至日，希尹诛。越五日，宗弼还军。"而所谓言宣不道，是另有谮毁者说希尹明知熙宗这时还未有皇子，却窃议"神器何归"，这也触犯了熙宗的隐痛，于是，希尹和他的儿子们便非死不可。

皇统元年（1141 年），重臣宗幹去世。其后几年，金朝军政大权实际上掌握在宗弼手中。他对外采取强硬路线，迫使南宋纳币媾和，促成了绍兴和议；对内继续支持熙宗改革，并趁汉人大臣右丞相韩企先病故，以自己培植的蔡松年为首的汉官集团取代了韩企先为首的汉官集团。皇统七年，宗弼任太师，领三省事，依旧担任都元帅、领行台尚书省事，次年去世。

熙宗一朝，政争酷烈可谓空前。各派领袖和骨干在辈行上几乎都压熙宗一头，而熙宗头上已没有太祖、太宗那样的光环，兼之金朝制度正处于向中央集权制度的转型改革中，因而那些前辈、兄长们谁都试图在这种转型中唱主角，捞一把，你死我活的政争也就不可避免。今人喜欢在各派中划出改革派和保守派，以至众说纷纭（例如希尹究竟属于改革派还是保守派，就莫衷一是），实在大可不必。实际上，未见哪一派是彻底反对所有改革的，各派主要还是为自己集团争权力。

　　熙宗利用各种矛盾，制衡和消除那些威胁君权的政治派别，而整个改革就在这种复杂的政治斗争中逐步推进。这也不是熙宗有雄才大略，他还担不起这一评价，关键还是改革已成为时代的需要，各种政治派别都不可能阻挡这一进程，而一个看似平常的帝王也可以成为金朝中央集权政治体制的开创者。

　　熙宗改制主要在政治、经济和文化三方面进行，时间跨度从继位到皇统初年。

　　先说政治。

　　首先，废除女真旧制，推行汉官制度。天会十三年（1135 年），熙宗宣布废除传统的勃极烈辅政制度。仿辽、宋官制，兼采唐制，设太师、太傅、太保为三公，并领尚书省事；朝中设尚书、中书、门下三省；尚书省置尚书令，专管大政事，下设管理政务的左右丞相和副相左右丞；门下省长官侍中和中书省长官中书令皆在丞相之下，分别由左右丞相兼任。地方仍一国两制，既有依辽、宋旧制设立的路府、州、县，女真族所在各地仍置猛安谋克，猛安比照州，谋克比照县。

金张瑀《蔡文姬归汉图》（吉林省博物馆藏）
画卷虽以文姬归汉为主体，人物服饰却以金人为样本。

其次，颁布天眷新制，深化官制改革。天眷元年（1138 年）颁行的新制，一是增设平章政事和参知政事，作为宰相和副相的助手，以加强相权；二是设立御史台，监督百官，以强化皇权；三是规定了新制和原女真或辽、宋旧职的换授等第，以统一官制；四是颁布封国制度，强调贵族大臣封王授号，只是荣誉勋爵，并不拥有封地，以削弱分裂势力。

再次，加强法制建设，颁行统一法规。天眷三年，复取河南地，诏所用刑法皆依律文。皇统时，根据本朝旧制，兼采隋唐之制，参考辽宋之法，制成《皇统制》，统一了全国法律。

次说经济。

最重大的是改革猛安谋克制。一是皇统五年废除辽东汉人、渤海人猛安谋克承袭制度，既保证了"兵柄归其内族"，也使渤海、汉人的封建生产关系得以继续保存和发展。一是皇统元年绍兴和议以后令大批猛安谋克户南徙中原，与汉人杂处，计其户口，给以官田，标志着猛安谋克制内部土地经营方式的重大变化，推动了女真民族的封建化进程。

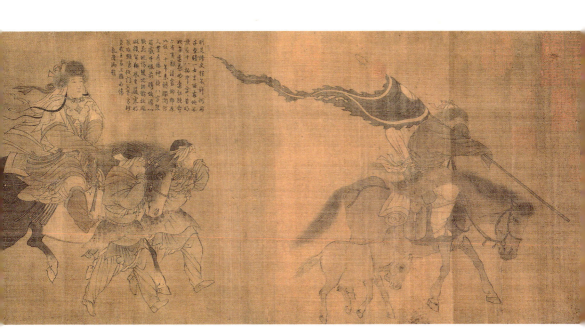

另一方面，废除伪齐以后，在中原也实行了新政策。一是放伪齐军士悉令归农；二是因岁饥而典雇为奴婢者，官赎为良，放归还乡；三是减伪齐旧税三分之一。这些都有利中原经济的恢复。

再说文化。

其一，扩建上京。太宗时，虽在上京会宁府（今黑龙江阿城南）建造乾元殿，成为金朝初期的政治中心，但十分简陋。熙宗时，改乾元殿为皇极殿，还仿照汉制，建敷德殿为朝殿，以供百官陛见；建庆元宫为原庙，以安放太祖以下遗像；又修建太庙、社稷。至此，上京始有皇都气象，金世宗时与东京辽阳府（今辽宁辽阳）、北京（今辽宁宁城西）、西京大同府（今山西大同）和南京开封府（今河南开封）并为金五京。

其二，详定礼仪。具体包括定法驾仪卫之制和宗社朝会之礼。

其三，创制新字。天眷元年，熙宗颁行自己改制的女真小字，这是一种比女真大字笔画更为简省的新字。熙宗下诏，规定女真字与契丹字、汉字同为官方通用文字。

熙宗改制显示出女真社会接受汉文化的历史趋势，也反映了金朝加强中央集权统治的迫切需要。其中，完颜希尹的决策作用是值得重视的，韩企先也是参预改革的关键人物，其他例如韩昉和金朝扣留的宋使洪皓、宇文虚中也发挥了参议的作用。熙宗改制强化了中央集权的政治制度，加快了女真社会汉化步伐，在金朝历史上的积极意义不容低估。

金熙宗不但不是雄主，也难称令君。直到皇统八年（1148年）宗弼去世，朝政大权依次被宗翰、宗幹和宗弼所把持，熙宗只是俯仰其间而已。宗弼死后，早就交通朝臣的皇后裴满氏迫不及待地填补了权力真空。她是天眷元年被立为皇后的，皇统二年，所生之子济安被立为皇太子，意味着皇权世袭制的确立。但太子不久病死，她掣制熙宗，致令皇嗣数年不立。而熙宗也似惧内的坯子，内心不平，无处发泄，便酗酒狂怒，挥刃杀人。裴满氏无所忌惮地干预朝政，朝官往往走她的门道博取高位。

当时朝臣中大体可以划分为亲帝派和亲后派，前者以太师、领三省事兼都元帅完颜宗贤为首，后者以领行台尚书省事完颜勖和左丞相兼侍中完颜亮为首。宗贤力劝熙宗选后宫以广继嗣，遭到裴满皇后与完颜亮的攻谮，一度被罢，由完颜勖为太师、领三省事，完颜亮兼都元帅。其后数月间，宰相和副相各职在两派主要成员间频繁变动,一如弈棋,反映出熙宗方寸大乱,已经无力控制政局。

皇统九年十月,河南军士孙进自称"皇弟按察大王"起事,熙宗便把自己的两个弟弟常胜和查剌都给杀了。十一月,熙宗在寝殿杀死了裴满皇后;又连杀妃嫔和宗室多人。熙宗杀红了眼,朝贵大臣人人自危,惶惶不可终日。这就使素有问鼎之心的完颜亮有机可乘。完颜亮是宗幹之子,与熙宗同为太祖之孙,自以为也有做皇帝的资格。

十二月九日,代国公主为裴满皇后做佛事,为谋逆者提供了策划密事的良机,完颜亮、秉德与乌带得以在唐括辩府中聚议。秉德是代国公主的驸马,时任平章政事,乌带时任大理卿,唐括辩任尚书左丞,他们都受过熙宗的严刑责罚,早就与完颜亮串通一气,密谋废立。护卫十人长仆散忽土原是宗幹的旧属,另一十人长徒单阿里出虎与完颜亮是姻亲,也已被完颜亮网罗,这夜正是他们当直。给事寝殿的大兴国也被熙宗无辜杖责过后,早与完颜亮和唐括辩沆瀣一气。

计议停当,这伙人衣下藏刀,在二更潜至宫门前。大兴国打开宫门,将他们迎入宫内。熙宗发觉谋逆者进入寝殿,急取榻边佩刀,早被大兴国藏起,忽土和阿里出虎持刃行刺,完颜亮补上一刀,杀死了熙宗。

《金史》说,熙宗敬礼大臣,委以国政,"继体守文之治",颇可观瞻;但末年酗酒妄杀,以至"前有谗而不见,后有贼而不知",终致杀身之祸。作为君主的个人才具,熙宗实在不值得称道,但有金一代的重大改制却成功在熙宗朝,正应了形势比人强的说法。

五六

金主完颜亮

完颜亮是金史上最有争议的人物，他死后被金世宗先是降封为海陵郡王，后又追废为庶人，史称金废帝。他弑君弑母，好色乱伦。南宋后期，这些事迹就被编为《金主亮荒淫》的话本，广泛流传。但近人刊刻《京本通俗小说》和《醒世恒言》，还是因为过于秽亵，未敢翻刻。对他的反面评价，主要即根据《金史》和这些小说家言。但自二十世纪后期起，颇有为他翻案的论著。其一生行事，是非功过究竟应如何估价呢？

尽管金熙宗晚年确有滥杀无辜的荒政，但完颜亮毕竟是弑君夺位。金熙宗虽是太祖的嫡孙，太宗子孙对其继位尚且一直不买账。如今完颜亮位登九五，其父宗幹乃太祖庶长子，不仅太宗子孙，甚至连太祖子孙也未必服气，他必须左右开弓，铲除太宗和太祖子孙中的所有反对派。

在太祖诸子中，宗敏是完颜亮的叔父，时领行台尚书省事。他辈高望尊，且有才干，完颜亮在夺位前就打算除掉他，苦于没有机会。刚杀了熙宗，完颜亮就派人召宗敏入宫，准备下手，却生犹豫。乌带提醒道："他是太祖之子，不杀，众人必以为他是皇位的当然继承人。"他这才命仆散忽土在殿内击杀宗敏。

太宗一系在朝地位最高的要推宗本。他是太宗之子，熙宗被杀前，他已以太保领三省事，早就被完颜亮视为眼中钉。完颜亮一即位，虽赐政变死党秉德、唐括辩、乌带、仆散忽土等以誓书铁券，却对政变骨干分子充满了忌疑猜防。

政变得手时，秉德没有立即向完颜亮劝进。完颜亮耿耿于怀，政变次年即让其以左丞相兼左副元帅出朝，领行台尚书省事。乌带这个政治流氓，其妻与完颜亮私通，又与家奴淫乱，秉德不以为然地对熙宗说起过此事。他如今窥伺到完颜亮对太宗子孙的忌恨和对秉德的猜疑，便在完颜亮面前奏告秉德与宗本有联手谋反之意。

天德二年 (1150 年) 四月，完颜亮以"击鞠"（打球）为名召宗本和太宗另一子宗美，设伏将他们杀害。与此同时，完颜亮把为他火中取栗的政变死党尚书左丞相唐括辩和秉德也一并解决了，有铁券也不管用。完颜亮借所谓宗本谋叛案株连杀戮太宗子孙达七十余人，太宗后裔几乎绝迹。此外，宗翰一系三十余人和其他宗室五十余人也难逃劫运。

这次大清洗，去掉了完颜亮的心腹之患，他把女儿许配给诬陷宗本案有功的萧玉之子时，说过一番心里话："朕始得天下，常患太宗诸子方强，赖卿发其奸。朕无以为报，使朕女为卿儿妇，代朕事卿。"

完颜亮因皇位来得不正，心虚理亏而猜忌刻毒，对可能腹诽其政变和威胁其皇位的宗室大臣大开杀戒，也是意料中事。说他是为巩固帝位而打击政敌，还比较在理；倘若把他所杀的宗室大臣都指为女真旧势力，并为这种不择手段的诛杀作出历史合理性的辩护，则大可不必。

完颜亮杀熙宗夺帝位，却继承了熙宗开始的加强中央集权的进程。他首先要解决的是行台问题。熙宗虽强调行台尚书省隶属中央的关系，以维持中央集权统治。但因行台大权向为金军统帅所执掌，且兵民统管，财讼兼理，权限极大。绍兴和议以后，行台所管辖的中原地区进入经济恢复时期，所掌握的经济实力甚至超过中央，朝廷也不免受其掣肘。因而行台作为实体继续存在，完全可能成为威胁中央集权的尾大不掉的因素。完颜亮借宗本一案杀领行台尚书省事秉德，也有担心他在行台自立的因素在内。

秉德被杀，长期统兵在外深得士心的撒离喝任左副元帅、行台左丞相，他在完颜亮弑君自立后入朝，把此事比作唐太宗杀李建成，并建议完颜亮效法唐太宗多行善政，完颜亮大为不快。他命挞不野为右副元帅、行台右丞相分夺其权。

天德二年十月，元帅府令史遥设秉承旨意，以一份摹仿撒离喝签字的家书，诬陷撒离喝父子约定日期与平章政事完颜宗义勾结谋反。于是，撒离喝与宗义都被族诛，牵连致死者二十余人。两月以后，完颜亮下诏正式废除行台。行台之废，彻底结束了金朝立国以来权力分散的局面，最终完成了金朝中央集权统治，其意义不仅仅取消了一个地方行政机构。至于撒离喝无辜之死则是大清洗的余波。

行台既废，金朝经济重心在中原汉地，而统治中心上京会宁府却孤悬在版图东北，于是，"以北则民清而事简，以南则地远而事繁"，"供馈困于转输，使命苦于驿顿"，这对加强中央集权统治，有效控制中原地区，割断女真族旧势力的牵制，加速封建化进程，都是相当不利的。天德三年（1151 年），完颜亮在大多数汉官的支持下，下诏迁都燕京。

在尚书右丞张浩的主持下，征发民夫八十万，军匠四十万，历时年余，仿照汉人都城宫室之制，增广城池，经营宫城，燕京城焕然一新。天德五年二月，完颜亮由中京（即辽中京）前往燕京，三月的入城仪仗，俨然汉家天子，场面空前壮观。

完颜亮以迁都诏告中外，改元贞元，以燕乃列国之名，难为京师之号，便改称中都，府名大兴。同时，以汴京开封府为南京，辽中京大定府为北京，与东京辽阳府、西京大同府并为五京。其后，他在中都郊外大房山营建金朝皇陵，把始祖至太祖太宗的棺椁从上京迁葬于此；还下令拆毁上京的旧宫殿和女真大族第宅，以示与女真旧制彻底决裂。

迁都前后，完颜亮对金朝政治制度进行了系统改革。

其一，统一科举制。天德二年，他开始实行殿试制，把取士大权直接掌握在皇帝手中。次年，他把自太宗以来的南北选合二为一，并罢经义、策试两科，专以词赋取士。至此，金朝选举制才归于统一。

其二，罢废元帅府。天德三年，完颜亮废除元帅府，改设枢密院主管军事，受尚书省节制，朝廷直接任命枢密使副。与此同时，下诏罢女真世袭万户官。统兵之臣左右朝政的局面从此终结，中央集权的统治大为巩固。

其三，颁布新官制。此即正隆元年（1156 年）颁布的正隆官制。新官制废除了中书、门下两省，只保存尚书省直属皇帝。尚书令为最高长官，以尚书省左右丞相为宰相，废除平章政事官，尚书省仍设左右丞与参知政事。这样，尚书省成为皇帝直接控制的唯一的行政机构，权力更为强化和集中。尚书省以下的机构分别为院、台、府、司、寺、监、局、署、所，各统其属以掌其职。正隆官制是金朝政治制度史上最彻底全面的改革，其中有着北宋元丰官制的明显印记。尽管完颜亮身后被人唾骂丑化，但诚如《金史·百官志》所说：正隆官制因"纪纲明，庶务举，是以终金之世守而不敢变焉"。

在社会经济方面，完颜亮的改革措施主要有两项。

其一，加大猛安谋克的南迁力度。熙宗以来，就对猛安谋克实行南徙安置计口授田的做法。迁都以后,完颜亮仍贯彻这一方针。大批南下的猛安谋克户,亟需大量耕田安顿。正隆元年,金廷派人在大兴府、山东路和真定府拘括荒闲牧地、侵官地和官民占据的逃户地。这一做法虽然加剧了中原地区的土地矛盾,但女真猛安谋克户散处中原,从事农耕,不仅有力推动了金朝封建经济的发展,而且加快了女真民族的封建化进程。

其二,发行金朝统一的纸币铜钱。金朝自立国以来,一直沿用辽宋旧钱。贞元二年(1154年),完颜亮命户部尚书蔡松年主持印制大金交钞,以一贯、二贯、三贯、五贯和十贯为大钞,一百、二百、三百、五百和七百文为小钞,七年为期,以旧换新。正隆二年,金朝开始自铸"正隆元宝"铜钱投入流通。

总之,以正隆官制的颁布、迁都燕京的成功和猛安谋克南迁中原为主要内容,标志着完颜亮在推进熙宗以来的全面改革中,已取得决定性的成果,为金朝其后的发展奠定了坚实的基础。在这一意义上,说完颜亮是熙宗改革的继承者,并为金世宗的大定之治完成了前期准备,是毫不为过的。

然而,完颜亮还有他的另一侧面。在为他翻案的论著中,也有为他淫乱宗室妻女作辩解的。确实,正如元人苏天爵所说:"海陵被杀,诸公逢迎,极力诋毁,书多丑恶。"《金史·后妃传》关于完颜亮宫闱秽闻,必有夸张失实之语。

但有些记载还是说明他在宫闱之内的荒淫乱伦。例如,完颜亮既夺宗室阿虎迭之妻蒲察阿里虎为妃,又与阿里虎与阿虎迭的女儿重节相乱。他杀了叔父宗敏之后,将其妻纳为昭妃,有大臣以为宗敏族近辈尊,这才放其妻出宫。宗望、宗弼、宗隽的女儿都是完颜亮的堂姊妹,他也无所忌耻地与她们发生性关系。他还把自己的亲甥女纳入后宫,以至他的母后也说:"虽舅,犹父,不可。"这些有违人伦的举动,已完全超出女真旧俗的界限,恐怕不能一概以女真旧俗作为申辩。至于他随心所欲地召宗室之妻(包括后来世宗的夫人乌林答氏)入宫,喜怒无常地杀戮后宫女性,也是不难想见的。

后人不必完全相信话本《金主亮荒淫》的秽亵细节,对《金史·后妃传》的记载也应打些折扣,但也不必讳言完颜亮在个人性格上的好色和滥杀。至于完颜亮正隆攻宋的是非得失,将另有细说。

五七

海陵南侵和采石之战

在金朝历史上，除了太祖、太宗，完颜亮称得上是唯一有统一天下的雄心大志的帝王。他在夺位以前，曾对亲信高怀贞吐露志向有三："国家大事皆自我出，一也；帅师伐国，执其君长问罪于前，二也；得天下绝色而妻之，三也。"第一个大志，就是自立为帝；第二个大志即攻灭南宋统一天下。

正隆四年（1159 年），他一览使节带回的临安山水图，就题诗画屏道：

> 万里车书一混同，
> 江南岂有别疆封？
> 提兵百万西湖侧，
> 立马吴山第一峰。

这首诗气势雄豪，寄意明快，以车同轨书同文混一天下的秦始皇作为自己追慕效法的榜样。一说此诗乃文士捉刀之作，这倒不是问题所在，关键是其后战争的结局事关此诗评价。若胜，便是诗以寄志，立意高远；若败，便只是虚火攻心，狂妄自大。

历史若仅以成败论人物，未免有点势利眼。完颜亮声称："自古帝王混一天下，然后可为正统。"作为少数民族出身的政治家，能有这种统一和正统的思想，应属难能可贵。时至今日，对历史上统一问题，是不必也不应有大汉族情结的。关键在于：完颜亮的统一之举在当时有无实际的可能性。

完成了迁都燕京和正隆官制两件大事以后，完颜亮就迫不及待地谋划统一江南的日程表。他问尚书令褥碗温敦思忠何时可以灭宋，温敦思忠答以十年为期，他不耐烦地表示要以月计算。这未免把消灭南宋统一天下看得太易如反掌，正是这种急性症导致他的轻举妄动。在急于求成思想的驱动下，完颜亮紧锣密鼓地开始了南下侵宋的一系列准备工作。

正隆四年，距迁都中都仅仅六年，完颜亮就命左丞相张浩主持重修汴京的浩大工程，以便在不久的将来把统治中心进一步南移，便于攻宋兵力物力的调动和指挥。张浩虽然受命，却表示忧虑："民力未复，一再征用，恐怕不像营治中都那样容易成功。"而实际上营建汴京工程，其规模远过于中都。

在统一号令下，民夫五征其三，工匠三役其二，日常施工人夫达二百万。由于劳动强度过大，所用工匠每四月一轮换，这些工匠来自全国各地，归途所需近者半年，远者逾年，抵家月余，又要启程，疲于奔命，民怨沸腾，逃亡反抗不断，社会矛盾激化。完颜亮在汴京城外驻兵二十万以备镇压。整个营建工程不计工本，宋朝原有的宫室全被拆除，新宫殿遍饰黄金而间杂五采，不合要求，成而再毁，以至"运一木之费至二千万，牵一车之力至五百人"。在人力、物力和财力上，金朝处于恢复时期的经济水平显然承受不起如此巨大的投入。

正隆四年二月，完颜亮下令征集各路猛安谋克军，凡年二十以上五十以下的丁壮都纳入军籍听候调用，其中以女真兵为主包括契丹和奚族在内，共计正军十二万，另配副军十二万。次年，再征发十五路汉军（包括渤海），每路一万，与猛安谋克正军合计达二十七万，分为二十七军。另有海路水军一万。其后，完颜亮从猛安谋克军中挑选"硬军"五千亲自训练，声称："签兵数十万，只是张大声势。取江南，有这五千人足够。"

与此同时，各路总管府赶造兵器，箭翎和皮筋一时紧缺，价格上涨。工部则在通州（今北京通县）潞河加紧打造战船，但这里通海的二百八十里水路不畅通，完颜亮硬是命民工开河担水，挽舟入海。全国还以户为单位征调骡马，富室征发有多至六十匹的，全国共计五十六万匹，仍令本家饲养，随时应付军用。

这种超限度的举国大征发，造成社会经济的巨大灾难，劳力被摧残，物力遭破坏，危机四伏，天下骚动。正隆三年以后，中原地区先后有山东开山赵、东海张旺、单州杜奎、河北王九、济南府耿京等领导的多次武装起义。而金朝征发西北路契丹丁壮从军，直接激起了契丹撒八、窝斡领导的各族人民的起义洪流。

但完颜亮没有从这些此起彼伏的反抗斗争中体察到社会危机的严重性，还是一意孤行地推进他的侵宋计划。太医师祁宰上奏反对侵宋，分析颇为在理：谋臣猛将，异于往昔，宋人无罪，师出无名，征调烦重，怨声载道，是为人事不修；舟师水涸，舳舻不继，江湖岛渚，不宜骑射，是为地利不便。但完颜亮已听不得反对意见，一怒之下，将他戮之于市。

正隆六年四月，尚书省、枢密院等中央官署迁往汴京，六月，完颜亮也到达汴京，作进兵江南的部署。这时，完颜亮的生母已去世，嫡母徒单太后，对他弑君迁都都是反对的，对侵宋更是多次谏劝，完颜亮忿怒地命人以残忍的手段将其虐杀，同时被杀的还有侍奉太后的宫婢、护卫等十余人。有人为他这一举动辩解，说完颜亮乃是为了制止母后干政而动杀机。实际上，以完颜亮专断刚愎的个性，根本就没有母后干政的余地，即便徒单太后确实反对完颜亮一系列做法，但以其当时威权，也绝非只有弑母一策。

对完颜亮决意南侵，宋高宗不是不知道。绍兴二十九年（1159年），宋使归报金在汴京大兴土木，准备迁都南侵，建议早为之计。高宗虽然震惊，却宁信其无，说："恐怕只是建造行宫吧！"完颜亮利用宋高宗的苟安心理，一边积极备战，一边对宋使大放烟幕弹，说是因为喜欢中原风土，故而准备巡幸汴京，让宋朝不起疑防之心。

这年，台谏官抖落出宰相沈该诌谀秦桧的旧账，沈该罢相，陈康伯升为右相，汤思退进任左相。次年正月，金使施宜生赴宋贺正，他原是福建士人，以暗语向宋使传达情报道："今日北风甚劲。"唯恐对方不解，取笔扣案说："笔来，笔来！"以谐"必来"之音。宜生北返，因此被烹死。而宋使也一再密奏完颜亮势必南侵，高宗这才同意宰相陈康伯进行备战。绍兴三十年岁末，汤思退以秦桧余党被劾罢相，陈康伯成为首相，加强了抗金的战备。

正隆六年四月，完颜亮自以为一切就绪，指使金朝生日使公开向宋朝挑衅。金使一行在运河沿途用箭射两岸居民，宋方忍气吞声。高宗接见时，金方副使厉声索要宋朝的汉淮之地，并突然宣布"赵桓（钦宗）已死"。

在这种挑衅面前，高宗仍不放弃委屈求和的最后努力。他仍按礼仪接待和礼送詈骂自己的金使，对陈康伯举荐张浚领导抗金，坚决表示反对。他甚至作好了"幸蜀"的打算，康伯对他说，"今日之事，有进无退"，他这才让康伯转告都堂集议的朝廷要员说："今日更不论和与守，直问战当如何？"

自绍兴和议以后，南宋军队的素质急遽退化，将骄兵惰，无复战备，将领都去经商敛财，士卒皆成行商坐贾。连投降派万俟卨都承认，这样的军队，一有缓急，不足倚恃。宋朝不得不临阵易将，宿将刘锜出任镇江府都统制，兼江淮浙西制置使，主管侍卫马军司公事成闵兼湖北京西制置使，领兴州都统制吴璘兼四川宣抚使，主持东中西三大战区，另派李宝任浙西马步军副总管，率水军负责海上防御。

　　宋朝仓促命将刚定，金主完颜亮已经全线出击了。八月，尚书令张浩和左丞相萧玉再次谏止攻宋，都被当场杖责。九月，完颜亮命他俩与皇后、皇太子留守汴京，亲率三十二总管兵南下侵宋。

　　战争按惯例在淮南、荆襄和川陕三个战场上展开。完颜亮以河南尹徒单合喜为西蜀道行营兵马都统制主西路战事，以太原尹刘萼为汉南道行营兵马都统制主中路战事，显然这两路只起牵制作用。他把四分之三的兵力集中在东路的亲征军和浙东水军，以期大兵直下淮南，渡江以后与直捣浙东的水师对临安形成钳形攻势，以工部尚书苏保衡为浙东道兵马都统制率水军由海道南下。另派徒单贞率兵二万由淮阴一线南攻，可视为东路战场的侧翼。

采石之战古战场近貌

总的说来，完颜亮的战略意图颇有可取之处。相比之下，南宋九支御前诸军和三衙军则平分兵力，分散指挥，连刘锜、成闵和吴璘都不能统一指挥本战区的各支军队，在集中优势兵力上，金军就比宋军高出一筹。

就在完颜亮亲率大军由汴京向淮河开拔时，一些猛安谋克军纷纷举部逃亡，公开声称"前往东京立新天子"。他对远在东京辽阳府的宗室完颜乌禄的号召力严重估计不足，只派一支偏师前去镇压，自己依然按原计划南下。这是严重的失策，他统一之心太切，以为只要统一了江南，再回师北上收拾篡立者也易如反掌。他不知道自己因强征国力发动战争，违背了南北人民渴求和平恢复的普遍愿望，已经失尽了民心的支持。他也不明白"安内"的紧要，一旦祸起萧墙将会连皇冠都被褫夺的，而独夫一旦沦为匹夫，被解决也是轻而易举的。

李宝曾任岳飞帐下统领，在担任沿海提督以后，侦知金朝水师大本营在密州胶西（今山东胶州市）沿海，便决心采取"置之死地而后生"的兵法，把决战的战场主动移到敌境之内。其时，北方忠义人魏胜攻取了海州（今江苏连云港）。十月，李宝率水师三千，战船一百二十艘从明州开赴海州。船队刚到东海县（今连云港南，当时尚是海岛），正值数万金兵进攻海州，李宝挥师登岸，与魏胜会合，与金军血战，保卫了海州。

李宝通过魏胜联络山东豪杰，命令他们向胶西集结。而后率战舰驶抵胶西陈家岛（今

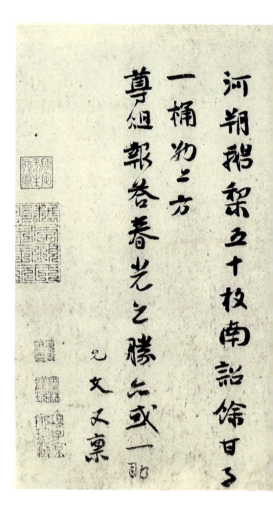

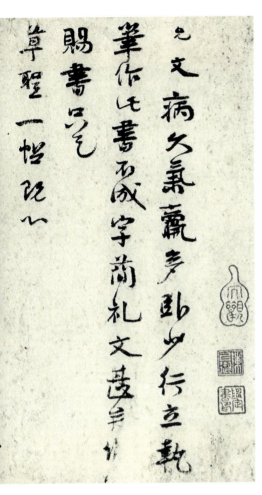

薛家岛），与停泊在唐岛（今黄岛）的金朝水师仅一岛之隔，相距三十里。尽管金军在数量上占有优势，但李宝指挥有方，命令火箭环射，中箭的敌船烟焰连天，延烧数百艘。少数未着火的敌船还想顽抗，李宝令水军壮士跳上敌船，短兵相接。胶西之战共杀伤金军将士三百余人，俘虏汉军三千余人，金朝浙东道水军都统制苏保衡逃跑，副都统制完颜郑家奴被击毙（一说活捉）。

这次海战的意义，一在于首次在世界海战史上使用了火药兵器，一在于彻底摧毁了完颜亮从海路直取临安的战略计划，有力保障了浙东沿海，尤其是行在临安的安然无恙，与采石之战同为确保南宋王朝转危为安的关键战役。

再来看东线的陆路战场。南宋负责东路战场的刘锜扼守清河口，意在阻击徒单贞金军的南下，但建康府、池州、真州等地的御前大军都不归其统一指挥。负责淮西战场的建康都统制王权一听完颜亮大军渡淮，就望风而逃，放弃庐州，由和州（今安徽和县）一带渡过长江。由于王权不战而退，刘锜在淮东也难以孤军撑持，只得退师渡江，驻守镇江。金军实际上已控制两淮，饮马长江。

完颜亮进抵和州，听到完颜乌禄在东京即位改元大定的消息，慨叹道："我本想在灭宋以后改元大定的，莫非是天命？"但他仍不愿罢兵北上，与乌禄逐鹿中原，而执意把侵宋战争进行到底。他得知战船因梁山泊水涸不能沿运河南下，即命金军在长江边赶造战船，督责苛急，将士日夜不能休息。他准备渡江攻下采石矶，为金朝大军渡江夺取桥头堡。

宋高宗听到王权败退江南的军报，第一个念头就是再次航海避敌。他给陈康伯下了"如敌未退，放散百官"的手诏，康伯断然焚烧了御批，理由是既不能执行，又不能私留，并苦口劝谏道："百官一散，主势即孤。"高宗这才与康伯考虑对策。

在康伯的坚决请求下，高宗首先下诏亲征，北上建康（今江苏南京）；其次，召回主战派领袖张浚，命其判建康府。除了这些姿态外，在军事上也有所调整。一是因刘锜在镇江染病，命李横权统其军督兵渡江，但李横孤军渡江仅以身免，金军屯驻瓜洲，依旧一苇可航。于是，只得命中路战区的成闵率本部兵马东来取代刘锜，中路再调鄂州都统制吴拱主持。二是将王权召回，以池州都统制李显忠代领其军，中书舍人虞允文以参谋军事的身份前往芜湖迎接显忠，并犒劳军队。

虞允文抵达采石时，王权已去，显忠未来，败兵残将散坐道旁，解鞍束甲而群龙无首。而完颜亮正在对岸临江筑台，筹划渡江。允文即召诸将，勉以忠义，有人对他说："你只受命犒师，没受命督战。别人坏事，你来顶缸吗？"他叱责道："危及社稷，岂能退避！"将士都愿死战，于是部署防务，准备迎战。

十一月八日，完颜亮亲掣红旗指挥战船渡江，十余艘战船由杨林河口进入长江，两船先抵南岸，因不谙航路而搁浅。宋军利用水军优势，施放霹雳炮，令金军难以抵挡，并以海鳅船冲撞或拦截敌船，敌舟或溃或沉，不少金兵被杀死在江中，即便强行登陆的数百金兵，也都悉数被歼。战争持续到日暮，金军才退回江北。半夜，允文派一部分战船开赴上游，一部分战船到杨林河口阻击。次日，敌船再度企图强行渡江，遭宋方战船夹击，大量船只被烧毁，金军大溃。这就是闻名一时的采石之战。

完颜亮不甘失败，移师瓜洲，准备强行渡江。虞允文也从刚到采石的李显忠那里分兵一万六千，驰援镇江。这时，京口已集结御营宿卫使杨存中和东路主帅成闵的大军二十余万，从数量上也足以与完颜亮大军对垒抗衡。允文部署车船，在江上回转如飞，威慑金军。

直到这时，完颜亮仍不审时度势，限令诸将三日渡江，否则处死。军士开始结队逃亡，完颜亮下令：军士逃亡，杀其蒲里衍；蒲里衍逃亡，杀其谋克；

谋克逃亡，杀其猛安。金军将士越发感到危惧。十一月二十六日，完颜亮勒令次日渡江，有敢后退者斩。次日清晨，金浙西都统制耶律元宜联合若干将领闯入御帐，射死了完颜亮，然后退兵三十里，遣使向镇江府宋军议和。金军将士临阵逃亡和兵变，说明这次侵宋战争是不得人心的，而完颜亮苛酷惨急的军令更是加速了将士的离心力，导致了自身的覆亡。

完颜亮对金朝历史起过积极推动作用，堪称有为之君，这主要表现在完善中央集权，推进封建改革，改定官制，迁都燕京。但他不合时宜地急于完成统一，完全超越了国力条件，横征暴敛，穷兵黩武，给南北人民都带来了灾难，与人民所渴望的统一事业南辕北辙，最终身死军前，也是咎由自取的。不过，金世宗为了证明其自立为帝合乎道义，在大定三十年间，公开号召朝臣凡能诋毁完颜亮的，就给他好官做，因而留给后人的形象就大有丑化的成分。抹黑应该洗雪，但就正隆南侵而言，他毕竟是一个有重大过失的历史人物。

由于虞允文当机立断，组织军民，奋勇抵御，赢得了时间，使南宋转危为安，避免了一次劫难，采石之战的历史作用确实是不容低估的。宿将刘锜对前往问病的允文说："朝廷养兵三十年，一筹莫展，大功倒出自一个儒生，我辈愧死。"这话说明两点：采石之战竟由儒生指挥，并获得胜利，都有一种偶然性；而这种侥幸取胜和成名的背后，却是南宋战备的废弛和兵政的腐败。其后不久，宋孝宗君臣以这样的军队来进行隆兴北伐，岂能立于不败之地？

五八

隆兴北伐

　　金主亮南侵渡江前后，宋高宗一面下诏表示要亲征，一面早早准备好南逃的舟船，打算故伎重演。其时，南宋朝野的抗金斗志前所未有地高涨。而金朝南有中原民众的反抗起义，北有契丹族移剌窝斡的反叛起事，世宗登基后政权尚未稳固。虞允文向高宗指出，当前正是我朝恢复中原的天赐良机，他只冷冷回答："朕知道了，你且去罢。"

　　在确知金主亮被杀以后，绍兴三十一年（1161 年）岁末，高宗才同皇子赵玮随他一起北上建康（今江苏南京），象征性地完成"御驾亲征"的壮举。在随驾过程中，赵玮协助处理朝章奏疏，恪尽臣子之道，赢得了随驾群臣的普遍赞誉。

　　高宗看到了这种微妙的人心转向，金主亮毁约南侵早使他的求和政策丢尽了脸面，绍兴三十二年二月返回临安，五月，他就下诏宣布决定禅位，正式立赵玮为皇太子，改名赵眘。他对宰执声称："今老且病，久欲退闲。"而实际上，他退位后还活了二十五年，禅让这年仅五十六岁，身体十分健康。

　　高宗是经过深思熟虑才作出这一决策的：让一个听命自己的继承人早点替代自己处理朝政，既省得自己政事烦心，又能够进一步换取他的知恩图报，自己既可以安享尊荣，又可以在适当时候以太上皇身份左右大局，禅让无疑是最明智的选择。

　　六月，举行禅位仪式，新皇帝就是孝宗，高宗以太上皇移居德寿宫。在禅位仪式上，高宗接见群臣时说了一句出自内心的自我评价："朕在位失德甚多，更赖卿等掩覆。"

　　孝宗是南宋最想有所作为的君主，也是南宋唯一志在恢复的君主。即位第二个月，他就正式为岳飞冤案彻底平反，朝野人心为之一振。他对秦桧构陷的其他冤案也进一步作出处理，李光、赵鼎等去世的受害者，都恢复名誉，抚恤子孙；张浚、胡铨、辛次膺等健在者都受到了重用。他继续任用高宗末年那些坚持抗金、政绩卓著的大臣，陈康伯、虞允文、张焘等都成为新班底的核心。

金主亮南侵以后，迫于舆论与形势，高宗不得不重新起用废黜近二十年的主战派代表张浚，让他出判建康府，但决不让他干扰自己的乞和路线。孝宗一即位，就召他入京，共商恢复大计，任命他为江淮宣抚使。高宗很不以为然，对孝宗说："毋信张浚虚名，将来必误大计，他专把国家名器财物作人情！"对孝宗的恢复也大泼冷水道："大哥，等我百岁以后，你再筹划这事罢！"但孝宗起用张浚、准备抗金的决心已定，向朝臣公开说："朕倚魏公如长城，不容浮言摇夺！"隆兴元年（1163年）正月，他任命张浚为枢密使，都督江淮军马，史浩升为右相，当时左相是陈康伯。

史浩是孝宗潜邸老师，他在孝宗走向皇位的途中起过不少作用，号称智囊，因而颇受尊重。但在对金问题上，他却是个安于现状的主和派，对孝宗锐意北伐始终持反对态度。当时，西线吴璘在金主亮南侵时不仅成功抵挡了金军的攻势，还攻占了原所属北宋的十六个州军，收复失地之广前所未有。但史浩却以孤军深入为理由，让孝宗下诏命令吴璘退兵保蜀，不仅使这些州军得而复失，而且使撤退的宋军在金军的反攻下伤亡二万余人。孝宗知道真相后大呼"史浩误我"，再授权吴璘得以自行决定进退，但已机会难再了。在东线，史浩也主张放弃两淮，固守江南，因张浚抵制，才未实行。

大约到大定二年（1162年）岁末，金世宗立足已稳，他做过与宋讲和的努力，但遭到了拒绝，便派仆散忠义为都元帅坐镇开封，统一指挥黄河以南的各路金军，对南宋实行以战压和的政策。冬去春来，金军更加紧了南攻的准备，大将纥石烈志宁进兵灵璧（今属安徽），同时致书张浚，以战争相威胁。

在这种态势下，南宋朝廷中和战两派也不得不摊牌。张浚主张孝宗北上建康督战，下诏出师北伐。他指出：中原久陷，今不规复，其他豪杰必起而取之。史浩则针锋相对地反驳：若中原真有豪杰却不能亡金，正证明金人统治的稳固，未可贸然出兵。和战双方辩论多日，孝宗最终决定北伐。

隆兴元年四月，为了防止主和派的反对，孝宗绕过三省与枢密院，直接向张浚和诸将下达北伐的诏令。高宗闻讯，急召孝宗企图迫使他收回成命，孝宗沉默不语表示拒绝。史浩因宰相不得与闻出兵大事愤而辞相，孝宗同意他出知绍兴府。史浩放弃陕西与两淮确是馊主意，但反对草率北伐仍有可取之处。

张浚接到北伐诏令后，星夜赶回建康，调兵八万，号称二十万，一路由李显忠率领取灵璧，一路由邵宏渊指挥攻虹县（今安徽泗县）。李显忠原是陕西骁将，一家二百余口遭金军杀害，后辗转至临安，因力主抗金而被秦桧贬官削职，金主亮南侵时才被起用，被张浚视为干将。五月，李显忠顺利攻克灵璧，而邵宏渊却久攻虹县不下，还是显忠派灵璧降卒前去劝降，虹县守将才放弃抵抗。

邵宏渊争强好胜，对虹县战功不出于己深以为耻，恰巧他的士兵抢了金朝降卒的佩刀，被李显忠斩首示众以儆效尤，因而对显忠憋了一肚子气。显忠建议邵宏渊乘胜进攻宿州（今安徽宿县），宏渊酸溜溜地说："你可真是关西将军啊！"见对方不作呼应，李显忠只得独率己部发起进攻，城破，双方展开激烈的巷战。这时，邵宏渊才投入战斗。攻下军事重镇宿州的消息，令孝宗与张浚大受鼓舞，指示他们扩大战果。

但前线两将的矛盾却趋于激化。孝宗升李显忠为淮南、京东、河北招讨使，邵宏渊为副使，他耻居李下，向张浚表示拒绝接受李显忠的节制。张浚迁就了他的无理要求，使他更有恃无恐。他提议将宿州府库中的钱帛全部拿来赏赐给士兵，李显忠只同意每三个士兵赏一千钱，却放纵自己亲信部曲恣意搬取。其时南宋军队都是吃饱拿足的骄兵悍将，一经挑唆，拒绝受赏，人心立时浮动。

金将纥石烈志宁率先头部队万余人来攻宿州，被李显忠击败。但金军十万主力随即赶到，李显忠奋力苦战，邵宏渊不仅按兵不动，还对部众大讲风凉话："这大热天的，摇着扇子还不凉快，何况在大日头下披甲苦战呢！"于是，军心溃散，无复斗志。

入夜，邵宏渊部中军统制周宏自为鼓噪，扬言金军来攻，宋军不战自溃。金军乘虚攻城，李显忠杀敌二千余，终于独力难支，浩叹道："老天未欲平中原耶？何苦沮挠如此！"遂率师而退，行未多远，宋军就全线崩溃，军资器械丧失略尽。所幸金军不知底细，不敢贸然追击，宋军才在淮河一线稳住了阵脚。宿州旧郡名符离，故史称这场溃败为"符离之溃"。

符离之败使宋金交涉发生了不利于南宋一方的倾斜，也使南宋主和派有了发难的把柄。张浚不得不提出辞呈，好在孝宗还不想立即放弃北伐计划，他给张浚回信说："今日边事，倚卿为重，卿不可畏人言而怀犹豫，前日举事之初，朕与卿任之，今日亦须与卿终之。"张浚降为江淮宣抚使，部署两淮防线，抵挡金军南下。

符离之败对孝宗北伐雄心的打击是沉重的，他也发现恢复大业不可能在短期内实现，开始在和战之间摇摆不定。六月，孝宗让主和派代表汤思退复出，不到一月，就让他担任右相。与此同时，主战的张焘、辛次膺和王十朋等相继出朝。八月，孝宗恢复张浚都督江淮军马的职务，同时采纳汤思退的建议，派淮西安抚使干办公事卢仲贤前往金军大营议和。

十一月，卢仲贤带来了金军统帅仆散忠义致南宋三省与枢密院的函件，议和条件为：宋帝与金帝改为叔侄关系，宋朝归还被占的海、泗、唐、邓四州，归还降宋的金人，补纳绍兴末年以来的岁币。

南宋朝廷的和战双方再次展开激烈辩论，最后太上皇高宗出面为主和派撑腰，孝宗才决定继续遣使议和。十二月，陈康伯因病辞去相位，向孝宗推荐张浚自代。但太上皇指令让汤思退升为左相，地位在右相张浚之上，以为牵制。尽管如此，主战派仍自觉实力大增。

隆兴二年正月，金帅仆散忠义再次来函，要价太高，口气甚硬。孝宗在主战派的鼓励下，将卢仲贤以擅许四州的罪名除名，编管郴州，改派胡昉出使金营，表明宋朝拒绝归还四州，否则将中止和议。和议陷入僵局。孝宗命张浚视师两淮，全力备战，准备与金军一决雌雄。

张浚招徕山东淮北的忠义之士万余人，补充建康、镇江的正规军，增修两淮城堡工事，添置江淮战舰，随时奉命待发。汤思退及其同党百般攻击张浚，诬蔑他"名曰备守，守未必备，名曰治兵，兵未必精"。孝宗最终屈从了主和派的压力，四月，召张浚还朝，罢去了他的相位。四个月后，张浚死在离京途中，遗嘱说："我曾任宰相，不能恢复中原，雪祖宗之耻，死后不配葬在祖宗墓侧，葬在衡山下足矣。"

张浚是南宋前期主战派重要代表，但从富平之战与隆兴北伐看来，他在军事上的全局决策是并不成功的，其中固然有当时当地宋军素质与双方力量对比等客观原因，但其志大才疏而急于求成的个人因素，也是无可讳言的。王夫之批评他"志大而量不弘，气胜而用不密"，可谓知人之论。他的遗言倒是真情实话，道出了自己的终生遗憾。总之，他一生坚持抗金，虽受秦桧迫害而不改初衷，终究是值得肯定的历史人物。

张浚罢相，汤思退独相达半年之久，孝宗已倒向了主和派。六月，孝宗命湖北京西制置使虞允文放弃唐、邓二州，允文拒绝执行，被撤职降知平江府。七月，海、泗二州宋军撤戍。九月，孝宗命汤思退都督江淮军马，杨存中以副都督协助对军事一窍不通的汤思退。

汤思退与金人暗通声气，要求金军重兵迫和。十月，仆散忠义挥师南下，由于主和派主动撤防，金军轻而易举地突破宋军的两淮防线。十一月，楚州、濠州和滁州相继失守，长江防线再度告急。汤思退主张干脆放弃两淮，退守长江，尽快与金议和。

这时，孝宗听到使金回朝的魏杞报告说金人议和要价贪得无厌，便激愤表示：有以国毙，也不屈从。抗金呼声再次高涨，太学生甚至准备伏阙进谏。十一月，孝宗罢免汤思退，将其贬至永州居住。太学生张观等七十二人上疏请斩汤思退及其同党王之望等，汤思退在流贬途中闻讯，忧悸而死。

在罢免汤思退的同时，孝宗重新召回因病出朝的陈康伯，任命他为左相，以主持大局。但宋朝在军事较量上一再处于劣势，孝宗不得不再派王抃为使者赴仆散忠义的大营，表示愿意议和以换取金人的退兵。金朝见以战迫和的目的基本达到，便停止进攻，重开和议。

经过使节樽俎折冲，岁末终于达成和议条款：宋金世为叔侄之国；"岁贡"改为"岁币"，银绢各为二十万两匹；南宋放弃所占的海、泗、唐、邓、商、秦六州，双方疆界恢复绍兴和议时原状；双方交换战俘，但叛逃者不在其内。

与绍兴和议相比，南宋在隆兴和议中的地位有所改善。南宋皇帝不再向金朝称臣，岁贡改为岁币，数量也比绍兴和议减少五万两匹，这是金朝最大的让步；而南宋在采石之战以后收复的海、泗等六州悉数还金，则是宋朝最大的让步。

双方的让步都是基于一种新的政治地缘的实力平衡，金朝的让步是出于内部的不够稳定，宋朝的让步是出于兵戎相见时太不争气。离开这点，空谈和议是否平等或屈辱是意义不大的。

隆兴和议以后，宋金关系再度恢复正常，直到开禧北伐才试图再次打破这种地缘政治的均衡状态。而隆兴和议到开禧北伐的四十年间，对宋金双方来说，都是社会经济发展的最好时期。

大定之治

金世宗完颜雍，女真名乌禄，与完颜亮为从兄弟，其父宗辅也是太祖庶子。完颜亮即位后对他颇为猜忌，他始终隐忍韬晦，连完颜亮召其妻入宫，他也忍了。正隆六年（1161年），完颜亮南侵，他在东京留守任上，副留守高存福就是完颜亮派来监视他的。

突然传来完颜亮杀害徒单太后的消息，流言传说他正派人前来加害宗室兄弟。这时，南征万户完颜福寿在侵宋途中哗变，以"前往东京立新天子"相号召，一路接纳逃亡士兵，到达东京时人数已多达二万。前往镇压撒八起义的完颜谋衍也率兵五千前来投奔。

十月八日，在舅父李石劝说下，完颜雍杀高存福，在东京辽阳发动政变，下诏废黜完颜亮，自立为帝，改元大定。当时，群臣都劝世宗北据上京，新任参知政事的李石反对说："正隆远在江淮，万姓引领东向，宜直赴中都，据腹心以号令天下。"十二月，世宗进抵中都，确立了统治中心的所在地。

初登大宝的世宗首先面临着三大棘手的问题：其一，侵宋战争的稳妥善后；其二，中央皇权的顺利过渡；其三，各地起义的及时平定。关于第一个问题已有细说，这里只说个结果：世宗有效反击了南宋的隆兴北伐，迫使宋朝订立了隆兴和议，双方维持了四十余年和平共处的局面。

在第二个问题上，世宗没有采取杀戮异己、排斥政敌的做法，而是实行了既往不咎、兼容并包的政策。完颜亮被杀以后，张浩向世宗上贺表，世宗仍让他任尚书令，对他说："你过去为相，岂能无罪？因你练达政务，所以还要用你作相。"纥石烈志宁与白彦敬奉完颜亮之命北上镇压契丹撒八起义，曾密谋进攻心蓄异志的世宗，还杀了世宗派来招抚的使者，在迫不得已的情况下才表示反正，世宗以为他们"忠于所事"，依旧信用他们。参加侵宋的汉南路副统制仆散忠义被任用为尚书右丞，后来与纥石烈志宁皆为大定名相。由于世宗宽容大度，不计前嫌，完颜亮任用的一大批文武官员被世宗所争取，统治集团高层并没有因皇位争夺而形成公开的反对派，实现了中央政权的平稳过渡。

在此基础上，世宗在位期间注意任用非皇族的女真官员和契丹、渤海、汉族官员，形成了一个多民族的统治核心。其母舅李石是朝中渤海人代表，位至尚书令。熙宗时的第一名进士石琚历任参知政事、右丞相，是大定间汉人宰相的代表。撒八、窝斡起义以后，世宗对契丹族多有防范，契丹贵族执政者不多，但契丹乙室部人移剌道还是被起用为户部尚书、平章政事。世宗朝任用的参知政事以上宰相执政官，完颜部宗室七人，非完颜部女真贵族十五人，汉人十四人，渤海、契丹人各二人，亦可见世宗对维护多民族统治核心的良苦用心。

完颜亮发动侵宋战争，激化了社会矛盾，各地起义风起云涌。世宗即位以后，中原地区小规模的汉族人民起义相继被镇压。而撒八和窝斡领导的契丹农牧民起义，在金军的进攻下，内部发生了严重分歧。撒八主张投奔西辽，移剌窝斡就杀了撒八，率义军回师攻占契丹的发祥地临潢府，自称皇帝，建元"天正"，众至五万，继续抗金。

大定二年（1162年），世宗一面派右副元帅完颜谋衍率大军镇压，一面下诏招降：自动投降者皆不问罪，奴婢释放为平民。这两手都不生效，六月，世宗改命仆散忠义为平章政事兼右副元帅，纥石烈志宁为右监军，合力进讨。纥石烈志宁收买内奸，离间军心，最后伺机擒捕了窝斡。窝斡被害，移剌扎八率领部分义军南投宋朝，起义失败。

在解了燃眉之急的三个难题后，世宗的统治渐趋于稳定和巩固。世宗基本上是守成明君，熙宗和完颜亮改革的成果，成为他治世的坚实基础，他俩晚年的荒暴苛急之政，又成为他理政的前车之鉴。他在位二十九年，是金朝诸帝中最长的，而金宋间和平局面的出现，也为大定之治创造了外部环境。

世宗首先推行了与民休息的政策。大定二年，他把来自中原参加南征的步军都遣返回家；同时派官员到汉人起义密集的山东地区，招抚正隆时期因苛重的兵役和劳役锭而走险的农民，只要及时归农，罪名一律赦免。大定三年，对移住中原的女真人户，凡父子兄弟俱在兵伍的，也遣放一丁归家农耕。大定六年，对宋战争一结束，仅留六万戍备，其余士兵也都放还。

　　世宗还局部调整了阶级关系。金朝灭辽以后，为满足女真奴隶制的需要，把辽朝有自己经济的投下户和寺院的二税户变为奴隶，这是历史的倒退。大定二年，世宗不仅将确有凭据的二税户六百余人放免为良民，还下诏凡从移剌窝斡起义军来归的驱奴、宫籍监户也一律放免为良。次年，他下令对中都等地因战乱和饥荒而典卖妻子者，官府代为收赎。大定二十二年，金朝规定：凡立限放良之奴，限内娶良人为妻，所生子女即为良民。类似官方赎买良民和局部解放奴隶，对缓和阶级矛盾起了一定的积极作用。

　　世宗试图继续维持计口授田制，保护女真猛安谋克户的特殊权益。自熙宗以来在中原推行对女真猛安谋克户的计口授田制度，因中原旧有封建生产关系的影响和以战争俘虏补充奴隶来源的彻底断绝，逐渐向封建租佃制演变。一些猛安谋克户开始出卖奴隶，致使耕田者减少，只得将所授之田出租给汉人农民耕种。另一些女真猛安谋克户，在战争结束后不再回到所授之田上耕作，直接将其转租给汉人农民。也有一些贫困的女真户将所授之田出卖给"豪民"。女真猛安谋克户发生了阶级分化，那些坐收地租的女真户便转化为封建地主。而女真贵族和官僚地主多占或冒占官田的现象也日趋严重。

　　世宗企图制止生产关系向封建租佃制的转化，大定二十一年，他颁布禁止中原猛安谋克户出卖奴婢转租田地的诏令。次年，他又规定：一旦查出有不自耕种的猛安户，杖六十；谋克杖四十。不过，世宗也不得不承认这种封建租佃关系的合法性，同意地有余而力不足的猛安谋克户可以招人租佃。

　　对于贵族地主多占冒占官田，世宗在大定十九年和二十一年先后派员到各地拘括官田。括田的本意是将所括之田分给贫民，继续对无田少田的猛安谋克户实施计口授田的旧制。但在实际执行中，一些小地主和农民的土地都被强行拘括，田地更集中到官府和女真贵族官僚地主的手中，反而加速了封建租佃关系的发展，这是经济规律强过帝王意志的最好例证。

　　世宗还实行通检推排，平均赋税差役。金初对人户三年一籍，清查其人口、驱奴、土地和资产，据以排定户等，征收物力钱（财产税），征发差役。但贵族、官僚和地主以各种方式隐瞒财产逃避税收，而贫苦人户却负担重税。为改变赋役不均现象，大定四年，世宗下令分路通检天下物力，因标准不一，诸路不均，百姓不堪承受。次年，颁布"通检地土等第税法"，统一各路标准，轻重不均的现象始有所改变。

　　大定十五年，离上次通检已经十年，但赋役仍有不均，世宗再命分路推排物力钱，手续较通检简化。而随着猛安谋克户内部的阶级分化，地主和农牧民的赋役也开始严重不均。大定二十年，从中都入手在猛安谋克户内也实行推排，两年后推广到全国，方法是清查各户土地、牛具、奴婢之数，分为上中下三等以均赋役。大定二十六年和章宗泰和八年（1208 年），全国还进行过这种推排。尽管在通检推排中，不无官员上下其手苛增物力的扰民现象，但对均平全国赋役，保证国家收入，缓和社会矛盾，毕竟起到一定的积极作用。

　　金世宗虽让大批女真人迁居汉地，却坚决反对女真族汉化趋势。自完颜亮即位以来，这一汉化进程明显加快，世宗时，连太子都不知女真风俗，宗室诸王甚至已不通晓女真文字。世宗深为担忧，他认为女真族的汉化将危及女真王朝的存在。

　　大定四年，世宗下令设女真学，选猛安谋克子弟三千人入学女真文经书。大定十一年，世宗创女真进士科。时隔两年，又在京师设女真国子学，诸路设女真府学。这年，他还禁止将女真姓改译为汉姓，例如完颜译作王等等；次年，命卫士不准说汉语，改习女真语。二十二年，颁行女真文译本的五经和诸子。二十六年，世宗规定女真贵族不能阅读女真文经书，不得承袭猛安谋克。次年，他再次强调女真人不得改称汉姓，改服汉服，犯者处罪。二十八年，命建女真太学。

　　世宗在女真汉化问题上的做法，也许有其自己的统治思路：由于完颜亮南侵的失败，金朝将与南宋长期对峙，因而不能不保持其作为统治民族的自身习俗，使尚武勇悍的民族传统不致失落退化。但他没能认识到女真人汉化所包含的历史必然性和所体现的历史进步性，制定出阻挠汉化的种种措施。在这点上他不仅难以比肩推动拓拔部汉化的北魏孝文帝，也远比积极推进女真人汉化的完颜亮逊色。

　　当然，历史大趋势是无法抗拒的，世宗自己在册立皇太子诏书中就说"绍中国之建储，稽《礼经》而立嫡"，这本身就是求助汉化的表现。至于整个金朝女真社会的汉化进程，即使在世宗朝仍然不可遏制，而到金章宗时已告基本完成。

　　世宗、章宗时期是金朝历史上社会经济最稳定繁荣的时期，史称大定明昌之治。封建经济的持续发展，外部环境的和平共处，促进了金朝榷场贸易的空前活跃，成为金朝与南宋、西夏以及北方少数民族经济联系的主要渠道。

　　金朝在与宋朝边境线上设立的榷场，自东往西有泗州（今江苏盱眙北）、寿州（今安徽凤台）、颍州（今安徽阜阳）、蔡州（今河南汝南）、息州（今河南息县）、唐州（今河南唐县）、凤翔府（今陕西凤翔）、秦州（今甘肃天水）、

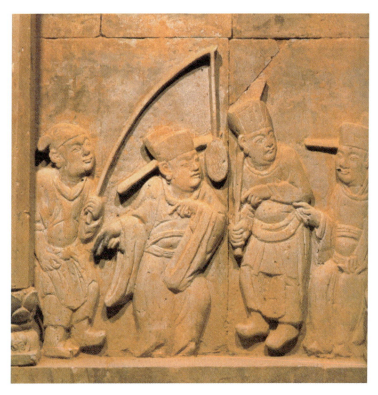

稷山金墓杂剧砖雕

巩州（今甘肃陇西）、洮州（今甘肃临潭）等，密州胶西县（今山东胶县）则是金宋海上贸易的窗口。金朝与西夏贸易的榷场主要有绥德州（今陕西绥德）、保安州（今陕西志丹）、兰州（今属甘肃）。与北方少数民族在庆州朔平（今内蒙古巴林左旗西北）、净州天山（今内蒙古四子王旗西北）、东胜州（今内蒙古托克托）等地也进行榷场贸易。

　　榷场贸易既是辽宋夏金之间经济文化交流互补的重要方式，对官方也是一笔不小的财税收入。仅金朝每年从南宋购买的茶叶就耗资三十余万两。金宋之间的榷场贸易在大定明昌间发展势头迅猛，以泗州场为例，大定时年税收为五万余贯，明昌七年（1196年）翻了一番。

　　世宗孜孜求治之心，史书多有记载。即位之初，他认为完颜亮"专任独见，故取败亡"，表示要虚心受谏。有人建议罢科举，他问张浩说："自古帝王有不用文学的吗？"张浩答有，世宗问谁，张浩再答："秦始皇。"他说："难道让我做秦始皇吗！"

大定十七年，他对宰臣说："凡我一时喜怒而处置不当的，你们都应该执奏，以免造成我的过失。"还表示："趁我还健康，有政令未完善，法令不统一的，都应该修改订正。我不会懈怠的。"

大定二十五年，世宗亲至上京大宴宗室、大臣和故老，席间，他亲自唱女真歌曲，咏叹王业之艰难和守成之不易，唱到"慨想祖宗，宛然如睹"时，慷慨悲咽，不能成声。一个专制制度下的帝王，时时能有这种忧患意识和民本思想，诚属难能可贵。

《金史·世宗纪》有一段评论，大意说：自太祖以来，海内用兵，安定之年无几。而完颜亮赋役繁兴，兵甲并起，国内骚然，颠危愁困。世宗久典外郡，明祸乱原故，知吏治得失。南北讲和，与民休息，孜孜求治，得为君之道，上下相安，家给人足，号称"小尧舜"。

经历了金初以来长期战乱的女真民族和中原人民，能有近四十年和平时期的经济发展和安定生活（自章宗末年起金朝再度陷入战争状态），与完颜亮晚年的苛政和战乱相比，自然弥足珍贵，尽管还有很多不如意处，但也不吝把"小尧舜"的美誉加在金世宗的身上，人民实在也是不过于奢望的。

六〇

宋孝宗

宋孝宗锐意恢复，王夫之说他是"怨不可旦夕忘，时不可迁延失"，已到了心心念念的地步。隆兴和议决不是宋孝宗期望的结果，却是他不得不接受的现实。他在准备用武力恢复中原的同时，也试图通过外交途径向金朝索取更多的东西。

金世宗也从完颜亮的失败里明白，金朝没有力量灭亡南宋，他还从隆兴北伐里知道，南宋求和只是出于不得已。于是，他对内发展生产，稳定政局；对外既不轻易让步，也不主动挑衅。双方的这种国策使得隆兴和议以后的宋金外交总是别别扭扭的。

乾道元年（1165）四月，金朝报问使入见，孝宗要求按金主亮南侵后的敌国之礼，由阁门转呈金使的国书。金使不同意，坚持按绍兴和议的旧仪，由宋朝皇帝在殿上亲自起立从使者手中接受国书。双方僵持多日，最后由太上皇发话，孝宗不得不遵循旧例，但内心更感屈辱和愤怒。

乾道六年，他派范成大使金，要求金朝归还河南的祖宗陵寝之地，更改受书仪式。金世宗断然拒绝，复函表示同意"奉迁"宋朝皇陵，声称将以三十万骑"奉迁陵寝来归"，将了宋朝一军。孝宗再派中书舍人赵雄使金，请求不迁祖宗陵寝，只改受书仪式，世宗同意前者，拒绝后者。乾道九年岁末，南宋在受书仪式再次作梗，金使严厉谴责南宋破坏十年以来的受书仪，高宗以太上皇的身份再度出面干预，孝宗只得一如旧仪。南宋在隆兴和议以后的外交斗争中，没有占到金朝的便宜，折射出的仍是双方实力的均衡态势。

孝宗也知道外交不过是一种试探，关键还是实力的比拼。乾道元年，陈康伯以老病辞相，不久去世。过了两年，川陕主帅吴 也病故了。在位的宰执都不懂军事，孝宗就把恢复的期望寄托在虞允文的身上，他指挥的采石之战是有口皆碑的。乾道三年，孝宗任命他知枢密院事兼参知政事，替代刚去世的吴璘出任四川宣抚使，表明他对四川战略地位的特殊关注。虞允文治蜀不到一年，经济发展，军政一新。

乾道五年八月，孝宗召允文入朝为右相，兼枢密使与制国用使。虞允文向孝宗分析形势，认为宋金力量对比趋于平衡，当务之急，莫急于兵财。他着手在军力与财力上为北伐作积极的准备。在军事上，他重建淮东万弩手，改名神劲军；将定海（今浙江镇海）水军直属御前，增设广东水军；按怯、壮分三等拣选三衙官兵，上等备战，中下等备辎重；将马军司牧地从临安移至镇江，以备随时渡江出击。

在财力上，他恢复了北宋以来的发运使机构，设都大发运使，以便及时调拨军需给养。他还对总领所作了调整。总领所全称总领某路财赋军马钱粮，是南宋在战事状态下的特殊财政体制，最早是张浚在建炎末年经略川陕时临时设立的总领四川财赋，绍兴十一年第二次收兵权后，设立淮东、淮西和湖广三总领所，绍兴十五年复置的四川总领，职权比东南三总领更重，合称四大总领所，分掌各路上贡财赋，供办相关御前大军钱粮，实际上成为户部为战争服务的财政派出机构。虞允文将淮东总领并入淮西总领，负责统一调度两淮、浙西、江东的军需财赋，这样，淮西、湖广与四川三大总领所恰与宋金战争中东、中、西三大战场相配套。

乾道八年二月，虞允文升为左相，但仅过半年，与孝宗在重用潜邸旧人上意见分歧，便辞相再任四川宣抚使。孝宗与他相约分别从东西两路出兵收复中原："若西师出而朕迟回，即朕负卿；若朕已动而卿迟回，则卿负朕。"允文入川一年，虽然积极筹划北伐，但孝宗密诏询问进兵之期，他深知北伐不是轻率的儿戏，审慎答以军需未备。

淳熙元年（1174 年），虞允文积劳去世。孝宗怪他迁延出师之期，一反常规，对允文不赠官，不赐谥。不久，孝宗检阅军队，亲见允文教练过的士卒无不少壮勇武，感佩他稳健持重，有恢复之志而大志未酬，这才追赠他为太师，赐谥忠肃。

虞允文是孝宗前期抗战派代表，他的去世，对孝宗北伐大计是个沉重的打击。孝宗的统治也大体以此为界分为前后期。前期，孝宗在乾道二年、四年和六年，先后举行过三次大规模阅兵，以鼓励士气，振奋民心，锐意恢复，矢志北伐。但允文一死，孝宗顿失支持，虎虎锐气逐渐消退，守成的暮气占据上风。他把主要的心思放在了控制朝政、掣肘宰相上。

孝宗吸取秦桧擅权的教训，一是"躬揽权纲"，一是"勤于论相"。他除了对虞允文等个别宰相还比较信任，在位期间采取频繁更换宰相的手法来限制相权。他在位期间共任命左相八人，右相十八人，其中连续任期超过二年的仅虞允文、赵雄、王淮、梁克家四人，超过一年的也仅七人，其他都一年不到。从乾道八年虞允文罢相，其后十年竟不设左相；其中淳熙二年九月至淳熙五年三月的两年半里，竟然左右相俱缺，仅以参知政事行相事。即便对一向倚重的虞允文，在任其为左相的同时，还将与他"不苟同"的参知政事梁克家提为右相，以为牵制，孝宗对大臣的猜疑由此可见。

孝宗为了防止相权与监察权的勾结，在任命台谏官上别具心计：前相刚罢，后相初拜，他故意任命前相在任时进拟的台谏官人选钳制后相；后相虽有进拟，他担心台谏奉承后相风旨，有心不加任命。

出于扶植心腹控制朝政的需要，孝宗自即位起就重用潜邸旧臣曾觌与龙大渊，外戚张说也颇得宠幸，这些人都被正直之士视为佞臣。孝宗与他们形迹亲密，称字而不呼名，罢宰相，换大将，都要听听他们的意见。《宋史·佞幸传》共列近习十二人，孝宗朝就占三分之一。孝宗的初衷是以心腹爪牙来防止权臣专政，却不料造成了朝政的另一种混乱。佞臣势力在孝宗朝抬头，在两宋历史上颇引人注目，也大出人们期待之外。

淳熙五年（1178年），孝宗任命史浩为右相。史浩因反对隆兴北伐而撤职赋闲十余年，孝宗起用他，固然是一时找不到合适的人选，但也表明其政策的转向。史浩入相，太上皇高宗兴高采烈地说："卿再入朝，天下之幸！"

史浩建议孝宗静守典制，唯尽公道，把即位以来太上皇各种"圣训"公布于世，以便子子孙孙"遵承家法"，一句话，无非要求孝宗唯太上皇是听，不改苟安的国策。史浩任相仅半年多，便以老病力求去职，孝宗授其为少傅，留在朝内以为顾问，备受礼遇达五年之久，才同意他正式退休。

继史浩任相的赵雄资历虽浅，却颇具恢复意识，每见孝宗，"二帝在沙漠"未尝离口。但面对孝宗的消沉和朝堂的苟安，除了协助皇帝整顿吏治安定政局，在恢复大计上他也不可能有所作为。淳熙八年，王淮接替赵雄为相达七年之久，他是孝宗朝在位年限最长的宰相。不过，同时代的朱熹认为，孝宗晚年所用宰执，"多是庸人"。

淳熙间，孝宗常慨叹：一未能恢复中原洗雪国耻；二未能彻底改变国弱民贫的局面。他知道前者短期内已无指望，后者只要君臣一心还可以实现，因而在淳熙年间尤其关注财政与经济，颁布注重水利的诏书，制定鼓励商业与对外贸易的政策。他自己虽对恢复中原失去了信心，却仍希望后继者有朝一日能完成自己未竟的大业。

早在隆兴乾道间，孝宗就仿照太祖的做法，设立封桩库，作为备战钱库，但措施不力，收效颇微，淳熙六年盘点库存仅五百三十万缗。经过整顿，四年后增至三千余万缗，但后因太上皇的需索等滥支现象严重，仅隔两年封桩库财物就锐减至五六百万缗，整顿财政也落得个虎头蛇尾。

尽管如此，孝宗仍不失为南宋最想有作为的君主。他经常感叹自己功业不如唐太宗，富庶不及汉文景父子，抱怨自己还不如东吴孙权，能得许多人才。他十分勤政，以致"事无巨细，概呈御览，情无轻重，均由圣裁"。乾道、淳熙年间，南宋社会经济持续迅速发展，尽管也有过湖北赖文政率领的茶贩茶农暴动与广西李接领导的农民起义，但就社会政治而言，仍不失为南宋最清明稳定的时期。

孝宗锐意北伐，但内外条件却令他"用兵之意弗遂而终"。他外逢金世宗统治，对手政局稳定，财政充裕，战备严整，无衅可击；内有太上皇干扰，自己被索缚手脚，消磨锐气，有心无力，诸多无奈。孝宗在位二十七年，倒有二十五年受到太上皇制约。

太上皇并没有如其禅位时宣称的那样，不问朝政，颐养天年，一到关键时刻，就多方掣肘，出面干涉，例如新任命的宰执必须到他那儿"入谢"，面听"圣训"。在恢复大计上，太上皇更是寸步不让。他一再告诫孝宗：一旦用兵，对方不过事关胜负，我们却是关乎存亡；恢复事等我百年以后你再考虑吧！这也是孝宗在隆兴北伐后不再用兵的重要原因之一。

淳熙十四年（1187年），太上皇终于去世，孝宗还做了两年皇帝，但他却无复当年的锐气，暗中打算着禅位给自己儿子了。后人以恢复论其父子道："高宗之朝，有恢复之臣，而无恢复之君；孝宗之朝，有恢复之君，而无恢复之臣。"说得不无道理，高宗无意恢复，但岳飞、李纲、张浚都以恢复为己任；孝宗志在恢复，仅一个虞允文也中途而殁。历史的机遇并不是尽如人意的。

宋孝宗坐像（台北故宫博物院藏）

六一

两朝内禅

宋高宗禅位以后退居德寿宫，时称北内，每月零花钱就是四万贯，是当时太师等最高月俸的一百倍。每年四十八万贯支出，还不包括德寿宫的日常开销。每逢生日，孝宗还得孝敬寿礼，银五万两、钱五万贯是最常规的进献。孝宗对太上皇可谓是竭尽孝道，不仅在物质生活上满足其骄奢淫逸的种种欲望，即便在治国大计上也往往委曲求全，庙号孝宗确是名至实归的。

太上皇在禅位后还悠闲滋润地活了二十五年，淳熙十四年（1187年）以八十一岁高寿一命归西。明清之际王夫之在《宋论》里有一段话，可以移作对高宗其人的盖棺之论："高宗忘父兄之怨，忍宗社之羞，屈膝称臣于骄虏，而无愧怍之色；虐杀功臣，遂其猜防，而无不忍之心；倚任奸人，尽逐患难之亲臣，而无宽假之度。孱弱以偷一隅之安，幸存以享湖山之乐。沦滞残疆，耻辱不恤。"

对高宗的死，孝宗表现出深切的悲痛。他一反君主守丧以日代月的旧规，坚决要为太上皇守三年之丧。其中虽有尽孝报恩的因素，但最关键的还是他对朝政已深感倦劳，不再是隆兴初政时那个雄心勃勃的宋孝宗。

孝宗有三个儿子，长子赵愭，次子赵恺和三子赵惇，都是原配郭皇后所生。他即位以后，久久未立太子，大概一是忙于隆兴北伐，二是免得引起太上皇难以言说的不快，三是对三子颇有属望却不便操作。

乾道元年（1165年）四月，赵惇率先得子，两个月后，赵愭才生下儿子。赵惇为皇嫡长孙的名分暗中较上了劲，孝宗这才不得不立长子赵愭为皇太子。岂料赵愭命蹇，两年后一命呜呼。其后东宫虚位四年，按立长的常规，理应立赵恺，但孝宗实在看好赵惇。乾道七年，孝宗断然越位建储，立赵惇为皇太子。淳熙七年，赵恺病死，孝宗问心有愧，却譬解说当年越次建储正因为他"福气

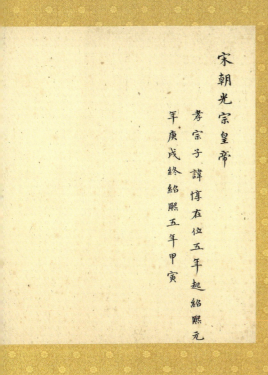

宋光宗像（台北故宫博物院藏）

稍薄"。赵惇做稳了皇太子，迫不及待地企望孝宗早日禅位给他，但孝宗还不打算放手。

太上皇去世，孝宗渐生倦怠之意，让太子参决朝政。淳熙十六年初，孝宗正式禅位给皇太子，此即宋光宗。据推测，孝宗之所以决意退位，另一原因是这年正月，金世宗的皇太孙完颜璟即位，此即金章宗，而按隆兴和议，年过花甲的孝宗得尊年仅二十来岁的章宗为叔叔，这是其强烈自尊心所无法接受的。禅位以后，孝宗改高宗原先退居的德寿宫为重华宫，移住其中也当起了太上皇。他期望光宗也像自己对待高宗那样，让他颐养天年。

但孝宗也并不甘心完全放弃对朝政的内控，禅位前安排自己信得过的老臣周必大出任左相，作为一种平衡，光宗潜邸旧臣留正为右相。光宗一上台，就不愿再受太上皇摆布，提拔亲留怨周的何澹为谏议大夫。何澹上任，首攻周必大，光宗顺水推舟将其罢相，升任留正为左相。

光宗即位次年，改元绍熙。史称绍熙初政，"宜若可取"，实际情况是言过其实。光宗虽多次下诏求言，却是只做听众而缺少行动，有臣下一针见血地说他"受言之名甚美，用言之效无闻"。在任用台谏上，他既出于私心选用了何澹，也严加甄选，任命了刘光祖、彭龟年等人，可谓正邪并用。至于薄赋缓刑，见诸本纪的"下诏恤刑"、"后殿虑囚（审问囚犯）"，不过是虚应故事；减税、节用、理财之举，或杯水车薪，小惠未遍，或有始无终，言行不一，总体上无甚可取。

另一方面，光宗初政，有违明君之德的嗜好却逐渐暴露。他对优伶歌舞，市井段子，特感兴趣，召来演出，乐此不疲。原先就嗜酒，如今更是饮宴无度。虽说是后宫生活，却没有不透风的墙。

太学生余古知道了，就趁着下诏求言，在封事里以酒池肉林的商纣王和宠昵伶官的唐明宗作为类比，进行劝谏。光宗再也顾不得维护纳言好谏的形象，一怒之下，将这个太学生押送筠州，让他边受监管边学习。

当年高宗听信道士皇甫坦鼓吹李凤娘"当母天下"，为还是恭王的光宗定下了婚事。婚后才知道她是一个妒悍多事的女人。册立为太子妃后，她容不得太子身边宫女的增多，一再到高宗与孝宗夫妇面前告状，孝宗让她学点后妃之德，同时警告她："如果只管与太子争吵，宁可废掉你！"

册立为皇后以后，凤娘更是目中无人，有一次竟然话中有话地讥讽太上皇后谢氏与孝宗不是结发夫妻，气得孝宗把老臣史浩召来讨论废黜事。史浩从稳定政局出发，以为决不可行，废后之事这才作罢，但双方关系却充满了火药味。

光宗只有一个儿子，时封嘉王，是皇位理所当然的继承人。留正劝光宗早日立储，光宗就去找太上皇，不料孝宗对他说："当初按例应立你二哥，因为你英武像我，才越位立你。而今你二哥的儿子还在。"意思很明白，赵惇绝后，皇位应该再回到赵恺一脉。孝宗这一安排原因有二：其一，弥补对赵恺的歉疚心理；其二，他发现嘉王"不慧"，而赵恺之子许国公赵抦早慧。光宗在大义与情理上不能回驳太上皇，内心却是老大的怨怼，父子关系划出无法弥合的裂痕。

李皇后知情后，决定亲自出面为儿子争回皇位继承权，她在一次内宴上向太上皇发作："我，是你们堂堂正正聘来的；嘉王，是我亲生的，为什么不能立为太子？"太上皇勃然大怒，光宗默不作声。

不久，太上皇知道光宗心脏不好，搞到一张秘方，合了一丸药，准备在光宗来看望时给他。李凤娘知道后，竟挑唆光宗说："太上皇打算废掉你，准备给你服的那丸药，就是为了好让嘉国公赵抦早点继位。"光宗信以为真，不去见孝宗，把原先规定的一月四朝的约期也抛诸脑后。

光宗的妃嫔多起来，碰上李凤娘却是个悍妒的醋坛子。一天，光宗洗手，见端盆宫女的双手白如凝脂，嫩似柔荑，大为愉悦。几天后皇后送来一具食盒，装的却是那宫女的双手。李凤娘对光宗最宠爱的黄贵妃早想下毒手，就趁绍熙二年光宗祭天不住后宫的机会虐杀了她，再派人到祭天斋宫报告黄贵妃"暴死"的消息。因为祭天大礼，光宗不能赶回后宫看个究竟，他也深知凤娘的歹毒，只是哭泣个不停。事也凑巧，次晨祭天时猝不及防发生了火灾，转瞬间大雨冰雹劈头而下，虽没把光宗烧死，但诸多变故交织在一起，他以为自己获罪于天，吓得神经从此失了常。

直到绍熙三年春天，光宗才能勉强升殿听政，但也经常目光呆滞，精神恍惚。他的病情时好时坏，还有点周期性，岁末年初比较稳定，偶尔还去朝见太上皇，开春到秋末神志就基本不正常。理智清醒时，他还想做个明君，曾为自己能把陈亮由礼部奏名第三擢为第一而喜形于色。但昏政已司空见惯，蜀帅吴挺死了半年，他还固执地以为活着而不派新帅。绍熙二年岁末以后的两年半时间里，南宋王朝就是由这样一个精神病患者君临天下的。

光宗一年里犯混的时候多，那时他绝对不愿去朝见太上皇，孝宗不同意立嘉王的旧症结，使他疑虑与妄想父亲要废黜或加害自己。这事在臣下看来事关君德与孝道，于是近臣口敝舌焦的谏诤，外臣连篇累牍的奏疏，都劝谏光宗过宫朝见太上皇。有时，光宗在压力下，勉强答应某日过宫，届时侍卫仪仗全体出动，阖城百姓驻足翘首，他却出尔反尔，酿成一次次过宫风波。

绍熙五年初，太上皇逐渐病重，起居舍人彭龟年叩首苦谏过宫探病，额血渍红了龙墀，也没能感动他。从太上皇犯病到去世，他竟一次都没有去过北内。个别得睹"天颜"的大臣不敢说出病相，无缘得睹"天颜"的士庶军民却被光宗的所作所为所激怒。叶适建议宰相留正将光宗病状遍告群臣，免得不明真相的老百姓"轻议君父"，留正却以为人臣决没有对皇帝说"你有病"的道理，听任人心浮动，政局动荡。

六月，孝宗去世，光宗拒绝出面主丧。大丧无主，是前所未有的人伦大变，社会变乱随时可能发生。宰相留正与知枢密院事赵汝愚率群臣拉住光宗泣谏，衣裾为裂也无济于事，朝臣们都手足无措。

高宗皇后吴氏自高宗死后一直与太上皇孝宗同住重华宫，她年已八十岁，却能处变不惊，命宰执赴重华宫发丧。留正、赵汝愚请她以太皇太后之尊垂帘听政，她不愿背上女主干政的恶名，只同意代行祭奠礼，并向外宣布"皇帝有疾，可在南内服丧"，以遮掩朝廷体面，平息朝野义愤。

这种局面不能长久继续，留正便奏请立储，岂料光宗在这一问题上也出尔反尔，先是斥骂留正"储位一建就会取代我"；继而御批"历事岁久，念欲退闲"，却又不明确指示究竟立储还是禅让，让宰执无所适从。留正迷信自己流年不利，在一次上殿时扭伤了脚脖子，误以为不祥之兆，光宗给他的御批中又有语义含混的责备语，他便撇下了棘手的政局，乘上肩舆逃遁出城了。

这一消息更令朝臣都民惊骇惶恐。工部尚书赵彦逾以山陵使来向赵汝愚辞行，建议他当机立断，根据"念欲退闲"的御笔，出来主持大计，成就上天赋予的一段事业。汝愚被说得忘情，脱口道："是啊，几天前梦见孝宗授我汤鼎，背负白龙升天。"二赵计议已定，赵彦逾去做殿帅郭杲的工作，以取得宫禁卫队的支持，这是专制君主制下宫廷政变的关键。赵汝愚让知阁门事韩侂胄去打通太皇太后吴氏这一关，没有她的首肯就名不正言不顺。侂胄是名臣韩琦的曾孙，其母与吴氏是亲姊妹，其妻是吴氏的侄女。不过，侂胄平时也不能随便见吴氏，他托人传话，吴氏传谕汝愚"要耐烦"。但局面不容一拖再拖，汝愚让他再去提议内禅。侂胄进退无路，走了原重华宫领班内侍关礼的路子。关礼声泪俱下地向吴氏哭诉局势的严重，吴氏终于传谕汝愚，决策内禅。

次日，是孝宗大丧除服的日子。嘉王赵扩由王府直讲彭龟年陪同，在军队护卫下来到北内。赵汝愚则先命殿帅郭杲率卫士赴大内请来传国玉玺，自己与其他执政率群臣也来到北内孝宗灵柩前，向垂帘听政的太皇太后吴氏建议立储传位。

吴氏命赵汝愚宣布皇子嘉王即皇帝位，尊光宗为太上皇帝。嘉王听了，绕着殿柱逃避不止，连说"做不得"，吴氏大声喝令他站定，亲自取过黄袍给他穿上。

嘉王在韩侂胄、关礼的挟扶下侧坐在御座上，仍自言自语道："我无罪。恐负不孝之名。"汝愚早率群臣跪拜了新君，他就是宋宁宗。次日，吴氏撤帘还政。在她的主持下，南宋王朝度过了一次皇位传承的危机。

　　一场老皇帝缺席、新皇帝勉强的内禅礼终于收场。至于太上皇光宗，其后病情更重，清醒时，他不能原谅儿子夺了自己的皇位，拒绝见宁宗；恍惚时，他疯疯癫癫满宫禁乱跑，宫女内侍私下里都叫他疯皇。退位以后，他还活了六年，庆元六年（1206 年）去世。孝宗选他做继承人，完全是决策错误。他以精神病患者而君临天下达两年半之久，最后造成政局动荡而群臣一筹莫展，凡此都深刻揭示了君主专制的非理性。

　　高孝光宁四朝，内禅倒有三次，历史似乎一再重演。但比起绍兴、淳熙内禅来，绍熙内禅实际上是在迫不得已情势下的皇位更代，意味着其后的南宋王朝，连淳熙内禅那种表面的人君之德和升平之象都难以为继了。

六二

庆元党禁

宁宗被赶鸭子上架，他对留正临变脱逃印象太坏，改命赵汝愚为右相。据说，太祖曾把"同姓可封王不拜相"的家法载诸太庙，以防宗室之尊与相权之重相结合，构成对君权的威胁。汝愚以前，宋朝确实还没有宗室任相的先例。若仅为身谋，汝愚应该回避，但他有一种以天下为己任的责任心，认为朝中还有一批正直之士，可以共事而图治，便决定犯忌踏上危径。

朱熹入朝任经筵侍讲，当上了货真价实的帝王师。以赵汝愚为政治领袖，以朱熹为精神领袖，宁宗初政，倒也众贤盈庭，露出点治世气象来，以至人称"小元祐"。

赵汝愚有自信成就范仲淹、司马光那样的相业。在他建议下，绍熙五年（1194 年）岁末，宁宗下诏改明年为庆元元年，表明了宁宗君相对庆历元祐之治的无限向往。但具有讽刺意味的是，改元诏书颁布前四天，朱熹却被罢官出朝。庆历元祐梦还没就枕，庆元党禁倒因朱熹罢官而预先揭幕了。

这场统治集团内部的党争，以道学之禁为其主要内容和外在形式，把朋党之争和道学之争搅和在一起。朋党之争从北宋初年开始几乎没有消歇过，但与道学之争错综纠葛在一起，则集中在高、孝、光、宁时期（洛蜀朔党争即便有学说不同的因素在内，也只是新儒学内部不同派别的政见分歧，并未以道学与否划线）。早在孝宗朝，双方就有过道学真伪之争，孝宗虽然不喜欢空谈心性的道学之士，但没有让这场争论酿成党争。这一时期正是程朱理学骎骎乎由时尚之学向独尊之学迈进的时期，理学家及其依附者在官僚层中所占比例激增，有一种强烈的门户认同感，在自律甚严的同时，也责人颇苛。而那些被排在门户之外的士宦们，趁着理学尚未被独尊为官学，还有被议论指摘的可能性，便在朋争的同时，对政敌所主张的学说也一并攻击，以便从根本上摧毁政敌。因而在理学已成显学而未成官学之际，朋党之争往往以道学与非道学之争为其主要内容和外在形式，便绝非偶然。理宗以后以迄明清，因理学已定于一尊，尽管朋党之争仍是封建官僚制难治的痼疾，却与道学之争脱了钩。

绍熙内禅，实际上是一场宫廷政变。赵汝愚以首席执政的身份主其事，赵彦逾参加了最初的决策，外戚韩侂胄在内外朝之间穿针引线。据说，在定策内禅时汝愚曾许诺：事成，让侂胄建节，彦逾执政。这一说法并不可信，以汝愚个性而论，他不是言而无信、翻云覆雨的人，否则在党争中不会输得那么惨。

在宁宗推恩时，他对彦逾说："我辈宗室，不当言功。"对侂胄也说："我是宗室之臣，你是外戚之臣，怎可论功？"执政对于一个文臣，节度使对于一个武职官员，都是令人向往的诱惑，两人的失望可想而知。在汝愚看来，这是贯彻自己的为政原则。

史称汝愚为相，"尤重惜名器"，对跑官者一概不见，对门人避嫌不用。你可以说他不通权变，却不能不肯定他为人正直、为政忠廉。但人心吏风已非庆历所能比，招来的只是嗜进者的嫉恨怨望，促使他们在即将到来的党争中倒向韩侂胄。晚清魏源批评赵汝愚"忠有余而智不足"，失计在于以己律人，诚是确论。

沿袭文臣鄙视武职的心理定势，赵汝愚还颇有点瞧不起韩侂胄。知门使刘弼说起侂胄有定策功，汝愚马上驳回道："他又有什么大功！"刘弼与侂胄原来同知门，内禅定策时汝愚只找侂胄，他内心很不平衡，于是一转身便把这话搬给侂胄听。侂胄便决定与汝愚一决雌雄。

与汝愚相比，侂胄优势有二。其一，他是宁宗韩皇后的外族。历史上外戚篡位虽不少见，但在外戚与宗室之间选择时，君主往往认为对皇位的威胁，同姓宗室要比异姓外戚来得直接切近，多是亲外戚而忌宗室的。其二，侂胄知门事的职务，比起宰相来更有接近皇帝、交通内廷的便利，使他得以搬弄是非、窃弄威福。

怨望把韩侂胄与刘弼捆在了一起。侂胄问以对策，刘弼说："只有用台谏。"又问："怎样才能用台谏？"答道："御笔批出就是。"心计不多的韩侂胄顿然开悟，自此将御笔和台谏作为打击政敌的两件法宝。

宁宗即位以来好出御笔，彭龟年说他"有失为政之体，殆非初政之美"，但他置若罔闻，给侂胄留下了染指之便。台谏官何以在党争中能起至关重要的作用呢？因为对君主来说，台谏象征着公论，多予重视和采纳。对上至宰执大臣、下至一般臣僚，台谏都拥有监察弹劾权，而其主要制衡对象则是相权。按惯例，包括宰相在内的大小官吏，一旦知道自己被台谏论劾，就必须去位待罪。由于宋代台谏拥有议论弹劾的双重权力，在党争状态下，各方无论为了左右舆论，评断是非，还是为了排斥政敌，打击异己，都必须借重他们。

汝愚也深知台谏的重要性，动作却慢了一拍，坐视侂胄以御笔将其同党谢深甫提为御史中丞，刘德秀提为监察御史。谢、刘入台，侂胄便在对阵中布下了活眼，其党鱼贯而进，言路上都是侂胄的党羽。这是因为宋代台谏官享有独立言事权，不但不必通过台谏之长，还可以弹击台谏长官及其他言官。因此对党争的任何一方说来，关键在于抓住双方力量消长或君主倾向转变的有利契机，汲引及时而得当，一两个台谏便足以成为弹劾政敌、左右舆论的过河卒子，进而控扼整个言路。

援引台谏，初战告捷，韩侂胄又让京镗出任签书枢密院事。侂胄打算贬窜汝愚，苦于找不到借口，京镗建议："他是宗姓，诬以谋危社稷，就可一网打尽！"不久，这方面流言蜚语不胫而走。岁末，宁宗命赵彦逾出知建康府。执政梦断，彦逾殿辞时递上一张名单，说："老奴今去，不惜为陛下言，此皆汝愚之党。"彦逾与汝愚都是宗室，同为定策者，他的告发是很起作用的。

朱熹借经筵之便上疏论御笔之害，宁宗转发了这一奏疏。韩侂胄深感朱熹威胁之大，决定先下手为强。他让优伶刻了一个峨冠大袖的木偶像，在宁宗面前献演傀儡戏，仿效朱熹的举止形态讲说性理，引起宁宗对朱熹道学的厌恶感，接着乘机进谗说："朱熹迂阔不可用。"

闰十月，宁宗内批朱熹提举宫观，理由是"方此隆冬，恐难立讲"。赵汝愚把御笔袖还，宁宗认为汝愚为助朱熹而不行君命，怒气愈盛。侂胄怕夜长梦多，令内侍缄封了内批面交朱熹。朱熹知道宁宗已彻底转向，便黯然出了临安。这天离他入朝只有四十六天。

朱熹出朝激起了轩然大波，给事中楼钥、中书舍人陈傅良等甚至动用封驳权进行劝谏。宁宗说："我最初任命他的是经筵之职，现在他事事要过问。"看来朱熹在经筵讲学外，不时施加帝王师的影响匡正朝事，令他很不耐烦。

吏部侍郎彭龟年见韩侂胄用事之势已成，决心背水一战，向宁宗揭发侂胄，指望自己的学生皇帝作出取舍，以决君子小人消长之机。宁宗对汝愚表示，打算双方都罢免。汝愚建议让侂胄留在京城奉内祠，龟年依旧供职，他没能牺牲龟年来换取斥逐侂胄，坐失逐韩的良机。宁宗当场同意，后因侂胄活动，最终的内批却是侂胄与在京宫观，龟年出任地方。汝愚再见宁宗，请留龟年，已经泼水不进了。

自朱熹、彭龟年被罢，赵汝愚自知抱负成空，便递上辞相札子，宁宗还不打算罢汝愚的相。韩党加紧起用李沐为右正言，胡纮为监察御史，作为搏击汝愚的鹰犬。庆元元年（1195 年）二月，李沐把各种谣言编织成一篇弹劾状，请罢汝愚相位。

对流言蜚语，宁宗也颇有所闻：内禅前，汝愚说过"只立赵家一块肉便了"，言外之意立许国公赵抦也可以的；太学传言"郎君不令"，即嘉王不聪慧理想，故而太学生上书请尊汝愚为伯父；而受鼎负龙的梦境更被歪曲附会。如今一经煽动，宁宗便将汝愚罢相，出知福州，让他体面去位。

御史中丞谢深甫领着御史合台上言，说应该让赵汝愚奉祠省过。合台论劾是宋代台官加强言事分量的特定方式，宁宗便改命汝愚提举临安洞霄宫。至此，宁宗彻底倒向了韩侂胄。尽管双方首领一是外戚，一是宗室，但这次政争并不具有外戚集团与宗室集团斗争的性质。侂胄及其党羽并不代表后族的利益，他们也只是借着汝愚宗室大臣的特殊身份，作为打击的借口而已。

赵汝愚罢相反响激烈，拥赵反韩呼声之强烈，声势之浩大，为韩侂胄始料未及，他决定利用业已驱使如意的台谏和犹如囊中之物的内批，给反对者以打击。进行谏诤的朝臣接二连三被罢免或流放。

太府寺丞吕祖俭上封事直斥韩侂胄，警告宁宗："政权将归于倖门。"侂胄恚怒，于是有旨送韶州安置。经筵官楼钥借进讲吕公著奏议之机劝谏道："因言得罪的吕祖俭，就是他的后代。现在流放岭外，万一死了，圣朝就有杀言者的罪名。"宁宗懵懂问："祖俭所言何事？"原来不仅贬窜祖俭的诏旨御笔，宁宗全然不知，连封事都没到他手里。

但令人不解的是，宁宗知晓了此事，却既不纠正对吕祖俭的处理，又不追究韩侂胄的责任，除去庸弱无知，很难有开脱的理由。祖俭后来量移高安（今属江西）。庆元三年，在贬所去世。

尽管韩侂胄发出恫吓，但就在吕祖俭上书被贬的第四天，太学生杨宏中、周端朝、徐范、张道、林仲麟和蒋傅联名伏阙上书。上书递进后，如泥牛入海，太学生们就广散副本给各侍从台谏。侂胄恼怒地拟将他们窜逐岭南，最后宁宗下诏，以"妄乱上书，扇摇国事"将六名太学生各送五百里外编管。

封驳官缴还诏旨，以为"国家对上书言事的学生天覆海涵，从不加罪"，宁宗不听。侂胄党羽钱象祖新知临安府，连夜逮捕这些学生，派人强行押送贬所。新任右相余端礼在御榻前叩拜数十次，恳请宽待学生，这才改送太平州（今安徽当涂）编管。

自从靖康以后，国有大事，往往有太学生叩阍伏阙，犯死直言，虽一时被权奸所抑，却代表了公道人心。这次上书，学生的正气赢得了世人的钦敬，称之为"庆元六君子"。

庆元元年六月，刘德秀上疏，重提孝宗朝道学之争，希望宁宗"效法孝宗，考核真伪，以辨邪正"。奏章将孝宗以来思想学术上的所谓"真伪"之辨和目前党争中的所谓"邪正"之分拉扯在一起，为韩党肆无忌惮地排击异己提供了借口。

何澹这个在绍熙初政中见风使舵的老手，在丁忧三年后入朝任御史中丞，不断向韩侂胄摇尾乞怜，见刘德秀着了先鞭，便在七月上疏请禁道学。宁宗将这奏疏张榜朝堂。数日后，吏部郎官糜师旦再次奏请考核真伪，正式将刘德秀的建议付诸全面而具体的甄别运动。这次清洗，几乎网尽了赵汝愚、朱熹门下的所有知名之士。

刘德秀、何澹之流出于一己的利害恩怨，激成了伪学之禁。他们不但把自己，还把与他们沆瀣一气的士林败类最卑鄙肮脏的报复欲、名利心都鼓荡了起来，酿成了宋代党争史上最黑暗惨烈的一幕。而昏愦的宁宗完全被朝堂上来势汹汹的舆论所左右，认可了伪学之禁。

韩党深知如不远贬重谪汝愚，抗议便不会止歇。十一月，监察御史胡纮诬陷赵汝愚"自称裔出楚王元佐，乃正统所在；还准备挟持太上皇帝赴绍兴，称绍熙皇帝"。孝宗系出太祖，宁宗作为乃孙，对汝愚自称正统的谣言，不能不有所顾忌。宁宗即位时已有"恐负不孝之名"的心理，对汝愚欲使父亲复辟为绍熙皇帝之说，也不会没有猜嫌之心。于是，汝愚被贬永州（今湖南零陵）安置。

贬谪路上，赵汝愚有点病渴，大夫却误投以寒剂。舟过潇湘，风雪漫天，寒气表里交侵，便不能饮食了。年初，行至衡州（今湖南衡阳），州守钱鍪对他百般窘辱。正月十八日，赵汝愚服药暴卒，一说中毒身亡。

关于死因，《宋史·韩侂胄传》说："虑他日汝愚复用，密谕衡守钱鍪图之。汝愚抵衡，暴薨"，给人以钱鍪加害的印象。而《宋史·赵汝愚传》仅说："为守臣钱鍪所窘，暴薨。"但侂胄败死后刘光祖所撰汝愚墓志铭，未说其中毒。如确系遇害，光祖完全可借清算韩党的有利时机，要求追究凶手，毫无隐讳必要。故汝愚不是被害，因窘辱自杀的可能性则不能排除。

宋宁宗坐像（台北故宫博物院藏）

　　讣闻传来，人们不顾淫威，私相吊哭。大内宫墙和临安城门下，几乎每天都有匿名的悼念诗文张贴出来，多出自太学生之手。即便在政治高压下，民心向背总是评判是非正邪的最高标准。

　　赵汝愚执政才两年，入相仅六月，虽缺乏一流政治家应有的洞察能力和权变策略，但敢于担当，不顾祸福，使南宋安然渡过了一次君权嬗递的严重危机；他志在有为，立意改革，朝野人心还是能辨别出他与韩侂胄在从政为人上的根本差异，以为汝愚不死，国事或许不会像后来那么糟糕。

庆元二年，刘德秀要求将道学正式定为"伪学"，进一步将思想罪往政治罪上拉。这年开考，试卷只要稍涉义理就遭黜落，连《论语》《孟子》都成了不能引用的禁书。

太皇太后吴氏耳闻外朝的折腾，大不以为然。宁宗便下了一道"纠偏建正"的诏书："今后台谏论奏，不必更及旧事。"不料韩党强烈反弹，殊死抗辩，宁宗不得不追改为："不必专及旧事。"

赵汝愚已死，朱熹成为韩党进一步搏击邀功的对象。监察御史沈继祖列举了朱熹不忠不孝不仁不义不恭不谦六大罪状，还捏造了朱熹"诱引尼姑，以为宠妾"的桃色谣言，要求宁宗学孔子诛少正卯。于是，朱熹落职罢祠。

庆元三年，伪学之禁不断升级，韩党规定自今伪学之徒不得担任在京差遣，并清查近年来各科进士和太学优等生是否"伪学之党"。后来连官僚荐举、进士结保也都必须在有关文牍前填上"如是伪学，甘受朝典"的套话。

中国历代党争往往不局限在高层政界的小圈子内，占优势的一方总将其拉进思想之争的轨道，拉出高层小圈子。前者为证明自己在道义上的绝对正确，后者为让一般官僚、士大夫乃至平民百姓表态拥戴自己，孤立对手。于是，高层的党争总是带来整个社会的动荡不安。

韩党为政敌戴的帽子也不断加码，监察御史刘三杰鼓噪"前日伪党，今又变为逆党"，把思想政治上的分歧推上正逆之类的最高审判台，使政敌难逃诛心与诛身的双重判决。

这年十二月，韩党请置伪学之籍，名单很快编定，其后续有增补。计有宰执四人：赵汝愚、留正、周必大和王蔺；待制以上十三人，朱熹、陈傅良、彭龟年、楼钥等都在其中；其他官员三十一人，知名的有叶适、刘光祖、吕祖俭、杨简等；武臣有三人，太学生即庆元六君子，士人蔡元定、吕祖泰也榜上有名。名单是胡乱拼凑的，至少有三分之一的人与道学无关。以曾任宰执四人而言，留正、王蔺与道学了无瓜葛，周必大当时也并不视为道学家。因此，道学家并不是这张名单的共同点，而是这些人都曾经直接间接触怒过韩侂胄或其党徒。

"伪学逆党"名单的出笼既是庆元党禁的高潮，也是强弩之末的开始。其后一年间，双方都没有什么大动作。庆元六年春，朱熹在福建建阳去世，尽管党禁严酷，路近的学生也都来奔丧，路远的弟子则私相祭吊。葬礼定在当年冬季，韩党担心葬礼变为"伪党"的一次大示威。正在心惊肉跳的当口，这年秋天，布衣吕祖泰击登闻鼓上书宁宗请斩韩侂胄，使趋于沉寂的党禁波澜再起。

吕祖泰是祖俭的堂弟，祖俭上疏被贬，他前往贬所探视，归语友人："天下钳口，我必以言报国！"祖泰上书为"伪学逆党"辨诬，请斩侂胄及其党徒苏师旦，以周必大相代。韩党为了逼供出周必大是幕后指使者，将祖泰投入临安府大牢。

审讯时，知临安赵善坚威胁利诱，祖泰冷笑以对，即便受杖，他仍大喊："你是宗室，与大宋同休戚。我吕祖泰这是为谁家计安危而受杖辱啊！"祖泰最后被押赴钦州（今属广西）牢城拘管。

专制政体下，历代志士仁人都像吕祖泰这样慷慨从容地做过，但一旦到了志士仁人认定只有以血与死才能使统治者醒悟的时候，往往是血也白流，死也枉死，但他们仍是中国的脊梁。

祖泰上书被流放拘管，朱熹葬礼也没有酿出事变，党禁渐近尾声。有人提醒韩侂胄：再不开党禁，将来不免有报复之祸。侂胄颇有触动，对人说："这批人难道可以没有吃饭的地方吗？"台谏摸准了侂胄的心思，嘉泰二年（1202年），上奏宁宗说，"真伪已别，人心归正"；侂胄便正式建议宁宗弛伪学之禁。

于是，以赵汝愚平反为标志，党禁全面弛解。一大批列入"伪学逆党"的健在者，例如刘光祖、陈傅良等都复官自便，但复官制词中仍说汝愚"宗相当国，凶慝自用"，"一时士大夫逐臭附炎"，意在证明当初打击贬逐完全是正确必要的，这也是专制政权下当政者为受害者平反时屡验不爽的通例。

庆元党禁虽然解冻，但后果不容低估。其一，党禁的发动者使党争以道学之争的面貌出现，对政敌所主张的道德规范、价值观念，在歪曲丑化的前提下借政权力量予以全面声讨与彻底扫荡，而声讨与扫荡的正是士大夫长久以来藉以安身立命的东西。于是，一切是非都颠倒了，政风士风在庆元党禁前后有明显的转折。史称："绍熙之前，一时风俗之好尚，为士者喜言时政，为吏者喜立功名"；庆元党禁之后，"世俗毁方为圆，变真为佞，而流风之弊有不可胜言者矣！"

其二，暗弱无能的宁宗在党禁方兴之时一度支持韩侂胄，致使韩党占据上风，其后六七年间，他漠然无为，听任侂胄肆无忌惮地排斥政敌，专断朝政，走上了权臣之路。党禁虽然松动，侂胄的权臣之势却如日中天，不可摇撼。而侂胄擅权不过是南宋后期接踵而至的权相专政的开端，这也是庆元党禁滋长出来的毒瘤。

六三

开禧北伐

庆元党禁扫清了韩侂胄通向权臣之路，庆元、嘉泰的十年间，他建节、封王、拜太师，地位一路飙升，但这些都是荣衔，他的最高实职只是枢密都承旨。也许侂胄认为这样更能进退自如，既毫不妨碍大权在握，又能避免外戚干政的非议。他虽非宰相，但宰执以下，升黜在手。

韩侂胄专政后期，最信用的是陈自强与苏师旦。陈自强是侂胄的童子师，昏老庸谬，一无所长，却一路青云，嘉泰三年（1203 年）当上了右丞相。苏师旦原是平江书史，侂胄视为心腹，当上了知门事兼枢密都承旨，为所欲为。

党禁失尽了上下的人心，侂胄为保住既得权位而费尽心机，有人劝他立盖世功名借以自固。北伐金国，恢复故土，是南渡以来数代臣民难圆的梦，最显赫的奇功无过于此。在专制独裁政体下，出于转移政治视线的动机，以民族或统一的名义，贸然将国家与人民拖入一场"不度事势"的战争，在历史上并不少见。苏师旦等党徒窥测到侂胄的新意向，恢复的气氛很快炒热。宁宗模棱两可，既觉得用兵有点不太稳妥，又认为"恢复岂非美事"。

韩侂胄虽有自己的用心，但他决意北伐却触动了敏感的民族情结，赢得了相当的社会支持。他也罗致了一些人，吴猎被任命为京湖宣抚使，薛叔似担任京湖宣谕使，叶适出任权兵部侍郎，他们都是原来名列伪党的知名之士，陆游、辛弃疾也与侂胄有较多的往还。辛、陆等抗战派代表人物与侂胄接近，双方出发点与目的不同，却交汇在北伐抗金的同一点上。因而赞扬辛、陆的爱国主义，并不等于肯定开禧北伐及其发动者；指出韩侂胄的轻举妄动，也不必把辛、陆支持北伐视为政治污点。

从宋金双方的综合国力来看，开禧北伐纯属政治投机与军事冒险。金朝与宋宁宗同时在位的是金章宗,他的政绩宁宗根本无法比肩,史称其统治期间"治平日久,宇内小康"。南宋自个儿未有振起之形,却要去打"宇内小康"的金朝,其结局不言而喻。

但韩侂胄却决意打这场没有把握的仗。自嘉泰四年起,宋朝在边界东、中、西段不断制造小规模的军事挑衅。开禧元年(1205 年),金朝得到韩侂胄准备北侵的情报,便在河南新设宣抚司,以平章政事仆散揆为宣抚使开始备战。

韩侂胄加快了战争的步伐。开禧元年七月,他出任平章军国事,位在丞相之上,不久亲兼国用使。国用司是宋代非常设性总管财赋的机构,次年改为国用参计所,侂胄亲兼此职意在调动全国财赋支持北伐。随着北伐的迫近,他感到必须集大权于一身,既便于调度指挥,也藉以提高声望,以为号召。

后来有人指控他:举事北伐而"上不取裁于君父",说他有不臣之心。实际上,侂胄虽有无君之举,却无不臣之心,宁宗毫无主见,对他总是言听计从,他也专擅成了习惯,认为国事不必一一取裁于宁宗,反正御笔已是他的囊中物,不仅假作御笔升黜将帅是司空见惯,甚至密谕将帅出师之日,也擅借御笔来指挥。韩侂胄是权臣,却不是奸臣与逆臣,《宋史》将他列入《奸臣传》,显然有失公正。

北伐的宣传也在加温。嘉泰四年,追封岳飞为鄂王,为即将到来的北伐赢得了更广泛的舆论支持。开禧二年四月,北伐前夕,追夺秦桧所赠封的王爵,将其谥号由忠献改为谬丑,也是大快人心之举。不过,宣传仅仅是宣传,人心大快并不等于胜券在握。

这年三月,原先追随韩党的参知政事兼同知枢密院事钱象祖也以为北伐是冒险之举,侂胄斥责他"怀奸避事",连夺他两官,迁信州居住。时隔一月,武学生华岳叩阍上书,给用兵热大泼了一盆冷水。他在揭露韩党专擅弄权的倒行逆施以后,分析南宋方面"将帅庸愚,军民怨恨,马政不讲,骑士不熟,豪杰不出,英雄不收,馈粮不丰,形势不固,山砦不修,堡垒不设",天数与人事都不利于首开战端,断言北伐"师出无功,不战自败"。最后,他请斩韩侂胄与苏师旦,为验证自己对战局的判断,他情愿身系囹圄,如果韩侂胄奏凯班师,他甘愿枭首示众,以谢天下。侂胄盛怒之下,将华岳削去学籍,押送建宁(今福建建瓯)土牢监禁。其后,几乎没有人再敢公开非议北伐了。

北伐在开禧二年四月拉开战幕。东路统帅是两淮宣抚使邓友龙与山东京东路招抚使郭倪,这是北伐的主战场。湖北京西宣抚使薛叔似与京西北路招抚使赵淳、副使皇甫斌是中路统帅；四川宣抚使程松与四川宣抚副使兼陕西河东路招抚副使吴曦是西路统帅。

南宋方面不宣而战，东路军前锋毕再遇长驱直进，攻克了泗州（今江苏临淮东）。消息传来，韩侂胄以为恢复之期指日可待，五月，便让宁宗正式颁布伐金诏。金朝被迫作出反应，在南京（今河南开封）恢复河南行省，由平章政事兼左副元帅仆散揆全权负责对宋战争，东、中、西线分别由纥石烈执中、完颜匡和完颜充任方面之重。

战事的进展令南宋方面气短。中路统帅之一的皇甫斌唯恐落后，率军北攻唐州（治今河南唐河），被金军一举击溃；他再派步骑数万进攻蔡州（今河南汝南），又在溱水大败，损兵二万余人。侂胄大怒，将其安置南安军。

泗州大捷后，东路主帅郭倪派其弟郭倬进攻宿州（今安徽宿县），以田俊迈为先锋；同时命毕再遇率精骑直取徐州。田俊迈仅七天就兵临城下，郭倬大军也随即赶到，合围宿州。沿边忠义军奋勇肉搏登城，城下官军嫉妒功落人手，竟从下往上放冷箭，攻城便延滞了下来。

时值两淮雨季，宋军营帐积水数尺，金军又偷袭焚烧了宋军的粮饷，兼旬豪雨，加上饥饿，十天后宋军不战自溃，向东南败退，被金军围困在蕲县（今安徽宿州市东南）。郭倬乞和，金军以缚送勇将田俊迈为条件，他也照办。金军虽准其撤离，但还是剿杀俘虏了约半数的殿后宋军。多亏毕再遇率精骑扼守灵璧，才确保大军撤回泗州。宿州之役是北伐以来最严重的惨败，在东路主战场上，宋军已丧失进攻性作战的实力和可能。

西线主帅程松虽一度夺得方山原与和尚原等要隘，却仍被金军夺回。另一主帅吴曦两次进攻秦州（今甘肃天水），也都大败而返。侂胄这才明白他倚用的是一批怎么样的酒囊饭袋。继皇甫斌之后，邓友龙、郭倬等也先后受到居住或安置的处分，郭倬终因缚送田俊迈而被斩首。苏师旦以迎合用兵进拜为节度使，他招权纳贿卖将鬻帅的事也被揭露了出来，抄出金银财物数量之大令人咋舌，韩侂胄将其除名，安置韶州（今广东韶关）。

韩侂胄让江南东路安抚使丘崈出任两淮宣抚使，部署长江防线上的三衙诸军分守江淮军事要地。丘崈有些军事才能，也主张对金复仇，北伐前侂胄曾拉拢他共取功名，他反对贸然用兵，以为这是"侥幸以求万一"。如今北伐丧师，侂胄不得不起用他来收拾败局。

秋高马肥之时，金军在东、中、西三个战场转入战略进攻，两淮仍是主战场。纥石烈执中攻克淮阴以后猛攻淮东重镇楚州(今江苏淮安)，宋军拼死固守，毕再遇遣部夜袭淮阴，焚烧金营粮草，又多次袭扰进围楚州的金军，故而楚州久攻不下。仆散揆亲率行省大军进克安丰军（今安徽寿县），转攻六合。东线右翼金军由纥石烈子仁率领从滁州（今安徽滁县）一线攻至真州（治今江苏仪征）一带，与仆散揆大军会师，屯驻真、扬之间。十二月，真州失守，郭倪放弃扬州，渡江南逃，两淮州县几乎尽陷敌手，建康、镇江一苇可航。

中路金军直逼汉水，宋军统帅赵淳竟自焚樊城，龟缩襄阳。樊城既失，襄阳屏障尽撤。开禧三年大年初一，完颜匡向襄阳发起猛攻，南宋新任京湖宣抚使吴猎派骁将孟宗政驰援，才得解围。西路金军先后占领了军事重镇和尚原与川蜀门钥大散关。比起宋军北伐来，金军南侵倒是节节顺利的。

大散关近貌

就在大散关失守的十六天后，四川宣抚副使吴曦公开亮出叛旗，自称蜀王，向金称臣，更使南宋战争危局雪上加霜。

吴曦是吴挺之子，吴璘之孙。吴氏兄弟在川蜀抗战中建立了吴家军，吴玠死后，吴璘代领其军。由于四川在地理、财政上的相对独立性，绍兴年间第二次削兵权未对吴璘采取措施。吴璘死后，其子吴挺继任蜀帅。吴氏三世帅蜀，引起有识之士的忧虑。绍熙四年（1193 年），吴挺死后半年不置蜀帅，后因知枢密院事赵汝愚的建议，召吴曦入朝迁任殿前副都指挥，夺了吴家军世袭的兵权。吴曦总想回去当土皇帝，先走陈自强的门路，嘉泰元年终于被任命为兴州都统制兼知兴州。其后他向苏师旦纳贿，恰逢韩侂胄物色西线统帅，吴曦成了副帅。不过，他可从来没有把因巴结自己与侂胄套上近乎的主帅程松放在眼里。

吴曦任西线副主帅后，金朝把他列为策反的目标，送去了一封诱降书。吴曦即派密使赴金，表示只要封其为王，他就可以献出阶、成、和、凤（分别治今甘肃武都、成县、西和，陕西凤县）等关外四州。金朝没有立即作出反应，直到发起全面反击后，才决定接受吴曦的献降，指望藉此控制四川，令战局彻底改观。岁末，吴曦先后派人赴金营献上降表与告身，完颜纲命使者带上诏书与金印，至罝口（今四川略阳西北）立其为蜀王。

有部属劝吴曦说："如此，相公八十年忠孝门户将一朝扫地。"他答以主意已定，即派兵夺取设在益昌（今四川广元西南）的四川总领所仓库。他还致书驻兵兴元（今四川广元）的程松，命他知趣地离川。程松接函，竟置川蜀四路江山与人民于不顾，仓皇逃出三峡。开禧三年正月，吴曦正式在兴州（今陕西汉中）即位，继张邦昌、刘豫后当上了金国第三个儿皇帝。

利州东路安抚使杨甲募死士昼夜兼程赴临安告变，朝野为之震动。此前成都府路安抚使杨辅也曾密奏吴曦必反，当时韩侂胄还不相信。朝廷以为杨辅必能讨叛，密诏任命他为四川制置使，授权相机行事。不料吴曦根本不卖账，将杨辅移知遂宁，杨辅只得弃离成都而去。

与方面大员临阵脱逃成为鲜明对比，一些忠义之士暗中筹划讨叛义举。监兴州和江仓杨巨源联络了三百人，兴州中军正将李好义与其兄好古也串联了军士李贵等数十人。他俩接上头后，都感到须有一个素有威望的人出来主持，才不至于一乱刚平一变又起。他们认为吴曦召用的伪丞相长史、权行省事安丙是最合适的人选。

安丙原是随军转运使，吴曦叛变后，他以为枉死无益，表面接受伪职，暗地等待时机。经过一番策划，安丙命人起草了一份讨逆的"密诏"，声称来自杨辅，以此号召忠义之士。二月下旬的一个黎明，李好义率七十四个敢死之士突入伪蜀王宫，大呼："奉密诏诛反贼，违抗者灭其族！"吴曦僭位仅四十一日即被诛杀。

吴曦之叛是韩侂胄用人失误造成的一次浩劫，直到吴曦被诛的露布送达临安，侂胄才放下了心头的巨石，即日拜安丙为四川宣抚副使兼知兴州。这次平叛，杨巨源、李好义首倡之功最大，但安丙却在奏报中将首功据为己有。

其后，安丙忌功妒能，先是坐视吴曦余党毒死李好义而不加追究，继而指使亲信杀害杨巨源而诬以谋乱自刎。蜀中忠义之士无不扼腕流涕，义愤填膺，一时再次人心汹汹。安丙上章自求免职，朝廷怕把他逼上吴曦叛乱的老路，保留了他宣抚副使的要职。

吴曦之死，对金朝战略反攻是沉重的打击。仆散揆在战略反击占据优势后，适时放出了和谈的气球。韩侂胄得到消息，正愁议和无门，便派出使者进行接触。金方开出的条件是南宋须称臣割地，献首祸之臣韩侂胄。韩侂胄当然不会接受这一条件，便中断和谈。丘崈建议继续与金朝议和，侂胄一怒之下罢免了他，改命知枢密院事张岩代领其职，准备与金朝打下去。

开禧三年正月，金方统帅仆散揆病死，左丞相宗浩接替其位，宣称将亲率大军攻打襄阳。韩侂胄大为恐慌，命张岩招募议和使臣，重开与金和谈。弱国无外交，谁都不愿意揽这一差使，好不容易起用了萧山县丞方信孺。

宗浩责问他：为何前日兴兵今日求和？他不卑不亢回答："前日兴兵复仇为社稷，今日屈己求和为生灵。"宗浩不得不折服于他的辩才，让他带回五款议和条件：割地、称臣、归战俘、罪首谋、增岁币。南宋方面不同意前二款，表示可以接受后三款，当然，首谋是以苏师旦、邓友龙和皇甫斌来顶缸。信孺再使金营，双方距离太大，和谈陷入僵局。

信孺往返折冲，据理力争，宗浩沾不到便宜，下令将他关押起来。但信孺毫不畏惧地表示："拘禁金国是死，辱没使命也是死，还不如死在这里！"宗浩无奈，只得放他南归复命。他向韩侂胄转达金方议和条件，说到第五条时语气支吾，在侂胄追问下，才慢悠悠说出："欲得太师头！"韩侂胄恼羞成怒，连夺信孺三官，把这位当时最出色机辩的外交使节贬到临江军居住。他恼恚地决定"有以国毙"，即把整个国家捆绑在战车上同归于尽。这一不负责任的决策，自然引起了广泛的不安。反战派开始结成了联盟,代表人物是杨皇后与史弥远。

先说杨皇后。庆元六年（1200 年），韩皇后去世，作为其曾叔祖的韩侂胄自然少了倚恃。当时在宁宗的嫔妃中，杨贵妃与曹美人俱受宠爱，宁宗久久拿不定主意让谁入主中宫。侂胄见杨氏为人机警而颇任权术，有点忌惮她，建议宁宗立柔顺易制的曹美人为皇后，同时竭力隔绝杨贵妃与外朝的通籍往来。杨贵妃知道底细后，对侂胄衔恨在心而不露声色。嘉泰二年，杨氏略施心计，击败了曹美人，被宁宗册立为皇后。对开禧北伐，她从一开始就以为失之轻率，但宁宗没有重视她的意见。

史弥远是孝宗朝名臣史浩之子，时任礼部侍郎，兼任宁宗皇子赵曮的老师，官衔是资善堂翊善。赵曮为燕王德昭的十世孙，宁宗生了好几个儿子都先后夭折，才立他为皇子的。翊善之职有利于史弥远通过皇子传达内外朝的消息与动向。他是主张议和的，而当时欲议和，非除去韩侂胄不可。要把这事搞定，以他礼部侍郎的地位还差一截，必须借助地位更高的同盟者。开禧三年四月，被韩侂胄罢免的钱象祖再次入朝担任参知政事。无法确证这是史弥远通过皇子向宁宗建议的结果，即便与其无关，他也肯定欢迎钱象祖东山再起。

史弥远力陈局势的危急，由皇子转身搬给宁宗听，还建议罢黜韩侂胄。宁宗不表态，离开了这一权臣，他感到失去依靠。皇子在杨皇后鼓动下瞅机会再向宁宗进言，杨皇后也在一旁附和，宁宗仍是一言不发。她担心宁宗会向侂胄出卖原告，侂胄毕竟大权在握，若要反击，还是易如反掌的。于是，杨皇后决定找一个堪当大任的朝臣联手搞掉韩侂胄。他让其兄杨次山物色人选，次山找到了史弥远。

十一月，史弥远接到杨皇后指命，分别与参知政事钱象祖、礼部侍郎卫泾、著作郎王居安和前右司郎官张镃串联密谋。张镃是绍兴大将张俊后人，主张干掉侂胄以绝后患。杨皇后以宁宗名义颁御笔给史弥远与钱象祖：“韩侂胄已与在外宫观，日下出国门。殿前司差兵士防护，不许疏失。”钱象祖当夜找到了权主管殿前司公事夏震，出示了御笔，让他选派士兵诛杀韩侂胄。夏震在这场政变中的地位作用，与绍熙内禅时郭杲相似，两人都位居殿帅之职。

次晨，夏震派出的部将夏挺率兵士将韩侂胄在上朝途中截获，挟持至玉津园夹墙甬道中用铁鞭击杀。大约就在对侂胄采取行动之时，杨皇后才向宁宗透露了消息，宁宗立即批示殿前司追回韩太师，杨皇后以死相威胁，向宁宗哭诉侂胄杀两国百万生灵，还要废掉自己与皇子，宁宗这才作罢。

以史弥远为首的政变派之所以必置韩侂胄于死地，是要以侂胄之死作为向金求和的筹码。就在侂胄被杀的当天，钱象祖就将这一消息移牒金国河南行省。政变前派往金朝的王柟继续承担议和使命，他是绍兴和议时宋使王伦的孙子。金朝收到南宋诛韩的牒报，看出对手的软弱退让，便向王柟重申议和五款条件，强调必须以韩侂胄的头颅赎回淮南之地。

嘉定元年（1208 年）初，王柟回朝转达了金朝函首的要求，宁宗御批"未欲轻从"。其后，二府宰执有过一次详议，侍从、两省、台谏官也有过一次集议，尽管有人指出送交头颅的做法有辱国体，但迫于所谓公论，宁宗无原则地放弃了自己的初衷，同意将韩侂胄枭首函送金朝。金章宗在京城举行了献受首函的庆祝仪式，将韩侂胄与苏师旦两颗头颅高悬在旗杆之上示众。

这年九月，宋金嘉定和议终于达成，主要条款为：宋帝与金帝的称呼由侄叔改为侄伯；宋向金所纳岁币由二十万两匹增至三十万两匹，另致金国犒军银三百万两；宋金边界维持战前原状；宋向金函送韩侂胄、苏师旦首级。嘉定和议虽免去了称臣割地的难堪，但在双方关系与岁币数额上却比隆兴和议倒退了一大步，而函首乞和更是一个主权国家的奇耻大辱。

从民族感情而言，开禧北伐是顺应人心，有其社会基础的。其所以失败，固然有韩侂胄方面的种种因素，例如准备不足，措置乖张，用人失当等等。但更深刻的原因却是：金人入主中原以后，双方"时移日久，人情习故"，与南宋在政治地缘上形成了一种势均力敌的抗衡态势，虽然交手时还有上下手之分，但谁也吃不掉谁。

回顾完颜亮南侵的失败、隆兴北伐的失利与开禧北伐的结局，不论率先发动的是哪一方，从来都没能如愿以偿过。其中虽有偶然因素的作用，却也深刻表明绍兴和议后宋金对峙是一种稳定的地缘政治的产物。如果没有双方国力的明显消长，或者外来力量的强力干预，平衡态势绝非那么容易打破的。

后人颇有为开禧北伐与韩侂胄抱不平者，实际上也大可不必。早就有人说，高宗朝有恢复之臣而无恢复之君，孝宗朝有恢复之君而无恢复之臣。照此而论，宁宗朝既无恢复之臣又无恢复之君。宁宗之为君，韩侂胄之为相，岂是用兵之时？宁宗事后评论道："恢复岂非美事，但不量力尔！"开禧时南宋的综合国力明显不及隆兴之际，这场"不量力"的北伐，其失利也是无可避免的。

六四

史弥远专政

在诛杀韩侂胄以后，宁宗改明年为嘉定元年（1208 年），声称要革除韩侂胄的弊政，为赵宋基业"作家活"。史家把嘉定初年的政治举措称之为"嘉定更化"。"首开言路，以来忠谠"是宁宗更化的第一个措施，他再次表现出"人所难言，朕皆乐听"的诚意，但也只是听听而已。改正韩侂胄专政时期的国史记载，也是更化内容之一。在政局大更迭以后，新上台的统治者注重历史的改写，倒也是由来已久的传统。

当然还有清洗韩党，陈自强、邓友龙、郭倪、张岩、程松等都贬窜到远恶州军，除名抄家的也大有人在。但清洗却走向了极端，凡是赞同过北伐恢复的都被视为韩党。叶适被夺职奉祠达十三年之久，陆游也以"党韩改节"的罪名被撸去了职名。

平反昭雪与清理韩党是同步进行的。赵汝愚尽复原官，增谥忠定，算是充分肯定他在绍熙内禅中的忠诚与功绩。朱熹被赐予文臣最高荣誉的一字谥，称为朱文公。吕祖俭、吕祖泰与庆元六君子也分别有所表彰。

宁宗对继承人也作了安排。诛韩不久，就立皇子赵曦为皇太子。赵抦已在开禧二年去世，追封沂王。他曾以早慧被孝宗看好，绍熙内禅时，太皇太后吴氏当着宁宗面对赵抦许诺"他做了，你再做"。如今这一安排虽已失去意义，但沂王绝后，宁宗便取宗室之子入嗣沂王，赐名贵和，算是一种交代。这些就是所谓嘉定更化值得一提的地方。

但宁宗在用人为政上依旧懵懂颟顸，右司谏王居安进言道："用人稍误，是一侂胄死，一侂胄生。"王居安曾参与政变，后任谏官，成为政变派论劾韩党的急先锋。但他的话触着了钱象祖、史弥远的痛处，立即被免去谏官之职。

对嘉定更化随着时间的推移，人们都失望地说："有更化之名，无更化之实。"

到嘉定元年上半年，政变集团骨干已成鼎足之势：右丞相兼枢密使钱象祖、知枢密院事史弥远与参知政事卫泾。政变时，卫泾位居礼部尚书，是礼部侍郎史弥远的顶头上司，也许他对这位下属太了解，有记载说他诛韩以后"又欲去史"。皇太子把这一动向告诉了史弥远，史弥远让他在宁宗面前说卫泾的坏话，同时拉拢钱象祖。钱象祖忘了螳螂捕蝉黄雀在后的古训，在大庭广众之中把卫泾送韩侂胄螺钿髹器的事抖了出来："我还以为他一世人望呢！"

史弥远与御史中丞章良能也做了一笔交易。六月，章良能不顾与卫泾的老关系，上章弹劾了他，同时面交弹章副本，逼着卫泾自求罢政。七月，史弥远兼参知政事，十月，在钱象祖升为左相的同时，他进拜为右相兼枢密使，宁宗已像过去信任侂胄那样倚信于他。

拜相仅月余，史弥远就遭母丧，按例必须辞相守制，这样就会出现钱象祖独相的局面。令人蹊跷的是，十天后钱象祖竟被论劾出朝。政变以后，他的权位始终压史弥远一头，但地位却不稳固。在二相勾心斗角中，御史中丞章良能仍站在了史弥远一边。只要把钱象祖在党禁时逮捕庆元六君子的劣迹抖落出来，就会被清议所不齿，何况人们对他在嘉泰年间趋附韩侂胄的丑事还记忆犹新。钱象祖罢相两个月后，章良能同知枢密院事，当上了执政，这是对他弹击卫泾与钱象祖的酬报。

在权力角逐中，史弥远抓住了杨皇后与皇太子。他已在政变中取得了杨皇后的信任，至于太子更是他调教出来的学生，宁宗理政时让他在一旁"侍立"，说话很管用。弥远归里守丧第五天，在皇太子建议下，宁宗在行在赐弥远一座第宅，命他就第持服，以便随时谘访。史弥远故作姿态，仍在鄞县老家守制。

次年五月，宁宗派内侍去请他回临安，就在这时发生了忠义军统制罗日愿的未遂政变。罗日愿曾支持北伐，尤其不满史弥远乞和弄权的行径，便联络了部分军将、士兵、士人、府学生、归正人与内侍，准备在他渡钱塘江回临安那天捕杀他，劫持宁宗升朝，任命新的宰执班子。不料有人告变，罗日愿等悉数被捕。

首席执政雷孝友对宁宗说自己能薄望轻，不足镇服奸慝，宁宗遂敦促史弥远起复。弥远担心守制两年，局面难料，也就顾不得儒家名教与朝野清议，重新做起了宰相。起复第三天，史弥远就指政变者为韩党，罗日愿凌迟处斩，其他人多处以各种死刑。弥远起复，标志着有名无实的嘉定更化的结束，史弥远专政时代的开始。

起复以后，史弥远继续在平反"伪党"、起用"党人"上博取人心，取悦清议。他任用了黄度、楼钥、杨简等著名党人，还招来了真德秀、魏了翁等知名之士。群贤点缀朝廷，一时人以为小庆历、元祐，这正是弥远老谋深算之处。实际上，他追逐的只是自己的绝对权力。

首先，史弥远独揽相权，破坏既定的宰执制度。宋代宰执制度的最大特点就是分割相权，虽有宰相兼枢密使的情况，但都是应付战争局面的特例。史称开禧以后"宰臣兼使，遂为永制"，是指钱象祖以右相兼枢密使，但这或出于诛韩形势的特殊需要。其后钱、史并相，俱兼枢使，不久象祖罢相，弥远丁忧，但他嘉定二年起复以后，前后在宁、理两朝独相达二十五年之久（秦桧独相也不过十七年），始终并长二府，大权独揽。可以说，从史弥远开始，宰相兼使才成定制，这对南宋后期皇权一蹶不振、权臣递相专政的局面以直接的恶劣影响。在独相局面下，史弥远尽选些便于控制的人备位执政，作为摆设。从嘉定六七年起，他专政之势已成，就经常"决事于房闼，操权于床笫"，破坏了宰执合堂共议的政事堂制度，最高行政权沦为其囊中之物。

其次，史弥远独攫官吏任命大权，培植个人势力。宋代朝官以上的任命例由宰执注拟，经皇帝同意才能正式除授。史弥远只把任命结果告诉给宁宗，从来不取旨奏禀。宋代京官和选人的除授权在吏部，号称吏部四选；唯有特殊勋劳者可由政事堂直接注拟差遣，所得差遣较吏部选为快为优，号称堂除。史弥远以堂除名义把吏部选的美差都揽了过来。这样，他就以官职差遣为诱饵，呼朋引类，结党营私。有一次相府开筵，杂剧助兴，一艺人扮士人念开场白："满朝朱紫贵，尽是读书人"，另一角色打断道："非也，尽是四明人"，讽刺史弥远援引同乡，网罗党羽。

再次，史弥远操纵台谏，控制言路。这是宋代权相专政不可或缺的先决条件。弥远曾以共同执政为筹码拉拢谏议大夫傅伯成，示意他弹劾某人，不料遭到拒绝。碰此钉子后，他引用台谏必先期会见，酒肴招待，条件谈妥，然后任命，确保台谏俯首效力。尽管如此，他还不放心，便在弹章谏草上大做手脚。台谏论事前，先把副封（即草稿或副本）呈送给他过目，是则听之，否则易之。还嫌麻烦，干脆从相府直接付出言章全文让台谏使用。这样，史弥远既杜绝了言路抨击他专断朝政的可能，又让台谏成为他搏击异己的鹰犬。

嘉定政治，说到底就是史弥远专政。所有人才进退，政事行否，天下人都知道这是史丞相的意思，以至朝野"皆言相不言君"。而宁宗也习惯了在权臣的鼻息下做他木雕泥菩萨似的傀儡皇帝，无所作为而"垂拱仰成"。

尽管如此，还是有人对史弥远专政进行了抗争。当年上书请斩韩侂胄的武学生华岳，诛韩以后登第为武学进士，担任殿前司同正将。他目睹史弥远对外苟安乞和，对内擅权专政，曾上书宁宗，大忤史弥远。

听说华岳要除掉自己，史弥远立即将其逮捕，判以斩罪。宋代实行死刑复奏制，宁宗对华岳记忆犹在，关照将其发配海南，意在免其一死。史弥远阴黠地说："如此，则与减一等。"宁宗误以为减一等就是流配，表示同意，而实际上斩罪减一等是杖杀。弥远上下其手，活活杖死了这位"倜傥似陈亮"的英才。

嘉定十三年（1220年），皇太子赵曮去世，宁宗仍膝下无子，不得不再次考虑国本大计。次年四月，宁宗选十五岁以上的太祖十世孙入宫学习，意在遴选合适的皇位继承人，其中以早已入嗣沂王之后的贵和呼声最高。弥远不希望贵和入选，因为他对自己专权流露出反感，便物色了另一位太祖十世孙赵与莒。六月，宁宗立贵和为皇子，改名赵竑。史弥远知道这是宁宗对国本的安排，不便公开反对，就提议应再为无嗣的沂王立后，并把赵与莒推荐了上去。宁宗采纳了这一建议，将其改名贵诚。

次年，赵竑进封济国公，娶了太皇太后吴氏的侄孙女为夫人。这桩婚事应是杨皇后的意思，她对吴氏是感恩戴德的。史弥远知道皇子喜欢弹琴，送上一名擅长琴艺的美人做眼线。皇子缺乏心机，不知韬晦，对这位美人十分宠昵，当着她的面大骂史弥远，还说将来一定要将他发配到海南四州去。

由于溺爱那位美人，皇子冷落了吴氏夫人，她便到杨皇后面前数落皇子的不是。杨皇后特赐水晶双莲花，命皇子为夫人戴上，以为调解。但数日后两人再起口角，皇子一怒碰碎了那朵双莲花，吴氏又去哭诉，杨皇后自然不高兴。

而史弥远接到那美人的密报，处心积虑不让皇子登上皇位。他让自己的同乡与亲信国子学录郑清之兼任沂王府学教授，精心辅导与调教贵诚。不久，关于贵诚出生时的种种吉兆在宫廷内外不胫而走。

嘉定十七年闰八月，宁宗临死前夕，史弥远加紧了废立的步伐。他先让郑清之通知贵诚作好即位的准备，然后把两府执政与专司草诏之职的翰林学士隔在宫外，另召直学士院程珌入宫，许诺事成以后引为执政，与郑清之一夜连草矫诏二十五道。

其中与废立关系最大的有三道矫诏。其一，改立贵诚为皇子，赐名赵昀；其二，进封皇子赵昀为武泰军节度使，成国公。这两道诏书使贵诚地位与赵竑不分伯仲。政变成功后，史弥远指使史官将这两道诏书的日期前移四日，造成贵诚立为皇子完全是宁宗决策的假象。第三道诏书是进封皇子赵竑为济阳郡王，出判宁国府。

夜漏未尽，宁宗驾崩。史弥远一方面立即派人宣召贵诚进宫，一方面找到杨皇后的侄子杨谷、杨石，渲染了皇子赵竑对杨皇后干政的反感，让他们去说服杨皇后同意废皇子而立皇侄。杨皇后虽对赵竑没有好感，但不赞成废立。

杨氏兄弟七次往来于史弥远与杨皇后之间，最后哭诉道："如不同意，必生祸变，杨氏一门恐无遗类！"杨皇后知道史弥远的手段，这才不得不向废立

东钱湖史氏家族墓葬群
在今宁波鄞州的史弥远堂叔史渐墓道及石刻在史氏墓葬群中保存较为完好。

阴谋屈服，引见了史弥远与赵昀。在开禧诛韩时，史弥远不过是杨皇后借重的搭档，而嘉定废立中，杨皇后反成为史弥远利用的配角。

一切安排停当，这才宣赵竑入宫，与百官立班听宣遗诏："皇子成国公赵昀即皇帝位。尊皇后为皇太后，垂帘同听政。"赵竑坚决不肯跪拜新皇帝，硬被殿帅夏震按下了头。接着以杨皇后名义，宣布史弥远预先拟好的第三道诏书：皇子赵竑进封济阳郡王，出判宁国府。新即位的皇帝就是宋理宗。数日后，赵竑改封济王，赐第湖州，被监管了起来。

对史弥远的废立，朝野不少人感到义愤不平。济王被监管以后，湖州人潘壬、潘丙兄弟联络了太湖渔民和湖州巡卒密谋拥立济王，他们派堂兄潘甫到淮北争取李全的支持。李全是一个翻云覆雨之人，后面还要专门细说他。他玩了个空袋背米的花招，表面约好日期进兵接援，届时却背信爽约。

潘壬兄弟只得仓促起事，装束成李全"忠义军"的模样，夜入州城找到济王，硬把黄袍加在济王身上，跪拜如仪。济王号泣不从，潘壬等以武力胁迫。济王只得与他们相约不得伤害杨太后与理宗，这才即位。夜色中，起事者以李全的名义揭榜州门，声讨史弥远私自废立罪，号称将领兵二十万水陆并进。连知湖州事谢周卿也率当地官员入贺新皇帝登基。

天色熹明，济王见拥戴他的都是些渔民与巡卒，知道乌合之众其事难成，就派人向朝廷告变，并亲率州兵讨叛。待史弥远派出的大军赶到湖州时，起事者已被济王讨平。潘丙、潘甫当场被杀死，潘壬逃到楚州被捕，押回临安处斩。

湖州之变（因霅川流经湖州，故也称霅川之变），是民众对史弥远专政的一种抗议，也表明只要济王存在就有相当大的号召力。因而尽管济王不是主谋，而且告变平乱有功，史弥远也决心斩草除根。

不久，史弥远派亲信余天锡（一说秦天锡）到湖州，说是奉谕给济王治病，暗地却胁逼济王自缢身死，并杀死其子，对外宣布病故。为平息朝野非议，理宗追赠济王为少师。但不久史弥远就指使爪牙上奏，理宗收回成命，追夺其王爵，追贬为巴陵县公。

这种处理，激起了不少正直之士的愤慨，真德秀、魏了翁和胡梦昱等朝臣不顾罢官流放，接二连三为济王鸣冤叫屈，胡梦昱还因此贬死。但在处理济王问题上，理宗只得与史弥远沆瀣一气，因为否定了史弥远，也就动摇了自己继统的合法性，所以终理宗之世没有为济王平反昭雪。理宗与史弥远既已结成一荣俱荣，一损俱损的关系，史弥远也就获取了比宁宗朝更大的擅权资本。

理宗已经二十岁，之所以还要杨皇后垂帘听政，一是理宗出身宗室远族，此举有助于加强其继统的合法性；二是史弥远有意将杨皇后推在第一线，以遮掩与缓冲其擅自废立的罪责，对付可能出现的政局动荡。但理宗已年非幼冲，女主垂帘显然不合赵宋家法。史弥远对湖州之变的阴狠处理，也让杨皇后不敢恋栈贪权。宝庆元年（1225 年）四月，她主动撤帘还政。

理宗由史弥远一手扶上皇位，在朝中也没有根基，尽管杨皇后已还政给他，他还得看史弥远的脸色行事。直到绍定六年（1233 年）史弥远去世，理宗在权相专政下，"渊默十年无为"，其目的显然是韬光养晦，保全皇位与性命。从这点看来，理宗还是很有心计的。

宝庆绍定年间，史弥远的心腹党羽遍布朝廷，执政有郑清之、薛极、袁韶等，台谏官有李知孝、莫泽、梁成大等，地方制帅有史嵩之、许国、胡榘、赵善湘等，还有知临安府余天锡等。他最信用的是世人所咬牙切齿的"三凶"和"四木"。"四木"是指名字中都含有"木"字的薛极、胡榘、聂子述和赵汝述。"三凶"是指担任台谏官的李知孝、莫泽、梁成大，他们是史弥远的忠实鹰犬，搏击政敌不遗余力。太学生们愤慨地为梁成大的名字加上一点，直呼其为"梁成犬"。

绍定六年，史弥远病重，但仍控制着朝政大权，并越级提拔史氏家族成员到要害职位上，其侄史嵩之数月之内由大理少卿升为京湖安抚制置使。有朝臣上书指斥史弥远专政误国，理宗仍恩宠不衰，先后晋封他为太师、会稽郡王。史弥远死后，理宗追封其为卫王，赐谥忠献，还不许朝臣揭露其过失，公开宣布："姑置卫王事。"

史弥远专政的年代比秦桧长，擅权的程度超过韩侂胄，但在其生前，公开反对者远比秦、韩为少；在其身后，他也没有如秦、韩那样打入《奸臣传》。究其原因，在于他继秦、韩以后，把权相专政的手法发展到炉火纯青的地步。他不仅不像侂胄那样赤裸裸，而且比秦桧更狡黠阴鸷，在编织专政的权力网，使城狐社鼠布满中外的同时，还擅以爵禄笼络天下之士，"外示涵洪而阴掩其迹，内用牢笼而微见其机"。残害善类的事，他都交给台谏爪牙去干，肆毒程度也较秦、韩为轻，大都做得不落痕迹。

史弥远专政二十五年，对内以巩固权势、对外以苟且偷安为其执政的根本宗旨。统治集团根本不去主动提升自身的综合国力与应变能力，而是苟且偷安、醉生梦死，将国家命运完全押在一纸和议上，对风云变幻的中原大变局消极被动，不思作为。

及至史弥远死后，人们才发现，比起韩侂胄来，史弥远的流毒更深、为害更烈。有人打比方说：韩侂胄专政，"天下之势，如人少壮而得疾，其疗之也易为功"；史弥远专政二十五年，"天下之势，如人垂老而得疾，故其疗之也难为功"。韩侂胄与史弥远前后折腾了近四十年,南宋后期的衰颓走势已不可逆转。

六五

金章宗与卫绍王

  金章宗完颜璟，女真名麻达葛，他的父亲允恭被世宗立为太子，大定二十五年（1185年）先于世宗去世，他在当年就被世宗立为皇太孙，确定为皇位的继承人。大定二十八年岁末，世宗病重，就预作安排，让他摄政行事；同时命徒单克宁为太尉兼尚书令，把扶立新君的大事托付给这位重臣。次年正月初二，世宗在迎春爆竹声中去世，徒单克宁等宣遗诏立其为帝，是即金章宗。

  金章宗自幼接受女真文化和汉文化的良好教育。他被封为王时，能以女真语入谢，令坚持女真传统的世宗着实感动。但他又是金朝诸帝中受汉化最深的君主，女真族的汉化也最终在章宗朝宣告完成。在这一方面，他起了多方面的作用。

  其一，尊崇孔子。他即位次年，就修缮曲阜孔子庙学，碧瓦廊庑，雕龙石柱，极尽壮观；还下诏全国州县各建孔庙，避孔子名讳。孔子在金朝所受尊崇已与宋朝相同。

  其二，完善科举。即位当年，章宗就增设经童科。明昌初，章宗增设制举宏词科，以待非常之士，金朝科举至此诸科齐备。故而史称：世宗、章宗之世，儒风大变，学校日盛，士人由科举而位列宰相者前后相望。

  其三，健全礼制。世宗时分别命官员参考唐宋沿革，议定礼乐，章宗初修成《金纂修杂录》四百余卷。明昌六年（1195年），又编成《大金仪礼》，史称"大定、明昌其礼浸备"。与此同时，金朝开始祭祀三皇五帝和禹汤文武，表明其继承汉族王统。

  其四，修备法典。史称"明昌之世，律义敕条并修，品式浸备"。明昌年间，编成《明昌律义》，另编榷货、边部、权宜等敕条。泰和元年（1201年），又

金章宗文物鉴赏印
左为"明昌御览"，右为"明昌宝玩"。

修成《泰和律》，这是金朝最称完备的法典。

章宗在完备汉制方面所颁布的措施，是女真族汉化的总结，在金朝女真封建化过程中具有积极意义。章宗禁止称女真人为"番"，本人也宛然汉家天子。他雅好汉族士人的书画作品，学得一手宋徽宗的瘦金体。他还设立书画院，命应奉翰林文字、汉人王庭筠任都监，为他鉴定王羲之、顾恺之的书画。章宗对汉文诗词有精深的修养，有句云："三十六宫帘尽卷，东风无处不扬花。"诗风虽纤弱，却是有意境的佳句。

在社会经济上，章宗也是女真封建化的最后完成者。他在这一方面的举动有三。

其一，废除奴隶制度。世宗时期，只是局部解放奴隶。章宗即位当年，将宫籍监户原系奴婢者放为良人，解放了女真奴隶；原寺院僧道控制的契丹奴婢也悉放为良。明昌二年，更定奴诱良人法，以法律形式确认废止奴隶制和禁止诱良为奴的成果。

其二，限制女真特权。章宗先后制定了有关猛安谋克的一系列规定，例如，镇边以后放免授官格、军前怠慢罢世袭格、斗殴杀人遇赦免死罢世袭格、放老入除格、承袭程式格等等，在维护猛安谋克权益的外表下，通过法制规定在实际上削弱或废除猛安谋克女真户的特权。

其三，保护封建农业。明昌三年，章宗规定猛安谋克只能在冬季率属户畋猎两次，每出不过十日，此举改变了女真猛安谋克圈占猎地习武的习惯。次年，他下令将行宫禁地和围猎场所尽予民耕种。这些措施显然都是有利于封建农业经济发展的。

其四，允许蕃汉通婚。明昌二年，章宗同意尚书省建议，认为女真猛安谋克屯田户与当地汉户"若令递相婚姻，实国家长久安宁之计"。泰和六年，他下诏准许屯田军户与驻地居民互相通婚。通过通婚的纽带，女真民族加速了与中原汉族的融合。

章宗明昌、承安年间，是金朝社会经济的鼎盛时期。全国户口数在泰和七年达到金朝历史上的峰值：7684438 户，45816079 口。税收也在章宗时期达到金史上的最高数字。故《金史·章宗纪》赞曰："章宗在位二十年，承世宗治平日久，宇内小康，乃正礼乐，修刑法，定官制，典章文物粲然成一代治规"。

不过，章宗朝也是金朝由盛到衰的转折时期，而走向衰弱的原因是多方面的。

女真民族的汉化和金朝社会的封建化，固然是历史的进步和社会的发展，同时也带来了严重的负面影响。一方面，女真贵族汉化以后，逐渐失去原先剽悍善战的习性，他们热衷于舞文弄墨，以考取进士为最高荣誉，以世袭猛安谋克的武夫官职为莫大耻辱。另一方面，随着一般的猛安谋克屯田户的封建化进程，女真军队的战斗力在抵抗北方鞑靼的战争中已明显减弱，军中游惰，军前怠慢，已不是个别现象，而须有法规才能有所制止。在与其后崛起的蒙古骑兵抗衡中，女真军队不仅没有当年勃兴时灭辽攻宋时的那种雄风，反而有一种难以克服的恐蒙心理，处于

《四美图》（俄罗斯埃尔米塔什博物馆藏）

这幅中国现存最早的年画为金朝印书业中心平阳（今山西临汾）的印刷品，代表了金代印刷业的水平。

不断挨打的被动境地，与女真民族的彻底汉化也有着必然的联系。真可谓是也汉化，非也汉化。

天时似乎并不厚待章宗。他在位期间，中原地区水旱蝗灾频频发生，而黄河三次大决堤在使河道南移夺淮入海成为定局的同时，也使金朝经济一蹶不振。这是因为：一方面，两岸农民流离失所，中原农业遭到严重破坏，中央财税大受影响。另一方面，大规模的赈灾和河防更令金朝财政雪上加霜，仅章宗即位那年修复河堤用工四百三十余万，每工钱一百五十文，日支官钱五十文，米一升半，可以想见开支浩大。

在外部环境上，章宗时期不像乃祖世宗那么有利。北方的鞑靼诸部，与金朝长期保持着臣属关系。但自章宗明昌六年（1195年）至承安三年（1198年），不时侵扰金朝边界。章宗采取攻防并举的战略。一方面派遣夹谷清臣、完颜襄和完颜宗浩多次北伐，给以重创。另一方面，由完颜襄亲督军士民夫，在临潢（今内蒙古巴林左旗东南）至泰州（今黑龙江洮安东北）一线，开凿绵延九百里的界濠。据考古勘测，界濠深三至四米，宽十余米，内侧还筑有墙堡，这是一项规模浩大的防御工事。鞑靼诸部的南侵，虽打破了明昌承安之治的宁静，好在蒙古诸部尚未统一成为强悍善战、无坚不摧的游牧军事帝国，还未对金朝形成真正巨大的威胁。

章宗对南邻宋朝始终是一心维护和平局面的，但南宋权臣韩侂胄主动挑起战端，发动开禧北伐，金朝反击，在全线获胜的有利形势下，迫使南宋订立了嘉定和议。南北两线的战争，虽然都以金朝占上风而告终，但大量的军费却使金朝财政入不敷出。

作为太平天子，章宗也奢用渐广，完全不像世宗那样节俭。他改造宫殿陈设，每日动用绣工一千二百，两年才完工。官僚机构的完善和膨胀，使章宗末年的官员数额比世宗时期激增三倍，这些成本也必须打入国家财政开支。再加上刚才所说的赈灾、河防和军费，章宗深感财政上的窘迫。

为弥补财政亏空，金朝开始滥发交钞。人民就拒绝使用这种贬值的纸币，私下以铜钱交易，即便朝廷以行政命令来维持钞法，也无济于事。有些情况颇能说明交钞贬值的严重程度：章宗在世时，万贯交钞只能买到一个烧饼；而去世后二年，有一次为了发军赏，竟动用了八十四辆大车来装运交钞。

总之，章宗明昌、承安年间（1190—1200年），承世宗大定之治的余荫，金朝社会经济进入了鼎盛时期；而泰和年间（1201—1208 年），金朝社会经济逐渐开始由盛转衰，通货膨胀既是最直接的后果，也是最明显的标志。

在朝政方面，章宗大体也可分前后两个时期。前期，他励精图治，汉化和封建化的一系列法规措施大多颁布在这一阶段。后期虽然也有这一方面的举措，却不思进取，安于现状，追求浮侈，广建宫阙，最终导致外戚小人纷纷干政，使金朝政局在其身后出现剧烈动荡，加速了衰败的进程。

章宗未即位以前，原配蒲察氏即已去世。大定末，宫籍监户女子李师儿入宫，与诸宫女向宫教张建学文辞。有宦官说她才美，劝章宗纳其为妃。章宗好诗文，李师儿则生性慧黠，不仅能作字，知文义，且擅察言观色，大得章宗欢心，明昌四年封为昭容，次年即进为淑妃。章宗准备立李妃为后，却遭到大臣、台谏的一致反对，认为金朝立后，都出自徒单、唐括、蒲察、仆散、纥石烈诸大姓，李氏出身奴婢之家，不能为天下母。章宗无奈，便在承安四年立其为元妃，尊宠与皇后相侔。

经童出身的胥持国，柔佞有心计，因久任太子宫官，知章宗好色，便献秘术博取好感，获得要职。他贿赂李妃左右，而李妃也正欲借重外廷，便在章宗面前多次推誉持国，于是他便为章宗信用，明昌五年迁为尚书右丞。于是，两人互为表里，专擅朝政，奔竞之徒争赴持国门下，其中尤以所谓胥门十哲最卑佞无耻。民间传开了"经童作相，监婢为妃"的谣谚。承安三年，胥持国被御史参劾出朝，不久死于军中，但李妃兄妹却弄权如故。

李妃之兄喜儿原先无赖为盗，累官至宣徽使、安国军节度使，章宗赐名仁惠，其弟铁哥也做到少府监，兄弟俩倚恃李妃之势招权纳贿。一次内宴，有伶人借说凤凰四飞祥瑞各异，巧妙地向章宗讽谏道："向上飞则风调雨顺，向下飞则五谷丰登，向外飞则四国来朝，向里飞（李妃）则加官进禄。"章宗知伶人所指李妃，一笑了之，却不思整饬。

监察御史宗端修见李氏兄弟干预朝政，愤然上疏要求章宗"远小人"，章宗不明所指，命喜儿传问。端修直言面告喜儿道："小人者，李仁惠兄弟。"喜儿不敢隐瞒，章宗虽不追究端修，却依旧倚二李兄弟为左右手。

章宗原配蒲察氏、元妃李氏和其他妃嫔虽为章宗生过儿子，但不到二三岁都先后夭折了。章宗为皇位继承人发愁，几近病笃乱投医的地步。泰和八年（1208 年），后宫承御贾氏和范氏都怀孕了，但章宗等不到她们生男生女就撒手归天了。

临死以前，章宗留下遗诏，让元妃李氏和宦官李新喜会同平章政事完颜匡拥立皇叔卫王完颜永济为帝，此即金卫绍王。遗诏还说："朕之内人，见有娠者两位。如其中有男，当立为储贰。如皆是男子，择可立者立之。"章宗有他的如意算盘，他不过让这位皇叔代他未出世的皇嗣看守一下皇位而已。

史称卫绍王"柔弱鲜智能"，故而他的同母兄完颜永蹈以谋反罪名被章宗赐死，他却反而大受章宗的礼遇。无论是谁，一旦登上皇位，由于家天下的诱惑，无不打算传位给自己的儿子。即便才识再平庸，卫绍王也知道不能让贾氏和范氏的胎儿出世。他表面上不负章宗重托，让平章政事仆散端与尚书左丞孙即康"护视"两孕妇。

大安元年（1209 年）二月，卫绍王即位仅两个多月，就据仆散端、孙即康奏称，下诏宣布说：承御贾氏产期已过三月，不见响动，愿先帝保全，早生皇嗣；范氏胎气有损，虽经调治，胎形已失，愿削发为尼。四月，他又下诏公布元妃李氏的罪行，指称她与其母王盼儿、宦官李新喜合谋唆使贾氏诈称怀孕，赐李妃和贾氏自尽，王盼儿和李新喜处死，李氏一家仍入官奴婢籍，其兄弟远地安置。

尽管有堂而皇之的诏书，这却是一件冤案。其一，卫绍王的诏书也承认贾氏有妊娠反应，而章宗晚年把全部希望都押在早生皇子上，即便李妃欲偷梁换柱、李代桃僵，贾氏岂敢与之合谋而犯欺君之罪？其二，卫绍王被杀以后，宣宗曾亲召当时近侍的宦官完颜达和实际监护贾氏的大政德，都说诏书指责暧昧无据，贾氏一事内有冤情。

卫绍王一上来并不想杀李妃，否则完全可以在二月诏书里就"揭露"她的罪状，没有必要再做两次手脚。让李妃死的，倒是与她共受拥立遗命的完颜匡。章宗后期，李妃干政，朝臣侧目，舆论喧腾。完颜匡在章宗朝也算是出将入相的重臣，对此当然不会满意。因而史称他在受遗诏拥立卫绍王以后，"欲专定策功，遂构杀李氏"。杀李氏当月，完颜匡即升任尚书令，总摄百官，但当年岁末就去世了。在这一宫廷冤案中，最无辜而被牺牲掉的是贾氏。次年，卫绍王立其子胙王为皇太子。

卫绍王在位时，蒙古诸部业已由成吉思汗完成统一，先后两次大规模南侵金朝。大安三年，西京留守纥石烈执中（本名胡沙虎）竟弃城东走，与蒙古军在定安（今河北涿鹿西南）遭遇，不战而溃，退至蔚州（今河北蔚县），擅取官库银五千两，夺官民马匹，私自杖杀涞水县令，然后逃回中都。蒙古军兵临城下，中都一度告急。

对这样的败军无法之徒，卫绍王不但不处置，还以为可用，在至宁元年（1213 年）命他权右副元帅，领兵屯驻在中都城北，以为屏藩。这年八月，蒙古军迫近中都，他却全不放在心上。卫绍王派人到军中责备他只知行猎，不思军旅。他一听就狂怒掷杀手中正在喂养的鹘鹰，集结军队，妄称奉诏征讨知大兴府徒单南平父子谋反，当夜分三路直入中都大兴府。诱杀了徒单南平父子后，胡沙虎入居大兴府衙，尽逐皇宫卫士，代以自己的士兵，自称监国大元帅，胁迫卫绍王出宫。

胡沙虎把整个朝廷和都城搅得天翻地覆，却难以收拾残局。他去探望在家养病的右丞相徒单镒，徒单镒劝他拥立完颜从嘉。于是，他派宦官杀死卫绍王，迎立从嘉，是即宣宗。从嘉是章宗的长兄，因是庶出，未被世宗立为继承人。胡沙虎要挟宣宗把卫绍王废为庶人，以便为自己抹去弑君的罪名。宣宗也打算贬抑卫绍王，以表明自己取代的合法性。但颇有朝臣反对，宣宗就降封其为东海郡侯，算是折衷。有近侍密请除掉胡沙虎，宣宗念其援立之功，没有同意。

时隔月余，元帅右监军术虎屡败于蒙古军，纥石烈执中警告他："若这次出兵再无功，就以军法从事！"高琪再次战败，干脆效其故伎，带领部下入中都，包围了胡沙虎府第，把他给杀了，提上他的脑袋，向宣宗请罪。宣宗既然不敢正胡沙虎弑君之罪，自然也不会处置术虎高琪。于是，术虎高琪不仅被赦免，不久还当上了平章政事，权势日盛。

因宣宗有意毁弃记注，卫绍王在位五年记载缺略。时人说他"重惜名器"，"素无失德"，似乎对他印象不坏。但面对章宗末年内政的腐败，面对蒙古大军频繁的威胁，他都显得无所作为。《金史》说他在位期间，"政乱于内，兵败于外，其灭亡已有征矣"，认为金朝从卫绍王时期急遽走向衰亡，是符合实际的。

六六

从任得敬分国到西夏灭亡

　　宋金战争开始，西夏乘机进攻宋朝沿边州郡，夏军打到西安州（今宁夏海原）时，原州判任得敬以城归降，夏崇宗让他权知州事。大德三年（1137年），任得敬把女儿献给崇宗为妃。这时，曹妃已为崇宗生下了儿子李仁孝。但任得敬打点大臣和朝贵，都说无论门第和才德，任妃为最。次年，任妃被立为皇后。崇宗死，仁孝即位，是为夏仁宗，同尊生母曹妃和任皇后为皇太后。

　　仁宗在位五十五年，在西夏列帝中统治时期最长，社会也相对繁荣稳定，完成了封建化的过程。仁宗与皇后罔氏都仰慕儒家文明。人庆元年（1144年），

西夏文刻本《天盛改旧新定律令》书影（俄国科学院东方学研究所藏）

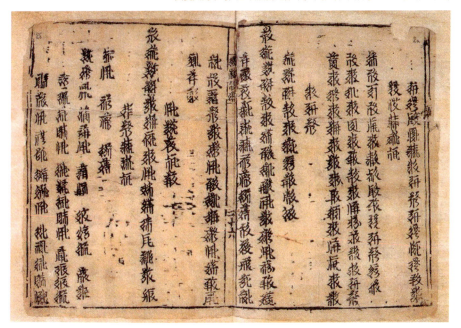

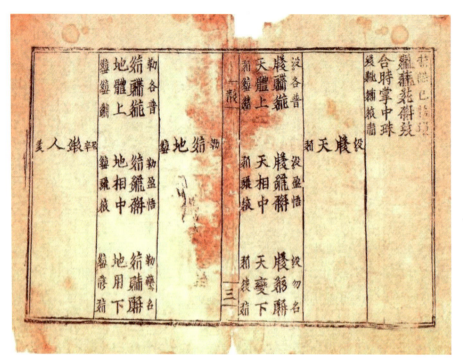

骨勒茂才著《蕃汉合时掌中珠》书影（俄国科学院东方研究所藏）

仁宗令各州县都建立学校，全国学生增至三千人；还在宫中设小学，七岁至十五岁的宗室子弟都须入学。次年，仿效宋朝建立太学，仁宗亲自主持"释奠"大礼。人庆三年，尊孔子为文宣王，并令全国州郡都建立孔庙。次年，参照宋制正式策试举人，立唱名法；同时设立童子科。人庆五年，又建内学，仁宗亲选名儒主持。

天盛十三年（1161年），仁宗设立翰林学士院，任命学士，主管国史，领修《李氏实录》。天盛年间（1149—1169年），仁宗还下令参考宋代政书体例，编纂成西夏文的政制法令汇编，名曰《天盛年改定律令》。传世的西夏文重要典籍《圣立义海》《文海》和《蕃汉合时掌中珠》，也多是仁宗时编著或印行的。仁宗在推动西夏接纳汉文化上是有积极贡献的。不过，在处理后族任得敬篡政问题上，仁宗实在称不上有识断。

仁宗即位不久，发生了夏州统军萧合达的叛乱，个别州郡的蕃部起义也此起彼伏，任得敬领兵镇压颇有战功，也乘机扩大了军事实力。其后，他恃功在镇守的地方任意诛杀，并冀图入朝参政。御史大夫热辣公济提醒仁宗说"外戚擅权，国无不乱"，重臣濮王仁忠也表示反对。仁忠死后，得敬打点了另一重臣晋王察哥，天盛元年（1149 年）得召入朝为尚书令，渐受仁宗尊宠，次年即被擢升中书令。

天盛八年，察哥去世，任得敬任国相，更无所顾忌，政由己出，全不把仁宗放在眼里。他让两个弟弟，一为殿前太尉，一为兴庆府尹，控制军队和京城。天盛十九年，仁宗特地遣使金朝，请来良医为得敬治好了病。次年，仁宗派谢恩使赴金，任得敬旨在试探，僭越名分，也附表表示感谢，被金世宗退回。

这年七月，任得敬派遣密使携带帛书约四川宋军相助，为夏军截获，但仁宗自己不作决断，而将帛书密献金朝。天盛二十一年，任得敬野心已路人皆知，热辣公济抗疏极论其擅作威福，请予罢斥。任得敬盛怒之下，准备找事杀了他，仁宗只得让他罢官归乡。得敬恃权篡国，任太后深以为忧，曾予劝诫，他却一意孤行。

夏仁宗皇后施印《金刚般若波罗蜜经》书影
（俄国科学院东方研究所藏）

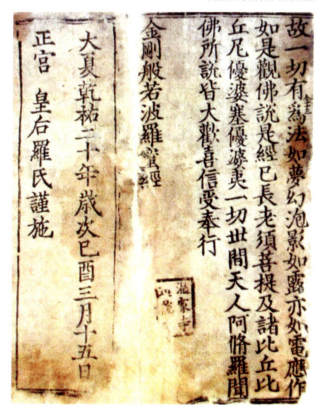

乾祐元年（1170 年）四月，任太后去世。仅隔一月，任得敬就迫不及待胁迫仁宗分国之半归他统治，仁宗被迫把西南路和灵州罗庞岭划给他。任得敬建号楚国，又强命仁宗遣使金朝为他求取封号。金世宗认定"此必权臣迫夺"，拒不承认楚国，并在给夏仁宗的诏书里，表明了金朝的支持。

任得敬见得不到金朝的认可，便与两个兄弟商议对策，秘密与川陕宋军联系，宋四川宣抚使虞允文回派使者携蜡丸书约攻金朝，被夏军捕获。仁宗既得金朝坚决的支持，又拿到了任得敬叛国的铁证，便命族弟仁友在八月三十日设计捕杀了任得敬兄弟，尽诛其族党。

夏国虽然避免了分裂割据的危机，但任得敬以汉人军阀而权倾一时，表明了在汉化过程中，党项统治集团也日趋文弱和保守。其后十余年间，仁宗起用文臣领袖斡道冲为国相，稳定了统治，但直到仁宗去世，兵政却从未见有所振作。辽、金、西夏，以及其前的北魏，其后的蒙元，这些由游牧民族建立的国家，它们封建化或汉化的过程，几乎无一不是沿着这一轨辙滑行的，这是值得深思的现象。

乾祐二十四年（1193 年），仁宗去世，皇后罗氏所生之子纯佑即位，此即夏桓宗，尊她为皇太后。从桓宗起，西夏历史进入晚期。蒙古崛起大漠，已成为西夏的巨大威胁。在桓宗晚年，天庆十二年（1205 年），铁木真以追击逃敌的借口率骑兵深入河西，劫掠瓜、沙诸州，西夏军队不知所措，一任蹂躏。

蒙古军撤退以后，桓宗改首都兴庆府为中兴府，以表示西夏经此大难必将中兴。这种心虚的自慰，已昭示着西夏在将来蒙夏战争中的必然结局。而桓宗以后，西夏内部一再发生的皇位篡夺，更无异于内耗和自杀，使得西夏在蒙古铁骑的强势进攻前失去了号召力和战斗力。

在仁宗解决任得敬分国问题时，皇族仁友有功，封为越王。天庆三年，仁友死，其子安全企望嗣爵袭封。但桓宗知其"天资暴狠，心术险鸷"，不但不许他承袭，反而降封他为镇夷郡王。安全大为怨恨，就去走罗太后的门路，逐渐干预朝政。

而桓宗竟然会失爱于生母罗氏，以致在天庆十三年正月，安全倚仗着罗氏的支持，废黜了桓宗，自立为帝，改元应天，是为襄宗。三月，桓宗在废地暴卒。由于西夏史料语焉不详，这一宫廷政变的真实原因和过程，尤其是罗氏为什么把亲生儿子赶下台，只能成为千古疑案。

六月，罗氏特派使者赴金，强调桓宗"不能嗣守"，因而与大臣改立安全，并请金朝对他册封。或许因为桓宗已死，襄宗即位已成事实，这次金朝没有像处理任得敬分国那样，而是册封襄宗为夏国王。

成吉思汗已把消灭西夏定为首选目标，应天四年（1209年），蒙古大军先后攻破黑水城（在今内蒙古额济纳旗境内，二十世纪上半叶因出土大量西夏文献而闻名于世）和兀剌海城，七月进攻西夏首都中兴府的北面屏障克夷门。西夏大将嵬名令公率兵五万坚守两月，最后中了蒙古军伏兵诱战之计，兵败被俘，宁死不降。九月，克夷门既破，蒙古军兵临城下，筑堤遏迫黄河水倒灌中兴府，城中一片汪洋。

襄宗向金朝求援。金卫绍王不顾唇亡齿寒之义，只想坐收鹬蚌相争之利，扬言"敌人相攻，吾国之福"，拒不出兵相救。所幸三个月的水灌，中兴府固然岌岌可危，而蒙古军围筑的堤坝率先溃决，蒙古大营也成了水乡泽国，难以再战。于是，成吉思汗在退兵以前先遣使招降，襄宗正走投无路，便献女求和，蒙古也放还了嵬名令公。

次年，襄宗对金朝见死不救十分恼怒，派兵攻金，两国交恶。夏金两个弱国倘若联手，或许还能抵抗蒙古这一共同的强敌，而今两国交攻，互耗有限的

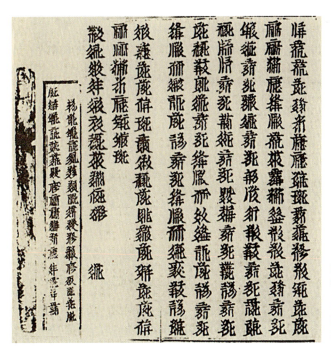

西夏文木活字印本《大方广佛华严经》书影（中国国家图书馆藏）

此页末两行西夏文题记首句汉译文为"实勾管作选字出力者"，"选字出力者"即指拣排活字的工匠。

成吉思汗像（台北故宫博物院藏）

实力，反倒让蒙古捡尽了便宜。皇建二年（1211年）七月，西夏再次政变，襄宗被齐王遵顼废黜，一个月后也不明不白而死。遵顼自立为帝，改元光定，此即夏神宗。

神宗乃宗室之子，还是桓宗天庆十年（1203年）廷试进士第一，但治国实在不敢恭维。在对金、蒙的关系上，他出尔反尔，全无见识。神宗首先是独力攻金，以报前怨；光定四年（1214年）起，他又联蒙侵金，一面为成吉思汗火中取栗，一面还受蒙古军的征调役使，弄得民怨沸腾。光定七年，蒙古远征花剌子模，向西夏征兵，西夏不堪负担，拒绝出兵。蒙古军马上翻脸，岁末再围中兴府。神宗吓破了胆，命太子德任留守，自个儿仓皇出奔西凉府。

蒙古兵撤退后，神宗似乎才认清谁是最可怕的敌人，他试图再次联金，但遭到同样短视的金宣宗的拒绝，他又转而执行联宋侵金的错误政策。光定十年，西夏接到四川宋军约期夹攻金军的答复,而金朝与宋朝在两淮和荆襄战事正酣,遣使向西夏求和,神宗也断然拒绝。但这年秋天,宋夏夹攻金朝巩州(今甘肃临洮)的战役,并未得手。而与四川宋军联系,因中间横亘着金朝,很难畅通和及时。且不说联宋侵金是三国内耗,即从当时通讯联络角度而言,也缺乏可行性。

次年,木华黎率蒙古军从东胜州(今内蒙古托克托)渡过黄河,西夏守将一路望风披靡。在大军压境的情势下,神宗再次回到降蒙侵金的路线上来。这种迹近自杀的政策,连太子德任也看不下去,对神宗说:"金朝兵势尚强,不如与其约和。"

神宗错误借鉴了夏崇宗附金扩地的成功经验,而没有看到金朝当时取代辽朝以后,与宋朝是主要对手,因而西夏可能在夹缝里求生存乃至讨便宜;而蒙古实际上已把西夏选为第一打击的对象,金、宋则是依次其后的目标。因而他刚愎自用,认为此非太子所知,当太子力谏无效,愿意避位为僧时,神宗便把他禁闭在灵州,不顾国破民弊继续倾国攻金。

成吉思汗对他的出尔反尔也大为不满,好几次遣使命他让位。光定十三年岁暮,他被迫让位给次子德旺,做上了西夏历史上独一无二的太上皇,三年以后寿终正寝。但他在位的十余年间,面对蒙古勃兴的历史大变局,对金朝发动自杀性的连年战争,措置乖张,自耗实力,坐失时机,对西夏灭亡是难辞其咎的。

德旺继位,此即夏献宗。他改变国策,遣使奉表与金重修旧好,实行联金抗蒙的方针。乾定三年(1225年),两国达成和约:金、夏为兄弟之国,西夏以兄事金;各用本国年号;双方有难互相支援。但一切为时已晚。这时的金朝已是泥菩萨过江自身难保,而献宗却只把希望押在金朝一方,联金抗蒙成了恃金抗蒙。

成吉思汗这时已决心解决西夏。次年春天,他亲率十万大军再下黑水城;夏天连破肃州(今甘肃酒泉)、甘州(今甘肃张掖);秋天攻克西凉府。就在蒙古铁骑势如破竹席卷河西之时,乾定四年七月,献宗回天无力,在惊忧中发病而死,其弟之子南平王李被拥立为帝,史称夏末帝。

当年冬天,蒙古军从东西两翼进攻,东路大军攻克夏州(今内蒙古乌审旗南),西路则由成吉思汗从西凉府进军,扼黄河九渡,直下应理(今宁夏中卫)等县,完成了对中兴府和灵州的战略包围。

　　十一月，蒙古大军渡过黄河直取灵州。西夏大将嵬名令公率兵十万殊死抵抗，战斗激烈是蒙古军历次征战中所罕见的，但灵州终于失守。十二月，蒙古大军把中兴府团团围住，逼迫其投降。中兴府被围达半年之久，保卫战也是够悲壮的。

　　次年闰五月，成吉思汗到六盘山避暑，派使者到城中劝降，被末帝拒绝。六月，西夏发生强烈地震，中兴府城中疾病蔓延，粮尽援绝，夏末帝只得向蒙古请降，但要求宽限一个月前往谒见成吉思汗。

　　这时，成吉思汗因重病正驻跸清水（今属甘肃）养病，七月，他在临死前交代：死后秘不发丧，以待夏末帝献城纳降。当月，夏末帝出降，蒙古军大肆屠城；他与皇室大臣被押解去见成吉思汗，在萨里川被杀害。立国一百九十年的西夏至此灭亡。

黑水城遗址近貌
在今内蒙古阿拉善盟额济纳旗东南，塔中曾出土大量西夏文与汉文的历史文献。

六七

中原大变局

　　蒙古的崛起与南侵，就像一张多米诺骨牌，牵一发而动全身，导致了中原的大变局。对这一大变局，《细说元朝》以蒙古为主角作过叙述。本书且切换角度，分别以金朝和宋朝作为主角来一番细说。这里先说金朝。

　　金宣宗即位次年，即贞祐二年（1214 年）春天，除中都等十余城未下，蒙古军几乎踏遍了黄河以北的金朝领土。成吉思汗这时仅仅热衷于掳掠奴隶和财物，因而拒绝了部将进攻中都的建议。

　　宣宗一心求和，答应了成吉思汗的全部要求：金朝献纳童男女各五百，绣衣三千件，御马三千匹，并献卫绍王之女岐国公主给成吉思汗表示臣服。蒙古军带着大批奴隶和战利品，出居庸关北归。

　　蒙古暂时北撤，金朝对中都弃守发生激烈的争论。以左丞相徒单镒为代表的抵抗派认为固守中都才是上策，理由是山陵、宗庙、百司、庶府都在中都，若弃中都，北路尽失。元帅左都监完颜弼则代表逃跑派主张放弃中都，迁都南京，理由是蒙古轻骑随时可能围困中都，而汴京南有淮水，北有黄河，西面可以依靠潼关防守。

　　逃跑派迁都理由是站不住脚的，汴京是四战之地，必须有强大的防线才可能立足，而黄河和淮水根本不构成防御天堑，靖康之难和南宋的两次北伐都已经作出了证明。但宣宗决意迁都，太学生四百余人上书劝谏都一概不听。

　　贞祐二年五月中旬，宣宗命尚书右丞相兼都元帅完颜宗晖、左副元帅抹燃尽忠和太子守忠留守中都，自己带着朝廷百官仓皇逃离中都，将统治中心迁往南京（今河南开封）。七月，太子也被召回南京，表明金朝决心彻底放弃中都了。

　　金朝先后两次迁都南京，倘若说完颜亮是蛮进，宣宗则是退缩，而放弃中

都，蜷缩南京，等于将自己放在一百年前北宋的位置上，将金宋攻守的前事在
蒙金对峙的形势下重演一遍。

当蒙古崛起之际，卫绍王唯恐北边的辽朝遗民叛金降蒙，采取严厉的措施，
竟下令对一户辽民由二女真户夹居防范。这一民族压迫和歧视的政策，效果适
得其反。崇庆元年（1212 年），金朝千户耶律留哥因自己是契丹人而亡命出逃，
在隆安（今吉林农安）一带聚集契丹乣军，众至十余万，他被推为都元帅，结
好蒙古，表示效忠成吉思汗。

次年，留哥大败来讨的金军，自称辽王。金朝派辽东宣抚使蒲鲜万奴领兵
四十万进讨，也被留哥击败，逃回东京。贞祐三年，留哥攻破东京，尽有辽东州郡，
部下耶厮不劝他称帝建国，他表示不愿食言叛蒙，便与儿子薛阇带着随从去投
附成吉思汗，蒙古大汗对他的"仗义"之举大为高兴，仍封他为辽王。他留下
的乣军，先由耶厮不称帝，继由金山和喊舍称王，到兴定二年（1218 年）才
由耶律留哥率领蒙古、契丹兵，在高丽和东夏国的协助下讨平。

东夏国，历史上也称东真国，建立者就是那个被耶律留哥打败的蒲鲜万奴。
他是女真人，也是当时金朝留在辽东最高的朝廷命官。在宣宗撒手不管辽东的
情势下，他被遗留在辽东的女真猛安谋克所拥护，也是情理中事。贞祐三年，
他在东京自立为天王，国号大真，改元天泰。旋即攻下了咸平（今辽宁开原），
号中京。

次年，木华黎攻陷锦州，万奴一度归降蒙古，但蒙古军一退，随即叛蒙自
立，改国号东夏。天光二年（1233 年），万奴被蒙古军战败俘杀，东夏国灭亡。
一说万奴后来脱归，至蒙古乃马真后四年（1245 年）被贵由和兀良合台所败。

蒲鲜万奴的东夏和耶律留哥的辽都是蒙古侵金的大变局中叛金自立的政
权，尽管留哥的乣军有反民族压迫的成分，万奴的叛金也有据地自保的因素，
但都严重削弱了金朝的统治。由于契丹、女真和蒙古民族之间的连环恩怨，留
哥怨金而亲蒙，万奴怨蒙而不附，其结局就成为鲜明的对照。留哥去世，其子
薛阇因长期扈从成吉思汗，颇得好感，他与他的后代袭爵辽王，直至元末。

宣宗南逃，人心瓦解。华北女真守将和契丹、汉族官僚、地主纷纷投降蒙古，
其中最先叛金降蒙的是驻守中都以南以契丹族为主体的乣军。乣军和契丹军在
金朝所受民族压迫最重，成吉思汗改变了以往杀降的政策，收降了乣军，从此
以后，金军面对蒙古军的进攻，便往往望风迎降了。

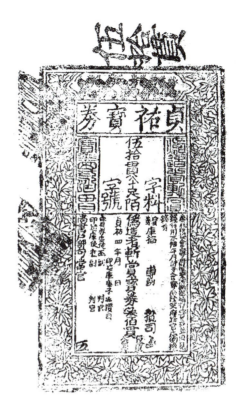

金代"贞祐宝券伍拾贯"铜质钞版（左）与印本（右）

贞祐三年，留守中都的都元帅完颜承晖不谙军旅，便一边把军事委托给左副元帅抹撚尽忠，一边上书朝廷，告急求援。把持朝中大权的术虎高琪忌恨承晖，拒绝发兵驰援。

五月，蒙古军兵临城下，承晖准备与抹撚尽忠死守，不料抹撚尽忠却不想尽忠，私下里与心腹完颜师姑密谋出逃，承晖知道后，怒斩师姑，作遗表揭露术虎高琪报复私憾危害国家，然而服毒殉国。当晚，抹撚尽忠逃往汴京，宣宗不加追究，仍让他任平章政事。当天，蒙古军入中都，自完颜亮迁都以来六十余年的金朝都城终于陷落。

中都陷落前后，中原也早如蜩螗沸羹而鱼溃网烂了。山东河北地区爆发了金朝历史上前所未有的人民大起义。起义军大多以红袄为号，史称红袄军。

起义的原因是错综复杂的。概括地说，其一，章宗时期的括地运动使得"腴田沃壤尽入势家"，"茔墓井灶悉为军有"，造成阶级与民族间的尖锐对立，农民被剥夺了生计，只有铤而走险。其二，惨酷的战乱与随之而来的饥荒相交织，迫使濒临绝境的人民联合起来，发动起义，寻找生路。

较大规模的起义军主要有益都杨安儿，潍州李全，泰安刘二祖，济南夏全，兖州郝定，连同星星点点小规模的红袄军，不下数十支。

贞祐二年，蒙古军北撤，金宣宗就派宣招使仆散安贞率领最精锐的"花帽军"前往镇压，杨安儿乘舟入海，遭船家陷害，堕水而死。其余部数万人由其妹杨妙真率领，与李全合军，继续反金。

仆散安贞击溃杨安儿以后，即欲招降刘二祖。刘二祖殊死抵抗，次年战败被杀。郝定收集了杨安儿和刘二祖的部分余众，发展到六万人，自称大汉皇帝，设署命官，不久即遭仆散安贞镇压，俘至汴京被杀。

刘二祖的主要余部在霍仪领导下继续抗金，其下有彭义斌、石珪、夏全、时青诸部。贞祐四年，霍仪战死，石珪、夏全降金，彭义斌率余部投归李全。李全成为红袄军中实力最强的一支，依违在金宋蒙三角关系中（详见《李全》一节）。

说到红袄军的性质，很难一言以蔽之。其中固然有民族矛盾的性质，例如郝定自称大汉；但民族斗争并不是红袄军的主旋律，红袄军已没有南宋初两河义军那种明确的抗金性质。阶级矛盾的性质当然是有的，杨安儿军中颇有女真贵族的家奴；但阶级斗争并不是红袄军斗争内容的全部。在这两层性质外，红袄军还明显有在频繁战乱中一般民众以武装力量谋求生存可能的因素。李全其后在金宋蒙之间降叛不定，出尔反尔，这也是原因之一。

在对西夏和南宋的关系上，金朝也处置乖张，自食恶果。大安元年（1209年），蒙古围攻西夏都城中兴府，西夏向金朝求援，卫绍王拒不出兵，夏神宗遂由前朝的附金抗蒙改为附蒙攻金。西夏本来完全可以成为金朝牵制蒙古的筹码，现在反而成为蒙古侵金的盟军。

在多国关系中，金、夏统治者不但把加法做成了减法，还不知道唇亡齿寒的政治常识。自大安三年起，与西夏接壤的漫长边境上，金朝州郡便不断受到西夏军队的攻击。这一局面一直维持到夏神宗退位，这年也恰是金宣宗在位的最后一年，元光二年（1223年）。

再说南宋，见到金宣宗受到蒙古的侵逼，迁都汴京，南宋朝廷普遍的情绪是"天亡此仇"，竟没有一个有识之士清醒地指出：金朝是宋蒙这两个未来敌国的缓冲。自嘉定八年（1215年）起，宋朝已连续三年未向金朝纳币。金朝因忙于出兵反击西夏，也不愿意与蒙古、西夏和南宋在三条战线上开战，故而没有立即追究。

兴定元年（1217年）二月以后，金朝对西夏改取防御为主的战略。连年战争的巨额消耗，南宋岁币对金朝来说已是刻不容缓的强心针。南迁以后，金朝局促一隅，也深感有必要从南宋夺取新的生存空间。当时，朝廷上以平章政事胥鼎为代表，提出了联宋抗蒙的正确意见，但遭到专擅朝政的术虎高琪的强烈反对。

在高琪的坚持下，原先反对侵宋的金宣宗也同意发兵。宋宁宗下诏对金宣战，嘉定和议以后金宋短暂和平局面宣告终结。次年春天，宋军在两淮、京湖、川陕三条战线上发起反击，双方互有胜负，战争打得黏着拖沓。

兴定三年，金朝试图凭借军事上小小的上风迫使南宋议和纳币，宋方却拒绝金朝打探消息的详问使入境。金宣宗只得任命仆散安贞为统帅，正式下诏伐宋。仆散安贞率大军分三路南下，一路攻黄州麻城，一路犯和州，另一路出盱眙，长驱全椒、来安、天长、六合，前锋游骑直抵采石（在今安徽马鞍山），建康再次震动。

在宋金战争的过程中，南宋朝廷苟且无策，关于战守和的讨论没完没了；前线也是将无守意，军无斗志。除赵方主持的京湖战场有值得称道的战绩，江淮战场因有山东红袄义军的牵制，金军不能为所欲为，川陕宋军弃地丢城的记载不绝于史，连军事重镇大散关都多次失守，四川制置司驻守的兴元府（今陕西汉中）也一度陷落。

不过，兴定南侵对金朝来说，肯定是一场力不从心的战争。宋军诚然腐败，金军虽有小胜，但在城池关砦的攻守争夺上，双方始终处于拉锯战状态。统帅仆散安贞，与祖仆散忠义、父仆散揆三世俱为女真名将，他在侵宋战争中不杀俘虏，把俘获的宋朝宗室献给朝廷。

兴定五年六月，尚书省竟诬奏其通敌谋叛，宣宗信以为真，说他"前日之俘，随时诛戮，独于宋族，曲活全门"，就是别有企图，将他处死。安贞有将略，他一死，侵宋战争即难以为继。金朝不仅没有实现一厢情愿的扩地立国的美梦，反而因战争巨耗而国用困乏，兵马折损，十不存一，大大削弱了抗蒙的实力，加速了自身灭亡的进程。

　　这场战争断断续续进行到宣宗在位的最后一年，双方就像一对精疲力竭的拳击手，谁都没有击倒对方的优势，气喘吁吁地都想休战了，当然，这一愿望对金朝也许更迫切些。这场战争对南宋的警示作用十分明显，就是王夫之在《宋论》里指出的："以既衰之女真，而宋且无如之何，则强于女真者，愈可知也！"但宋朝似乎很少有人看到来自女真背后的蒙古威胁。

　　在宣宗南迁前后，河北地主武装纷纷结社自保，其中清乐社首领史秉直率清乐军投降蒙古军统帅木华黎，其子史天倪被封为万户。史天倪旋即与其叔史怀德统领私家军队，与蒙古军合兵攻陷辽西重镇北京大定府（今辽宁宁城西南）。其后，天倪族弟天祥为蒙古军攻打大定府以南的其他地主堡砦，贞祐三年八月，与中都的蒙古军会合，南攻河间府、大名府、沧州、深州等河北、山东州府。像史家父子兄弟这样的官吏、地主武装纷纷叛金助蒙，在相当大程度上削弱了金朝在中原的统治基础，金朝抗蒙形势更为恶化。

　　当然，在拥兵割据、守土自保的地主武装中，也有以拥金抗蒙相号召的，金朝统治者往往授以"义军"的名义，以借助他们的力量来屏卫金朝统治的中心地区。河北义军队长苗道润曾先后收复金朝五十余城，金宣宗封他为中都留守兼经略使，命其收复中都，却被中都经略副使贾瑀挟私隙刺杀，朝廷也不过问。

　　苗道润旧部张柔誓师复仇，金朝就任命他为中都留守兼大兴府尹、本路经略使，但他后来却投降了蒙古，虽杀了贾瑀，却回过头来攻打金朝州县。因而这些"义军"首领决不是忠贞不贰的拥金抗蒙派，拥金还是降蒙，完全取决于他们自身的利害得失，决无道义可言。

　　在蒙古罗致史秉直父子、南宋招降李全夫妇的启发下，金朝早就有大臣提议封建河朔，借助实际上已经裂土拥兵的地主武装来为金朝守地保民。兴定四年（1220年），宣宗听从御史中丞完颜伯嘉的建议，对山东、河北、山西等地九个势力最大的地主武装首领分封九公，让他们各自统辖自己的势力范围。这九人姓名封号、势力范围及其最终结局分别是：

　　王福，原任沧州经略使、权元帅右都监，封沧海公，主要管领清州（治今河北青县）、沧州（今属河北）、景州（治今河北东光）地区。投降归宋的红袄军首领张林。

　　移剌众家奴，原任河间路招抚使、权元帅右都监，封河间公，赐姓完颜，主要管领献州（治今河北献县）、蠡州（治今河北蠡县）、安州（治今河北安新南）、深州（治今河北深州市南）、河间府（治今河北河间）地区。坚持抗蒙。

武仙，原任真定经略使兼知真定府事，权元帅右都监，封恒山公，主要管领中山府（治今河北定县）、真定府（治今河北正定）、沃州（治今河北赵县）、冀州（治今河北冀州市）、威州（治今河北井陉）、平定州（治今山西平定）地区。先降蒙古，复归金朝。

张甫，原任中都东路经略使，封高阳公，主要管领雄州（治今河北雄县）、霸州（治今河北霸州市）、莫州（治今河北任丘）和中都大兴府的东南诸县。投降李全，李全降蒙，被杀。

靖安民，原任中都西路经略使，权元帅左都监，行中都西路元帅府事，封易水公，主要管领涿州（治今河北涿州市）、易州（治今河北易县）、保州（治今河北保定）、安肃州（治今河北徐水）地区。抗蒙被杀。

郭文振，原任辽州刺史，封晋阳公，主要管领河东北路（今山西省中部）。抗蒙，溃不成军。

胡天作，原任平阳便宜招抚使，封平阳公，主要管领平阳府（治今山西临汾）、晋安府、吉州（治今山西吉县）、隰州（治今山西隰县）地区。降蒙，被杀。

张开，原任潞州招抚使，封上党公，赐姓完颜，主要管领泽州（治今山西晋城）、潞州（治今山西长治）、沁州（治今山西沁县）。坚持抗蒙。

燕宁，原任山东安抚副使，封东莒公，主要管领益都府路（今山东中部）。抗蒙战死。

他们都兼宣抚使，总帅本路兵马，若收复失地，即归其管属，有权任命官吏，征收赋税，实际上成为地方割据势力。宣宗企图用这一手段来尽可能地维系金朝的统治，无异承认了中央集权制的解体，削弱了抗蒙战争的统一指挥与行动。九公中虽然有人在抗蒙战争中发挥了一定作用，但被鼓荡起来的封建割据的劣根性，往往导致各公之间为扩大领地而兵戎相见，难以实现抗蒙安民的初衷。

与此同时，由木华黎任统帅的侵金蒙古军，也千方百计招纳金朝地主武装，以确立对占领区的有效控制。地主武装的向背，在金蒙力量消长中，起了不可低估的作用。但同样是争取地主武装，在蒙古为得策，而金朝所谓"九公封建"却是弊远大于利。

最后说说宣宗。他因纥石烈执中的弑君而侥幸继位，却不敢追究这一逆臣。术虎高琪杀执中，一个固然该杀，一个却是擅杀，宣宗仍不敢追究，纵容高琪专断朝政。其无能和无权，由此可知。其后术虎高琪为相，擅作威福，内外臣民无不扼腕切齿地想杀了他，但宣宗迟迟不敢动手。

为防御蒙古军攻破汴京，高琪先建议修筑里城，固守这一弹丸之地；后主张放弃汴京，专修一可抗蒙军的山寨。御史中丞完颜伯嘉怒斥道："即令逃入山寨得生，还能成为国家吗！"专擅之臣和昏愦之君就是这样了断国事的。

直到兴定三年，高琪唆使家奴杀高琪妻，还想让开封府为他杀奴灭口，事发，宣宗才趁机诛杀高琪。但经高琪多年专政，国势衰替，病入膏肓，已不能有所作为了。

元光二年（1223 年），宣宗在汴京病死。综观宣宗：放弃中都，迁都汴京，是第一大失策，从此大势遂去，人心尽失；不思抗击蒙古，反去进攻南宋，是第二个大失策，兵力既分，徒劳无功；封建九公，承认割据，是第三个失策，集权不再，中原瓦解。总之，金朝亡于哀宗之手，但使亡国成为定局的却是宣宗。

六八

李全

　　金宣宗即位时，山东、河北的红袄军起义已成燎原之势。义军初起，着红袄为标记，以益都杨安儿、潍州李全、泰安刘二祖和兖州郝定等势力最强。金宣宗迁都南京（今河南开封）后，曾派仆散安贞率精锐花帽军前往镇压，杨安儿、刘二祖和郝定相继战殁。杨安儿数万余部由其妹杨妙真收拾，她的梨花枪号称天下无敌。不久，李全与她结为夫妇，顿时实力大增。宣宗侵宋以后，这些起义武装由单纯反金改为联宋抗金。杨安儿旧将季先率先归附南宋，受命联络山东义军。李全就此攻克海、莒、密、青诸州，南宋给了他京东副总管的空名衔。

　　李全出身农家，做过弓手，故而弓马矫健，以擅使铁枪闻名遐迩，时称"李铁枪"。嘉定十一年，他率部归宋，再攻海州，远袭密州，抗金积极性十分高涨。次年，又在化陂湖大败金元帅左都监纥石烈牙塔，使金军不敢轻窥淮东。

　　听说金将张林有心归宋，李全亲至青州（今山东益都）劝降，仅带数人入城，博得张林的信任，让他将自己管辖的山东十二州府的版籍悉数上表宋廷。因这不期而至、不战而捷的胜利，宁宗与史弥远君臣任命李全为京东安抚使兼总管。南宋试图对忠义军民通过招诱节制、授官封爵，利用他们反金，也仅是利用而已，这一做法与晚清西太后利用义和团颇相仿佛。

　　金朝深感李全威胁之大，派人招谕。李全表示"宁做江淮之鬼，不为金国之臣"。盱眙（今属江苏）是北方忠义兵民与南宋往来的要冲，知盱眙军贾涉认定这些义军是"饥则噬人，饱则用命"的饿虎，处心积虑预防他们"反噬"。他将李全一军分为五砦，招刺了其中近六万人，放汰了三万余人，在余下义军武装的周围常屯官军六万，以为钳制。这种猜忌防范令南归义军为之寒心。

　　李全在各路义军中实力最强，战绩最著，渐有睥睨诸将之心。嘉定十三年，他买通贾涉亲信诬陷季先谋叛，贾涉诱杀季先收编其军，季先部将拒绝整编，迎另一义军将领石珪统领余部。贾涉深以为耻，李全自告奋勇进讨，石珪走投无路叛降蒙古。李全就把季先、石珪的余部都收在自个儿麾下。

次年，李全之兄李福与张林争夺胶西盐场，威胁要让李全取其头颅，张林再以山东诸郡向蒙古献降。对南宋说来，从来没有试图在控制山东州郡上采取实质性措施，因而来得意外，去得也容易。

眼见李全日渐坐大，史弥远的政策着眼点是"惧激他变"、"姑示涵容"，具体措施就是以高官厚禄实行笼络。嘉定十五年，南宋任命李全为京东路镇抚副使，进拜保宁军节度使，次年赐犒军钱三十万缗。

嘉定十七年初，许国接替贾涉赴淮东制置使之任，到任伊始，他傲然端坐接受李全的庭参，完全不顾"节使当庭参，制使必免礼"的官场常规。李全自建节后，与前帅贾涉都分庭抗礼，对位轻望薄的许国妄自尊大，憋了一肚子气，一出门就骂咧开了。

过了半月，李全欲回青州，唯恐许国扣留，表面上折节为礼，动息必拜。许国得意地以为镇服了李全，不知李全在耍弄他。李全离开楚州帅府时，已下定了叛宋的决心。

正当楚州剑拔弩张的当口，发生了湖州之变，起事者打着李全的旗号，主谋潘壬也是逃到楚州被捕的，令李全更不自安。宝庆元年二月，李全派部将刘庆福回楚州发动兵变，库藏钱物被洗劫一空，许国流血满面，缒逃出城，自缢于途中。

史弥远接报，唯恐激怒李全，酿成更大变乱，新派徐晞稷为淮东制置使，指示他曲意安抚，实质是姑息养奸。李全有恃无恐，移牒另一支山东忠义军的领袖彭义斌，声称许国叛变已被诛杀，你部应受我节制。彭义斌声讨李全擅杀之罪，李全大败。义斌收编李全降兵，声势大振，致书南宋沿江制置使赵善湘，建议讨平李全反叛势力，再光复故土。

李全也恶人告状，诬陷彭义斌谋叛。义斌整军北上，围东平，下真定，击败金将武仙，众至数十万，奋力抗击蒙古军，但南宋却任其自生自灭。义斌最后在赞皇（今河北赞黄）五马山被蒙军俘杀，所收复的河北山东州县再落蒙古之手。李全成了山东境内唯一未归附蒙古的武装力量。

宝庆二年，蒙古军向李全据守的青州发起攻击。李全大小百余战，无法取胜，粮道断绝，形势危急，派其兄李福向楚州宋军求援。南宋却打算乘人之危解决李全。新任淮东制置使刘琸纠集另两个忠义军总管夏全与时青，准备诛杀李全在楚州的余部。

当时杨妙真与李福都在楚州，她艳妆约见夏全，晓以兔死狐烹的道理，并说："听说三哥（指李全）已死，我一个妇人，岂能自立。这就以身侍奉将军，子女玉帛，唯你所有。"夏全招架不住美人计，与杨氏合兵包围楚州官衙，刘琸仅以身免，逃到扬州忧惧而死。夏全回大营，却吃了杨氏全武行的闭门羹，只得投降了金朝。

理宗对楚州兵变依旧宽纵，命新任淮东制置使姚翀"抚定"杨妙真。次年五月，李全坚守青州一年，战斗十分惨烈，城内军民从数十万锐减至数千，粮尽援绝，以致"自食其军"。李全意欲投降蒙古，却恐部众反对，便假装自杀，由亲信救起，佯劝其留得青山，投降蒙古。李全在三国之间朝秦暮楚，有人劝蒙古诸帅孛鲁杀之以免后患，孛鲁以为"山东未降者尚多，杀之徒失民望"，仍命其专制山东行省。

留在楚州的李全之兄李福与李全旧部刘庆福都想吃掉对方，李福诈病，杀死了前来探病的刘庆福。随后，李福与杨妙真宴请姚翀与制司幕府官员，杀了幕府官，割了姚翀的胡须，姚翀缒城夜逃。

面对楚州接二连三的事变，南宋政府干脆不再设制置司，把防线从淮河一线退缩到长江一线，改楚州为淮安军，视其为羁縻州，也彻底断绝了当地义军的粮饷。

当地义军将此归咎于李全，联手杀了李全之兄李福、李全之子李通和李全之妾刘氏。李全闻讯，向蒙古要求南下复仇，同时他也早想摆脱蒙古对他的控制。蒙古不允许，他自断一指，发誓南归必叛，蒙古这才同意。

绍定元年（1228 年）十一月，李全率军回到楚州，表面上再次归附南宋以获取其钱粮，暗地里给蒙古的岁贡也从不短缺，同时与金朝也保持着联系，脚踏三只船。直到这时，只要李全不生事，南宋政府还企图以官爵粮饷笼络他。李全则把从南宋得到的钱粮赡养他的军队。

次年四月，李全以缺粮告籴为借口，派海船直抵平江（今江苏苏州）、嘉兴（今属江苏），意在熟悉海道，窥探临安。绍定三年（1230 年），南宋进拜李全为彰化、保康军节度使，开府仪同三司，为京东镇抚使兼京东忠义诸军都统制，指望他不要叛乱。李全拒绝接受，愤愤说："朝廷当我是小孩，哭了就塞个果子！"同时，他赶制南侵的海船，招纳沿海亡命充任水手，其侵宋的用心已昭然若揭。

参知政事郑清之深以为忧，向理宗陈述李全种种反状，力主立即进讨。随后征求史弥远意见，权相虽一贯主张"内图战守，外用调停"，也不得不表示同意，便命江淮制置大使赵善湘总领诸军，便宜从事，赵范为淮东安抚副使，赵葵为淮东提点刑狱，俱节制军马，准备讨伐。

这年岁末，李全驱师南下，公然反叛。史弥远致函给他，许诺只要退回楚州，就给他增加一万五千人的粮饷，还不打算挑破这个毒瘤。李全置之不理。他原拟奇袭扬州，渡江直取苏杭，误听了部将郑衍德的馊主意，先去攻打通州（今江苏南通）与泰州，等他兵锋指向扬州时，赵范、赵葵已入居扬州，作好了守城决战的准备。

李全进退两难，只得倾力攻城，但败多胜少，不能迫近州城。他便驱使周边农民数十万，列砦围城，绝其外援，企图困死扬州军民。自己驻营平山堂，张盖奏乐，置酒高会，布置筑围浚堑事宜，准备长期围困扬州。二赵瞅准机会，适时出击，屡败李全。

绍定四年正月，赵范、赵葵利用李全自大轻敌的特点，选精锐数千，打着被李全击败过的军队的旗号出城佯战。李全大言"看我扫平南军"，跃马出阵。赵范麾师并进，赵葵亲自搏战，宋将李虎绝其归路。

李全这才感到不对头，率数十卫骑北走新塘。新塘决水以后，淖深数尺，表面因战尘飞扬看似干土，李全仓皇之间陷入淖中，不能自拔。南宋追兵赶到，李全大喊："不要杀我，我是头目。"但转眼间就被数十杆长枪活活刺死。

李全死后，余部被二赵一路追杀，败退楚州，推杨妙真为主帅。杨妙真慨叹："二十年梨花枪，天下无敌手，如今大势去矣！"便率残部北渡淮河，投降了蒙古。至此南宋才收复被李全占据的淮东州郡，历时十余年的李全之乱才告解决。

李全有个儿子（一说养子）叫李璮，自李全死后继续在蒙古治下专制山东行省。他张大宋军声势，来向蒙古要价，扩大自己的实力。景定三年（1262年），他叛蒙古而归南宋，献海州（治今江苏连云港）、涟水（治今）等三城，南宋任命他督视京东河北路军马，进封保信、宁武军节度使，仍打算用空衔换取牵制蒙古的实惠。但忽必烈很快命史天泽将其讨平，济南城破之时，他投大明湖自尽，水浅不得死，被俘后肢解而死。这是后话，对当时宋蒙战局也未引起多大波澜，就此带过不表。

李全是一个十分复杂的历史人物，既有农民起义军领袖与忠义民兵首领的因素，又有流氓游寇与民族叛徒的成分。他出尔反尔，前期反金抗蒙附宋，后期降蒙联金反宋，其中固有其野心与个性的作用，企图在三国错综复杂的关系中寻找与扩张自己势力的空间（他也确实成为当时独立于三国政权之外的一大政治势力），但南宋政府的政策作用也是不容忽视的。

南宋先是对李全实行猜忌压制的政策，同时却企图利用他在与金蒙的对抗中火中取栗，这自然使他深有戒心，加速他的离心倾向。随着他的势力扩张与野心膨胀，南宋却一味姑息放纵，养虎贻患，没能及时果断地采取讨叛措施，致使他拥兵自重，兴风作浪，蹂躏淮东州郡达十余年。在宋金蒙三国鼎峙的战争格局中，南宋政权把一个可以结盟的对象推到了自己的对立面，这不能不说是重大失误。

六九

金哀宗

　　金宣宗共有三个儿子。太子守忠在宣宗即位三年后去世，守忠之子立为皇太孙，不久也死。次子守纯乃庞贵妃所生，庞氏野心勃勃，一心要为儿子夺皇位。幼子守绪乃王淑妃所生，被淑妃之妹王皇后养为己子。如今嫡长子一脉已绝，按"立嫡不以长，立长不以贤"的传统继承法，自然应立守纯；但王皇后有宠，故而守绪被立为皇太子。

　　元光二年（1223 年）十二月，宣宗临终的晚上，只有一位前朝的老年宫妃郑氏在侧侍奉，宣宗让她"速召太子主后事"，言罢气绝。郑氏秘不发丧，恰王皇后和庞贵妃前来视疾，她为防庞氏与守纯生变，借故让她们另室等候，随即将室户锁闭，急召大臣，传遗诏立皇太子。这才放出后妃，发丧如仪。守纯已先于太子入宫。守绪命卫士三万集结在东华门大街，令护卫四人监护守纯，才宣告即位。金朝皇位之争几乎持续到金朝灭亡。

　　正大元年（1224 年）正月，金哀宗即位不久，有一天，狂风吹落端门上的屋瓦，一个穿着吊丧麻衣的男子，望着承天门又笑又哭，问其缘故，他说："我笑，笑将相无人；我哭，哭金国将亡。"这类亡国之兆，历朝季世几乎都有，史家记之于五行妖异，现在轮到了金朝。

　　哀宗即位之初，主持侵金的蒙古统帅木华黎刚死，成吉思汗正忙于西域的战事，金朝有一个喘息的机会。哀宗也采取了一些正确的措施，首先停止了侵宋战争，同时与西夏议和。尽管这一决策为时过迟，但毕竟有利于集中兵力，抗御蒙古。他还起用了一些主张抗蒙的大臣和抗蒙有功的将帅。

　　但哀宗决不是力挽狂澜的有为英主，他的施政纲领只是"述先帝之遗意"，宣宗贻误了十年的时间，他不久也步了乃父的后尘。王皇后还有一个姐姐，封为郕国夫人，能随时出入宫廷，号自在夫人。她干预朝政，权势通天，奔竞者往往纳贿取媚。皇族白撒，目不识丁，却奸黠有余，因善于逢迎，当上了宰相，入朝办公嫌堂食不合口味，总自带家膳。

正大四年，蒙古灭西夏，拖雷监国，得以全力攻金。次年，金蒙在大昌原（今甘肃宁县西南）打了一场硬仗，金忠孝军提控完颜陈和尚以四百骑兵大败蒙古宿将赤老温八千之众。这是金蒙对抗以来金军的第一次大胜仗，陈和尚因此声名远播，忠孝军也成为抗蒙劲旅。大昌原之战说明金朝绝非无将，金军也绝非不堪一击，关键是朝廷的决策和用人。

正大六年，窝阔台继承汗位，开始全力灭金，金蒙战争进入了最残酷的白热化阶段。次年，窝阔台亲率大军进攻山西，命史天泽进围卫州（治今河南卫辉市）。由卫州过黄河就是汴京，因而能否固守卫州直接关系到金朝存亡。哀宗命完颜合达等领兵十万驰援，先锋完颜陈和尚领忠孝军三千出击，蒙军退兵，卫州解围，汴京暂安。

正大七年，窝阔台确定灭金战略：由窝阔台亲率中路军，攻河中府，下洛阳；斡陈那颜率左路军进军济南；拖雷率右路军由宝鸡南下，借道宋境，沿汉水出唐州、邓州，次年春季会师汴京。九月，蒙军三路齐发。次年正月，窝阔台军占领郑州，游骑已到开封城下，哀宗慌忙让正在与拖雷军作战的完颜合达回师救援。

与此同时，拖雷军也进抵邓州境内的禹山（在今河南邓县西南），遭到金将完颜合达和移剌蒲阿的殊死抵抗。拖雷留一部分蒙军牵制，主力分道直奔汴京。合达和蒲阿奉命率步骑十五万驰援汴京，在钧州（今河南禹州市）以南三峰山后被拖雷大军追击，前遇窝阔台大军阻截，陷入重围。时正大雪，金军粮尽，人乏马困，枪槊蒙雪，结冻如椽。蒙军围而不战，烧火烤肉，轮番休整，而后有意让开通往钧州的一条路，在金军北走"突围"时，给以致命一击，金军全线崩溃。

移剌蒲阿领一支兵杀向开封方向，旋即被俘，遭劝降，答以"我是金国大臣，只应死在金国"，不屈被杀。完颜合达与完颜陈和尚率残兵数百突入钧州城内，但寡不敌众，城破，合达败死，陈和尚被俘，面对劝降，坚决不跪拜，被先后砍断膝胫、足胫，割开了嘴，仍怒骂不绝口，喷血而死。

在抗蒙战争中，金朝也涌现了不少像完颜陈和尚这样的民族英雄，后人也

窝阔台汗像（台北故宫博物院藏）

应该像文天祥、史可法那样去宣传他们。三峰山之战是金蒙之间决定性的战役，此战，金军不仅精锐尽失，还损失了完颜合达、移剌蒲阿两位主帅和完颜陈和尚等主要的战将，金朝的灭亡已不可避免了。

开兴元年（1232年）三月，蒙古军攻克洛阳，麾师进围汴京孤城。哀宗与后妃聚在一起，以泪洗面，他先想偷偷自缢，被救下，后想跳楼自杀，又被救下。有臣下一针见血指出："今日之事，皆出陛下不断，将相怯懦。"哀宗遣使恳求纳质求和，不获应允。

五月起，城内发生瘟疫，《金史·哀宗纪》说五十天内出殡的死尸达九十余万具，这一数据肯定有夸大，但瘟疫来势迅猛可以想见。城内粮食断绝，以至于人相食。汴京城援绝粮尽，勉强撑持到岁末，哀宗决定仿效乃父故伎，弃城出逃。但其父当年还有汴京作为退路，而哀宗根本没有方向。

十二月，哀宗将防务交给参知政事兼枢密副使完颜奴申和枢密副使兼知开封府事完颜斜捻阿不，让皇太后和后妃们留守京城，表明他还要回銮，借以稳住城中人心，自己带着扈从的小朝廷，匆匆出城。

哀宗原来准备西逃汝州，听西来金将说京西三百里无井炊，便改道东行。元帅完颜官奴则主张攻卫州（今河南卫辉市），因为那里有粮可守。平章政事白撒以为还不如进驻归德（今河南商丘南）。

哀宗听从了官奴之策，连攻卫州三日不下，而蒙古大军随即来援，金军闻风溃逃。哀宗在白撒再劝下逃往归德，他把卫州之败归咎于白撒，这才把这个误国的皇族宰相投入大牢。七天以后，总嫌堂食不合口味的白撒活活饿死。

卫州之败的消息传来，汴京百姓才知道哀宗是撒手不管自逃生路去了，对哀宗的不满便转移到留守汴京的二相身上。因粮食断绝，汴京城内一升米售至白银二两，沿路饿殍相望，时见士女行乞，甚至发生自食妻子的惨剧。汴京西面元帅崔立利用群众的不满情绪，发动政变，杀了留守二相。

在群众指望崔立为一城生灵作主时，他却自着御衣去见蒙军统帅速不台，企图让蒙古大帅立自己做儿皇帝。回城后，一把火烧毁了城防工事，把皇太后、后妃、宗室五百余人交给蒙军，押解北上。汴京陷落，蒙军入城，先把崔府搜刮的珍玩连同其妻妾儿女抢劫一空。

哀宗进驻归德，知府石盏女鲁欢升任枢密副使兼权参知政事。蒲察官奴继完颜陈和尚之后统领忠孝军，他虽是坚决的抗蒙派，但为人专断跋扈。这跋扈表现有三：其一，他在尚书省设宴调解时杀了与他不和的对手统兵元帅马用；其二，随即以谋反的借口杀了石盏女鲁欢等将相三百余人；其三，把哀宗隔离在照碧堂，挟天子以令诸侯，朝臣不敢奏事。

五月，官奴率四百五十忠孝军袭击驻扎在归德城北的蒙军大营，蒙将撒吉思卜华败死，敌军溺死者达三千五百余人。蒙军暂时败退，哀宗一面授官奴为参知政事兼左副元帅，一面哀叹自己不知用人，以致几同狱囚。

哀宗早打算逃往蔡州（今河南汝南），这是逃跑主义的最后退路，再往南就是南宋边境了。官奴反对南逃，扬言谁再主张就杀他的头。六月，哀宗与近侍密谋，设伏杀死了官奴。用意一是受不了官奴的专擅，二是这样才可能南逃。蔡州无险可守，又随时受到来自南宋的威胁，哀宗迁蔡，其不智与放弃汴京相同。

初到蔡州，因蒙古与南宋正协商联合灭金的事宜，哀宗竟当了三个月的太平天子。他下令营造见山亭，供游憩之用。尚书右丞完颜仲德说："蔡州公廨虽不及皇宫万一，但比野处露宿强。今大兴土木，恐人心解弛。"不久，哀宗又让内侍为他私下物色处女以备后宫，仲德进谏道："老百姓无知，神不可不畏！"

就在哀宗醉生梦死不图救亡之际，南宋与蒙古达成了共同灭金的协议。早在金宣宗发动侵宋战争的当年，即 1218 年，成吉思汗就派木华黎的叔父者卜客使宋，讨论联手灭金的可能性。南宋是表示响应的，也遣使报聘。

而窝阔台假道于宋以伐金的计划，实际上是成吉思汗留下的遗嘱。宝庆三年（1227 年），蒙古军在进攻西夏的同时，就试探着侵掠南宋四川境内。宋四川制置使郑损弃守七方关（在今甘肃康县东北）、仙人关（在今甘肃徽县南）、武休关（在今陕西留坝南）三关，把关外五州军拱手相让给蒙古军。这年是丁亥，宋方称为"丁亥之变"。

绍定四年（1231 年），当窝阔台将其父遗嘱付诸实施时，拖雷先攻下天水军（今甘肃天水南）、成州（治今甘肃成县）和西和州（治今甘肃西和西），再派者卜客出使宋军，提出假道的要求。不料者卜客被南宋沔州统制张宣杀死，大怒之下，拖雷干脆武力借道。

蒙军攻陷沔州（治今陕西勉县），一路南下四川腹地抄掠，直到果州（今四川南充北）；另一路东攻兴元府（今陕西汉中），夺饶风关（在今陕西石泉西）。宋四川制置司被迫供应粮草，派出向导，引导蒙军沿汉水东下，出邓州，对汴京完成战略包围。

绍定六年，金哀宗逃往蔡州以后，窝阔台派王檝出使南宋，约定共同攻蔡的日期。宋理宗见金朝灭亡在即，遣使赴蒙，同意联合灭金。金哀宗获知这一情报，立即遣使南宋约和，转告的理由倒十分鞭辟入里："蒙古灭国四十，以及西夏。夏亡及于我，我亡必及于宋。唇亡齿寒，自然之理。若与我连和，既是为我们自己，亦是为你们。"但是，这不过是外交辞令，哀宗与宋约和，只是减轻两线作战的军事压力，背地里他却认为南宋不堪一击，还打算挥师西向，从南宋的川蜀夺取生存空间。

那么，南宋方面是否全然不知唇亡齿寒的常识，而作出联蒙灭金的决策呢？早在嘉定七年（1214 年）蒙古侵金时，朝廷讨论断绝纳金岁币，提举淮西常平乔行简就提出："金国，过去是我们的仇敌，今天是我们的屏障。唇亡齿寒的古训可以为鉴。不妨仍给岁币，使拒蒙古。"权相史弥远认为他所虑甚远，准备继续纳币。

一批太学生伏阙丽正门，痛斥乔行简卖国，要求砍他的头。史弥远深知惹不起，就停了岁币。这一决策实际上等于向金朝宣布嘉定和议无效，宋金关系的恶化责任最先在南宋方面。金宣宗侵宋，固然是大失策，但与此也不无关系。兴定侵宋使南宋朝野民族主义的仇金情绪再次急遽升温，虽知唇亡齿寒的常识，也不可能达成联金抗蒙的同盟。

金哀宗即位，虽然停止了侵宋，但双方却都政治短视，缺乏三国时孙刘联盟的那种远见，尤其是有燃眉之急的金朝，在这一问题上缺乏应有的主动和诚意，以致双方未能结成抗蒙联盟，这是十分可惜的。

平心而论，南宋政府虽在嘉定十一年（1218 年）就响应蒙古联合攻金的建议，却迟迟不见行动，应该就有唇亡齿寒的考虑在内。而金哀宗在即位十年内丧失了与宋联手的大好时机，灭亡在即，为了避免腹背受敌，才想到约和之策，同时却还在打南宋四川的主意。

面对金朝必亡之势和得知金朝图蜀之谋，再联系到宋金关系的历史宿怨和近期走势，南宋决策联蒙灭金，实在也是无可奈何的。由于此时的金朝已必亡无疑，联金抗蒙已不可能扭转变局，而只能开罪于蒙古，使宋朝更早进入与蒙交战状态。而联蒙灭金，既可缓和与蒙古的紧张关系，又可满足靖康之变以来的仇金民族情绪。

南宋联蒙灭金的决策与北宋联金灭辽的海上之盟，确有历史相似之处。王夫之即把两者相提并论，批评宋朝"借金灭辽以失中原，借元灭金以失江左"。毫无疑问，民族主义情绪和收复失地情结在两个决策中都起了推波助澜的作用。但海上之盟完全是徽宗集团出于对三国关系和实力的盲目估计，主动作出了错误轻率的决策。而联蒙灭金的选择，南宋无疑较理智地分析了当时三国关系的既有现状，虽明知唇亡齿寒，却出于被迫和无奈，以便两害相权取其轻，因而不能简单将其与海上之盟混为一谈。

天兴二年（1233 年）八月，金哀宗命秦州元帅粘哥完展权参知政事，要求与他在九月中会师饶风关，乘宋不备，攻取兴元府，向四川扩地。同时，河南金将武仙也攻打南宋的光化（今湖北光化西）等地，以便为哀宗入蜀杀开血路。南宋京西兵马钤辖孟珙大败来犯的金军，并乘胜攻克金朝境内的邓、唐等州，使哀宗入蜀计划成为泡影。

九月，蒙军进围蔡州，标志着蔡州之役的开始。十月，南宋以孟珙为统帅，领兵二万，运粮三十万石，履约与蒙军合攻蔡州，十一月抵达蔡州城南，受到蒙军统帅塔察儿的欢迎。双方划定围城地界，约定互不侵犯，同时相互配合攻城。

但金军顽强守城，战争十分激烈。蔡州被围三月，城内物价腾贵，粮食断绝，居民以人畜骨和芹泥充饥，哀宗杀厩马五十匹、官马一百五十匹给将士食用。

天兴三年(1234年)正月十日，蒙军攻西城，宋军攻南门。哀宗见城破在即，传位给东面总帅完颜承麟，指望他杀出蔡州，再图恢复。其时，蔡州城已被攻陷，哀宗自缢身亡。完颜仲德率领一千金军精锐，与蒙宋联军展开了激烈的巷战。听说哀宗已死，仲德也投汝水殉国，追随投河自杀的金朝将士达五百余人。末帝承麟被乱兵所杀。金亡，立国凡一百二十年。

国亡身死前，金哀宗说了番自鸣不平的话："我做太子十年，人主十年，自知无大过恶，死也无恨。所恨的就是国家社稷到我而绝，与历来荒淫暴乱之君同样亡国，惟此让人愤愤不平！"于是，元代郝经有"天兴不是亡国君"的议论。

金亡之局，宣宗虽已铸定，但哀宗为君十年，苟延残喘，不图远略，坐失时机，决策失误，一再逃跑，即便如其自诩无大过恶，不做国君则无妨，倘作为乱世之君，既然没有挽狂澜于既倒的志向和才略，便只配做亡国之君。认识不到这点，还以为历史不公平，有君如此，金朝焉能不亡！

七〇

宋蒙终于交战了

　　端平元年（1234 年），南宋联蒙灭金，蔡州之役的宋军统帅孟珙获得金哀宗的遗骨，俘虏了金朝参知政事张天纲，送往临安。南宋举朝若狂，举行了一系列热火朝天的庆祝活动。金哀宗的遗骨奉献在太庙徽、钦二帝的遗像前，理宗还派人羞辱张天纲"有何面目至此"，遣使祭扫河南祖宗陵园的准备也在紧锣密鼓地进行中。南宋君臣自我感觉太好，不愿承认自己灭金只是狐假虎威的结果。

　　宋蒙联手灭金时，对灭金后河南的归属没有明确约定。但蒙古不会拱手相让这块到嘴的肥肉，南宋则理所当然认为这是祖上的基业。金亡以后，南宋直接与蒙古发生了关系，在对蒙方略上，或者说在对待中原故土问题上，出现了主战主守两种意见。

　　先说主战派。金朝降将国用安向赵范、赵葵兄弟提出"据关守河"的建议，也就是把南宋的边境从淮河、大散关一线北移到黄河、潼关一线。这样势必要收复包括三京（指东京开封、南京归德和西京洛阳）在内的河南、陕西等地，与曾经占领这一地区的蒙古军发生正面冲突。二赵力主趁蒙古主力北撤、河南空虚的当口，尽快收复三京，实施这一方案。宰相郑清之也支持据关守河之议，他刚替代史弥远去世后的相位，正在襄赞理宗的端平更化，对史嵩之主持的联蒙灭金之功（孟珙也是京湖安抚制置使史嵩之的部将）颇不自在，主战夹杂着个人目的。

　　史嵩之这回倒成了主守派，他也有私心，唯恐郑清之与二赵的战功超过自己。赞同他的还有沿江制置使赵善湘，他们认为，衡估南北局势与双方实力，还没有到开战的时机。站在史嵩之一边反对贸然收复三京的还有参知政事乔行简、枢密副都承旨吴渊和淮西总领吴潜等，儒学领袖真德秀也在其中。

他们的理由有三：一是当前国力尚不足以据关守河；二是后勤给养难以解决；三是为蒙古南侵制造借口。第三条理由站不住脚，蒙古要南侵，总能找到口实的。第一、二条理由应综合起来考察，中原屡经战争，无粮可供军用；南粮北运，汴河堙塞，漕运不通，陆路运输无异远水近火，杯水车薪，说国力一下子还不足以据关守河，有其一定的道理。

这年理宗刚开始亲政，颇想有所作为，因而屡发"中原好机会"的感叹。他打算成就一番祖先没能实现的事业，决定出师收复三京。他罢免了吴渊、吴潜兄弟，史嵩之也免职闲居；以赵葵为收复三京的主帅，赵范为两淮制置使兼沿边制置副使，节制江淮兵马，策应入洛部队。

六月中旬，原淮西制置使全子才率先头部队出发，六月末收复南京归德府（今河南商丘），七月上旬进驻东京开封，但他一路上收复的都是空废之城。半月以后，赵葵率大军抵达东京，见全子才仍在原地按兵不动，责怪他延误战略目标，回答说是京湖制置司的粮饷尚未到齐。受史嵩之的教唆，京湖制置司在筹划粮饷上阳奉阴违，不肯及时筹运粮食，贻误了战机。

赵葵主张立即挺进洛阳，便派徐敏子为监军，率一万三千人进取洛阳，再命杨义领兵一万五千为后援，两军仅各带五天口粮。月末，留守洛阳的蒙古军有备撤退，徐敏子进入洛阳空城，蒙古军在城外设伏实行反包围。杨义所率援军在洛阳城东遭到蒙古伏兵的袭击，溃不成军，坠入洛水者不计其数，杨义仅以身免。

消息传来，洛阳城内宋军的士气更为低落。八月初，入洛宋军断食四日，被迫退兵，蒙古军纵兵尾击百余里，伤亡达十八九，徐敏子中箭负伤，步战逃回南宋边郡光州（今河南潢川）。

留驻在东京的赵葵、全子才闻讯也不增援，反向朝廷虚报战况，把败北溃散说成"奸敌精锐"，把望风披靡说成"保存实力"。大军最后也终因粮饷不继，兼之蒙古军乘机决黄河水倒灌，只得引师南撤。

端平入洛前后近两个月，以轻率出师始，以仓皇败退终。端平三年，理宗下罪己诏，承认"责治太速，知人不明"，是失败的主要原因。端平入洛的直接后果有三：其一，南宋国防力量大为削弱，军民死者十余万，粮食损失百万计，器甲辎重尽弃敌境；其二，南宋从此对蒙古彻底放弃主动出击的战略，转为闭关守御的消极政策；其三，蒙古确实以此为借口，开始发动侵宋战争，宋蒙战争正式拉开序幕。

端平二年，蒙古窝阔台汗在西征欧洲、东征高丽的同时，派大将阿术鲁率东路军进攻两淮，二皇子阔端率西路军攻打四川，三皇子阔出率中路军南下荆襄。先说西线战场。阔端攻陷沔州（今陕西勉县），次年九月，攻破宋军蜀口防线，深入川北，一月之间，利州、成都和潼川三路五十四州相继陷落，四川遭受蒙古军的第一次洗劫。

再说中线战场。阔出从河南南侵，京湖制置副使全子才驻守唐州（今河南唐河），闻风弃城而逃，枣阳、光化和德安等湖北郡县也先后失陷。京湖安抚制置使赵范坐镇襄阳，朝夕酣饮作乐，边防废弛，驻襄南北军势同水火，北军最后焚城降蒙。端平三年，蒙古军也突破京湖防线，攻克襄阳，湖北九郡相继陷落，蒙古军直逼江陵（治今湖北沙市），饮马长江。

孟珙奉命驰援，下令封锁江面，采用疑兵之计，列炬照江达数十里，让军队变易旌旗服色，循环往来，虚张声势，迷惑敌人。他趁机焚毁了蒙军打造的渡江战船，这才迫使敌军撤退，确保了长江防线的安全。

江陵保卫战以后，理宗将京湖战场的防务交给了孟珙。他也不负所望，不但收复了襄阳等失地，还多次派兵主动深入河南作战，给蒙古军造成严重的威胁。他是淳祐六年（1246 年）去世的，在其镇守荆襄期间，蒙古军始终不敢轻易南牧。

最后来看东线战场。蒙古军队也向两淮州郡发起过猛烈的攻势，前锋甚至打到过真州（今江苏仪征）。但这里是长江门户、江南屏障，宋军防御力量较强，蒙古军没占到多大的便宜。

端平三年，杜杲知安丰军（治今安徽寿县），浚深城濠，构筑外城，为抵御蒙古军进犯预作准备。次年冬，蒙古军围城三月，架火炮焚楼橹，宋军随毁随补。蒙古军命敢死队戴金属面具，着牛皮盔甲仰攻攀城，杜杲命善射之士以小箭专射其目，使其无法得逞。安丰守军与增援部队内外夹击，大败敌军，蒙古军在安丰城下损兵折将达一万七千余人。

嘉熙二年（1238 年），杜杲因功升为淮西安抚使兼知庐州（今安徽合肥），蒙古骑兵来攻，堆垒起高于城楼的土坝，日夜炮攻不停。杜杲在城中再建一座土城，以防不测，指挥军民以火攻与炮石袭击蒙古军，焚毁其炮座，趁其势竭，乘胜出击,追杀数十里,毙敌二万六千余名。安丰军之战与庐州之战,是宋蒙战争前期少有的胜仗,也开创了城市保卫战的成功先例。

大体说来,从端平入洛宋蒙进入战争状态以来,一方面,蒙古专力西征,战略进攻重点不在南宋,另一方面,南宋在川蜀、荆襄战场初战失利后就加强了这些地区的防务,因而直到蒙哥汗在位前期,宋蒙战争还只是小打小闹,真正残酷悲壮的战役还在后头。

七一

端平更化

史弥远死前将最受信任的郑清之升为右相兼枢密使，薛极为枢密使，乔行简与陈贵谊为参知政事，安排好后事才撒手死去。理宗将明年改为端平元年（1234 年），沉默了十年，他终于熬出了头，开始亲政。

旧史家将理宗端平亲政后的一些改革称为"端平更化"，近来有学者认为理宗的这种改革一直持续到淳祐年间（1241—1252 年），严格说来应称"端平淳祐更化"。这一说法不无道理，但毕竟端平年间出台的改革措施最多，改革力度也较大，这里姑且沿用旧称，但所说内容间或也延伸到淳祐之政。更化内容主要有以下几个方面。

其一，罢黜史党。史弥远一命呜呼，他那些遍布朝廷的心腹党羽也失去了靠山。理宗惟恐引起政治地震，对史弥远曲加维护，但对其党羽则决不宽贷。还在史弥远病危期间，理宗夜降诏旨，罢免了梁成大。端平元年五月，流放千夫所指的"三凶"：李知孝瑞州居住，梁成大潮州居住，莫泽南康军居住。袁韶因趋附史弥远而位居执政，赵善湘以史弥远的亲家而擢任制帅，也都遭到台谏的论劾而相继罢任。其他被罢黜的史党爪牙不胜枚举。

其二，慎择宰相。理宗纠正了宁宗嘉定以来权臣独相的局面，谨慎简选宰相，使这一时期的政治相对稳定。郑清之任相虽出于史弥远的安排，但他是理宗的老师，又参与拥立，因而也深受理宗信任，端平更化时，其相位并不因史弥远推荐而有所动摇。郑清之不像史弥远那样专断，史称他"不好立异"，在配合更化上君臣倒也投契。端平三年，理宗因用兵失利下罪己诏，他也罢去相位，但理宗对他仍眷顾不衰。史称郑清之"端平初相，声誉翕然"，对当时召用正人，出力尤多。

端平二年，乔行简开始与郑清之并相，清之去位以后，理宗让他独相三年，嘉熙三年，因老病改为平章军国重事。史称他"历练老成"，参与更化决策时间最长，对加强边防、整顿财政、荐引贤能贡献颇多。

李宗勉与史嵩之在嘉熙三年并任左右相。宗勉为相仅两年，即卒于任上，史称他"守法度，抑侥幸，不私亲党，召用老成"，有"公清之相"的美誉。史嵩之其人，不是贤相，却是能臣。他第二次经理京湖防务时，荐士三十二人，董槐、吴潜后来都称贤相。史嵩之任相以后，京湖用孟珙，川蜀用余玠，在其后抗御蒙古南侵中都功绩卓著，可谓识人。

但史嵩之因是史弥远之侄，时人对史弥远的一口毒气都呵在了他的身上，后人对他也没有好感。他与乔行简、李宗勉先后并相，时论评曰：乔失之泛，李失之狭，史失之专。他为相六年，略有史弥远专断的余风。淳祐四年（1244年），丁父忧，理宗命他起复，舆论大哗。人们联想到史弥远在宁宗朝起复后专政二十五年的旧事，不断上书以儒家伦理抨击他，太学生、武学生与临安的府学生也轮番上书。理宗也唯恐他成为史弥远第二，便让他守丧，服除以后，借助舆论的力量也没有再起用他。因受史弥远的牵累，后人对他与郑清之俱无好语，平心而论，两人固然绝非贤德之相，但也绝非权奸之相。

其后，范锺与杜范并相。史称范锺为相，"直清守法，重惜名器"；杜范任相，都民"欢呼载道"，都有令誉。嘉熙五年，杜范死在宰相任上，游似与范锺并相，两人虽政见不合，但都能克制和配合。

淳祐七年（1247年），边事转急，理宗再相郑清之。但郑对御蒙并无贡献，而且"政归妻子"，其子卖官鬻爵，令其政声大坏。淳祐十一年，郑清之去世，由谢方叔与吴潜并相，吴潜也称"贤相"，但在位仅一年；谢方叔直到宝祐三年（1255年）才罢相，这时，理宗之政已由更化图治的前期转入嗜欲怠政的后期。

综观理宗端平、嘉熙、淳祐之际的宰执，除郑清之与史嵩之的评价，尚有争议，其他宰相与执政，大都一时之选，较孚人望。

其三，亲擢台谏。史弥远专政，台谏成为权相的鹰犬，理宗都看在眼里。史弥远一死，他就宣布"收倒持旁落之权，肃更大化，择特立独行之士，亲擢紧官"，把擢任台谏权攥在手中。这一时期，他任命台谏四十余人，知名的有洪咨夔、李宗勉、李韶、谢方叔、江万里、程元凤、李昴英等，大多立朝正直，议论恺切，使端平更化中的台谏风采成为南宋晚期最后一抹余晖。

其四，澄清吏治。光、宁以后，吏治大坏，及至理宗亲政，更是贪浊成风，贿赂公行。理宗亲自撰制《审刑铭》《训廉铭》等，把道德宣传与法律约束结合起来，规定官员犯赃与谋杀、故杀、放火列为同罪，贪赃移作他用者籍没其家，推行吏部考功条法，惩办了一批赃吏。

官吏冗滥是吏治腐败的又一现象，往往六七人盯住一个候补官缺，既消耗国家财政，又影响行政效率，更造成跑官行贿。理宗对此也采取了一系列措施。

一是取消堂除陋规。堂除是权臣专政下的政治陋规，也为内降恩泽滥授美差留下了后门。堂除之阙还给吏部后，"赴选调者无淹滞，合资格者得美阙"，有效抑制了内降恩泽。

二是减少官吏权摄。所谓权摄就是不够任职资格者代理为官，官员队伍因而膨胀。理宗规定，内地如缺州县官，必须由现任官出阙；出任两任通判者其中一任必须到两广四川等偏远地区任职，确保那里官阙不再权摄。

三是控制取士人数。从端平到淳祐的六次科举取士，每举平均取士约四百五十人，比起理宗宝祐以后七次科举取士每举平均约六百人来，大约少取四分之一，也应是减少冗官的措施之一。

四是严格升迁制度。为了抑制侥幸得官和越级提升，理宗规定：在朝的宰执、台谏、侍从以及在外的监司、帅守不许徇私荐举；未历州县官者不得入朝为郎官，已经在朝为郎官者必须补上这一任。

其五，整顿财政。理宗亲政，财政上面临物价飞涨、国库空虚两大问题。前者主要是滥发纸币造成通货膨胀，后者主要是端平入洛的军费开支与应付冗官的行政花销。回应前者的主要措施是停止发行新币，适当回收旧币，严禁伪造楮币。这些措施有一定作用，但不能从根本上解决南宋后期日渐严重的会子危机，对此将在《会子危机》里细说。

应对后者的主要措施是严格会计制度，实行节用方针。端平元年，理宗命尚书省设局审计户部财赋收支，下令编制《端平会计录》。嘉熙二年(1238年)，命各州府仿照户部会计式样，立簿记录出纳，每季送呈尚书省计簿房，作为考核官员的标准之一。端平二年，宰执自愿减半俸，以为提倡节用的表率。这年九月，理宗命大臣审定节用项目，范围上自宫掖，次及朝廷，下至州郡，指示"毋牵私情，毋惑浮议，日计之虽不足，岁计之则有余"。

其六，尊崇理学。韩侂胄倒台后，理学地位逐渐上升。理宗即位前就向郑清之学程朱理学，即位后又让真德秀讲授朱熹的《四书集注》，宝庆三年，进封朱熹为信国公，凡此都表明他对理学十分热衷。端平亲政，理学家们掀起了为程朱理学争正统的热潮,理宗也成为理学官学化进程中举足轻重的一位君主。

端平元年，他下令周敦颐、程颢、程颐、张载和朱熹入祀孔庙。次年，理宗采纳李的建议，享受入祀孔庙待遇的改为胡瑗、孙复、邵雍、欧阳修、周敦颐、司马光、苏轼、张载、程颢与程颐。从这一名单，反映出程朱理学虽已成为主流派，但尚未定于一尊,蜀学领袖苏轼与文坛泰斗欧阳修都名列其中。

淳祐元年 (1241 年)，理宗分别追封周敦颐、程颢、程颐、张载为汝南伯、河南伯、伊阳伯、郿伯，与原先所封的信国公朱熹同为儒学嫡传正宗，令学官列入孔庙从祀。与此同时,理宗宣布王安石是儒学"万世罪人",黜出孔庙;胡瑗、孙复、苏轼、欧阳修也被迁出，司马光则陪了绑。

景定二年 (1261 年)，司马光又与邵雍、张栻、吕祖谦补祀入孔庙，这是南宋最后排定的名单，程朱理学的官学正统地位宣告确立。

擢用理学之士，也是理宗表彰理学的重要表现。起用真德秀、魏了翁对朝野影响最大。真、魏被史弥远排斥出朝，在理学成为儒学正统过程中最有贡献，当时并称二贤。端平元年，理宗召真德秀为翰林学士，魏了翁直学士院。当时，物价腾贵，民生憔悴，人民对他们回朝寄予厚望，民谚曰："若欲百物贱，直待真直院"。但他们入朝后大谈"正心诚意为第一义"，对物价虽采取过措施却收效不大，民谚失望地说："吃了西湖水，打作一锅面。"次年，真德秀升任参知政事，仅两月就去世。魏了翁立朝仅六个月，也出朝督视京湖江淮兵马，不久自求罢官归里。理宗召用真、魏，主要用意是借此起推崇理学、任用贤能的象征性作用。

当然，上回已细说过的端平入洛，收复三京，也是端平更化的内容之一。端平更化是韩侂胄以后南宋后期黑暗政治中唯一的短暂亮色，对革除史弥远专政时的弊政，对稳定理宗亲政后的政局与社会经济，产生了一定的积极效果。

但对端平更化不宜估价过高，更不像当时人所鼓吹的是什么"小元祐"。南宋王朝病入膏肓，已不是那些澄清吏治、整顿财政等治标不治本的措施所能奏效的。端平入洛只落得仓皇北顾。清除史弥远余党也畏首畏尾。在用人方面，当时就有人一针见血地指出："非是端平君子无益于国人，乃是朝廷任用不笃，未能使君子展尽所长。"更化唯一成功的大概要数尊崇理学，理宗的庙号也因此而名至实归。

宋理宗坐像（台北故宫博物院藏）

七二

大理国

　　南诏是由乌蛮为主体建立的西南民族政权，立国一百六十五年，唐天复二年（902年），被权臣郑买嗣取代，改国号为"大长和"。传了三世，被东川节度使杨干贞推翻，拥戴白蛮（白蛮即白族的先人）大姓赵善政，建立大天兴国。杨干贞也是白蛮大姓，仅十个月，就按捺不住，自立为王，国号大义宁。

　　大义宁国属下的通海节度使段思平也是白蛮贵族，但他自称先世是武威郡人，可能是蛮化的汉人。因杨干贞要加害于他，段思平就向东方三十七部借兵，会师石城（今云南曲靖），攻入都城太和城（今云南大理南），灭了大义宁国，建立了大理国，改是年为文德元年（938年）。

　　大理国的疆域基本上与南诏相似，主要包括现在云南全境与四川西南等地区，建都大理（今属云南），洱海周围是其政治经济的中心所在。所辖共有八府、四郡、三十七部，八府四郡是直接管辖的政区，三十七部各有世袭的"部长"，有相对的独立性。

　　三十七部以乌蛮为主（乌蛮后来的衍变为彝族），曾帮助过杨干贞攻灭郑买嗣，看来是大理境内举足轻重的势力。段氏立国后，首先免去他们的徭役，立誓永修和好。其后，段氏与三十七部似乎长期保持着良好的关系，明政三年（971年）还一起会盟攻打过滇池以东的几个民族头领，特地立了一方《石城会盟碑》以为纪念。

　　大约北宋元丰三年（1080年），第十二世王段连义时，权臣杨义贞发动政变，大臣高智昇命子高昇泰起兵攻灭杨氏，拥立段氏后裔段寿辉。绍圣元年（1094年），段氏让位给高昇泰，昇泰建立大中国。但他在位仅两年即死，王位再还给段氏，改国号为后理国。其后，高氏世代为相，称"中国公"，虽不废段氏，国人却称高氏为国主，波斯商人等前来，必先见国主后朝国王。后理国时期，三十七部屡与作战，或许与反对高氏擅政有关。

大理国的宫室、语言、礼仪与中原汉族政权没有多大差别，社会经济各门类的水平与汉族也相去不远。白文是大理国的民族语言，借用汉字书写而读以白语发音，《白史》就是用白文写成的历史著作。佛教在大理国相当盛行，据说，二十二位国王中，就有八位逊位为僧。

佛教的盛行促成了寺院建筑与佛教艺术的发达。传世至今的《张胜温画卷》就是佛像绘画的代表作。画卷作于大理国盛德五年（1180 年），关于画家张胜温的生平，几乎一无所知。画卷全长三十余米，前段绘大理国第十八世主段智兴及其扈从，是大理宫廷生活和衣冠制度的真实写照；中段绘诸佛菩萨天龙八部等画像，是画卷的主题；后段绘天竺十六国王。画卷素本彩绘而敷以金色，设色艳丽，金碧辉煌，光彩夺目，被乾隆皇帝称誉为"天南瑰宝"。

接着说说宋朝与大理国的关系。宋太祖乾德三年（965 年），宋灭后蜀，大理国曾派使者到黎州（今四川汉源北）递送过祝函。据说，灭蜀大将王全斌曾主动要求进攻大理国，但太祖鉴于南诏曾给唐朝带来过不少麻烦，就对着地图，拿起玉斧（也就是烛影斧声中的那种玉斧），在大渡河划了一线说："此外非吾有。"理由是"德化所及，蛮夷自服"，这就是有名的宋挥玉斧的故事。不过这一传说的可信度大可怀疑，关键恐怕还是北宋要把主要精力放在对付北方大敌上，无力征服西南。

宋太宗太平兴国年间，曾册封大理国主为"云南八国都王"。但大理与北宋的政治往来十分稀疏，也没有稳定的隶属性朝贡关系。政和七年（1117 年），宋朝封其主段和誉为云南节度使、大理国王。

大理虽偏居西南一隅，与内地经济文化的交往却绵延不绝。主要通道一是渡金沙江，越过凉山到达嘉州（今四川乐山），一是穿过今贵州西南，沿右江而下到达邕州（今广西南宁）。设在邕州的横山寨（今广西田东）是双方经济贸易最重要的窗口，嘉州铜山寨（今四川汉源西北）等地也是互市的集散地。

茶马贸易是双方经济交流的主要内容。大理马品种优良,可与西北马媲美,北宋在成都设茶马司,所购的主要就是大理马。南渡以后,宋朝断了西北马的来路,大理马成为补充骑兵坐骑的主要来源,在对金战争中起过相当的作用。通过横山寨等博易场输往内地的大理马,每年多者四五千匹,少者也达三五百

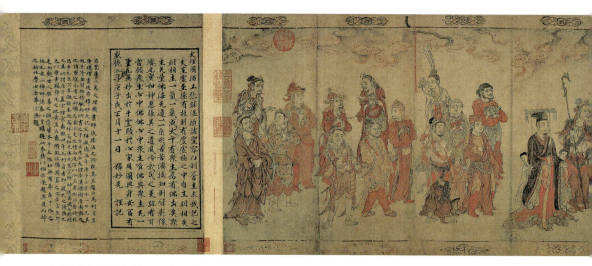

张胜温《大理国梵像卷》后段（台北故宫博物院藏）

匹，成为边贸的重头戏。

大理刀制作精美，锋利异常，以大象皮为鞘，一鞘两筒，各插一刀，在互市中也十分走俏。而除了茶盐，内地的图书也很受大理的欢迎，往往指名购求注释本的《五经》《文选》《三史》和《初学记》等典籍。大体说来，大理方面输出的主要有马匹、刀剑、金银、铜器、玉石、珠宝等，宋代用于边贸的主要有茶盐、丝织品、书籍、文化用品、金银制品等。

两个政权之间的政治关系，北宋略比南宋密切；而民间的经济文化交流，则南宋远比北宋频繁。有的史书说大理"三百年不通中国"，显然无稽之谈。

宝祐元年（1253年），蒙古蒙哥汗命忽必烈率军南征，忽必烈从六盘山迂回经川西大雪山，渡大渡河，辗转山谷二千余里，再以皮筏强渡金沙江，未遇到多大的抵抗，次年就破其国都，俘其国王段兴智。大理国立国共三百十七年，历二十二王。

忽必烈即位以后，命皇子忽哥赤为云南王，往镇其地，至元八年（1271年），三十七部发生变乱，云南王被毒杀。乱平，至元十年，建立云南行省，从此，云南正式与内地成为统一的行政区划，政治经济文化的发展都掀开了新一页。

七三

市舶与蕃客

　　宋代对外贸易的方式有两种，一是边境上与辽、金、西夏、大理的榷场贸易，一是海外贸易。由于西夏的崛起，遮断了中原王朝通往西域的传统商路，更因经济重心的南移，支持外贸的经济重心也从北方转移到了南方，而海外贸易恰恰是以东南沿海港口为其依托的。

　　宋代航海技术的领先和造船业的发达，也为海上贸易的空前繁荣创造了条件。航海技术领先的最重要标志就是指南针的发明，这点将在后文细说。这里先说造船技术。

　　宋代造船业在当时居于世界领先的地位，已能制造适应各种不同自然环境、具有特定性能的船舶。以行驶区域分有内河船和海船，以用途分有客船、漕船、渔船和战舰，以船型分有尖底船（海舶）、平底船（河船）和车船等，以规模分有载重数千石至万石的大料船、一二千石的中料船和数百石的小料船。

　　最能代表造船业水平的当然还是远洋海船，指南针在海船上的应用和推广，密封隔水舱技术的发明，都是重要的标志。大型海舶建造基地主要集中在两浙的明州、温州、台州，福建的福州、漳州、泉州，广南的广州和雷州；而以福建，尤其是泉州建造的海舶质量最好。泉州曾出土南宋末年海船残骸，已设有横板区隔的密封舱。海船中大料船长达一百米，载货达六百吨，可载五六百人。而大型海舶木兰舟，据《岭外代答》说，"舟如巨室，帆若垂天之云，舵长数丈，一舟数百人，中积一年粮"。

　　宋朝海外贸易分官府经营与私商经营两种方式。一般说来，官府直接派人到海外贸易情况并不多见，私商经营才是海外贸易的主要形式。在私商贸易中，一种是个别权贵与官僚凭借特权派人出海经营，以满足自己的需要和牟取暴利。

泉州九日山祈风刻石

刻石纪录了泉州地方长官与市舶司官员为远航
海舶祈求信风满载归来的史实，是海上丝绸之
路起点的珍贵见证。

南宋初，那个打仗不行、赚钱有方的大将张俊就曾一甩五十万贯，命一老兵到海外经商，第二年老兵回来，获利几近十倍。但这类经营，市舶法不容许官僚权贵本人出面，只能私下委托他人进行，看来当时也是强调官商脱钩的。

于是，以民间舶商为主体的民营外贸便成为海外贸易的最主要方式。当然，有财力置办大型海舶的只有富家大姓，这是海外贸易中的大商人。个别的小商人和做发财梦的无业游民，只能出资在大商人的海舶上以"分占贮货"的方式出海贸易，一人得数尺见方的面积，下以贮物，夜卧其上。

与宋代有直接或间接外贸往来的国家或地区，从唐代的三十余个增至六十余个。大体分为五个地区：一为今中南半岛诸国，如交趾（今越南北部）、占城（今越南南部）、真腊（今柬埔寨）和暹罗（今泰国）等；二为南洋群岛诸国，如摩逸国（今菲律宾群岛）、三佛齐（今苏门答腊）、渤泥（今加里曼丹）等国；三为印度半岛和邻近诸国，如锡兰（今斯里兰卡）等国；四为波斯湾、阿拉伯半岛及其以西诸国，最远到达地中海和东非海岸，如麻嘉（今沙特阿拉伯麦加）、层拔（今坦桑尼亚的桑给巴尔）等国；五为东亚的高丽和日本。当时的外贸航线分南海航路与东海航路，除了到日本与高丽走东海航路，与其他国家与地区的贸易往来都走南海航路。

政府在外贸港口设立市舶司或市舶务加以管理，先后设立市舶机构的外贸港有广州、杭州、明州、泉州、密州板桥镇（今山东胶县）、秀州华亭县（今上海松江）、镇江、平江（今江苏苏州）、温州、江阴军（今江苏江阴）、秀州澉浦镇（今浙江海盐）和上海镇（今上海市）。其中以广州、泉州和明州最为著名，是宋代三大外贸港。广州不仅是华南政治经济中心，也是当时世界大港之一，史称"万国衣冠，络绎不绝"。

南宋以后，泉州一跃成为中国第一大港。因有优良的港湾，泉州自南朝以来就是外贸港口；晚唐五代以来，因环城遍植刺桐，遂以刺桐港闻名于世。元祐二年（1087年），泉州始设市舶司，它作为东海航路和南海航路的交会点上重要贸易港的地位日渐凸现。

南宋以后，由于朝廷的南迁，泉州既没有在宋金战争中遭到破坏，又有了接近政治中心的有利条件，兼之南方经济的高度发展，各种综合因素使泉州港逐渐成为海上丝绸之路的起点，贸易额已超过广州。

在十三世纪初叶以前，大食（阿拉伯）、波斯、占城、高丽等三十余个国

航海纹菱花铜镜（湖南省博物馆藏）
以海船浪花作为日用铜镜的图案折射出南宋海外贸易的强劲势头。

家和地区常来泉州贸易。其后二十年，贸易国增至五十余国。有时候，一次贸易的"净利钱"就达九十八万余贯，一次到货的乳香就达十万余斤。

元丰三年（1080 年），北宋制定过一个广州市舶条法，大概是中国最早的外贸法。整个民营的海外贸易可以分为两个阶段。

一是海外流通阶段，即商人从上船放洋到回国上岸以前，纯属私人经营阶段。但舶商、船主和船员放洋必须持有市舶机构颁发的许可证，叫做公凭、公据或公验，以便出入境时交验，否则出洋交易即为非法。

一是舶船回国货物上岸以后进入境内流通阶段，无论中外商人载来的商品，都必须由当地市舶司按规定"抽解"（征税）和"博买"（征购）。抽解就是以舶来商品的十分之一或十分之二抵冲税金；博买就是官府以低廉的价格收购大部分舶来商品，编纲运送榷货务，由官方掌管其流通和交易。政府对海外舶来品的主体部分实行禁榷政策，即官府垄断大部分输入商品的运销业务以获取厚利。剩下小部分舶来品才由中外舶商自行销售贩易。不少蕃货也被中国商人贩至内地贸利，都城开封和杭州是蕃货消费的中心，平江（今江苏苏州）乃至成都都有蕃货交易。

　　海外贸易中，进口商品在北宋前期不过五十种，南宋已增至三百余种，可分香料、珍宝（珍珠、玛瑙、象牙、犀角等）、药材、矿产（水银、硫磺等）、染料和木材等几大类。输出的主要是丝麻织品、陶瓷器、铜铁和铜器、金银饰品、漆器、茶叶等几大类商品。

　　由于外来商品以香料为大宗，输出商品以绢帛和陶瓷为大宗，中外学者把

清净寺

在今福建省泉州市，为满足阿拉伯商人礼拜而始建于北宋大中祥符二年（1009），成为见证海外贸易与中外文化交流的重要建筑。

当时的海上商路称为"香料之路"、"海上丝绸之路"或"陶瓷之路"。海外贸易不仅使政府获得了巨额的收入，市舶岁入从宋初的三十万贯上升到南宋时期的二百万贯，也为海外各国的文明进程注入了新的活力。

随着海外贸易的繁荣，在各外贸港口形成了规模巨大的蕃货市场，时称"蕃市"，一般设在蕃商聚居的"蕃坊"（也称"蕃巷"）里。广州、泉州的城南都有这种蕃坊，杭州的蕃坊则在城东，蕃坊还办起了"蕃学"。蕃坊设有蕃长，由官府挑选有声望的蕃商担任，机构称为蕃长司。朝廷还制定了"蕃商犯罪决罚条"，蕃商犯罪，徒罪以上者，由地方官决断；杖罪则由地方官府审查核实后，送交蕃长按海外国家惯例惩处，因为宋朝杖罪打臀部，海外国家则打脊背。

当时人习惯把外商称为蕃客。据仁宗景祐年间的官员报告，广州每年都有蕃客携带妻儿前来居住，甚至购买田宅，与当地人杂居，突破了蕃坊的限制。到南宋时，泉州城内蕃商杂处民间早已见怪不怪了。这些蕃客"富者资累巨万"，南宋泉州有一个名叫佛莲的回回商人，死后仅留下的珍珠就达一百三十石。北宋元祐年间，广州有个蕃客改为汉姓刘氏，娶赵宋宗室女为妻。

这些蕃客在泉州、广州等海港城市安家落户，长育子孙，以至泉州有"回半城"、"蒲半街"的民谚。泉州、广州和杭州都有专门安葬终老中国的蕃客墓地，广州的蕃人冢累累数千座，都南首西向，朝着故国。泉州有不少"蕃客墓"保存至今，成为当时中外经济文化交流的历史见证。

七四

佛教

据说，开国不久，宋太祖视察大相国寺，来到佛像前，问陪同的高僧应否跪拜，那位高僧得体地答道："现在佛不拜过去佛。"太祖会心一笑，即为定制。统治阶级最希望各种宗教都尊其为"现在佛"，利用"过去佛"来巩固自己的统治。

佛教的传入与中国化进程，在唐代达到高潮，宋代已经波澜不惊。宋代对佛教实行利用与管理并重的政策，除了徽宗崇道时，对佛教有过短暂的压制，佛教与儒学、道教基本上和平共处。

宋代管理佛教事务的中央机构是左右街僧录事，隶属鸿胪寺，掌管各寺院名册与僧官补授，设正副僧录为长贰。各州府或大刹设僧政司，设正副僧正为长贰，统领一境或一寺僧务。一般寺院设住持、典座等僧官。所有僧官都由各级政府任命。

由尚书祠部印发的度牒，是官方认可的出家僧徒的许可证，没有度牒就属于不合法的"私度"。度牒制度始于唐代，宋代沿用来控制僧尼的人数，限制寺院的规模。度牒的印量与工本费原来是有严格规定的，但到了北宋中期以后将度牒货币化，作为国家敛财的一种手段。

大约自神宗朝起，政府开始以度牒卖钱，来解决财政短缺。其后度牒买卖始终参加国家财政运转，徽宗时期与高宗绍兴前期尤为严重。孝宗时期，最高一年的度牒发行量为十二万道，每道价格由从神宗时一百三十贯飙升至七百贯，宁宗嘉定时还高达八百贯。由于滥发而供过于求，度牒竟也像股票那样出现贬值现象，南宋后期有的地区跌到仅二十贯一道，其控制僧尼人数的作用自然也就丧失殆尽。

宋代译经乏善可陈，刻藏倒值得一提。汉文大藏经始刻于宋代，与印刷术

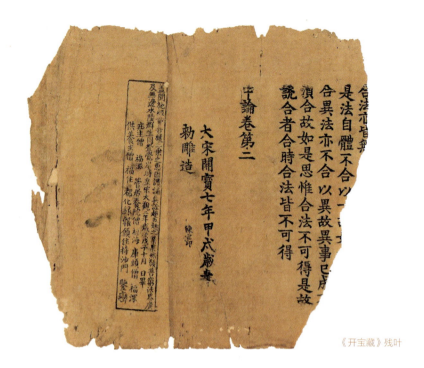

《开宝藏》残叶

的发展大有关系。宋代大规模刻藏共五次。其一是太祖开宝四年 (971 年) 开始在益州官刻的，通称蜀版大藏经，也叫《开宝藏》，这是世界上第一部刻版大藏经，今虽散佚，却是其后辽朝《契丹藏》、高丽王朝的《高丽藏》与金朝《赵城藏》的蓝本。

其他四种分别是崇宁年间在福州东禅寺私刻的《崇宁藏》，两宋之际在福州开元寺私刻的《毗卢藏》，两宋之际在湖州吴兴思溪圆觉禅院私刻的《思溪藏》，南宋绍定二年 (1229 年) 在平江 (今江苏苏州) 碛砂延圣禅院始刻、直至入元以后才最终刻成的《碛砂藏》。

宋代佛教宗派以禅宗与净土宗最为盛行，而相对唐代而言，其他宗派风光不再，这里不拟细说。禅宗在宋代最为士夫文人所欣赏，程朱理学在形成过程中也汲取了其中的养料，知识阶层的生活情趣、谈风机辩更大受其影响。

唐代慧能创立的早期禅宗推崇"不立文字,尽得风流"，但宋代禅宗却由"内证禅"演变为"文字禅"，一时灯录、语录风行。前者最著名的有《五灯会元》，这是《景德传灯录》等五种重要灯录的缩编本；后者以《古尊宿语录》篇幅最大，广采南岳怀让以下四十余家唐宋禅僧的语录。

梁楷《六祖截竹图》（日本东京国立博物馆藏）
画面表现了六祖慧能在劈竹的瞬间顿悟禅机的景象。

禅宗在晚唐五代分为五宗，所谓一花开五叶：沩仰宗、临济宗、曹洞宗、云门宗、法眼宗。入宋，临济、云门枝繁叶茂，其他三宗则花果飘零。

云门宗一系传至雪窦重显，著有《颂古百则》，大振宗风；另一系传至灵隐契嵩，他的文章写得好，大受仁宗朝君臣的激赏，他著有《辅教篇》，反驳当时辟佛的议论，宣传佛教有益于统治与教化。不过，云门宗到南宋以后也逐渐衰微，传承统系不再分明。

临济宗六传至石霜楚圆，他的门人为杨岐方会与黄龙慧南，分别开出杨岐派与黄龙派，与临济五宗合称七宗或五宗七派。杨岐派再传五祖法演，三传佛果克勤，克勤的语录后人辑录为《碧岩录》，为禅学名著。克勤的弟子有径山宗杲与虎丘绍隆，也都是一代名僧。南宋时，杨岐派俨然成为临济正宗，黄龙派势力相对稍逊。

如果说，禅宗是雅化的中国化佛教，那么，净土宗就是俗化的中国化佛教。净土宗宣称：只要一心念诵阿弥陀佛名号，就能往生西方极乐"净土"，因修行简便，最受普通民众的欢迎。北宋前期，净土宗名僧是省常。他曾任杭州西湖昭庆寺住持，在寺内结"净行社"，社首就是真宗朝宰相王旦，入社的士大夫有数十人，僧人达千人。净土宗是一种教义相对粗俗浅陋的佛教派别，它在宋代的盛行，迎合了中国民众的接受习惯，他们总喜欢把一种原先深刻的理论与精致的教义简单化、庸俗化与口号化。

宋代还有一位怪和尚不能不提，他就是道济。道济俗名李新远，最先在灵隐寺出家，后来移住净慈寺。史称他"风狂不饬细行，饮酒食肉，与市井浮沉，人以为颠"，故而世称"济颠"。他就是后来民间传说中济公的原型，各种神奇怪诞的传说都附益在他的身上。一说他还戏弄过奸相秦桧，但秦桧死时，他年仅八岁，恐怕也只是附会。

佛教在辽、金、西夏的盛行大大超过宋朝。辽朝与西夏的皇室、贵族几乎到了佞佛的程度，辽朝帝后频繁地饭僧，每次动辄数万、十余万或数十万。

辽朝佛教宗派中最发达的是华严宗，其次是密教与净土宗，禅宗反而流传不广。辽朝刻经事业也很繁荣，除了《契丹藏》以外，从辽圣宗太平七年（1027年）起，还续刻了自隋朝始刻的涿州房山云居寺石经。由于刊刻佛经的需要，关于佛经字形音义的研究著作也应运而生，希麟的《续一切经音义》和行均的《龙龛手镜》是其中的代表作品。

金代佛教宗派倒有点百花齐放的态势，华严宗、净土宗、密宗和律宗各有一席之地，但最流行的还是禅宗。临济宗的杨岐、黄龙两派承北宋余绪，各弘宗风。金朝末年的万松行秀，传曹洞宗青原一系的禅学，曾在从容庵评唱天童的《颂古百则》，所撰《从容录》，是金代禅学名著。

由于党项先人深受吐蕃文化的熏陶，兼之在疆土上与藏传佛教地区相毗邻，西夏佛教有着喇嘛教的显著影响。

佛教的兴盛推动了寺塔建设，宋辽金夏都留下了佛教建筑的杰作。天津蓟县的独乐寺和山西应县的木塔，是辽朝的建筑；山西大同的善化寺和华严寺，都是辽朝始建而经过金代重修的；宋代保存至今的著名寺塔有河南开封的祐国寺塔（俗称铁塔）、河北定县的开元寺塔（也称料敌塔）、浙江杭州的六和塔、河北正定的隆兴寺、浙江宁波的保国寺等。

七五

新道教

与佛教相比，宋代的道教倒不断花样出新。宋真宗与宋徽宗时期的崇道闹剧，前已细说过。

宋代管理道教的中央机构是礼部所属的祠部；中央设道录院具体管理道门教务，分左右街，各设道录、副道录为长贰；地方州府或名山山门分别设管内道正司与山门道正司，设都道正、副都道正或道正、副道正为长贰执掌道务。对道士的度牒管理略如佛教。

广设宫观，是宋代道教一大特色。宫观有御前宫观与普通宫观的区别，前者供奉已故帝后的遗像或御书，由朝廷派遣专门的提举宫观官，后者则设住持、知宫事（或知观事）主管。

宋代多次整理道藏，与佛教大藏经多为民间私刻不同，整理道藏几乎全是官方行为。其中以真宗天禧三年（1019 年）张君房主持修成的《大宋天宫宝藏》质量较高，采撷其英华而成的《云笈七籖》素有"小道藏"的美誉。徽宗政和年间修成的《万寿道藏》，则是中国道藏首次雕版印行。

北宋道教主要还是唐代以来的传统道派，这一格局到张伯端手里开始改变。张伯端，号紫阳，天台（今属浙江）人，他的代表作《悟真篇》对其后道教产生了重大影响。此书主要叙述内丹功法，认为道教追求成仙的最好方法就是修炼自己的精、气、神，使其凝聚成丹；所谓得道就是修身练己之道；人身就是一个小天地，天地所有的，人身都具备；以人的精、气为药物，以神的运用为火候，以身体为炉鼎，炼成金丹，自能长生成仙，完全不必假手天地间铅汞水火去炼什么外丹。张伯端主张先命后性，性命双修；他的著作高扬"三教归一"的旗帜，认为道、佛、儒三家在性命之学上是完全一致的，即所谓"教虽分三，道乃归一"。

其后，以《悟真篇》为祖经，以张伯端为祖师，形成了内丹派南宗。张伯端一传石泰，再传薛道光，三传陈楠，四传白玉蟾（原名葛长庚，号海琼子），这是所谓南宗五祖的统系。也有人认为，南宗前四传都是单传，没有形成严格的教派，实际创立者应是白玉蟾。他广收弟子，传道授法，还受过宋宁宗的接见，这才名声大振。五祖之中，他的著作最多，有人甚至认为石泰、薛道光与陈楠的传世著作也都是他托名的伪作。南宗既无祖庭，也没有严格的清规戒律，甚至以为不必禁欲出家，因而组织松散，势力不大。

传说张陵（即张道陵）由太上老君亲授正一之道，道众尊其为"正一天师"；其后，张陵的曾孙张盛移居龙虎山，创龙虎山天师府，世代承袭"正一天师"之位。不过，天师道自张陵之孙张鲁（张盛据称就是他的儿子）以后，就传承不详，两晋南北朝与隋唐五代也都不见"正一天师"的活动。宋真宗崇道，召见了信州道士张正随，他自称是张道陵的二十四世孙。人们有理由怀疑正一道后来编写的《汉天师世家》就是他假造的伪家谱。

真宗把信州贵溪（今属江西）龙虎山真仙观改为上清观，张氏子孙继承天师之位时，例由宋代皇帝赐号，所赐之号也只是"某某先生"，天师只在道门内使用，但天长日久，世人也称其为天师，一般认为这才是龙虎山正一天师的真正开始。与其说真宗时期的正一天师道是新道派，还不如说它是老店新开。

武宗元《朝元仙仗图》

一名《八十七神仙图》，描绘道教帝君率群仙
朝谒道教最高尊神玄元皇帝的宏大场面。

但到三十五代天师张可大时，理宗命他提举龙虎山、阁皂山、茅山三山符箓，正一道已凌驾在灵宝派与上清派之上，俨然成为道教符箓派的领袖。

南宋初年，金军南下，江南地区战祸惨剧，生灵涂炭，群众企盼能有神仙出现，解民于倒悬，救民于水火。洪州（今江西南昌）西山玉隆万寿宫有个名叫何守证的道士，利用民众这一心理，伪托晋代神仙许真人（许逊）授他《飞仙度人经》与《净明忠孝大法》，创立了忠孝净明道。

净明道将儒家伦常直接搬进了道教经典，是儒道合流的产物。教义直揭"忠孝"两字，宣传以自己的忠使不忠的人变忠，以自己的孝使不孝的人变孝，才是道门最大功德。净明道修炼的"八极"，就是许逊当初提出过的"忠孝廉谨、宽裕容忍"，八极具备就集中了一切善。

由于强调向内的心性修养，净明道教徒多制有"功过格"作为日常生活的规范。这一道派也讲符箓的修炼，声称佩戴符箓，就能达到内心清净、日月光明的"净明"境界。净明道主要流传在民间，由于强调忠孝的内修，从统治阶级到苦难群众都能接受。

内丹派南宗、正一天师道与忠孝净明道，是两宋境内的新道教教派。南宋时期，北方金朝的河北地区也出现了三个很有影响的新道派，这就是全真道、太一教和真大道教。当时北方的汉族遗民面对战争灾荒与异族统治，迫切需要找寻精神支柱。徽宗时显赫一时的旧道教已失去维系人心的力量，道教倘不改革，就不能在北方立足与发展。这些道派的创始者都是北宋遗民，陈垣在《南宋初河北新道教考》里说，他们"立教之初，本为不仕新朝，抱东海西山之意，何期化民成俗，名动公卿"，终于成为金元时期最重要的道派。

全真道的开山祖师叫王重阳，咸阳（今属陕西）人，名嚞，重阳是其道号。正隆四年（1159年），他正式开始修道，挖一隧道，堆土成坟墓状，题为"活死人墓"，在内练内丹派功法。三年后，自平墓室，意味得道成功。后到刘蒋（今陕西户县祖庵镇）建庵传教，但追随者寥寥，便火烧茅庵，出关东去，在宁海州（今山东牟平）受到马钰（即马丹阳）与孙不二夫妇的礼遇，并入重阳门下，还为其造静室，重阳命名为"全真"。

王重阳著《立教十五论》，其教义主要是：其一，三教同源；其二，否认长生不死是修行的目的；其三，在修炼方法上属于内丹派"北宗"，主张先性后命，性命双修；其四，强调出家修行，实行禁欲主义。马丹阳夫妇入其门下以后，也不再相见，他们夫妇与王重阳后来所收弟子谭处端、刘处玄、丘处机、王处一、郝大通，合称"全真七真"。王重阳死后，弟子将其归葬于刘蒋村故庵处，这里后被全真教尊为祖庭。

七真中要数丘处机对弘大全真教贡献最大，他后来受到成吉思汗召见，向大汗宣传了全真教教义，以为帝王学道修仙，内修应内心清净，减声色，省嗜欲；外修应敬天爱民，不妄杀，令天下人安居乐业。丘处机大得成吉思汗的赏识，全真教也走向宫廷，成为元代道教的大宗，与王重阳创教时以遗民自居的宗旨已大相径庭。

太一教的祖师萧抱珍，是卫州（今河南汲县）人。据说他曾得先圣"秘箓"，为人治病，信徒颇众，便建庵立教。他曾受金熙宗召见，赐所居庵名为太一万寿宫。太一教脱胎于符箓派，与天师道关系密切。其教名取自"元气浑沦，太极剖判，至理纯一之义"。其教义提倡"中道"，知柔守弱，乐善好施，躬行孝道，戒律严格，不能茹荤饮酒与娶妻生子。

因不能生子，太一教祖师之位就由门徒接替，师徒形同父子，非萧姓门徒继位以后，必须改姓萧氏。萧抱珍以后的传承是二祖萧道熙、三祖萧志冲、四祖萧辅道、五祖萧居寿、六祖萧全祐、七祖萧天祐，其后就断了世系，也许入元以后逐渐衰微，而归入了正一天师道。

真大道教的祖师刘德仁，号无忧子，沧州乐陵（今属山东）人。自称梦中有一乘犊车的白发老者，向他指点《道德经》要义，于是信徒渐多，遂创新教。他立下九条教规：一曰视物犹己，毋萌戕害凶嗔之心；二曰忠于君，孝于亲，诚于人，辞无绮语，口无恶声；三曰除邪淫，守清静；四曰远势力，安贫贱，力耕而食，量入为用；五曰毋事博弈，毋习盗窃；六曰毋饮酒茹荤，衣食取足，毋为骄盈；七曰虚心而弱志，和光而同尘；八曰毋恃强梁，谦尊而光；九曰知足不辱，知止不殆。

由于教义平易，修行简便，这一新道派一时流传颇广，名声籍籍，刘德仁也受到金世宗的接见与赐号。这与其立教初衷不无矛盾，但一个教派若要兴旺发达，离开统治者的支持谈何容易。金元之际北方三个新道教，最后都离不开"名动公卿"而走入庙堂的结局，原因即在于此。

刘德仁之后，经二祖陈师正、三祖张信真、四祖毛希琮，到五祖郦希诚时，教内似乎有了麻烦。具体真相也不太清楚，只知道"逆魔乱起"，十五年遭了十七难，多亏郦希诚道法高明，"魔不胜道，寻乃自平"。但教门内从此有真假之分，刘德仁创教时原名大道教，到得这时，郦希诚才自称"真大道教"，就好像老字号王麻子剪刀，在幌子前加一个"真"字那样，说别人都是冒牌货。

真大道教六祖孙德福以后是七祖李德和，他曾与正一天师道、全真道的教主应元世祖之命，共同审核道经的真伪，足见当时真大道教与正一天师道、全真教三足鼎立的地位。这是至元十八年（1281年）事，距宋亡已经五年。

朝阳洞

在今山东烟台昆嵛山，王重阳曾在此修道，创立全真教，全真七子均在此修炼过，被视为道教胜地。

七六

理学与宋学

这里首先有个正名的问题。学术界原先
所说的宋学，是相对于汉学或清学而言的，
所指的就是理学。这种以朝代命名的叫法，
当然是指一个朝代的学术主流，说理学是宋
代学术的主流，也未尝不可。

不过，宋史权威邓广铭先生以为：理学
真正形成一个学术流派是南宋高、孝以后的
事，因而把理学与宋学等同起来，就有失偏
颇，更何况两宋还有不属于理学系统的其他
新儒学学派，把理学与这些新儒学学派通称
为宋学，才算得上是名副其实。这样，宋学
就不宜用来专指理学，其范围几乎把宋代学
术思想都囊括在内。我们也是在这一内涵上，
使用"宋学"这一概念的。

理学之所以在宋代产生，说得大一点，
是唐宋之际社会变动在思想领域里的必然反
映，社会与时代需要有一种维护统治的新思
想；同时也是传统儒家思想与佛、道思想长
期撞击、批判与融合的历史结果。唐代是一
个功业伟大而思想相对贫乏的朝代，但韩愈
高扬道统、李翱鼓吹复性，已开理学的端倪。

讲到理学的先驱，总提到"宋初三先生"：胡瑗、孙复与石介，他们以《周易》《春秋》为依据，继承韩愈的道统论，开始提倡道德性命之学，揭开理学成立的序幕。但他们都活动在仁宗朝，实际上不能称为宋初。

范仲淹在理学开创上的地位也值得特别标出，近来有学者推崇他为宋学开山，他虽然也有提倡新儒学的理论，把"以天下为己任"的这种时代精神正式呼唤出来，这自然是他的伟大之处；但主要还是以自己光风霁月的人格，为后来理学家群体树立了一个典范。

提及理学的兴起，还有必要说说唐宋之际私立书院的勃兴。范仲淹早年曾在应天府书院攻苦食淡，终获大成，当时已有应天府、嵩阳、白鹿洞和岳麓四大书院之说，而宋代书院总数大概在四五百所之间。

书院是独立于官学系统以外的私学系统，不必向官方的价值系统降贵纡尊。这里没有太多的利禄诱惑，只要有志于学问，都可以就学；倘若感到外面的世界太精彩，也可以悉听尊便。这就为思想学问的自由探讨留下了一片净土。这

白鹿洞书院

在今江西星子县，朱熹曾任白鹿洞书院山长，制定了影响深远的《白鹿洞学规》。

里曾是理学家的摇篮，理学兴起以后，又往往成为理学重镇。

从宋仁宗末年起，涌现了宋代学术史上第一批大师级的人物，其中既有奠定理学根基的北宋五子，也有王安石等其他学派的思想家。

第一个必须提到的就是周敦颐。他是道州营道（今湖南道县）人，字茂叔，世称濂溪先生，其学也称濂学，主要著作有《太极图说》与《通书》。他的《太极图说》奠定了理学的宇宙观。不过，这一奠基之作却有剽窃之嫌，他只是将陈抟的《先天图》改头换面、颠倒次序而已。

陈抟是宋初著名道士，为修炼内丹，总结前人成果、结合自己心得，绘成一张炼内丹的方法程序示意图，名之曰《先天图》。其次序恰与周敦颐的《太极图》相反，因为陈抟认为这一模式"顺则生人，逆则成仙"。陈抟追求的是成仙，所以倒过来；周敦颐研究的是"生人"，所以从无极、太极、阴阳、五行、男女顺着往下说。

不过，周敦颐好歹也经过自己的消化改造，算不得太丢脸。一般认为，后来邵雍的《皇极经世书》与程颐的《伊川易传》也都受到陈抟先天象数易学的影响，由此也可见道教对理学形成的重大作用。

与周敦颐约略同时的邵雍，字尧夫，号康节，少年时从祖籍范阳迁居卫州共城（今河南辉县），代表作为《皇极经世书》。他曾追随李之才研究《河图洛书》与象数之学，李之才则得之陈抟，因而邵雍的象数学以儒家易学与道教思想相杂糅。

邵雍从太极的"一"开始，乘以简单倍数，递增为《周易》的六十四卦，构成一个宇宙图式。他认为这就是宇宙万物构成的"道"，即天理，这种道是先天就有的，也存在人心之中，而所谓"万物于人一身，反观莫不全备"，就是返求自己的内心，认识与适应先天的"道"。

邵雍还以象数学构建了一个历史循环的公式，三十年为一世，十二世为一运，三十运为一会，十二会为一元，共十二万九千六百年循环一次，其间又分皇、帝、王、霸四段逐步退化。他的学说染上了浓重的神秘主义色彩。

张载也与邵雍同时代，他是凤翔郿县（今陕西眉县）横渠镇人，字子厚，世称横渠先生，其学也称关学，代表作有《西铭》《张子正蒙》和《横渠易说》。据黄宗羲说，张载学说"以《易》为宗，以《中庸》为的，以《礼》为体，以孔孟为极"。

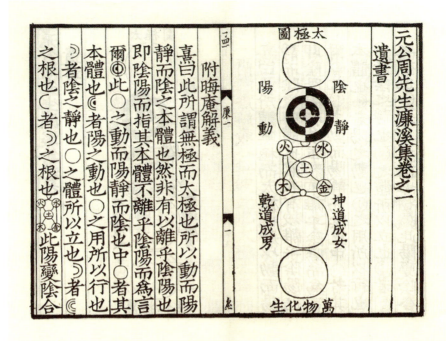

《太极图》
据宋刻本《元公周先生濂溪集》（中国国家图书馆藏）。

张载对"气"有深入的论述，认为世间万物都是"气"，主张"太虚即气"、"理在气中"。今人争辩张载的气论究竟是唯物还是唯心，显然在用西方哲学概念来套中国理学范畴，实在有点勉强。

张载指出："民吾同胞，物吾与也"，高扬自己的学术宗旨就是"为天地立心，为生民立命，为往圣继绝学，为万世开太平"，表达了理学家最深沉的社会关怀，成为两宋学术中最令后人心仪的精神财富与思想资源。

二程兄弟曾同学于周敦颐，在理学史上处于承前启后的重要地位。他们是洛阳人，其学也称洛学，著作合编为《二程全书》。大程叫程颢，字伯淳，世称明道先生；小程叫程颐，字正叔，世称伊川先生。二程思想大体相同，但同中也有异。后人标称的程朱理学，主要是小程的思想。

程颢最得意的是提出了"天理"的命题，声称"吾学虽有所受，天理二字却是自家体贴出来的"。他还认为：人心自有"明觉"，即具有良知良能，只要通过"识仁"、"定性"的道德修养方法，就能达到"穷理""尽性"的境界，求得理想人格。这种强调人心直觉真理的倾向，已开后世陆王心学的先河。

　　小程则对"理"做了深入的探讨，在他这里，理与道往往是同义语。与张载不同，他认为理在气先，天下只有一个理，"一物之理及万物之理"，君臣、父子、夫妇、兄弟、朋友等伦理纲常都是"天下之定理，无所逃于天地之间"。他提出"致知在格物""涵养须用敬"，认为"无人欲即皆天理"，确立了理学"存天理，去人欲"的命题，并在这一前提下，说出了"饿死事极小，失节事极大"的那句名言。程颐对理学的基本范畴例如理、道、气、性等都有论述，直接影响了朱熹学说，从而形成了堪称理学主流的程朱学派。

　　二程相比，程颢死得早，有影响的弟子不多。相反，小程比其兄多活二十余年，所谓程门弟子几乎都是他的学生。著名的有谢良佐、杨时、游酢、尹焞，张载的弟子吕大临等后也转入其门下。

　　其中，杨时颇受程颐的赏识，称赞他"最会得容易"。杨时是南剑州将乐（今属福建）人，世称龟山先生，程颐送他南归时高兴地说："吾道南矣！"杨时将程颐之学传给罗从彦，罗从彦世称豫章先生，其学传李侗，世称延平先生，朱熹就是李侗的学生。

　　以朱熹为首，孝宗时期涌现了宋代学术史上第二批大师级的学者群体，朱熹的理学，陆九渊的心学，与陈亮、叶适为代表的事功学派几成鼎足之势。

　　朱熹是宋代百科全书式的杰出学者，其学术领域涉略之广，宋代无人可比，这里只说理学。朱熹，字元晦，号晦庵、晦翁，别称紫阳，祖籍徽州婺源（今属江西），生于南剑州尤溪（今属福建），后徙居建阳（今属福建）考亭，故其学也称闽学或考亭学派。他在理学上的代表性著作有《朱子语类》《四书章句集注》《周易本义》《朱文公文集》。

　　朱熹其中的《四书章句集注》是把《礼记》的《大学》《中庸》篇与《论语》《孟子》合编在一起，采择合乎自己学说主张的前人论说，加上朱熹本人通俗浅近的注释，《四书》由此定名，并位居《五经》之前，在后世历朝的理学普及中发挥过无与伦比的作用。

　　朱熹学说集理学之大成，对理学的基本问题几乎都有论述。"理"，也称"道"或"太极"，是其理学体系的核心范畴。在他看来，理是形而上的；先于自然现象与社会现象而存在；理是事物的规律，万物有理是"理一"的表现，但落实到具体万物，则万物各有一理，此即"理一分殊"；理是纲常伦理的"当然之则"，具有理的人性是天命之性，理与气杂的性是气质之性。气也是其理学体系的重要范畴。气是形而下的，理气关系是主客关系；理在气先，理生气；但气一旦派生出来，就有一定的独立性。

朱熹认为穷理离不开格物，即所谓"即物穷理"；由格物到致知，有一个从逐渐积累到豁然贯通的过程。在指出天命之性与气质之性的同时，他还认为有出于天理与性命之正的"道心"，出于形气之私的"人心"；人心并不等于人欲，但倘若没有道心主宰，就有人欲泛滥的危险，因而必须"遏人欲而存天理"；天理人欲在社会领域的表现就是王道霸道的区分与义利之辨。

朱熹是理学的最后完成者，是孔子以后对儒学贡献最大的思想家。理学几乎就是以他为象征和做品牌的。理学当然也有其负面的东西，禁锢思想，压制人性，以致有"理学杀人"的呼声，但千万不要在泼洗澡脏水时连孩子一起倒了出去。

理学内部也不是铁板一块，与朱熹同时有个陆九渊，对心与理的关系就有自己的看法。他是抚州金溪（今属江西）人，字子静，号存斋，世称象山先生，其学也称陆学或象山学派。他认为"心即理"，痛快地宣称"宇宙便是吾心，吾心便是宇宙"，宇宙万物之理就是每人的心中之理，所谓"万物森然于方寸之间，满心而发充塞宇宙，无非此理"。

从心即理出发，陆九渊认为学问应该"立大"、"求本"，而方法应该"简易"、"直捷"，也就是"切己自反"，"发明本心"，即所谓"古人教人，不过存心、养心、求放心；此心之良，人所固有"。在道德修养上，他虽也主张"存心去欲"，但对朱熹格物穷理说颇不以为然，而强调"尊德性"，即只须发明人心的固有良知。他因张扬"心即理"，故其学也称"心学"。他提出的"良知"命题，开其后王守仁阳明心学之先河。

当时还有一个学者叫吕祖谦，见朱陆两家各执一辞，就邀请两派举行一次辩论。与会者还有陆九渊之兄陆九龄和朱陆门人，会议主题是求知治学的根本方法，时间是在淳熙二年（1175年），地点是在信州（今江西上饶）鹅湖寺，后人就把这次学术讨论会称为鹅湖之会。

在会上，朱熹强调"道问学"与"即物穷理"，即"泛观博览而后归之约"。陆九渊则主张"尊德性"与"发明本心"，甚至以为"学苟知本，六经皆我注脚"。朱熹讥刺陆学过于简易，陆九渊反讽朱学太为支离，并自负地吟诗道："易简功夫终久大，支离事业竟浮沉"，令朱熹很不受用，终于不欢而散。

不过，后来程朱理学定为官学正宗，而陆王心学则始终缺少那份荣耀。根本原因在于：程朱理学以先天的理驾驭人心，人心就跳不出如来佛的手掌心；而心学过分强调心的主体作用，稍一失控，就会出格，滋生出思想叛徒，动乱精英。

在北宋五子开创理学的同时，还有司马光为首的朔学（亦称温公学派）、苏轼为首的蜀学和王安石的王学（亦称荆公新学）。朔学多是脚踏实地的务实的学者，体现宋学的实用精神，这一侧面为后来事功学派发扬光大。蜀学比较驳杂，老庄、佛禅与纵横之学的成分都有一点。但总的说来，司马光和苏轼还是分别以史学家与文学家见知于后世的，他们的学术思想往往被人忽视。

荆公是王安石的封号，新学的基本著作有他自撰的《周礼义》和其子王所撰的《诗义》与《书义》，合称《三经新义》，曾经颁行学校，作为取士标准；《字说》与《洪范传》也是新学著作。《三经新义》一变汉儒章句训诂之学，以义理解经，虽有牵强之处，却也富有创新精神。连朱熹都不得不承认："王氏《新经》尽有好处，盖其平生心力，岂无见得著处？"

王安石虽然也讨论"道"、"元气"等命题，但强调"天道尚变"，以此作为变法革新的思想根据，并进而以为"天变不足惧，人言不足恤，祖宗之法不足守"。荆公新学有经世致用的鲜明性质，这点对南宋事功学派也有所影响。但王学在南宋名声不好，即便有学者受到这种影响，也讳莫如深。

当时与朱熹并称为东南三先生的还有张栻与吕祖谦。张栻，字敬夫，号南轩，他是南宋宰相张浚之子，原籍汉州绵竹（今属四川）人，后迁居湖南衡阳，其学世称湖湘学派。在理学上，他强调"发明天理而见诸人事"，注意"涵养功夫"，但重在力行。在当时的义利之辨中，他明确反对功利，认为功利之说兴，将使三纲五常"日以沦弃"。

张栻与朱熹在理学传承上关系，恰如大小程，他活得不长，学术上没能充分展开，传人也不多，而朱熹则门生弟子遍天下，朱学的影响就日渐势不可挡。不过，朱熹一再肯定张栻学术对自己启迪非浅。

浙东事功学派是南宋学术的第三种势力，由吕祖谦为代表的金华学派、陈亮为代表的永康学派与叶适为代表的永嘉学派构成。

金华学派的领军人物是吕祖谦，字伯恭，婺州（今浙江金华）人，世称东莱先生，其学称吕学、婺学。吕学以"中原文献之学"为根柢，不主一说，兼取众长，"陶铸同类以渐化其偏"。从理学角度看，他的主张介乎朱陆之间，他

朱熹像（美国普林斯顿大学图书馆藏）

　　起劲张罗鹅湖之会，就试图调和朱陆之争。在理学与事功学派王霸义利之争中，他既赞同朱熹的基本观点，又明显有经世致用、不尚空谈的倾向，因而一般也把婺学划入浙东事功学派。朱熹对婺学颇有微词，以为杂博而不纯。也许这个原因，张栻倒进了《宋史·道学传》，吕祖谦却只能屈居《儒林传》。

　　陈亮，字同甫，世称龙川先生，他是永康（今属浙江）人，学派是以他的籍贯命名的。他曾自负地说自己有"推倒一世之智勇，开拓万古之心胸"，看来是毫不掩饰自己好恶与才华的直率之人。这种个性最易得罪当道，他也因此三次被诬下狱，差点被人整死。

　　陈亮反对朱熹"理在事先"的说法，认为"道非生于形气之表，而常行于事物之间"，"盈宇宙者无非物，日用之间无非事"，进而明确提出功利之学来对抗性命义理之学。淳熙十一年（1184 年），通过书函往复，他与朱熹有过一次王霸义利之辨。

朱熹将陈亮的学说归结为"义利双行，王霸并用"，而在朱熹看来，义与利，王与霸，各是南辕北辙、水火不容的对立物。陈亮反驳说：义与利、王与霸同出一源；王与霸只是程度不同，并无本质差异；而仁义德性应该见于事业功利。

永嘉学派也是以领衔人物叶适的籍贯命名的。叶适，字正则，世称水心先生。他反对程朱"理在事先"的观点，认为"道在物中"。在义利问题上，他主张"以利和义"，指出"既无功利，则道义者，乃无用之虚语"，"善为国者，务实而不务虚"。他对孔子以外的"古今百家，随其深浅，咸有遗论"，往往"有卓然不经人道者"。

在学术上，浙东事功三派也以永康学派最为激进，甚至有点偏激。但在功利之学的广度与深度上，叶适比陈亮更彻底，影响也更大，对朱熹理学的冲击也更激烈，李贽因而称赞他"无半点头巾气"。正因如此，朱熹对事功学派也比对陆学更持否定态度："陆氏之学虽是偏，尚是要去做个人；若永嘉、永康之说，大不成学问"，在朱熹看来，叶、陈恐怕连"做人"的资格都没有。

南宋事功学派批评程朱理学空谈性命道德。但就朱熹等理学家而言，他们倒并不是专尚空谈的：首先，他们身体力行自己主张的道德性命之学；其次，他们要求包括君王在内，人人都这样去身体力行，小则修身齐家，大则治国平天下，以期内圣的功夫翻出个外王的世界来。

但平心而论，第一，是否天下所有人都肯去做那种内圣的功夫，即所谓"人心不同，所见各异，虽圣人不能律天下之人，尽弃其学而学焉"；第二，希望内圣的功夫翻出外王的世界，怕也只是良好的愿望，因为理学框架里缺少这种可操作性的东西。

另外，理学家太讲道统门户之见，总以为自己的学说是谠言正论，其他思想都是异端邪说，希望天下只有独此一家的声音。以这种态度去治学，引起的至多是理学不同派别之间或程朱理学与事功之学之间的学术争论。但随着持这种门户之见的理学家进入官场的人数日渐增多，他们倘若还是持理学的标尺，自视甚高而责人太苛，在理学被定为官学以前，就容易引起例如庆元党禁那样的党争，在理学被定为官学以后，就容易滋生出一批应景的假道学。当然，宋代道学，还是真多伪少。

七七

史学

就总体而言，两宋学术是先秦诸子百家争鸣以后仅见的高峰。即如史学，陈寅恪也对宋代评价最高："中国史学，莫盛于宋"，"宋贤史学，古今罕匹"，"有清一代经学号称极盛，而史学则远不逮宋人"。宋代史学的发达繁盛，有其社会文化多方面的原因。

宋朝设有各种专门的修史机构。起居院专门负责修起居注；日历所将起居注与时政记等史料逐日编成日历；实录院把日历等史料按某个皇帝或几个皇帝的断限撰成实录；国史院再将实录等史料编撰成某朝或几朝国史；会要所汇集各类档案文件编为一朝或几朝会要。以上各种官修史料，除了《太宗实录》尚存残稿，只有历朝会要尚有从《永乐大典》辑出的大部头《宋会要辑稿》传世，号称宋代史料的渊薮。朝廷对官修史书的重视自然会推动史学的发展。

宋代出现的疑经思潮对当时史学也发生了重要影响。当时学者，例如孙复、李觏、欧阳修、司马光、王安石、刘敞、苏轼、朱熹、叶适、王柏等，都对儒家经典中的一部或几部提出了程度不等的质疑，这些质疑不仅有义理方面的，也有考据方面的。疑经思潮在学术史上有突破藩篱、解放思想的作用，既是理学得以产生的条件之一，对史学考证也有一种思想方法论上的推动。

宋代与历史学相关学科或拓荒，或发展，也为历史学这门综合性学科的繁荣昌盛注入了助长的激素。宋代涌现了一大批金石学的奠基性著作，例如欧阳修的《集古录》及其跋尾，吕大临的《考古图》及其释文，赵明诚的《金石录》，洪适的《隶释》与《隶续》等等，金石的搜集与考订，无形中就酿成了据古代遗文以考证历史的风气，成为历史考据学可以借用的同盟军。清代赵翼指出："考古之学，至宋最精博"，说的就是历史考据学。

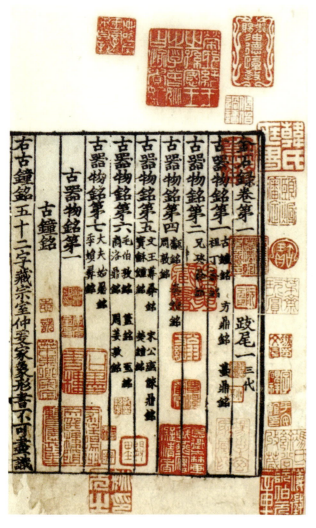
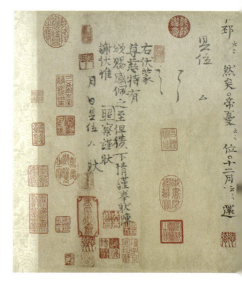

宋本《金石录》书影（上海图书馆藏）

　　方志学在宋代也大张其声势，重要的全国性总志有《太平寰宇记》《元丰
九域志》《舆地广记》《舆地记胜》和《方舆胜览》等，至于像《吴郡志》这
样的区域性方志更是不胜枚举。方志实史书之别乘，宋代方志学的繁盛与史学
的发达是相辅相成的。其他如目录、校勘、训诂等学科的长足发展，对史料学
的积极影响也不容忽视。

　　尤其值得注意的是理学思潮的兴起对史学的影响。其一，理学对理与道等
根本义理的追求，对于宋代史学强调会通与通识有一种导向性作用。其二，理

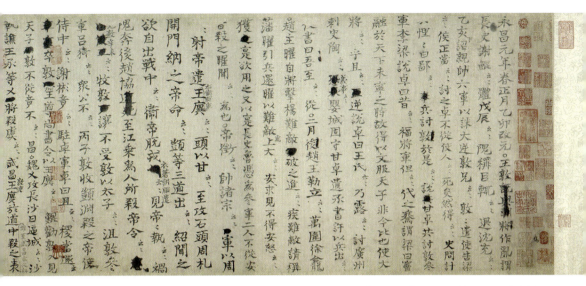

司马光《资治通鉴》手迹残稿（中国国家图书馆藏）

学倡导格物致知修身养性齐家治国平天下的主张，与宋代史学中的道德史观的风靡、资治思潮的盛行有一种内在的对应关系。其三，宋代史论的发达，除了宋人好议论的社会风气，与理学的勃兴也是息息相关的。

具体说到宋贤史学，第一个要说的是欧阳修。他以个人身份私修了一部《新五代史》，又与宋祁奉敕官修了一部《新唐书》。《新五代史》自然是不满于宋初薛居正等官修的《旧五代史》有为而作的，他自述宗旨道："昔孔子作《春秋》，因乱世而立法，余为本纪，以治法而正乱君"。显然，他要学孔子的《春秋》笔法，寓褒贬，别善恶，写出一部警示后人的"乱世之书"，在这点上基本达到了目的。例如，他写五代第一个皇帝朱温，一上来就直呼其名，唐朝赐名，才称他朱全忠，篡位以后，才称其为帝，而不像薛史那样开笔就以"帝"相称。欧阳修立意是高远的，正如梁启超所说：他不惟想做司马迁，而且想做孔子，这种精神是很高尚的。

但从史学角度讲，《新五代史》还不能说十分成功。一是强调义法太过而有主观偏执之嫌。钱大昕以为，欧阳修颇慕《春秋》褒贬之法，而其病即在此，"若各出新见，掉弄一两字，以为褒贬，是治丝而棼之也"。二是过分注重文字的简严而忽略史实的记载。欧阳修也一向以文省而事增自许自己所修的两部史书，但有些史实却因而过于简略。三是史实考订上也颇有些失误。有个叫吴缜的人，写了《五代史纂误》，挑出了二百来条错误，大多让欧阳修无法回避。

《新五代史》是欧公史学的范例，其义法在史学思想史上自有其不容抹煞的地位，但在史料学上，新史仍不能完全取代旧史，史学毕竟不能仅以义法代替史实的。

代表宋贤史学最高成就的是司马光与《资治通鉴》。《资治通鉴》是从三家分晋到后周灭亡这一千三百六十二年间的编年体通史。编年体与纪传体是传统史学的二体，其始祖要上推到孔子的《春秋》。但《春秋》太简略，难以为编年体立则垂范。据说是辅翼《春秋》的《左传》称得上是编年体的杰作，文章也写得好，但所记的仅是春秋史事，而且其作法犹如神龙见首不见尾，令人不知从何学起。因而自从司马迁以《史记》为纪传体立了规模，挣了头脸，比它先出的编年体反而有点黯然失色，虽有荀悦的《汉纪》与袁宏的《后汉纪》，也没能使编年体有足够的底气与纪传体相颉颃。自《资治通鉴》出，编年体才扬眉吐气，毫无愧色的与纪传体分庭抗礼，司马光也与司马迁被人称为"两司马"。

司马光在仁宗朝先编了战国史事八卷，取名《通志》，神宗叫他继续编下去，还赐了《资治通鉴》的书名，允许他自辟官属。熙宁变法后，司马光退居洛阳，神宗特准他以书局自随，著史工作没受到干扰。作为主编，司马光总其成，他手下有三个得力助手：刘攽负责两汉，刘恕兼顾三国两晋南北朝与五代两头，范祖禹专管唐代，后来刘恕去世，五代由祖禹完成。

在主编《通鉴》的过程中，司马光创立了长编法与考异法，这是对史学方法的出色示范，让后来者有迹可寻，有辙可循。长编法首先是全面收集史料，按年月日的顺序，逐一标明具体事目，每一事目之下注以相关史料的书篇卷名，逐日排列起来，叫做"丛目"。然后将丛目中的史料经过选择，决定取舍，重新组织，修撰成文，注明史料出处，以备查核订正，此即长编。长编的编写原则一是宁失于繁，毋失于略，既不使重要事实有所遗漏，又能让主编有比较选择的余地；二是闻见异同，并存其说。最后由司马光根据长编，考其异同，删其冗繁，润色文字，勒成定稿。

考异法就是以具体考证来说明史料取舍的依据，其成果保存在司马光的《通鉴考异》中，中华书局标点本已将所有考异散见在相关史事下。章太炎指出："温公（司马光封号）既取可信者录之，复考校同异，辩证谬误，作《考异》以示来者，真可谓用心良苦。"在这点上，司马光不像左丘明那样"良工灭尽针线迹"，而是煞费苦心地"欲把金针度与人"。司马光的考异法影响极大，一是宋代考证型学术笔记在此以前几乎没有，在此以后却佳构迭出，名作接踵，洪迈的《容斋随笔》、王应麟的《困学记闻》是其中白眉；二是其后《通鉴》续作一系，虽优劣不一，但几乎都附有考异。

司马光突破了旧编年体的格局与限制，合纪传表志于一体。他以编年为纲，在相关年代下采用附载人物、政制、重要文字或杂事的灵活方法，极大地丰富了编年体的纪事容量与表现方式，使编年体与通史体互相结合，开出了一个新局面。

除《通鉴》正文，司马光还有一系列辅助性的著作：相当于提要、索引的《通鉴目录》，作为简编本的《通鉴举要历》和《通鉴节文》，体现史料考证的《通鉴考异》，具有年表作用的《历年图》，兼有《通鉴》前编、后编与《历年图》另本性质的《稽古录》，作为凡例与导言的《通鉴释例》。虽然除了《通鉴目录》与《通鉴考异》，其他多已亡佚，但司马光确已将编年体通史的编纂推向了新高度。

司马光集独断之学与考索之功于一身，使《资治通鉴》成为中国史学中罕见的大著作。长编法与考异法是考索之功的集中体现，不必赘言。《资治通鉴》的长编草稿有整整两屋，经笔削取去始成今书，笔削的过程就蕴涵温公的独断。刘恕问他为何不上接《春秋》，司马光自谦经不可续，但他心里实际已有效法孔子的宏愿，而书名也强烈反映出他的治史目的。全书还有一百八十四篇"臣光曰"，是司马光的史论，表明他对某些历史事件与人物的见解与议论。这些史论，从今天的目光看，有些篇章或许不无迂阔，但倘若有一种同情的理解，是有助于了解司马光史学的独断之处的。

司马光的《资治通鉴》合史学与文学于一家，不仅史学有创制，有见识，文章也写得好，打开任何一卷就能使你兴味盎然地读下去。他写赤壁之战与安史之乱，把纷繁复杂的历史大场面描写得那么栩栩如生，真可以见出他驾驭史料与驱遣文字的高超水平。难怪梁启超说他：文章技术不在司马迁之下。在中国传统史学中，具有这种文学魅力的史学著作，大概《通鉴》才能与《左传》《史记》鼎足而三。总之，无论文章，无论史学的才、学、识，《资治通鉴》无愧于王鸣盛推崇："此天地间必不可无之书，亦学者必不可不读之书。"

　　司马光为编年体开出了一个派别，可称为通鉴学派，其中因继承的侧重不同，又各为流派。我们且以宋代为主略作介绍。

　　其一，续作派。即以司马光的义例方法，自搜史料，续作新书。赓续《通鉴》以前史事的，有作为司马光助手刘恕的《通鉴前编》。南宋李焘是得司马光长编法与考异法真谛的第一人，他的《续资治通鉴长编》是上接《资治通鉴》的北宋九朝编年史，但他不敢以续作自居，谦虚地自称《长编》，仅视为未定稿。紧接李焘之书的有南宋李心传的《建炎以来系年要录》，这是南宋高宗一朝的编年史。南宋二李堪称续作派的翘楚。清代有毕沅的《续资治通鉴》，是与司马光的书先后衔接的，但远没能达到前后辉映的水平。

　　其二，改作派。即以司马光的著作为蓝本，自出机杼，自立义法，改编新书。第一个是南宋的袁枢。他特爱读《通鉴》，但有时为查一件事的来龙去脉，要前后好几卷地来回翻检，颇感不便，觉得何不以事件为中心将《通鉴》改造一番呢？于是，他立了二百三十九个纪事的题目，把《通鉴》改抄成一部新书，名曰《通鉴纪事本末》。这一抄，抄出了一种新的史书体裁，叫做纪事本末体。在他以后，《左传》《宋史》《元史》《辽史》《金史》《明史》也分别被明清学者改编为纪事本末体，再加上《西夏纪事本末》与《三藩纪事本末》，合称为九种纪事本末，纪事本末体也俨然大国了。

　　不过，袁枢的书编得并不太好，例如先秦只立了《三家分晋》与《秦并六国》两个事目，战国史事只剩下一头一尾，无论如何说不过去。但毕竟这一体裁是他开创出来的，在史学编纂史上的地位便不容抹煞。这一体裁受到章学诚与梁启超的极口称赞，前者说："本末之为体，因事命篇，不为常格，非深知古今大体，天下经纶，不能网罗无遗。文省于纪传，事豁于编年。决断取去，体圆用神。"后者说："欲求史迹之原因结果，以为鉴往知来之用，非以事为主不可。故纪事本末体，与吾侪之理想的新史最为相近。"实际上，咱们这部《细说宋朝》在某种程度上使用的也是因事命篇的纪事本末体。

　　改作派的第二个代表就是朱熹。他不满意司马光主要有三点：一是正统观念还不够分明，例如在他看来，司马光处理三国历史以曹魏为主"其理都错"；二是对历史人事的爱憎取舍，他与司马光也颇不一致；三是《资治通鉴》多达二百九十四卷，作为学史的教科书太过繁冗。于是，他另做了一部《通鉴纲目》，共五十九卷，篇幅只是《资治通鉴》的五分之一。

朱熹为这部《通鉴纲目》亲定义例，重定正统，大字为纲，体现褒贬，好比《春秋》，小字为目，记载史实，好比《左传》。这样一来，这部《通鉴纲目》倒真起了上接《春秋》的作用。再加上朱熹身后地位日隆，其书的名气也然凌驾于《资治通鉴》之上。后人仿效的也多起来，便形成了纲目体，著名的有清代乾隆皇帝的《御定通鉴纲目三编》与吴乘权的《纲鉴易知录》。

其三，注释派。南宋为《资治通鉴》作注释的主要有两家：一是王应麟的《通鉴地理通释》，专门考释《通鉴》涉及的地理问题，也是历史地理的一部名著；一是胡三省的《资治通鉴音注》，后人简称胡注。胡注对《通鉴》中疑难的字词音义、典章故实、地理沿革和叙事脉络一一注明，还指出了个别史实失误，可谓是《通鉴》第一功臣。胡三省经历了宋元易代的亡国之痛，许多注文都有感而发，寄托了故国遗民之思，体现了爱国史家的现实关怀，这正是宋贤史学的真精神。

其四，论断派。南宋有李焘的《六朝通鉴博议》，专取《通鉴》中六朝攻守胜负的史事发为议论。论断派集大成之作则是明清之际王夫之的《读通鉴论》。

在说了以司马光为主帅的通鉴派以后，还得说说郑樵。他的代表作就是被列为"三通"之一的《通志》。《通志·总序》开笔就说"会通之义大矣哉"，表明郑樵就是要像司马迁那样"究天人之际，通古今之变，成一家之言"。关于《通志》的体裁，有人以为属于政书，所以将它归入三通、九通或十通。但《通志》包含有纪、传、略、年谱，显然与《通典》《通考》那样仅记典章制度的政书不同。实际上，略相当于纪传体中的志，年谱也就是年表，因而说《通志》是《史记》那样的纪传体通史更符合实际。

《通志》立意很高，但纪传年谱部分主要还是沿袭旧史，他的会通新意主要体现在二十略上，也最为后人所看重。这二十略依次是氏族、六书、七音、天文、地理、都邑、礼、谥、器服、乐、职官、选举、刑法、食货、艺文、校雠、图谱、金石、灾祥、昆虫草木。郑樵自称二十略中只有礼、职官、选举、刑法、食货有旧史可以参考，其他十五略都是"自有所得"的，但平心而论，天文、地理、器服、乐、灾祥也还有前人成果可资引用，真正无所依傍、自有所得的共十略。

其中六书、七音分别讲文字、音韵。艺文、校雠、图谱、金石诸略都是讲图书文物的，《艺文略》创立了图书分类的新体系；《校雠略》是从辨章学术、考镜源流角度讲目录学的理论与方法；《图谱略》、《金石略》分别讲图像谱系与金石碑刻。《氏族略》专讲姓氏源流与氏族谱系。《都邑略》讲历代都城。《谥略》讲历代追赠死者谥号的方法。《昆虫草木略》专说动植物。不难看出，二十略构成了一部广义的中国文化史，也最足以体现郑樵史学的会通精神。

也是"三通"之一的《文献通考》，是宋元之际马端临编撰的，他生在南宋宝祐二年（1254 年），死在元至治二年（1322 年）以后，《细说元朝》已介绍了他的《通考》，这里不复赘言。只想补充一点，《通考》并不仅仅是一部史料会钞，其间也蕴含着宋贤史学的会通精神，因而其史魂倒是属于宋朝的。

七八

散文

　　唐代文学的灿烂辉煌，使得宋代文学有一种无形的压迫感，于是在成长过程中就走偏锋，出新招，找寻自己的出路，体现自己的特色，赢得自己的地位。

　　不过，宋代疆域没有唐代大，武功没有唐代盛，文学的总体风格缺少唐代那种雄浑与阔大。

　　契丹、党项、女真和蒙古建立的国家政权，相继在北方与西北构成一种始终存在的强大威胁，甚至因此而国破家亡，这种局势促成了宋代文学中普遍弥漫着一种忧患意识与爱国精神。

　　理学的兴起，道统的推崇，知识分子自觉意识的觉醒，言论控制的相对宽松，宋人在诗文等文学主流文体中也喜欢说理，好发议论。

　　城市经济的发展，市民文化的繁荣，不但为文学样式（例如词、话本、诸宫调等等），也为文学主题（例如市民文学与城市生活）注入了新鲜的成分。

　　这里先说散文。宋初承晚唐五代文风，卑弱浮艳有余，刚健明快不足，韩柳开创的古文运动的成果没能发扬光大。柳开第一个起来反对这种颓靡的文风，提倡复古，推崇古文，将道统与文统都上接韩愈，其后王禹偁、穆修、石介与尹洙等相继挑战这种文风。除王禹偁略有佳作，柳开文章艰涩，穆修作品不多，石介风格偏激，尹洙文字简古，虽有"明道"的好主张，但拿不出体现文学思想的足够好文章，仍无力扭转颓势。

　　这一现象直到欧阳修出来才彻底改变，他也因此成为上继韩愈的宋代古文运动的领军人物。他的成功不在于专发议论，这些从柳开到尹洙已经说得很多。关键在于他是北宋第一个散文大家，散文、骈文与诗词都是一代高手，不论对他的文学主张是赞成还是反对，对他的作品都不得不佩服。

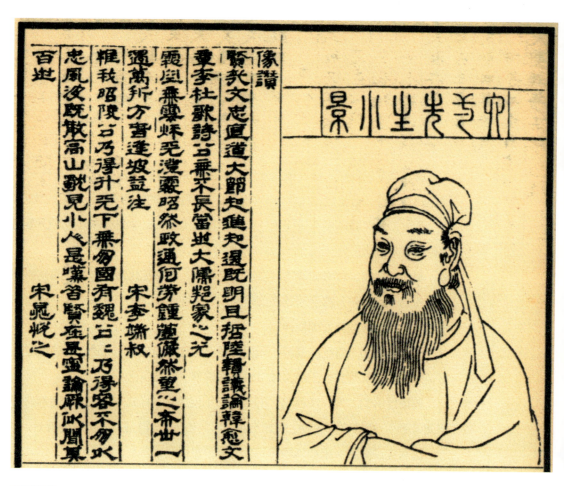

欧阳先生小景

像讚

賢哉文忠直道大節起進起退既明且哲陸贄議論韓愈文

章李杜歌詩云亡不長當世大儒範家之元

靈臺無纍蚌死澄照於政通何勞鍾廬廉林望之希世一

適萬species方書逢坡益注　宋李觏叔

惟我昭陵云乃得升元下乘勿國吞魏云二乃得容不勿以

忠風汝既敏高山觀見小人晟嘆咨賢在昱靈論厥叭閒冥

百進　宋晁忱之

欧阳修像赞

在政治上与学术上，欧阳修有相当的地位，曾利用知贡举的机会黜欧阳修落险怪奇涩的试卷。他还凭借自己的号召力，聚集起一个以他为中心的文学集团，朋辈有梅尧臣、苏舜钦的支持，门下还有苏轼、王安石、曾巩的响应。欧阳修使宋代古文与韩柳接上了轨，形成了唐宋古文运动。唐宋古文八大家，宋代就占了六位：欧阳修、苏洵、苏轼、苏辙、王安石、曾巩，其阵容强大超过了唐代。

欧阳修开创的宋代古文运动，在"明道"上，与韩愈的"文以载道"一脉相承。但在文风上，欧阳修却肯定韩愈的"文从字顺"，摈弃韩愈的奇崛诡谲，因而宋代古文是沿着平易朴素、畅达自然的健康方向发展的。欧阳修本人的散文诸体兼备，主旨明确，内容充实，文风平易自然，流畅婉转，章法曲折委婉而严密有度。

三苏中，苏洵的文章以议论见长，欧阳修说他的文章"纵横上下，出入驰骤，必造于深微而后已"，文风以雄奇劲简为主。在宋代散文家中，他的文章与韩愈最神似，但没有韩文的沉浸郁。王安石说他的文章得法于战国策士的议论，但苏洵拿过了《国策》的清畅肆辩，却不取其瑰奇张扬，体现了自己的、也是宋代古文的基本风格。

苏轼在文学艺术上是宋代仅见的天才，几乎在主要门类里都确立了自己不可摇撼的地位。在他的思想里，既有儒家辅君治国经世济民的成分，又有佛道超然物外散淡旷达的一面。这种双重的特点，在思想内容与艺术特色上对他的散文都产生了深刻的影响。

苏轼的议论文主要体现的是前者，指陈利害，评骘古今，往往笔力雄健，气势纵横，腾挪变化，不可羁勒，有《孟子》与《国策》的遗风，《刑赏忠厚之至论》等政论，《留侯论》等历史人物论，都是这类佳作。

苏轼那些私人化的叙事记游散文和题跋书札小品主要体现的是后者，这类文章显然更得庄子与陶渊明的神韵。从思想内容看，胸次高旷，寄托幽远；从艺术风格看，不拘一格，意境出新，笔墨灵动，情文并茂，前后《赤壁赋》与《记承天寺夜游》都令人一读以后终身难忘。这类名篇，不暇列举，也最为后人钟爱，因为这些文章背后站着的那个苏东坡，其冲淡开朗、真率风趣、潇洒通达，热爱自然而略有点忧郁，感悟人生而略有点迷茫，真是没有人能够取代的。

欧阳修死后，苏轼弟子中有出息的颇多，号称苏门六君子的陈师道、黄庭

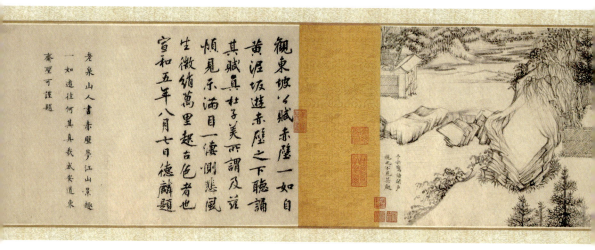

乔仲常《后赤壁赋图》（美国纳尔逊·艾金斯美术馆藏）

坚、秦观、张耒、晁补之和李廌，所长虽不尽在散文，但也都可观，苏轼的影响便盖过了欧阳修，成为宋代散文的第一大家。南宋时，苏文几乎成为范文而影响科举，以至谚语说"苏文熟，吃羊肉；苏文生，吃菜羹"。

　　相比之下，苏辙被父兄盛名所掩，散文的影响不及父兄。相对而言，他的文章，疏于叙事而长于议论，策论是其长（例如《六国论》），碑传是其短。风格抑扬疏朗，汪洋淡泊，但倘与其兄相比，则气舒笔透不够，波涌澜惊不如。

　　曾巩在理论与实践上都是欧阳修最忠实积极的追随者。他似乎特别强调"道"，所以抒情文较少，议论文、记叙文较多，即便记叙文，也爱发议论，显得比较严肃正经。文风从容浑涵，自然淳朴，不太讲词藻文采。由于有笔法而少情致，就不像欧文那样风神骀宕、韵味含蓄。他也讲究跌宕波澜，但远不如苏文开阔自如，汪洋恣肆。不过，他的文章颇受南宋朱熹、吕祖谦等理学家推重，地位列在王安石之上，也许因为不矜才使气，又清通明白，适合说理，也便于学习。

　　欧阳修曾以"吏部文章二百年"来期许王安石。王安石的文章，早年师法孟子与韩愈，其后兼取韩非的峭厉、荀子的富赡和扬雄的简古，形成自己峭刻雄健、质直自然的风格。他也是以议论文见长，主要可分奏议、杂文、史论与序跋书札。

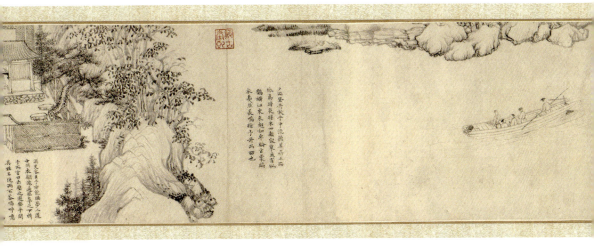

　　王安石的《上仁宗皇帝言事书》，洋洋万言，浑灏流转，沉着顿挫，被梁启超推誉为"秦汉以后第一大文"。而他的《读孟尝君传》，不到百字，却翻新出奇，转折跌宕，气势充沛，议论独断，大有尺幅千里之势，横扫万军之力，令人不能不叹服他在议论文上长短咸宜的超凡才气。有人说他文似曾巩，但王安石的议论文格局阔大，波澜曲折，元气淋漓，是曾巩远不能及的，成就应在其上。

　　南渡以后，宋代散文的高峰已经过去，没有出过堪与北宋六家比肩的散文家。汪藻的四六制诰曾名噪一时，陈寅恪对他的评价很高。稍后的陆游文名为诗名所夺，他的题跋记序淡雅隽永，游记也简洁清空，有自己的风格。陈亮、叶适的政论文与史论说理透辟，笔力纵横，尤其是陈亮之文有一股郁勃之气，很有个性特色。与此同时，理学家以文载道，对说理散文也有所贡献，吕祖谦编了一部《宋文鉴》，表明了自己的选文法眼，他与朱熹都写过一些不错的散文。

　　宋元之际，山河变色，散文却因此放一异彩，文天祥、谢枋得和谢翱的文章就如他们的人格，峭劲高奇，用黄宗羲的话说，这些都是天地间的"至文"，因为是用血泪甚至生命写出来的。

七九

宋诗

钱钟书说宋诗的长短得失最为透彻："有唐诗作榜样是宋人的大幸，也是宋人的大不幸。看了这个好榜样，宋人就学了乖，会在技巧和语言方面精益求精；同时，有了这个好榜样，他们也偷起懒来，放纵了模仿和依赖的惰性。"

晚宋严羽写了一部《沧浪诗话》，算是宋代最有创见的诗论，为宋诗做了近乎盖棺论定式的结论："以文字为诗，以才学为诗，以议论为诗，且其作多务使事，不问兴致，用字必有来历，押韵必有出处。"

散文化、才学化、议论化是宋诗最为人诟病的弊病，却也是宋诗最大的特点。唐宋相比，唐诗以风神情韵擅长，宋诗以筋骨思理见胜；唐诗如丰韵少女，宋诗如瘦硬汉子。唐诗重比兴，其词微婉蕴藉，宋诗重赋，其词径直发露；唐诗妙在虚处，宋诗妙在实处。宋诗虽不能上比唐诗，但仍有其特色，成就在元诗、明诗之上，也超过了清诗。

北宋前期，宋诗还在唐诗的阴影之下不能自立。效法李商隐的西昆体势力最盛，以杨亿、刘筠、钱惟演为代表。号称晚唐体的诗派，取法的是贾岛，连像样的代表作家都推不出来。王禹偁力矫此弊，提倡学杜甫和白居易，自己也写过一些兼有少陵、香山风格的诗，开宋诗的先风，他做过黄州知州，后人说他"纵横吾宋是黄州"，实际上仍无法与西昆体抗衡。

欧阳修在宋代诗风的创立上，贡献与他确立宋代古文风格的功绩大体相同，故而也有人通称为北宋诗文改革运动。从欧阳修倡导诗风改革起到江西诗派成立，是宋诗第一个高峰期。

与欧阳修同时的苏舜钦与梅尧臣，在诗风改革中也起了很大作用。后人说："自苏舜钦始窥李杜，而宋诗之势始雄；至梅尧臣专攻韩孟，而宋诗之体始峻，笔始道。"欧阳修说梅尧臣"以深远闲淡为意",风格平淡朴素,略近孟郊,在内容上也很关注民生疾苦,但往往平而乏劲,淡而寡味。苏舜钦的风格是奇峭豪隽,超迈横绝。他的语言虽畅达,但也有粗糙生硬的毛病。

欧阳修对诗有自己的见解,写过中国诗歌史上第一部诗话《六一诗话》。他的诗在艺术上受韩愈"以文为诗"的影响较深,但并没有韩诗的险怪艰涩。他博参众家,杜甫的沉郁、李白的奇放、白居易的平易、苏舜钦的俊迈、梅尧臣的瘦峭,都能兼收并蓄,因而他的风格也是多样化的。他的诗风中峭拗的侧面,滋润着黄庭坚、陈师道一脉,而舒坦的侧面则衍生出苏轼、陆游一线。不过,他已开"以文为诗"的风气,为以后的宋诗奠定了基调。他的诗明浅通达,流动自然,骨肉丰厚,一扫西昆体艳丽富贵、晦涩空洞的诗风。

王安石的诗风工练,比欧阳修更讲修辞技巧。他好以学问为诗,做诗有时就成了搬弄词汇与玩弄典故的游戏。不卖弄这些时,他反而能产生情景俱佳的作品。他的古体诗劲峭雄直,明显受韩愈影响,有些诗整篇就如押韵的散文。杜甫对他的影响分两个方面:杜诗关心政治,同情民瘼的精神影响了他前期诗歌的倾向;晚期他更热衷杜诗格律的精严、用典的熨帖、对偶的工稳。对王维诗歌取境的参悟,使其晚年诗歌能以凄婉出深秀,寄悲凉于幽旷。

苏轼的诗风格变化多端,但终以雄放洒

赵孟頫《苏东坡小像》(北京故宫博物院藏)

脱为主。他学杜甫虽稍逊其沉郁，学韩愈却无其硬拗，将白居易的平易、柳宗元的秀澹、李白的豪俊、陶渊明的旷真融会贯通。苏轼对各种诗体都能得心应手，尤长于古体与七言近体。其七言长诗行云流水，波澜壮阔，是李白以后少见的。七律流丽圆转，七绝新警明快，佳构颇多。

苏诗最大的特色就是想象的丰富与奇特，比喻的新颖与贴切；要说毛病，也是喜欢铺排典故成语，议论化的倾向也较明显。但总的说来，苏诗才思横溢，奔放灵动，艺术上别开生面，蔚为大观，影响远远超过欧阳修，成为宋诗一代之宗。

黄庭坚是洪州分宁（今江西修水）人，虽出于苏门，却别立门墙，开创了江西诗派，庶子夺嫡，成为影响其后宋诗的最大流派。他大肆鼓吹学杜甫，指出："老杜作诗，退之作文，无一字无来历；古之能为文章者，真能陶冶万物，虽取古人之陈言，入于翰墨，如灵丹一粒，点铁成金。"这段话既是夫子自道，也是江西诗派的行动纲领。

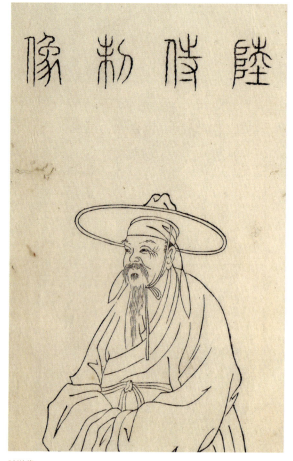

陆游像

黄庭坚的诗立意曲深，章法细密，尤其讲究炼字煅句，下语奇警，耐人寻味，即所谓点铁成金，脱胎换骨。他喜欢使用音调反常、句法出新的拗句、拗律来形成峭拔瘦硬的独特诗风，但因此也难免有晦涩生硬的弊病。

陈师道原与黄庭坚同出师门，但因对黄诗十分佩服，便折节向学。后人把杜甫尊为江西诗派之祖，而将黄庭坚与他，再加上陈与义并列为三宗。他在形式上模仿杜甫不遗余力，但仍缺乏杜诗的雄深雅健。学养没有黄庭坚雄厚深博，诗风也就有点局促寒窘。当感情深挚时，他那些恬淡平易的诗倒颇有味。

陈与义是两宋之交最杰出的诗人，诗风圆润，词句明净，音节响亮。他本来就师法杜甫，又经历了靖康之难，其诗慷慨激越，寄托遥深，风格也转而雄浑跌宕、简严老成，与杜甫有了一种神似，不是江西诗派中人在形式上的模仿所能同日而语的。

其后有南宋四大家，也称中兴四大诗人，他们是陆游、范成大、杨万里与尤袤。不过，尤袤的现存作品的质与量，实在难以方驾前三家。

杨万里号诚斋，其诗号称"诚斋体"，不掉书袋，接近口语，以俗为雅，以故为新，轻快诙谐，清新活泼，是诚斋体的最大特点。他观察景物很体贴入微，擅于抓住耳目观感那一瞬间新鲜天真的感觉和状态，进行无微不至的刻画描写。当然，他的这种"即景"写法，急就章一多，也容易轻脱草率。其诗主题主要关注的是天然景物，关心国事的作品比不上陆游，同情民生的作品也不如范成大。

陆游《行书自作诗卷》（辽宁省博物馆藏）

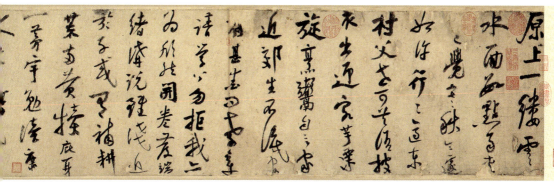

范成大的《四时田园杂兴》，不仅是他的代表作，也是中国古代田园诗的集大成者。他不是超然物外地描摹四时田园景物，而是难能可贵地写出了民生之疾苦，稼穑之艰难。杨万里称赞他的诗"清新妩丽，掩有鲍谢（指鲍照与谢朓），奔逸隽伟，穷追太白"，说明他的诗虽属轻巧清新的一路，但不失婉峭，自成一家。他仕宦期间写各地自然山川的诗，意境开阔，风格清峻瑰丽，以五言为佳。晚年隐居石湖以后，诗风清丽秀婉，圆润恬澹，以七言见长，七绝尤胜。

陆游诗歌的主题主要有两个方面，一是抒发恢复雪耻情节的爱国之作，一是咀嚼日常生活的闲适之作，前者慷慨激烈，后者细腻熨帖。这是一个完整的陆游，无论忽略哪一方面都是一种阉割。但因为他前一类作品既多又好，才使他高出南宋的其他诗人。他总结自己创作经验说"工夫在诗外"，也就是说他无论写哪一类诗，都有丰富的生活与真实的感情作基础的。

陆游的古风善于以苏轼的晓畅化解梅尧臣的局促，而七言古诗明显又有李白的影响。他擅长律诗，尤其七律，对偶十分工稳，隽语迭出，以至有人说"好对偶被放翁用尽"。他的律诗在精神上接近杜甫，虽然沉郁雄浑略逊，语言风格的平易自然倒是偏于白居易的。他不但是南宋四大家中的翘楚，即便要选宋诗代表，只要有两个名额，就有苏轼与他的份。

南宋四大家所代表的宋诗第二个高峰期一过，宋诗就江河日下了。徐玑（号灵渊）、徐照（号灵晖）、翁卷（字灵舒）和赵师秀（号灵秀）号称"永嘉四灵"，其诗称"四灵派"。他们的诗刻意雕琢，格局迫狭，诗意枯窘，笔力孱弱，倒与当时历史进程相般配的。

其后又有"江湖派"，因书商合刻他们的诗为《江湖集》而得名。刘克庄是其中最有成就的诗人，江湖派诗学晚唐，他也不例外，但还学陆游与杨万里，诗风也在两者之间。他有不少关注国家命运与社会腐败的诗作，在精神上上接陆游与范成大，当然没有他们那么出色。他晚年的诗风活泼跳脱，有诚斋体的余韵。

南宋灭亡前后，出现了宋诗发展史上第三个高峰期，文天祥、汪元量、谢翱、林景熙、郑思肖等都身历了宋元易代的大变故，诗风尽管不尽相同，但都堪称是记录那一剧变的史诗。

八〇

宋词

词的起源与音乐有关，是可以配乐唱的，因而句式难免参差不齐，所以也称长短句。到晚唐，词已进入诗人的领域，诗人倚声填词已成为一种时髦。进入宋代，词发出夺目的光彩，成就在诗文之上。个中原因大概有二。

其一，社会经济文化发展，需要有这样一种文学新体裁。商业经济的繁荣，市民文化的兴起，文艺活动也就会有新的需求。词能够谱曲伴奏，适宜歌伎舞女在有关场合讴歌吟唱，比起诗来有其不可比拟的优越性，自然受到社会各阶层的青睐，也因而受到诗人进一步的关注。

其二，文学体裁本身发展的历史结果。诗到唐代登峰造极，以致后人酸溜溜地说"好诗都被唐人做尽"，宋诗尽管另辟蹊径，但毕竟做不出唐人那样的天地。既然现在有一块垦辟不久的处女地，社会也有需要，何不辛勤耕耘变为自家的园地呢？何况，词中小令虽已绽放，长调还待养育，至于词的题材与内容，更是大有拓展用武的余地。于是，词就轰轰烈烈发展起来，由附庸一跃而为大国，并成为宋代文学的标志性体裁。

李煜那几首最好的词都是亡国后所作，已是宋初，但一般都把他归在五代，且不去说他。总的说来，宋代前期的词承袭着晚唐五代的词风，而晚唐五代词风，从这一时期两部词的总集的名称（《花间集》与《尊前集》），就能推想大概：主旨在花间尊前之中，风格在绮妆浓抹之间。

晏殊被人称为北宋词家"初祖"，其词风流蕴藉，和婉明丽。他与儿子晏几道被人追配李璟、李煜父子，几道的词号称"直逼花间，字字娉娉嫋嫋"，但从"娉娉嫋嫋"的评语，可以窥见他们父子倚红偎翠的题材与风格。

另一个词坛领袖是欧阳修，他在诗文上都是革新派的领军人物，惟独在词的领域里，却向花间、南唐词里讨生活。词虽写得疏隽深婉，因为风格太像南唐的冯延巳，以至后人常把他俩的作品缠夹起来，闹不清著作权。

张先的词极富光影感，因有"云破月来花弄影"、"隔墙送过秋千影"和"无数杨花过无影"等朦胧隽永的名句，而洋洋得意地自称"张三影"。但他对词的贡献主要在于，首先尝试花气力去做长调，尽管还做得不算高明。

柳永在宋词发展史上有转折性作用。他的慢词写得又多又好，"能以清劲之气，写奇丽之情"，真正确立了长调的地位，充实了词的形式。在内容上，他把都市繁华、市民生活都揽入词中，突破了晚唐以来迫促的天地。在表现形式上，采撷俗语俚言，擅长平铺直叙，因而"曲处能直，密处能疏，甚处能平，状难状之景，达难达之情"，丰富了词的表现手法。"凡有井水饮处，即能歌柳词"，有人以此来诟病柳词乃"下里巴人"，殊不知这正是柳永在形式与内容上对词的世俗平民化的最大贡献。

紧接着，苏轼对宋词进行了重大的变革。首先，决不牺牲思想内容而屈就音乐声律，促成词与音乐的初步分离。其次，以诗为词，以清新雅正的字句，纵横奇逸的气象，形成其诗化的词风。再次，拓展词境，突破了晚唐五代以来"词为艳科"的局限。一方面是扩大词所表现的内容，任何题材都可入词；另一方面以豪放隽逸的风格，一扫先前婉约柔靡的词风，在内容与风格上都为南宋爱国词开拓了可能。最后，张扬个性。苏词个性之鲜明，一如其诗文。历代颇有关于其个性化词风的评语，例如，"曲终觉天风海雨逼人"，"情性之外不知有文字，真有'一洗万古凡马空'气象"，"须关西大汉执铁板，唱大江东去"，"直觉有仙气缥缈于毫端"。

金武元直《赤壁图》（台北故宫博物院藏）
这幅图表现了苏轼《念奴娇·赤壁怀古》词意.

南宋有人说：柳永出来，都以为宋词已经"不可复加"，谁知苏轼更"使人登高望远"，于是，别说花间派，即便柳永也只配为苏词鸣锣喝道了。不过，说苏词不是本色当行的也不在少数，他的那些特色在另一些人看来正是不足之处。

苏轼门下黄庭坚与晁补之有苏词余风，受其影响的还有未入门下的贺铸。但苏门秦观在词上，就像黄庭坚在诗上，也自行其道。当时把两人相提并论，所谓"今代词手惟秦七黄九"，黄词虽有超轶隽迈的一面，但失之重拙生硬，成就不及秦观。秦词受柳永影响，但和婉醇正，清丽淡雅，情韵兼胜，有人以"初日芙蓉、杨柳晓风"来形容，是十分恰当的，但也可见其词风纤弱。

尽管笔者本人不喜欢周邦彦的词，但他作为格律词派创立者的地位却不能抹煞。首先，他完善了慢词的音律与体制。直到柳永与苏轼，慢词在音律字句上并未定型。周邦彦懂音乐，能自度曲，并主管当时中央音乐机构大晟府，在和谐音调与严整格律上做了不少工作，使倚声填词有了准绳。

其次，他在表现的内容与手法上，也形成了自己的特色。一方面，他讲究铺叙的详赡，字句的锤炼，典故的化用，旧句的出新，使词有一种工整的形式美。另一方面，他把写景咏物作为词的主要题材，以掩饰生活内容的空虚贫乏，开出词中咏物一派。他的词没有柳永那种市井气，称得上典丽雅正，"篇无累句，句无累字，圆润明密，言如贯珠"，毛病就是"当不得一个真字"。

比周邦彦略晚的李清照也精通音律，可以归入格律派。与周邦彦相反，她的词里有一个真我。传世的词尽管不多，精品却不少，以寥寥之作确立在词史上的不朽地位，与李煜有点相似，以至后人推崇"男中李后主，女中李易安（清照字）"。她早期的词局限于闺情，词风婉约清丽；靖康南渡后，风格突变，抒写故国之思与身世之变，风格转为苍凉。她的词擅长白描，字句深入浅出，音律圆熟和谐。

靖康之变对词的影响也十分明显，在题材上表现为爱国词大量涌现，在风格上表现为豪放派成为重要旋律。岳飞的《满江红》是这方面的千古名作（也有人疑其为后人伪作，但更多人宁愿相信是出自岳飞之手）。这方面的代表作家还有张孝祥、张元幹，前者的词风骏发踔厉，后者词作悲愤激越，已开辛派词的先风。与辛弃疾同时的大诗人陆游，虽也有纤丽绵密之作，但遒峭沉郁仍是其词风的基本面，"其激昂感慨者，稼轩不能过"。

辛弃疾，字稼轩，他在南宋词坛上略如陆游在诗坛上的地位。其词在内容上爱国是基调，但实际上题材广泛得多，比起苏轼来，更是无所不写。除了发抒恢复情结，也有大量描写农村生活的作品，因为他也有长期乡居的经历，在这点上辛词与陆游的诗是相互辉映的。

在表现手法上，稼轩也比苏轼走得更远，从以诗为词进到以文为词，还把民间口语浑然天成地写进词里。他的词风雄深雅健，后人评论说是"横绝六合，扫空万古"，"激昂排宕，不可一世"，自应归入豪放派。但他的风格其实很多样化，中调、小令也颇有妩媚之作，其秾纤绵密一面，有人甚至以为不亚于晏几道与秦观。

辛词也有不足，一是议论太多，二是典故略深，三是粗豪过分。但辛弃疾以毕生精力专注于词的创作，成就比苏轼"尤为横出"。他对同时与其后的词坛影响颇大，形成了以他为代表的辛词派，主要有陈亮、刘过、刘克庄等。刘过完全发展了辛词粗豪的一面，刘克庄则推进了辛词议论化、散文化的那个侧面。

南宋格律派大家是姜夔。他也是一个音乐家，能自度新曲，新创了《扬州慢》等十余首词牌，还留下了工尺谱，是研究宋词乐谱的珍贵资料。在表现手法上，他用字精微细致，遣句圆美醇熟，用典含蓄工稳。在题材上，他把周邦彦致力的咏物词推向极致，也可见其生活底子的贫弱。姜词风格清峭疏宕，格韵高绝，但正如王国维批评的，"有格无情"，"终隔一层"。但他的词较容易学，

辛弃疾《去国帖》（北京故宫博物院藏）

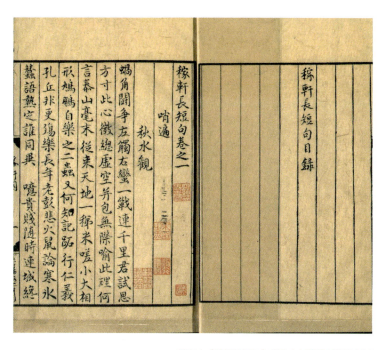

元刻本《稼轩长短句》书影（中国国家图书馆藏）

因而对南宋后期影响很大，史达祖、吴文英、蒋捷、王沂孙、周密、张炎，都是姜派词人，其中以吴文英与张炎成就较高。

吴文英的词秾挚绮丽，张炎说他的词"如七宝楼台，炫人眼目，碎拆下来，不成片段"。张炎是格律派的殿军，为了协合音律，甚至不惜牺牲内容。他提倡"词要清空，不要质实"，词风清远蕴藉，婉丽空灵。但后人说他的词"终觉积谷作米，把缆放船，无开阔手段"。从对吴、张的批评中，不难把握姜派格律词的通病。

宋元易代之际，词也如诗文，迸射出一道爱国主义的光芒，文天祥、汪元量、刘辰翁等人的词，或豪放，或沉郁，抒写家国之痛，连张炎的词也含蓄婉转地表达出故国之思。在这点上，词与文倒是一致的。

金代文学的总体成就虽不能与宋比肩，但元好问诗学杜甫而自然新丽，文学韩愈而清新雄健，词兼有婉约、豪放诸派之长，足与两宋名家相颉颃。晚年也经历亡国之痛，诗词文都沉郁顿挫，代表了金代文学的最高成就。

八一

书画

　　书画是最具中国特色的艺术样式。绘画向来以宋元并称，宋代是中国画的高峰期，在这点上既无愧于唐代，更可以傲视明清。书法比起唐代来，虽然雄浑刚健不足，却也形成了自己雍容端丽的风格。

　　宋代皇帝的总体文化素质，在历代皇帝中大概算得上是最高的。他们对书画不仅雅有兴趣，而且特别重视，设立了翰林书艺局、翰林图画院与画学。北宋统一后，就将后蜀与南唐宫廷画院的画家，连同中原地区的绘画名家都召到开封，太宗雍熙六年（984 年），成立了翰林图画院。真宗以后，按画艺高下，翰林图画院常设待诏、祗候、艺学、学生、工匠各若干人。徽宗崇宁三年（1104年），另设画学专门培养绘画人才，大观四年（1110 年），并入翰林图画院。

　　画院与画学经常举行等级考试，试题通常选一句古诗，让应试者构思作画。有一试题是"踏花归去马蹄香"，有人在归马后画上翩翩追逐的一群蝴蝶，表示马蹄透香，遂以构思巧妙而夺得头魁。南宋时，不立画学，但仍设图画院。画院对宋代绘画产生了积极的影响。

　　宋代绘画以历史时期分，可划为四个阶段。立国以后的百年为第一阶段，大体沿着五代绘画传统继续前行；神哲两朝为第二阶段，具有宋代特色的绘画风格是在这一时期形成的；从徽宗到高宗时期为第三阶段，起承前启后的作用，也是宫廷画院最繁荣的时期；南宋孝宗以后是第四阶段，宋画风格继续发扬光大，也不难发现偏安江南、企望恢复的矛盾情结所打下的深刻印痕。

　　倘从绘画题材分，宋画主要可分山水画、花鸟画、人物画三大门类。界画、院体画与文人画的兴起最体现时代特色，虽然这主要是就绘画风格而言的，但也该在相关处分别一说。

首先说山水画。宋初山水画继承五代荆浩、关仝、董源的发展势头，形成南北山水画的不同流派。北派以李成与范宽为代表。李成寓居营丘（今山东临淄），先是师承荆、关，后来师法自然，最善写齐鲁大地的平野寒林，风格潇洒清旷；笔锋颖脱，好用淡墨，有"惜墨如金"之称。

范宽是关中人，初学李成，继法荆浩，后来感到还是应该"师诸造化"，便细心观察终南山与太华山的山水云烟，自成雄峻苍老的风格。用墨深沉密集，令人有巨峰大川突兀在前之感。后人评李成与他为"一文一武"，可见李成的山水美在清刚秀润，而他则雄强浑厚。他俩与关仝是五代宋初北方山水画的三大家。

南方山水画流派传自董源，他是南唐画家，北宋建立时还健在，但南唐亡国时，已经去世。他善于画溪桥洲渚的江南景色，风格平淡幽深。他的弟子巨然在南唐灭亡后曾到开封开元寺为僧，喜用破笔焦墨点缀水边风蒲或林间松石，画风苍郁清润。师徒俩是宋初南方山水画的双峰，但影响略逊于李成与范宽。

在这些巨匠推波助澜造成宋初高峰以后，山水画陷入了停滞的境况。这与北宋士人用世之心渐浓，退隐之声渐息是有关的，于是只能在前代大师的画风里寻找生存空间。"李成谢世范宽死，唯有长安许道宁"，反映的正是当时山水画后继乏人的窘境。

郭熙是扭转这种颓势的重要画家。他中年以后才学李成，也注意博取众长，取法自然。对绘画理论，他有深刻的钻研与独到的见解，所著《林泉高致》堪称宋代最重要的画论。在取景上，他讲究高远、深远、平远的"三远"法，善于表达山水在远近浅深、风雨晴晦和四时朝暮等不同时空条件下的特点。郭熙是山水画从五代余波向宋代画风转变的津梁。

一变北宋山水画传统画法的是米芾与米友仁父子。他们从董、巨画派中得到启迪，独辟蹊径，以信笔挥就的点滴云烟，来表现江南山水云雾迷濛的意境，水墨淋漓，气韵生动，别有一种平淡天真的情趣，形成了"米派"。他们自称为"墨戏"，画史上称之为"米家山"或"米氏云山"。米家墨戏实际上是文人画风在山水画里的一种表现。

院体画就是指翰林图画院画师们的作品，具有造型准确，笔法精严，着色浓艳，风格华赡的总体特色。院体画风也涵盖了传统的山水、画鸟、人物画三大系统，在山水画里体现院体画最高成就的是王希孟。

希孟十八岁入画院，曾得徽宗赏识与指点，二十余岁就去世，是一个享年

王希孟《千里江山图》(北京故宫博物院藏)

不永的天才画家,传世作品仅有《千里江山图》。这一画卷全长近十二米,高半米许,是绢本青绿山水的巨制,融合南北山水画派的特长,既写实也富有想像,将大好江山画得壮美雄浑,大气磅礴,与同时代张择端的《清明上河图》堪称宋代院体画的双璧。他与张择端都以一幅画而名垂后世。

其后,山水画的代表人物是被称为"南宋四家"的李唐、刘松年、马远与夏圭。李唐的山水画前期笔墨劲峭,多写北方雄峻山川,南渡以后,受南方山水陶冶,讲究笔阔皴长,墨润势畅,创"大斧劈皴",画风苍润劲拔。刘松年的山水画既学李唐,也汲取巨然清淡的笔法,在苍劲中不失妍丽,但气势稍弱。

真正称得上南宋山水画大家的还是马远与夏圭,他们都继承了李唐的风格,水墨苍劲是其共同的特征。但马远苍劲中涵秀润,夏圭苍劲中见豪纵。马远偏好"一角"之景,人称"马一角",远景简略清淡,近景凝重工整;而夏圭常取"半边"之景,人称"夏半边",有近景突出、空间清旷的视觉效果。不过,后人从他俩"一角"、"半边"的构图中,读出了南宋偏安局面对绘画的潜在影响。

其次说花鸟画。宋初的花鸟画也是承袭晚唐五代的余绪,五代后蜀画家黄筌与南唐画家徐熙的画风成为院体花鸟画的正宗,当时就有"黄家富贵"、"徐熙野逸"的定评。在宋灭后蜀那年,黄筌与其子黄居寀来到开封,不久去世,居寀成其当然传人。黄派画风富丽秾艳,最适合宫廷点缀升平,便成为百来年间画院取舍作品的程式。

相比之下,徐派就有点落寞,徐熙以粗笔浓墨创"落墨法",所画花鸟虽

　　有一种野趣，却被占画院主流的黄派斥为"粗恶"，竟没能进入画院。其孙徐崇嗣变其祖风，摒弃墨笔勾勒，直接以笔晕染，号为"没骨法"，徐派才稍振其势，但仍不敌黄派。

　　直到神宗时期崔白出来，才打破了黄派画风独霸天下的局面，而代之以清新疏秀的风格。崔白的画设色淡雅，用笔有细密、疏放两体，花鸟形象野趣生动。

　　与此同时，文人画也最早在花鸟画领域大张其军。文人画强调神似，注重写意，不斤斤计较于形似，主张自然天成，诗画相通。文同以善画墨竹首开其风，他出知湖州，未到任而卒，世称文湖州，其墨竹画风也被称为湖州竹派。他与苏轼是中表兄弟，其画经苏轼品题身价大增。

　　苏轼也善画墨竹飞禽与枯木怪石，成就影响更在文同之上，他最早提出"士夫画"的概念，成为文人画最早的倡导者。文人画是相对画工画与院体画而独立的新流派，它的崛起是士大夫独立意识在绘画领域的一种折光，而梅兰竹菊往往成为他们表达自身高雅脱俗与傲骨节操的传统题材。

　　徽宗时期，院体画中的花鸟画大盛，讲究写生，强调形似，画风工丽，号称"宣和体"。宋徽宗本人就是花鸟画的第一高手，他的花鸟画因观察细腻深入而表现生动逼真，以生漆点飞禽之睛，栩栩如生，"几欲活动"。这种画风一直延续到南宋前期。

　　其后，院体花鸟画渐趋衰落，文人画倒别有一种光彩。杨无咎的墨梅孤标雅韵，赵孟坚的白描水仙劲挺高洁，郑思肖在宋亡以后所画墨兰根不着土，象

征失去故国，都是旨在寄托自身人格、表彰民族气节，使花鸟画也蕴涵着一种对现实的关注。

最后说人物画。宋代人物画按题材可分为宗教画、风俗画与历史画三大类，其风俗画与历史画成就不在山水画之下，而在花鸟画之上。

北宋前期宗教画主要继承唐代吴道子的画风，武宗元是杰出的代表。他的《朝元仙仗图》所画八十八位神仙各具姿态，在行进中随风飘动的旗幡、裙裾、飘带和花枝，无不透漏出"吴带当风"的遗韵。

使人物画最终摆脱唐代余风、充分体现宋代风格的，是被后人评为"宋画第一"的李公麟。他活动在神、哲、徽三朝，绘画题材广泛，山水、花鸟、人物画无所不能，人物画中也是佛像、鞍马、故事、宫室无所不工。

李公麟重视写生，在博采前代名家之长的基础上，敢于创新，强调立意，善于通过浓淡、粗细、虚实、轻重、刚柔、曲直等不同的白描笔法，逼真表现人物各异的形神情态，极富质感、层次感与立体感，使以往的粉本（即草稿）白描足以与浓墨重彩的传统画法相媲美，成为具有高度概括力与表现力的独立艺术形式，丰富了中国画的表现技法。

李公麟的《免胄图》描写唐代郭子仪在阵上单骑免胄劝令回纥军退兵的故事，塑造了大敌当前郭子仪不顾安危镇定雍容的大将风度，寄托了画家在当时外患频仍的背景下对民族命运的深切关怀。

宋代中期以后，宗教画在人物画中的比重逐渐减少，而随着城市经济的发

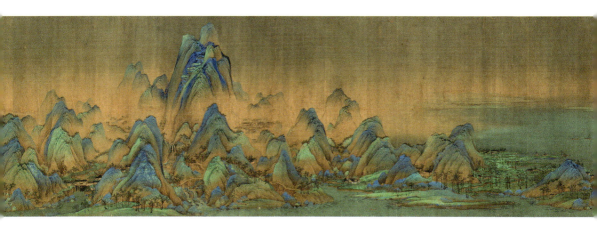

展与市民文化的繁荣，风俗画在人物画领域里大放异彩。风俗画往往以屋宇楼台城郭等建筑为背景，倘要崇尚真实，就有必要使画中建筑物的大小与实物各成相应的比例。好在宋代建筑学已十分发达精确，李诚的《营造法式》就是宋代专讲建筑技术的名著。于是，以界尺按比例勾画图中的建筑成为一种风尚，界画也因此而兴起。

早期界画的代表人物是宋初郭忠恕，据说他的界画完全可以当作建筑施工图使用。他的《雪霁江行图》是界画精品，其中两艘大船更是精细绝伦。后人往往把界画评价为匠人之画，实际上，任何技法只要运用得当，都能产生不朽之作。前面细说过的《清明上河图》，就是张择端以界画技法绘成的风俗画的宏构巨制。

两宋之际的苏汉臣最善于画婴儿嬉戏的画面与货郎图，他的婴儿图用笔简洁细劲，构图工整明丽，极具生活气息。生活在南宋中叶的李嵩也有多幅货郎图传世，这表明人物画已将百姓日常生活场景作为重要的题材，反映出人物画的新走向。李嵩的《货郎图》善于抓住货郎担刚到之时引起妇人幼童兴趣的一刹那，传神写照出浓重的生活情趣。

南渡以后，历史题材的人物画勃然兴起，其原因自然与宋金对峙的政治背景息息相关。以画山水见长的李唐与刘松年，也都有历史人物画的佳作传世。李唐的《采薇图》歌颂伯夷、叔齐的气节，《晋文公复国图》表彰晋文公立志复国的精神，寓意十分明显。刘松年的《中兴四将图》，画了岳飞、韩世忠、

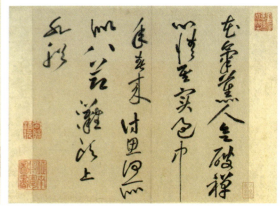

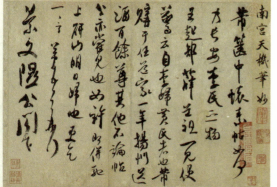

左上：苏轼《致知县朝奉尺牍》（台北故宫博物院藏）

右上：黄庭坚《七言诗》（台北故宫博物院藏）

左下：米芾《致景文隰公尺牍》（台北故宫博物院藏）

右下：蔡襄《东园帖》（台北故宫博物院藏）

刘光世与张俊,揭出人民对"中兴"的企盼。他还画过《便桥见虏图》,描写唐太宗在便桥与进犯的突厥可汗订盟退兵的历史场面,曲折表达自己的殷忧与关切。文姬归汉、昭君出塞一再成为众多画家笔下的题材,其中凝聚着浓重强烈的恢复情结。

文人画风对人物画领域的扩张,在南宋中期梁楷手里取得了出色的成就。他的画风多样,但为其独创的简笔画是对水墨技法的新贡献。简笔画讲究写意,以大笔泼扫水墨,构成人物总体形象,气韵酣畅淋漓,再以细笔简略勾画五官神态。他的《李白行吟图》寥寥数笔就使李白飘逸洒脱的形象跃然纸上,令人过目难忘。

宋代也是书法艺术变革创新的时代。宋初创立翰林书艺局,也设待诏、祗候、艺学、书学、学生等职位。淳化三年(992年),太宗命将内府所藏历代法书墨迹编为《淳化阁帖》,后世称为历代法帖之祖。帖学的昌盛引来正反两方面的影响:一方面因辗转摩刻,渐失真迹风采,难窥用笔精微,所以有人叹息帖学盛而书法衰;另一方面,由于晋唐书法范本的普及,对行书的发展与尚意书风的形成,毕竟起了推动的作用。

北宋前期书风基本上承袭唐代的余波,李建中堪为代表。他师法欧阳询,兼具魏晋书法的风神,书风遒劲醇厚,但苏轼说他"犹有唐末以来衰陋之气"。

蔡襄是唐宋书风嬗递的转捩点。他书学虞世南与颜真卿,兼法晋人,楷书端庄沉着,行书潇洒简逸,既保持着尚法的传统,也显露出尚意的端倪。蔡襄的书法虽被评为"本朝第一",但他只是过渡性的人物。

宋代尚意书风当之无愧的确立者是苏轼这位中国文化史上罕见的奇才。他提出了"我书意造"的口号,在书论里对尚意书法有充分的论述。归纳起来,一是人品重于书品,二是书法体现学识,三是书法传达个人情趣,四是"无法""无意"乃创新的关键。所谓无法就是"自出新意,不践古人",所谓无意就是"无意于佳",妙手天成。他擅长行、楷,号称苏体,书风丰腴姿媚与沉雄浑厚相结合,笔势内紧外疏,险劲多变。

黄庭坚这位苏门弟子在文学与书法上都很为乃师挣脸,但并不亦步亦趋。在书法上,他也自有独特的风格,与苏轼同为宋代书风的杰出代表。他擅长行、草,用笔以瘦劲奇险取胜,这点倒与他的诗风相似。行草几乎每字都有险笔的长画尽力送出,结构纵横奇崛。他的作品结字雄放瑰奇,笔势飘逸峻美。

米芾把书法中的点画移用到绘画上，创"米氏云山"，可惜他的绘画作品并未流传至今，而作为书法家，他的传世作品却相当丰富。他篆、隶、楷、行、草各体俱工，行书最为世所推重。他的书风跌宕多姿，隽逸疏放。米芾与苏轼、黄庭坚、蔡襄向来被称为宋四家，连称"苏、黄、米、蔡"。

但有一种说法以为：所谓的"蔡"应指蔡京，后因蔡京名声太坏，才拿蔡襄来充数。这种说法是有道理的。理由之一是"苏、黄、米、蔡"中的前三人是按活动年代排下来的，蔡京比前三人要晚，排在最后才顺理成章，而蔡襄在英宗朝已经去世，米芾则活到徽宗朝，蔡襄排在其后显然不合排序的规则。理由之二是蔡襄的书风与苏、黄、米相去较远，而蔡京的书风"字势豪健，痛快沉著"，显然与前三家的尚意风格是一脉相承的。蔡京还有墨迹传世，这个问题值得从书风上进一步探讨。

尚意书风是宋代书法的时代特色，强调人品重于书品也完全正确。但书法与人品毕竟不是一码子事，与蔡京同时的宋徽宗创别具一格的"瘦金体"，宋高宗书法造诣也很精湛，风格不失端雅隽秀，都是人品可鄙而书法可观的例证。

北宋神、哲、徽三朝是宋代书法的鼎盛时期，南宋虽然也有不少书家，但大多学习苏轼、黄庭坚或米芾。范式一旦形成，余下的往往就是仿效。宋末的张即之试图另辟蹊径，以唐代欧阳询的风格糅合米芾的笔意，书风方劲古拙，挺峻峭拔，但影响毕竟有限。

最后说说雕塑。宋代雕塑出现了两个与前代迥然不同的趋势，一是宗教雕塑的神圣性大为减弱，而世俗化大为增强；二是前代雕塑中那种雄浑阔大的气势消退殆尽，而代之以典雅秀美的风格。

宋代最具代表性的雕塑群有三，一是巩县宋陵石刻，二是太原晋祠彩塑，三是大足石窟。宋陵雕刻的主要是男性官僚贵族，晋祠主要塑造贵族妇女的形象，两者构成上层社会的生活场景。

大足石窟虽然以佛教题材为表现形式，但处处洋溢着世俗化的生活情趣，是宋代民间生活的传神写照，这就使其成为反映宋代社会风俗的最大的实物史料库。与唐代以前的佛像雕塑不同，这里的菩萨群像几乎都是人间的，不少观音以其秀丽妩媚、婀娜俊美，展现出东方民族的女性美，令人想起西方文艺复兴时期那些圣母像。大足石窟表明宋代无愧为石刻艺术史上又一个高峰，完全足以与敦煌、云冈和龙门并称为中国四大石窟。

养鸡女
重庆市大足宝顶山石窟《地狱变相》局部。

八二

三大发明与科学技术

　　李约瑟以为：对科技史说来，唐代不如宋代有意义。在被国人引以自豪的四大发明中，火药、指南针与活字印刷的使用，都是宋代最后完成的。在中国古代科学技术史上，宋代的天文学、数学与医学也都占有重要的地位。不过，黄仁宇曾在《中国大历史》里指出：由于宋朝的经济未能在改革社会上发挥作用，这就"导致以上发明不能作有系统的增进"。

　　火药的发明虽在宋代以前，但由于这一时期各政权之间频繁的战争攻守，很快被用于军事，从而进入了冷兵器与火器并用的时代。开宝三年（970年），兵部令史冯继昇献火箭法，五年后，火箭就用于与南唐的战争。

　　《武经总要》是北宋仁宗时期官修的一部关于军事理论与军事技术的巨著，记录的火药武器就有弓弩火药箭、火药鞭箭、火球、蒺藜火球、烟球、毒药烟球、竹火鹞、铁嘴火鹞等十多种，还分别记载了引火球、蒺藜火球与毒药烟球的配方，这是世界上现存最早的完整的火药配方。

　　其后，火器研制不断改进。靖康元年（1126年），在开封保卫战中，宋军已使用霹雳炮打退金军的进攻，这是火药拌和瓷片装入干竹节内裹以纸壳而成的一种火器。金朝在这一基础上制成震天雷，宋人称之为铁火炮，《金史》有具体描述："铁罐盛药，以火点之，炮起大发，其声如雷，闻百里外，所爇围半里之上，火点着甲铁皆透"，威力强大可以想见。这种铁火炮因蒙古西征传到中亚与西南亚，回回炮应即由此改进而成的，再由蒙古军队用于攻宋的战争。

　　管状火器的发明在兵器史上有重要的意义。据陈规的《德安守城录》，绍兴二年（1132年），他为坚守德安（今湖北安陆），用火药制造长竹竿火枪二十余枝，其法是一人持枪，一人点火，一人协助，使用虽不便利，却是管状火器的最早记载。

金朝末年研制成功飞火枪，长仅二尺许，火药发射完毕而枪筒完好无损，已是携用方便的单兵火枪。开庆元年（1259年），寿春府（今安徽寿县）发明了突火枪，据《宋史·兵志》记载，"以巨竹为筒，内安子窠，如烧放，焰绝，然后子窠发出，如炮声，远闻百五十余步"，已具近代枪炮的雏形。

令人惊讶的是，宋金时代这种先进的火药技术在明清两代似乎没有什么长进，反而倒要从西方引进佛郎机与红夷炮，到了近代竟然只有在虎门挨打的分，难怪鲁迅愤激地说，中国发明了火药，最后是用来制造鞭炮与烟花的。

指南针的发明可以追溯到先秦，但用于航海则在宋代。《武经总要》载有指南鱼的制作方法，是利用地磁场作用使鱼身铁片含磁定位。这在指南针发明史上意义虽大，但因获得的磁性不强，实用价值仍然有限。三四十年后，《梦溪笔谈》记载了另一种制造方法，即利用天然磁石的磁场作用，以磁石磨针锋令其含磁，具有实用推广的价值。

关于指南针的使用方法，据沈括介绍有四种：一是水浮法，即将指南针放入盛水的容器中指示方向；二是置指爪法，即将指南针放在指尖上指示方向；三是置碗唇法，即将指南针放在碗沿上指示方向；四是缕悬法，即将指南针用线腾空悬挂指示方向。第二、三种方法不易固定，很快淘汰，第一种方法发展成后来的水罗盘，第四种方法演变为后

宋代彩绘立人持罗盘陶俑（江西省抚州市博物馆）

1997年在抚北镇原抚州地区粮食储备库工地宋墓发掘中出土，陶俑怀抱的是带有指针的旱罗盘。

来的旱罗盘。

　　至迟到崇宁年间 (1102—1106 年)，指南针已普遍用于航海。据《萍洲可谈》，当时船长航海，夜则观星，昼则观日，"隐晦观指南针"。宣和年间出使高丽的徐兢也说，"若晦冥，则用指南浮针以揆南北"，从"浮针"看来，使用的应是水浮法，尚未发展为水罗盘。

　　南宋咸淳年间 (1265—1274 年)，吴自牧在《梦粱录》里说到当时航海，"风雨冥晦时，惟凭针盘而行，乃火长掌之，毫厘不敢差误，盖一舟人命所系也"，这里的"针盘"，应是水罗盘。

　　南宋末年出现一种指南龟，是将天然磁石放入木龟腹中，腹壁有一光滑小穴，

宋刻本杨补之《梅花喜神谱》(上海博物馆藏)

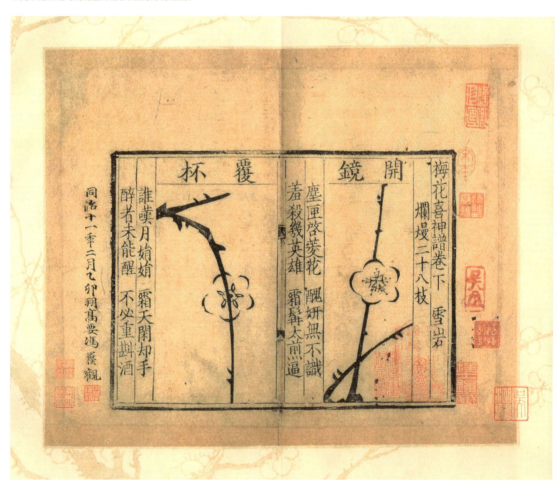

可安放在圆滑而固定的竹钉上，龟身自由转动指示方向，这是后世旱罗盘的前身。

指南针为全天候的航海提供了可能，也为远洋航海图的精确绘制创造了条件。揆之情理，航海图不应迟至宋代才出现，但正式见诸记载却是指南针使用以后。那位徐兢所著的《宣和奉使高丽图经》，原附所经海道图，可惜其书文存而图佚。南宋晚期，金履祥也曾绘过一张由江浙沿海直趋幽燕的海图，备记航路，历历可据。后为元人所得，成为海上漕运海图的蓝本。

指南针的全面使用，航海图的精确绘制，再加上以开放的心态对待与海外的经济往来，迎来了宋朝与紧接其后的元代前所未有的航海业盛况。可惜的是，自南宋以来的这种海上优势，到明代郑和下西洋以后就逐渐失去，而到清代竟至于要由西方船舰来叩开中国的大门。鲁迅对此也嘲讽过：祖先发明的指南针，却被不肖子孙制成罗盘去看风水了。

雕版印刷究竟出现在隋唐之际，还是晚唐五代，学术界还有争论，但盛行于北宋是毫无疑问的。据苏轼说，北宋初期，图书仍多手抄，仁宗以后，书坊转相翻刻诸子百家之书，学者很容易得到印本书。

宋代雕版印刷分三大系统。一是官刻系统，中央国子监是主要官刻机构，所刻称监本；地方上路级监司（茶盐、转运、提刑、安抚、常平）和路、州、府、军各级公使库、州县学，也都有官刻书行世，公使库本是常见的宋版书。

二是坊刻系统，即以营利为目的的书坊或书肆刻印的图书，表明雕版印刷的图书已完全进入了市场流通。当时坊刻书技术质量以浙江最好，称浙本；四川次之，称蜀本；福建以量多取胜，称建本，尤以建阳（今属福建）麻沙镇出版最多，世称麻沙本。开封、杭州、成都、眉山（今属四川）、建宁、建阳（今均属福建）、福州和建康（今江苏南京）都是当时的印刷中心。三是私刻系统，即官僚士绅私宅或家塾所刻的图书，表明宋代图书文化的普及程度。宋版书纸墨精良，版式疏朗，字体圆润，传世稀少，价值连城。

雕版印刷是书写印刷技术的一次革命。但印行一部大书所需雕版往往累百千万，雕刻既费工时，保存也占空间，仍有改革的必要。宋仁宗庆历年间（1041—1048年），毕昇发明了活字印刷。

其法是以胶泥刻字，每字一印，火烧泥活字使其坚硬备用。然后在一块铁板上敷以松脂、蜡和纸灰，上加一铁范，内放满所需字印，持铁板在火上加热。等松脂等熔解软化，再用一平板压平字印，使字平如砥，即可开印。

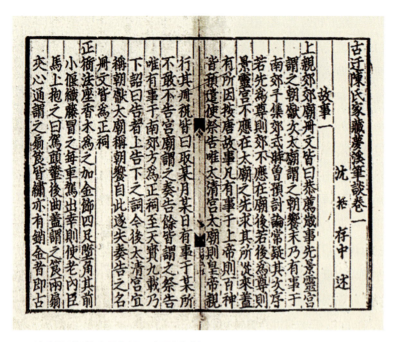

元刊本《梦溪笔谈》书影（中国国家图书馆藏）

印刷时准备两块铁板，一板印刷，一板排字，交替使用，效率极高。每字多刻数印，常用字更多至二十余枚，以备一板内重复使用，以韵分类储入木格，少数僻字则临时烧制。印刷完毕，加热再令药物熔化，以手拂印，字印自落。毕昇出身平民，生平事迹不得而详。他也试制过木活字，但木纹有疏密，沾水易变形，还容易与松脂等药粘住，不易拆版，认为还是泥活字方便。实际上，只要选用优质木料，改变拼版方式，木活字的这些缺点也是可以解决的。

毕昇以后，使用泥活字印成的图书，目前确认最早见诸文献记载的是绍熙四年（1193年），周必大用胶泥活字印行了他的《玉堂杂记》。但现存西夏翻印佛经有光定六年（1216年）"御前疏润印活字都大勾工院"的题记，表明当时西夏已专设主持活字印刷的机构，则可推断西夏使用泥活字与木活字印刷不会迟于周必大印书的年代，可见传播之快。

毕昇发明活字印刷术，是人类文明史上的一件大事。大约在13世纪，活字印刷东传朝鲜，后经朝鲜传入日本；另一路同时传入中亚与波斯，并因蒙古西征传入欧洲，启发了古腾堡金属活字的使用与推广。但古腾堡比毕昇的发明整整晚了四个世纪。

沈括除了三大发明，就应说到宋代科学最具代表性的人物沈括。他是一位百科全书式的科学家，在天文学、数学、物理学、地学、生物学、医药学和工程技术上都深有造诣，这里只能择要而说。

在天文学上，沈括曾经提举司天监，改进天文仪器，提倡十二气历。他改制了浑仪，使其结构简化，精度提高，操作方便。他还吸取了燕肃莲花漏法的成果，提高了浮漏记时的准确性。他所提倡的十二气历是一种纯阳历的历制，以立春节气为一年之首，将传统的二十四节气与十二个月建立起对应的稳定关系，与现行公历格列高利历有相似之处。但这一革新创举终因遭到传统势力的"怪怨攻骂"而没能推行。

在数学上，沈括一方面为隙积术给出了正确求解公式，隙积术是求解垛积问题的方法，解决的是高阶等差级数的求和问题。另一方面，他创立了会圆术，给出了一个近似公式，会圆术就是已知弓形的圆径和矢高求解弦长与弧长。

在物理学上，沈括进行了凹面镜成像的光学实验，取得了新结果；首次记载了地学上地球磁偏角的现象；以实验证明了弦线的基音与泛音之间的共振关系。

在医药学上，他编著了《沈氏良方》，自称"必目睹其验"，才写入书中。其中的"秋石方"，是关于提取荷尔蒙的最早记载。后人将其书与苏轼的医说合编为《苏沈良方》，也许因苏轼名声比他还大，可以招徕读者。

沈括最主要著作当然是他的《梦溪笔谈》，共二十六卷，另有《补笔谈》三卷，《续笔谈》一卷，共计六百零九条。据统计，关于科学技术的条目占全书的百分之四十以上，其中既有他自己对科学技术诸问题的观察、实验与思考，还保存了当时科学技术的具体史料，例如毕昇的活字印刷术、喻皓的《木经》，都因该书而得以传世。科学史家李约瑟对其书评价最高，盛赞为"中国科学史上的里程碑"。

不过，国人对这一评价也不必过于陶醉。从其结构体例来看，《梦溪笔谈》还称不上是一部严格的科学著作（在这点上，甚至还不及秦九韶的《数书九章》有意识）。他采用的完全是两宋笔记的传统体制，著述宗旨也只是"谈噱"，与其他以资谈助的宋代笔记没有形式与内容上的根本区别。仅仅因为关注的兴奋点与众不同，因而保存的科技史料就较其他笔记远为密集。《梦溪笔谈》在保存沈括与他同时代的科技史料上确有价值，无视其地位自然不对，不切实际地过高评价也是不必要的。

说完沈括这位科学巨星，接着说说宋代科技的一般情况。

先说数学。传统数学在宋代取得了多项突破性的成就，涌现了贾宪、沈括、秦九韶和杨辉等顶级的数学家，迎来了中国数学发展史的高峰期。

贾宪大约生活在宋仁宗时期，曾在司天监任过职。他的数学著作《黄帝九章算经细草》和《算法教古集》已经佚失，前书经杨辉的《详解九章算法》转引才保留了部分内容。

贾宪的"开方作法本源图"是一个三角形数表，实际上就是指数为正整数的二项式定理的系数表，比西方阿尔·卡西的同类成果约早四百年，数学史上称为贾宪三角（因出现在杨辉书中，也称杨辉三角）。贾宪根据开方作法本源图，创建了增乘开方法，提供了求解任何高次幂和高次方程正实根近似值的方法。

秦九韶生活在宋宁宗、宋理宗时期，代表作为《数书九章》。他将增乘开方法成功地应用于一般高次方程的数值解，比西方同类成果早了五百多年，达到了当时数学的最高峰。他还创立了大衍求一术，简洁严密地解决了一次同余组问题的理论与算法，比西方欧拉与高斯的同类证明早了五百年。

杨辉、秦九韶与元代的李治、朱世杰并称宋元数学四大家。杨辉的活动年代比秦九韶略晚，大约在宋元之际。他的数学著作有《详解九章算法》《日用算法》《乘除通变本末》《田亩比类乘除捷法》和《续古摘奇算法》，后三书也合称《杨辉算法》。

杨辉的贡献主要有三。其一，他在沈括"隙积术"的基础上提出了"垛积术"，推动了高阶等差级数的研究。其二，他研究了组合数学中高阶纵横图的构成规律。其三，他对筹算算法归纳了一整套歌诀，有助于捷算法的应用与推广。

再说天文学。其成就主要表现在天文仪器、天象观察、行图绘制与历法改进诸方面。

在天文仪器的研制发明上，燕肃在天圣八年（1030 年）发明的莲花漏，首次使用了漫流系统，前所未有地提高了漏壶的计时精度。苏颂在元祐七年（1092 年）研制成功的水运仪象台，实现了浑仪、浑象与报时三位一体、协调运作的构想，既能观察天象、演示天象，又能计时、报时，已具有近世天文台开启式圆顶、望远镜转仪钟与机械钟的科学结构原理。

在天象观察方面，北宋在大中祥符三年（1010 年）至崇宁五年（1106 年）的近百年间，先后举行过五次大规模的天文观测，其中崇宁年间的观察，姚

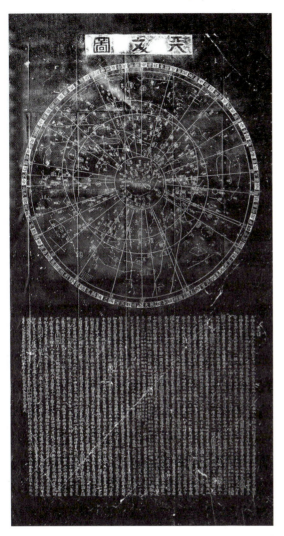

《天文图》石刻（苏州博物馆藏）

舜辅等测得二十八宿距度误差的绝对值仅有0.15度，取代了沿用三百余年的唐代一行的数据。景德三年（1006年）对豺狼座超新星爆发的观测记录，至和元年（1054年）对天关客星的观测记录，都为现代天体物理学的研究留下了重要的历史资料。

在星图绘制上，苏颂也有杰出的贡献。他的天文学名著《新仪象法要》附有五幅星图，首次采用了较科学的全天星空表示法。皇祐年间（1049—1054年），天文学家周琮主持了重测二十八星宿与周天恒星的工作，这次实测的结果，编制了三百四十五个星官距星的入宿度与去极度，这一星表收入《灵台秘苑》，所收星数超过了前代。元丰年间（1078—1085年）的恒星测量精度更高，其星图以刻石形式保存下来，此即现存苏州博物馆的石刻《天文图》，上半部为星图，下半部为碑文，是研究宋代全天星空的珍贵文物。

两宋共三百二十年，先后颁历达二十部，后出转精，历法修订之频繁为历代所仅见，也可见天文历法研究的活跃。神宗时，卫朴制定的《奉元历》依据二十四节气修成，颇有特色。宁宗时，杨忠辅主持修成的《统天历》所测定的回归年长度为365.2425日，与现行公历所用之完全一致，但比西方格列高利早了将近四百年。

最后说说医药学。

宋朝政府对医药学十分重视，设有太医局与翰林医官院，大体说来，太医局就是中央医科大学，翰林医官院就是皇家医院。在医疗设施方面，宋代政府设立了官药局，按方配售成药，名称几经变动，最后称太平惠民和剂局；另外还官设了专供有病官员诊病与休养的保寿粹和馆，供行旅患者医养的养济院，为贫苦病人服务的安济坊，给弃儿与贫苦幼儿治病的慈幼局。

官修医方与本草也受到政府高度重视。重要的官修医方有太宗时修成的《太平圣惠方》，徽宗大观年间编撰的《和剂局方》，南宋绍兴年间在此基础上校补而成的《太平惠民和剂局方》。徽宗政和末年，命医官广集历代方书与民间验方，汇编成《圣济总录》，收方近二万，集当时医方之大成，未及印行，即因靖康之变而被金人运至北方，在金世宗时刊行。

官修本草最早是开宝七年修成的《开宝本草》，嘉祐五年在此基础上重新修订为《嘉祐补注神农本草》。与此同时，朝廷命各地普查药物，绘图汇总中央，由苏颂在嘉祐六年主持编成《图经本草》，收图九百余幅，是现存最早的版刻药物图谱。药物学家唐慎微在元丰五年（1082 年）以私人之力修成《经史证类备急本草》，内容精详远逾前人，宋朝政府在此基础上分别在大观、政和与绍兴年间多次官方修订，作为国家药典刻印颁行。

宋代的医学成就也是多方面的。王惟一对针灸术作出了重大贡献，他钻研前人著作，结合自身经验，详定经穴位置，编成《针灸图》，天圣五年（1027 年），他奉命在此基础上铸造针灸用的铜人两具，对针灸学的教学、临床与考试都极为便利，他也将自己的著作改名为《铜人腧穴针灸图经》。

钱乙从事婴幼儿疾病诊治达四十余年，形成了系统的理论与方法，成果主要保存在重和二年（1119 年）成书的《小儿药证直诀》中，这部书被称为"幼科之鼻祖"，对儿科医学的形成与发展颇有影响。

陈自明在嘉熙元年（1237 年）著成《妇人大全良方》，分妇科三门，产科五门论述了妇产科临床与理论诸问题，是当时妇产科集大成的专著，使其成为一门独立的学科。

解剖学在宋代也初露萌芽，出现了最早的人体局部解剖图。庆历六年（1046年），广西区希范起事被捕，被处磔刑，处刑过程中，由绘工宋景将其内脏绘制成图，称《区希范五脏图》。崇宁年间（1102—1106 年），杨介又绘有《存真环中图》，对人体胸腹腔相关部位的血管走向与消化、泌尿与生殖系统都详为描述。可惜这种实验科学的萌芽，在其后没能发扬光大。

宋慈长期担任提点刑狱，对刑事案件的现场勘查检验积累了丰富的经验，淳祐七年 (1247 年) 著成《洗冤集录》，是世界上第一部系统的法医学专著。将宋慈尊为法医学之父，应是名至实归的。

比起其他科学来，金代医学的成就倒是不容小觑的。医史上号称金元四家，分别是刘完素、张从正、李杲与朱震亨，前三家都是金朝人。刘完素，因其籍贯河间 (今属河北)，世称"刘河间"，治法上多用寒凉药，后世称为寒凉派。张从正，字子和，以字名世，治法上主张去邪安身，故有"攻下派"之称。李杲，号东垣老人，时称李东垣，治法强调补气益胃，人称"温补派"。他们与以"阴补派"闻名的元代朱震亨在辩证施治上是各有特色的。

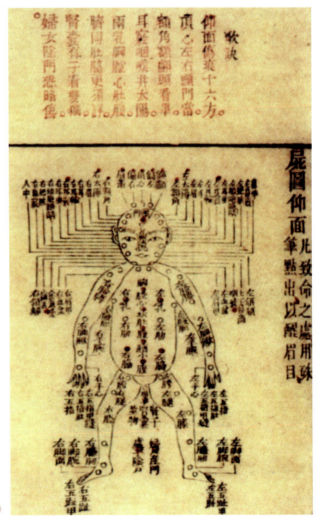

清刻本《洗冤录》中的《验尸图》

八三

瓦子勾栏

随着城市经济的发展与市民阶层的兴起，与之相适应的市民俗文化也大放异彩。瓦子勾栏是当时市民文娱游乐的重要去处，也是宋代市民文化勃兴的一种标志。

瓦子又叫做瓦舍、瓦市、瓦肆，简称瓦，是固定的娱乐中心，游人看客来往其中，川流不息。因来时如同瓦合，去时如同瓦解，易聚易散，故而以瓦称呼。北宋开封的瓦舍见于《东京梦华录》的有十座，南宋临安的瓦舍见于《武林旧事》的有二十三座。都城以外，不少城市也有瓦舍，例如建康府的新瓦，明州的新旧瓦子。

也有学者认为瓦子不是一种专门的娱乐场所，应是城市中一种方形市场，四周有酒楼、茶馆、妓院和各种商铺，中间是定期集市，它是坊市制打破以后一种城市综合性市场，其中也包括文娱演出场所。

勾栏又叫勾肆，设在瓦子中，有时也互为同义词。其原意为栏杆，是固定的演出场所，内设戏台、戏房（后台）、腰棚（观众席），四周以栏杆圈围起来，用意大概一是圈定场地，二是免得有人混票。勾栏上面还张有巨幕，以蔽风雨寒暑，因而也唤作游棚、乐棚，简称为棚。

每座瓦子中都有勾栏，少者一两座，多者十余座。如开封中瓦、里瓦共有勾栏五十多座，南宋临安北瓦有勾栏十三座。勾栏规模大小不一，大的如开封中瓦的莲花棚、牡丹棚，里瓦的夜叉棚、象棚可容纳数千人。当时演出的场所除了勾栏，还有在城市里临时性搭建的演出场所，叫做露台。

宋代城市娱乐出现了四种新趋势。

其一，商业化趋势。瓦子既是娱乐中心，又是商业中心，娱乐活动与商业活动同时进行，因而也叫瓦市，其中也有卖药、卖卦、博彩、饮食和剪卖纸画

白沙宋墓壁画
图中的伎乐戏班或是取材于勾栏的演出。

等。勾栏内商业广告琳琅满目，艺人的演出乃至体育表演都以挣钱为目的。当然，瓦子以外酒楼茶肆的音乐演唱，也都具有商业性质。

其二，专业化趋势。由于商业化娱乐趋势的形成，观众就要求观看高质量演出，专业程度相当高的艺人和社团也相应产生。民间艺人可分瓦子艺人和路歧人两种。后者只在路边空场上作场演出，以换取衣食之费，不进瓦子勾栏，专业性较弱。瓦子艺人则以勾栏为固定的演出场所，往往自发结成演艺社团，例如杂剧有绯绿社，清乐有清音社，清音社下还有数社，每社不下百人。失意的读书人组成书会，进行文艺创作，称为书会先生或才人。

其三，通俗化趋势。瓦子勾栏里的文娱活动能满足不同阶层、不同职业、不同年龄层次的不同爱好，以至有"勾栏不闲，终日团圆"的说法。当时街巷小儿的父母如被纠缠得紧，就塞给孩子一点钱，让他去听说书。听到刘备失败，就有蹙眉头流眼泪的，听到曹操打败，就手舞足蹈，喜形于色。

其四，大众化趋势。瓦子小的占地一里有余，勾栏大的可以容纳数千人，游人看客上至达官贵人，下至平民百姓。不少从前为上层独享的娱乐活动如今成为大众共同的爱好。徽宗时，开封府属下有个村民入戏场看戏，回来路上见到一箍桶匠，拿起他的桶戴在头上，模仿戏中造型问："我比刘先主如何？"可见演剧之深入民众。

瓦子勾栏时演出的内容主要有说唱、戏剧、杂技和武术等，这里略作介绍。

首先介绍说唱。说唱大体分三种形式："说话"、"杂说"和"演唱"。

说话即讲故事，讲故事的艺人也称说话人，故事的底本称为话本。说话根据内容再细分为"说参请"、"说经"、"小说"和"讲史"。说参请就是以诙谐机辩的谈锋，讲说参禅悟道。

说经就是讲说儒佛经书，南宋临安说书人张廷叟以说《孟子》而闻名遐迩，现在仅存的《大唐三藏取经诗话》就是南宋临安中瓦子印行的说经话本。

小说是讲市井故事，又可以分灵怪、烟粉、传奇、公案、朴刀、杆棒、神仙、妖术等，一般篇幅较短，有说有唱，使用白话，先以诗词或小故事引入，称为"入话"，再讲一两个故事，称为"头回"，正文说唱完毕，再以诗词或议论收尾。现存当时的小说话本有《京本通俗小说》。

讲史是讲说历代兴衰战争的演义，以三国与五代史事最受欢迎。一般篇幅较长，只说不唱，并有议论。不过，有时说话人也说当代史，例如南宋王六大夫说《中兴名将传》，就是敷演张俊、刘光世、韩世忠和岳飞的故事。现在公认的当时讲史话本有《五代史平话》和《宣和遗事》。这种话本，在体制上对明代白话长篇和短篇小说，在内容上对元杂剧与明传奇，影响都不容低估。

杂说以机敏幽默的语言说噱逗笑。其中的"学乡谈"学说各地方言；"背商谜"是指本人心口相商或与别人相商，琢磨如何出谜猜谜；"说诨话"就是滑稽诙谐的语言表演，或说让人捧腹大笑的故事，或吟咏语有讥刺的歌诗，有点像现在的相声。

演唱分为好几种。"小唱"声调重起轻落；"嘌唱"音调曲折柔曼；"叫声"模仿各种市井叫卖声；"唱赚"兼容小唱、嘌唱等多种声腔，伴以笛声鼓板，类似今天的大鼓；"合生"主要演唱诗词，指物题咏，应命立成，当场演唱；"乔合生"则是以滑稽或乔装的样子演唱合生；"陶真"以琵琶伴奏演唱小说或评话，略似后来的弹词。

演唱艺术中最具代表性的是"诸宫调"和"鼓子词"。诸宫调是兼用多种宫调演唱长篇故事，宫指以宫声为主的调式，调指以其他各声为主的调式，说唱兼备，以唱为主。演唱时用琵琶等弦乐伴奏，因此也称"搊弹词"。孔三传

《杂剧打花鼓》（北京故宫博物院藏）

　　与张五牛分别是开封与临安诸宫调的著名艺人。"鼓子词"说用散文，唱用韵文，使用同一宫调反复以鼓伴唱，或写景叙事。

　　其次说戏剧。当时戏剧包括傀儡戏、影戏、杂剧和南戏。

　　傀儡戏即木偶戏，一人用线牵提傀儡表演的，称为"悬丝傀儡"；用木棍操纵傀儡动作的，称为"杖头傀儡"；手擎幼童仿效傀儡表演的，称为"肉傀儡"；爆炸火药增强音响效果的，称为"药发傀儡"；另有在船上或水上表演的，称为"水傀儡"。傀儡戏题材广泛，能表演情节复杂的历史故事，很受民众欢迎。

　　影戏已由纸影发展为皮影戏，因用羊皮雕形，比白纸不易损坏。艺人边讲唱故事内容，边摆弄人物皮影，透过灯光折射，在布幕上变化造型。故事内容也以敷演三国争战最受欢迎。洪迈有绝句说："三尺生绡作戏台，全凭十指逞诙谐。有时明月灯窗下，一笑还从掌握来"，形象生动地赞颂当时手影戏的高超艺术。

　　杂剧出现在北宋时期，由唐代参军戏演变而来，但情节和人物都较参军戏复杂，其间也穿插一些插科打诨。角色通常有五个，即末泥、引戏、副净、副末、装孤。其构成有艳段、正本、杂扮三部分：正本是杂剧主体；艳段是正本演前的小段，也称焰段，意思是犹如火焰，易明易灭，相当简短；杂扮是正本演出后的小段，可取可舍，也可以单独表演。杂剧演出时有音乐伴奏，以锣鼓为节拍。开封每年七月七日到十五日上演《目连救母》杂剧，广受市民欢迎。遗憾的是，宋杂剧没有元杂剧那样有完整的剧本流传后世。

南戏也称戏文，南渡以后兴起于温州一带农村，故而也称温州杂剧或永嘉杂剧。以村坊小曲演唱，起初结构简单，出场人物较少。后来传到都城临安，大为盛行。在南杂剧等各种艺术形式的影响下逐渐完善，演出体制与杂剧大体相近，并与杂剧并驾齐驱，标志着中国戏剧由萌芽走向成熟。宋元之际，南戏受北杂剧南传的影响，开始形成南北曲兼用的体制，成为明代传奇的滥觞。《永乐大典》收有《张协状元》和《宦门子弟错立身》，据说是目前仅存的宋代南戏作品。

再次说杂技。当时杂技有广义和狭义的区别，狭义的杂技当时称为"踢弄"，广义的杂技还包括魔术、口技和马戏。

踢弄因杂技往往不离踢和弄得名，踢的有瓶、磬、缸、钟等，弄的有碗、花钱、花棒鼓等，此外还有走索、踏跷、上竿、打筋斗、过门子、过圈子等，虽继承前代，但难度大增，惊险奇特。例如走索不仅行走索上，还在索上担水和装神弄鬼；有的艺人还把走索与踢弄结合起来，让观众见了惊心动魄。

魔术变幻无穷，大多离不开一个藏字，例如藏人、藏舟、藏剑等，吞刀、吐火、吃针、取眼也无非是藏，当时也叫做"藏去之术"。宋神宗时，有一人擅长藏舟，用数十人抬舟，转瞬之间大舟不见，观众莫不惊骇。南宋临安有个艺人，能演出杀人复活术，当场将人头切下，再把它装上。

口技当时也叫做"百禽鸣"，因模仿飞禽走兽的鸣叫声而得名。宫廷的教坊乐人和民间艺人都有擅长口技的。他们模仿鸟叫，场内肃静，只听得百鸟在半空和鸣，犹如鸾凤翔集。

宋代马戏，一方面有马术的特技表演，骑手在马上表演"立马"、"跳马"、"倒立"、"拖马"、"镫里藏身"等高难动作；另一方面，凡是经过训练的动物进行表演也都属于马戏，当时称为"教禽兽"，包括"教走兽"、"教飞禽"、"教虫蚁"、"教水族"等。

教走兽有笨熊翻筋斗、蠢驴跳柘枝舞、猴子演百戏、狮豹表演等。教飞禽有禽鸟认书、乌鸦下棋等。教虫蚁表演各种小巧新奇的节目，例如蚂蚁角胜，是调教黄黑两队蚂蚁，大者为将领，插旗为号，能对垒交战，偃旗归穴。教水族有鱼跳刀门、乌龟叠塔和七宝之戏等。七宝之戏是艺人一边手敲铜锣，一边呼唤动物的名称，桶内鱼、蟹等七种水族应声出来，头戴面具，边游边舞，令观众趣味横生。

最后说武术。当时城市里有商业性的武术艺人社团，例如南宋临安的射弓踏弩社、川弩射弓社等等。拳术往往以套路形式出现，器械武术也有长足的进步，南宋已有十八般武艺的说法。不少的武术表演与舞蹈相结合，称为"诸军百戏"。

在瓦子勾栏或空地露台献演的各种武艺中，最受欢迎的是相扑。相扑也称角抵或争交，民间相扑手为谋生所作的表演，开场往往有女相扑手数对打套子，招徕观众，然后正式表演。女相扑手的表演一再遭到以礼法为理由的反对，但直到南宋后期依旧盛行。

值得注意的是，辽金两朝的市民文化也相当繁荣。辽朝宫廷已有杂剧演出，民间当亦如此。金朝灭宋，将开封的杂剧、说话、小说、影戏、嘌唱等艺人一百五十余家迁往北方，这些文艺样式也在金朝广为流行。

金朝说书人张仲轲擅长说传奇小说，杂以俳优诙谐语，大为走红。金代演员居所称行院，故而杂剧也称院本，即行院之本的意思。山西侯马出土有金代砖雕戏台模型，设施完善，角色齐全，栩栩如生地反映了北方杂剧繁盛的情景。传世仅见的无名氏《刘知远诸宫调》与董解元《西厢记诸宫调》倒都是金章宗时代的作品。正是在金院本与诸宫调的基础上，才繁衍出盛极一时的元杂剧。

李嵩《骷髅幻戏图》（北京故宫博物院藏）
画面描绘了街头艺人（路岐人）表演牵线傀儡戏的场景。

八四

"阎马丁当，国势将亡"

理宗继位以后，先朝宰相谢深甫的孙女谢道清与贾涉的女儿都入选后宫。谢道清端重有福而容貌平常，贾氏则姿色殊绝。理宗有意立贾氏为皇后，但宁宗杨皇后却主张立谢氏，理宗只得遵命，委屈贾氏做了贵妃，但对她专宠有加。贾贵妃的异母弟贾似道也因裙带关系而一路青云，在淳祐七年（1247年）贾贵妃去世时，做上了京湖制置使兼知江陵府，二十几岁就成了制帅。

贾贵妃去世，理宗不可一日无美色，阎贵妃又以姿色得宠。此时理宗已步入晚年，更化的力度从端平递减到淳祐，已成强弩之末，而嗜欲好色的劲儿却明显看涨。他开始动用国库为爱妃建造功德寺，居然超过自家祖宗的功德寺规模，比灵隐寺还要富丽堂皇，时人叫它"赛灵隐寺"。

淳祐末年，后宫有夫人名号者多达一千人，理宗对她们赏赐无度，完全忘却了不久前颁布的节用诏令。他的性趣还广泛到深宫之外的烟花歌女，宝祐元年（1253年）正月，把临安城内色艺绝伦的官妓唐安安召入深宫共度元宵，赏赐十分丰厚，捧红了这个角儿。起居郎牟子才上书说："坏了陛下三十年的自修之操。"理宗让人传言给他不要扩散，生怕狎妓坏了自个儿形象。

理宗后期，厌倦朝政，追逐声色，先是听任丁大全与董宋臣乱政，后来又把朝政交给贾似道。他完全没有了端平更化时那种励精图治的精神，每日沉湎在诗酒之中，同时开始追求奢侈豪华，在临安大兴土木，造佛寺道观祈祝长寿，建楼榭亭阁专供游幸。

阎贵妃恃宠干政，与她在内廷相互奥援的有宦官董宋臣。董宋臣是理宗贴身内侍，以逢迎讨好而深得理宗的赏识与信任。人们把宋理宗、阎贵妃与董宋臣同唐明皇、杨贵妃与高力士相提并论。理宗还自我宽慰道："朕虽不德，未如明皇之甚。"董宋臣得宠后，就揽权纳贿，无恶不作，人们称他"董阎罗"。史书描写其专横气焰道："庙堂不敢言，台谏长其恶，或饵其利，或畏其威，一时声焰，真足动摇山岳，回天而驻日。"

董宋臣用事内廷，在外朝与他表里为奸浊乱朝政的则是丁大全。丁大全长得"蓝色鬼貌"，他给儿子聘妇，见其长得标致，就夺媳为妻。这样一个为人不齿的家伙，却因攀附迎合阎贵妃与董宋臣而得到理宗的青睐。宝祐三年，他任右司谏，一无谏劾，被人称为一条不叫的狗。

董槐为相，自以为是人主亲自拔擢，只要利国安民，就敢说敢为，招致了这批佞幸的忌恨。次年，丁大全升为侍御史，进一步意望执政，派门客去与董槐套近乎，遭到严辞拒绝，他就耿耿于怀图谋报复。董槐将这事报告理宗，以为丁大全奸佞不可用，理宗反认为董槐多疑。董槐以为忠奸不能并事人主，称病辞职。

这时，丁大全居然私用御史台牒，夜半调兵百余名，手执利刃，包围董槐府第，裹胁他出临安城，弃置呼啸而散去。董槐入城才收到罢相诏旨。丁大全率兵迫逐宰相，在两宋历史上绝无仅有，朝野震惊，他却志满意得，不可一世。

太学生陈宜中、黄镛、林则祖、曾唯、刘黻和陈宗伏阙上书论丁大全专擅，他指使爪牙弹劾这六人。理宗竟不顾舆论，将这批学生削去学籍，编管远州，还下诏立碑太学、宗学和武学，禁止学生妄论国事。世人把这六人称为"宝祐六君子"，以区别于反对韩侂胄的"庆元六君子"。

当年十一月，丁大全如愿以偿地当上了执政，两年后，他又侵逼右相程元凤以天灾引咎辞位，自己当上了右相。有一次宫廷内宴，一杂剧艺人打锣不停，另一艺人说："你为什么老叮叮咚咚敲个不停？"前人答道："现在的事都是丁董，教我怎么不叮咚？"辛辣讽刺了丁、董专擅朝政的行径。

宝祐四年，与丁大全同时拜为执政的还有马天骥。理宗唯一的爱女出嫁时，马天骥送了一份别出心裁的厚礼，大得理宗的欢心，当上了同签书枢密院事。

就在这四人帮擅权用事之际，有人在朝门上大书八字："阎马丁当，国势将亡"。阎马是"檐马"的谐音，乃当时华屋下悬挂的铃铛，一有风吹，就会发出叮咚叮咚的声响。"阎马丁当"是指阎贵妃、马天骥、丁大全、董宋臣四人弄权乱政。这一标语是对理宗的当头棒喝，警告他如再宠用奸佞，国家命运将不堪设想。

　　理宗恼火地指示临安府追查，但一无所获。他也感受到朝野对自己放纵奸佞的强烈不满，采取了一些措施。宝祐五年，马天骥执政仅八个月，就被理宗罢免。次年，蒙古全面侵宋，丁大全隐匿军情不报，致使边防全线吃紧。开庆元年（1259 年），有人再次上书指斥丁大全与董宋臣祸国殃民，理宗将丁大全罢相，并于景定三年（1262 年），改流海岛途中，丁大全被押解的将官挤落水中溺死。阎贵妃在景定元年病死。唯独对董宋臣，理宗百般回护，先将其调离门，藉以平息舆论，不久就让他官复原职。其后，董宋臣一直在理宗的庇护下，他比理宗早死几个月，理宗特赠节度使，表达对这个奴才的宠爱。

八五

贾似道

　　开庆元年（1259 年），理宗将丁大全罢相，分别拜吴潜与贾似道为左、右相兼枢密使。吴潜已是第二次任相，坐镇中央，协调各路抗蒙，军情紧急，他往往先行决断再奏明理宗。他还力主清算丁大全余党，招来忌恨。

　　理宗没有后代，打算立弟弟与芮之子忠王赵禥为太子，吴潜忠谏说："臣无弥远之才，忠王无陛下之福"，刺痛了理宗的癞疤。时值鄂州之役，忽必烈扬言要直下临安，理宗问计，吴潜建议迁都，理宗问你怎么办，他答死守于此，理宗当即抢白："你想做张邦昌吗？"

　　贾似道一方面上书请立忠王为太子以讨好理宗，一方面指使侍御史沈炎弹劾吴潜在立储问题上"奸谋叵测"。景定元年（1260 年）四月，吴潜罢相，贾似道应召从鄂州前线以再造宋室的功臣入朝。

　　蟋蟀宰相是后世民间对贾似道最深刻的印象，似乎他除此之外一无所长，这至少有点漫画化。贾似道历任沿江、京湖、两淮制帅，贾贵妃的裙带关系虽起作用，但他也在这些军政长官任上为抗蒙作出过一些成绩。即便在鄂州之役中，除了私下求和诚为失策，他有效阻止蒙古军的进攻，也不可谓无功，连忽必烈也赞赏道："我怎么才能有似道这样的人驱遣呢？"问题在于，他过分夸大了这份战绩，以此作为专断朝政的政治资本。

　　入主朝政以后，贾似道首先毫不手软地打击丁大全党人与吴潜党人，一些小人对异己乱扣"党人"的帽子。贾似道抓住吴潜建议迁都避乱的软档，将其一贬再贬，流放到循州（今广东龙川西），以防其东山再起，威胁自己的权位。吴潜最后贬死在那里，有笔记说他是被贾似道派人毒死的，似乎根据还不足。他把仍在理宗庇护下扰乱朝政的董宋臣与卢允生调为外任，其把柄也是主张"迁避"，使其余党不敢妄为。

谢皇后娘家外戚谢堂骄横不驯，外戚子弟都出任监司、郡守，贾似道先与谢堂套近乎，然后猝不及防的将其罢任宫观，再让理宗下诏"外戚不得任监司郡守"，解决了长期以来外戚干政问题。他通过利禄引诱与政治高压相结合的手法，派遣密探监视太学生们的言行，把反对丁大全的"宝祐六君子"收买到自己门下，瓦解了太学生中的反对派势力。

贾似道还取得理宗同意，在武将中实行打算法。所谓打算就是核实军费开销，整饬不驯武将。在当时武将边帅中，虚报开支，大吃空额，已是公开的秘密，这也造成军费支出不断看涨。此举对厘清财费、整顿军政固然有积极作用，但在其背后贾似道还夹杂有立威诸将、排斥异己的用意，因而执行起来，打算者与被打算者之间就明显夹杂着个人恩怨。

贾似道妒贤嫉能，他把自己所不满的武将，例如赵葵、高达、李曾伯、杜庶、向士璧、曹世雄、史岩之等都指为有贪污的嫌疑，列为打算的对象。赵葵、高达因理宗保驾才免予追究，李曾伯、杜庶、向士璧、曹世雄、史岩之都遭到拘禁，备受折磨，向、曹最后被迫害致死。这样，不仅打算法变了味，还产生了将士离心的负面作用。逼叛潼川路安抚副使刘整就是其例。

刘整是抗蒙战争中一员骁将，曾在泸州大败蒙军，其上司四川制置使俞兴与其有私怨，不仅定其战功为下等，还在打算法中乘机报复，诬陷他账目不清。刘整私下求情，派人上诉，都无济于事。他听到向士璧等因打算法而被害死，也唯恐不能自保，终于以泸州十五州府、三十万户投降蒙古，严重改变了宋蒙双方在这一地区的力量对比，使战争形势不利于南宋。

理宗在位的最后五年，贾似道主政，他利用理宗的信任，采取整顿政治、经济和军事的一系列措施，打击宦官，抑制外戚，控制台谏，笼络太学生，攫取权力与财富，排击一切异己力量，完全把持了舆论与朝政。

景定五年（1264年），理宗病死。在其统治前期，因其出身宗室远族的特殊身份，造成了史弥远专政；亲政以后，虽欲更化而成效不大；其后因嗜欲既多，荒怠政事，相继出现了丁大全、董宋臣的乱政与贾似道的擅权。明代李贽以为，"理宗是个得失相半之主"，近来学者也有类似的评价。但总体说来，还是失大于得，更何况失在晚年，留下的是一副难以收拾的烂摊子。

继位的是赵禥，他就是宋度宗。度宗是理宗之弟赵与芮唯一的儿子，由于其生母滥服堕胎药，他大脑发育迟缓，七岁才会说话，手脚都软弱。理宗之所以把这样一个发育不良、先天缺陷的宝贝侄子说成是"资识内慧"，扶上了皇位，就是生怕传位远支宗室会为济王彻底翻案，整个儿动摇自己的合法性。

度宗即位前虽也接受过十余年的东宫教育，但资质实在太差，讲官分析讲解了大半天，他还是不知所云，惹得理宗老对他发脾气。因而尽管他即位时已二十五岁，仍有人提议太后垂帘听政，终因有人以为不成体统而作罢，这就为贾似道专政打开了方便之门。

咸淳元年（1265年）三月，贾似道假惺惺援例上章辞相，回到绍兴私第，同时却让京湖安抚制置使吕文德谎报蒙古来攻的军情，把度宗吓得不知所措，一个月里连下好几次御笔，八次派人专程前往绍兴迎请他回朝。贾似道明白度宗已经寸步离不开自己了。

度宗虽然智力平庸，发育不良，却纵情声色，热衷享乐。他绝对是个球迷，战争危局也影响不了他踢球的热情，每日依旧毫无节制地踢球。

宋代制度规定：有嫔妃宫女被皇帝"临幸"，次日就要赴门谢恩，记录在案。度宗即位初，一天之内到门谢恩者竟然多达三十余人，可见其晚上玩弄嫔妃之多。

批答臣僚章奏的烦心活计，他都交给自己最宠爱的妃嫔王秋儿等十四人。至于朝政，度宗一古脑儿委托给了贾似道。咸淳元年，他特拜贾似道为太师；两年后，进拜为平章军国重事，三日一朝，位在宰相之上；咸淳六年，允许其十日一朝。这令贾似道更是大权在握，踌躇满志。

贾似道在政治上推行顺我者昌、逆我者亡的做法。其时，不但台谏的弹劾，就是皇帝颁布的内制，台谏官和两制官也必须向贾似道"呈稿"。有一次，他召集百官议事，厉声说道："诸君不是似道提拔，怎么能到这地位？"偏偏礼部侍郎李伯玉不买账，说："伯玉殿试第二，平章不提拔，也可以到这地位。"事后，李伯玉就被赶出了朝廷。

从咸淳三年起，因贾似道推荐，程元凤、叶梦鼎、江万里、马廷鸾、王爚和张鉴先后任相，但他们必须对贾似道俯首帖耳，否则就会被台谏劾罢。叶梦鼎为一个官吏平反，贾似道认为恩非己出，就罢免了梦鼎属下的好几名省吏，还张榜于朝堂，梦鼎愤然表示自己不作第二个陈自强，自求辞位。贾似道的母亲也说儿子"牵制太过"，以不吃饭要求儿子收回成命，恰巧太学生也有人上书抨击他"专权固位"，他这才破例而作罢。

贾似道文玩收藏印
贾似道号秋壑，精于图书文物鉴藏。左为"秋壑珍玩"阴文印，右为"秋壑图书"阳文印。

　　贾似道的专横还表现在对待度宗的态度上。度宗称其为"师臣"而不呼名，他不仅有入朝不拜的特权，退朝时度宗总是起席目送出殿。但贾似道还经常撂挑子，迫使度宗授予自己更大的权力。咸淳二年，贾似道再次辞相，度宗急得流着泪拜求他留任。执政江万里以为实在有悖君臣大礼，说："陛下不可拜，太师不可再言去。"贾似道这才收起了这场戏。度宗特地把西湖边上的葛岭赏赐给他。

　　贾似道醉生梦死，不管国事，置社稷安危于不顾。每日朝政，自有书吏把三省文书抱到贾似道的葛岭私第，由其门客廖莹中与翁应龙处理，他不过在纸尾画上个押。他每天在葛岭的亭台楼阁里，与姬娼尼妾花天酒地，纵情声色。初秋与群妾趴在地上斗蟋蟀，也是这时的事，赢得了蟋蟀宰相的万古骂名。

　　西湖是贾似道的游乐之地，当时就有"朝中无宰相，湖上有平章"的民谚。有一天，他与众姬游西湖，一姬见到两个少年男子，赞叹了一声："美哉，二少年！"似道就说："你愿嫁他，我就让他们来聘你。"不久，他召集众姬，说是少年送来了聘礼。大家打开一看，大惊失色，竟是那姬女的头颅。这个故事就是后来《红梅阁》与《李慧娘》的蓝本。

　　贾似道入主朝政前，尚有作为。其后，专擅朝政达十七年，主政之初，虽有改革弊政的举措，但既夹带私货，也不得要领，难挽狂澜于既倒；其后更是"专功而怙势，忌才而好名"，刚愎自用，排除异己，怠忽朝政，纵情享乐，置国家命运于不顾，在导致南宋土崩瓦解的同时，也使自己身败名裂。后人评论他"阃才有余，相才不足"，宋代称安抚使、制置使为阃帅，也就是说，贾似道在这一方面是个人才；至于做宰相，则做得一塌糊涂，恐怕主要是不具备宰相之器，才不足倒还在其次。

八六

钓鱼城

自宋蒙端平开战以来，蒙古军一再深入四川腹地。巴蜀一失，敌军顺流而下，南宋长江防线就将形同虚设，因而构筑长江上游的防务体系，事关抗蒙战争的全局。嘉熙三年（1239 年）秋，蒙古大军攻入川东，直指夔门。理宗急命孟珙率师入川救援，宋军在归州（今湖北秭归）、巴东（今属湖北）阻击住了蒙军，解了燃眉之急。

事后，孟珙主张在夔州设立制置副司，协调指挥涪州（今重庆涪陵）、万州（今重庆万县）以下的长江防御，筑起第一防线；在鼎州（今湖南常德）、澧州（今湖南醴陵）屯驻重兵，形成第二防线；在辰州（今湖南沅陵）、沅州（今湖南芷江）、靖州（今湖南靖县）、郴州（今属湖南）和桂阳军（今湖南桂阳）构建第三防线。这一防御体系极具战略眼光，已预计到蒙古军可能迂回大理国，从广西、湖南对南宋进行战略包围。

次年，孟珙任四川宣抚使兼知夔州，不久又兼京湖安抚制置使，统一指挥四川、京湖两大战场的防务，实施构筑第一、二道防线。淳祐元年（1241 年），撤销四川宣抚司，但将夔州路从四川制置司划归京湖制置司，孟珙以京湖安抚制置大使兼夔州路制置大使，置司峡州（今湖北宜昌），仍全面主持川鄂防线。

这年，成都再次被蒙军攻陷，四川告急。次年，理宗决定派余玠出任四川安抚制置使兼四川总领，主持四川军政，置司重庆。这是因为成都地处平原易攻难守，且数度沦陷，凋敝不堪，而重庆依山傍江，扼长江之咽喉，在宋蒙战争中的战略地位明显上升。

余玠以恢复全蜀为己任，上任伊始就设招贤馆，礼贤下士，广揽人才，王坚、张珏皆入其幕下。早在嘉熙四年（1240 年），为避蒙古兵锋，四川制置副使彭大雅筑重庆城时，就在合州（今重庆合川）钓鱼山筑砦，作为重庆的屏障。余玠入川不久，就采纳了播州（今贵州桐梓）冉琎、冉璞兄弟的建议，根据四川特殊的地形条件，在合州钓鱼山依山筑城，积粟治军，迁州城于此，以阻挡蒙古骑兵的攻袭。

余玠随后又把构筑山城的做法推广到其他州郡，先后建成十余座山城，著名的有云顶（今四川金堂南）、营山（今四川营山西）、大获（今四川苍溪东南）、苦竹（今四川剑阁北）、青居（今四川南充南）、得汉（今四川通江东）、天生（今重庆万县西）、白帝（今重庆奉节东）等。余玠的后继者王坚、张珏继续修筑着山城，总数达八十余处。这些建在四川主要水系上的山城，完整构建起一个如臂使指，气势联络的山城防御体系，在其后抗蒙战争中发挥了重大作用。

余玠还总结了一套抗蒙斗争的经验：一曰以逸待劳，不可轻战；二曰聚保山险，不居平地；三曰多用夜劫，不可昼战；四曰收聚粮食，毋以资敌。史称余玠治蜀多年，"军得守而战，民得业而耕"，抗蒙形势出现前所未有的转机。他便主动出击，恢复失地。淳祐十一年末，王坚收复兴元府（今陕西汉中），宋军重新在蜀口之外站住了脚跟。

利州都统制王夔恃功跋扈，余玠将其处死，派部将杨成代领其军，利州都统司则派出了本司统制姚世安前去接替。四川武将桀骜骄横，主将去职举代部属接掌军队也久成风气。余玠决心革除这种弊端，再派一姓金的都统制率兵前往接管，不料姚世安竟武力抗拒。

这时，余玠的支持者左相郑清之病故，谢方叔升任左相，他的侄子恰好避乱在利州都统司所在的云顶山上，姚世安就请他在朝中为自己说话。谢方叔偏听偏信，在理宗面前胡说余玠飞扬跋扈，居心叵测。

有吴曦、安丙的前例，有祖宗的家法，理宗也起了疑心，宝祐元年（1253年），下诏召回余玠。余玠对朝廷颠倒黑白的处理义愤填膺，接诏以后，服毒自杀。余玠治蜀，厥功甚伟，赍志而殁，壮士扼腕。川蜀百姓闻其死讯无不悲慕如失父母，好不容易有一个人才，朝廷却轻信谗言，连一个余玠都用不得。

淳祐十一年，蒙哥汗即位，他逐渐将战略重点移向南宋。宝祐元年，他派忽必烈分三路进攻云南，次年灭大理国。宝祐三年，蒙古灭安南，最终完成对南宋的战略大包围。宝祐五年，蒙军试图从安南北上广西，南宋派出李曾伯担任广南制置使。他此前在京湖安抚制置使任上，曾整顿孟珙死后留下的防务系统，再度收复襄阳和樊城，富有抗蒙战争的经验。到任以后他成功扼住了蒙古军北上的进路，确保了中南腹地的安全。两淮战场一直是南宋防御的重点，四川依山筑城的经验也因地制宜推广到两淮，蒙古军的进攻很难得手。

宝祐六年，蒙哥汗决定三路攻宋：自己亲率主力四万攻打四川，然后出峡东下；塔察儿领兵南下，进攻荆襄；兀良合台从安南出兵，经广西北上；三路大军会师鄂州（今湖北武昌），再合力东攻临安。

蒙哥主力入大散关，由利州（今四川广元）直取剑门，经过近一年艰苦攻战，岁末打到钓鱼城下。这时四川已大部沦陷，王坚以兴元都统制兼知合州。他到任后就发动军民重新修缮钓鱼城。

钓鱼城周长十余里，山顶地势平旷开阔，上有充足的水源与足够的良田，军民耕战结合而无后顾之虞。钓鱼山高近四百米，嘉陵江与渠江环绕其南、北、西三面，山腰据险筑起两道二三丈高的城墙，又筑"一字城"直达嘉陵江岸，可安然保持与外界的联系。当时，迁入钓鱼城内避乱的民众多达十余万。

蒙哥派降将晋国宝前来劝降，被王坚在钓鱼山阅兵场当众处死。开庆元年（1259 年）二月，蒙古大军渡过渠江，蒙哥亲自督战攻城，双方攻守战打得十分激烈，但蒙军始终无法得手。四月，蒙古军一度袭破一字城外城，但旋即被宋军击退。

蒙古军旷日持久，师老兵疲，时值盛暑水土不服，疫疾蔓延。宋军以逸待劳，不时夜袭敌营。南宋政府听说蒙军入川，即派吕文德出任四川制置副使兼知重庆府，负责川蜀抗蒙大局。五月，吕文德率战船千艘驰援合州，遭到蒙将史天泽的邀击，只得返回重庆。

六月，蒙将汪德臣单骑到钓鱼城下招降，城上发飞石将其击死，蒙军士气越发低落。相反，王坚则命守城宋军向城下蒙古军投掷鲜鱼面饼，并致书说："你们北兵可烹鱼食饼，再攻十年，城亦不可得！"蒙哥见钓鱼城固若金汤，久攻不下，只得黯然撤军，命主力转攻重庆，自己则死在退兵途中的温汤峡（今重庆北温泉）。

关于蒙哥汗的死因，众说纷纭，莫衷一是。一说病死，所染即为痢疾；一说中飞石或飞矢而死；一说因炮风所震，得疾而死。一般认为，蒙哥是在钓鱼城东瞭望指挥时被炮石击伤而死的。据说，蒙哥临死遗言："若克此城，当尽屠之。"为了发泄攻城失利的愤懑，蒙古军在护丧所经途中，杀无辜平民二万余人。

蒙哥一死，各路蒙军先后北撤，南宋政权转危为安。其后十余年间，宋蒙战争未发生重大战役，这是因为忽必烈继承汗位后，专注于解决内部纷争与推进封建化进程。封建化进程弱化了蒙古军的原始野蛮性，也相应减轻了宋元替代过程中社会生产力的破坏强度。

钓鱼城之战是南宋方面自宋蒙战争以来取得的最大胜利，不但有力阻扼了蒙古军的凌厉攻势，挽救了川蜀的危局，而且为余玠奠立的山城防御体系取得了重要的实战经验，极大鼓舞了南宋军民的抗蒙斗志。

钓鱼城护国门今貌

八七

鄂州之役引起的失着

　　蒙哥汗抵达钓鱼城的那年秋天，得知南攻荆襄的塔察儿出师不利，就命忽必烈代领其军，渡江攻打鄂州（今湖北武昌）。开庆元年（1259年），忽必烈进抵鄂州的长江北岸。九月，他接到蒙哥汗的死讯，却仍命大军克日渡江，包围了鄂州。

　　理宗急命贾似道从峡州（今湖北宜昌）驰援，并在军中拜他为右相兼枢密使，全权指挥四川、京湖、两淮前线的所有宋军。贾似道赶到汉阳驻营，与鄂州守将张胜里外声援，后来又亲入鄂州督战。四川制置副使吕文德也从重庆来援，突破围城的蒙古军，夜入鄂州，壮大了守城的力量。

　　宋军虽伤亡严重，但在兵力上占上风，吕文德、高达等将领也沉着善战，蒙古军在鄂州城下一再受挫。但贾似道见城中死伤达一万三千人，就有点乱了方寸，派遣密使宋京到忽必烈大营，以称臣纳币等条件私自与蒙古军议和。忽必烈不想无功而返，拒绝了贾似道的要求。

　　入冬以后，蒙军十之四五染上了疫疾，粮饷也告匮乏，战斗力急剧下降。十一月，传来了其弟阿里不哥在漠北觊觎汗位的消息，忽必烈向部将与幕僚问计，郝经等以为灭宋战争决非短时间所能奏功，而汗位之争事关大局，刻不容缓，建议忽必烈"断然班师，亟定大计"。忽必烈声称直取临安，开始作撤兵准备。

　　闰十一月，忽必烈正欲撤兵，贾似道再派宋京前来，愿以割江为界、岁纳银绢各二十万两匹为议和条件。忽必烈顺水推舟，同意议和，就轻骑北上与阿里不哥争夺汗位去了。双方来不及讨论议和的具体条款，连蒙古议和使者赵璧也只丢下一句"俟他日复议"，就匆匆随军北去。

　　忽必烈临行，通知由大理入广西辗转打到潭州（今湖南长沙）的兀良合台，解除潭州之围，渡江北撤。当兀良合台军从新生矶（今湖北黄冈西北）渡过长

刘道贯《元世祖出猎图》（台北故宫博物院藏）

江浮桥时，贾似道听从部将刘整的建议，命部将夏贵截断浮桥，俘杀了殿尾的百余名蒙古军。然后，他向朝廷谎报说是取得了鄂州大捷，却把私自求和隐瞒了起来。理宗大喜过望，以为贾似道再生百姓、重造宋室，功勋不在赵普、文彦博之下，命他立即入京以右丞相主持朝政。

鄂州和议只不过双方有此意向，而南宋方面有妥协让步的姿态，既未订立书面条款，甚至也没有达成明确的口头协议。景定元年（1260 年），忽必烈继承了汗位，但与阿里不哥的汗位之争还没有结束，内部统治尚不稳固，亟需暂时改善与南宋的关系，便派郝经为国信使，与宋商谈和议。

郝经到达边境，却迟迟不见南宋朝廷同意入境的答复。原来，入主朝政的贾似道既为了隐瞒鄂州求和的真相，也过高估计了南宋的实力，以拒绝议和的强硬姿态准备把郝经挡在国门之外。理宗原就知道郝经此行的主要使命是议和，表示"北朝使来，事体当议"，准备接见来使的。但在贾似道的鼓动下，他也下诏表示"誓不与北和"，不再接待郝经。

郝经不辱使命，以为双方战争近三十年，生灵涂炭，应该坐下来协商议和，便不顾个人安危，率随从人员渡过淮河到达扬州。贾似道指示淮东制置使李庭芝将其拘留在真州（今江苏仪征）忠勇军营。郝经继续致函宋理宗与贾似道，说服他们同意议和。贾似道既不接见郝经，又不放其北归。

次年，忽必烈见郝经一去不回，再派使者赴南宋责问"稽留信使，侵扰疆场"之罪，贾似道来个不理不睬，继续拘押郝经不放。七月，忽必烈甚至下伐宋诏相威胁，要求放人，但因与阿里不哥的战争不能脱身，无力正式出兵。贾似道误以为蒙古怯懦，更自以为得计，隔绝郝经与外界的所有联系。

直到咸淳十年（1274 年），传说郝经才通过信雁传书的方式，让忽必烈知道自己仍活在南宋真州忠勇军营里。德祐元年（1275 年），元朝据此向南宋交涉，贾似道这时已是蒙古军手下败将，垮台在即，这才急忙将拘留十六年的郝经礼送回国，而南宋也已国祚不远了。

贾似道为了掩盖自己私下求和的劣迹（他完全可以推托说双方未达成过实质性的协议），竟然不顾起码的外交惯例而拘禁使节，为后来忽必烈南侵灭宋提供了现成的借口，实在是令人匪夷所思的一着臭棋。拘留郝经，其谋出自贾似道，理宗虽不知贾似道的隐衷，却也是同意的。他应知道此举的严重性，却毫不作为地听之任之。郝经事件活脱脱地映照出这对君相在军国大事上的颟顸嘴脸。

八八

襄樊之战

　　忽必烈是中统元年（1260 年）继位的，中统三年平定了李璮之乱，彻底铲除了南宋政权在中原腹地的牵制力量；中统五年，与其争夺汗位的阿里不哥最后归降，蒙古贵族内部的离心势力也终于消除。这样，忽必烈已无后顾之忧，具备了全力进攻南宋的政治军事条件。

　　景定二年（1261 年），刘整由宋降蒙，不久即被四川安抚制置使俞兴与四川安抚使吕文德迫逐出泸州（今属四川）。他在京湖与四川两大战场转战驰骋数十年，对双方攻防得失最有发言权，因而在蒙古灭宋的决策中发挥了至关重要的作用。

　　咸淳三年（1267 年），蒙古用刘整之计，贿赂镇守鄂州（今湖北武昌）的京湖制置使吕文德，让他同意在樊城外设立榷场。蒙古军进而借口防止榷场货物被盗，在沿汉水白河口、新城、鹿门山等地筑垒置堡，通过外通互市、内筑堡垒的手法，在襄樊城外埋下了钉子，截断了襄樊的供给线。

《李曾伯纪功铭》摩崖石刻

石刻在今湖北襄阳市城西龟山东麓，纪录了宝祐二年（1254）京湖统帅李曾伯加强襄樊城防的史实。

接着，刘整向忽必烈建议：消灭南宋，统一全国，正当其时。针对蒙古此前把战略进攻的重点放在四川的偏颇，他极有战略眼光地提议：集中兵力进攻扼踞汉水中游的襄阳和樊城，然后由汉入江，直下临安。

忽必烈采纳这一战略，征调十万兵马，任命蒙将阿术为征南都元帅，与刘整负责攻取襄樊。王夫之有一段分析，有助于衡估这一决策的军事地理价值："江东之险在楚，楚之险在江与汉之上流。恃大江者非所恃，弃上流者弃其所依。"

襄阳、樊城夹汉水对峙，城坚水深，城内储粮可供十年之需，两城间的长江江面立以巨木，联以铁索，上架浮桥，连通两城。守将就是吕文德之弟、京西安抚副使吕文焕。他向其兄报告蒙军将攻襄樊，吕文德压根儿没往心上去。刘整与阿术深知蒙古军以精骑见长，水战远不敌宋军，因而造战舰五千艘，练水军七万人，即便雨日不能实战操练，也画地为船模拟练兵。

咸淳四年，蒙古军正式进围襄阳与樊城，宋元战争史上最激烈持久的襄樊之战揭开序幕。次年三月，宋京湖都统张世杰在与包围樊城的蒙军作战中失利而退。七月，沿江制置副使夏贵奉命率水师驰援襄阳，在虎尾洲被阿术击败。吕文德之婿、殿前副都指挥使范文虎前来支援夏贵，也为所败，另驾轻舟才得逃生。吕文德在这年岁末疽发去世，临死深以襄樊城外置榷场为一大失策，长叹曰："误国家者，我也！"

咸淳六年，李庭芝接任京湖安抚制置使，把督师解围视为当务之急。范文虎致书贾似道，表示自己将兵数万就能解围，但希望不听命于制置司，成功后就能归功太师。贾似道就让范文虎独领一军，从中掣肘。

李庭芝欲进兵，范文虎却整日击球饮宴，推托说正在取旨。两将不合，各领其军，大大削弱了宋军合力抗元的力量。岁末，蒙古军在万山筑城，在灌子滩立栅，断绝襄樊向西与向东的水上通道，使襄樊成为粮援不继的孤城。

咸淳七年，忽必烈建立元朝，后世称其元世祖。他同时下令四川、两淮元军分别出兵，牵制与阻挠南宋军队援救襄樊。六月，范文虎率水师十万往解襄樊之围，在襄樊东南鹿门被夹江而阵的元军击败，他趁夜色逃遁，宋军损失战舰百余艘，伤亡不计其数。

咸淳八年，元军围困襄阳已经五年。守将吕文焕竭力据守，城中粮食尚有，但食盐、布匹短缺。李庭芝将帅司移至郢州（今湖北钟祥），以便就近救援襄樊。他招募了三千敢死队，派民兵领袖张顺、张贵统领战船百艘，以三舟联为一舫，中间一舟载盐布，左右两舟空其底而有三十名士兵作掩护。

张顺号竹园张，张贵号矮张，出发前，二张发令说："此行有死而已。如非本心，即可退去，别坏了大事！"人人感奋争先。夜漏三刻，起锚出发，以红灯为号，张贵领先，张顺殿后，乘风破浪，直冲重围。

元军战舰密布江面，张顺等持巨斧，断铁索，转战一百二十里，所向披靡。黎明，援军抵达襄阳城下，送来了食盐与布匹等补给，守军士气大增。检点将士，独缺张顺，数日以后，其尸溯流而上，身中四枪六箭，犹被甲执弓，怒气郁勃一如生时。

张贵率部入援襄阳，吕文焕留其守城，张贵募二士回郢州向范文虎继续求援，回来报告范文虎拟发兵五千。张贵仗着骁勇，由原路杀回郢州，准备带领援兵赶赴襄阳。尽管元军封锁严密，张贵放炮发舟，乘夜顺流，破围突进，元军望风披靡。杀出险境，到龙尾洲，遥望下游战舰隐约，张贵以为郢州援军前来，便举流星火接头，迫近才发现都是元军战船。

原来，范文虎派出的援兵因风雨狂暴，退避三十里，失约不至；元军获得情报，反以逸待劳，就等着张贵进入包围圈。张贵出乎意外，拼死力战，身中数十创，终因寡不敌众而被俘。他宁死不降，元军将其杀死，抬到襄阳城下，说："认识矮张吗？这个就是！"守城宋军一片哭声。援襄努力，至此彻底失败。

在李庭芝建议下，度宗派人携带诏书、金印入元，进封刘整为卢龙节度使、燕郡王，企图让刘整不为元朝所用。但刘整自陈清白，元世祖忽必烈也用人不疑，南宋实施离间计的企图落了空。

咸淳九年正月，元军兵分五路，向樊城发起总攻。这时，回回人亦思马因制成能发巨石的回回炮，刚运抵襄樊元军大营。阿里海牙架起回回炮，轰破樊城外郭。

元军统帅阿术听从部将张弘范的建议，派人用铁锯截断襄阳、樊城之间江中的木柱，焚毁架其上的浮桥，切断了两城间的联系。樊城成为孤城，在被围四年以后终被攻破。

守将范天顺仰叹"生为宋臣，死为宋鬼"，在守地自杀。另一守将牛富率死士巷战，渴饮血水，转战而进，杀敌无数，最后身负重伤，投火而死。

元军号称百万，围困襄樊数年，贾似道前期却向朝廷封锁消息。有一次，度宗说起襄阳已经被围三年，贾似道谎称蒙古军已退，陛下从何得知？度宗说是一个宫女讲的，贾似道找个碴将那个宫女处死，从此再也没人敢言边事。

襄樊危在旦夕，军民拆屋为薪，以纸为衣，吕文焕每次巡城必南望恸哭，一再向朝廷告急。贾似道假惺惺上书要求上前线，暗地里却让台谏上章挽留自己，说是朝廷大事离不开他。

樊城失陷，告急再至朝廷，有人建议勇将高达可援襄阳。贾似道视高达为异己，在打算法中整过他，便说："用高达，拿吕文焕怎么办？"吕文焕听说高达要来，便将截获元军哨兵那样屁大的事说成大捷，以阻止高达的到来，毫无同袍成阵之心。

二月，元将阿里海牙再以回回炮轰襄阳，一炮击中谯楼，声震如惊雷，诸将多越城降元。阿里海牙亲至城下招降，吕文焕势穷援绝，遂与其折箭为誓，献城出降。

至此，长达六年之久的襄樊之战宣告结束，元军取得了宋蒙战争以来空前未有的胜利，牢牢掌握了通向长江中下游的管钥。对元军来说，襄樊之战表明其水上作战与攻坚作战的能力都大为提高，军事实力已明显超过南宋，宋蒙战争前一时期的抗衡均势已被打破，蒙古已占据了绝对的优势。

贾似道对襄樊之战掉以轻心，如果他在围城前期就调动全国力量，全力救援，局势或许不至于此。而从其入相以前历任京湖、两淮制帅的才绩看，他并不是没有这一方面的才能。但此一时彼一时，如今他只想在临安西湖的葛岭私第里过安乐日子。襄阳失守，贾似道竟还在度宗面前卖乖："如果陛下早点允许我上前线，事情也不至于如此。"但如今对于战局，对于南宋王朝，对于贾似道本人，都是大势已去了。

襄樊古城近貌

八九

会子危机

　　由于城市、商业和商品经济的繁荣，宋代货币制度较之前代有很大的发展，货币的品种与流通的区域也比较复杂。

　　宋代也有以金银为货币的，但比重不大，占主导地位的流通货币仍是铜钱。铸有年号的铜钱虽非宋代才有，但太宗即位，改元太平兴国，即铸"太平通宝"，改元淳化时，他还以行、草、楷三种书体亲书"淳化元宝"的钱文，这是最早的"御书钱"，其后，宋代每次改元都新铸年号钱。

　　北宋铜钱的年发行量，一般维持在三百万贯以上。宋神宗时一度达到五百万贯，排列起来大概可绕地球三匝，总耗铜量达一万吨。而西方各国万吨铜产量还是数百年后的事，由此也可见北宋冶铜业的发达。南宋的铜铸钱币跌至年产十五万贯上下，主要原因有二：一是物价上涨，采铜铸钱成了赔本买卖；二是政府有意以纸币代替铜钱。

　　不过，宋代铁钱也很兴盛，主要在川蜀地区流通。其原因一是五代后蜀本来就铸行过铁钱；二是当时四川铁矿比较丰富；三是这里与西南少数民族接壤，使用铁钱可防止铜钱外流。

　　宋夏战争爆发以后，为了筹措军费，山西、河东地区也流通铁钱，成为铜铁钱并用的地区。政府打算把这两地区变为川蜀那样的铁钱流通区，遭遇了顽强的阻力。用惯了好钱，谁愿意再用劣币呢？

　　铁钱有大、小两种，小钱每十贯重六十五斤，折合为大钱一贯重十二斤。大钱虽比小钱为轻，但倘若大宗买卖，费用在三五十贯以上，携带还是有困难的。而当时川蜀成都府路的社会经济水平在全国仅次于两浙，倘若仍使用单一的铁钱作为商品交换的等价物，显然不能适应商品经济的需要。于是，作为世界上最早的纸币，交子就在川蜀地区应运而生，这在中外经济史上具有划时代的意义。

最早的交子大约是在太宗末年到真宗初年，即十世纪末在四川出现的。其方法是在票据的正面与背面盖上印记，上书隐秘的记号，朱笔和墨笔各有不同，以备验对真伪，临时填上钱贯数额，就可交易使用。但这种交子容易伪造，漏洞很大，诉讼不断。

景德初年（1004 年），四川地方长官张咏着手整顿，命成都十六户富豪连保主持其事。他们开始用一色的纸张和统一的印文印造交子，然后十六家铺户押字，各自隐密题号，朱墨间错，作为暗记。印成的交子填上钱贯数额，就可以按面值进行交易。

但伪造交子仍时有出现。仁宗天圣元年（1023 年），政府在益州（今四川成都）成立交子务，开始官办发行交子。官交子与私交子的主要区别是：上盖益州交子务和益州观察使的官印；取消面额填写的旧法，将一贯至十贯文的固定面额印制在交子上（后定为五贯和十贯两种面值）；设立准备金，每造一界（即一批）交子，备本钱三十六万贯；每界交子以两年为期予以兑换。

不过，交子是以铁钱为本位的，主要仍在四川流通。直到元　时（1086—1094 年），交子的发行与流通还比较稳定，贬值率为百分之十，但到徽宗大观元年（1107 年），交子改称"川引"。其后，一界发行量竟是天圣初年的二十倍，货币的实际缩水率达到百分之七十五。不过，北宋旋即灭亡，川引使用又局限川蜀，因而没有引发全国性的社会动荡。

到了南宋，铁钱基本上在与金朝接壤的两淮、川蜀等沿边地区流通，目的仍是企图遏止铜钱北流的趋势。但因铜钱铸造量锐减，铜钱私铸为铜器和滚滚北流的趋向依旧势不可挡。原先局限在四川流通的纸币，自然而然地推向南宋统治地区。

南宋前期，发行量最大、流通面最广的纸币是会子，正式发行是绍兴三十年（1160 年），因由行在会子所发行，流行于东南诸路，也称"行在会子"或"东南会子"。与交子不同，会子是以铜钱为本位的，面值为一贯（一千文）、二贯和三贯三种，后增印二百文、三百文与五百文小面值三种，乾道五年（1169 年）定为三年一界，每界发行一千万贯，以旧换新。

除东南会子这一全国性货币，南宋政府还发行以铁钱为本位的地区性纸币，

北宋交子印版（辽宁省博物馆藏）

南宋会子印版（中国国家博物馆藏）

流通于四川的仍沿用"川引"的名称，流通于两淮的叫"两淮交子"，简称"淮交"，流通于荆湖的称为"湖广会子"，简称"湖会"。

第一界会子的发行额据说是三百万贯，到乾道四年（1168年）仅七年，先增至七百万贯，进而攀升到一千万贯。第二、三界会子数加印，似与应付隆兴北伐有关，但作为本位的金属货币并没有相应追加，币值增长指数已达百分之三百以上。到理宗淳祐六年，会子的发行量比孝宗前期猛增了六十五倍，倘若第一界会子的发行量确是三百万贯的话，竟增加二百余倍。

在财政政策上，会子与铜钱是可以自由兑换的，但会子不断贬值，两者的兑换率在宁宗以后也急遽走低。当时为了开禧北伐，把会子的发行量扩大了十四倍；而从兑换率来看，会子这一期间起码贬值了一半。宁宗宣布十一、十二、十三界会子同时流通，会子之多如决堤之水，物价之涨如脱缰之马，谁都不愿把不断贬值的会子攥在手里，纷纷以会子挤兑铜钱。

嘉定二年（1209 年），正值会子换界，朝廷规定新旧会子以一比二的比率兑换，同时辅以严厉的法禁。其本意是为了平息挤兑风波，但无异向持有者宣布会子已彻底丧失信用度，因而效果适得其反。无论贫富谁都不愿使用会子，持有者更是急于脱手。

朝廷竟强行规定，让士民工商根据财产高下，按比例换购会子，违者抵罪，并鼓励打小报告告发。于是，俯首帖耳者甚至卖田质宅，被迫以低价收回会子；而那些以低于实际比价抛售会子的民户，都因触犯法禁而被籍没家财。

但朝廷的禁令也无法阻遏低价抛售和拒收会子的狂潮，这一强劲的势头反过来驱使会子进一步贬值。通货膨胀引发社会动荡，富户大受损失，贫民更是雪上加霜。这年冬天，米珠薪桂，手中有会子也买不到米，饥饿难忍的乞丐群起抢夺商贩们的炊饼。社会危机一触即发。

迫不得已，朝廷采取了三方面的补救措施：一是放宽新旧会子兑换的限期，二是发还民户因抛售会子而被籍没的家产，三是从卖官鬻爵和出售没官田等渠道筹措一千四百万贯，作为回收旧会子的资本。但会子危机并没有立即化解，最后采取了"悉弛其禁"的做法，至少在嘉定五年以后危机才渐趋平静。

宁宗以后，新旧两界会子的换界已无法正常进行，深层次的问题越积越多。朝廷一有财政短缺，就以滥印会子的办法来饮鸩止渴。理宗亲政时，会子已印发了十七界，社会上流通的十六、十七界会子数量巨大，再次导致"会价日损，物价日昂"的局面，理宗只得以出卖度牒与封赠敕告等回笼的资金来收回部分会子。

端平入洛以后，会子与铜钱的兑换率从端平亲政初暴跌二十五个百分点。而嘉熙四年（1240 年）发行的十八界会子，数量反比十七界大为增加，大概为弥补联蒙灭金与端平入洛的亏空。同时规定五道十七界会子只能兑换回一道十八界会子，贬值幅度之大前所未有，米价也立即暴涨至每斗三贯四百文，是孝宗乾道年间米价（每斗三百文）的十一倍强。

淳祐七年（1247 年），理宗正式颁诏：十七、十八两界会子不再立限，永远使用。希望通过将会子变为不兑换货币，来抑制通货膨胀的汹涌势头。但二百文的十八界会子，居然还买不上一双草鞋（即便在宁宗嘉定年间，物价暴涨以后，一斗米也不过五百文），一切措施都已无济于事。老百姓不再把会子当钱看，"弃掷燔烧，不复爱惜"。

景定五年（1264 年），权臣贾似道趁理宗弥留之际，首先下令停止十七界会子的流通，一月之内全部兑换成十八界会子；紧接着将会子改为"金银见钱关子"（也称"金银关子"、"见钱关子"或"银关"），以表明关子的贵重，已不同于贬值的"铜钱会子"；然后宣布关子与十八界会子的兑换率为一比三。于是，通货膨胀更恶性发作，诸行百市，物价腾贵，老百姓拿着钱，却整天买不到东西。关子发行仅十余年，南宋就为元所灭。

金朝在贞元二年（1154 年）也开始发行一种叫"交钞"的纸币，资格还比南宋的会子老。交钞没有兑界制度，是中国历史上最早的无限期流通纸币。到金章宗时，交钞也开始贬值。其后，金宋战争不断，交钞贬值的速度也越来越快，贞祐三年（1215 年）不得不宣布废除交钞，另发名为"宝券"的纸币。直到金亡以前的二十年里，金朝不断地废弃旧纸币，发行新纸币，纸币的名称也不一而足。但老百姓往往手持万贯，只能买一个烧饼。金朝纸币贬值创下了六千万比一的空前纪录。困扰宋朝的货币贬值问题，同样伴随到金朝灭亡，倒称得上是难兄难弟。

九〇

景定公田

　　纸币贬值，物价攀升，军费短缺，南宋的财政税收已到了山穷水尽的地步。朝廷应付的办法只有两个：一是饮鸩止渴地滥发会子，一是竭泽而渔地仰仗和籴。结果却是"国计困于造楮（纸币），富户困于和籴"，谁都拿不出更好的办法。景定四年（1263年），贾似道决定实行公田法，试图挽救日渐严重的财政危机。这是一个与土地制度和赋税制度有关的问题，有必要先说说相关制度的一般情况。

　　在土地制度上，宋代继承了中唐两税法以后的做法，私人土地买卖与占有不受任何限制。这一政策可以归结为两句话八个字：不立田制，不抑兼并。宋代土地兼并与流通的频率不低，有所谓"千年田换八百主"的说法。但主要是以自由买卖的经济方式进行的，"贫富无定势，田宅无定主，有钱则买，无钱则卖"，是当时的公理；以政治特权强取豪夺兼并土地的情况，在法理上并不允许。

　　宋代也有国家土地所有制，其官田来源主要是户绝田、籍没田、抛荒田、濒江沿海的沙田或涂田，另外还有北方与西北边境上的营田或屯田，但国有土地所占的份额微乎其微。而且，南宋以后，通过买卖，官田私有化的趋势不断加剧，国有地的比重越来越小。

　　土地是农业社会最恒定的"常产"，宋代便把有常产的民户称为主户，没有常产的民户称为客户。客户主要是无地的佃户、雇工等。主户按财产的多少再分为五等，上户通常指一、二等户，属于地主；中户指三等户，多为中小地主或富裕农户；下户指四、五等户，指一般的小土地所有者，其中不乏还需要佃种部分土地的农户。当时还把有官品的称为官户，他们与州县公吏及乡村头目合在一起，构成上户中的特殊阶层，号称"形势户"。主客户的分类分等，不仅农村有，称为乡村户；城镇也照样适用，称为坊郭户。

　　土地所有者与土地承佃者之间，通过契约关系确认租佃年限与分配方式。落后的劳役地租已基本绝迹，先进的货币地租虽在两浙等少数发达地区已经出现，但实物地租依然是当时地租的主要形态。在实物地租中，定额制并不少见，即先以土地质量分出等第，再按等确定每年应纳的租额；但仍以分成制最为常见，其中五五分成最多，四六分成（即地主四成佃户六成）或倒四六制也很多。

《耕获图》（北京故宫博物院藏）
画面描绘了宋代南方稻作区农耕收获的情况。

宋代前比汉唐，后比元明，可以说是土地私有制发展最充分成熟的朝代。贾似道的公田法就是企图推翻这一成熟的土地私有制，来挽救千疮百孔的财政危局。

公田法的具体设想建立在限田制基础上，首先将官户田产超过标准的部分，抽出三分之一，由国家回买为官田，再租赁出去，倘若每十亩可收六七石租米，就能解决军粮、会子、物价等问题。最初回买公田的对象是官户超标之田，定下的标准是一品限田五十顷，以下每品递减五顷，至九品为五顷。

公田法直接涉及到官僚地主的利益，理宗下不了决心，贾似道表示将甩袖不干，辞官归田，理宗这才同意在浙西平江（今江苏苏州）、嘉兴、安吉（今浙江湖州）、常州、镇江、江阴等州府实行，再推向各路。贾似道带头献出浙西一万亩田作为公田，堵住了那些反对者的嘴巴。

景定四年二月，正式成立官田所，六月，就回买到公田三百五十余万亩。但品官超标的田亩远远不足公田的数额，于是，先是规定无官之家拥有的最高田额也限五顷，后来降至二百亩，最后无论官民，超出百亩以外的田地就必须回买三分之一为公田。

凡经回买的公田，名义上按租额高低给以经济补偿：租额一石以上的，每亩为二百贯；九斗的为一百八十贯；八斗一百六十贯，以下依次类推。但补偿的并不是现钱，买公田五千亩以上者，给银半成，官告五成，度牒二成，会子二成半；五千亩以下者，给银半成，官告、度牒各三成，会子三成半；一千亩以下者，不给银子，给度牒、会子各五成；五百亩以下者，只给贬值无用的会子。行在会子所开动印钞机，每天加印十五万贯，专门用来回买公田。

首批公田回买以后，每乡设立一所官庄，庄官由财产丰饶者担任，两年一届，负责征收与运送租米。咸淳四年（1268 年），取消官庄，改为包佃制，以一二千亩或数百亩为一单位，招佃主包佃，再由佃主分佃给承佃户，佃主替代了原来庄官的职责。朝廷在平江、嘉兴、安吉和镇江等地分别设立了专管官田的分司机构。

为推行公田法，就必须全面核查官民的田产，确定超标的田亩数。度宗咸淳元年（1265 年），在江南再次实行经界法。所谓经界，就是逐户丈量土地，绘图造册。

官僚、地主隐瞒田产逃避赋税的情况，南渡以来一直存在，并有愈演愈烈之势。为确保财政收入计，国家当然有必要把全国官户和民户的田产明确无误地登入账籍。早在绍兴十三年（1143 年）至绍兴二十年间，由户部侍郎李椿年主持，在全国绝大部分地区推行过"经界法"。经界对确保国家财税，抑制土地兼并，是有积极作用的，唯其如此，也遇到来自官僚、地主的顽强阻力。李椿年终于罢官，绍兴经界也没能彻底进行到底。其后，宁宗、理宗时期，部分官吏在局部地区也实行过经界，只是小打小闹，规模无法与绍兴经界相比。

但咸淳经界的目的，主要不是清查隐田，抑制兼并，而只是为回买公田提供数据。由于不必丈量土地，只须根据原有田产记录，核查其后变动，准确度自然不及经界，故而称为推排。推排手续简单，咸淳三年就已基本完成。

景定四年七月，公田法施行还不到半年，尚书都省就声称"中外支用粗足"。其中虽不排除贾似道党羽阿谀的成分，但公田法对缓解财政危机不会是绝无作用的。不过，公田法不可能从根本上解决财政危机，反而成为社会动荡的新源头。

首先，名为回买，实为强夺，加深社会危机。当时浙西上等良田的地价是每亩四百贯，初行公田时，规定对租额每亩一石的良田给以二百贯补偿，已经只是市价的一半。但在实际执行中往往仅给四十贯，还都是无人购买的度牒、告身和形同废纸的会子。所以，实际上，公田法就是以变相的行政手段强行改变土地所有权，当时人怒斥之为"白没"（即平白无故的抄家籍没的意思）。因而公田法遭到朝野持久而殊死的反对，也就完全不足为奇。

其次，官吏舞弊，回买不公，激化社会矛盾。回买公田的田产标准之所以一再降低，最后甚至跌到百亩，关键就是大官僚、大地主勾结主事官吏，隐瞒实际田产，造成回买不足。而对于无权无势的普通民户，主管官吏故意夸大计算其田亩数，强迫他们增加回买数，造成有些民户倾家荡产也无田可卖。而督卖者峻急刻薄，不择手段，甚至滥施肉刑，迫使有些走投无路的农户自杀了事。

再次，官田收租，头会箕敛，引发阶级冲突。在公田回买过程中，少地或无地农民虽然牵连较少，但在后来的官田经营中，他们也深受公田法之害。主事官吏为了邀功受赏，或是多报回买的田数，或是高报公田的等级。等到官田实际经营时，这些上下其手所造成的账面缺额，就只能由租赁承佃的农民来补足。问题还不止于此，公田法推行之初，规定原租额一石的公田，作为政策优惠，现租只收八斗，但实际执行中，却不论原额多寡与土质肥瘠，甚至原来只能年收三四斗的公田，也都一律收八斗。公田法虽明令禁止多收斛面，但实际收租时，仍以大斗征收，一斗收到一斗三升视为惯例，丹阳县甚至高到一斗六升。原先纳租只须纳糙米，公田经营中却强令承佃农户改纳舂白米，每石附加折糙粮一斗八升。承佃户承受不了官田的层层盘剥，交不出高额租米，不少官田竟出现了抛荒现象。

最后，加印会子，回买公田，加剧通货膨胀。回买公田的经费，绝大部分是当时加印的会子，这完全是无本的买卖。而会子本来就贬值得"粪土不如"，如今每天再加进十五万贯投入市场流通，物价飞涨，纸币贬值，是必不可免的。贾似道党羽吹嘘公田法"可平物价"，既违背经济规律，也不符客观事实。事实是景定公田实施不久，就引发了新一轮来势凶猛的会子危机，迫使贾似道在景定四年十月废除会子，改用金银关子，把财政危机转嫁到广大人民的头上。对此，《会子危机》里已有细说。

后来个别学者似对公田法大有好感，不仅认为有抑制兼并的积极作用，甚至以为包含了某种社会主义的倾向，因为它以赎买的形式剥夺了部分大土地所有者的土地，让无地少地的佃户耕者有其田。

但正如明代李贽所说："若真买大户逾限之田，似无不可。"而公田法一开始以品官与大土地所有者为对象，很快就放低回买标准，把剥夺的对象主要转向了中小地主阶级和部分上层农民。抑制兼并既不是公田法的初衷所在，从最后效果看，也没有对大官僚、大地主起到多大的抑制作用。

至于在实施过程中，处于上层与基层之间的中层执行者，由于官僚政体无法克服的腐败，进一步使公田法的条文规定严重走样（人们会很自然地联想到这种现象在熙宁新法中，甚至在以后的朝代里也照样存在），令已经穷途末路的南宋社会更感到动荡与危机。

贾似道推行公田法，总让人感到他在唐吉诃德式地与风车作战，他挑战的是已经成熟的封建土地私有制。人们也会自然而然地把他的这种一意孤行与王莽联系起来，不是也有学者说王莽是中国最早的社会主义者吗？

总之，公田法是以国家行政的强制力来改变土地所有制，把大地主阶级、中小地主阶级、上层农民和少地无地的佃农都卷了进来，方方面面都失尽人心。从推行之时起，就反对之声不绝，但贾似道执迷不悟，朝野也都奈何不得。

德祐元年（1275年）二月，鲁港战败，三月，朝廷就下诏说：公田最为民害，其田当还业主。贾似道个人的垮台并不只是军事失利，大部分倒是他的公田法触犯了众怒，朝野就借鲁港溃败发难，让他来个身败名裂。

但当时国事蜩螗，还田之事还来不及操作，第二年南宋就为元所灭。由于原来是公田，倒给元朝拣了个大便宜，当时元世祖饷军、漕粮和给功臣的赐田，主要来自景定公田。

九一

元军下临安

　　襄樊失陷，贾似道再次表示愿意出朝"上下驰驱，联络气势"，以挽败局。度宗却像吃奶的孩子，表示不可一日离开"师相"。南宋防线已从淮河、汉水一线收缩到长江一线。咸淳九年（1273 年）四月，以汪立信为京湖安抚制置使兼湖广总领，以赵溍为沿江制置使兼淮西总领。闰六月，命殿前都指挥使陈奕率水师守卫鄂州至黄州的长江防线。十一月，李庭芝与夏贵分任淮东与淮西安抚制置使。

　　汪立信一目微眇，却有眼光，上书贾似道，提出三策：上策是将内地兵力抽调到长江以北，组织起一支五十万人的抗元大军，在长江防线上划地防守，百里一屯，屯有守将，十屯一府，府有总督；中策是礼送郝经，输纳岁币，延缓战期，赢得时间，再定战守；下策是衔璧舆榇，准备跪降。贾似道掷信于地，怒骂："瞎贼，竟敢如此胡说！"不久就将其罢免。

　　淳祐十年七月，宋度宗去世，终年三十五岁。他对后事没有安排，只留下三个未成年的儿子：杨淑妃所生的赵昰七岁，全皇后所生的赵㬎四岁，俞修容所生的赵昺三岁。贾似道与谢太后都主张立嫡，赵㬎被立为帝（宋人称其为恭帝），由理宗皇后谢氏以太皇太后垂帘听政。

　　当月，元朝灭宋的最高统帅丞相伯颜殿辞南下，元世祖忽必烈叮嘱他学宋初曹彬平江南，不滥杀无辜。九月，伯颜将大军分为两路：其一由自己与阿术率领，由水路从汉水入长江，吕文焕率水师为前锋；其二由中书右丞博罗欢和参知政事董文炳率领，从陆路自京湖东攻两淮，由刘整率骑兵为先行。

　　水路元军在郢州遭到宋将张世杰的阻击，便绕过郢州，转攻黄家湾堡，由当地的藤湖再折入汉水。十二月，元军水师抵达汉口，在号称"江鄂屏障"的阳逻堡大败夏贵水军，占领了汉阳。汉阳一失，鄂州顿孤，吕文焕列兵城下喊降，元兵在江面上焚烧俘获的三千艘宋军战舰，烟焰蔽天，鄂州城降元。

鄂州易手，贾似道不得已出任都督诸路军马，却把都督府设在临安城内。次年是恭帝德祐元年（1275 年），年初，吕文德之子吕师夔以江州（今江西九江）降元；知安庆府范文虎也献城投降，沿江州军多是吕氏旧部，纷纷望风迎降，长江中游防线全线崩溃。刘整随陆路元军进攻两淮，一再要求提兵渡江，直取临安，伯颜没同意，听说吕文焕拿下了鄂州，深耻功后于人，愤死在东进途中。

贾似道一向忌惮刘整，闻其死讯，才率精兵十三万出师应战。离开临安前，他吩咐殿帅韩震：如出师失利，就护送皇上航海去庆元府（今浙江宁波），我率大军会师海上，或许还能复兴。大军到达芜湖，贾似道就派宋京为使赴伯颜军中求和，称臣岁币一如开庆鄂州之约，伯颜答复八个字："宋人无信，惟当进兵。"

汪立信被再次起用为江淮招讨使，募兵江淮以救沿江州郡，与贾似道相遇

南宋临安《皇城图》（中国国家图书馆藏宋本《咸淳临安志》）

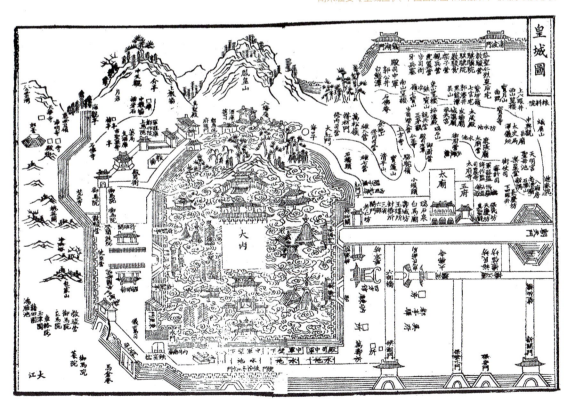

芜湖。似道痛悔不用其言,立信说:"瞎贼今天再说一句:我去寻一片赵家地上死,只要死得分明!"他赶到建康(今江苏南京),见守兵四溃,率部数千北上高邮,以为后图。

二月,元军攻破池州继续东进。贾似道将精锐七万交给孙虎臣统领,驻扎在池州下游的丁家州(今安徽铜陵东北),夏贵率二千五百战舰封锁江面,他自领后军屯驻鲁港(今安徽芜湖西南)。夏贵在鄂州吃过败仗,又见孙虎臣位居己上,毫无斗志。

伯颜一边命步骑沿长江夹岸而进,一边指挥战舰合力攻孙虎臣军。阿术与孙虎臣对垒,元军巨炮击中宋军中坚,军心为之摇动。阿术以战舰数千呼啸直进,宋军前锋姜才奋力迎战。众军见孙虎臣跳到爱妾的船上,有人大喊:"步帅跑了!"大军顿时不战自溃。

夏贵仓皇逃到鲁港,贾似道惊愕失措,慌忙鸣金退兵。阿术率轻舟横击深入,伯颜率步骑左右掎杀,宋军被杀与溺水者不可胜数,江水为赤。贾似道与孙虎臣溃退至扬州。

当时献媚者都把贾似道比作周公,丁家洲之败后,有人以诗讽刺道:"丁家洲上一声锣,惊走当年贾八哥。寄语满朝谀佞者,周公今变作周婆。"他已非当年那个"阃才有余"的贾似道了。朝臣纷纷要求诛杀贾似道,谢太后只罢去其平章、都督的职位。五月,贾似道被召回临安,贬为循州安置,抄没其家,九月,流贬途中被押解他的郑虎臣在漳州木棉庵处死。此是后话。

再说汪立信听说鲁港军溃,沿江守臣或逃或降,叹曰:"我今日还能死在大宋土地上!"慷慨悲歌,握拳抚案,失声三日,扼吭而死。伯颜闻其二策,命厚恤其家,说:"有斯人,有斯言,如果采纳,我们怎能至此?"

三月,元军兵不血刃占领建康,进入了南宋王朝的腹心之地。但长江下游的战事,对宋元双方而言,都显得十分缓慢而艰苦。张世杰沿江东下入卫京师,总都督府诸军,先后收复了平江府、常州、广德军、安吉州等州郡。

七月,张世杰以战舰数千布阵于镇江江面的焦山南北,并约殿前都指挥使张彦自常州出师,命淮东制置使李庭芝从扬州来会,准备一举会歼元军水师主力。但李庭芝误期,张彦背约不出,致使张世杰十分被动。元将阿术见宋军水师十船为一战阵,联以铁索,便在其两翼发火箭猛攻,自率主力居中冲击。宋军战舰起火,进退维谷,烈焰蔓延,战士只得跳水逃生。焦山之战,宋军损失惨重，史称"自是宋人不复能军"，大大削弱了抗元的有生力量。

十月，伯颜派阿术再次包围扬州，自率主力兵分三路直逼临安。右路军由参知政事阿剌罕率领，出建康，经溧阳、广德、安吉，次月占领临安西北门户独松关（今浙江临安北）。左路军由参知政事董文炳率领，南宋降将张弘范与范文虎为前锋，以水师从建康沿江东下，克江阴后由海道至澉浦（今浙江海盐西南），入钱塘江直逼临安。中路军由伯颜亲自统领，从镇江、常州、平江、嘉兴一线向临安推进。

十一月，伯颜进围常州，却碰上了硬钉子。知州姚訔、通判陈炤与都统王安节率领军民殊死守城。伯颜役使城外居民在城墙下运土筑垒，土运到后，连人一起筑入垒中；他还指使士兵杀人煎膏取油作炮。

垒与城平，常州坚守两月终被攻破，姚訔战死，陈炤与王安节各自收拾残兵奋力巷战。有人劝陈炤说东北门还未封锁，他说："去此一步，非我死所！"终因寡不敌众而战死。王安节挥舞双刀血战，因臂伤而被俘，问其姓名，大呼道："我是王坚之子王安节！"不降被杀。

攻下常州，伯颜恼羞成怒，他毕竟还比不得曹彬，下令将城内成年男子全部杀尽。偌大常州城，只有七人伏于桥下才得幸免。

自鲁港溃败后，南宋朝廷也像炸开了锅。右相章鉴离朝出逃，在宰执中最早临变遁迹。三月，章鉴被召回罢职，但签书枢密院事文及翁与同签书枢密院事倪普竟示意台谏弹劾自己，弹章还没送上，他俩就出城而去。

殿前指挥使韩震拿出贾似道从前线发来的蜡书，请求迁都庆元府。当时，陈宜中以首席执政主持朝政，为表示自己不党贾似道，他以"阴怀异志"的罪名伏兵将其诱杀。韩震部属百余人愤而兵变，将火箭射入大内，也终被平定。

谢太后任命王爚与陈宜中分别为左、右相兼枢密使。陈宜中反对王爚严惩弃地逃遁的文官武将的主张，他原是宝祐六君子的领头人物，后来转投贾似道的门下，见其大势已去，便上书请诛似道。四月，王爚升任平章军国重事，陈宜中与留梦炎分任左、右相兼枢密使。

王爚提议宰相应该行边，协调出师抗元之事，陈宜中畏惧推托。临安府学生受王爚之子的影响，伏阙上书论陈宜中误国甚于贾似道。陈宜中赌气离位，谢太后将王爚也罢为宫观官。十月，陈宜中再次出任右相。

十一月，左相留梦炎也不辞而别，被谢太后遣使召回。其后，先后逃遁的

宫苑图（北京故宫博物院藏）
画家描绘出南宋临安大内宫苑繁盛的景象，虽然不乏想象的成分。

执政还有同签书枢密院事黄镛、参知政事陈文龙与常楙。至于在这大半年里争相避难出走的一般朝臣更是不可胜数，以至谢太后不得不出榜朝堂说："我朝三百余年，待士大夫以礼。吾与嗣君遭家多难，尔大小臣未有出一言以救国者，吾何负于汝哉！今内而庶僚畔官离次，外而守令委印弃城。耳目之司既不能为吾纠击，二三执政又不能倡率群工，方且表里合谋，接踵宵遁。平日读圣贤书，自负为何，乃于此时作此举措！或偷生田里，何面目对人言语？他日死亦何以见先帝？"但逃遁之风未曾稍息。一边是贪生逃命，一边是喋血抗元，对待国难的态度，就是如此泾渭分明。

南宋乞和的努力毫无结果。岁末，宗正少卿陆秀夫出使元军大营乞和，条件降低到纳币称侄，甚至称侄孙也可，伯颜仍不允许。德祐二年（1276年）正月，谢太后表示：只要保存社稷，称臣也不计较，双方约定在长安镇缔和。届时，

陈宜中失约未往,伯颜大军进抵皋亭山(今浙江杭州东北郊),游骑已至临安府北门。

因知临安府文天祥的建议,封赵昰为益王,出判福州,封赵昺为广王,出判泉州,由陆秀夫等护送南逃温州。文天祥还与张世杰建议派兵护卫三宫入海,自己愿意背城一战。陈宜中竭力反对,让谢太后派人向元军送上降表与传国玺。听到伯颜让他出议投降细节,陈宜中连夜出逃温州。

谢太后命吴坚与文天祥分任左、右相兼枢密使。文天祥随即奉命与吴坚等出使去与伯颜议和,他慷慨陈词,要求伯颜退兵平江(今江苏苏州)或嘉兴,再议岁币与犒师钱帛,否则兵连祸结,事未可知。伯颜放回吴坚,扣留了文天祥,然后胁迫谢太后下手诏给天下州郡,放弃抵抗,投降元朝。

伯颜为顺利占领临安,下令元朝大军屯驻城郊,只派小部分元军入城守卫大内皇宫。三月，元军统帅伯颜入临安，部署北归事宜，元军满载着接管过来的南宋户口版籍、册宝仪仗、车辂辇乘、礼乐祭器和图书珍玩等，押解着宋恭帝及其母亲全太后与两宫后妃、外戚、宗室、大臣、学生等数千人北上元大都（今北京）。

太皇太后谢氏因病暂留临安，八月也抱病北迁大都，七年后病死。元世祖降封宋恭帝为瀛国公，至元十九年（1282 年）将其与南宋宗室迁至上都（今内蒙古正蓝旗），以免南方抗元力量利用他做文章。他长大后出家为僧，元英宗至治三年（1323 年）在西藏被赐死，距南宋灭亡也将近半个世纪了。

历史似乎重演了靖康之难那一幕。南宋作为一个全国性政权至此已经灭亡，其后还存在三年之久的益、广二王政权，不过是一个流亡小朝廷。

九二

再说钓鱼城

在伯颜下临安前后，南宋军民在全国各地的抗元斗争风起云涌，慷慨激烈，以不屈不挠、艰苦卓绝的气概，写下了保家卫国的悲壮一页。其中，扬州保卫战与钓鱼城保卫战可谓东西辉映，彪炳史册。

襄樊失守后，李庭芝为淮东制置使驻守扬州。姜才是淮西骁将，丁家洲之战中曾任孙虎臣的先锋，溃败后收兵入扬州。德祐元年（1275年）十月，元将阿术奉伯颜之命进攻扬州，筑起长围准备将其困死。其时，周边城市相继沦陷，扬州成为腹背受敌的孤城。

阿术断绝了扬州的粮道，入冬，城内粮尽，死者满道。李庭芝检括民间藏粮供给军队，民间粮尽，令官员出粮，官员粮尽，令将校出粮，掺杂牛皮麦秆作为士兵口粮。次年二月，饥荒更严重，因饥饿投水自杀者日以百计，道有死者，饥饿之人转眼将其割啖立尽。尽管如此，扬州军民仍殊死抵抗。

临安失陷，谢太后向全国州郡发布归降手诏，派人持诏到城下劝降。李庭芝登城说："我只知奉诏守城，没听说以诏谕降的！"姜才发弩射退来使。三月，得知元军押解恭帝一行北迁将途经扬州，庭芝与姜才率兵四万夜袭瓜洲，试图夺回恭帝，激战三个时辰，仍未成功，只得退回城中。元军再次拿来太皇太后手诏谕降，手诏称："今吾与嗣君既以臣伏，卿尚为谁守城？"李庭芝不答，射杀使者。阿术命元使持元世祖诏书再往招降，姜才说："我宁死也不做投降将军！"庭芝斩杀来使，焚其诏于城墙之上，以示不降的决心。

五月，城中将士粮尽，士兵甚至烹子而食者，但仍日出苦战。姜才杀出重围，前往高邮等地筹粮，归至马家渡，与率部前来拦截的元将史弼发生激战，重创史弼。围城日久，庭芝也曾一度动摇，姜才凛然劝道："相公不过忍片时痛而已！"

庭芝与左右将士深感震动。七月，在阿术建议下，元世祖再次下诏，只要献城归降，就赦免其焚诏杀使之罪，庭芝依旧坚拒。

这时，福州益王政权任命李庭芝为左相，遣使来召。庭芝命副使朱焕留守，自己与姜才率兵七千北上泰州（今属江苏），准备从那里泛海南下。不料庭芝一走，朱焕立即投降。阿术将他们围追在泰州，还押着庭芝妻儿到城下招降。姜才恰因疽发胁下不能作战，泰州守将孙贵等开城降元。李庭芝投池自杀，水浅不死，与姜才一起被俘，押至扬州。

阿术责李庭芝不降，姜才愤骂不已，大呼："不降者，是我！"阿术倒钦敬他俩的才勇，不忍下手，朱焕挑唆说："扬州积骸满野，皆他们所为，不杀何待！"阿术这才将李庭芝处死，将姜才剐杀。姜才临刑，对一旁的降将夏贵说："你看着我不感到惭愧死吗？"听到他俩被害，扬州市民无不流泪。扬州保卫战历时十个月，江淮州郡至此全部陷落。扬州军民宁愿饿死也血战到底，其情其景，可歌可泣，也不禁令人联想到，清初那慷慨悲壮的扬州十日是传统有自的。

再说蒙哥汗死在钓鱼城下的次年，王坚即被召回临安，后因受贾似道猜忌，景定五年（1264年），郁郁死在知和州任上。此前一年，号称"四川虓将"的张珏接任兴元府都统兼知合州。他原是王坚部将，十八岁就从军钓鱼山，善于用兵，出奇设伏，算无遗策。

史称张珏接任钓鱼城主帅后，"士卒必练，器械必精，御部曲有法，虽奴隶有功必赏之，有过，虽至亲必罚不贷，故人人用命"。他继续推进耕战结合的防御体系，派兵护耕，教民垦田储粮，不过一二年，就丰衣足食，使钓鱼城在军事与经济上都能立于不败之地。

其后，蒙古虽将战略重点东移，但双方在四川的交手从未中断过。而钓鱼城的屹然存在，使元军在川东丧失了战略主动权。钓鱼城始终是川蜀战场的中流砥柱，张珏是后期钓鱼城抗元斗争中的杰出将领。

德祐元年（1275年）五月，南宋政府任命张珏为四川制置副使兼知重庆府，不久，急召他出川保卫临安。但因东下的水陆路均被元军控制，四川抗战也进入最后阶段，驰援临安已绝无可能。次年，临安失陷，张珏趁着元军在四川兵力相对薄弱的机会，继续主动出击。

正月，张珏派赵安袭击青居城，俘虏元军安抚刘才等。四月，他派张万率精兵驰援重庆，合力攻克附近的凤顶寨。六月，张珏派部将王立出兵收复泸州，捕杀叛将梅应春与元将熊耳，俘虏熊耳夫人。听说益王在福州即位，他便在钓鱼城内辟建皇城，派出百余人前往访寻，准备接来长期抗元。

十二月，张珏因涪州降元、重庆告急，便命部将王立坚守钓鱼城，自己率军攻入重庆，莅任制帅之职，旋派张万击败涪州降将阳立，收复了涪州。景炎二年（1277年）正月，张珏再派张万联合忠、万二州守军连破元军十八砦，解大宁监之围。

元将不花率军数万包围重庆，采取围而不攻的战术，同时陆续攻占其周边州郡，使重庆成为孤城。次年，城中粮尽，张珏出战，遭到堵击，被迫退回城中。其将赵安以为难再坚守，劝其出降，张珏不从，赵安便开城降元。

张珏率兵巷战，独力不支，回家准备饮鸩自杀。家人藏起毒药，劝其逃跑，遂携妻儿乘舟东下涪舟。途中，他自愧临阵脱逃，打算劈船自沉，被船工夺走利斧，掷入江中。

船到涪州，他被元军俘虏，押往安西（今陕西西安），软禁庵中。至元十七年（1280年），他听说钓鱼城已在去年降元，大受刺激。友人也劝他："你尽忠一世，报效朝廷，事到如今，纵然不死，如何做人？"便解下弓弦自缢全节。

大约景炎元年（1276年）岁末，王立由张珏任命为钓鱼城主帅。接手以后，他加强守备，还攻取了果州的青居城（今四川南充南），收复了遂州（今四川遂宁），进攻铁炉城堡。次年，元军决意要拔掉这颗钉子，一边大举围城，一边遣使招降，王立坚拒死守。也是老天不佑，连着两年秋旱，城内开始断粮，据地方志记载，也出现了"易子而食"的惨象。流亡小朝廷已有三年不通音讯，却传来了张珏被俘、重庆失守的消息。

钓鱼城内绝粮草，外无友军，围城的元军却日渐增多，王立深知已难久守。城中军民知道大难逼近，却依旧同仇敌忾，死无怨言。王立记得蒙哥汗死前扔下那句话"若克此城，当尽屠之"，对部下说："我们当以死报国，这十几万生灵怎么办？"（《万历合州志》原作"百万生灵"，显然夸大，《民国合川县志》改为"数十万生灵"，还是夸大，笔者到过钓鱼城，住上十几万军民相差不远。）众人不知所以。

王立收复泸州时曾获熊耳夫人，因其自称姓王，就认为义妹，实为宠室，让她服侍自己的老母。见王立担忧城破以后元军杀戮百姓，熊耳夫人便说明自己真实身份，鼓动他为一城生灵着想。原来她姓宗，与元西川行枢密院枢密副使兼安西王相李德辉是异父同母兄妹，愿意说服哥哥上奏元世祖，保证降元以后不再屠城。在熊耳夫人与李德辉的斡旋下，祥兴三年（1279年）正月，王立出降。川蜀最后一个抗元堡垒终于陷落，而元军也确实没有屠城。

对于王立献降的功过是非，各有各说法，贬之者以为是民族叛徒、历史罪人，褒之者以为是保全生灵、顺应大势。如果说，民族气节是应该坚持的，而元朝统一也是大势所趋，在类似人物的评价上，似乎总会碰到这样的悖论。

暂且绕开这个悖论，还是说钓鱼城。从嘉熙四年（1240年）四川制置副使彭大雅始筑钓鱼山寨，到王立献城降元，前后整整四十年，它始终发挥着抗元堡垒的重大作用。如果说，其前期曾以击毙蒙哥汗而彪炳史册，则其后期则以巴蜀孤城支撑着抗元危局，从而激励振奋起全国的民心，以致后人给以"独钓中原"的高度评价。钓鱼城降元的次月，南宋流亡小朝廷也在崖山之战中彻底覆灭。这先后衔接两个事件，标志着挽救宋朝的所有努力打上了最后的休止符。

九三

崖山之战

德祐二年（1276 年）正月，益王赵昰与广王赵昺在专人护卫下，历尽艰险经由婺州亡命温州。礼部侍郎陆秀夫听说二王出朝，也追随而去，终于在到温州前追上了二王。闰三月，陆秀夫与此前私自逃到温州的前宰相陈宜中接上了头。他们得知张世杰因不满朝廷不战而降，率部东至定海，便与他联系，张世杰立即航海南下会合。三人决定建立都元帅府，以益王为天下兵马都元帅，广王为副元帅。恰巧朝廷所派两名宦官带着八名士兵来温州召二王回朝降元，陈宜中他们将来者悉数沉入江中，随即将元帅府迁往福州。

五月一日，陈宜中等拥立益王为帝，此即宋端宗；改元景炎，尊杨淑妃为太后，临朝同听政。封赵昺为卫王。以陈宜中为左相兼都督，右相虚位以待李庭芝，张世杰为枢密副使，陆秀夫为签书枢密院事。流亡小朝廷建立的消息，给正在艰苦抗元的爱国将士以极大鼓舞。文天祥甚至以为，陈宜中与张世杰"方以李、郭之事为己任"，实在期望过高，他们怎能与李光弼与郭子仪相比。

陈宜中虽不敢明言投降，但心思根本不在抗元上，与陆秀夫略有政见不合，就指使言官弹劾。张世杰目光欠远大，一味主张南逃，只把福建与广东作为小朝廷的落脚地，他部署的收复江西、浙南失地以屏卫闽广的计划不久就成为泡影。但他是主兵的实力派，陈宜中不过表面上出头，大政都专制于他。

文天祥到达行朝，任枢密使与同都督诸路军马，主张积极北上，开府永嘉（今浙江温州）。而张世杰则坚持开府广州，为小朝廷南逃作准备。不久因广州降元，张世杰这才让文天祥开府南剑州（今福建南平），见其一呼百应，唯恐影响在己之上，就借端宗之命，命他将督府远移到汀州（今福建长汀），还百般阻挠他入朝，心胸实在不够大。

陆路元军挥师从浙入闽，水师也从海上向南进逼。十一月中旬，端宗小朝廷只得再次登舟南逃，刚出海口，就与元军水师相遇，但当时弥天大雾帮助行朝船队躲过了一劫。船队南下泉州，这里是阿拉伯商人蒲寿庚的势力范围。史称蒲寿庚提举泉州市舶，"擅蕃舶利者三十年"。

这时，蒲寿庚正在宋、元之间见风使舵。他实际上不愿为行朝提供海舶，表面上出城迎接，请行朝"驻跸"泉州。张世杰不同意，因为这有悖他南下远遁的既定方针。等蒲寿庚回到城内以后，张世杰因船只缺乏，强征了泉州港里蒲氏的船只，籍没其财产。蒲寿庚一怒之下，纠集地方势力，以武力将端宗船队逐出泉州港，次月就以城降元。

端宗的海上行朝从泉州经潮州到达惠州，仍感到不安全，在景炎二年四月到达官富场（今香港九龙南），决定在这里立足，开始营建行宫。因元军追逼而来，十一月，行朝转移秀山（今广东东莞虎门）。但元军随即再下广州，离秀山近在咫尺，行朝只得再度入海，在香山岛（今广东中山）水面遭到元军水师袭击。张世杰部被俘将士颇多，陈宜中率领的数千人与八百艘战舰遇飓风溺死，宜中仅以身免。

陈宜中对这种流亡抗元已彻底灰心丧气，提议行朝移到占城（今越南中南部）去，并借口预作准备就逃之天天。国难当头，他已是第二次脱逃了，这是这位"宝祐六君子"领袖留在历史上的最后表现。

十二月，张世杰保护行朝船队到井澳（今广东中山南海中），遇上了飓风，船只倾覆，将士溺死，损失达十之四五，端宗也因惊悸而成疾。次年开春，小朝廷走投无路，大臣们也决定前往占城，但最后没有成功，只得暂在硇洲（今雷州半岛东硇洲岛）驻泊。

四月，端宗病死，群臣都打算散伙，陆秀夫拿出他代拟的《景炎皇帝遗诏》，宣布遗诏命卫王赵昺继承帝位，他正色道："古人有以一旅成就中兴大业的，如今百官具备，士卒数万，难道不能立国吗？"众人感奋，立赵昺为帝，是为帝昺，改元祥兴。杨太后继续垂帘听政，张世杰任枢密使，陆秀夫任左相，他还每天亲自书写《大学章句》，为年仅八岁的帝昺讲课。

雷州（治今广东海康）的辖区大体相当于今天的雷州半岛，是硇洲的陆上屏障，对行朝的安全至关重要。五六月间，张世杰遣将与元军展开了雷州争夺战，但最终失败。行朝不得不转移到珠江口海中的崖山（今广东新会南海中），这也是张世杰的决定。

崖山与其西的汤瓶山对峙如门,阔仅里许,故称崖门,门内形成天然避风港,在他看来,进可乘潮而战,退可据险而守,完全可以建设成一个根据地。于是,一上崖山,他就命兵士造行宫三十间,建军屋三千间,作长期据守的打算。

元军下定斩草除根的决心,对南宋小朝廷紧追不舍。祥兴二年(1279年)正月,元朝蒙古汉军都元帅张弘范从潮阳(今属广东)由海路到达崖山,包围了张世杰的部队。几天后,副帅、江西行省参知政事李恒也从广州率战舰一百二十艘入海前来会合。

张弘范包围张世杰的次日,恰是元宵,在双方战舰云集的海面上,当地居民依旧举行了每年一度的海上元夕竞渡,喧阗的鼓乐,与密布的战云形成强烈反差。国家兴亡,生活依旧,老百姓该做什么的还是做什么。

这时,包括官军与民兵,宋军大约还有二十万左右,战舰至少近千艘。而张弘范所率元军是水陆共二万,加上李恒的部队,总数估计不会超过三万,战舰大约四百余艘。从崖山之战的绝对兵力对比来看,宋军并不处于劣势。

但张世杰其人,虽是宿将,却不知兵,这时的心态也有点失常,不是做好打得赢就打,打不赢就走的两手准备,而是孤注一掷,打算与元军一决胜负。当时有人建议他先据海口说:"幸而胜,国家之福;不胜,还可西走。"他不耐烦地说:"连年航海,何日是头,成败就看今日!"

张世杰决定不派战舰扼守崖门,却把千余艘战舰背山面海围成方阵,贯以大索,四周围起楼栅,一如城堞模样,帝昺的御船居于方阵之中。放弃入海口的控制权,是一大失误;把千余战船贯以大索,更是一大失误。他在四年前焦山之战中就因为将十船连成一舫,最后被动挨打,大败而归。如今,他不但无视前车之鉴,还把同样错误犯得更大,崖山之战的结局这时已经铁定了。

张世杰的战舰方阵准备了半年的干粮,但所需燃料与淡水仍来自崖山,每天派快船前往砍柴与汲水。张弘范一方面派重兵把守崖山上的淡水源,一方面派出小型哨船袭击宋军的运水船。十余天后,宋军淡水供应成了问题,一饮海水则就上吐下泻,战斗力大减,水战优势逐渐丧失。

元军在崖山西山头上架炮射击帝昺的御舰,但御舰张起布帘抵挡炮石,纵受炮击仍岿然不动。张弘范派出满载柴草的小船,点火直冲宋军方阵。但宋军以泥涂舰,外缚长竿顶住火船,再用水桶浇灭火苗,使火攻不能得逞。

正式开战前,张弘范让不久前被捕的文天祥写信劝降张世杰。文天祥答道:"我救不得父母,怎么还能教别人背叛父母呢!"还把日前所写的《过零丁洋》一诗抄录给张弘范。张弘范读到"人生自古谁无死,留取丹心照汗青",连声称赞"好人好诗",不再勉强他。张世杰在元军中的外甥三次奉命前往劝降,回答他的是:"我知道投降能活命,而且能富贵,但忠义之志决不动摇!"

二月六日,乌云密布,阴风怒号,元军兵分四路,从东、南、北三面向崖山发起总攻。张世杰的方阵南北受敌,士兵都疲惫无力战。战争从黎明进行到黄昏,元军摧毁了宋军七艘战舰,突破了对方的防线。张世杰见水师阵脚大乱,但大索贯联,进退不得,这才下令砍断绳索,率十余战舰护卫杨太后突围。

其时,暮色四合,风雨大作,对面不辨人影。张世杰率帅船杀到外围,见帝昺的座舰被其外围的战舰壅塞阻隔在中间,自己无法接近它,便派小舟前去接应帝昺。陆秀夫惟恐小船是元军假冒,断然拒绝来人将帝昺接走,张世杰只得率领十余战舰,护卫着杨太后,借着退潮的水势,杀出崖门。

陆秀夫见帝昺的座舰已无法突围,便决定殉国。他仗剑将自己妻子儿女驱入海中,其妻死拉着船舷不肯自尽,他喝道:"都去!还怕我不来?"其妻这

崖山海战中崖门遗址近貌(据《醉美江门》)

才松手沉海。陆秀夫对帝昺说:"国事至此,陛下应为国死。德祐皇帝受辱已甚,陛下不可再辱!"说完,背起八岁的帝昺,跳入大海。

崖山之战是蒙元消灭南宋的最后一战,流亡近三年的南宋小朝廷终于灭亡。据载,战罢,"浮尸出于海十余万人"。倘若张世杰部署得当,用好这十万兵,流亡小朝廷何至于这么快覆灭呢!明代张溥说:"陈宜中能逃而不能死,陆秀夫能死而不能战",还应加上一句:"张世杰能战而不能谋"。由这三个人撑持的行朝,其灭亡只是迟早的事。

杨太后、张世杰也先后溺水而死。杨太后随张世杰突围,听到帝昺的死讯,抚膺痛哭:"我忍死到今天,就为赵氏一块肉啊,现在没希望了!"也投水自尽。张世杰收拾残部,打算远走占城,但部下不愿背井离乡,只得仍回广东沿海。元军仍紧追不放。五月,张世杰率舰到达海陵港(今广东阳江南海陵岛),飓风突至,船队全部倾覆,他也堕海身亡。

九四

文天祥与忽必烈的遗产

　　文天祥，文天祥号文山，吉州庐陵（今
江西吉安）人，宝祐四年（1256年）状元，
德祐二年（1276年）正月，临安陷落前夕，
被任命为右丞相兼枢密使，与左相吴坚赴伯
颜大营议和，他据理力争，被扣留军中。二月，
他被元军押往大都，行至镇江，冒死脱逃。

　　五月，文天祥历尽艰险，间关来到流亡
政权驻地福州。因受宰相陈宜中的排挤，不
满张世杰的专断，文天祥以同都督军马先后
在南剑州（今福建南平）和汀州（今福建长汀）
开府，组织军民抗元，后转战漳州与梅州（今
广东梅县）一带。

　　景炎二年（1277年）五月，文天祥率兵
进入故乡江西，在雩都（今江西于都）大败
元军，收复兴国、吉州（今江西吉安）等地，
在兴国建立大本营，江西各地应者云集。但
元朝江西宣慰使李恒大举反攻，文天祥应战
失利，退至空坑（今江西永丰南），妻儿与
幕僚都被俘，他因有义士替身受捕，才幸免
于难。

　　其后，文天祥收拾余部残兵，继续在广

文天祥像

东东北的南岭地区坚持抗元。祥兴元年 (1278 年) 六月,为摆脱被围追的困境,他要求赴援崖山行朝,遭到张世杰的拒绝。十二月,他在广东海丰的五坡岭不幸被俘,自杀未成,被押往崖山战场。

祥兴二年正月,南宋流亡政权正屯驻崖山,准备与元军作最后一战。元军统帅张弘范命文天祥写信劝降,他书录《过零丁洋》诗表明心迹,张弘范再也不提劝降之事。崖山战后,元世祖忽必烈下诏说"谁家无忠臣",命张弘范优礼相待,将文天祥押解大都。

五月,进入南安军 (治今江西大余),文天祥开始绝食,他估计七八天下来将行至吉安,那时就可以饿死桑梓,尽节故乡了。但绝食八天未死,而故乡已过,他决定恢复进食,以便将来从容就义,更有价值。

十月,押抵大都,元朝以上宾之礼接待文天祥,劝降者络绎不绝。文天祥身着南朝衣冠,面南而坐,表示不向北朝屈服。第一个来劝降的是留梦炎。他是淳祐四年 (1244 年) 的状元,德祐元年 (1275 年) 六月任右相,后升左相,十一月听到元军破独松关,就滑脚开溜,被使者押回朝。这个投降新朝的"识时务者"来当说客,遭到了文天祥的鄙夷与唾骂:你好歹也是一个状元宰相,有何面目去见江东父老!接着来的是被降封为瀛国公的宋恭帝,文天祥让他坐下,自己面北跪拜,痛哭流涕,连声说"圣驾请回",瀛国公根本说不上话,只得回去。

元朝重臣平章政事阿合马亲自出马,他让文天祥下跪,天祥回答道:"南朝宰相见北朝宰相,岂能下跪!"阿合马有意奚落道:"何以至此?"天祥道:"南朝早日用我为相,北人到不了南,南人也不会来北方。"阿合马威胁掌握着他的生死大权,天祥凛然道:"亡国之人,要杀便杀!"阿合马无趣而退。

文天祥被关入土牢,一个月后,元朝丞相孛罗与平章张弘范提审他。孛罗命令差役强按他跪下,他坚决不屈服。孛罗问他有何话说,他答道:"天下事有兴废,我忠于宋室社稷,以至于此,只求速死。"孛罗道:"你道有兴有废,且说说盘古到如今,有几帝几王?"文天祥说:"一部十七史从何说起?今天没空说闲话。"

孛罗问:"你们抛弃德祐嗣君,另立二王,如何是忠臣?"文天祥正色道:"德祐失国,当此之时,社稷为重,君为轻。另立二王,为社稷计,所以是忠。"孛罗诘问:"你立二王,竟成何功?"天祥说:"立君以存社稷,存一日则尽臣

元世祖忽必烈像（台北故宫博物院藏）

子一日之责，何功之有！今日至此，唯有一死。何必多言！"孛罗无言以对，主张处死文天祥。元世祖忽必烈与好些大臣不同意，张弘范在病中也以为文天祥"忠于所事"，新朝应提倡节操，建议元世祖不要轻易杀害他。

于是，文天祥被关入低矮潮湿的土室，饱受各种磨难。他突然收到长女柳娘的来信，才知道三年多来杳无音讯的妻子女儿都在大都宫中。他知道这是元朝在暗示：只要投降，就可团聚。他不能因骨肉亲情而辱没自己的名节，强忍痛苦不给女儿去信，却心如刀绞地给妹妹去信说："人谁无妻儿骨肉之情，但今日事到这里，于义当死。可令柳女、环女好做人，爹爹管不得。泪下哽咽，哽咽！"

文天祥在狱中写下了传诵千古的《正气歌》。其开篇说：

天地有正气，杂然赋流形。
下则为河岳，上则为日星。
于人曰浩然，沛乎塞苍冥。

他歌颂了自古以来浩然正气、慷慨赴义的先贤们，指出：

> 是气所旁薄，凛烈万古存。
> 当其贯日月，生死安足论。
> 地维赖以立，天柱赖以尊。
> 三纲实系命，道义为之根。

他回顾了自己以身许国的坎坷经历与身处囹圄的现实命运，在其诗结尾明确表示：

> 哲人日已远，典刑在夙昔。
> 风檐展书读，故道照颜色。

至元十九年（1282年），元朝有大臣提出以儒学治国家的主张，文天祥作为深谙儒学的南朝状元宰相，再次受到元朝君臣的关注。南宋降臣王积翁等联名要求让文天祥去当道士，免去元朝杀戮忠良的恶名。留梦炎坚决反对，说倘若文天祥再号召江南，后果不堪设想。

八月，忽必烈在与群臣的议事中问：南北宰相谁最贤能。群臣多以为：北人无如耶律楚材，南人无如文天祥。忽必烈即派王积翁再去劝降，许以宰相之职。文天祥表示：自己不会尽弃生平而遗臭万年。

这年，中山府（今河北定县）发生了数千人的反元起义，起事者自称南宋幼主，准备劫狱燕京救出文丞相。文天祥是降是死，必须有一个了断。

十二月八日，忽必烈在大殿上召见文天祥，他依旧长揖不跪。忽必烈亲自作最后的劝降："你能以对宋朝的忠心效力元朝，我就让你做元朝的宰相。"文天祥坚决回答："我是大宋状元宰相，宋亡，只能死，不当活！"忽必烈见他不肯归降，总感到是个威胁，只得决定将其处死，却叹息道："好男儿，不为我用，杀之太可惜！"

十二月九日（1283年1月9日），就义那天，文天祥从容不迫地迈向设在柴市的刑场。面对万余名前来送别的百姓，向故国所在的南方拜了两拜，慷慨就义。死后，在他的衣带里发现了绝笔书，上面写着：

孔曰成仁，孟曰取义。

惟其义尽，所以仁至。

读圣贤书，所学何事？

而今而后，庶几无愧！

　　这份绝笔在春天就已写好，文天祥早就视死如归，等待着杀身成仁、舍生求义的那一天。他以自己对民族、社稷、信仰、主义的崇高气节、坚贞操守，为立国三百二十年的宋朝抹上了最后一笔绚丽的亮色。

　　据说，文天祥受刑刚毕，传来了忽必烈停止处死的诏旨。他是欣赏文天祥的，这是一个杰出人物对另一个杰出人物由衷的器重，他希望文天祥以对宋朝的忠诚来为新兴的元朝效忠出力，表现出一个一统天下的开国明君在网罗人才上的宽广胸怀。但是，倘若文天祥腆颜改事新朝，他就失去了流芳百世的固有价值，也就不再是后人心目中一身浩然正气的民族英雄。

　　纵观文天祥一生，任相于危难之际，却没能挽狂澜于既倒，其后毁家抗元，兵败被俘，也并没有建立惊天动地的功业。后人纪念他，以为是："名相烈士，合为一传，三千年间，人不两见。"肯定他的主要不是名相，而是以名相能为烈士，"事业虽无所成，大节亦已无愧"，钦仰他的是节概与操守。他那威武不能屈、富贵不能淫、贫贱不能移的坚贞气节，是中华民族精神遗产的重要组成部分。

　　古人有三不朽之说，其上立德，其次立功，再次立言。回顾中华民族的伟人行列，宋代以功业而彪炳史册的相当罕见（岳飞战功赫赫，但后人缅怀他，主要还因为他是矢志抗金的民族英雄）；而以人格的力量、道德的光彩令后人高山仰止的却远较其他朝代为多，范仲淹、包拯、司马光、李纲、宗泽、陆秀夫、文天祥……乃至许多以立言而名传后世的理学家、文学家，例如张载、朱熹、陆游、辛弃疾等等，也都以他们所立之言体现的理想人格与爱国情操为后世所称道。宋代是士大夫最受重视的朝代，他们的自觉意识空前崛起，理想人格基本铸成。文天祥是宋代这种人格典范的最后代表，这正是他留给后世不朽的精神遗产。

　　在 13 世纪七八十年代的中国历史舞台上，忽必烈与文天祥犹如耀眼的双子星座。当然，忽必烈的不朽主要在于"立功"。即位以后，他在至元八年（南宋咸淳七年，1271 年）建立了元朝。元朝是中国历史发展的新阶段，关于元朝历史，自有黎东方先生的《细说元朝》在，毋庸在下饶舌。但关于忽必烈，却打算再说几句，作为对《细说宋朝》的结语。

忽必烈建立元朝，取法前代中原王朝的政治体制，挥师南下消灭了南宋，结束了自晚唐五代以来长达四五百年之久的分裂局面，再次完成了全国大统一。

元朝的统一，是宋辽夏金不同政权与不同民族之间长时期政治军事冲突与经济文化融合的历史结果，反过来又为中国境内各民族之间经济文化的进一步交流，为全国范围内社会经济的进一步发展，提供了统一的空间，开拓了广阔的前景。

正是在忽必烈的手里，元朝实现了对西藏的统治，确立了行省制度，初步奠定了中国后来的疆域与版图，这些政治遗产也一直影响到现在。说他与文天祥分别是同一时代对后世留下政治遗产与精神遗产最丰硕的历史人物，读者诸君当不会有什么异议吧！

图书在版编目（CIP）数据

插图大宋史 / 虞云国著. -- 上海 ：上海人民出版
社，2024. -- ISBN 978-7-208-19027-6

Ⅰ. K244.09

中国国家版本馆 CIP 数据核字第 2024ZN2768 号

责任编辑　崔燕南
封面设计　许　菲

插图大宋史

虞云国　著

出　　版　上海人民出版社
　　　　　（201101　上海市闵行区号景路 159 弄 C 座）
发　　行　上海人民出版社发行中心
印　　刷　浙江新华数码印务有限公司
开　　本　720×1000　1/16
印　　张　36.5
插　　页　5
字　　数　587,000
版　　次　2024 年 8 月第 1 版
印　　次　2024 年 8 月第 1 次印刷
ISBN 978 - 7 - 208 - 19027 - 6/K · 3399
定　　价　168.00 元